सब लिखनी कै लिखु संसारा
पद्मावत और जायसी की दुनिया

सब लिखनी कै लिखु संसारा
पद्मावत और जायसी की दुनिया

मुजीब रिज़वी

राजकमल पेपरबैक्स

राजकमल पेपरबैक्स में
पहला संस्करण : 2019
दूसरा संस्करण : 2022

राजकमल पेपरबैक्स : उत्कृष्ट साहित्य के जनसुलभ संस्करण

राजकमल प्रकाशन प्रा. लि.
1-बी, नेताजी सुभाष मार्ग, दरियागंज
नई दिल्ली-110 002
द्वारा प्रकाशित

शाखाएँ : अशोक राजपथ, साइंस कॉलेज के सामने, पटना-800 006
पहली मंजिल, दरबारी बिल्डिंग, महात्मा गांधी मार्ग, प्रयागराज-211 001
36 ए, शेक्सपियर सरणी, कोलकाता-700 017

वेबसाइट : www.rajkamalprakashan.com
ई-मेल : info@rajkamalprakashan.com

मुद्रक : बी.के. ऑफसेट
नवीन शाहदरा, दिल्ली-110 032
द्वारा मुद्रित

मूल्य : ₹399

SAB LIKHNI KAI LIKHU SANSARA
PADMAVAT AUR JAYASI KI DUNIYA
by Mujeeb Rizvi

ISBN : 978-93-88933-06-3

सब लिखनी कै

سب لکھنی کے

लिखु संसारा।

لکھو سنسارا.

पद्मावत और

پدماوت اور

जायसी की दुनिया॥

جائسی کی دنیا.

अनुक्रम

आभार

इस किताब को इस मुक़ाम तक लाने के लिए बहुत लोगों का सहयोग रहा है। इसलिए मैं उनका शुक्रिया अदा करना ज़रूरी समझता हूँ।

अलीगढ़ मुसलिम विश्वविद्यालय का जिसने इस शोध को पी-एच.डी. की सनद अता की।

मारिया आलम का कि उसकी एक नक़ल उन्होंने यूनिवर्सिटी लाइब्रेरी से निकलवाकर हम तक पहुँचाई।

विश्वनाथ त्रिपाठी जी का कि उन्होंने बहुत मुहब्बत और मेहनत से पांडुलिपि पढ़ी और जा बजा उसकी ग़लतियों की निशानदेही की और एक ख़ूबसूरत निबन्ध लिखा।

पुरुषोत्तम अग्रवाल जी का जिन्होंने लगभग एक ही बैठक में पूरी किताब पढ़ डाली और हमें डाँटा भी कि अभी तक इतनी क़ीमती किताब को लेकर क्यों बैठे हुए थे? और बहुत फ़राख़दिली से इसका स्वागत किया। और तुरन्त इस पर टिप्पणी करके सोशल मीडिया पर भी इसकी चर्चा की। उनकी हौसला अफ़ज़ाई का बेहद शुक्रिया।

असग़र वजाहत साहेब का कि उन्होंने किताब की ग़लतियों को सुधारने के लिए जामिया से ही गनपत तेली जी को नामज़द किया और गनपत जी का जिन्होंने कमाल बारीक़ी से तमाम पांडुलिपि को पढ़ के इस क़ाबिल बनाया कि उसे पढ़ा जा सके।

ब्रिटिश लाइब्रेरी का और ख़ासकर नूर सोबर्स ख़ान और मरीना चैगिनी का भी कि उनकी बदौलत 'पद्मावत' की ये ख़ूबसूरत तसवीर हासिल हुई जो मुखपृष्ठ बनी।

इतु चौधरी का, जो हिन्दुस्तान के मशहूर डिज़ाइनरों में से हैं। और चूँकि ख़ुद ज्ञानी हैं इसलिए हममें से किसी को न जानते हुए भी पद्मावत में दिलचस्पी की वजह से इसका आवरण चित्र बनाने को तैयार हो गए। और चूँकि रसिक भी हैं इसलिए नज़राना लेने से बिलकुल इनकार कर दिया।

चन्दन का भी जो कई बार, और कई सालों तक इसको टाइप करने और सुधारने और दुबारा टाइप करने की प्रक्रिया में लगातार हमारे साथ रहे हैं।

पूनम गिरधानी का भी जिन्होंने रोमन में मेरे लिखे लेखों को सजीव और सटीक हिन्दी में पेश किया।

अशोक महेश्वरी साहेब का जो एक ही दरख़्वास्त पे छापने के लिए तैयार हो गए और तमाम दिक़्क़तों, अनिश्चितताओं और विच्छेदों के बावजूद डटे रहे।

शाहिद अमीन साहब का कि इस किताब को छपवाने की मुहिम में शुरू से आख़िर तक हर क़दम और मोड़ पर मेरे साथ खड़े मदद, सलाह, मशविरा, मुआवनत, दिलासा, हौसला अफ़ज़ाई और पेंग देते रहे।

और सबसे बढ़कर अज़रा रिज़वी, मीरा रिज़वी और अनुशा रिज़वी का जिनकी, आरज़ुओं, तमन्नाओं, अरमानों और दुआओं की बदौलत हमें आज ये दिन देखने को मिला।

सब लिखनी कै लिखु संसारा।
लिखी न जाए गति समुद अपारा॥

—महमूद फ़ारूक़ी

मुजीब रिज़वी और यह किताब

1

मुजीब रिज़वी से जान-पहचान दिल्ली आने (1959 ई.) के कई वर्षों बाद हुई। असग़र वजाहत जामिया मिल्लिया में आए तो उन्हीं के साथ मुजीब साहब के यहाँ गया। वहाँ खाना मिला। उनकी पत्नी अज़रा साहिबा से परिचय हुआ। वहीं यह पता चला कि अज़रा ताबो साहब की बेटी और इक्तिदार आलम ख़ाँ (भाई ख़ान) की बहन हैं। मुजीब धीरे-धीरे आत्मीयता के लहज़े में मज़े लेकर बात करने वाले लगे। प्रगतिशील आन्दोलन से गहरा सम्बन्ध रखने और निभाने वाले। पेसुदालाह की प्रेरणा से पढ़ाई-लिखाई छोड़कर समाज-सेवा के बुनियादी काम में कूद पड़ने वाले। पहली मुलाक़ात में ही लगा—परिपक्व बुद्धि के अनुभवी; आडम्बर से दूर और काम में लगे रहने वाले—आज के ज़माने में कैरियरिज़्म से अलग देसी मिज़ाज के आदमी हैं। उनसे मिलकर ख़ुश-ख़ुश घर लौटा—असग़र वजाहत को धन्यवाद देते हुए कि ऐसे अच्छे आदमी से परिचय कराया।

1974 हि. में मानस चतुरशती मनाई जा रही थी। जगह-जगह तुलसीदास के व्यक्तित्व और उनकी रचनाओं—विशेषत: 'रामचरितमानस', पर समारोह और गोष्ठियाँ आयोजित की जा रही थीं। मैंने भी तुलसीदास पर एक किताब 'लोकवादी तुलसीदास' लिखी।

एक दिन 'प्रतिपक्ष' नाम की पत्रिका में डॉ. मुजीब रिज़वी का तुलसीदास पर लेख देखा। उन दिनों तुलसीदास पर बहुत लेख लिखे जा रहे थे। लेकिन यह लेख उनसे अलग था। इसमें तुलसीदास के साहित्य पर उनके समकालीन समाज और जीवन के दबाव पर विचार किया गया था। लंका के स्थापत्य वर्णन पर मुग़लकालीन भवन निर्माण से समानता, युद्ध में प्रयुक्त हथियारों, पर्व, उत्सव, भाषा यानी तत्कालीन संस्कृति के रचनात्मक प्रभाव को रेखांकित किया गया था। इस लेख से तुलसीदास को समझने में मुझे बहुत सहायता मिली।

इसके बाद मुजीब साहब से मिलने, बात करने के अवसर मिलते रहे और मैं उनके आत्मीय परिवेश में शामिल हो गया। मुझे उनकी रुचियों और मानसिक-बौद्धिक रुझानों से परिचित होने का मौक़ा भी मिलता गया।

मुजीब रिज़वी इलाहाबादी थे—यानी इलाहाबाद के पास किसी गाँव में पैतृक घर था। वे आजीवन इलाहाबादी रहे। दिल्ली का दीर्घकालीन वास उनमें कोई परिवर्तन नहीं ला सका। बोलचाल में अवधी ज़बान का लहज़ा छलकता, वाक्य के अनुतान में। यह अवधी भाषा के प्रति असीम लगाव का ही परिणाम था कि उन्होंने जायसी पर इतनी मेहनत और लगन से काम किया। उनके रहन-सहन, लबो-लहज़ा, खान-पान और इतर रुचियों में भी अवध की संस्कृति झलकती। मुझे अलीगढ़ विश्वविद्यालय में सम्पन्न सूफ़ी साहित्य पर आयोजित उस अन्तर्राष्ट्रीय गोष्ठी की याद है जिसकी अध्यक्षता मुजीब कर रहे थे। सभा में शामिल वक्ताओं ने ज़ोर-शोर से बहस की थी। अध्यक्ष मुजीब रिज़वी ने गोष्ठी का उपसंहार करते हुए भावुक होकर कहा—

'आप लोग सब कुछ ले जाइए। सबको अलग-थलग कर दीजिए। बस हमारे जायसी और तुलसीदास पर हाथ मत लगाइएगा। वे हमारी अवधी संस्कृति के आधार हैं।'

इस ज़मीन पर खड़े मुजीब रिज़वी सिर्फ़ भारतीय ही नहीं सभी प्रकार की संकीर्णताओं से दूर और विरोधी विश्व-मानव थे। नाम न मालूम हो तो उनके व्यवहार से आप पता ही नहीं लगा सकते थे कि मुजीब हिन्दू हैं कि मुसलमान। न भाषा से न पहनावे से न खान-पान से। वे उदार वामपंथी थे। कट्टरता से दूर लेकिन आधारभूत सिद्धान्तों पर अडिग। व्यक्तिगत सम्बन्धों में परम विश्वसनीय और सहायक। उनके व्यक्तिगत सम्बन्धों का दायरा विस्तृत था। यह कुछ ऐसा था कि सब लोग उनकी इज्जत करते और उन पर यक़ीन करते थे।

मुजीब की चेतना और उनका सौन्दर्य-बोध स्वातंत्र्योत्तर भारत के नेहरू-युग की भारतीय मानसिकता का प्रतीक था। उसमें स्वाधीनता आन्दोलन की चेतना प्रभावी थी। जीवन-मूल्यों, त्याग-तपस्या, भाईचारे का उनके जीवन-आचरण पर प्रभाव था। उनमें एक ख़ास तरह की फक्कड़-मस्ती और ज़िन्दादिली थी, और भारत के सुखद भावी स्वप्न की किरन थी। मिलते तो अपनी नहीं गाते थे। वे अपने बारे में, और अपने साहित्य के बारे में बात करने में संकोच का अनुभव करते थे। वैचारिक मतभेद के कारण वैमनस्य नहीं पालते थे। मुजीब रिज़वी में ये सब गुण मौजूद थे और इन्हीं गुणों के कारण वे जामिया मिल्लिया और दिल्ली की प्राण प्रगतिशील चेतना के ध्वजावाहक माने जाते थे।

उनके गुणों का प्रभाव उनकी पारिवारिकता और उनके परिवार के सदस्यों पर भी था और अब तक बना हुआ है। मेरी बहन के समान आदरणीय अज़रा से उनका विवाह एक दुर्लभ सुखद संयोग था। उस परिवार से मिलना एक प्रकार के संतोष, सुख और शान्ति का वरदान-सा लगता। मुजीब के चले जाने से उनके मित्रों को कैसा लगता है, इसकी चर्चा करना यहाँ संगत नहीं, अज़रा जी की तो बात करने की हिम्मत ही नहीं पड़ती।

मुजीब रिज़वी ने मलिक मुहम्मद जायसी की रचनाओं पर, कवि के व्यक्तित्व और कृतित्व पर जो काम किया था, वह अब प्रकाशित होने जा रहा है। मुजीब रिज़वी के जीवन-काल में इसका प्रकाशित न होना इस बात का प्रमाण है कि वे अपने लेखक से कितना विरत या अनासक्त थे। मुजीब ने यह काम वैज्ञानिक पद्धति और तर्कसंगति के घोर अनुशासन में किया है। वे हिन्दी, उर्दू, फ़ारसी और अंग्रेज़ी के पारंगत विद्वान थे, अनुमानत: अरबी भी जानते थे। सबसे बड़ी बात यह कि उनका दिमाग़ खुला था, जिसमें भावोन्माद (शोध के विषय में) और अन्ध रासवाद की कोई जगह नहीं थी। मुजीब रिज़वी इस विषय पर शोध करने के लिए उपयुक्त अध्येता एवं शोधार्थी थे। उन्होंने लक्षित किया है कि जायसी की शताब्दी यानी 16वीं शताब्दी का भारतीय इतिहास विशेषत: भारत के सांस्कृतिक इतिहास में क्या महत्त्व है। और इसी वृहत् सांस्कृतिक परिवेश में उन्होंने जायसी के व्यक्तित्व और कृतित्व का अध्ययन किया है और निष्कर्ष स्थापित किए हैं।

16वीं शताब्दी अकबर का शासनकाल भी है। उसके शासन में गज़नी से लेकर गौड़ तक का क्षेत्र था। उसका प्रभाव दक्षिण पर भी था। तात्पर्य यह कि अकबर के शासनकाल में भारत में केन्द्रीय सत्ता स्थापित हुई। इसका प्रभाव अर्थयंत्र पर पड़ा। शेरशाह सूरी ने तो दूर-सुदूर तक जाने वाली सड़कें बनवाकर देश को आर्थिक उद्योग के लिए जोड़ दिया था। दूरस्थ स्थानों के कारीगरों द्वारा बनाई गई वस्तुओं की माँग और पूर्ति होने लगी। सामन्तों, अमीरों, धनिकों की विलास की वस्तुओं को बनाने वाले शिल्पियों और कामगारों की बस्तियाँ नगरों में और आसपास बसने लगीं। इससे जातीयता (नेशनलिटी)की भावना, परस्पर परिचय और धार्मिक भावनाओं का आदान-प्रदान और उनमें समन्वय पैदा हुआ—भक्ति-आन्दोलन की ऐतिहासिक पृष्ठभूमि यही थी। दक्षिण से भक्ति भी यहाँ आई तो उसे यही अनुकूल भूमि मिली जिसमें वह पल्लवित-पुष्पित हुई।

मुजीब रिज़वी के अनुसार भेदोत्पादक धार्मिक मान्यताओं का विरोध और एक व्यापक अध्यात्मवाद का प्रसंग भी इसी शताब्दी में प्रारम्भ हुआ। सूफ़ी-संतों और आचार्यों महात्माओं ने इस काल में बसे नगरों-उपनगरों को अपने कार्यक्षेत्र का केन्द्र बनाया। धर्मगत और सम्प्रदायगत भेदों का विरोध किया। यह वर्ग भी अनेकता में एकता उत्पादक तत्त्व के रूप में इन स्थानों पर पहुँच गया। ऐसे प्रयास के सूझ हमें जायसी के पीर मुर्शिद सैयद मुहम्मद जौनपुरी के उपदेशों में प्राप्त होते हैं। (उपसंहार, पृ. 1)

मुजीब रिज़वी ने कबीर और नानक को इसी धारा का संत कहा है। दोनों ने मनुष्य की उच्चता का आधार जन्म को नहीं कर्म को माना। वंश और जाति के आधार पर फैले पाखंड पर दोनों ने कुठाराघात किया—सम्प्रदायों के बीच मौलिक एकता की ओर ध्यान आकृष्ट किया, कर्मकांड का विरोध किया।

प्रो. मुजीब रिज़वी इस साधना की परिधि में तुलसीदास को भी शामिल करने का मौलिक विचार प्रस्तुत करते हैं। यह अपने-आप में सराहनीय वक्तव्य है। हिन्दी में (विशेषत: आधुनिक हिन्दी विचार में) डॉ. रामविलास को छोड़कर शायद ही कोई लेखक उनसे सहमत हो। मुजीब रिज़वी आत्मविश्वासपूर्वक अपना मत प्रस्तुत करते हुए कहते हैं—

'इसी शताब्दी की महान् विभूतियों में से राम-भक्त तुलसीदास हैं। वह भी मानवीय एकता के पोषक और अनेकता के विरोधी हैं। अपनी रचनाजन्य विशेषताओं के कारण उनका स्वरमंडल अवश्य है किन्तु वह अधिक प्रभावशाली है। वर्णाश्रम और जातीय प्रथा के संरक्षक और कुलगत और वर्गगत भावना के संवर्द्धक के रूप में ही उनकी चर्चा की गई है। सम्भवत: हमने अपनी मानसिकता का आरोपण उन पर किया है और अपनी मान्यताओं को प्रमाणयुक्त करने की दृष्टि से उनकी रचनाओं से सन्दर्भरहित उद्धरणों का आश्रय लिया है। वस्तुत: वह मानवीय एकता के ही गायक हैं और समाज की अनेकता को समाप्त करना उनका ध्येय है। उनका कार्यक्षेत्र निश्चय ही हिन्दू समुदाय है। सैयद मुहम्मद जौनपुरी ने एक पुस्तक पर निष्ठा केन्द्रित करके मुसलमानों के मत का अन्त करने का प्रयास किया था। तुलसीदास ने राम नाम के सुर में सभी को अनुबद्ध करने का प्रयत्न किया है। कबीर और सैयद मुहम्मद ने खंडन-मंडन की पद्धति को एकता प्रयास की कार्यनीति का अंग बनाया किन्तु तुलसी ने समस्त मान्यताओं, विश्वासों, देवी-देवताओं का समर्थन करते हुए उन्हें कूपजल बताया और समकालीन को गंगा जल ठहराया। छुआछूत का पक्षपाती वह व्यक्ति हो ही कैसे सकता है जो सबका दिया खा-पीकर मसजिद में सो रहने की घोषणा करता हो?'

तुलसीदास पर ऐसा सटीक, सन्तुलित वक्तव्य अन्यत्र मुझे नहीं मिला है।

मुजीब निष्कर्षत: कहते हैं—'राजनीतिक दृष्टि से जिस कार्य को शेरशाह और अकबर पूर्ण करते हैं, सैयद मुहम्मद जौनपुरी, कबीर, नानक, जायसी और तुलसीदास उसी लक्ष्य की पूर्ति के लिए वैचारिक (भावनात्मक) पृष्ठभूमि प्रस्तुत करते हैं।'

यहाँ लेखक इन सबको धर्म और आध्यत्मिक साधना की एक समान धारा में लाता है। याद रखिए, यह निष्कर्ष हिन्दी साहित्य के इतिहासकारों (लगभग सर्वमान्य इतिहासकारों) की निर्गुण-सगुण धारा के भेद के विपरीत ही जायसी की रचनाओं में उनका युग प्रगतिशील है। जायसी अपनी भक्ति-भावना से प्रेरित हैं। वे मानव तथा सृष्टि को एक ही तत्त्व की लीला स्थिति में स्वीकार करते हैं। नाम और रूप की भिन्नता को भेदकर तात्त्विक ऐक्य का दर्शन ही उनकी प्रेम साधना का परम लक्ष्य है।

मुजीब रिज़वी का यह शोध-ग्रन्थ उत्तरी भारत की मध्यकालीन संस्कृति का प्रामाणिक दस्तावेज़ है। इस दस्तावेज़ को एक समर्थ एवं निष्पक्ष विद्वान ने तैयार किया है। इसके अध्ययन से सूफ़ी साहित्य विशेषत: मलिक मुहम्मद जायसी की

रचनाओं के विषय में फैली हुई भ्रांतियाँ दूर होती हैं और हम सही अर्थ तक पहुँच जाते हैं। मुजीब रिज़वी ने सूफ़ी साहित्य और जायसी द्वारा प्रयुक्त अनेक पारिभाषिक शब्दों का वास्तविक अर्थ, उनकी व्याख्या के बाद स्थापित किया है।

जायसी की एक प्रसिद्ध रचना है 'आख़िरी कलाम'। 'अख़िरी' का अर्थ हिन्दी में सामान्यत: अन्तिम माना जाता है। इसलिए इस किताब के बारे में साधारण समझ यही है कि यह जायसी की अन्तिम रचना है और कवि ने ही अपनी अन्तिम रचना को 'आख़िरी कलाम' घोषित कर दिया है। दूसरी समझ यह है कि 'आख़िरी कलाम' का अर्थ है अन्तिम समय यानी प्रलय की वर्णन कथा।

मुजीब रिज़वी पहले जायसी को उद्धृत करते हैं—

नौ सै बरिस छतिस जौ मरे
तब एहि कथा क आखर कहे

आखर का अर्थ अक्षर स्पष्ट है। उसका कोई सम्बन्ध अन्तिम वाले 'आख़िरी' से नहीं। 'आखर कहे' का फ़ारसी पर्याय 'मलफूज़ कलाम' है। अरबी भाषा में 'कलाम' का अर्थ बातचीत होता है और 'मलफूज़' अक्षर को कहते हैं, जो जायसी के कहे शब्दे कलाम का ही रूपान्तर हैं। अब आगे 'आखर' की अभिव्यक्ति देखिए—अक्षर यानी गोक्षर (नाशवान) नहीं है। इसे ध्यान में रखें तो अक्षर का अर्थ शब्द, स्वर ब्रह्म, शिव, विष्णु, आकाश आदि है। जायसी का अकथ ब्रह्म आखर ही है।

लेखक बताता है कि मौलाना रूप के यहाँ 'हर्फ़' (आखर) और 'मआनी' (तत्त्व) की अत्यधिक महत्ता है। अरबी में हर्फ़ परिवर्तनशील स्थिति को कहते हैं। जायसी का आखर हर्फ़ का ही पर्यायवाची है क्योंकि 'आख़िरी कलाम' में सृष्टि के अन्तर्भाव की कथा है। मो. मौलाना 'रूम' के 'हर्फ़' (आखर) और 'मआनी' (तत्त्व) यानी आखर और अर्थ का महत्त्व पढ़कर मुझे तुलसीदास की प्रसिद्ध अर्धाली अनायास याद आ जाती है जिसमें वे कहते हैं कि कवि की सच्ची क्षमता तो अक्षर और उसके अर्थ की ही क्षमता में निहित है—

कबिहि अस्थ आखर बल साँचा
अनुहर ताल गतिहि नट नाचा।

इस अर्धाली की दूसरी पंक्ति भी महत्त्वपूर्ण है। क्योंकि जिस प्रकार जायसी के आखर से तुलसीदास के आखर-आथ की याद आती है उसी तरह 'अनुहर ताल गतिहि नट नाचा' से जायसी की एक अर्धाली की याद आती है। जायसी की पंक्तियाँ हैं 'पद्मावत में'—

हौं पंडितन्ह केर पछि लगा
कछु कहं चला तबल देइ डगा।

मैं पंडितों (जानकारों) के पीछे चलता हूँ। जैसे तबले पर चोट पड़ने की आवाज़ का अनुसरण करके डंडा मारते हुए नर्तक कुछ कर चलता है।

एक प्रसंग की चर्चा और करना चाहूँगा। यह प्रकट करने के वास्ते कि मुजीब साहब 'पद्मावत' के अनेकानेक प्रसंगों की अर्थ-सम्पदा की व्याप्ति कैसे उद्घाटित करते हैं। उनके अनजाने सन्दर्भों से अर्थ को समृद्ध कैसे करते हैं और यह कैसे स्पष्ट करते हैं कि जायसी की रचनाओं में इस्लामी धारा और इस्लाम पूर्व धाराएँ तत्कालीन धाराओं में संयुक्त होकर उनकी काव्यधारा का रूप ग्रहण करती हैं। मुजीब लिखते हैं एक उदाहरण, पद्मावती के जन्म-समय से पहले वह ज्योति गगन में निर्मित हुई। फिर वही ज्योति पिता के मस्तक पर मणि के रूप में प्रकट हुई। फिर वह माँ के शरीर में आकर उदर में आहत हुई। जैसे कोई सुगन्ध से पूरित हो जाए और दिनों-दिन हृदय में प्रकाश होता जाए। गर्भवती माँ को देखकर हृदय में लगता है जैसे झीने आँचल में दीपक का प्रकाश ज्योतित हो रहा है।

प्रथम सो जोति गगन निरमई/पुनि सोपिता माथे मनि पुनि वह जोति मातुघट आई/तेहि ओदर आदर बहुपाई गई। जस औद्यान पूर होइ तासू। दिन-दिन हिए होई परगासू/जस अंचल मंझ झीन महदिया/तस उजिआर दिखौवे हिया।

लेखक पद्मावती-जन्म के इस विवरण को जिस कथा से जोड़ता है वह इस प्रकार है—

मुहम्मद के जन्म के सम्बन्ध में एक दन्त कथा प्रसिद्ध है। उनके पिता अब्दुल्लाह के ललाट पर एक दिव्य दीप्ति विद्यमान थी। उससे वशीभूत होकर अरबी महिलाएँ उनके प्रति उत्कंठा रखती थीं, उन पर आसक्त थीं। अकस्मात् वह भाल-ज्योति लुप्त हो गई और रसूल की माता अमीना का नाभिस्थल ज्योतिर्मय हो उठा।

इन दोनों का परस्पर सम्बन्ध स्पष्ट है। जायसी की अवधी ठेठ देसी अवधी है। वह तुलसीदास की अवधी की तरह तत्सम समावेशी नहीं है। जायसी ने अवधी में रचित अपनी रचनाओं में इस्लामी मिथक-कथाओं और मत-प्रचलित कथाओं और पात्रों को परस्पर रूपान्तरित करके प्रस्तुत किया है। 'कलमा' 'पाढ़ित' है। रसूल बसीठ है। पद्मावती पारस रूप है। क़ुर्आन को पुरान कहने में कितना साहस और कितनी रचनात्मक क्षमता ही नहीं कितना विशाल हृदय चाहिए। यह क्षमता अध्यात्म ही दे सकता है। जो इन दिनों, साधु-संतों, पीरों, फ़क़ीरों, सूफ़ियों के पास थी। हमारे समय के विद्वान समर्थ आलोचक श्री विजयदेव नारायण साही ने जायसी की रचनाओं पर सूफ़ी सम्प्रदाय के प्रभाव को मानने से इनकार किया है। लेकिन विचारणीय है कि धार्मिक परम्पराओं को समान शब्दों में वर्णित करने की क्षमता मध्यकाल में धार्मिकताविहीन कविता ही दे सकती थी। मुजीब रिज़वी का विचार होगा नहीं।

मुजीब रिज़वी का यह शोध प्रबन्ध केवल शोध प्रबन्ध नहीं, रचनात्मक कृति है। यह किताब बुद्धि, परिश्रम के साथ-साथ हार्दिक भावना से भी लिखी गई है। केवल विश्वविद्यालय की डिग्री पाना इसका लक्ष्य नहीं था।

अपने दिवंगत आदरणीय शुभचिन्तक मित्र प्रो. मुजीब रिज़वी की इस किताब को पढ़कर मुझे आभास मिला कि जायसी उन रचनाकारों में से हैं जो हिन्दी जाति या हिन्दुस्तानी कौमिअत की एकात्मा का निर्माण कर रहे हैं।

इस रास्ते पर हम चलते तो आज बंगाली, मराठी, पंजाबी आदि जातीयताओं की तरह हिन्दी या हिन्दुस्तानी कौम का भी एक मान्य अस्तित्व होता। हम हिन्दी-उर्दू या (अब) अन्य बोलियों में न बँटे होते।

इस पुस्तक में आए हुए शब्द, पारिभाषिक शब्दों और उनके व्याख्यात्मक अंशों को अलग छाप कर सूफ़ी साहित्य-कोश बनाया जा सकता है। इस ग्रंथ के विषय में कुछ शब्द लिखने में मुझे गौरव का अनुभव हुआ। विश्वास है कि प्रकाशित होने पर इस अमूल्य ग्रंथ का उचित आदर और मूल्यांकन होगा।

—विश्वनाथ त्रिपाठी

हिन्दी साहित्येतिहास और आलोचना को समृद्ध करने वाली किताब

1

आचार्य रामचन्द्र शुक्ल ने 'जायसी ग्रन्थावली' के पहले संस्करण का वक्तव्य संवत् 1981 (ईस्वी सन् 1924) की जन्माष्टमी को लिखा था। उनकी लिखी विस्तृत भूमिका का हिन्दी आलोचना के इतिहास में ख़ास मुकाम है। यह भूमिका इन शब्दों से आरम्भ होती है :

'सौ वर्ष पूर्व कबीरदास हिन्दू और मुसलमान दोनों के कट्टरपंथ को फटकार चुके थे। पंडितों और मुल्लाओं की तो नहीं कह सकते पर साधारण जनता 'राम और रहीम' की एकता मान चुकी थी। साधुओं और फ़क़ीरों को दोनों दीन के लोग आदर और मान की दृष्टि से देखते थे। साधु और फ़क़ीर भी सर्वप्रिय वे ही हो सकते थे जो भेदभाव से परे दिखाई पड़ते थे। बहुत दिनों तक एक साथ रहते-रहते हिन्दू और मुसलमान एक-दूसरे के सामने अपना हृदय खोलने लग गए थे, जिससे मनुष्यता के सामान्य भावों के प्रवाह में मग्न होने और मग्न करने का समय आ गया था। जनता की प्रवृत्ति भेद से अभेद की ओर हो चली थी। मुसलमान हिन्दुओं की रामकहानी सुनने को तैयार हो गए थे और हिन्दू मुसलमानों की दास्तान हमज़ा। नल और दमयंती की कथा मुसलमान जानने लगे थे और लैला-मजनूँ की हिन्दू। ईश्वर तक पहुँचने वाला मार्ग ढूँढ़ने की सलाह भी दोनों कभी-कभी साथ बैठकर करने लगे थे। इधर भक्तिमार्ग के आचार्य और महात्मा भगवत्प्रेम को सर्वोपरि ठहरा चुके थे और उधर सूफ़ी महात्मा मुसलमानों को 'इश्क़ हक़ीक़ी' का सबक पढ़ाते आ रहे थे।'

ये मार्मिक शब्द जिस समय लिखे जा रहे थे, उसके साथ ही उस समय पर भी ध्यान देना ज़रूरी है जिस समय में ये लिखे जा रहे थे। चौरी-चौरा कांड के बाद गांधी जी असहयोग आन्दोलन वापस ले चुके थे। ख़िलाफ़त आन्दोलन बिखर चुका था। यह समय इस विफलता के बाद की हताशा और आरोप-प्रत्यारोप का समय था। वातावरण में साम्प्रदायिक तनाव भरा हुआ था। हिंसक

घटनाएँ हो रही थीं। साझी भारतीय राष्ट्रीयता के विचार को हिन्दू और मुस्लिम दोनों क़िस्म की साम्प्रदायिकताएँ चुनौती दे रही थीं। विनायक दामोदर सावरकर ने 1923 में 'हिन्दुत्व के मूल तत्त्व' (एसेंशियल्स ऑफ़ हिन्दुत्व) नामक पुस्तक लिखी थी, इसी का परिवर्धित रूप कुछ बरस बाद 'हिन्दुत्व' नाम से प्रकाशित हुआ। इस पुस्तक को आज तक 'हिन्दुत्ववादी' राजनीति का आधार-ग्रन्थ माना जाता है।

सावरकर 1923 में प्रतिपादित कर रहे थे कि 'हिन्दू राष्ट्र' में केवल उन्हीं को स्वीकार किया जा सकता है जो भारत में ही उपजे किसी धर्म-मत के अनुयायी हों, और 1924 में आचार्य रामचन्द्र शुक्ल 'साधारण जनता' के बीच मान्य 'राम और रहीम की एकता' पर बल दे रहे थे। साम्प्रदायिक राजनीति भेदों पर, अन्तरों पर बल दे रही थी, और शुक्ल जी याद दिला रहे थे कि जायसी के समय तक, 'जनता की प्रवृत्ति भेद से अभेद की ओर हो चली थी।' शुक्ल जी जायसी का केवल ऐतिहासिक ही नहीं, समकालिक महत्त्व भी पहचान रहे थे।

हिन्दू-मुस्लिम तनाव भारतीय इतिहास की सचाई है, उससे मुँह चुराना मूर्खता है। लेकिन, इस तनाव के साथ ही, सारे भेदों-विभेदों के बावजूद विकसित हुई साझी संस्कृति के विकास को नकारना मूर्खता से ज़्यादा ख़तरनाक किसी चीज़ की सूचना देता है। इस ख़तरे के सामने जायसी के महत्त्व-निरूपण की शुरुआत उपरोक्त शब्दों में करते आचार्य शुक्ल साहित्यालोचक के सांस्कृतिक दायित्व का निर्वाह कर रहे थे। जिस अभेद की बात शुक्ल जी कर रहे थे, मलिक मुहम्मद जायसी उसके श्रेष्ठ प्रतीक भी हैं, प्रवक्ता भी।

लेकिन, जायसी कुछ भी होने के पहले हिन्दी के श्रेष्ठतम कवियों में से एक हैं। उस दौर के अन्य कवियों से इस माने में अलग भी कि वे अपने कवि होने को लेकर सचेत ही नहीं, आग्रहशील भी हैं। 'पद्मावत' के आरम्भ में ही हमें मालूम पड़ जाता है कि हम उस 'एक नैन मुहम्मद कवि गुनी' की रचना से गुज़रने जा रहे हैं, जिसे पाठक-श्रोता को विमोहित कर लेने की अपनी क्षमता पर विश्वास है। अन्त में हमें मालूम पड़ता है कि कवि ने यह 'कहानी' किसी अलौकिक पुण्य-लाभ की आशा से नहीं, बल्कि इस उम्मीद के साथ सुनाई है कि इसे सुनने वाले पद्मिनी रानी, रत्नसेन, हीरामन, नागमती, राघव चेतन और अलाउद्दीन के साथ उसे भी याद कर लेंगे, 'हम सँवरै दुइ बोल'।

जायसी की रचना इस बात का प्रमाण है कि इस्लामी और हिन्दू धर्म-परम्पराओं, पुराण-कथाओं का ही नहीं, अन्य विषयों का भी ज़बर्दस्त ज्ञान-भंडार उनके पास था। उन्होंने जायस नगर में प्राप्त हुए किसी मार्मिक अनुभव को याद करते हुए उसे आदि-उद्यान कहा है। आदि-उद्यान माने बाग़-ए-रिजवाँ, नन्दन-कानन। जायसी का 'पद्मावत' भी पाठकों के लिए यदि नन्दन-कानन सा है, तो अध्येताओं के लिए

धार्मिक मान्यताओं, सांस्कृतिक स्मृतियों के संकेतों, मानवीय चरित्र के सूत्रों और काव्य-विधियों से भरे तिलिस्म सरीखा भी।

जायसी आस्थावान मुसलमान थे, और साधनारत सूफ़ी। सूफ़ी परम्परा में उनका बहुत सम्मान है, तज़्किरों में उन्हें मुहक़्क़िक़-ए-हिन्द (भारतीय सत्य-साधक) कहा गया है। अपने आस्थापथ पर दृढ़ रहते हुए जायसी 'विधना' तक पहुँचने के उतने मार्गों का होना भी स्वीकार करते हैं जितने कि गगन में तारे, या मानवदेह पर रोम हैं। 'सहिष्णुता' से कई क़दम आगे, यह बात 'स्वीकृति' की है; जो कि भारतीय इस्लाम की अपनी विशेषता है। यह इस्लाम का एक विशिष्ट रूप था और है। यह उस राह की एक मंज़िल है, ईश्वर तक पहुँचने के लिए जिसकी खोज हिन्दू और मुसलमान दोनों ने 'साथ बैठकर' की है।

जायसी का स्वयं सूफ़ी होना और बात है, 'पद्मावत' का सूफ़ी साधना-रूपक होना और बात। शुक्ल जी के समय तक यही माना जाता था कि 'पद्मावत' की लौकिक कथा के ज़रिये कवि पाठकों-श्रोताओं को सूफ़ी-साधना समझाना चाहता है। इस मान्यता का आधार ग्रन्थ के अन्त में आनेवाला एक कड़वक था। लेकिन, पाठालोचन और पाठ-निर्धारण के अद्वितीय विद्वान डॉ. माता प्रसाद गुप्त ने अनेक पांडुलिपियों के तुलनात्मक अध्ययन के आधार पर अकाट्य रूप से स्थापित कर दिया है कि वह कड़वक बहुत बाद में जोड़ा गया है।

इसका यह अर्थ भी नहीं कि 'पद्मावत' और अन्य रचनाओं की निर्मिति में सूफ़ी संवेदना और सोच के योग को नकार दिया जाए। आख़िर, रचनाकार जायसी के मानस में मौजूद संवेदना सूत्रों से उनकी रचना असम्पृक्त कैसे रह सकती थी? मार्के की बात यह है कि जायसी की संवेदना में इस्लामी ज्ञान और सूफ़ी आस्था के साथ हिन्दू मान्यताओं, पुराण-कथाओं और अवध के लोक-जीवन की गहरी जानकारी और जीवन्त सम्पृक्ति भी मौजूद है।

जायसी के काव्य-मानस की समृद्धि के कारण उनका रचनाजगत ख़ासकर 'पद्मावत' गहरा काव्यानुभव ही नहीं, आरम्भिक आधुनिक काल के भारतीय समाज और मानस की विचारोत्तेजक समझ भी देता है। साहित्य-रसिकों के साथ ही इतिहास और संस्कृति के जिज्ञासुओं के लिए भी पद्मावत सचमुच नन्दन-कानन है। इसके समृद्ध सौन्दर्य का अनुमान डॉ. वासुदेवशरण अग्रवाल की संजीवनी व्याख्या से गुज़रते हुए होता है।

इसे विडम्बना ही कहा जाएगा कि 2017-18 के हिन्दुस्तान में जायसी और उनके 'पद्मावत' की चर्चा एक ऐसी फ़िल्म और उस पर विवाद के कारण हो रही है, जिसका दावा जायसी की अमर कृति से प्रेरित होने का है। दावे में दम कितना है, यह और बात है। सच यह है कि जायसी की कवि-सुलभ संवेदनशीलता, व्यापक अध्ययन, जीवनानुभव और दार्शनिक चिन्तन को फ़िल्म छूती तक नहीं

है। इस फ़िल्म पर हुए विवाद में से अधिकांश के खोखलेपन ने यह ज़रूर एक बार फिर से रेखांकित कर दिया कि जायसी समकालीन हिन्दी लोकवृत्त में भी और साहित्यिक-अकादमिक विमर्श में भी, उस तरह उपस्थित नहीं हैं जैसे कि कबीर, तुलसी, मीरां या सूरदास। यह बात तब और भी खटकती है जब हम इस पुस्तक में प्रो. मुजीब रिज़वी के ये शब्द पढ़ते हैं, 'शब्दों के लेशमात्र हेर-फेर से नवीनार्थ बोध और चमत्कारोत्पादक अभिव्यंजना के जायसी सक्षम शिल्पकार हैं। इस दृष्टि से वह हिन्दी भाषा और साहित्य के प्रथम सफल प्रयोगशील आचार्य कवि हैं।'

इस स्थिति के कारण क्या हो सकते हैं? क्या यह कि (जैसा कि विजयदेव नारायण साही मानते थे) जायसी पर, ख़ास कर 'पद्मावत' पर सूफ़ीपन कुछ ज़्यादा ही आरोपित कर दिया गया। या फिर यह कि उनकी भाषा ठेठ अवधी के ठाठ और स्थानीयता के कारण अन्य क्षेत्रों के लोगों के लिए कुछ कठिन हो गई है।

जो भी हो, सच यही है कि 'पद्मावत' तो अपनी गहन संवेदनशीलता, काव्यात्मकता और बहुस्तरीय अर्थवत्ता के कारण अद्वितीय है ही, जायसी की तथा अन्य सूफ़ी कवियों की दीगर रचनाएँ भारतीय सांस्कृतिक अनुभव के ऐतिहासिक विकास को समझने के लिए अनिवार्य हैं।

कबीर और जायसी से लेकर मीर और ग़ालिब तक का समय, भारतीय इतिहास में 'जबदी हुई मनोवृत्ति' वाला, ऐतिहासिक जड़ता से परिभाषित होने वाला, मध्य-काल नहीं, बल्कि भारतीय परम्परा में आंगिक रूप से प्रस्फुटित हो रही आरम्भिक आधुनिकता का काल है। इतिहासकार संजय सुब्रह्मण्यम ने बिलकुल ठीक लिखा है कि 'आधुनिकता यूरोप में उत्पन्न होकर किसी वायरस की तरह दुनिया भर में नहीं पसर गई थी। यह विश्वव्यापी परिघटना थी।'

जैसे घटनाक्रम और बदलावों के कारण, यूरोप के इतिहास में रेनेसां और प्रबोधन की बात की जाती है, वैसे घटनाक्रम सोलहवीं सदी में भारत समेत दुनिया के अन्य समाजों में भी देखे जा सकते हैं।

जिस समय उत्तर भारत में कबीर पारम्परिक सामाजिक सत्तातंत्र को चुनौती देते हुए, व्यक्ति सत्ता को रेखांकित कर रहे हैं, 'हिन्दू, मुसलमान दोनों के कट्टरपन को फटकार' रहे हैं ; जायसी दो धर्म-परम्पराओं के बीच 'ईश्वर तक पहुँचने वाला मार्ग ढूँढ़ने की सलाह' को मूर्तिमान कर रहे हैं; उसी समय दक्षिण में विजयनगर के सम्राट कृष्णदेव राय अपनी रचना 'अमुक्तमाल्यदा' में राजा के कर्तव्यों और चुनौतियों पर विचार कर रहे हैं।

सोलहवीं सदी सचमुच अत्यन्त उत्तेजक और प्रेरक घटनाक्रम की शुरुआत की सदी थी, और जैसा कि प्रो. मुजीब रिज़वी इस पुस्तक में कहते हैं, 'जायसी सोलहवीं सदी की आवाज़ है।'

2

स्वर्गीय प्रो. मुजीब रिज़वी आरम्भिक आधुनिक कालीन साहित्य और संस्कृति के अधिकारी विद्वान थे। यह हिन्दी समाज का दुर्भाग्य ही है कि उन्होंने अपने काम को प्रकाशित करवाने में लापरवाही बरती। प्रस्तुत पुस्तक अलीगढ़ मुसलिम विश्वविद्यालय की पी-एच.डी. उपाधि के लिए लिखे गए उनके शोध-प्रबन्ध पर आधारित है। 1979 में लिखा गया ग्रन्थ कब का प्रकाशित हो जाना चाहिए था यह बात मैंने कुछ खेद, कुछ ग़ुस्से के साथ अनुषा रिज़वी और महमूद फ़ारूक़ी से कही भी। लेकिन, शायद हर काम का एक वक़्त मुकर्रर होता है, रिज़वी साहब की इस किताब का प्रकाशन इस वक़्त होना वक़्त की माँग ही है।

प्रो. रिज़वी 'आरम्भिक आधुनिक काल'—इस पदबन्ध का प्रयोग नहीं करते, लेकिन भारतीय समाज में जो बदलाव सोलहवीं सदी से दिखने लगते हैं, उनके दूरगामी महत्त्व से वे भलीभाँति वाक़िफ़ हैं। मलिक मुहम्मद जायसी की कृतियों का उनके द्वारा किया गया यह सांस्कृतिक अध्ययन इस वाक़िफ़ियत से ओत-प्रोत तो है ही, इस बात की याद भी दिलाता है कि उस काल की गहरी समझ फ़ारसी भाषा और साहित्य की पर्याप्त जानकारी के बिना सम्भव नहीं है। उन्होंने जायसी की काव्य-संवेदना में फ़ारसी साहित्य-परम्परा की काव्य-विधियों और रूढ़ियों का बहुत प्रामाणिक चित्र प्रस्तुत किया है। जायसी पर फ़ारसी काव्य-परम्परा का प्रभाव उक्ति-साम्य की उस लम्बी सूची से ज़ाहिर हो जाता है, जो प्रो. रिज़वी ने प्रस्तुत की है। ऐसी ही सूची श्री रामनरेश त्रिपाठी ने तुलसीदास के प्रसंग में बनाई थी, जिसमें उन्होंने अनेक संस्कृत रचनाओं से तुलसीदास की रचनाओं के पंक्ति-साम्य को रेखांकित किया था।

मुजीब रिज़वी सही पहचानते हैं कि एक ओर हिन्दू पौराणिक कथाओं, धार्मिक मान्यताओं, दूसरी ओर इस्लामी मान्यताओं की प्रामाणिक जानकारी, साथ ही अवध के लोकजीवन से गहरी सम्पृक्ति के कारण जायसी की काव्य-भाषा सूर और तुलसी से ही नहीं मुल्ला दाऊद, कुतबन, मंझन और उसमान से भी अलग, विशिष्ट है। वे बोलचाल के अनगढ़ शब्दों को भी अर्थोत्कर्ष के चरम बिन्दु तक पहुँचाने में सक्षम कवि हैं। इसीलिए वे संस्कृत ही नहीं, फ़ारसी के भी पदबन्धों और मुहावरों को ऐन अवधी का बनाकर प्रस्तुत कर देते हैं। रिज़वी साहब ने उन फ़ारसी पदबन्धों, मुहावरों और विशिष्ट प्रयोगों की पूरी सूची दी है, जो जायसी की रचनाओं में अवधी रूप धारण करके प्रकट होते हैं। 'तमन्नाई, आरज़ूमन्द' के लिए 'आसामुखी' शब्द का प्रयोग जायसी सरीखा सिद्ध कवि ही कर सकता है।

रिज़वी साहब की अत्यन्त रोचक और विचारोत्तेजक स्थापना है कि जायसी 'पद्मावत' की रचना जीवन भर करते रहे। 'पद्मावत' आत्मसजग रूप से सूफ़ी

काव्य के रूप में रची गई कृति है या नहीं—यह सवाल अध्येताओं के बीच लगातार उठता रहा है। इस प्रसंग में प्रो. रिज़वी का कहना है, 'सम्भव है कि प्रारम्भिक रूप में 'पद्मावत' केवल एक सूफ़ी काव्य रहा हो और बहुत बाद में जायसी ने इसे ऐतिहासिक काव्य का रूप देने का प्रयत्न किया हो।' वे कहते हैं कि यह रूपांतरण जायसी की आस्था और आध्यात्मिक साधना के उस विस्तार के समानांतर चला है, जिसमें 'क़हरनामा' तक आते-आते, जायसी 'समस्त साधना पद्धतियों को निष्फल समझकर व त्याग देते हैं, और अपने मन को प्रेम में गाड़ लेते हैं।' रिज़वी साहब की मान्यता है, 'जायसी 'पद्मावत' में दीर्घकाल तक संशोधन और परिवर्द्धन करते रहे थे इसीलिए इस रचना में उनकी अनेक उक्तियाँ एक-दूसरे का खंडन करती मिलती हैं।'

रिज़वी साहब ने जायसी की गुरु-परम्परा और सूफ़ी जगत में उनकी स्थिति पर विस्तार से विचार किया है। 'पद्मावत' के अनेक प्रसंगों की व्याख्या भी उन्होंने सूफ़ी और इस्लामी संकेत-सन्दर्भों की ओर ध्यान आकर्षित करते हुए की है। 'पद्मावत' के सूफ़ी काव्य होने न होने का सवाल उनकी टिप्पणियों से एक नया आयाम प्राप्त करता है। विजयदेव नारायण साही की प्रसिद्ध पुस्तक और उस पर 'आलोचना' पत्रिका में श्री वागीश शुक्ल द्वारा लिखे गए आलोचनात्मक लेख याद आते हैं। उस समय प्रो. रिज़वी की यह पुस्तक लोकवृत्त में उपलब्ध होती तो वह चर्चा निश्चय ही और अधिक समृद्ध हुई होती।

मेरी अपनी समझ से, सूफ़ी मान्यताओं के अनुसार जीवन बिताने वाले कवि की रचना-योजना और रूपकादि में सूफ़ी प्रभाव होना कोई ताज्जुब की बात है नहीं। सवाल यह है कि क्या 'पद्मावत' की रचना उसे सूफ़ी अन्योक्ति बनाने के इरादे से की गई थी ?

'पद्मावत' पढ़ते हुए तो ऐसा लगता नहीं। इस लिहाज़ से जायसी द्वारा 'पद्मावत' को जीवन भर लिखे जाने और इसे आरम्भ में सूफ़ी काव्य, बाद में ऐतिहासिक काव्य का रूप देने की जो मान्यता प्रो. मुजीब रिज़वी ने इस ग्रन्थ में प्रस्तुत की है, वह और भी महत्त्वपूर्ण हो जाती है।

रिज़वी साहब इस बात पर भी उचित बल देते हैं कि लौकिक-पारलौकिक के असाध्य द्वैत (बायनरी) की धारणा में नहीं, जायसी की कविता इन दोनों के मुखामुखम में स्थित कविता है। जायसी ही नहीं, आरम्भिक आधुनिक काल के किसी भी महत्त्वपूर्ण कवि को आप ले लें, उनके आध्यात्मिक सरोकार 'औहिक' (ऐहिक, इहलौकिक के लिए जायसी का शब्द) की उपेक्षा कहीं नहीं करते। उनकी अन्तस्साधना बाह्य के नकार पर या उसके प्रति उदासीनता पर आधारित नहीं है। 'भीतर-बाहर सबद निरन्तर' की महिमा अपने-अपने ढंग से सब पहचानते हैं। इस सन्दर्भ में, प्रो. रिज़वी का यह रेखांकन बिलकुल ठीक है कि 'मलिक मुहम्मद

जायसी आसक्ति के कवि हैं, विरक्ति के नहीं, वे भोगवादी हैं, वैराग्यवादी नहीं, उनकी रचनाओं में विमोह पर बल है भय और आतुरता पर नहीं।'

बिना रूपासक्ति के भला कौन कवि हो सकता है? निर्गुण के साधक भी कविता तो रूपासक्ति के मुहावरे में ही करते हैं; उनकी कविता राह के मुहाने खड़ी बालम का पंथ निहारती है, उसे नयनों की कोठरी में 'क़ैद' कर लेना चाहती है, जगजीवन में व्याप्त राम के साथ इसी जीवन में पूर्ण मिलन चाहती है। जायसी तो बेधड़क रूप से रूपासक्ति और संयोग-शृंगार के कवि हैं। यहाँ यह ध्यान रखना चाहिए कि प्रो. मुजीब रिज़वी 'भोगवाद' शब्द का उपयोग स्थूल अर्थ में, 'सुखवाद-हिडोनिज़्म' के अर्थ में नहीं कर रहे हैं, वे उस अर्थ में इस शब्द का प्रयोग कर रहे हैं, जिस अर्थ में जयशंकर 'प्रसाद' दुखवाद के बरक्स आनन्दवाद की बात करते हैं।

इस पुस्तक में प्रो. रिज़वी ने 'पद्मावत' ही नहीं, जायसी की अन्य कृतियों—'आख़िरी कलाम', 'क़हरनामा' से लेकर 'कन्हउत' तक की रचनागत विशेषताओं, रचना-सन्दर्भ और विभिन्न रचनाओं के परस्पर सम्बन्ध पर गम्भीर विचार किया है। उनका निष्कर्ष है, 'अखरावट में जायसी शरीअत के पक्षपाती हैं, नमाज़ दीन की थूनी है और मुहम्मदी धर्म सर्वश्रेष्ठ है। 'पद्मावत' में शरीअत के प्रति निष्ठावान जायसी से भी भेंट होती है, और इससे मुक्त कवि के भी हमें दर्शन होते हैं, किन्तु 'कन्हउत' में मलिक मुहम्मद जायसी कायिक साधना और धर्म के बाह्याडम्बर से पूर्णतया मुक्त हो चुके थे। मन की जिस मुक्तावस्था की घोषणा जायसी ने चित्ररेखा में की है, उसे वह 947 हिजरी में 'कन्हउत' लिखते समय ही प्राप्त कर सके थे :

जब लगि बिरह न होइ तन हिये न उपजइ पेम।
तब लगि हाथ न आव तप, करम धरम नेम॥

प्रो. रिज़वी की इस्लाम विषयक प्रामाणिक जानकारी आरम्भिक आधुनिक काल के साहित्यविषयक बोध को विशिष्ट आयाम देती है। वे बताते हैं, 'क़ुर्आन के अनुसार एक लाख चौबीस हज़ार ज्ञात और अज्ञात पैग़म्बर ईश्वर की ओर से प्रेषित हैं। जायसी ने परशुराम, राम, कृष्ण और अर्जुन को पैग़म्बरी पद पर ही आसीन किया है। हनुमान के प्रति भी जायसी का यही दृष्टिकोण है। अर्जुन और हनुमान दोनों को मध्ययुगीन मुस्लिम चिन्तनधारा में अधिक महत्ता प्राप्त रही है। मलाया और इंडोनेशिया आदि देशों में भी यही स्थिति है। क़ुर्आन पर जायसी का अडिग विश्वास है और उसकी शिक्षा के अनुसार पैग़म्बरों के बीच भेदभाव महापाप है।'

वासुदेवशरण अग्रवाल ने 'पद्मावत' में एक तरह की 'जायसी रामायण' पढ़ने की बात की थी। रिज़वी साहब की भी मान्यता है कि क़ुर्आन पर अडिग विश्वास

के साथ ही, 'रामकथा के माध्यम से भावव्यंजन तो जायसी की वर्णन-शैली का प्रमुख अंग है।' और इसका कारण बताते हुए शोधकर्ता, आलोचक प्रो. मुजीब रिज़वी की भाषा कविता का मुहावरा अपनाती दीखती है—'वस्तुतः राम से अधिक दुखपूर्ण जीवन किसी अन्य नायक का हो ही नहीं सकता...सम्भवतः दुख सहन की इसी अपार क्षमता के कारण शताब्दियों से दलित, पीड़ित, दुख भार वहन करती हुई भारतीय ग्रामीण जनता ने उनके चरित में अपने कष्टपूर्ण जीवन के दर्शन किए और दोनों के बीच आत्मीय सम्बन्ध स्थापित हुआ...हमारा अभिप्राय अध्यात्म के तत्त्व-ज्ञान से यहाँ नहीं है, उस तथ्य की चर्चा ही यहाँ अभीष्ट है जिसके कारण अवधेश और भारत देश के बीच की घनिष्ठता चिरन्तन और स्वाभाविक है।'

'अवधेश (राम) और भारत देश के बीच की घनिष्ठता' आज भयानक विडम्बना की गिरफ़्त में है। एक तरफ़ भारतीय जनता के बीच भेद-भाव को बढ़ावा देने और भारतीय सांस्कृतिक अनुभव की कुव्याख्या के लिए इसका दुरुपयोग करने वाले लोग हैं, तो दूसरी ओर राम के 'दुखपूर्ण जीवन' के प्रति भयावह संवेदनहीनता बरतते हुए रामकथा के हृदयविदारक प्रसंगों की अत्यन्त सपाट व्याख्याएँ करने वाले लोग। दोनों तरह के लोग प्रो. मुजीब रिज़वी के उपरोक्त कथन से, चाहें तो कुछ सीख सकते हैं।

जहाँ तक आरम्भिक आधुनिक काल के अध्येताओं, जायसी काव्य के प्रेमियों, रसिकों का सवाल है, उनके लिए तो यह ग्रन्थ अनिवार्य सन्दर्भ-ग्रन्थ सिद्ध होने वाला है—इस बात में किसी तरह के सन्देह की गुंजाइश है ही नहीं।

यह कसक ज़रूर है कि काश, यह किताब पहले छपी होती, प्रो. मुजीब रिज़वी के अपने जीवन-काल में छपी होती। लेकिन, फिर से कहूँ, हर बात का वक़्त होता है। शायद, हिन्दी साहित्येतिहास और आलोचना, दोनों को समृद्ध करने वाली इस किताब के प्रकाशन का सही वक़्त यही है। इस वक़्त के ही नहीं, आगे आने वाले समय के अध्येताओं और सामान्य पाठकों के बीच तो इस किताब का उत्साहपूर्ण स्वागत होना तय है।

—पुरुषोत्तम अग्रवाल

दीदनी है पे बहुत कम नज़र आता है यहाँ

अब्बू की याद में

मुजीब साहब से मेरी पहली मुलाक़ात सन् 1999 में हुई थी। उन दिनों मैं एनडीटीवी में मुलाज़िमत करता था और हाल में शाया हुई अलका सरावगी का हिन्दी नॉवेल *कलिकथा : वाया बायपास* से बहुत मुतास्सिर हुआ था। मैंने उस पर एक लम्बा तब्सिरा लिखा, ये एक तरह से मेरी पहली अदबी कोशिश थी। वो मज़मून मैंने अनुशा को दिया और उनकी बदौलत वो मुजीब साहब तक पहुँचा। उसके कुछ दिनों बाद मैं पहली बार अनुशा के घर ज़ाकिर नगर गया तो मुजीब साहब से पहली मुलाक़ात हुई। ज़ाकिर नगर से मेरी वाक़िफ़ियत क़दीमी थी। 1990 में वालिद साहब के दिल्ली तबादले के बाद जब हमारा कुनबा दिल्ली मुंतक़िल हुआ और मैंने कॉलेज जाना शुरू किया तो हम लोग बाटला हाउस में रहते थे, जो ज़ाकिर नगर से मिला हुआ इलाक़ा था। इत्तिफ़ाक़ की बात कि मैं वहीं से सेंट स्टीफ़ंस कॉलेज की बस पकड़ता था और वहीं से 5 साल बाद अनुशा भी उसी कॉलेज जाती थीं, मगर कभी हमारी शनासाई नहीं हुई। उस ज़माने में मैं जामिया की लाइब्रेरी के बहुत चक्कर काटा करता था जिस ज़माने में, जैसा कि मुझे बाद में पता चला, मुजीब साहब जामिया के एक्टिंग वाइस चांसलर थे मगर कभी उनसे मुलाक़ात न हुई। अनुशा के नाना और उर्दू के मशहूर शायर ग़ुलाम रब्बानी ताबाँ साहब अक्सर अनुशा के साथ उन्हीं रास्तों से होकर शाम को यमुना कैनाल की सैर को जाया करते थे जिन पर मैं शाम को धूल उड़ाता था मगर कभी उनसे टकराया नहीं। बाद में इल्म हुआ कि अनुशा के ख़ानदान और हमारे ख़ानदान में, बक़ौल एक मशहूर नाटक के उनवान के, महज़ 6 डिग्री का सैप्रेशन था, और न जाने कितने लोग, दिलचस्पियाँ और तजुर्बे मेरे और उसके दरम्यान मुश्तरिक थे।

क़ुरबतें ही क़ुरबतें थीं .फ़ासले ही .फ़ासले

और अब मुजीब साहब के चले जाने के बाद ऐसा लगता है कि

क़ुरबतें मिट जाएँगी और .फ़ासला रह जाएगा
चंद यादों के सिवा बस और क्या रह जाएगा

बहरहाल, उस पहली मुलाक़ात से ही न जाने क्यूँ मैंने मुजीब साहब को अब्बू कहना शुरू कर दिया। उनकी शख़्सियत में बुज़ुर्गियत और वक़ार का एक ऐसा मेल था जो सबको बरजस्ता अपनी तरफ़ खींच लेता था। वो मेरा मज़मून पढ़ चुके थे और जब वो मुझसे मिलने बाहर आए तो उन्होंने बहुत खुलकर उसकी तारीफ़ की। मैं बहुत ख़ुश हुआ कि किसी हिन्दी के प्रोफ़ेसर ने हिन्दी के बारे में मेरे मज़मून को पसन्द किया। उस वक़्त मैं सिर्फ़ इतना ही जानता था कि वो जामिया में हिन्दी के प्रोफ़ेसर थे। वो तो धीरे-धीरे मुझ पर आशकार हुआ कि वो क्या कुछ थे। लेकिन उस पहली मुलाक़ात में बात जब चली तो हिन्दी से आगे बढ़कर उर्दू पर पहुँची और अब्बू ने ये चौंका देने वाली बात कही कि उर्दू कोई ज़बान नहीं महज़ एक पच्चीकारी है, जिसे कहना चाहिए पैवंद। फिर बात पीछे होते-होते अट्ठारहवीं सदी तक पहुँची और उन्होंने कहा कि साहब देखिए ये उर्दू-हिन्दी का झगड़ा वहाँ से शुरू होता है जहाँ से दिल्ली के अमीरज़ादों ने भाखा में फ़ारसी अल्फ़ाज़ भरने शुरू किए और उसे मुफ़र्रस और मुअर्रब[1] बनाने की कोशिश शुरू कर दी। अच्छा, अब्बू जब भी लफ़्ज़ अमीरज़ादे या उलेमा या अरबी का इस्तेमाल करते थे तो उसमें नागवारी का इतना ज़ोर डाल देते थे कि ऐसा लगता था कि आवाज़ नाफ़ से निकल रही हो। बहरहाल, मैंने कहा कि ये बात तो अमृत राय अपनी मुतअनाज़ा किताब 'ए हाउस डिवाइडेड : द ओरिजन ऐंड डेवलपमेंट ऑफ़ हिन्दी/हिन्दवी' (घर का बँटवारा : हिन्दी/हिन्दवी का उद्गम और उसका विकास) में कह चुके हैं। अब्बू ने कहा कि नहीं उनका एजेंडा कुछ और है, वो उसको साम्प्रदायिकतावाद से जोड़कर देखते हैं, मेरा मतलब कुछ और है। फिर ये गुफ़्तगू सालों-साल तक जारी रही और ये किताब उसी सिलसिले की एक कड़ी है।

मैंने जब अब्बू से मिलना-जुलना शुरू किया तो वो नौकरी से सुबुकदोश होकर एक तरह से ख़ानानशीन हो चुके थे। उन दिनों वो पान खाया करते थे। बाद में पता लगा कि उन्होंने जब सिगार पीना छोड़ा तो पहले तो सिगरेट पी और फिर तम्बाकू की, उस लत की आख़िरी तान पान पर आकर टूटी। उनके कपड़ों पर जा-ब-जा पान के दाग़ नज़र आते थे मगर वो ख़ुद हमेशा उनसे, आपा की हज़ार टोका-टोकी के बावजूद, बेहद बेनियाज़ नज़र आते थे। पान वो अपने लिए भी लाते थे और आपा के लिए भी। अपने पान वाले से उनकी बड़ी दोस्ती थी और सियासत पे रोज़ाना उससे गुफ़्त-ओ-शुनीद रहती थी। पान का पान और सियासत का दाम के मिसदाक़ उनकी बाहमी रब्तो-ज़ब्त जारी रहती थी। जिस साल हमारी शादी हुई उसी साल जब अब्बू बीमार पड़े तो उन्होंने पान खाना भी आख़िरकार तर्क कर दिया और उनके पान छोड़ने के बाद उस पान वाले ने पान बेचना ही बन्द कर दिया।

वो जो बेचते थे दवा-ए-दर्द वो दुकान अपनी बढ़ा गए

उन दिनों अब्बू को जामिया से रिटायर हुए कई बरस हो चुके थे। अब्बू सन् 1960-61 के क़रीब अलीगढ़ से जामिया आए थे और यहाँ उन्होंने जामिया के हिन्दी शोहबा की नींव डाली थी। उस ज़माने में, ज़ाकिर हुसैन साहब के अलीगढ़ चले जाने के बाद मुहम्मद मुजीब साहब शेख़ुल जामिया थे। अब्बा की शादी की एक तसवीर में मुजीब साहब को उनके साथ देखा जा सकता है। बाद में अब्बू ने बताया कि जब वो सेहरा डाले दूल्हा बने बैठे थे तो मुजीब साहब ने बाक़ायदा उन्हें एक सिगार भी पिलाया था। अब्बू जामिया क्यूँ और कब आए ये दास्तान भी अपने आप में दिलचस्प है। उनकी पैदाइश इलाहाबाद के एक क़स्बे चैल में हुई थी जहाँ के सिपाही और सैयद दोनों मशहूर थे। वहाँ के लोगों का ग़ुस्सा भी मशहूर था इसलिए अब्बू जब कभी ख़फ़ा होते थे तो घर में अक्सर ये कहा जाता था कि 'इस वक़्त इन पर चैली रंग ग़ालिब है, ज़रा सँभल के।' वो अपने बचपन की बातें कम ही किया करते थे इसलिए ज़्यादा तफ़सीलात का इल्म नहीं मगर इतना ज़रूर पता है कि उनके दादा इलाक़े के इतने बड़े ज़मींदार थे कि अब्बू ऊँट पर बैठकर स्कूल जाया करते थे। अपने दादा के एक जिगरी दोस्त जो एक ठाकुर थे का भी अब्बू कभी-कभी ज़िक्र करते थे। खान-पान और छुआछूत की तमाम बंदिशों के बावजूद दोनों ख़ानदानों में बाहम बेहद मुहब्बत और रब्त था। कुछ घरेलू मसायल की वजह से, जिनमें शायद ज़मीन-जायदाद के मामले शामिल थे, अब्बू अपने घराने और ज़मींदारी दोनों से बद्दिल हो गए थे। तमाम तफ़सीलात का तो इल्म नहीं है मगर ये ज़रूर है कि इस कशाकशी ने उन्हें इतना दिलबरदाश्ता कर दिया कि वो अपनी तमाम मौरूसी जायदाद वग़ैरह को छोड़कर उठ खड़े हुए और ऐसे उठे कि फिर कभी उन्होंने अपनी जायदाद या अपने गाँव का रुख़ नहीं किया। एक-आध को छोड़कर उनके किसी रिश्तेदार से भी मैं कभी नहीं मिला। इस तरह से देखा जाए तो वो न सिर्फ़ निराले थे बल्कि अकेले भी थे, न कोई आगे न पीछे, सिवाय उन मरासिम के जो उन्होंने आगे चलकर ख़ुद बनाए। एक दफ़ा मैं और अनुशा इलाहाबाद के एतराफ़ में घूम रहे थे तो अब्बू के गाँव गए थे। उन्होंने बहुत इश्तियाक़ से अपने गाँव की मिट्टी मँगाई थी। गाँव तो उन्होंने छोड़ दिया था मगर उन्हें अपने पुरबिया होने पर ता-उम्र बहुत फ़ख़्र रहा। ये क़दर हम दोनों में मुश्तरिक थी।

इब्तिदाई तालीम अब्बू ने इलाहाबाद के सेंट जोसेफ़ स्कूल में हासिल की और फिर इलाहाबाद यूनिवर्सिटी और अलीगढ़ यूनिवर्सिटी होते हुए वो जामिया पहुँचे। बीच में बहुत से पड़ाव थे जिनका मैं आगे मुख़्तसरन ज़िक्र करूँगा। इलाहाबाद के क़िस्से अब्बू कभी-कभी ज़रूर सुनाते थे। सेंट जोसेफ़ के उनके दोस्तों में राशिद शेरवानी साहिब आज भी बा-हयात हैं और वो पाबन्दी से अब्बू से मिलने-जुलने आते रहते थे। वहीं उनका रब्त-ज़ब्त बिशम्भर टंडन और उनके घरवालों से हुआ

जो ग़ालिबन इलाहाबाद के मशहूर टंडन घराने से ताल्लुक़ रखते थे। अब्बू अक्सर उनके घर जाया करते थे। हालाँकि सियासी तौर पर वो लोग मुस्लिम-मुख़ालिफ़ थे और घर के अन्दर मुसलमानों की आमद-ओ-रफ़्त को लेकर बे-इन्तिहा एहतियात बरती जाती थी मगर ये वैमनस्य रिश्ते-नातों को निभाने में आड़े नहीं आता था। अब्बू मज़े लेकर बताते थे कि कैसे वो कभी चौके में चले जाते थे, कभी कुछ छू लेते थे और घर की औरतों की डाँट से महज़ूज़ होते थे।

ये वो इलाहाबाद था जब उसके नाम से मन्सूब यूनिवर्सिटी का सुनहरा दौर था। फ़िराक़ साहब, प्रोफ़ेसर ताराचन्द, डॉक्टर बेनीप्रसाद, अमरनाथ झा, नूरुल हसन साहब, हरिवंश राय बच्चन, न जाने कितनी अज़ीम शख़्सियतें थीं जिनसे बिलवास्ता और बिलावास्ता अब्बू ने इस्तिफ़ादा हासिल किया। वो तेजी बच्चन के बारे में एक वाक़िया अक्सर बताया करते थे कि वो कड़ी धूप में रिक्शे पर बैठकर घर पहुँचीं और फिर उन्होंने सबसे पहले अपने हाथों से रिक्शे वाले को लाकर एक गिलास पानी पिलाया तब उसे विदा किया। नई-नई हासिल की गई आज़ादी का सुरूर, गांधीवादी आदर्शों का ग़ल्बा और तरक्क़ीपसन्द तहरीक का उरूज और वो भी इलाहाबाद में जहाँ बक़ौल शख़्स,

हाय इलाहाबाद जहाँ सज्जन बसते
लेखक और अमरूद जहाँ दोनों ही बसते

इलाहाबाद उस वक़्त कई तरह की तहरीकों का गहवारा था। हिन्दी प्रचारिणी सभा और हिन्दी अदीबों का जमघट, उसके मुख़ालिफ़ हिन्दुस्तानी अदब का ज़ोर-शोर, उस माहौल में अब्बू का महात्मा गांधी के ख़यालात से मुतास्सिर होना कोई अजीब बात नहीं थी। शायद इसमें कुछ दख़ल पंडित सुन्दरलाल का रहा हो जो गांधीवादी और सियासी कारकुन होने के साथ-साथ एक बेइन्तिहा आला दर्जे के मुअर्रिख़ और विद्वान भी थे। पंडित सुन्दरलाल की मशहूर किताब 'भारत में अंग्रेज़ी राज' से मेरा पहला तआरुफ़ अब्बू ने ही कराया था। पंडित सुन्दरलाल ने ही अब्बू से जब ये कहा कि 'आख़िर मुसलमान हिन्दी क्यूँ नहीं पढ़ते,' तो अब्बू हिन्दी की तरफ़ राग़िब हुए जो उनकी ज़िन्दगी का सबसे अहम मोड़ था। पंडित सुन्दरलाल के साथ अब्बू ने घाट-घाट का पानी पिया। वो उनके साथ किसी ख़ास वफ़्द का हिस्सा बनकर चीन के सफ़र पर गए, हैदराबाद में पुलिस एक्शन के बाद पंडित सुन्दरलाल जिस कमेटी को लेकर वहाँ हुए मज़ालिम की जाँच-पड़ताल करने गए अब्बू भी उस टीम का हिस्सा थे। (वो रिपोर्ट ग़ायब हो चुकी है, या अपनी निष्पक्षता की वजह से शायद ग़ायब कर दी गई)। इसी ज़माने में शायद वो मार्क्स और कम्यूनिस्ट पार्टी के क़रीब आए जिसके वो हमसफ़र तो रहे मगर कभी बाज़ाब्ता कार्डहोल्डर न बने और न ही उन्होंने लबादे की तरह उसे कभी ओढ़ा। और न ही उन्होंने बक़ौल मंटो,

रूस के क्रेमलिन से निर्क कर बम्बई के खेतवाड़ी होते हुए जारी किए गए हर बयान को क़ुर्आन की आयत समझकर क़बूल किया। इन्हीं सियासी समाजी सरगर्मियों से होते-गुज़रते अब्बू अलीगढ़ पहुँचे जहाँ से उन्होंने बाद में एम.ए. और फिर पी-एच.डी. की सनद हासिल की। अलीगढ़ उस वक़्त बँटवारे के घावों से उबरने की कोशिश में था और हालाँकि वहाँ की फ़िज़ा बहुत कम्यूनिस्ट-मुख़ालिफ़ थी मगर अब्बू कम्यूनिस्ट पार्टी के लिए वक़्त-बेवक़्त काम करते रहे। उस ज़माने में उन्होंने एक अख़बार 'दोस्त' भी निकाला जिसमें वो बक़ौल-ए-ख़ुद जमकर लिखा करते थे और हर कठमुल्ला और रहमतुल्ला अलाहै से मोर्चा लिया करते थे। अलीगढ़ में ही अब्बू की मुलाक़ात इक़्तिदार आलम ख़ान से हुई जो आगे चलकर अहद-ए-वुस्ता के हिन्दोस्तान के बहुत मुअक़्क़र और मुमताज़ तारीख़दान बन के सामने आए और अभी भी सरगर्म हैं। इक़्तिदार आलम ख़ान मशहूर तरक़्क़ीपसन्द शायर ग़ुलाम रब्बानी ताबाँ के साहबज़ादे थे। अब्बू अक्सर उनके साथ दिल्ली आ जाते, उस बहाने उनके मरासिम ताबाँ साहब और उनकी अहलिया से पैदा हुए जिन्हें सबकी तरह वो भी अम्मी कहने लगे। ताबाँ साहब और उनकी बेगम को ये बेघर-ओ-बे-सर-ओ-सामान नौजवान इतना पसन्द आया कि उन्होंने अपनी बड़ी बेटी अज़रा के साथ उसका हाथ बाँध दिया और इस तरह अब्बू दिल्ली और गोया एक तरह से जामिया के दामाद हो गए।

जामिया उन दिनों आज के मुक़ाबले एक बहुत छोटा सा इदारा हुआ करता था मगर उसकी बातें और उसके आदर्श बहुत बड़े थे। अब्बू बहुत शौक़ और बहुत फ़ख़्र से उस ज़माने का ज़िक्र करते थे। ज़ाकिर साहब और मुजीब साहब के क़िस्से, गांधी जी के जामिया से रिश्ते, नेहरू का अक्सर यहाँ चले आना, पुराने जामिया के क़िस्से, उसके तौर-तरीक़े, उसका रहन-सहन सब अब्बू के बयानों में बिलकुल सपनों जैसा लगता। इतने सालों तक मैंने उसका ज़िक्र सुना है कि मुझे वो एक गुज़रा हुआ यूटोपिया सा लगता है। मेरे वालिद साहब पहले भी जामिया के अतराफ़ में मुक़ीम रह चुके थे। सन् 1971 में जब मैं पैदा हुआ था तो वो यहाँ कुछ दिन रहे थे, फिर सन् 1977-78 में भी हम कुछ दिन बाटला हाउस रहे थे। उस ज़माने की कुछ हलकी-हलकी झलकियाँ मुझे भी याद हैं। बाटला हाउस से होली फैमिली आते वक़्त बहुत से मूली के खेत थे ये मुझे याद है क्योंकि बचपन में मैंने यहाँ से मूलियाँ खाई थीं। हमारे आसपास कुछ लोग थे जो क़दीम जामिया की रिवायत के मुताबिक़ रात का खाना जामिया के मकतब से ही मँगवा लिया करते थे। जामिया जब 1920-21 में महात्मा गांधी की पहली तर्क-ए मवालात मुहिम से तहरीक लेकर क़ायम किया गया था तभी से उसके कारगुज़ारों में ख़िदमत और सेवा का जज़्बा घर कर गया था। जिस ज़माने में अब्बू यहाँ आए उस वक़्त वो पुराने आदर्श क़ायम-ओ-दायम थे। जामिया का एजुकेशन डिपार्टमेंट बजा तौर

पर अपनी ख़िदमती काविशों के लिए मशहूर था। बदरपुर, जैतपुर और जामिया के इर्द-गिर्द बसे कई गाँवों के बाशिन्दों को तालीम देने में जामिया की काविशें बेहद क़ाबिल-ए-तारीफ़ थीं। प्रोफ़ेसर मुहम्मद मुजीब साहब जिन्होंने आज़ादी के बाद क़रीबन 25 साल तक जामिया की बागडोर सँभाली के ज़ेरे निगरानी जामिया एक छोटा सा कुनबा था जहाँ सब एक-दूसरे को सहारा देकर ख़िदमत, क़ौमपरस्ती और वतनपरस्ती के काम बड़ी सादगी से अंजाम देने में लगे थे। और यही सादगी शायद जामिया की सबसे बड़ी ख़ासियत थी। अब जामिया बहुत फैल गया है और बहुत बड़ी यूनिवर्सिटी बन गया है मगर यक़ीनन उतना मिसाली नहीं रहा जिसके चर्चे मैंने सुने हैं।

हर बुल हवस ने हुस्नपरस्ती शुआर की
मुद्दत हुई वो शेवा-ए-अहल-ए-नज़र गया

जामिया में अब्बू ने न सिर्फ़ हिन्दी डिपार्टमेंट की दाग़-बेल डाली बल्कि वक़्त गुज़रने के साथ-साथ वो जामिया के बहुत से आला ओहदों पर फ़ायज़ रहे। एक ज़माने तक अब्बू जामिया के एनसीसी के इंचार्ज रहे और बहुत संजीदगी से उसे निभाया। यहाँ तक कि उन्होंने ख़ुद भी हथियार चलाने की ट्रेनिंग ली। वो यहाँ डीन रहे, प्रॉक्टर रहे और प्रो. वाइस चांसलर रहे और आख़िर में एक्टिंग वाइस चांसलर भी रहकर रिटायर हुए। इस दौरान उनका असली सरमाया उनकी लिखी किताबें नहीं बल्कि वो तल्बा थे जिनके लिए उनकी ज़िन्दगी वक़्फ़ थी। आपा तल्बा और अब्बू से उनके रब्त-ओ-ज़ब्त के बहुत से क़िस्से सुनाती हैं। किस तरह वो घंटों-घंटों डिपार्टमेंट में तल्बा के साथ सर्फ़ करते थे, किस तरह उनकी तनख़्वाह पे पहला हक़ तल्बा का होता था और किस बेतकल्लुफ़ी से उनके तालिबे-इल्म उनसे पेश आते थे। हमारे ज़माने के बहुत जय्यद तारीख़दान मुज़फ़्फ़र आलम बराह-ए-रास्त अब्बू के तालिबे-इल्म और शागिर्द रहे हैं और सूफ़ी प्रेमाख्यानों के बेहद होनहार आलिम आदित्य बहल ने बिला वास्ता अब्बू की शागिर्दी में बहुत कुछ सीखा। मशहूर आलिम और तारीख़दां साइमन डिगबी (Simon Digby) जब भी इंडिया आते थे, घंटों अब्बू के साथ बैठते थे। जामिया की वो सादी मगर तख़लीक़ी कारगुज़ारियों से भरी हुई ज़िन्दगी, उसका महदूद रक़्बा मगर उसकी वो गहमागहमी, वो लोग यही सब अब्बू की दुनिया थी। अहल-ए-क़लम होते हुए भी अब्बू दरअसल अमल के मैदान के मुजाहिद थे और उसके लिए जामिया बहुत मौज़ूँ लाहा-ए-अमल था। अपनी वफ़ात के चन्द रोज़ पहले उन्होंने जामिया की कहानी के नाम से एक छोटी सी दास्तान लिखवाई थी जो अपने इख़्तिसार के बावजूद बहुत पुरअसरार साबित हुई।

जैसा कि इस किताब से ज़ाहिर होगा अब्बू कई इल्मी मैदानों पर बैकवक़्त दर्क रखते थे। सूफ़ियों की भाखा शाइरी और क़ुरुने-वुस्ता के दीगर हिन्दी शाइरों पर उन्हें ग़ैरमामूली उबूर हासिल था। अमीर ख़ुसरो पर उनकी किताब 'ख़ुसरोनामा' जो मकतबा जामिया से छपी है अपने मौज़ूँ की मुक़्तदर-तरीन किताबों में गिनी जाती है। तसव्वुफ़ के बारीक निकआत पर अब्बू की गहरी पकड़ थी। फ़ारसी से अब्बू की आला पाये की वाक़िफ़ियत का सबूत इस किताब से साफ़ झलकता है। अपने मौज़ूँ के हिसाब से हिन्दुस्तानी तारीख़ का अब्बू को गहरा इल्म हासिल था। उम्र के आख़िरी दौर में अब्बू के बहुत से मज़ामीन का एक मजमूआ शाया हुआ जिसमें कबीर, तुलसी, जायसी समेत हमारी साझी विरासत के बहुत से अनछुए पहलुओं को उजागर किया गया था। मुसलमान शाइरों की कृष्ण-भक्ति, तुलसीदास और मीर अनीस का मुवाज़ना बहुत से ऐसे मौज़ूँ हैं जिन पर अब्बू ने अपने निराले अन्दाज़ से रोशनी डाली है। उर्दूदान तबक़े में शायद ही कोई ऐसा हो जिसे हिन्दी शाइरी और उसके ज़रिये संस्कृत शेरियत पर इतना उबूर हासिल हो जितना अब्बू की गुफ़्तगू से टपकता था और इन तहरीरों में ज़ाहिर होता है। इसलिए इन मौज़ूआत पर अब्बू जब क़लम उठाते थे तो वो एक नई इल्मी जिहत तैयार करते नज़र आते थे। उर्दू-फ़ारसी अदब में हिन्दी और संस्कृत की अक्कासी और क़ुरूने-वुस्ता की हिन्दी शाइरी में फ़ारसी असरात को ज़ाहिर करना ये अब्बू का ख़ास इल्मी कारनामा है और शायद ही अब कोई ऐसा हो जो इस गहराई तक उस मैदान को नाप सके। ये शायद इत्तिफ़ाक़ नहीं है कि हिन्दी में लिखने वाले मुसलमान अदीबों में जो दो नाम सर-ए-फ़ेहरिस्त रखे जा सकते हैं वो हैं असग़र वजाहत और अब्दुल बिस्मिल्लाह, जो दोनों ही जामिया के हिन्दी डिपार्टमेंट से मुन्सलिक थे और जिनकी तरबियत में अब्बू का भी किरदार लाज़मन रहा होगा।

पूरबी और अवधी ज़बानों में सदियों तक सुनाए गए मर्सियों पर अपनी किताब तदवीन करने में अतहर रज़ा बिलगरामी साहब को ज़ाहिर है अब्बू से बेहतर कोई नहीं मिल सकता था। अब्बू की आम इल्मी रिवायत से बेनियाज़ी इसी बात से साबित होती है कि उनके इन गिराँक़दर मज़ामीन को जमा करने का बीड़ा आपा ने ही उठाया और उन्हीं की कोशिशों से ये बेइन्तिहा अहम किताब 'पीछे फिरत कहत कबीर कबीर' के नाम से मंज़र-ए-आम पर आई। ये अलग बात है कि किताब के छप के आने के बाद अब्बू बहुत ख़ुश थे और चाहते थे कि उनकी किताब लोग पढ़ें और उस पर अपने रद्द-ए-अमल का इज़हार करें। अब्बू ने कभी इस बात पर शिकायत का इज़हार नहीं किया मगर इसे उर्दू वालों की नाहली और उनकी बदबख़्ती कहा जाए कि इस बेशक़ीमती किताब पर शायद ही कोई तबसिरा उर्दू में कहीं छपा। अब्बू की ज़िन्दगी के आख़िरी अशरे में कई बार अब्बू के मक़ाले और तक़रीरें सुनने का शर्फ़ हासिल हुआ। अक्सर मैं ही उनको लेकर जाता था। आम प्रोफ़ेसरों के बर-

ख़िलाफ़ वो छपने-छापने में कम दिलचस्पी लेते थे, ज़बानी इल्म लुटाना उनका शेवा था। वैसे तो वो कई-कई दिनों तक अपनी लाइब्रेरी का रुख़ नहीं करते थे मगर जब किसी लेक्चर की तारीख़ सिर पर आ जाती तो रात-रात भर जग कर लिखने बैठ जाते। कई बार ऐसा हुआ है कि उन्होंने बहुत उम्दा और तबअज़ाद या मक़ाला पढ़ा और फिर उसे मेज़बान को सौंपकर बेनियाज़ी से ख़ाली हाथ घर चले आए। अगर कहीं नज़राने के तौर पर कोई लिफ़ाफ़ा मिल जाता, और अगर उसे घर लाना याद रहता तो वो आपा की नज़र कर दिया जाता।

अपनी तमाम उर्दू-मुख़ालिफ़त के बावजूद जब लिखने पर आते तो बहुत सक़ील मगर मुहावरेदार उर्दू लिखते। हर मौज़ूँ पर नए तरह से सोचना और नए तरह से गुफ़्तगू करना उनकी ख़ासियत थी। कोई ज़रूरी नहीं कि उनका नुक़्ता-ए-नज़र आपको क़ायल करे मगर वो लीक के जवाबों से कभी मुतमइन न हुए। मुआमलात चाहे अदबी हो या तारीख़ी या सियासी या मशीनी ही क्यों न हो, वो बुनियादी तौर पर जाँच-पड़ताल करने के क़ायल थे। जब भी उनको बोलते सुना कोई न कोई नई बात, कोई न कोई नया पहलू सामने आता। हमारी तारीख़ में गुमकरदा न जाने कितनी अज़ीमुश्शान अदबी और तारीख़ी शख़्सियतें हैं जिनका अव्वल ज़िक्र मैंने अब्बू से सुना, चाहे बरकतउल्लाह शाह प्रेमी हों या जमालुद्दीन हाँसवी, मसीह पानीपती हों या महामती प्राणनाथ। मेरी हर तहरीर को वो दिलचस्पी से पढ़ते थे और हम लोगों के मुताल्लिक़ शाया हुई किसी भी ख़बर को बाक़ायदा गत्ते पर चिपकाकर जमा करते थे। मेरे हर काम में दिलचस्पी लेते और उसकी बाक़ायदा तारीफ़ करते। दास्तानों के मेरे काम में मुझे अक्सर उनकी ज़रूरत पड़ती रहती। उर्दू-फ़ारसी में रामायण के नुस्ख़ों का पता लगाना हो, कृष्ण और गीता भक्ति के उर्दू नुस्ख़े खोजने हों या जायसी की सही क़ीरत समझना हो, बेशुमार ऐसे मौज़ुआत थे जिन पर अब्बू ही काम आ सकते थे। एक बार जब मैं उन्हें जायसी सुना रहा था तो वो हैरत से भरे हुए लहज़े में बरजस्ता बोले, 'अरे भई तुम अवधी अच्छी पढ़ने लगे हो।' यक़ीन जानिए मैं अपने आप से कम ही उतना ख़ुश हुआ हूँ जितना उस लम्हे में हुआ था। वैसे तो अब्बू बे-इन्तिहा मुहब्बती थे और बक़ौल हमारे दोस्त फ़ज़ल-उर-रहमान सिद्दीक़ी के, हर आने वाले का ऐसा इस्तक़बाल करते थे कि जैसे उसी के इंतज़ार में बैठे हों। मगर उनके दिल के अन्दर जगह पैदा करना आसान नहीं था। ये मेरी ऐन ख़ुशक़िस्मती थी कि पहले दिन से ही मैं उनके दिल में घर कर गया। ख़ुद कम ही निकलते थे मगर उनकी नज़र में ऐसी मुहब्बत थी कि ऐसा लगता था कि जैसे सौ-दो सौ साल पहले के किसी बुज़ुर्ग से मुलाक़ात हो रही हो।

अब्बू अपनी तरह के कम्यूनिस्ट थे, सेक्यूलर थे मगर ला-दीन नहीं थे। इस्लाम से उन्हें गहरा शग़फ़ था मगर मुल्लाओं से उन्हें सख़्त बुग़्ज़ था। अल्लाह

मियाँ का वो जब भी नाम लेते ग़ुस्से से लेते थे मगर हुज़ूर पाक को उन्होंने हमेशा रसूल-ओ-अल्लाह कहकर याद किया। मुल्लाओं से बैर रखने के बावजूद दयानतदार साहब-ए-दीन और आलिम-ए-दीन लोगों की बहुत इज़्ज़त करते थे। जामिया में दीनीयात के प्रोफ़ेसर और मशहूर देओबन्दी (देवबन्दी) आलिम ज़ियाउल हसन फ़ारूक़ी साहब की अब्बू बहुत इज़्ज़त करते थे। पैदा वो शिया घराने में हुए थे मगर उनका मसलक बिला शुबहा इनसानियत और इनसानी दोस्ती था। मुहर्रम में जब कभी मैं याद दिलाता था तो टीवी पर कभी कोई नौहा सुन लेते थे। उनके अन्दर किसी तरह का आडम्बर नहीं था। मैंने कभी उन्हें किसी की ग़ीबत करते नहीं सुना, तनक़ीद वो बरमला करते थे और मुँह पर बुरा-भला कहने से आर नहीं रखते थे। इनसानों में वो कभी ऊँच-नीच की तमीज़ नहीं करते थे। घर में शायद ही कभी कोई ऐसा नौकर या मुलाज़िम रहा हो जिससे अब्बू ने ऊँची आवाज़ में बात की हो। अगर कोई बात नागवार गुज़रती थी तो बस इतना कहते थे, *अरे भाई...* जैसा मैंने ऊपर कहा वो हर इल्मी पहलू की नए सिरे से जाँच-पड़ताल करते थे। यही हाल मशीनों का था। घरवाले डरे रहते थे कि वो किसी मशीन की मरम्मत न करने बैठ जाएँ। टीवी ख़राब हुआ है तो अब्बू उसे लेकर बैठ गए और हर पुर्ज़े को तार-तार कर दिया, जेनरेटर ठीक से नहीं चल रहा है तो अब्बू पेचकश, पाना, प्लास लेकर डट गए और घंटों डटे रहते। इस मामले में धुन के पक्के थे कि या तो मशीन ठीक करके दम लेते या उसे पूरी तरह बर्बाद करके। फ़र्नीचर पर पॉलिश करवानी हो तो अब्बू से करवा लीजिए, किसी और चीज़ की मरम्मत करानी हो तो अब्बू मुस्तैद हैं। आपा अगर बीमार पड़ गईं तो घंटों उनकी तीमारदारी करते मगर वो डरी हुई रहतीं कि कहीं खाना बनाने न बैठ जाएँ क्योंकि उनसे हज़ार मुहब्बत करने के बावजूद उनके हाथ के बनाए हुए खाने को खाना जू-ए-शीर लाने के मुतरादिफ़ था। अगर घर का कोई जानवर बीमार है तो अब्बू उसकी सेवा में दिन-रात ख़ुद को वक़्फ़ कर देते थे। घर का कुत्ता हो या आवारा बन्दर या कोई घायल छछूँदर, अब्बू की नज़रों में सब बराबर थे। यही हाल इनसानों का था। बड़े हों या छोटे अब्बू सबको एक नज़र से देखते थे। इसलिए ख़ानदान के छोटे-बड़े सब बेहिचक और बे-लिहाज़ बात करते थे। उन्होंने अपना बड़प्पन कभी किसी पर हावी नहीं होने दिया, जिससे बात कर रहे हैं बराबरी से बात करेंगे। लोगों को देखकर बहुत ख़ुश होते थे मगर कभी किसी पर अपनी राय या अपनी ख़्वाहिश नहीं थोपते थे। मुझे नहीं याद है कि 15 सालों में कभी उन्होंने मुझसे ये कहा हो कि अभी मत जाओ, थोड़ा और रुक जाओ। जब हम चलने को हुए बस इतना कहते थे, *अच्छा भई...*अच्छा भई और अरे भई, दुनिया पे उनके एतराज़ बस इन्हीं दो जुमलों तक महदूद थे। चाहे बच्चियाँ हों या सास या और कोई बुज़ुर्ग और ज़रूरतमन्द अब्बू ने जिसे कहते हैं, निःस्वार्थ सेवा को ही धर्म

समझा। मुझे नहीं याद पड़ता कि उन्होंने कभी किसी ग़रज़ से किसी से मुलाक़ात की हो। जिसने कहीं किसी अदबी या इल्मी जलसे में बुलाया तो पहुँच गए, नहीं बुलाया तो अल्लाह-अल्लाह ख़ैर सल्ला। मुझे नहीं याद है कि दुनिया की बदहाली के अलावा अब्बू कभी किसी से शाकी रहे हों। अगर सूफ़ी होने का मतलब अपने हाल पर क़नाअत करना और ख़्वाहिशात पर क़ाबू पाना हो तो अब्बू तमा-ए-दुनिया और तमा-ए-माल-ओ-दौलत से मुतलक़न आज़ाद थे। अच्छा खाना मिला तो वो भी खा लिया, बासी रोटी हुई तो वो भी खा ली। किसी ने बहुत ख़ूब कहा है कि बेनियाज़ी ये नहीं कि आपकी कोई मिल्कियत न हो बल्कि ये कि दुनिया की कोई चीज़ आपकी मालिक न बने और इस मामले में अब्बू माल और औलाद दोनों फ़ितनों से ऊपर थे। गांधी, तसव्वुफ़ और कम्यूनिज़्म, फ़िक्री तौर पर इनका मेल, जो ख़ुद बेइंतहा नायाब है, शायद कहीं कभी किसी एक शख़्स में यकजा नज़र आ भी जाए, मगर इस मिलाप को शख़्सियत और किरदार और अमल में जज़्ब कर लेना ये इक्तेसाबी तौर पर हासिल नहीं किया जा सकता। ये तो अता किया जाता है और ये मेरी ज़िन्दगी की अज़ीमतरीन ख़ुशनसीबियों में से है कि मुझे एक ऐसे शख़्स के साथ उठने-बैठने का मौक़ा मिला जो वाक़ई आज़ाद और ख़ुदमुख़्तार था। वाक़ई ये मिसरा उन पर भरपूर सादिक़ आता था कि :

दुनिया में हूँ दुनिया का तलबगार नहीं हूँ

अपने आसपास की दुनिया से अब्बू पर इस हद तक बेनियाज़ी ग़ालिब थी कि अक्सर उन्हें यही याद नहीं रहता था कि वो कहाँ हैं और किसके साथ हैं। अगर गुफ़्तगू में महव हो गए तो हो गए। कई बार ऐसा हुआ कि वो अनुशा को स्कूल की छुट्टी के बाद बस स्टॉप तक लेने गए हैं और बग़ैर उसे लिए हुए घर आ गए। या बड़े होने के बाद हम उन्हें कहीं किसी तक़रीब में लेकर गए और वहाँ कुछ ऐसा महव हुए कि भूल गए किसके साथ आए थे। मगर ये ग़ायब दिमाग़ी फ़ौरी मुद्दों और मुआमलात तक महदूद थी। मुल्की और सियासी मसायल से अब्बू कभी बेनियाज़ नहीं हुए। अख़बार और टीवी न्यूज़ उनकी मरग़ूबतरीन रूहानी ग़िज़ा थी। पढ़ते, सुनते, अपने तजज़ियात करते और किसी से तबसिरा करने पर आमादा रहते। मगर चूँकि ख़ुद वो बहुत कम किसी से राब्ता क़ायम करते थे इसलिए अगर कोई आ गया या किसी मिलने वाले से बात हो गई तो गुफ़्तगू दराज़ है वर्ना वही महशर-ए-ख़याल है और वही ख़लवत। आख़िरी अय्याम में टीवी दिन-रात चलता रहता मगर किसी प्रोग्राम में इस तरह नहीं डूबते थे जैसे कि उसके वाक़ई आदी हो गए हों। और मज़ीद ये कि अगर अब्बू को कुछ देखना हो मगर किसी और की पसन्द का प्रोग्राम आ रहा हो तो वे कभी ये नहीं कहते थे कि ये मत लगाओ या इसे बन्द करो।

आख़िरी उम्र में घर की मुलाज़िमा निकहत ने उनकी बहुत ख़िदमत की और अगर निकहत की मर्ज़ी का कोई प्रोग्राम आ रहा होता तो निकहत की ही चलती, अब्बू की नहीं। इस मामले में अब्बू सच्चे डेमोक्रेट थे। अपनी निजी ज़िन्दगी में कोई इस क़दर जम्हूरियतपसन्द हो सकता है ये सोच पाना भी मुश्किल है, और मैंने तो हज़ार बार इस तरह की जम्हूरियतपसन्दी उनके अतवार और किरदार में देखी है। मुल्क के बिगड़ते हालात से वो अफ़सुर्दा ज़रूर थे। ज़िन्दगी भर फ़िरक़ापरस्ती के ख़िलाफ़ जंग करने के बाद और अमली तौर पर जामिया मिल्लिया में और अपनी ज़ाती ज़िन्दगी में एक ऊँचा और नया आदर्श क़ायम ओ जारी रखने के बाद उन्हें और उनकी तमाम नस्ल को यक़ीनन बजा तौर पर आज के हालात से बेइंतहा मायूसी थी। जंग-ए-आज़ादी की जद्दोजहद के ये आख़िरी अलमबरदार क्या इसी आज़ाद हिन्दोस्तान का सपना लेकर चले थे ? मुझे याद है जब मैं मंटो की ज़िन्दगी पर मुबनी अपनी दास्तान 'मंटोइयत' तैयार कर रहा था तो उन्होंने मुझसे पूछा था कि 'महमूद एक बात बताओ कि क्या तुम्हारे ज़माने में कोई मंटो पैदा हो सकता है ?' मुझे बहुत अफ़सोस के साथ कहना पड़ा कि नहीं अब्बू, मुश्किल है। आज मैं ये भी कहना चाहता हूँ कि अब्बू हम यक़ीनन नादिम हैं, आप से भी और आपकी तमाम नस्ल से और आपके तमाम आदर्शों और उसूलों और काविशों से कि आपने हमें क्या दिया और हमने उसका क्या कर दिया। अल्लाह बेहतरी करे, बन्दा बशर है, दुनिया फ़ानी है।

पद्मावत पर अब्बू कमोबेश 50 साल तक काम करते रहे। जामिया आने और यहाँ मुलाज़मत अख़्तियार करने के दसियों साल बाद भी उस पर काम जारी रहा। बिलआख़िर 1978 में उन्हें इस पर पी-एच.डी. की डिग्री अता की गई। तब से अब तक 40 साल का वक़्फ़ा गुज़र गया है। उस दौरान उन्होंने दर्जनों तालिब इल्मों पर अपना इल्म उँडेला जिनमें से कई आगे चलकर इस मौज़ूँ के माहिरीन के तौर पर बैनलअक़्वामी शोहरत के हामिल हुए जिनमें आदित्य बहल और शान्तनु फुकन के नाम आज भी मारूफ़ हैं। जब भी उनसे इसे छपवाने के लिए इसरार किया जाता वो कहते कि अभी तो बहुत और काम करना बाक़ी है। हर चन्द सालों पर हाथ से लिखे हुए मुसव्विदों को वो उलटते-पलटते, कुछ दिन काम तनदिही से जारी रहता फिर रुक जाता। सिलसिला शुरू होता फिर अटक जाता। जो कोशिश आज हम कर रहे हैं शायद उनकी हयात में कर देते और उनके मुसव्विदे को टाइप करवा के उनके सामने रख देते तो मुमकिन है वो ख़ुद दिलजमाई से इसे मुकम्मल करने का बीड़ा उठा लेते। ये भी मुमकिन है कि वो अपनी हयात में इसे अधूरा समझकर कभी छपने न देते। या शायद वो इस कोशिश को यकसर मुस्तरद कर देते, वल्लाह आलम। मगर जैसा क़ुर्आन में आया है *व मा तौ.फ़ीक़ इल्ला बिल्लाह,* हर काम का वक़्त मुक़र्रर है। और चूँकि वो मुझे अपना अदबी नुमाइंदा बना गए

थे तो अब जब वो इजाज़त देने के लिए मौजूद नहीं हैं, तो मैं अपनी ईमा पर इसे छापने के लिए दे रहा हूँ। हक़ मग़फ़िरत करे, अजब आज़ाद मर्द था। नजीबुत्तरफ़ैन पर सैयद होने की निस्बत से वैसे तो अब्बू पैदायशी मीर थे, मगर जो ज़िन्दगी वो जी गए, जिस क़लंदराना शान और साबितक़दमी से जी गए वो बहुत कम मीरों को नसीब होती है—

शहरों मुल्कों में ये जो मीर कहाता है मियाँ
दीदनी है पे बहुत कम नज़र आता है मियाँ।

—महमूद फ़ारूक़ी

---

1. फ़ारसी और अरबी मिली हुई

भूमिका

जायसी द्वारा विरचित जो ग्रंथ अब तक उपलब्ध हुए हैं उनके आधार पर कवि की लेखन विधि अत्यन्त अल्पकालीन सिद्ध होती है जबकि उसके दीर्घजीवी होने में कोई सन्देह नहीं है। कुल तेरह वर्षों (836-848) में ही हिन्दी काव्यक्षितिज को दीप्तिमान करके जायसी की प्रतिभा का विलोप हो गया, यह बात जितनी आश्चर्योत्पादक है उतनी ही अविश्वसनीय भी। इसी विस्मय मिश्रित आशंक प्रश्न का उत्तर खोजने का प्रयास हमने इस शोध प्रबन्ध में किया है।

जायसी कम से कम साठ-सत्तर वर्ष तक जीवित रहे होंगे यह मान्यता निर्विवाद है। आत्मकथानुसार उन्होंने तीस वर्ष की आयु में रचना कार्य का श्रीगणेश किया था, इस पर भी कोई मतभेद नहीं है। इस प्रकार न्यूनाधिक तीस-चालीस वर्ष की अवधि तक वह साहित्य साधना में अवश्य ही संलग्न रहे होंगे। अतः स्वाभाविक प्रश्न उठता है कि ज्ञात तेरह वर्षों के अतिरिक्त समय को जायसी के जीवन काल के किस छोर से जोड़ा जाए? 848 हि. में उनके देहावसान की मान्यता को स्वीकृति प्रदान करने से जटिल समस्या अत्यन्त सरल हो जाती है। 836 हि. से पर्याप्त समय पूर्व जायसी का रचनाकाल स्वतः निर्धारित हो जाता है। परन्तु 'आख़िरी कलाम' के परिशीलन से इस अवधारणा का समर्थन नहीं होता क्योंकि पूर्वकालिक लम्बी अवधि के काव्याभ्यास का यह ग्रंथ द्योतन नहीं करता। शब्दगत बिम्बों, पदविन्यास, अर्थ-वैविध्य और वर्ण्य-विषय की दृष्टि से यह जायसी की प्रारम्भिक रचना ही प्रतीत होती है। केवल नाम के आधार पर इसे जायसी की अन्तिम कृति स्वीकार करना अत्यन्त भ्रामक है जबकि इसकी तुलना में अन्य उपलब्ध ग्रंथों की भाषा अपेक्षाकृत अधिक परिष्कृत, भावव्यंजना अधिक मर्मस्पर्शी और रचना-शैली अधिक परिपक्व है। इसके अतिरिक्त इसमें केवल सैयद अशरफ़ जहाँगीर की वन्दना की गई है, जिससे 'आख़िरी कलाम' के प्राथमिक रचना होने का ही संकेत प्राप्त होता है। अन्य ग्रंथों में दोनों गुरु परम्पराओं का उल्लेख है, अतः इनमें से कोई भी इससे पूर्व रचित नहीं हो सकती। इस प्रकार जायसी काव्य की प्रारम्भिक स्थिति का परिचायक ग्रंथ 'आख़िरी कलाम' ही हमें उपलब्ध है, जो काव्यसौष्ठव और साधिकार भाषा-प्रयोग की दृष्टि से जायसी जैसे प्रतिभाशाली कवि की दीर्घकालिक

साहित्य साधना का फल कदापि नहीं हो सकता। अत: यह कल्पना निराधार है कि 'आख़िरी कलाम' की रचना से पर्याप्त समय पूर्व जायसी ने काव्याभ्यास प्रारम्भ किया होगा। अधिक से अधिक यही अनुमान समीचीन प्रतीत होता है कि 836 हि. से दो-चार वर्ष पूर्व ही वह काव्य रचना में प्रकृत हुए होंगे। इस सन्दर्भ से किसी लम्बे अतीत की कल्पना व तर्कसंगत और प्रमाण पुष्ट नहीं हो सकती।

'आख़िरी कलाम' के सर्वप्रथम रचित अथवा प्रारम्भिक रचना होने से सम्बद्ध एक अन्य आपत्ति का निवारण भी अपेक्षित है। मनेरशरीफ़ से प्राप्त शाहजहाँ कालीन हस्तलिखित 'अखरावट' की पुष्पिका पर 811 हि. अंकित है और इस आधार पर डॉ. वासुदेवशरण अग्रवाल ने उस काल की लिखित एक मूल प्रति की कल्पना की है। उनकी मान्यतानुसार मूल प्रति में दिए संवत् को मनेरशरीफ़ वाली पोथी के प्रतिलिपिकार ने ज्यों का त्यों उतार दिया है। जायसी की जन्मतिथि निर्धारण के लिए अनेक विद्वानों ने इस मान्यता का आश्रय लिया है किन्तु 'अखरावट' को 911 हि. अथवा उसके पूर्व रचित भी इस आधार पर सिद्ध किया जा सकता है। इस सन्दर्भ में निम्न बिन्दु विचारणीय हैं :

1. 'आख़िरी कलाम' की अपेक्षा 'अखरावट' का पदविन्यास अधिक सुगठित और भाषा अधिक परिष्कृत है।
2. प्रतिपाद्य विषय की दृष्टि से 'अखरावट' किसी साधक की नहीं बल्कि सिद्धिप्राप्त व्यक्ति की रचना है क्योंकि यह सूफ़ी साधना पद्धति का विवेचनात्मक ग्रंथ है।
3. 'अखरावट' में दोनों पीर परम्पराओं का उल्लेख है जबकि 836 हि. में लिखित 'आख़िरी कलाम' में जायसी ने सैयद अशरफ़ जहाँगीर की वन्दना पीर-मुर्शिद के रूप में की है। और अन्य उपलब्ध ग्रंथों में उन्होंने निरन्तर इसी पीर-स्तुति पद्धति का निरन्तर अनुसरण किया है।
4. प्रतिलिपिकार ग्रंथ के अन्त में लेख समाप्ति का संवत् सहित दिवस, तिथि और मास सहित उल्लिखित करते हैं। कुछ अपने कुल और निवास स्थान का परिचय भी देते हैं। हमने अनेकानेक हस्तलिखित ग्रंथों का अध्ययन इस दृष्टि से किया है और प्रतिलिपिकारिता की इस परम्परा का अपवाद हमें उपलब्ध नहीं हुआ। अत: केवल 'अखरावट' के सन्दर्भ में इस अपवाद की स्वीकृति समीचीन नहीं है क्योंकि इसके अन्तिम पृष्ठ के एक कोने में 811 हि. अंकित है और दिन, तिथि और मास का कोई उल्लेख नहीं है।

उपर्युक्त तथ्यों के प्रकाश में यही मान्यता समीचीन प्रतीत होती है कि 'अखरावट' 836 हि. के पश्चात् की रचना है और 'आख़िरी कलाम' जायसी का प्राथमिक ग्रंथ है। सभी प्रास्थितिक साक्ष्यों से इसी बात का समर्थन होता है।

जायसी के ग्रंथों के क्रमशः रचनाकाल का निर्धारण हमने कवि द्वारा पोषित विचारों के विकास-क्रम के प्रकाश में किया है। उनकी वैचारिक यात्रा अत्यन्त लम्बी है, उनकी चिन्तनधारा अविराम गति से प्रवाहित है। संकीर्ण साम्प्रदायिक कूलों को तोड़कर बहने वाली यह वेगवती धारा है। किसी एक साधना पद्धति अथवा सिद्धान्त विशेष से उन्हें आबद्ध करना उनके साथ घोर अन्याय है। जायसी की वैचारिक यात्रा का प्रस्थान बिन्दु है—'ला-इलाह कै नरी चढ़ाई। इल-लल्लाह कै ढारि चलाई' (अखरावट, 88, 2)। वह इस्लामी कलिमे का जाप करते हुए एक शरीयत पोषक सूफ़ी के रूप में स्तयान्वीक्षण पथ पर अग्रसर होते हैं। और 'जिरास पंथ काया-जोग पंथ', गृह में उदास पंथ, आभ्यन्तर साधना पंथ, सर रचना पंथ, भोग पंथ का गवेषण करते हुए प्रेम पंथ के पंथी बन जाते हैं। प्रेम-पियाला पीने पर ही उन्हें मानसिक शान्ति प्राप्त होती और इसे ही वह सत्यमार्ग स्वीकार करते हैं :

पेम पियाला जोहि पिया, किया पेम चित बंधा
साँचा मारग जिन्ह लिया, तजि झूठा जगधंधा

(चित्ररेखा 10/808)

प्रेमपंथ की मधुरता और मस्ती से जायसी को परिचित कराने का श्रेय उनके गुरु शेष बुरहान को है। जायसी ने स्वयं ही 'चित्ररेखा' में इस तथ्य का उद्घाटन किया है :

पेम पियाला पंथ लखावा। आपु चाखि सोहिं बूँद चखावा।
सो मधु चढ़ा न उतरइ कावा। परेउँ माँटि पाएउँ फेरि आवा।

(सन्दर्भ)

यह निश्चय ही उनकी वैचारिक यात्रा का द्वितीय अधिष्ठान है और चिश्तिया सम्प्रदाय की अशरफ़ी शाखा की शरीयत आधृत साधना के प्रति उनके असंतोष की परिचायक है। 'गाढ़ी प्रीति नैन जल भेई' का पाठ इन्होंने अपने द्वितीय गुरु से पढ़ा है और उन्हीं की प्रेरणा से प्रेम-कथा वर्णन प्रारम्भ किया है। 'पद्मावत' में इसका स्पष्ट उल्लेख है :

उन्हसौं मैं पाई जब करनी। उधरी जीभ प्रेम कबि लरनी

(पद्मावत, 20/6)

महादेवी सम्प्रदाय के अगुआ-गुरु और जायसी के दीक्षा-पीर बुरहानुद्दीन स्वयं हिन्दी के अत्यन्त संवेदनशील कवि थे। इतिहासकार बदायूँनी जैसा कट्टरपंथी शरीयत पोषक व्यक्ति इनकी मर्मस्पर्शी काव्य का साक्ष्य प्रस्तुत करता है। इस सम्प्रदाय के प्रवर्तक सैयद मुहम्मद जौनपुरी और उनके उत्तराधिकारी

ख़ुदमीर तथा मियाँ मुस्तफ़ा भी हिन्दी के कुशल कवि थे। तारीख़-ए-ग़रीबी के निम्न उद्धरण से यह बात प्रमाणित होती है और इस सम्प्रदाय के अगाध हिन्दी प्रेम की ज्ञप्ति प्राप्त होती है :

यह जो है कुर्आन ख़ुदा का, हिन्दी करै बयान सदा का।
लोगों को जब खोल बतावैं; हिन्दी में कहकर समझावैं।
जिन लोगों में नबी जो आया; उनकी बोली सों बतलाया।
हिन्दी 'मेहदी' ने फ़रमाई; 'खूँदमीर' के मुँह पर आई।
कई दोहरे साखी बात; बोले खोल मुबारक जात।
'मियाँ मुस्तफ़ा' ने भी कही; और किसी की फिर क्या रही।
नक़ल यह मेहदी ने फरमाई; भूले जन को राह दिखाई।
जो सारी बातों का जीव; तुमको भोजन हमको पीव।
फाटा पहवैं टूका खाँध; रावल देवल कभी न जाए।
इस घर आली याही रीति; पानी चाहैं और मसीत।

(सन्दर्भ)

बुरहानुद्दीन के विरह व्यथित हृदयविदारक दोहे और सम्प्रदायाचार्यों द्वारा रचित मत प्रचारार्थ दोहे, साखियाँ अवश्य ही जायसी के प्रेरणास्त्रोत हैं और इनकी अनुपलब्धि के कारण जायसी-काव्य का मूल्यांकन कुछ अंशों में असंतोषजनक और प्राय: तथ्य शून्य है।

जायसी अपने जीवन में किसी समय गोरखपंथ के प्रभावधीन, बकाया-जोगतप के विश्वासी और निशतिमूलक साधना के पोषक थे किन्तु 846 हि. में रचित 'कन्हावत' में उन्होंने योगिराज कृष्ण के मुख से इस मत के विपक्ष में तर्क प्रस्तुत किए हैं। वस्तुत: भोग पंथ अथवा प्रकृतिमूलक प्रेम साधना का प्रतिपादन ही इस रचना मूल उद्देश्य है। इस समय तक निश्चित रूप से वह गोरखपंथीय प्रभाव से पूर्णतया उन्मुक्त हो चुके थे। और परिणामत :

सहज सिद्धों, नाथ योगियों की सांकेतिक तथा
आपुहि पंडित, आपुहि ज्ञानी। आपुहि राजा, आपुहि रानी।
आपुहि धरती, आपुहि अकासा आपुहि स्वामी, आपुहि दास।
आपुहि ग्वाल, आपुहि गाई। आपुहि आप चरावन जाई।
आपुहि भँवर, आपुहि फूल। आतम ज्ञान बिना जग भूल।
रंक राव दूजो नहिं कोया आपुहि आप निरंजन सोय।
यहि प्रकार जाको मन लागै। जरा, मरन, जी तैं भ्रम भागै।

(सन्दर्भ)

अहं और इदम् की इसी तद्रूपता का वर्णन जायसी ने भी किया है। दोनों की वर्णन शैली की में अद्भुत समानता द्रष्टव्य है :

आपुहि आपु जो देवै चहा। आपनि प्रभुता आपु सौं कहा।
सबै जगत दरपन कै लेखा। आपुहि दरपन, आपुहि देखा।
आपुहिबन और आपु पखेरू। आपुहि सौजा, आपु अहेरू।
आपुहि पुहुष फूलि बन फुले। आपुहि भँवर बास-रस भूले।
आपुहि फल, आपुहि रखवारा। आपुहि सो रस चाखन हारा।
आपुहि घर-घर मँह मुख चाहे। आपुहि आपन रूप सराहै।
आपुहि कागद, आपु मसि, आपुहि लेखन हार।
आपुहि लिखनी, आखर, आपुहि पंडित अपार।

(सन्दर्भ)

जायसी द्वारा पोषित विचारों के क्रमिक विकास में 'घरही माँहि उदास' साधना सिद्धान्त की मान्यता एक महत्त्वपूर्ण प्रस्थान बिन्दु है। इससे पूर्व गृह त्याग और लोक विरक्ति की भावना को आत्मज्ञानोपलब्धि के लिए वह अनिवार्य समझते थे। अपनी पूर्व मान्यता विमुख दिशोन्मुख इस अवधारणा को जायसी ने जीवनकाल की उस अवस्था में आत्मसात् किया है जब उनकी आयु ढल चुकी थी और वह पर्याप्त ख्याति प्राप्त कर चुके थे। 'चित्ररेखा' में स्वयं ही उन्होंने इसकी सूचना दी है :

मलिक मुहम्मद पंथी घरही माँहि उदासा कबहूँ सँवरहि मनकै, कबहूँ रपक उलास।
मुहमद मलिक पेम मधु भोरा। नाउँ बड़ेरा दरसन थोरा।
जेंव-जेंव बूढ़ तेंव नवा। खुदी कई खयालन कवा।

(सन्दर्भ)

रहस्योद्बोधक समृद्धशाली शब्दावली भी उनकी रचना शैली से बहिष्कृत हो गई। अपनी वैचारिक प्रक्रिया की उपर्युक्त अवस्था में ही जायसी ने सम्भवत : तात्कालिक पुष्टि मार्गीय भाव प्रक्रिया को अंगीकार किया और अमूर्त को मूर्त, असीम को ससीम, विश्वव्यापी ज्योति को नारी रूप प्रदान करके ऐसी रसमयी काव्यधारा की जिसमें सूफ़ी तत्त्वों का योगदान न्यूनतम है। केवल 'कन्हाऊत' में ही यह प्रभाव दृष्टिगोचर नहीं होता वरन् 'पद्मावत' में भी इसकी छाप सुलभ है। जायसी काव्य का यह पक्ष अब तक उपेक्षित है। सूरदास की भोग रस युत, प्रेम भावना और जायसी द्वारा प्रतिपादित 'भोगरस बंध' का गहन तुलनात्मक अध्ययन निश्चय ही सोलहवीं शताब्दी की सांस्कृतिक चेतना के प्रत्यक्षीकरण और तात्कालिक साहित्यिक गतिविधि के अज्ञात सूत्रों के प्रकाशन में सहायक सिद्ध होगा। सूर 'हरिलीला' के गायक हैं और जायसी 'कन्हि चरित' के कुशल चित्रकार हैं। दोनों के बीच किसी न किसी रूप में सम्पर्क अवश्य था क्योंकि सूर ने ही जायसी के निरास

पंथ को परिभाषित किया है। 'निरास' शब्द का विशिष्टार्थी उपयोग जायसी ने केवल 'पद्मावत' में किया है, उनकी अन्य रचनाएँ 'निरास पंथ' अथवा 'निरास प्रीतम' जैसे पदों से पूर्णतया रिक्त हैं। दूसरे सूफ़ी कवियों के उपाख्यानों में भी ऐसे पदों का प्रयोग नहीं मिलता। जायसी के अतिरिक्त केवल सूरदास ने इस मत की अनुपयोगिता सिद्ध करने के निमित्त 'निराश ज्ञान' का उल्लेख किया है :

ज्ञान निराश कहा लै की जै। जोग मोटे दासी सिर दीजै।

निराश ज्ञान अथवा निराश पंथ वस्तुतः सूफ़ी अद्वैत या 'अहं ब्रह्म' का पर्याय है और सूफ़ियों द्वारा प्रतिपादित आत्मज्ञान सिद्धान्त का पोषक है। सूर को आत्मज्ञान अथवा 'निराश ज्ञान' का व्यंग्यात्मक प्रतिपादन अभीष्ट है और अपने वर्णन अधिक प्रभावशाली तथा रोमांचक बनाने के लिए उन्होंने जायसी की ही वर्णन शैली का इस सन्दर्भ में अनुसरण किया है :

हौं तुम पै ब्रजनाथ पठायो! आतम ज्ञान सिखावन आयो।
आपुहि पुरुष आपुहि नारी। आपुहि बान प्रस्थ ब्रतधारी।
आपुहि पिता, आपुहि माता। आपुहि भगिनि, आपुहि भ्राता।

'जोगहि भोगहि कब र्बान आबा' अवधारणा के प्रचारक कवि ने सम्भवतः इसी अवस्था में विराग के स्थान पर अनुराग, विरक्ति के स्थान पर आसक्ति और साहचर्य सुख भोग आश्रित उपासना पद्धति को ठहराकर दक्षिण पंथाश्रित भावधारा को उच्चतर और श्रेयस्कर सिद्ध किया है। हमारी दृष्टि में दक्षिण पंथ अथवा दाएँ पंथ से जायसी का अभिप्राय तात्कालिक वैष्णव भक्ति पुष्टिमार्गीय सशक्तधारा से ही है और जायसी का यह नवीन मत इसी का सूफ़ी संस्करण है। अपनी अर्थ वैविध्यपूर्ण वर्णन शैली के माध्यम से उन्होंने यथासन्दर्भ अपनी इसी नवीन विचारधारा की घोषणा सोल्लास की है :

मुहम्मद बाईं दिसि तजी एक सखन आँखि।
जब ते दाहिन होई मिला बोलु पपीहा पाँखि।

(सन्दर्भ)

मानस प्रक्रिया की इसी अवस्था में सम्भवतः जायसी की गगनोन्मुख दृष्टि इहलोक की ओर आकृष्ट हुई और शिवलोकोपम लोकहितकारी ऐथिक पंथ का उन्होंने स्वप्न देखा, धरती को ही स्वर्ग तुल्य बनाने की भावना उनमें जाग्रत हुई। अपने काव्य में लोकपक्ष को प्रबल करने के निमित्त उन्होंने घटनाओं के संघात से ऐसे प्रकरणों का निर्माण किया जहाँ क्षुधा, घूस, हिंसा-अंहिसा, स्वामी-सेवा सम्बन्ध, नारी द्वारा पति सेवा और आज्ञापालन, दायिज, वास्तुकला, वेशभूषा, आभूषण, शृंगार सज्जा उपवन, शैल-शिखर, अश्व, खाद्य पदार्थ, राजकीय वैभव्य-विलास,

अस्त्र–शस्त्र, युद्ध, दरबारी शिष्टाचार जैसे इहलोकपरक विषयों के वर्णनार्थ अवसर प्राप्त हो सकें। परन्तु आश्चर्य है कि अनुकूल परिस्थितियों के होते हुए भी उनकी रचनाओं में इस प्रकार के वर्णन प्रसंग दुर्लभ हैं। जीवन के वस्तुपरक बिल प्रस्तुत करने वाले कुछ रोमांचकारी वर्णन उदाहरणार्थ यहाँ प्रस्तुत हैं :

क्षुधा :

पै यह पेट भएउ बिसवासी। जेहिं नाए सब तपा संन्यासी।

(पद्मावत, 80/3)

जौं न होत अस बैरी तै केहि काहू कै आसा

(पद्मावत, 80/8)

भुगुति न मिटै जौं लहि विधि राखा

(पद्मावत, 66/4)

घूस :

लोभ पाप कै नदी अँकोरा। सत्तु न रहै हाथ जस बोरा।
जहँ अँकोर तहँ जेगिन्ह राजू। ठाकुर केर बिनासहिं काजू।

(पद्मावत, 624/1–2)

हिंसा-अंहिसा :

कहेसि पंखि खाजुक मानवा। निठरते कहिआ जे पर मँसुखवा।

(पद्मावत, 78/3)

औ जनहिं तन होइहि नासू। पोखहिं माँसु पराएँ आँसू।

(पद्मावत, 72/5)

'पद्मावत' वस्तुतः पारस्परिक विरोधी विचारधाराओं का संगम है जिनके अन्तर्विरोध को अपनी चमत्कार विधायक काव्यात्मक अभिव्यक्ति, अर्थ वैविध्यपूर्ण श्लेषात्मक शैली और नवीन बिम्बों से संश्लिष्ट शब्दावली द्वारा भ्रमजाल उत्पन्न कर अदृश्य करने में जायसी ने सफलता प्राप्त की है। परन्तु उनके क्रमशः विकासशील चिन्तन के मुख्य प्रस्थान बिन्दुओं को रेखांकित करना सम्भव है और इन्हें खोजने का ही प्रयत्न हमने इस शोध प्रबन्ध में किया है। इस दृष्टिकोण पर आधृत अनुशीलन से प्राप्त तथ्य इसी ओर संकेत करते हैं कि इस अमरकृति की रचना किसी एक समय में सम्भव नहीं है। 'पद्मावत' की रचना तिथि सूचक अनेक पाठ भेद हैं और इन सब से रचना प्रारम्भ करने की तिथि ही सूचित होती है। ग्रंथ के समाप्तिकाल के सम्बन्ध में प्रामाणिक साक्ष्य उपलब्ध हैं। एक ही वर्ष (846 हि.) में 'कन्हावत' और

'पद्मावत' जैसे दीर्घकाय ग्रंथों की रचना सम्भव भी नहीं है। और शैलीगत भेद भी दोनों के एक ही समय में रचित होने के प्रतिकूल साक्ष्य प्रस्तुत करता है। 'पद्मावत' को रोचक और विस्मयकारक रूप प्रदान करने वाले विपरीत-समासों, फ़ारसी मुहावरों के अवधी रूपों, फ़ारसी साहित्य के विख्यात वर्णन प्रसंगों और कथा-प्रकरणों के कलात्मक उपयोगों, श्लेषात्मक शैली और रसोत्पादक उत्प्रेक्षाओं की घटा के दर्शन 'कन्हावत' में नहीं होते। इससे यही सिद्ध होता है कि 846 हि. के पश्चात् ही अपनी नवीन कलात्मक और सशक्त कथावर्णन शैली में जायसी ने दक्षता प्राप्त की होगी। इसके परिमार्जन और परिष्करण में अवश्य ही पर्याप्त समय लगा होगा। ऐसी अवस्था में 848 हि. में सामान्यत: मान्य उनकी निधन तिथि अविश्वसनीय प्रतीत होती है। यह मान्यता निराधार और अप्रमाणित है भी। वस्तुत: जायसी अकबर के शासनकाल के अन्तिम वर्षों तक जीवित रहे—से इस सम्बन्ध में जहाँगीरकालीन मारिज-उल-विलायत के लेखक की साक्षी अत्यन्त विश्वसनीय और प्रमाणपुष्ट है। इन तथ्यों के आधार पर 'पद्मावत' को महाकवि जायसी की अन्तिम रचना होने का सौभाग्य प्राप्त है जिसमें वह आजीवन संशोधन और संवर्द्धन करते रहे हैं। बीच की अवधि में रचित काव्य को उन्होंने इसी में यथाप्रसंग सम्मिलित कर दिया है।

'पद्मावत' ही उनके सम्पूर्ण जीवन की काव्यसाधना का फल और उनकी व्यापक अनुभूति तथा विकासशील विचारों का कोष है अत: सम्पूर्ण सोलहवीं शताब्दी की सांस्कृतिक गतिविधि का दर्पण है।

'पद्मावत' की वर्णन पद्धति पर विचार किए बिना जायसी की रचना प्रक्रिया का अध्ययन अपूर्ण है। 'एक-एक बोल अरथ चौगुना' के आग्रह के फलस्वरूप रचना शैली श्रमसाध्य हो गई है और 'योग श्रृंगार-वीर' के एक साथ वर्णन मोह की तृप्ति के निमित्त श्लेषाधृत पदरचना के कारण 'पद्मावत' क्लिष्ट पाठों से परिपूर्ण है। जायसी की कृतियों के प्रतिलिपिकारों और सम्पादकों ने सरल पाठ निर्धारण के प्रयास द्वारा भ्रांतियों का ही प्रतिपादन किया है। परन्तु अधिकांशत: भ्रमोत्पादक प्रसंगों का दायित्व स्वयं उनकी सप्रयास वर्णन शैली पर है। कई स्थलों पर वह कथानक परिवेश के प्रति जागरूक नहीं रह सके और फ़ारसी साहित्य के प्रकरणों के योग के कारण बिम्ब रूप में उसकी संवेदना को पाठक की कल्पना में उपस्थित करने में विफल रहे। सम्भवत: प्रेषणीयता की इस समस्या के प्रति वह सचेत थे और इसके प्रति निम्न पंक्तियों में उन्होंने चिन्ता भी व्यक्त की है :

कवि बिआस रस कौंला पूरी। दूरिहि निअर निअर भादूरी।
निअरहि दूरि फूल संग कांटा। दूरि जो निअरैं जस गुर चाँटा।
भँवर आइ बनखंड हुति लेहिकँवल कै बास।
दादुर बास न पावहिं भलेहिं जो आछहि पास।

(पद्मावत, 24/6-6)

'पद्मावत' की टीका करते समय जार्ज ग्रियर्सन को भी उपर्युक्त पंक्तियों में निहित नैराश्य और कटुता का आभास हुआ था। उनके मतानुसार इसका सम्बोधन अपने सहधर्मियों और जायस नगर निवासियों की ओर है। परन्तु हमें ऐसा प्रतीत होता है कि इसका सम्बोधन उन सभी भाषा काव्य-प्रेमियों की ओर है जो फ़ारसी प्रभावों से युक्त मुहावरों से अवभिज्ञता और भावात्मक समन्वयवादी पृष्ठभूमि द्वारा व्यंजित भावधारा के सहजबोध की अयोग्यता के कारण 'पद्मावत' के रसास्वादन में असमर्थ हैं।

'कवि बिआस कौंला पूरी' के क्लिष्ट अथवा सरल अनेक पाठभेद भी उपलब्ध हैं और टीकाकारों ने इसके अतिमनोरंजक अर्थ भी प्रस्तुत किए हैं। अप्रचलित शब्दों द्वारा सरल सी बात कहने की आकांक्षा के कारण ही अर्थबोध में यह दुरूहता उत्पन्न हुई है। जायसी ने कवि शब्द का उपयोग काव्यकार (29/1723/8, 78/7, 135/8) और काव्य (20/6, 29/1, 23/1, 652/1) दोनों अर्थों में उपयुक्त किया है। बिआस से उनका तात्पर्य प्रसिद्ध कवि से भी है और उनके द्वारा उल्लिखित अष्ट महासिद्धियों से भी है। 'चित्ररेखा' में उन्होंने बिबयास को सिद्ध रूप (चित्ररेखा, पृष्ठ 108) में भी चित्रित किया है। मुहम्मद क़ुली क़ुत्बशाह (1566-1612 हि.) ने 'नवली बाली कौंली क़दम में मुझे' में कोमल और मधुर बोधक अर्थ में ही कौंली शब्द का उपयोग किया है। अतः इस पंक्ति का यही अर्थ समीचीन प्रतीत होता है कि 'मैं मधुर रस से पूरित सिद्धिपरक काव्य की रचना कर रहा हूँ।' सम्भवतः प्रारम्भ में ग्रंथ रचना का उद्देश्य भी यही था और वीर-श्रृंगारयुक्त वर्णन की ओर ध्यानाकर्षण पर्याप्त समय पश्चात् हुआ।

प्रतीकों के सतत समानार्थक निर्वाह न होने के कारण भी बहुधा जायसी काव्य अध्येता के समक्ष समस्याएँ खड़ी होती हैं। यहाँ एक ही उदाहरण पर्याप्त है। 'पद्मावत' में हीरामणि द्वारा कही बात 'सुरुज चाँद के कथ्य' (82/7) से कथानक एक नवीन मोड़ की ओर उन्मुख होता है और लगभग तेरह कड़वकों के पश्चात् कवि रवि अथवा सुरुज का कथन पद्मावती सूचक अभिधान के रूप में काम करता है :

सुनि रबि जाऊँ रत्न भा रात

(पद्मावत, 86/1)

जन होई सुरुज आइ मन बसी

(पद्मावत, 89/1)

परन्तु इसके पश्चात् बिना किसी उचित भूमि के 'जौं ससि सरग मिलौं होइ सूरु' जैसी उक्तियों में सूर्य रूपी नायिका राशि रूप धारण कर लेती है और सूर्य नायक बोधक अर्थ ग्रहण कर लेता है।

इन शब्दों के अर्थबोध में इस प्रकार के परिवर्तन अनेक वर्णन प्रसंगों में उपलब्ध हैं। युद्ध-वर्णन के प्रसंगों में सूर्य अलाउद्दीन के और चन्द्र रत्नसेन के पर्यायवाचक से हो गए हैं। इस सन्दर्भ में कुछ पंक्तियाँ द्रष्टव्य हैं :

सुरुज देखि चाँद मन लाजा।

(पद्मावत, 521/1)

देखा चाँद मोर भा सुरुज के बड़े भाग।
चाँद फिरा भा गढ़पति सुरुज गगन गढ़ लाग।

(पद्मावत, 521/89)

इस प्रकार की स्वच्छन्दता भ्रांति उत्पादक अवश्य है चाहे वह कवि की असावधानी का परिणाम हो और चाहे किसी विशिष्ट वर्णन प्रयोजन का फल। वास्तविक स्थिति यही ज्ञा१ होती है कि सूफ़ियों और हठयोगियों की सूर्य-चन्द्र सम्बन्धी प्रतीकार्थी मान्यताओं के समन्वयात्मक चित्रण के कारण ही यह भ्रमजाल सम्भव हुआ है। हठयोग में हकार का अर्थ है सूर्य जिसकी स्थिति चणु नाभि के पास है और ठकार का अर्थ है चन्द्र जो अन्तिम चक्र के पास तालु में है। इन दोनों के योग से ही सहज समाधि की प्राप्ति होती है। सूफ़ियों की मान्यतानुसार आफ़ताब (सूर्य) रूह (आत्मा) का प्रतीक है और चन्द्रमा विषय भोग वृत्ति का। इसीलिए जायसी ने ज्योतिरूपी आत्मा को सूर्य के प्रतीक द्वारा दर्शाया है। सूर्य की ज्योति से चन्द्रमा दीप्त होता है, इसीलिए वह प्रेमी रूप है जो प्रेमिका रूपी सूर्य से मिलन की कामना करता है। प्रध्यात्म पक्ष में परिशुद्ध होकर आत्मा में विलीन होना ही इन्द्रियों का परम लक्ष्य है। हठयोग के अनुसार प्रेमी का प्रतीक सूर्य है जो प्रयत्न करके विभिन्न चक्रों की यात्रा करता हुआ चन्द्रमारूपी प्रेयसी का आलिंगन करता है। युद्ध वर्णन में निश्चय ही हठयोगी मान्यता का निर्वाह है। यह परिस्थिति के अनुकूल भी है क्योंकि अलाउद्दीन गढ़ के नीचे है और रत्नसेन गढ़ के ऊपर पर्याप्त ऊँचाई पर है। सम्भवतः रत्नसेन के वास्तविक नाम के एक अंश की सूचना भी इसी निमित्त दी गई है क्योंकि दगवैराजा, राम, चन्द्र, देव आदि संकेतों द्वारा रत्नसेन के सम्बन्ध में जायसी कुछ बताने के इच्छुक अवश्य हैं। ऐसा प्रतीत होता है कि इस प्रकार के उल्लेख सप्रयोजन हैं। वर्णन की ऐसी प्रवृत्ति से उनका काव्य उक्तिवैचित्र्यपूर्ण और चमत्कारोत्पादक अवश्य हो जाता है किन्तु साथ ही साथ उसमें क्लिष्टता, दुरूहता भी आ जाती है।

जायसी युग के ओर-छोर को निर्धारित करने, उनके काव्य की सांस्कृतिक चेतना और सामाजिक पृष्ठभूमि को रूपायित करने के हमारे इस तुच्छ प्रयास में हमने कुछ भूलें भी अवश्य की होंगी। कुछ आशंकाओं का समाधान खोजने में हम सफल हुए होंगे और इस अध्ययन से बहुत से नवीन प्रश्न स्वतः उठ खड़े हुए होंगे।

विद्याप्रेमियों से हमारा यही अनुरोध है कि हमारी भूलों की समीक्षा द्वारा वह हमें भूल सुधारने का अवसर प्रदान करें और जायसी काव्य के प्रेमियों से यह आशा करते हैं कि इस प्रबन्ध में उठाए गए प्रश्नों पर वे पुनर्विचार करें।

यह प्रबन्ध दीर्घकालीन श्रम का फल है और इसे सम्पन्न कराने का श्रेय निश्चय ही श्रद्धेय गुरुवर डॉ. हरवंशलाल की मौन ताड़ना और उत्साहवर्द्धक निर्देशन को है। परन्तु उनके प्रति आभार प्रकट करके हम उस स्नेह के मूल्य को कम करने का दुस्साहस नहीं करेंगे। गुरु-शिष्य सम्बन्ध में इस प्रकार की औपचारिकता से विदेशी मूल्यों की कुछ दुर्गंध-सी आती है। अलीगढ़ मुस्लिम विश्वविद्यालय के उन सभी अध्यापकों का मैं आभारी हूँ जिन्होंने मेरे मन में विद्याप्रेम की चिनगारी सुलगाई और विशेष रूप से 310 गोवर्धन नाथ शुक्ल जी का कृतज्ञ हूँ जिनके स्नेहस्तिग्ध प्रोत्साहन से मैं इस कार्य में संलग्न रहा। उन सभी मित्रों के प्रति आभार प्रकट करना मेरा परम कर्तव्य है जिनके सुझावों से जायसी काव्य के अध्ययन की नवीन दिशाओं का मुझे ज्ञान प्राप्त हुआ और जिनसे विचार विनिमय करके मैंने अनेक भ्रमों का निवारण किया। परममित्र डॉ. कुँवर पाल सिंह के प्रति आभार प्रकट करना अनावश्यक सा प्रतीत होता है जबकि उनके द्वारा प्रदत्त नैतिक बल और उनके आग्रह के फलस्वरूप यह प्रबन्ध पूर्ण हो पाया है। डॉ. रामेश्वर दयाल की सक्रिय सहायता के बिना यह कार्य समाप्त हो ही नहीं सकता था। उनके प्रति भी आभार प्रकट करना भित्रभाव को लांछित करना है।

अन्त में स्वर्गीय आचार्य रामचन्द्र शुक्ल, डॉ. वासुदेव शरण अग्रवाल और डॉ. माता प्रसाद गुप्त की पुण्य-स्मृति को श्रद्धांजलि अर्पित करता हूँ। यह मेरा सौभाग्य है कि इन महानुभावों द्वारा की गई जायसी काव्य की समीक्षा, टीका और इनके द्वारा निर्धारित शुद्धपाठ और सम्पादित सामग्री की अनुपस्थिति में जायसी काव्य परिशीलन की क्षमता हममें नहीं थी। हमने इनकी अनेकानेक अवधारणाओं से असहमति प्रकट की है, किन्तु इन्हीं के ग्रंथों ने हमारा मार्गदर्शन भी किया है।

—मुजीब रिज़वी

जामिया नगर
नई दिल्ली
25.12.79

अध्याय-एक

जायसी ग्रंथ पुनरावलोकन

जायसी के विचारों के स्रोत, उनके काव्य ग्रंथों को 'आखर काव्य' और 'प्रेम-कहानी-काव्य' की कोटियों में विभाजित किया जा सकता है। ये दोनों काव्य एक-दूसरे से पृथक् बिलकुल नहीं हैं, बल्कि एक-दूसरे के पूरक हैं और कहा तो यहाँ तक जा सकता है कि 'आख़र काव्य' जायसी के शेष काव्य की कुंजी है। यही वे उत्स, जिन्होंने विकसित होकर 'पद्मावत' का विराट रूप धारण किया है। काव्य में हमने 'अखरावट' और 'आख़िरी कलाम' नामक ग्रंथों की गणना की है। 'अखरावट' के सम्बन्ध में कवि ने स्वयं ही स्पष्ट कह दिया है :

कहौं सो ज्ञान ककहरा, सब आखर मँह मेल लेखि।
पंडित पढ़ अखरावटी टूट जोरेहु देखि॥[1]

इस ग्रंथ में आखर की ओट लेकर ज्ञान की बातें कही गई हैं और 'ज्ञान-ककह' यह घोषित किया गया है कि इसकी उपयोगिता प्राथमिक श्रेणी के साधक के लिए हैं। इस निष्कर्ष की पुष्टि इस बात से भी होती है कि इस ग्रंथ के कुछ अंश गुरु-शिष्य की परस्पर प्रश्न-उत्तर शैली में प्राप्त हैं।

'आख़िरी कलाम' के नामकरण के सम्बन्ध में अत्यधिक मतभेद हैं। कोई इसे जायसी की अन्तिम रचना सिद्ध करने का प्रयास करता है और कोई वर्ण्य-विषय के आधार पर इसे अख़रत (प्रलय काव्य) स्वीकार करता है। वास्तविकता यह है कि न तो यह अन्तिम काव्य है और न ही बयान-ए-किताब (पुस्तक चर्चा)। यह मसनवी शैली का महत्त्वपूर्ण अंग है और 'आख़िरी' शब्द का प्रयोग जायसी ने 'आख़िरत' के अपभ्रंश के रूप में किया है। इसका निर्वाह अपने प्रत्येक ग्रंथ में किया है। 'आख़िरी कलाम' में उन्होंने सूचित भी किया है :

नौ सै बरिस छतीस जौ भए। तब एहि कथा क आखर कहे।[2]

जायसी ने 'आखर कहे' की कथा 936 हि. में लिखी थी। 'आखर कहे' का फ़ारसी पर्याय 'मलफूज़ कलाम' है। अरबी भाषा में कलाम का अर्थ, बातचीत होता है और 'मलफूज़'[2] अक्षर को कहते हैं। जायसी का 'कहे' शब्द कलाम का ही रूपान्तर है।

क्षर का विलोम अक्षर है और इसी कारण 'शब्द', 'स्वर', 'नॉद', 'ब्रह्म', 'शिव', 'विष्णु' और 'आकाश' अक्षर (आखर) हैं। 'तपस्या' एवं 'मोक्ष' भी आखर हैं। जायसी का 'अकथ ब्रह्म' भी आखर है :

आपुहिं कागद, आपु मसि, आपुहिं लेखन हार।
आपुहिं लिखिनी, आखर आपुहिं पंडित अपार॥[3]

मौलाना रूम के यहाँ हर्फ़ (आखर) और मआनी (तत्त्व) की अत्यधिक महत्ता है। अरबी में 'हर्फ़' परिवर्तनशील स्थिति को कहते हैं। जायसी का 'आखर' हर्फ़ का ही पर्यायवाची है क्योंकि 'आख़िरी कलाम' में परिवर्तनशील स्थिति सृष्टि के अन्तर्भाव की चर्चा है और 'अखरावट' में सृष्टि के आविर्भाव की।

वस्तुतः 'अखरावटी' और 'आख़िरी कलाम' आखर-काव्य के अन्तर्गत हैं और एक-दूसरे से सम्बद्ध हैं। प्रथम में एकत्व का नानात्व में विस्फुटन है, अरूप के स्वरूप का वर्णन है, बीज रूप से वृक्ष रूप धारण करने की चर्चा है। इसमें उस अनादि की चर्चा है जो 'अकेला' था। जिस समय वह था, उस समय न धरती थी और न आकाश, ब्रह्मा-विष्णु-महेश भी नहीं थे। वह 'अपने आप' में समाया था। स्वयं को प्रकट करने के लिए उसने सृष्टि रचना का खेल नाना प्रकार से खेला। द्वितीय में इसी 'खेल' को बिगाड़ने का विवरण है। नानात्व का एकत्व में अन्तर्भाव इसका वर्ण्य-विषय है। अनैक्य एक्य की आदि अवस्था प्राप्त कर लेता है :

भंजन गढ़न सँवारन, जिन खेला सब खेल।
सब कहँ टारि मुहम्मद अब होइ रहा अकेला॥[4]

सूफ़ी परिभाषा के अनुसार 'अखरावट' ज़िक्रे महमूद (तत्त्वज्ञान परिचय) है और 'आख़िरी कलाम' मुशाहिदा (साक्षात्कार)। प्रथम में अद्वैत का विवेचन है और द्वितीय में उस महासुख की प्राप्ति है जहाँ निद्रा, दुख, रोग और मृत्यु कुछ नहीं है।[5] यही फल है आत्मज्ञान का। परन्तु दर्शन के पश्चात् ही इस स्थिति का भोग सम्भव है। 'आख़िरी कलाम' में केवल दर्शन पर बल है। इसी की उपलब्धि के लिए मुहम्मद अपने अनुयायियों सहित स्वर्ग-भोग को अस्वीकार करना अस्वीकार देते हैं। दर्शन (दीदार) प्राप्ति की प्रार्थना करते हैं।[6] प्रार्थना के स्वीकृत होते ही एक ऐसी चमक हुई कि दिग्दंत ज्योतिमान हो उठा और उसके समक्ष विद्युत की चमक फीकी पड़ गई :

एक चमकार होइ उजियारा।
छपे बीजु तेहि के चमकारा॥[7]

इसी ज्योति की प्राप्त्याशा में प्रत्येक साधक जीवन भर निरत रहता है और कहना न होगा कि इसी की रश्मियाँ 'पद्मावत' के प्रत्येक पृष्ठ को प्रकाशित कर रही हैं। कुछ सूफ़ियों का चरम लक्ष्य इसी ज्योति का साक्षात्कार है और कुछ 'एकमेक' की अवस्था को प्राप्त करने के इच्छुक होते हैं। जायसी ने 'आख़िरी कलाम' में स्वयं को 'दर्शनावस्था' तक ही सीमित रखा है और 'पद्मावत' में ईश्वर से 'एकमेक' होकर 'कबिलास' में 'सुखबास' करने लगे हैं।

'आख़िरी कलाम' का वर्ण्य-विषय निश्चय ही क़यामत (प्रलय) है। 'क़यामत' सूफ़ी साधना का पारिभाषिक शब्द है, जिसका चार अर्थों में उद्बोधन होता है[8] :

1. न्याय-दिवस वह दिन है जब गुणों और अवगुणों का लेखा-जोखा देना पड़ेगा और संसार में सम्पन्न कर्मों के आधार पर मनुष्य स्वर्ग अथवा नरक का अधिकारी होगा (सनातन पंथी इस्लाम और साधारण मुसलमान इसी पर विश्वास रखते हैं)।
2. क्षुद्र प्रलय वह अवस्था है जब आत्मा शरीर से पृथक् होकर न्याय दिवस तक अन्तरिक्ष में रहकर दीदार (दर्शन) की प्रतीक्षा करती है।
3. मध्य प्रलय वह है जबकि साधक इन्द्रियनिग्रह द्वारा वासनारहित होकर ब्रह्मानन्द में लीन हो जाए। इस स्थिति में साधक को इष्ट का नैकट्य प्राप्त होता है।
4. महाप्रलय वह स्थिति है जब जीव ब्रह्म में लय हो जाता है, अभिन्न और अभेद हो जाता है, एकमेक हो जाता है और इस फ़ना (विनष्टि) के पश्चात् ब्रह्ममय अस्तित्व (बक़ा) का अधिकारी बन जाता है।

प्रथम दो क़यामतें मरणोपरान्त की हैं और अन्तिम दो ऐसी अवस्थाएँ हैं जिन्हें साधना द्वारा प्राप्त किया जा सकता है। 'आख़िरी कलाम' में न्याय-दिवस और क्षुद्र प्रलय का विस्तृत वर्णन है। मुसलमानों में यह बहुचर्चित विषय है क्योंकि मरणोपरान्त पुरस्कार (जज़ा) और दंड (सज़ा) सनातनपंथी इस्लाम के आधारभूत नियम हैं। पुरस्कारस्वरूप स्वर्ग-निवास, कौसर जल से तृप्ति, हूरों से सम्भोग, शराबे तहूरा (पवित्र मदिरा) की प्राप्ति होती है। ऐसा सत्कृत्यों के किए जाने पर ही होता है। अपकर्मों के लिए दंड रूप में नरककुंड यातना भोगनी पड़ती है। मुस्लिम धर्म-प्रवचनों में इस कष्ट का भयंकर एवं अतिरंजित दृश्य प्रस्तुत किया जाता है। जायसी ने भी 'आख़िरी कलाम' में सुख-भोग और कष्ट-भोग का चित्रण किया है। नरककुंडदाह से मुक्ति प्राप्ति के एकमात्र साधन मुहम्मद हैं और उनकी उपाधि भी 'शाफ़-ए-महशर' (मुक्ति दिलाने वाला) है। कहने का तात्पर्य यह है कि 'आख़िरी कलाम' में प्रतिपादित विषय और वर्णन शैली वही है जो साधारण मुस्लिम समाज में आज भी सर्वमान्य है।

जायसी ने अपने इस ग्रंथ में कर्बल-कथा का भी सांकेतिक वर्णन किया है और मुहम्मद की पुत्री फ़ातिमा और पौत्रों—हसन, हुसैन का माहात्म्य प्रकाशन किया है।[9] फ़ातिमा के लिए 'बीबी' सम्बोधन के पीछे एवं कथावृत्त की भूमिका है। 'बीबी जी की कहानी' नाम से प्रकाशित पुस्तकें आज भी प्रत्येक शिया-परिवार में उपलब्ध हैं जिनमें बीबी फ़ातिमा से सम्बद्ध इसी वृत्तान्त की चर्चा होती है। शिया युवतियाँ इस कहानी के पठन-पाठन को मनोरथ सिद्धि और कष्टनिवारण का साधन समझती हैं। इसका तात्पर्य यह है कि 936 हिजरी तक यह कथा मध्ययुगीन भारतीय मुस्लिम समाज के मन-मस्तिष्क को प्रभावित कर चुकी थी और सर्वप्रथम इसे लिखित रूप में प्रस्तुत करने का श्रेय निश्चय ही जायसी को है। इस कथा के वर्णन से जायसी के धार्मिक विश्वासों पर भी प्रकाश पड़ता है।

विद्वान लोग अब तक मलिक मुहम्मद[10] के 'आख़िरी कलाम' को पुस्तक शीर्षक की अपनी व्याख्या के आधार पर उनकी अन्तिम रचना मानते हैं। ऐसा मानना न केवल तथ्य विरुद्ध है और न केवल न्यून जानकारी के आधार पर लिया गया शीघ्र निर्णय है। बल्कि जायसी के साथ अन्याय भी है। स्थिति एकदम विपरीत है। अन्त:साक्ष्यों के अध्ययन के आधार पर यह रचना जायसी की अन्तिम नहीं बल्कि पहली रचना ठहरती है।

'आख़िरी कलाम' में जायसी ने पीरस्तुति के अन्तर्गत केवल सैयद अशरफ़ जहाँगीर[11] की चर्चा की है और स्वयं को उनके घर (ख़ानवादे) का मुरीद[12] बताया है। धर्म-पंथ निष्ठा[13] जाग्रत करने का श्रेय सैयद अशरफ़ जहाँगीर की जायस स्थित दरगाह को है। वहीं इनमें वैराग्य उत्पन्न हुआ। अनेकत्व का भ्रम समाप्त हो गया और एकत्व के दर्शन से वह उन्मत्त हो उठे, और उनके नयनों में वही एकरूप समा गया :

जहवैं देखौं तँहवै सोइ। और न आव दिस्टि तर कोइ।[14]

जायसी ने अपने शेष ग्रंथों में दो गुरु परम्पराओं का उल्लेख किया है। इससे यह तथ्य प्रमाणित हो जाता है कि 'आख़िरी कलाम' की रचना दूसरे ग्रंथों के पूर्व हुई है।

'आख़िरी कलाम' में निहंग, दरिया, मैदान, कौसर, उम्मत, दाद, आह, अर्श, पियाला, ख़ुमारी, दीदार, सरोद, मंज़िल, ताजकुलाह, गेहूँ, पैग़म्बर, फ़िरिश्ते, बिहिश्त, दोज़ख, मुरीद, पीर, शराबे तहूरा, रूदेनील (नील नदी), फ़रमान, रसूल, हूर, ग़िलमान आदि ऐसे शब्दों का उपयोग हुआ है जो अन्य रचनाओं में प्राय : अनुपलब्ध हैं। भावाभिव्यक्ति के लिए फ़िरऔन, रुदेनील, शद्दाद, नमरूद, इब्राहीम, इब्लीस, आदम, हौवा, मूसा, ईसा, मुहम्मद हज्जाल, जिब्रील, मीकाइल, इस्राफ़ील, इज़राइल, सूर, पुल-सरात, कोहतूर, नूह, फ़ातिमा, हसन, हुसैन, यज़ीद से सम्बद्ध शुद्ध इस्लामी अन्तर्कथाओं का जायसी ने उपयोग किया है। 'आख़िरी कलाम' ही एकमात्र ऐसा ग्रंथ है जिसमें शंकर के अतिरिक्त अन्य किसी देवी-देवता अथवा भारतीय अन्तर्कथा

का उल्लेख नहीं है। उपरोक्त अन्तर्कथाओं को इस विशुद्ध रूप में जायसी ने अन्य रचनाओं में अपनी अभिव्यक्ति का साधन नहीं बनाया। कन्हउत पद्मावत, चित्रलेखा और 'कहरानामा' में इनका प्रच्छन्न रूप ही चलित है। इससे यह तथ्य स्वयं प्रमाणित हो जाता है कि अपने पूर्ण नाम मलिक मुहम्मद का उपयोग जायसी ने अपने सम्पूर्ण काव्य में चार बार किया है—'आख़िरी कलाम' में एक बार, 'चित्ररेखा' में दो बार और 'कन्हउत' में दो बार।

'आख़िरी कलाम' उस प्रारम्भिक काल की रचना है जब कवि ने 'ठेठ अवधी' पर पूर्णाधिकार प्राप्त नहीं किया तथा और उस समय तक जायसी में 'ख़ुदा' को गोसाईं, रसूल को बसीठ, जिब्रील को ब्रह्मा, मीकाइल को विष्णु, इस्राफ़ील को महेश, इब्लीस को नारद, इज़राइल यम, पीर को गुरु, सालिक को चेला, मोमिन को सिद्ध, आदम को आदिपिता, नूर को ज्योति, दीन को धर्म, आसमानी ग्रंथ को वेदपुराण, क़ुर्आन को पुराण, फ़रिश्ते को अढ़वायक, जलवह को चमत्कार, नजात को निस्तार, मीज़ान को तखरी, आवाज़े ग़ैब को नाद, अमाअ को अन्धकूप कहने वाली समन्वयवादी एवं समदर्शी दृष्टि उसमें पूर्णतया विकसित नहीं हुई थी। अभी तक अपनी पदयोजना, शब्द चयन और वर्णन शैली का परिष्करण और परिमार्जन जायसी नहीं कर पाए थे। रचनाक्रम में 'आख़िरी कलाम' की स्थिति ज्ञात होने से जायसी की रचनाधर्मिता के विषय में अन्य कई महत्त्वपूर्ण तथ्य उद्घाटित होते हैं, जिनकी चर्चा हम यथास्थान आगे करेंगे।

कहरानामा और मसलानामा

'कहरानामा' के नाम और वर्ण्य-विषय के सम्बन्ध में भी कुछ कम पांडित्य प्रदर्शन नहीं किया गया है।

'कहार को आधार मानकर उसकी वृत्ति का सम्बन्ध जीवात्मा से जोड़ा गया है।',[15] जबकि वास्तविकता यह है कि जायसी ने 'क़ह्हार' (रुद्र) का विषय बनाया है और डोलीवाहक एवं नौका खेवक कहार को यम के प्रतीक रूप में चित्रित किया है।

अनुचित हते जानि नहिं पायउँ, आइ गए लेनिहारा रे।
ठावहिं ठाँव रहा सब ऐसे, सुनि कै पिय के कहारा रे॥

जीवात्मा के प्रतीक के रूप में 'धीमर' का निर्वाह पूरे काव्य में विधिवत् किया गया है और इसका व्यवसाय मछली मारना दिखाया गया है। इस काव्य में 'धीमर' साधक है, नदी अध्यात्म जगत है, डोंगी शरीर है, मछली का शिकार साधना है, रोहू आदि मछलियाँ साधना का फल हैं, जल जन्तु इन्द्रिय सुख है। परन्तु जायसी ने 'कहरानामा' का नामकरण न तो कहार के आधार पर किया है और न ही धीमर

के सम्बन्ध से। इसे 'कहारनामा' समझना जायसी के साथ अन्याय है। वस्तुतः उन्होंने अरबी शब्द 'क़ह्हार' (रुद्र) को 'कहरा' (रौद्र) रूप में प्रयुक्त किया है। सूफ़ी सृष्टि को त्रिगुणात्मक न मानकर द्विगुणात्मक ही मानते हैं।[16] एक गुण 'जमाल' है जिससे सृष्टि की अभिव्यक्ति होती है, उसका कल्याण होता है, और दूसरा गुण जलाल है जिससे विनाश और आशिव की उत्पत्ति होती है।[17] जमाल से सत्त्व गुण का बोध होता है और 'जलाल' तमस का पर्यायवाची है। जमाल माधुरी का द्योतक है और जलाल आतुरता का।[18] सूफ़ी मत में दोनों का अभिन्न सम्बन्ध स्वीकृत है। 'कहरानामा' में जायसी ने इन दोनों के एकत्व का स्पष्ट उल्लेख किया है :

पिय मोर महरा, बहुगुन कहरा, जो मोहिं दीन्ह गोसाईं रे।
एकइ कीन्हेउ और न चीन्हेउ दुहुँ कस दूसर साईं रे॥[19]

जमाल और जलाल का बिछड़न ही जायसी के अनुसार चिर वियोग, का कारण है : छोड़ि जमाल जलालहि रोवा। कौन ठाँव तें दैउ बिछोवा। ईश्वर महरा (कल्याणकर्ता, शिव और दयालु) भी है और यातनादायक और विनाशक क़ह्हार (रुद्र) भी है :

खिनन उतारसि और उलझारसि, अरे राड बड़ कहरा रे।[21]

मुस्लिम ख़ुदा कृपानिधान भी है और भयंकर दंडदायक भी। इसका उल्लेख क़ुर्आन में पदे-पदे प्राप्त है। जायसी ने ईश्वर के 'कहरा' रूप का बीजारोपण तो 'आख़िरी कलाम' में ही कर दिया है, दंड और प्रकोप का भयंकरतम दृश्य इस ग्रंथ में किया गया है। ईश्वर स्वयं अपने 'कह' का उल्लेख करता है :

'जो बीबी छाँड़हि यह दोखू। तौ मैं करौ उमत कै मोखू॥'
'नाहिं घालि नरक महँ जारौं। लौटि जियाइ मुए परमारौं॥'
'अग्नि-यंत्र देखहु जस आगे। हिरकत छार होइ तोहे लागे॥'
'चहुँदिसि फेरि सरग लै लावौ। मुगरन्ह मारौ, लोह चटावौ॥'
'तेहि पाछे धरि मारौं घालि नरक के काँठ।'
'बीबी कहँ समुझावहु जौं रे उमत कै चाँट।'[22]

यही आतंक, आतप और यंत्रणा 'कहरानामा' में बार-बार ध्वनित होती है।

नाहिंत है ठाकुर बऊदारुन, सुनि के चारु-कुचारी रे।
मारिहि बाँधि डाँडु, पुनि लेइहि, निसरी सब मतवारी रे॥
जबहिं सँवरिया आइ तुलाइहि साँटि, पीठि पर टूटहि रे।

क़ब्रयातना और नरककुंड यातना का निरन्तर स्मरण प्रत्येक मुसलमान के धर्मविश्वास का महत्त्वपूर्ण अंग है। यातना-आतुरता उसे अधर्ममार्ग से रोकती है और सद्धर्मगामी बनाती है। उपरोक्त पंक्तियों में हम नरककुंड यातना का परिचय प्राप्त कर चुके हैं। 'कहरानामा' में क़ब्रयातना का विस्तृत विवरण भी प्रस्तुत किया गया है :

चलते-चलते श्वसुर की सीमा आ गई। रीति के अनुसार डांडी (डोली) को द्वार पर रख दिया गया। घर के भीतर एक मंडप है। उसमें से होकर एक 'बौबरी' (अँधेरी कोठरी) में हमें ले जाया गया जिसमें न कोई द्वार है और न ही उसमें कोई मार्ग है। मैं यहाँ कहाँ आ गई? रात्रि भयानक है। संगी-साथी बज्र-किवाड़ लगाकर चल दिए और कह गए कि वह सब संचित करके रख लो जो तुम्हें प्रीतम को भेंट रूप में अर्पण करना है।[23] कौमार्य जीवन में तुमने कैसे-कैसे कर्म-कुकर्म किए और किससे चित्त लगाया, अपने स्मृतिपटल पर यह सब अंकित कर लो। 'मुहम्मद' कहते हैं कि उस ईश्वर का ध्यान करो जिसकी मार सच्ची है।

'बोबरी' में बन्द करके भाई-बन्धु मित्रामित्र निस्सहाय छोड़कर चल देते हैं और संग में केवल मृतक के कर्म (गुण और अवगुण) रह जाते हैं। पद्मावती की विदाई के चित्रण में इसी ओर संकेत है :

जौ पहुँचाई फिर सब कोई। चले साथ गुन औगुन दोउ।[24]

शवयात्रा के अवसर पर मुसलमान ताबूत को बारी-बारी से कंधा देते हैं। डोली-कहार के बिम्ब का स्रोत यही है। किसी की मृत्यु की सूचना प्राप्त होने पर मुसलमान निम्नलिखित आयतें उच्चरित करने लगते हैं तथा शव ले जाते हुए निरन्तर इनका जाप करते हैं—'हम सब अल्लाह की ओर से आए हैं और सब उसी की ओर लौटने वाले हैं' (सूर : बक़रह 156), 'अल्लाह ने ही तुम्हें जीवन दिया है। वही तुम्हें मौत देगा' (सूर : हज्ज 66)। क़ब्र के दो खंड होते हैं, एक को चबूतरा (मंडप) और दूसरे को सन्दूक़ (बोबरी) कहते हैं। चबूतरे और सन्दूक़ की लम्बाई समान होती हैं, किन्तु चौड़ाई संकीर्ण हो जाती है। सन्दूक़ दो प्रकार से बनती है। चबूतरे के तल में दोनों ओर से कम से कम एक-एक हाथ चौड़ाई छोड़कर मध्य में एक सीधा और गहरा गड्ढा खोदते हैं, यह सीधा सन्दूक़ है। दूसरे प्रकार का सन्दूक़ चबूतरे पार्श्व में खोदा जाता है, इसीलिए इसे 'बग़ली' कहते हैं। चबूतरे पर दो-तीन व्यक्ति उतर जाते हैं और ताबूत से शव उठाकर उन्हें पकड़ा दिया जाता है। वे लोग उसे सन्दूक़ में पश्चिम की ओर मुँह करके लिटा देते हैं और कफ़न के बंधन खोल देते हैं। तत्पश्चात् सन्दूक़ का मुँह पत्थर की शिलाओं या लकड़ी के 'बनगों' से बन्द कर दिया जाता है, इसमें कोई दरार भी नहीं छोड़ी जाती। चबूतरे को मिट्टी से पाट दिया जाता है। शियाओं में क़ब्र की तावीज बन जाने पर 'तलक़ीन' पढ़ने की व्यवस्था

है। सब लोग जब क़ब्रिस्तान से चालीस पग दूर चले जाते हैं तो एक धर्म-क्रियाविद् क़ब्र पर अपनी पाँचों उँगलियाँ रखकर 'तलक़ीन' पढ़ता है। 'तलक़ीन' का अर्थ है समझाना। तलक़ीनकर्ता ऐसे अवसर पर मृतक को उसके अल्लाह, रसूल और इमामों के नामों का स्मरण कराता है। आशय यह है कि मृतक 'मुनकिर-नकीर' (दो फ़रिश्तों) की पूछताछ पर उचित उत्तर शीघ्रतम दे सके और क़ब्र की यंत्रणा से मुक्त हो सके। इन पंक्तियों में तलक़ीन का स्पष्ट संकेत है और जायसी के शिया धर्मावलम्बी होने का भी आभास मिलता है।

अन्य धर्मावलम्बियों के समान मुसलमानों में भी देहावसानोपरान्त (मरने के बाद) आत्मा की स्थिति के सम्बन्ध में नाना प्रकार की धारणाएँ हैं। उन्हीं में से एक यह है कि दफ़न करके जब सब व्यक्ति क़ब्रिस्तान से चालीस पग की दूरी पर चले जाते हैं तो दो देवदूत, 'मुनकिर' एवं 'नकीर', क़ब्र में प्रविष्ट होते हैं और मृतक से उसके विश्वासों के सम्बन्ध में प्रश्न करते हैं। यदि पूछताछ से सिद्ध हो जाता है कि वह मुसलमान था तो उसे क़ब्र यातना से मुक्ति प्राप्त हो जाती है और यदि उत्तरों से देवदूतों को सन्तुष्टि नहीं होती तो मृतक को उसके कर्मों के आधार पर न्यूनाधिक भयंकर यातनाओं का भागी बनना पड़ता है। जायसी ने इस परिकल्पना का चित्रण 'कहरानामा' में इस प्रकार किया है :

> 'देखती हूँ कि मेरे द्वार पर दो व्यक्ति (मुनकिर और नकीर) आए। वे मुझे झकझोरते थे और मारने दौड़ते थे। पूछते थे कि तुम्हारे कंत का क्या नाम है और उसका वास तुम्हारे हृदय में क्यों है? अपने नैहर में तुमने कौन से गुण ग्रहण किए? तुम्हारा 'अगुआ' (पैग़म्बर) और 'पछलगुवा' (ख़लीफ़ा, इमाम, पीर-मुरशिद आदि) कौन है?' काया-जगत में मोह मायावश तुमने प्रियतम से प्रेमसम्बन्ध क्यों विच्छेद कर लिया? तुम्हें यह स्मरण क्यों नहीं रह गया था कि मृत्यु महाबली है और चराचर सबको एक दिन मरना पड़ता है? मृत्यु के आने पर कोई संगी-साथी काम नहीं आता। हम पूछते हैं, हमारे प्रश्नों का उत्तर दो। यदि हम सन्तुष्ट हो गए तो तुम्हें मोक्ष मुक्ति प्रदान करेंगे अन्यथा मार-मार कर तुम्हारा जी ले लेंगे। मैं भयातुर थी, मुँह से बात नहीं निकल रही थी। उसी क्षण मैंने गुरु[25] का स्मरण किया।'

उसी क्षण मन में नाद उठा, जिह्वा खुली और पीव का नाम उच्चरित हो उठा, पीठ पूर्व की ओर रखती हूँ और मुँह पश्चिम की ओर (नमाज़ की ओर संकेत है), उत्तर-दक्षिण दिशा में ही सोती हूँ (पश्चिम में काबा)है, इसलिए मुसलमान उत्तर-दक्षिण की दिशा में सोते हैं। मैंने नित्य इसी विधि का पालन किया, इसीलिए निश्चिन्त रही। मेरे खेवक मोहम्मद (अगुआ) हैं, उनकी सब सेवा करते हैं और वह हमें सीधे-मार्ग (सिरात = मार्ग, मुस्तक़ीम = सीधा = सिराते मुस्तक़ीम)[26] पर चलाते हैं। उन्होंने हमें गुण पढ़ाया,[27] अपनी नाव (खेवा) में बिठाया और भवसागर पार कराया है।

मुनकिर–नकीर उत्तर से सन्तुष्ट होकर चले गए और जीव क़ब्र यातना से सुरक्षित रहा। इन्हीं 'दोजन' (मुनकिर और नकीर) से हमारा साक्षात्कार 'पद्मावत' में होता है :

पुनि चलि दुइजन पूछै भाए। ओहि सुठि दुगध आइ देखराए।[28]

'कहरानामा' में ये मार–पीट पर उतारू थे और 'पद्मावत' में अगिदधा[29] (दोज़ख़ी) को यही अग्नि ईंधन बनाने पर तत्पर हैं। 'पद्मावत' में भी इनके द्वारा तत्क्षण पूछताछ प्रारम्भ हो जाती है :

अब हम उतर देहि रे देवा। कवने गरब न माने सेवा।[30]

उत्तर न मिलने पर दंड–विधान की भी घोषणा कर दी जाती है :

तेहि असकेत गाड़ी खनि मूँदे। बहुरि न निकसि बार कै खूँदे,[31]
जो जस हँसै सो तैसे रोवा। खेलि हाँसि एहि भुँइ पै सोवा।[32]

इसी प्रकार की चेतावनी का चित्र 'कहरानामा' में भी है :

पूछत हौं तोहिं, उतरु देसि मोहिं, मोछ–झुक्ति का देऊँ रे।
नत यह खोवना, तोर खेलउना, मारि मारि जिउ लेऊँ रे॥

'कहरानामा' में जीव रूपी नायिका पीव का बुलावा आ जाने पर स्वयं प्रलाप करती है :

अनुचितह ते जानि नहिं पायउँ, आइ गए लेनिहारा रे।
ठाँवहिं ठाँव रहा सब ऐसे, सुनि कै पिय के कहारा रे।[33]

और 'पद्मावत' में इसी आह्वान की ओर मुनकिर–नकीर उस समय संकेत करते हैं जब वे भर्त्सना रूप में रत्नसेन से कहते हैं कि चित्तौड़ (काया–जगत) में रहते हुए उसने विस्मृत क्यों कर दिया था कि उसके सिर पर भी एक 'पातशाह' है और उसके हुंकार पर तत्क्षण प्रस्थान करना पड़ेगा :

तब चित्तउर जिय अहान तोरें। पातसाहि है सिर पर मोरें।
जबहिं हँकारहि है उठि चलना। सोकत करौं होइ कर मलना।[34]

उपर्युक्त पंक्ति में 'पातसाह' शब्द में यमक प्रयोग किया गया है। लोकपक्ष में यह 'पादशाह' दिल्लीश्वर अलाउद्दीन है और अध्यात्म पक्ष में यही 'बड़ करतार जिवन कर राजी है।'[35] यही महानदाता और देवों का देव है। 'कहरानामा' में मनोरथसिद्धि के लिए अहर्निश इसी के 'रजाएस पालन' और सेवा का आग्रह है :

पिय बड़ देवक, जेहि सब सेवक, अस देवन्ह को देवा रे।
तो पै पाइहि, जो मन लाइहि, निसि–दिनु राखिहि सेवा रे।[36]

'पद्मावत' में इसी भोग मुक्तिदाता होने और असीम से विमुख होने पर मुनकिर–नकीर रत्नसेन को धिक्कारते हैं :

करौ सोमीत गढ़ि बंदि जहाँ। पानि पवन पहुँचावै तहाँ।[37]
जल अंजुलि महँ सोवा समुंद न सँवरा जागि।
अब धरि काढ़ा मंछु जेउँ पानी माँगत आगि।[38]

रत्नसेन क्षुद्र देवी–देवताओं को जलांजलि भेंट करके पूजा–आराधना करता रहा और भ्रनजाल–मुक्त होकर असीम (समुद्र) की उपासना न की। उसनें 'मुहम्मद की पैग़म्बरी को स्वीकार नहीं किया' और प्राणधारियों के अन्तिम परिणाम मृत्यु का ध्यान न किया। मुनकिर–नकीर की निम्नलिखित तर्जना में यही तथ्य प्रतिध्वनित होता है :

तूँ भरपुरी न कबहुँ देखी। हाड़ जो बिथुरे देखि न लेखी।
जाने नहिं कि होब अस महुँ। खोजे खोजे न पाउब कहूँ।[39]

दोषारोपण, धिक्कार और ताड़ना के उपरान्त मुनकिर–नकीर निर्णय सुनाते हैं कि तेरे अपराधों का दंड निश्चय ही अग्निदाह और यातनाभोग है, किन्तु यदि तू अब भी 'पद्मिनी' की आस्था स्वीकार कर ले तो मोक्ष सम्भव है।

जरसि मरसि अब बाँधा तैस लाग तोहि दोख।
अबहूँ मानु पदुमनी जौं चाहसि भा मोख।[40]

इन पंक्तियों का अर्थ नाना प्रकार से लगाया गया है और 'मानु' एवं 'माँग' का पाठ भेद स्वीकार हुआ है।[41] हमारा मत है कि महाकवि जायसी ने 'पदुमनी' और 'मानु' में श्लेष का उपयोग किया है। इस प्रकार लोक पक्ष में इसका अर्थ होगा, 'अब भी मान जा, यदि तू मान, पद, मणि–माणिक और स्वतंत्रता चाहता है।' अध्यात्म पक्ष में 'पद्मिनी' उसी 'चमत्कार' का मूर्त रूप है जिससे 'आख़िरी कलाम' के अध्येता अनभिज्ञ नहीं हो सकते। सूफ़ियों ने सात–खंड स्वर्ग की कल्पना की है और सातवाँ खंड उच्चतम माना है। इसी में पहुँचकर जायसी ने कौतुक देखने की सूचना दी है।[42] जब इस खंड में भीतर घुसेंगे तो 'क़बिलास' में प्रविष्ट होंगे :

चले जाब आगे तेहि आसा। जाइ परब भीतर कबिलासा।[43]

यहाँ सिंहासनारूढ़ एक 'पाट प्रधानी' रानी के दर्शन होंगे। इस महारानी के रूप वर्णन और उसकी प्रभावक्षमता के द्वारा जायसी 'कबिलास' के वस्तुसत्य का परिचय कराते हैं :

दसन–जोति उद्व चमकारा। सकल बिहिस्त होइ उजियारा।
बारह बानी कर जो सोना। तेहि तें चाहि रूप अति लोना।
निरमल बदन चन्द कै जोती। सब क सरीर दिपैं जस मोती।[44]

इस 'कबिलास निवासिनी 'पाठ-प्रधानी' रानी को विधि ने सबसे अधिक 'सुहागवती' बनाया है और इसी का 'रूप-सरूप पद्मिनी नारी' जैसा है।

वस्तुत: 'कबिलास' जन्नतुल-अदन है जहाँ की प्रत्येक वस्तु मोती के समान दीप्त है, यही वह स्थान है जहाँ इस 'रूप-सरूप पद्मिनी नारी' के दर्शनाभिलाषी सूफ़ी की मनोकामना पूर्ण होती है और यही 'पद्मिनी नारी' 'कबिलास' की 'पाट-प्रधानी' है जिसकी प्रति के वशीभूत होकर विधाता ने सृष्टि-रचना का खेल खेला है। वास्तव में यही 'पद्मिनी'[46] हक़ीक़तुल मुहम्मदिया है। यही सृष्टि रचना का आदि कारण भूत है, यही जायसी का 'महमदनूर' है। यही शिवलोक दीपक पद्मावती का रूप धारण करके सिंहलदीप में अवतरित होता है।[47] यहाँ पर निम्न उद्धरण तर्कसंगत और प्रमाणपुष्टि के लिए आवश्यक है :

> 'सबसे ऊँचा चमकीले मोतीवाला स्वर्ग जन्नतुल अदन है। आठ स्वर्ग एक-दूसरे के भीतर हैं और विभिन्न स्तरों में ऊपर की ओर उठते गए हैं। इनमें सबसे ऊँचा और भीतरी स्वर्ग 'जन्नते अदन' है और इसी 'जन्नते अदन' में स्वर्गीय विभूति की एक झलक पाई जा सकती है। इस विभूति का प्रत्यक्ष करना सभी के भाग्य में नहीं जुटता। साधक अपनी साधना में अग्रसर होता हुआ परमात्मा की कृपा द्वारा ही इस विभूति के दर्शन करने में समर्थ हो पाता है।'[48]

इस विस्तृत चर्चा का अभिप्राय केवल इस ओर ध्यानाकृष्ट करना था कि कड़वक 579 की नवीं पंक्ति में 'पदुमनी' अध्यात्म पक्ष में वस्तुत: 'हक़ीक़तुल मुहम्मदिया' है और इसी के लिए मुनकिर-नकीर ने उससे आस्था रखने का प्रस्ताव रत्नसेन के समक्ष रखा है क्योंकि मुसलमानों के विश्वासानुसार मुहम्मद ही नरककुंडदाह से मोक्ष दिलाने में सहायक और स्वर्गभोग-प्राप्ति के साधन हैं। स्थिति यहाँ तक है कि जो जन्म में उनका नाम नहीं लेता उसे ईश्वर नरक में स्थान देता है :

जेइँ नहिं लीन्ह जरम सो नाऊँ। ताकहँ कीन्ह नरक महँ गऊँ।
गुन अवगुन विधि पूँछत हो इहि लेख अउ जोख।
ओन्ह बिनउब आगे होइ करब जगत कर मोख।[49]

सूफ़ी सिद्धान्त के इस पक्ष पर विचार करते समय इस तथ्य पर सदैव ध्यान रखना चाहिए कि हक़ीक़तुल मुहम्मदिया सृष्टि का अरिकारण है, ब्रह्म अवतरण का प्रथम सोपान है और मुहम्मद एक व्यक्ति विशेष का नाम है जो इस्लाम धर्म के प्रवर्तक थे। ब्रह्म के सम्पूर्ण कलायुक्त अवतरण हैं। राजा रत्नसेन मुनकिर-नकीर का अभीष्ट उत्तर देने में असमर्थ था। वह निर्वाक् रहा, परिणामस्वरूप उसे दंड

भोगना ही पड़ा। ये यातनाएँ पूरी तरह से वही हैं जिनकी चर्चा मुस्लिम जन-समुदाय में निरन्तर होती रहती है :

खनिगाड़ ओबरी महँ लै राखा। निति उठि दगध होहिं नौ लाखा।[50]
बीछी साँप आनि तहँ मेले। बाँका आनि छुवाहिं हेले।
दहकहिं संडसी छूटहिं नारी। सति देवस दुख गंजन भारी[51]
बीछी साँप रहहिं निति पासा। भोजन सोइ डसहिं हर स्वांसा।[52]

'आख़िरी कलाम' में यज़ीद भी इसी प्रकार की यातनाएँ सहन करता है। अलाउद्दीन के कारागार में रत्नसेन और नरककुंड में यज़ीद को मिलने वाली यातनाओं में अत्यधिक समानता है :

फातिम आइ कै पार लगाला। धरि यज़ीद दोजख महँ गवा।
अन्त कहा, धरि जान से मरे। जिउ देइ देइ पुनि लौटि पछारे।
तस मारिजेहि भुइँ गड़ी जाइ। खन खन मारै लौटि जियाइ।
बजर-अग्नि जारब कैछारा। लौटि दहै जस दहै लोहारा।[53]

जायसी काव्य में 'ओबरी' और 'बोबरी' शब्दों का उपयोग समानार्थक है। 'बोबरी' में भी करवट लेने का स्थान नहीं होता मिट्टी ही ओढ़ना-बिछौना होती है। न उसमें कोई मार्ग होता है और न ही कोई द्वार, बस अन्धकार ही अन्धकार होता है, कोई संगी भी नहीं होता कारागार की 'ओबरी' की भी स्थिति यही है :

तोहि असकेत गाड़ि खनि मूँदे। बहुरि न निकसि बार कै खूँदै।[54]
ठाउँ सो साँकर औ अँधियारा। दोसरि करवट लेइ न पारा।[55]
खनि गड़ ओबरी महँ लै मेला। साँकर और अँधियार दुहेला।
राँध न तहवाँ दोसर कोई। न जानौ पवन पानि कस होई।[56]

वस्तुतः कारागार के निमित्त जायसी ने क़ब्र, क़ब्रयातना और नरक-यातना का ही वर्णन किया है साथ ही 'न्याय-दिवस' की भयंकरता का स्मरण कराने का अवसर उन्होंने अपने सौन्दर्य-व्यंजक काव्य में भी नहीं छोड़ा।

जायसी ने 'भंजन, गढ़न, सँवारन' तीनों रूपों पर बल दिया है। ब्रह्मा, विष्णु, महेश,[57] उसी एक ब्रह्म के, परम सत्य के त्रिमूर्त रूप हैं। त्रिमूर्ति के इस एकत्व को अभिव्यक्त करने के लिए जायसी ने 'कहरा', 'महरा' और 'धीमर' प्रतीकों का सफल उपयोग किया है। 'कहरानामा' का 'कहार' बहुगुणायतन है। वह यम है, आत्मा को संसार से शिवलोक ले जाता है, वही धीमर है और साधक का रूप धारण कर लेता है, वही सेवक और पथ प्रदर्शक है। वही आनन्ददाता 'महरा'[58] है। नानात्व के एकत्व का यह सगुण रूप है। जायसी ने 'कहार' के इस एकत्व का उल्लेख भी किया है :

कहैं महंमद सोई मूलमद, सोई औषधि, सोई पीरा रे।[59]

मसलानामा

'मसलानामा' एक अन्य नवोपलब्ध जायसी-ग्रंथ है जिसके नाम के सम्बन्ध में भी विद्वानों में मतैक्य नहीं है। अमरेश जी का मत है कि 'मिस्ल' शब्द से निकला हुआ मसल शब्द बाद में 'मसला' बन गया।[60] श्री शहाब सरमदी जी ने अनुमान लगाया है कि इस ग्रंथ का नाम 'मसलानामा' के स्थान पर 'मसलनामा' होगा क्योंकि इसका वर्ण्य-विषय मसल अथवा कहावतें हैं।[61] यह बात निस्सन्देह कही जा सकती है कि महावरा अथवा कहावत कोश निर्माण जायसी का काव्य प्रयोजन नहीं हो सकता था। तुलसी की रामगाथा के समान जायसी का भी उद्देश्य अपने गुप्त का सुमिरण प्रकट रूप में करना है। मसलानामा की कहावतें भी उसी सुमिरण हेतु हैं। 'मसला' शब्द का उद्गम न तो 'मसअला' से है और न ही 'मसल' से। इसकी व्युत्पत्ति एक अन्य अरबी शब्द 'मसलह' से है जिसका अर्थ उपदेश है।[62] 'मसलानामा' निश्चय ही जायसी के उपदेशों का ग्रंथ संग्रह है जिसका प्रयोजन जनसाधारण को और अध्यात्मज्ञान कराना और कुमार्गगमन से बचाना है। पूर्व अर्द्धालियों तथा 12 दोहों की इस कृति में जायसी ने प्रसिद्ध लोकोक्तियों के आधार पर सूफी प्रेम-साधना तथा विविध विचारों पर उपदेश दिया है। अपने उपदेशों में उन्होंने सूफ़ी प्रेम-साधना तथा विविध विचारों का जीवन की नश्वरता, पुण्य-पाप, ईश प्रेम, परोपकार, मानव प्रकृति, अनन्य प्रेम साधना, अहम, कर्म, पतिव्रत, सर्वात्मवाद आदि का निरूपण किया है। लोकोक्ति पर आधारित व्यंग्यार्थपूर्ण वर्णन हिन्दी जगत में जायसी का ही प्रथम प्रयास है और इस दृष्टि से यह अत्यधिक महत्त्वपूर्ण रचना है।

चित्ररेखा

'प्रेम-कहानी काव्य' के अन्तर्गत हमें अब तक जायसी के तीन ग्रंथ उपलब्ध हैं—चित्ररेखा, 'कन्हउत' और पद्मावत। 'चित्ररेखा' में भी 'पद्मावत' के समान ईश्वर, मुहम्मद, पीर, चारयार आदि की स्तुति है, 'चित्ररेखा' का सौन्दर्य वर्णन है, नख-शिख और भव्य शृंगार के मोहक एवं व्यंजक चित्र है, ब्याह के मंगलमय लोकाचार का सजीव और आकर्षक अंकन है, नैहर छोड़ने पर अश्रुप्रवाह है और प्रियतमगृह गमन का उत्साह और भय है, वहीं चिर-परिचित सूर्य, चन्द्र और तारे प्रतीक रूप में भाव-व्यंजन के साधन हैं। इन्हीं तन्तुओं के मेल से 'चित्ररेखा' मसनवी काव्य का निर्माण हुआ है। परन्तु 'चित्ररेखा' के कुछ विशेष आकर्षण भी हैं। मदपान, मदिरा, प्याला, सुराही और कलालिन का विस्तृत वर्णन जायसी ने इसी ग्रंथ में किया है।[63]

'कहरानामा' में इन्हीं को संक्षेप में किन्तु अधिक अध्यात्मपरक बनाकर प्रस्तुत किया गया था :

धनि माठी, धनिमद, धनि सखा, धनि दुकान, कलवारी रे।
धनि वह धरी, पिआई धनि-धनि, जहाँ असमई मतवारी रे।[64]

द्वितीय स्थल वह है जहाँ जायसी धर्म-कर्म के बाह्याडंबर की सविस्तार निन्दा करते हैं। खंडन-मंडन की इस प्रवृत्ति का स्वर जायसी की सभी रचनाओं में कलात्मक एवं सन्तुलित है।[65] बाह्याडंबर पर यथोचित आक्रमण करने में वे प्राय: नहीं चूकते। उनका कथन है कि काया-प्रक्षालन, सिजदा, जटा-जूट धारण, भभूत प्रलेपन, गेरुआ-वस्त्र धारण, दिगम्बर रूप, वेशभूषा त्याग और मौनधारा से कोई लाभ नहीं है[66] क्योंकि—

पानिहिं रहइँ मंछि औहे दादुर। नांगे नितहिं रहइँ फुनि गादुर।
पसु पंछी नांगे सब खरे। भसम कुम्हार रहइँ नित भरे।
बर पीपर सिर जरा न थोरे। अइस भेस के पावसि मोरे।
जब लगि बिरह न होइ तन, हिये न उपजइ पेम।
तब लगि हाथ न आव तप, करम धरम सत नेम।[67]

जायसी की इस प्रकार की पंक्तियों की उक्ति एवं कथन शैली में कभी कबीर वाणी का आभास मिलता है तो कभी शून्य हृदय-ज्ञानी की भर्त्सना में मौलाना रूम आदि महान् संतों की उक्तियाँ गूँजती सी लगती हैं। सूफ़ी परम्परा में नर-नारायण सेवा (हक़्क़ुल इबाद) पर अत्यधिक बल है। ईशोपासना (हक़्क़ुल्लाह) की उपेक्षा क्षम्य है किन्तु जनसेवा-विमुखता भयंकर अपराध है। सूफ़ी ज्ञानी को सदैव इसके लिए धिक्कारता रहता है। एक सूफ़ी संत का कथन है :

तरीक़त बजुज़ खिदमते ख़ल्क़ नेस्त।
बतस्बीहो सज्जाद ओ दल्क़ नेस्त।

(भगवत्-प्राप्ति का मार्ग जनसेवा के अतिरिक्त कोई दूसरा नहीं है, सुमिरनी लेकर अल्लाह-अल्लाह रटने से, चटाई बिछाकर नमाज़ पढ़ने से या गुदड़ी ओढ़ने से ईश्वर का नैकट्य प्राप्त नहीं हो सकता) एक दूसरे सूफ़ी ने कहा है :

दिल बदस्त आउर्दू कि हज्जे अकबरस्त।
अज़ हज़ाराँ काबा यक दिल बेहतरस्त।

(किसी एक दुखी हृदय की सेवा करके उसके हृदय को अपने हाथ में लें यही महानतम हज्ज है और हज़ारों काबों से एक दिल का महात्म्य अधिक है)। कबीरदास भी यह कहते हैं कि रोज़ा-नमाज़ और कलमा पढ़ने मात्र से स्वर्ग प्राप्त नहीं होता। एक हृदय सत्तर काबों से उच्चतर है, इसलिए किसी मनुष्य को दुख न दो : रोज़ा करैं निवाज गुजारैं कलमे मिसत न होई। सत्तरि काबे एक दिल भीतरि जे करि जाने कोई। शेख़ सादी की उक्ति है :

चूँ अज़ दर्द आज़ाद बुरदी कसे।
बेह अज़ अल्फ़ रकअत बहर मंज़िले।

(यदि तू किसी एक व्यक्ति का दुख-निवारण कर दे तो उस कर्म से यह उस कार्य से कहीं उत्तम है कि तू हज्ज को जाए और प्रत्येक पड़ाव पर हज़ार रकअत नमाज़ पढ़ता रहे) तुलसीदास भी 'परहित' को ही उच्चतम धर्म मानते हैं :

परहित सरिस धर्म नहिं भाई।
पर पीड़ा सम नहिं अधमाई।

यही परहित-धर्म और परपीड़ा अधमाई जायसी की 'चित्ररेखा' में ध्वनित है। 'आख़िरी कलाम' में रसूल के सहचर[68] यज़ीद को जायसी ने रौखदाह का भागी बनाया, क्योंकि उसने फ़तिमा, हसन और हुसैन पर अत्याचार किया। 'चित्ररेखा' में विप्र-पंडित सिंहल के नरेश सिंहदेव के कुबड़े पुत्र से 'चित्ररेखा' का विवाह निश्चित करके विश्वासघात के अपराधी बने हैं। ऐसा 'परपीड़ अधम' जायसी की दृष्टि में अक्षम्य है और उनकी मधुभाषिणी वाणी यहाँ अकस्मात् खेदपूर्ण भर्त्सना से उद्वेलित हो उठती है :

पढ़ि गुन पंडित को न भुलाना। पढ़ा बेद लेइ भेद न जाना।
भूला सरदेव और भुइँ हारी। पढ़ा सुवा बुध घरा मँजारी।
पढ़ि गुनि पंडित भूलैं गुपुतन नानहिं भेद
परगट होय न बाँचै जइस सास्तर बेद।[69]

यही वेद-शास्त्र ज्ञानी और विप्र 'पद्मावत' में राघव चेतन का रूप धारण कर लेता है और समकालीन राजदरबारी मुल्ला तथा पंडित और ज्ञानी एवं आलिमों की अधमावस्था देखकर महाकवि जायसी की आर्द्रवाणी केवल यह कहकर कुंठाग्रस्त हो जाती है :

तूँ चेतनि औरहि समुझावहि दहुँ तोहि को समझाऊँ।[70]

जायसी की चेतना तत्कालीन आध्यात्मिक धार्मिक अवनति और आडंबरों की ह्रासोन्मुखी प्रवृत्ति देखकर ही 'सर-साज' की कल्पना करती है और यह 'सर-साज' जायसी-साधनामार्ग का चरम लक्ष्य प्रतीत होने लगता है। जीवदान के बिना किसी को भी प्रियतम की प्राप्ति नहीं हो सकती :

बिनु जिउ दिए न पावै कोई। जो मरजिया अमर भा सोई।[71]

'मरजिया' होने का एकमात्र साधन 'सर-साज' है। जायसी काव्य में यूनान का काल्पनिक पक्षी फ़ोनीकस, अरब देश का क़ुक़नूस (ककनूँ),[72] फ़ारस का आतिशजन और भारत की सती इसी 'सर-साज' के उच्चतम साधक हैं। अमीर ख़ुसरो ने सती[73] की भूरि-भूरि प्रशंसा की है और उनके हिन्दी काव्य में इसी 'सर-साज' का प्रतीक कुम्हार का भट्ठा है।

मरण (फ़ना) और पुनर्जीवन (बक़ा) के गोरखधन्धे को कोई भी शब्द या वस्तु 'ककनूँ'[74] पक्षी से अधिक सार्थक नहीं कर सकता था। 'ककनूँ' स्वयं चिता सजाता है, अग्निदाह करता है, भस्म होता है और क्षार से फिर जन्म लेता है। जायसी के 'मरजिया' में भी कुछ इसी प्रकार के भाव हैं। रत्नसेन चिता पर चढ़कर सती[75] के समान भस्म होने का इच्छुक है, किन्तु 'ककनूँ' के समान 'सर-साज' करता है। यह 'सर-साज' मनुष्य शरीर ही है और विवेक एवं प्रज्ञा से परे, 'असूझ' यह अग्नि[76] वह विरह है जिससे भयभीत होकर लंका-दहन-नायक हनुमान भी 'लंका' छोड़कर 'पलंका' पहुँच गए। यह वह वज्राग्नि है जिसको सच्चे विरही का हृदय ही सहन कर सकता है :

मुहम्मद चिनगी अनँग की सुनि महि गगन डेराइ।
धनि बिरही औधनि हिया जेहि सब आगि समाइ।[77]

महेश ही सिद्ध गोटिका प्रदान करके इसे शान्त कर सकते हैं और 'सर-साज' कर जिसने यह प्रचंड ज्वाला प्रज्वलित कर ली वह अमर हो गया, 'मरजिया' हो उठा :

जियतहि जौरे मरै एक बारा। पुनि कत मीचु को मारै पारा।[78]

'चित्ररेखा' में दो स्थानों पर 'सर-साज' सम्पन्न हुआ है। 'चित्ररेखा' सती होकर 'मरजिया' होना चाहती है और राजकुँवर काशी में चिता सजाकर इसी मार्ग का अनुगमन करता है। काशी में इसका प्रशमन व्यास करते हैं और 'चित्ररेखा' की चिताग्नि को राजकुँवर प्रशान्त करता है। इसी का फल दर्शन और भोग है।[79] अन्त में जायसी 'चित्ररेखा' को प्रियतम की सेवा और आज्ञापालन का उपदेश देते हैं :

सेवा औ आयसु मँह, दसएँ दसा चढ़ि जाहिं।
रहहिं जो करत खेलारी, ते पाछें पछिताहिं।[80]

सिंघलदीप से विदाई के समय इसी 'सेवा' और 'आएसु' का उपदेश पद्मावती को भी दिया गया है :

आएसु लिहें रहेहु निति हाँथा। सेवा करेहु लाइ भुइँ माँथा।[81]

इन पंक्तियों का अध्यात्मपरक अर्थ महाकवि जायसी ने 'कहरानामा' में स्पष्ट कर दिया है :

कहैं महंमद, दोऊ-जग तीरये, लीन्हे पियकै आएसुरे।
जेहि-जेहि मारग बरजै साजन, तेहिं मारग जनि जाएसुरे।[82]

लोक–परलोक के त्रिताप–त्राण का उत्तम साधन प्रियतम आज्ञा पालन है और ईश्वर द्वारा निर्धारित सुकर्मों–कुकर्मों तथा शुद्धता–अशुद्धता का विवरण ही शरीअत है। जायसी ने शरीअत मार्ग के पालन पर बल दिया है और अविश्वासियों को निमंत्रित किया है कि वे इस मार्ग का अनुगमन करके देख लें, वे निस्सन्देह सिद्धि प्राप्त कर लेंगे :

साँची राह सरीअत, जेहि विसवास न होइ।
पाँव राख तेहि सीढ़ी निमरम पहुँचे सोइ।[83]

क़ुर्आन में इस शरीअत को लिखकर विधि ने प्राणधारियों के कल्याण की पद्धति भेजी है और जायसी ने उन्हीं आदेशों की अवहेलना के प्रति 'कहरानामा' की उपरोक्त पंक्तियों में चेतावनी दी है जिनका वर्जन ईश्वर ने क़ुर्आन में कर दिया है। यही मुहम्मद का सत्य पंथ है :

सो बड़ पंथ मुहम्मद केरा। है निरमल कबिलास बसेरा।
लिखि पुरान विधि पठवा साँचा। भा पखाँन, दुवौ जग बाँचा।
सुनत ताहि नारद उठि भागै। छूटै पाप, पुन्नि सुनि लागै।[84]

जायसी काव्य में 'आएसु' मार्ग और शरीअत पर्यायवाची से प्रतीत होते हैं और कवि मुहम्मद ने भवसागर पार करने के लिए इसी मार्ग का अनुसरण उचित बताया है :

वह मारग जो पावै सो पहुँचै भव पार।
जो भूना होइ अन्तहि तेहि लूटा बरमार।[85]

परन्तु शरीअत पर विचार करते समय हमें सावधान रहना चाहिए क्योंकि कट्टर–पंथी मुल्ला की शरीअत, क़ुर्आन के प्रकट अर्थों पर आधारित है और सूफ़ी की शरीअत उसके गुप्त अर्थों पर आश्रित है। पारिभाषिक शब्दावली एक होते हुए भी वस्तुतः एवं मूलतया दोनों पृथक् हैं।

'आएसु' पालन से जायसी का तात्पर्य निश्चय ही शरीअत मार्ग–अनुगमन से है और अपने उपदेश में 'सेवा' शब्द का उपयोग उन्होंने 'इबादत' के पर्यायवाची रूप में किया है। 'इबादत' का साधारण अर्थ पूजा–आराधना है, किन्तु सूफ़ी पारिभाषिक शब्दावली में इसका परमात्मा के समक्ष स्वयं को तुच्छ, भ्रष्ट और अधमी रूप में प्रस्तुत करना है। कभी–कभी सूफ़ी साधक की इन्द्रियनिग्रह–साधना को इबादत कहते हैं।[86] निःस्वार्थ भाव से बिना स्वर्ग–लिप्सा और नरक–भय का विचार किए एकाग्रचित्त होकर ईश्वर–प्रेम में तल्लीनता को सूफ़ी 'उबूदियत'[87] कहते हैं। 'इबादत' (सेवा) का उच्चतम 'उबूदियत' है जिसमें साधक और साध्य के बीच के अन्तर्पट हट जाते हैं,[88]

अह विनष्ट हो जाता है। हमारा विचार है कि जायसी ने 'सेवा' शब्द का उपयोग तीनों अर्थों में किया है और इसका अर्थ बोध परिस्थिति और साधक के साधना-स्तर पर निर्भर करता है। मुसलमानों की पूजा पद्धति 'नमाज़' के शाब्दिक अर्थ भी 'नमन' और 'सेवा' हैं।[89] ऐसा प्रतीत होता है कि जायसी ने 'सेवा' शब्द का उपयोग नमाज़ के हिन्दी-रूपान्तर रूप में ही किया है। उनकी मान्यता है कि नमाज़ दीन (धर्म) का स्तम्भ है और नमाज़ पढ़ने वाला महा गुणवान है :

ना-नमाज़ है दीन कथूनी। पढ़ै नमाज़ सोइ बड़गूनी।[90]

नमाज़ के पर्यायवाची रूप में जायसी काव्य में 'जोहार' शब्द भी प्रयुक्त हुआ है।

साईं केरा बार, जो थिर देखै औ सुनै।
नइ नइ करै जोहार, महमद निति उठि पाँच बेर।[91]

साधारण मुसलमान के लिए पाँच[92] बार ही नमाज़ पढ़ने का नियम है और 'नइ-नइ' (सिजदा) से भी यह स्पष्ट हो जाता है कि 'जोहार' से जायसी का अभिप्राय नमाज़ से ही है।

कन्हउत

जायसी के काव्य-ग्रंथों की सूची में इस रचना की गणना 'कन्हावत' अथवा 'धनावत' नाम से की जाती है। नाम सम्बन्धी यह पाठ भेद फ़ारसी लिपि के असावधानीपूर्वक अध्ययन से उत्पन्न हुआ है। वस्तुतः कवि ने इसका नामकरण 'कन्हउत' किया है। इस मसनवी के नायक कृष्ण हैं और जनसाधारण में इनके प्रसिद्ध नामों कन्ह, कान्ह, कन्हाई, किशन आदि का ही उल्लेख जायसी ने अपनी रचना में किया है। पुस्तक चर्चा के अन्तर्गत उन्होंने पहले ही सूचित किया है कि 'कन्ह कथा सुनाने हेतु उन्होंने इस खंड' की रचना की है और इसकी रचना की प्रेरणा उन्हें हरि कथा पर आधारित नारियों के नृत्य गान से हुई है :

कातिक महँ जो बरत दीवारी। गावहिं मा हरि कथकइ नारी॥
तौ मैं कहा आइ खंड गाऊँ। कन्ह कथा कर सबहिं सुनाऊँ॥
कथा कहौं कान्ह सँजोगू। पुन्न मन भा जनु लूकू॥[93]

जायसी के यहाँ राजा, रंक, पंडित, मूर्ख, पुरुष और नारी सब के सब ब्रह्म हैं। वही एक ब्रह्म अनेकरूपता का खेल खेलता है। सूक्ष्म द्रष्टा कवि के लिए बोध्य जगत की अनेकरूपता ब्रह्म में ही समादृत है। इसीलिए कवि की धारणा है कि जिसे इस रहस्य का ज्ञान हो जाता है उसके मन में हिन्दू तुरुक का भेदभाव समाप्त

हो जाता है और वह नाम रूप भेद के अवगुंठन को हराकर उसी एक तत्त्व के दर्शन करने लगता है :

परगट भेस गोपाल गोबिन्दू। गुपुत ज्ञान नहिं तुरुक न हिन्दू॥
अपनइ रंग सुरूप मुरारी। किथौं राजा किथौं भिखारी॥
किथौं सुपंडित किथौं मुरुख। किथौं इस्तरी किथौं पुरुष॥[94]

कहने की आवश्यकता नहीं कि यही गोपाल अवतार भी हैं, आभीर बालक भी, यही आराध्य भी हैं और स्वयं आराधक भी। राहा (राधिका) के समक्ष अपना वास्तविक रूप प्रकट करते हुए कृष्ण ने इस तथ्य का स्पष्टीकरण 'कन्हउत' में किया है :

हौं राही देवता सिर नावहिं। राहु केतु निसि फिरैं आवहिं॥
सेव करी बासुकि रबि इन्दू। मुख जोवइ नित बाल गुबिन्दू॥[95]

कृष्ण के भोगरत व्यक्तित्व के अवतरण के सम्बन्ध में जायसी ने अत्यन्त कलात्मक पृष्ठभूमि में पौराणिक सन्दर्भ को अपने ढंग से चित्रित किया है। कंस के अत्याचारों और व्यभिचारों से त्रसित जनता ने जब त्राण और कल्याण के लिए गुहार लगाई तब परमेश्वर ने विष्णु को पुनः अवतरित होने का आदेश दिया :

दुई बेगि बिशुनु अराजा। भा आएसु मथरां भा राजा॥[96]

परन्तु राम के अवतार के समय अपने विषादपूर्ण जीवन का स्मरण करके उन्होंने क्षमा-याचना की और 'बिनती कीन्ह देखि अस माया।' जायसी ने अपनी समस्त रचनाओं में राम को कष्ट भोक्ता के रूप में ही चित्रित किया है और अपने उस काल के दुखमय जीवन के वृत्तान्त को 'कन्हउत' में भी विष्णु के मुख से विधाता को सुनवाया है :

दुख पायौं रामा औतारा। अब नहिं औतरो यहि संसारा॥
जरम मोर सब चिन्त मँह बीता। एक इस्तिरी जानौं सीता॥
सो पुन हर रावन लइ गयो। फिर सति आप पिर्थीं जनुगयो॥[97]

रामरूपी अवतरण में विष्णु ने अपार कष्ट पाया अतः इसी कष्ट निवारण के लिए ही कृष्ण अवतार के समय उन्हें जोग के स्थान पर भोग का वरदान प्राप्त हुआ :

भया आएस मैं कीन्ह जो चाहा। चरित मोर तुहि दोस न आवा।
जानौं सबैं मैं कीन्ह जो चाहा। चरित मोर तुहि दोस न लावा।
जसु वहि जरम किहे तप साजू। तसईंह जरम देव सुख राजू।
सोरह सहस गोपीता साजीं। ते सब मनु तो कँह उपराजीं।
गेह करौं लइ तोहि सब जोगू। औतरि जगत माँ रस भोगू।[98]

कष्टमोचन एवं सुख भोग के इस आश्वासन पर ही विष्णु ने गत जीवन के दुखों को विस्मृत करके भविष्य के आनन्दमय जीवन की अभिलाषार्थ कृष्ण रूप में अवतरित होना स्वीकार किया :

देखि सरूप इस्त्रीं मन माया उपनान। पाछिल दुख सो बिसरगा जग औतरा आन।[99]

कृष्ण के रूप में इसी संवर्द्धित अवतार के स्वरूप को जायसी ने वीर शृंगार युक्त कलात्मक रूप अपनी रचना में दिया और 'वहदतुलवजूद' के दर्शन के आधार पर एकता में अनेकता और अनेकता में एकता का आध्यात्मिक निरूपण करते हुए सरस चित्रण किया है। इस प्रकार कृष्ण, गोपी, राधा, चन्द्रावल, कुबजा, कंस, दैत्य दानव और मानव, तप जोग और भोग सब उसी ब्रह्म के प्रकट रूप हैं और गुप्त रूप में वे सब वही हैं और अभिन्न हैं :

पंडित पढ़ंहि सास्तर जोगी पढ़ंहि सो जोग।
कन्ह गुपुत तप साधइ परगट मानइ भोग॥[100]

'कन्हउत' में जायसी ने 'कन्ह कथा' का गायन किया है और पुस्तक चर्चा के अनुसार इसका नाम भी 'कन्ह कथा' ही होना चाहिए था। परन्तु इस रचना के अन्त में जायसी ने अपनी इस मसजवी को 'कन्हउत' कहा है :

मोहभद कवि 'कन्हउत' गाई। रस भाखा कै सभौं सुनाई॥[101]

अपनी पुस्तकों के नामकरण के समय प्रमुख नाम के बाद 'ओट' शब्द जोड़ने की जायसी की प्रवृत्ति का विश्लेषण हम पहले ही कर चुके हैं। अपनी आध्यात्मिक सैद्धान्तिक समझ को तद्‌युगीन धार्मिक परिवेश के अनुकूल रहस्यात्मकता का आवरण देने के लिए ही जायसी 'ओट' शब्दपद का प्रयोग करते हैं। 'पद्‌मावत' में जायसी ने नायिका 'पद्‌मिनी' की ओट में जिस दर्शन का कलायुक्त रोचक रूप चित्रित किया है उसी को उन्होंने इस काव्य में नायक कन्ह की लीला की ओट में प्रस्तुत किया है। अत: नामकरण की समस्या पर बिना किसी भ्रम में पड़े इसे कन्ह के ओट में चित्रित काव्य ही स्वीकार करना चाहिए। 'कन्हउत' नाम ही इसका समीचीन और सार्थक नाम है।

'पद्‌मावत' के समान ही 'कन्हउत' भी जोग-भोग, राज वैभव, ब्रह्मलीला, वीर शृंगार, युद्ध, नारी भोग, संजोग-वियोग, सात पँवरि, नव द्वार, सात खंड, चौदह धौराहर से सुसज्जित गढ़, वस्त्र, आभूषण, फल, फूल, फुलवारी, स्वर्ण और सुगंधि आदि की वर्णनावृत्ति से कन्ह कथा भी आपूरित है। कृष्ण की मृत्यु पर राधा और चन्द्रावल उसी प्रकार विलाप करती हैं जैसे नागमती और पद्‌मिनी का प्रलाप 'पद्‌मावत' में चित्रित किया गया है ? ऋतुवर्णन[102] के अन्तर्गत कुबजा के संग कृष्ण के सम्भोग की सरस

चर्चा है। बारहमासा का वर्णन भी इस काव्य में दो स्थानों पर हुआ है। एक स्थान पर समस्त गोपियों का विरह का विदारक चित्र है।[103] दूसरे स्थान[104] पर एक ओर मथुरागमन और दूसरी ओर कुबजा संग सम्भोग के फलस्वरूप राधिका की वेदना और विरह की अग्नि से समस्त चराचर जगत भस्म होता प्रतीत होता है :

दिधौं बिरह जरत राधिका। स्नेह कै आँच गगन रबिधिका।[105]

इतना ही नहीं मथुरागढ़ भी सिंघलगढ़ के समान ही सुशोधित है। मथुरागढ़ का निर्माण भी हीरे की ईंटों और मोती के गारे से हुआ है और यहाँ भी फुलवारी, मानसर आदि शोभा बढ़ा रहे हैं। इसके हाट का भी लगभग वही वर्णन है जिसका परिचय हमें सिंघलगढ़ वर्णन में मिलता है। यहाँ भी उसी प्रकार 'कंचन साज' और 'चित्र उरेहा' के दर्शन होते हैं। कहना न होगा कि सिंघलगढ़ की तरह मथुरागढ़ भी जायसी का कबिलास (स्वर्ग) ही है :

जउन नियर गढ़ साजा देखि सुहावन ठाँव।
जग कबिलास सराहा राखा मथुरा नाँव।[106]

'कन्हउत' में ग्वालिनों की शृंगार सज्जा वही है जिसका परिचय पद्मिनी रानी के राजकीय ठाट-बाट में प्राप्त है। यहाँ भी ग्वारिनें सोलह शृंगार और बारह आभूषणों से सुसज्जित, 'पहिर रात गुजराती चोला' और 'सोन छाप तिनहि चीर सँवारे' फुलवारी रूप वर्णित हैं। नाना प्रकार के आभूषण और वेश सज्जा यहाँ भी अप्सराओं की कल्पना साकार करती है और 'सरग की अछुरी' हमें आनन्द विभोर कर देती है।

'पद्मावत' के समान इस ग्रंथ में भी कवि ने पुष्प और फलों के उपमानों के वर्णन द्वारा नारी शरीर की सुन्दरता और कामक्रीड़ा का मोहक चित्र प्रस्तुत किया है। 'केहर लंक जात पदुमनी' और 'कोकिल कंठ हंस गामनी' राधिका की स्थिति रतिक्रीड़ा के समय पद्मावती के समान ही है :

चोली फाट चीर दरमँसा। कंचन जानु कसौटी कसा।[107]

जायसी काव्य की सूक्तियाँ भी इस रचना में पर्याप्त मात्रा में यथास्थान उल्लिखित हैं। यहाँ भी 'पेम चिंगी' सुलगाने की चर्चा है। अन्तर केवल यह है कि रत्नसेन के स्थान पर स्वयं कृष्ण इसका उपदेश देते हैं :

पेम चिंगी सुलगइ लेस हिया।
जनु लेसति बाती निसि दिया।[108]

इस रचना में भी प्रेम खेल सिर से खेलने का उल्लेख है :

प्रिम खेल है कठिन दुहेला। सो खिलवार जो सिर सों खेला।

इस काव्य में भी प्रेम, साहस, उत्साह, बल और सर–साज के खेल के रूप में चित्रित है, किन्तु इस चित्रण में वह हृदयोद्रेक, प्रचुरता, विस्तार, पिष्टपेषण, तीव्रता और गम्भीरता नहीं है जिससे 'पद्मावत' के अध्येता भलीभाँति परिचित हैं।

जायसी की रचनाओं के मूल स्रोत और केन्द्रीय चिन्तन कि यह समस्त सृष्टि उसी ब्रह्म का प्रकट रूप है जगत उसी की परछाईं है, 'कन्हउत' में भी दिखाई देता है :

आपहिं फर आपहिं रखवारा। आपहिं सब रस चाखन हारा।
एक छाड़ दूसर सो नाहीं। सबै जगत ताकर पर छाईं।[109]

'पद्मावत' में नागमती और पदुमावती रानी के मल्लयुद्ध का विस्तृत वर्णन है। दोनों रानियों के युद्ध में रत्नसेन मध्यस्थता करते हैं और अपने उपदेश से इन साँवरी, गोरी और गंगा–यमुना की कलह शान्त करते हैं। लगभग यही दृश्य 'कन्हउत' में राहा (राधा) तथा चन्द्रावल के युद्ध के रूप में प्रस्तुत होता है। दोनों महिलाओं के इस युद्ध में यहाँ भी उद्यान छिन्न–भिन्न हो जाता है और दोनों की रूप सज्जा नष्ट–भ्रष्ट हो जाती है। 'पद्मावत' में लंका द्वीप और जम्बूद्वीप की वनस्पति, रूप, गुण और वर्ण की तुलना है तथा वाग्युद्ध में शब्दों के शस्त्रास्त्रों का श्लेषात्मक उपयोग है। 'कन्हउत' में भी शब्दास्त्रों का जमकर प्रयोग हुआ है। जायसी की कल्पना के अनुसार राधा पूर्व जन्म की सीता ही हैं और वे इस युद्ध में अपनी इस स्थिति के सम्बन्ध में गर्वोक्ति करती हैं :

जाकर स्त्रि राम अस पती। सोइ नार हौं सीता सती।[110]

इस माहात्म्य प्रकाशन और कृष्ण से चिरन्तन सम्बन्ध की गर्वोक्ति का चन्द्रावली ने अत्यन्त वाक्चातुर्य से खंडन किया है :

तिहौं कउन सइबिसवासी। रावन हरी भइ बनबासी।[111]

'कन्हउत' में 'एकौझा जूझ' का भी चित्र है। कृष्ण और कंस के पहलवान चाँउरू (चारुण) की जायसी ने जमकर कुश्ती कराई है।

कहने का तात्पर्य यह है कि पात्र एवं परिवेश के अन्तर के अतिरिक्त 'कन्हउत' और 'पद्मावत' का वर्ण्य विषय एक ही है। इसी अन्तर के कारण चिर–परिचित दृश्यों, चित्रों, वर्णनों में सन्दर्भानुकूल कुछ परिवर्तन हुआ है और जायसी ने परिस्थितियों के अनुसार अनेकानेक नवीन चित्रमय वर्णनों का समावेश इस रचना में किया है। 'पद्मावत' में 'मानसर में अश्नान' का उल्लेख है तो 'कन्हउत' में कृष्ण ने यमुना तीरे 'धमारी मेला' का उल्लेख किया है और गोपियों के संग उन्होंने

'नाउर' खेल रचा है और इस प्रकार जल क्रीड़ा का दृश्य सम्पूर्ण सौन्दर्य और मनोहरता के साथ प्रस्तुत हुआ है। मूलतः कृष्ण और पद्मावती भी एक ही तत्त्व हैं, अन्तर केवल दोनों के क्रियास्थल में और भेद है दोनों में नारी धर्म। स्वभाव और पुरुषकर्मा चरित के कारण।

'पद्मावत' में सुवा गुरु की प्रेरणा से साधक रत्नसेन जोगी भेस धारण करता है। गुप्त ज्ञान में अधिक रुचि लेने वाले जायसी यहाँ इस प्रकट रूप साधना के यदि समर्थक नहीं तो विरोधी भी नहीं लगते। निश्चय ही पद्मावती को सखियों के माध्यम से कवि ने आन्तरिक साधनापरक दिया है, किन्तु योगीवेश, गुरु गोरखनाथ, मछिन्दर नाथ के वर्णन बाहुल्य और नाथ तथा सिद्ध सम्प्रदाय की प्रक्रियाओं के श्लेषात्मक उल्लेख के कारण उनकी यह धारणा लुप्तप्राय हो गई है। परन्तु 'कन्हउत' में स्पष्ट ही गोरखपंथी योग साधना का खंडन है। गोरखनाथ तप-जोग की साधना से जीवन काल में ही इष्ट के दर्शन का आश्वासन देते हैं :

दरस होइ जीवहि तिनहि जो साधे तप जोग।
आव कन्ह उपदेसों तज गोपिन्ह का भोग।[112]

ध्यान देने योग्य बात यह है कि जायसी के कृष्ण गुप्त रूप में तप, साधना करते हैं और प्रकट रूप में भोगलिप्त है, यही कारण है कि वे गोरखनाथ की योग साधना का अत्यन्त चतुराई से खंडन करते हैं :

परगट बिद्या परगट भेसू। काज न आवे यहि उपदेसू।[113]

'आख़िरी कलाम', 'अखरावट', 'मसलहनामा', 'चित्ररेखा', 'कन्हउत', और 'कहरानामा' के संक्षिप्त पर्यवलोकन और कुछ अंशों में 'पद्मावत' के वर्ण्य-विषय से इनकी एकता और समता की ओर ध्यानाकर्षण से अभिप्राय उन धाराओं का निर्धारण है जिसका 'पद्मावत' काव्य भूमिका सिंचन करती है और जिनके कारण कि जायसी के इस गौरव ग्रंथ को गम्भीरता, विशालता, भव्यता प्रदान हुई है। इनके अतिरिक्त जायसी की अन्य रचनाएँ भी हैं जिनका पर्यवलोकन अत्यन्त आवश्यक है क्योंकि इनमें से अनेक रचनाएँ 'पद्मावत' में ही समाहित परिलक्षित होती हैं।

गारसा-द-तासी, आचार्य रामचन्द्र शुक्ल, सैयद हसन असकरी, सैयद कल्बे मुस्तफ़ा, और सैयद आले मुहम्मद जायसी आदि विद्वानों के सराहनीय खोज प्रयासों के फलस्वरूप जायसीकृत अनेकानेक[114] रचनाओं की सूची प्राप्त हुई है। शुक्ल जी ने जायस में प्राप्त जन-श्रुति के आधार पर लिखा है कि जायसी ने 'नैनावत' नामक एक प्रेम कहानी लिखी थी। सैयद हसन असकरी[115] ने 'लहतावत', 'सकरानामा', 'पोस्तीनामा' और 'होलीनामा' का उल्लेख जायसी ग्रंथ तालिका

के अन्तर्गत किया है। क़ल्बे मुस्तफ़ा और आले हसन जायसी ने चौदह पुस्तकों की तालिका प्रस्तुत की है। क़ल्बे मुस्तफ़ा साहब को 'इतरावत' और 'मटकावत' ग्रंथों के नाम हकीम अशरफ़ साहब जायसी से प्राप्त हुए हैं। इनका उल्लेख उनके मतानुसार अन्यत्र नहीं है। रिसाल-ए-अब्दुल क़ादिर जायसी और सैयद अली नक़ी की तारीख़ (इतिहास) से आठ ग्रंथों के नाम क़ल्बे मुस्तफ़ा साहब ने उद्धृत किए हैं। 'चित्रावत' एवं 'मुकहरानामा' का उल्लेख केवल रिसाल-ए-अब्दुल क़ादिर में है और 'सखरावत' का नाम केवल अली नक़ी की तारीख़ में उल्लिखित है। 'होलीनामा' की सूचना ख़ज़ीनत-उल-असफ़िया[116] नामक ग्रंथ से प्राप्त हुई है। गारसा-द-तासी[117] ने 'कुन्हावत' (घनावत)तथा 'परमारथ जपजी' नामक रचनाओं को उपलब्ध बताया है। अन्य तालिकाओं से 'मेनावत', 'मेखरावटनामा', 'मसलानामा' और स्फुट कविताओं की सूचना मिलती है। इन विविध सूचनाओं के आधार पर जायसी कृत रचनाओं की निम्नलिखित तालिका प्रस्तुत की जा सकती है :

उपलब्ध ग्रंथ : पद्मावत, आख़िरी कलाम, अखरावट, चित्ररेखा, कहरानामा, मसलानामा और कन्हउत।

अनुपलब्ध ग्रंथ : सखरावट, सकरानामा (हसन अस्करी), चमपावत, इतरावत, चित्रावत, मटकावत, लहतावत (हसन अस्करी), मेनावत, मेखरावट अथवा मेखरावटनामा, नैनावत, खुर्वानामा, मुराईनामा अथवा मोराईनामा, मुकहरनामा, मुखरानामा, पोस्तीनामा, होलीनामा, परमारथ जपजी और स्फुट कविताएँ।

शोधकों, खोज रिपोर्टों एवं स्फुट सूचनाओं के साक्ष्य पर हमें जायसी की पच्चीस कृतियों का पता चलता है, किन्तु उनमें से अब तक केवल सात ग्रंथ ही उपलब्ध हैं। जायसी ग्रंथ तालिका पर दृष्टि पड़ते ही फ़ारसी-लिपि का बिन्दी-विकार दोष, पांडुलिपि अध्येताओं की असावधानी एवं जायसी की श्लेषात्मक शैली से शोधकर्ताओं की अनभिज्ञता और पांडित्य प्रकाशन की उतावली अनावृत हो उठती है। जायसी के शिल्प सौन्दर्य के सम्बन्ध में आचार्य हज़ारीप्रसाद द्विवेदी की यह धारणा अक्षरश: सत्य है कि—'वे सदा लौकिक दीप्ति और सौन्दर्य का उत्थापन करते हैं परन्तु विशेषणों और क्रियाओं के प्रयोग-कौशल से अलौकिक दीप्ति की ओर मोड़ते रहते हैं। उन्होंने इस प्रकार एक अपूर्व काव्य की सृष्टि की है।'[118] विशेषणों और क्रियाओं के प्रयोग-कौशल से ही जायसी लौकिक दीप्ति को पारलौकिक दीप्ति की ओर नहीं मोड़ते। आवश्यकता पड़ने पर वह इसके लिए फ़ारसी और अरबी के ऐसे शब्दों का भी उपयोग करते हैं जो अवधी शब्दों की पंक्ति में बैठकर किसी प्रकार भी विदेशी अथवा अनमेल नहीं लगते। जायसी के इस सूक्ष्म कलात्मक तथ्य से अनभिज्ञता के कारण ही हिन्दी विद्वान उनकी अनुपलब्ध रचनाओं के नामकरण के सम्बन्ध में भ्रांति उत्पन्न करते रहे हैं, और इस भ्रम के जन्मदाता वे विद्वान हैं

जिन्होंने फ़ारसी लिपिबद्ध पांडुलिपियों का असावधानीपूर्वक अध्ययन किया है। इसका दायित्व उन प्रतिलिपिकारों पर भी है जो प्रतिलिपि करते समय बिन्दियों के सम्बन्ध में सावधान नहीं रहे हैं।

जायसी लोक पक्ष की ओट[119] (आड़) में परलोक पक्ष का वर्णन करने में अत्यधिक दक्ष हैं। उनकी अधिकांश रचनाओं के नामों के साथ 'ओट' अथवा 'ओटि' का योग है। लोकजीवन के किसी न किसी अंश की 'ओटि' से वह अपने अध्यात्म चिन्तन को सगुण और साकार बनाकर पाठक के समक्ष प्रस्तुत करते हैं। तभी ज्ञानियों को ध्यानी बनाने की क्षमता है और अज्ञात को ज्ञात बनाने की निपुणता के आग्रह से जायसी काव्य परिपूर्ण है। 'उत' के योग से 16वीं शताब्दी के कवि महाराज पृथ्वीराज (दे. 1600 हि.), ने अपनी रामभक्तिपरक रचना का नाम 'दशरावउत' रखा है।

'सखरावट' और 'सकरानामा' वस्तुतः एक ही रचना के नाम हैं। 'सुक्र' अरबी शब्द है और सूफ़ी पारिभाषिक शब्दावली में इसे अत्यधिक महत्त्व प्राप्त है। जायसी ने इसे ही 'प्रेम पयाला'[120] कहा है। सुक्र सूफ़ी-साधना क्रम में उस अवस्था को कहते हैं जब साधक प्रेम-मधु पान करके उन्मादित हो उठता है और उसका मन तथा चित्त सुस्थिर नहीं रहते। मधु, मधुशाला और उसके उपकरणों का प्रतीकात्मक शैलीगत उपयोग समस्त सूफ़ी काव्य-धारा में प्रचलित है। इसी परम्परा का अनुसरण करते हुए जायसी ने भी 'सुक्र' की ओटि से अध्यात्म चिन्तन को काव्यरूप प्रदान किया है। अतः इस रचना का नाम 'सुक्रउत' (सुक्र + ओटि) होना चाहिए। स्वर चिह्नों के अभाव में असावधानी के कारण ही इसे, 'सकरावट' तथा 'सखरावट' पढ़ लिया गया है। बिना किसी विघ्न के इसका पाठ 'सुक्रावत' अथवा 'सुक्रउत' भी स्वीकार हो सकता है। इससे रचना का नाम सार्थक हो जाएगा और उसके वर्ण्य-विषय का परिचय भी सम्भव होगा।

'मटकावत', 'मंगावत' का भ्रामक पाठ भेद है। फ़ारसी पांडुलिपियों में बहुधा 'गाफ़' अक्षर को भी 'काफ़' ही लिखा जाता है और शब्दों के पूर्वज्ञान के आधार पर अनुमान से 'काफ़' को ही 'गाफ़' पढ़ लिया जाता है। भ्रमवश 'नून' की बिन्दी को 'टे' का चिह्न पढ़ लिया गया और जायसी की एक रचना का नाम 'मटकावत' रख दिया गया? वास्तविकता यह है कि इस रचना का नाम 'मंगावत' (मंग + ओटि) है। 'मंग' फ़ारसी शब्द है और इसका अर्थ द्यूत है। इसमें 'मंग' (द्यूत) के उपकरणों के माध्यम से अध्यात्मपरक वर्णन किया गया होगा।

'नैनावत' का वास्तविक पाठ नय-ईनावत (नय - ईन + ओट) है। 'नय-ईन' अरबी शब्द है और इसका अर्थ फूस अथवा नरकुल का छप्पर है। फूस के छप्पर के उपकरणों का श्लेषात्मक प्रयोग करके जायसी ने इस रचना में ज्ञान-ध्यान की चर्चा की होगी। अतः इसका नाम नय-ईन ओट होना चाहिए।

'इतरावत' के सम्बन्ध में स्थिति अधिक स्पष्ट नहीं है। 'अतुराब' अरबी शब्द है और यह 'तुर्ब' का बहुवचन है। इसका वास्तविक अर्थ 'मिला एन्हि खेहा'[121] है। 'जोगधारण' के अर्थों में भी यह प्रयुक्त हुआ है। सम्भवत: 'अतुराब' अथवा जोगधारण की आड़ में जायसी ने अपने मन:चिन्तन को इस रचना में अभिव्यक्ति प्रदान की है। अत: इसका नाम 'अतुराबती' अथवा 'अतुराबउत' सम्भव है। शब्द-ज्ञान के अभाव के कारण 'अतुराबत' की क्लिष्टता, को 'इतराबउत' पढ़कर सरल कर लिया गया है।

बिन्दियों के न्यूनाधिक्य एवं उनके लगाने में असावधानी के कारण 'चमनाउत' को 'चम्पावत' और 'लहनाउत' को 'लहतावत' पढ़ लिया गया है। प्रथम में चमन (उद्यान) की ओट में और द्वितीय में सुर-संगीत की ओट में जायसी ने अध्यात्म की अभिव्यक्ति की होगी। 'चमन' फ़ारसी में उद्यान का पर्यायवाची है और 'लहन' अरबी शब्द है जिसका एक अर्थ सुर-संगीत भी है। अत: हमारा विचार है कि इन रचनाओं का नाम 'चमनउत' तथा 'लहनउत' होना चाहिए। ज्ञात होता है कि फ़ारसी लिपि में 'नून' की बिन्दी उड़ जाने के कारण अध्येता ने सार्थक शब्द ज्ञान के आधार पर अनुमान से 'चमनाउत' को 'चमपावत' पढ़ लिया है।[122] ऐसा अत्यन्त स्वाभाविक भी है।

'मेनावत' का वास्तविक रूप सम्भवत: 'मीनू-ओट' है क्योंकि अरबी शब्द 'मीनू' का अर्थ स्वर्ग है। लगता है जायसी ने इस रचना में अन्य किसी वस्तु के माध्यम से स्वर्ग वर्णन किया है। स्वर चिह्नों के अभाव में इसे मेनावत पढ़ लिया गया है क्योंकि मैनावती होकर यह शब्द सार्थक हो जाता है।

सम्भवत: 'चित्राउत' ही 'चित्ररेखा' है जो 1959 हि. में पंडित शिवसहाय पाठक द्वारा प्रकाशित हो चुकी है। 'मेखरावट' के सम्बन्ध में हम किसी निर्णय पर नहीं पहुँच सके।

'ख़े + वाव + रे' अक्षरों के योग से फ़ारसी शब्द 'ख़ोर' बनता है किन्तु इसका उच्चारण 'ख़ुर' किया जाता है। इसका अर्थ भोज्य पदार्थ है। ऐसा लगता है कि जायसी ने इस रचना में भोज्य पदार्थों का वर्णन किया था। अत: 'ख़ुर्वानामा' इस रचना का सार्थक नाम है। यह भी सम्भव है कि इसका नाम ख़ुर्दानामा रहा हो और अध्येताओं की कृपा से यह ख़ुर्वानामा हो गया हो क्योंकि फ़ारसी लिपिकार 'वाव' एवं 'दाल' लिखने में स्पष्ट भेद नहीं करते। ऐसी स्थिति में भी वर्ण्य-विषय में कोई अन्तर नहीं होगा।

'मुरा-ई' अरबी शब्द है और इसका अर्थ है स्वयं को अभिव्यक्त करने वाला। न जाने क्यों और कैसे मुराई लिखकर इसे काछी का पर्यायवाची स्वीकार कर लिया गया है। इसका एक रूप मरा-ई भी है जिसका अर्थ होता है—दृश्यमान जगत। इसलिए प्रतीत होता है कि दृश्यमान जगत के माध्यम से सर्वव्याप्त ईश्वर का अभिव्यक्त रूप इस रचना में वर्णित है और इसी कारण जायसी ने इसका नाम 'मुरा-ई नामा' अथवा 'मरा-ई नामा' रखा है।[123]

फ़ारसी लिपि में लिखित 'मुखरानामा' को सरलतापूर्वक 'मुकहरानामा' भी पढ़ा जा सकता है। हमारे विचार से दोनों एक ही रचना के अभिधान हैं। इसका वर्ण्य-विषय नख-शिख वर्णन होने के कारण इसका नाम 'मुखड़ानामा' रहा होगा। फ़ारसी लिपि में 'ड़े' का चलन नहीं है, इसलिए उसके स्थान पर 'रे' का ही उपयोग किया जाता है। 'होलीनामा' जायसी की एकमात्र रचना है जिसके नाम और विषय के सम्बन्ध में अनुमान करने की कोई आवश्यकता नहीं है।

'पोस्तीनामा' के संग एक वृत्तान्त जुड़ा हुआ है और धारणा बना ली गई है कि जायसी के गुरु मुबारक बोंदले पोस्ती का सेवन करते थे और असावधानी में जायसी ने उसकी निन्दा में पोस्तीनामा नामक कविता रच डाली। रुष्ट गुरु के श्राप के फलस्वरूप छत से गिर जाने की घटना के कारण जायसी के सात पुत्र मृत्यु को प्राप्त हुए। इस कथन का मूल ही निराधार है क्योंकि शाह मुबारक बोंदले जायसी के गुरु रहे हों इसकी सम्भावना ही नहीं है और किंवदंती का शेष अंश भी निस्सार प्रतीत होता है। पोस्ती फ़ारसी शब्द है और अफ़ीम के बीज के अतिरिक्त बाघंबर, मृगछाला, त्वचा, खाल का वस्त्र और निन्दा का अर्थबोध इस शब्द से होता है। सम्भवतः किसी न किसी वस्तु की निन्दा के माध्यम से जायसी ने इस रचना में अध्यात्म वर्णन किया है। पोस्ते के दाने की निन्दा भी इसका वर्ण्य-विषय हो सकता है और किसी 'साधु नाम असाधु' के आडम्बर की निन्दा भी इसमें चित्रित हो सकती है। परन्तु क़ल्बे मुस्तफ़ा साहब ने 'पोस्तीनामा' के जो दो छन्द अपने ग्रंथ में उद्धृत किए हैं उनका सम्बन्ध अवश्य ही पोस्ते के दाने से है—

'जब पुस्ती माँ लागे पात।
पुस्ती कूदै नौ नौ हाथ।'
'जब पुस्ती माँ लागे फूल।
तब पुस्ती मटकावे कूल।'[124]

हमारे विचार में उपर्युक्त छन्द विश्वसनीय नहीं हैं। ये किसी अन्य व्यक्ति द्वारा रचित स्फुट छन्द प्रतीत होते हैं क्योंकि क़ल्बे मुस्तफ़ा साहब की उक्ति निराधार है और वह मूल स्रोत हमें अज्ञात है जहाँ से मुस्तफ़ा साहब को उपर्युक्त छन्द प्राप्त हुए हैं। अतः इसके वर्ण्य-विषय के सम्बन्ध में उस समय तक कोई भी टीका-टिप्पणी अनुचित है जब तक पोस्तीनामा नामक ग्रंथ हमें उपलब्ध न हो जाए।

जायसी की रचनाओं के नामों पर विचार करने से यह तथ्य प्रकाशित होता है कि स्वरान्तक शब्दों में 'नामा' जोड़कर उन्होंने अपनी रचनाओं का नामकरण किया है, जैसे—खुर्वा-नामा, मुरा-ई नामा आदि। व्यंजनांतक शब्दों में 'ओट' (या 'उत') के योग से उन्होंने अपनी कृतियों का अभिधान किया है, जैसे—अखर-ओट, मंग-ओट आदि।

उपर्युक्त अध्ययन के प्रकाश में जायसी की कृतियों की निम्नालिखित तालिका अत्यधिक समीचीन है :

क्रमांक	विविध तालिकाओं में जायसी कृत रचनाओं का उल्लिखित नाम	सार्थक नामों की तालिका	अभिधान से अभिधेय का परिचय
1.	आख़िरी कलाम (फ़ारसी लिपि में) 'आकर' को आखर पढ़ा जा सकता है)	आखर (आकर) कहे[125]	आत्मा का अपने उत्पत्ति स्थान की ओर प्रस्थान
2.	पदमावत	पदमउत	पद्मिनी नारी की ओट में अध्यात्म वर्णन
3.	अखरावट	अखरउत	अक्षरों की ओट में अध्यात्म वर्णन
4.	कहरानामा	कहरानामा	ईश्वर के रौद्र रूप का वर्णन
5.	मसलानामा	मसलहनामा	सदाचार सम्बन्धी विचार
6.	चित्ररेखा (चित्रावत)	चित्ररेखा (चित्रउत)	×
7.	सखरावट अथवा सकरानामा	सुक्रउत	मदिरा और उसके उपकरणों के माध्यम से अध्यात्म वर्णन
8.	चम्पावत	चमनउत	पुष्प-लताओं की ओट में अध्यात्म वर्णन
9.	इतरावत	अतुराबउत	क़ब्र अथवा जोग-धारण उपकरणों की ओट में अध्यात्म वर्णन
10.	मटकावत	मंगउत	द्युत के उपकरणों की ओट में अध्यात्म वर्णन

11.	लहतावत	लहनउत	सुर-संगीत की ओट में अध्यात्म वर्णन
12.	कन्हावत (घनावत)	कन्हउत	कृष्णगाथा का वदतुलवजीदपरक वर्णन
13.	मेनावत	मीनूउत	स्वर्ग वर्णन
14.	मेखरावट अथवा मेखरावटनामा	×	×
15.	नैनावत	नइनउत (नय-ईन-ओट)	फूस के छप्पर की ओट में अध्यात्म वर्णन
16.	ख़ुर्वानामा	ख़ुर्वानामा अथवा खुर्दानामा	भोज्य पदार्थ का वर्णन
17.	मुराईनामा अथवा मोराईनामा	मुरा-ई नामा अथवा मरा-ई नामा	सृष्टि में सर्वव्याप्त ईश्वर की अभिव्यक्ति का वर्णन
18.	मुकहरानामा अथवा मुखरानामा	मुखड़ानामा	अध्यात्मपरक नख-शिख वर्णन
19.	होलीनामा	होलीनामा	होली का अध्यात्मपरक वर्णन
20.	पोस्तीनामा	पोस्तीनामा	पोस्ते के दाने अथवा प्रपंची गुरु की निन्दा
21.	परमारथ जपजी	परमारथ जपजी	×
22.	स्फुट छन्द	स्फुट छन्द	×

'चन्दावत'[126] नामक एक अन्य ग्रंथ का उल्लेख डॉ. दर्शन लाल सेठी ने अपनी पुस्तक में किया है। यदि इस नाम के किसी ग्रंथ की रचना जायसी ने की है तो अवश्य ही उसका शुद्ध नाम 'जुंदाउत' होना चाहिए क्योंकि अरबी शब्द 'जुंद' सेना और सैन्य-उपकरण का पर्यायवाची है। इसलिए सम्भव है कि जायसी ने इस रचना में सेना और सैन्य उपकरणों की ओट में अध्यात्मपरक वर्णन किया हो। फ़ारसी लिपिकार 'जीम' और 'चे' की क्रमशः एक और तीन बिन्दियों की अधिक चिन्ता नहीं करते हैं।

ग्रंथ के नामकरण के बारे में भ्रम उत्पन्न करने वाले कुछ अन्य कारण भी सामने आते हैं। जैसे 'कन्हउत' की एक नायिका का नाम चन्द्रावल है और उसका उल्लेख इस रचना में 'चन्द' तथा 'चाँद' नाम से भी किया गया है। सम्भव है कि 'कन्हउत' ग्रंथ ही नायिका के नाम के कारण चंदउत नाम से कुछ क्षेत्रों में प्रसिद्ध हो गया हो।

कुल मिलाकर देखें तो यह स्पष्ट हो जाता है कि जायसी का वर्ण्य-विषय सीमित ही रहता है। सूफ़ियों के मूल सिद्धान्त 'तनज़्ज़ुल', 'तदानी' और ब्रह्म अवतरण के सम्पूर्ण, सचेत, सशक्त मानव रूप में लोकलीला के वर्णन की परिधि में जायसी का सम्पूर्ण वर्ण्य-विषय समा जाता है और मोटे तौर पर कहें तो यही उनका अभीष्ट रहता है। 'कन्हउत' के कृष्ण तथा गोपियाँ और 'पद्मावत' के रत्नसेन एवं पद्मावती इनसानुल कामिल (पुरुषोत्तम) के प्रतीक हैं। सुवा गुरु हीरामन कुतुब भी है और ग़ौस भी। मानव शरीर में ही ब्रह्मांड है और वह स्वयं मायायुक्त ब्रह्म भी है। मायाजाल मुक्त होकर मानव ब्रह्मपद प्राप्त करने में समर्थ है। प्रमुख अन्ततोगत्वा मानव ही है। 'अखरावट' में जायसी ने आदम (मानव) की महत्ता स्वीकार की है :

ख-खेलन औ खेल पसारा। कठिन खेल औ खेलन हारा।
आपुहि आपुहि चाह देखावा। आदम रूप भेस धरि आवा।
अलिफ़ एक अल्ला बड़ सोई। दाल दुनिया सब कोई।
मीम मुहम्मद प्रीति पियारा। तिन आखर यह अरथ बिचारा।
मुख बिधि अपने हाथ उरेहा। दुइ ज़ग साजि सँवारा देहा।
कै दरपन अस रचा बिसेखा। आपन दरस आप मँह देखा।
जो यह खोज आप मँह कीन्हा। तेइ आपुहि खोजा सब चीन्हा।
भा अपूर सब टाँव गुड़िला मोम सँवारि कै।
राखा आदम नाव मुहमद सब आदम कहे।[127]

मानव की प्रखरता और श्रेष्ठता का उल्लेख जायसी ने 'चित्ररेखा' में भी किया है :

सब पर मानुस सरा गोसाईं। सबै सरा मानुस कै ताई।[128]

'पद्मावत' में भी मनुष्य की बड़ाई का गुणगान करना जायसी नहीं भूले :

कीन्हेसि मानुस दिहिस बड़ाई। कीन्हेसि अन्न भुगुति तेहिं पाई।[129]

समुद्र बिन्दु में समाहित होकर मानव रूप धारण करता है और समस्त चराचर सृष्टि इसी मनुष्य के भीतर समाविष्ट है :

खा-खेलार जस है दुइ करा। उहै रूप आदम अवतरा।
दुहूँ भाँति तस सिरिजा काया। भए दुइ हाथ भए दुइ पाया।
भए दुइ नयन स्रवन दुइ भाँती। भए दुइ अधर दसन दुइ पाँती।
माथ सरग धर धरती भएऊ। मिलि तिन्ह जग दूसर होइ गएऊ।
माटी माँसु रकत भा नीरू। नसैं नदीं हिय समँद गँभीरू।
रीढ़ सुमेरु कीन्ह तेहि केरा। हाड़ पहार जुरे चहुँ फेरा।
बार बिरिछ रोवाँ खर जामा। सूत सूत निसरे तन चामा।
सातौं दीप नवौं खंड आठौं दिसा जो आहिं
जो ब्रह्मंड सो पिंड है हेरत अन्त न जाहिं।[130]

इस मानव का सृजन माता के रक्त और पिता के बिन्दु से सम्पन्न हुआ है :

मातु के रकत पिता के बिन्दू। उपने दुवौ तुरुक औ हिन्दू।
रकत हुतें तन भए चौरंगा। बिन्दु हुतें जिउ पाँचौ संगा।
जस ये चारिउ धरति बिलाहीं। तस वै पाँचौ सरगहि जाहीं।[131]

परन्तु गुप्त ज्ञानी एवं ब्रह्म-जीव की एकता के ज्ञाता के लिए यह 'पिता सरग' और 'धरती माता' है।[132] मानव का तन ही धरती है और उसका मन आकाश है और इसी मानव में परमहंस का निवास है :

जस तन तस यह धरती जस मन तैस अकास
परमहंस तेहि मानस जैसि फूल मँह बास[133]

जायसी के अनुसार नरक और स्वर्ग इसी मनुष्य के अस्तित्व में स्थित हैं। इसी का सुख बैकुंठ है और इसी का दुख नरककुंड है :

सुख बैकुंठ भुगुति औ भोगू। दुख है नरक जो उपजै रोगू।[134]

मानव के कष्ट, दुख, संघर्ष, आशा, निराशा, सफलता और विफलता के चित्रों की पृष्ठभूमि में मनुष्य के स्वर्ग, उसके स्वर्गिक आनन्द, भोग और मुक्ति एवं इन सबकी प्राप्ति के लिए उसके मन में संचित अनुराग का गायन ही महाकवि जायसी

की रचनाधर्मिता का महत्त्वपूर्ण हिस्सा है। वह मानव के इन्हीं क्रिया-कलापों के चित्रकार हैं। उनकी रचनाओं में मानवीय सम्बन्धों के संवेदनशील चित्रों का अभाव अवश्य है, किन्तु मनुष्य के उपभोग की जो लौकिक सामग्री जायसी ने अपने काव्य में एकत्रित की है वह किसी एक ही कवि की रचनाओं में दुर्लभ है। वह जीवन में अनुरक्त रहते हुए ही विरक्ति के साधक हैं। इसीलिए उन्हें कृष्ण का जोग से भोग की ओर उन्मुख चरित प्रिय है। उनका नायक रत्नसेन भी राजा से जोगी और जोगी से भोगी बनता है। महाकवि जायसी अनुरक्ति और भुक्ति के मध्य ही विरक्ति के सन्देशवाहक हैं :

जोगी उदासी दास तिन्हहिं न दुख औ सुख हिया।
घर हीं माहँ उदास मुहमद सोइ सराहिए।[135]

तापस और भक्त गृह विमुख हो ही नहीं सकता 'सरग संदेशी' बिहंगम के मुख से मानव महत्ता के गायक कवि ने यही उपदेश रत्नसेन को दिया है :

कहा बिहंगम जो बनबासी। कित गिरिही तें होइ उदासी।
जेहि तरिवर तर तुम अस कोऊ। कोकिल काग बराबरि दोऊ।[136]

इहलोक के दुख, कष्ट, वेदना, विषाद, पीड़ा से हार मानकर और धरती को विषय विकारपूर्ण समझकर जो अपने दुख निवारण के लिए स्वर्ग प्राप्ति का साधन जुटाते हैं उससे मुख मोड़कर आकाश की ओर ताकते हैं, ऐसे हारिल (हारे हुए) को महाकवि ने धिक्कारा है एवं निरन्तर संघर्षशीलता, उद्देश्यपूर्ति में संलग्नता और तत्परता का पाठ बिहंगम की सक्रियता के माध्यम से मानव को पढ़ाया है :

धरती मँह बिख चारा परा। हारिल जानि पुहुमि परिहरा।
फिरौं बियोगी डारहिं डारा। करौं चलै कहँ पंख सँवारा।[137]

ब्रह्म अवतरण

ब्रह्म किस प्रकार मनुष्य वेश धारण करता है इसकी विस्तृत और विशुद्ध चर्चा सूफ़ी के सिद्धान्त ग्रंथों में मिलती है। इस प्रक्रिया को सूफ़ी 'तनज़्ज़ुल' कहता है। इसका अर्थ है पतनोन्मुख होना अथवा उच्च पद से नीचे की ओर आना। सूफ़ी मतानुसार यह अवतरण छह अवस्थाओं में सम्पन्न होता है, अत: यह सिद्धान्त तनज़्ज़ुले सित्ता (अवतरण की षष्ठावस्था) नाम से भी प्रसिद्ध है। अपनी आदि अवस्था में ब्रह्म निराकार, निरूप, निर्गुण, अनामा और अधामा है। वह अलख और अगोचर तो है ही, प्रज्ञा की पहुँच और अनुभूति की परिधि से भी परे है। धुँधले बादलों का एक अन्धकूप है जिसमें कुछ है पर जिसका अनुमान भी नहीं लगाया जा सकता। धुँधले

बादलों के इस अवगुंठन को सूफ़ी परिभाषा में अमा (धुँधले बादल) कहा गया है, यही अन्तर्पट है, यही ब्रह्म का गुप्त रूप (मख़फ़ी) है। इसी अवस्था का उल्लेख जायसी ने 'आदिकरतारू'[138] (अज़ल)[139] आदि और 'आदिहते आदि गोसाईं'[140] (अज़लुलअज़ाल) शब्द पदों द्वारा किया है। 'गुपुत ते गुपुत, सुन्न तें सुन्न'[141] अवस्था में ब्रह्मा, विष्णु, महेश, आकाश, धरती, ठाँव (मकाँ), काल (ज़माँ), सुर, शब्द, अक्षर, सूर्य, चन्द्र[142] वर्ण और वेश कुछ भी नहीं था। ब्रह्म अपने आप में ही समाया हुआ था। जायसी भी इस अकथ कथा की बिना उरेह आरम्भ की चर्चा करते हैं—

किछु कहिए तौ किछु नहिं आखौं। पै किछु मुँह मह, किछु हिंय राखौं।
बिना उरेह आरम्भ बखाना। द्रुत आपु मँह आपु समाना।[143]

अन्य सूफ़ी इसी अवस्था को लामकाँ (अधामा) लाज़माँ कालातीत, अहडियत (अखंड), ज़ात (अणु) आदि नामों से अभिव्यक्त करते हैं।

अणु के प्रस्फुटन और नाना रूप नाम धारण की कथा द्वितीय अवस्था से प्रारम्भ होती है। स्वेच्छा से यही ब्रह्म अपने प्रभुत्व के अवलोकन हेतु स्वयं को नानात्व में, अट्ठारह हज़ार जगत में, प्रस्फुटित करता है :

आपुहि आपु जो देखै चहा। आपनि प्रभुता आपु सौं कहा।
सबै जगत दरपन कै लेखा। आपुहि दरपन, आपुहि देखा।[144]

सूफ़ी इसी को ब्रह्म अवतरण की प्रथम अवस्था स्वीकार करता है। सूक्ष्म स्थूल की ओर यहीं से अग्रसर होता है। इसी अवस्था में यह अलोक, अगोचर 'अन्धकूप' (अमा)के अवगुंठन से झाँकता है और रूप, गुण और नाम धारण करता है। इसका रूप नूर (ज्योति) है, गुण में स्रष्टा है, धर्म में विकासशील और बहुरूप धारण में समर्थ है। इसका नाम हक़ीक़तुल मुहम्मदिया है। इसी को ब्रह्म का अहं (अना) भी कहते हैं। यही वहदत (एक तत्त्व) और ज्ञानावस्था है। जायसी ने इसी अवस्था का उल्लेख मुहम्मद नूर,[145] निर्मल दीपक,[146] ज्योति[147] और मोती[148] आदि रूपों में किया है और अन्य सूफ़ियों के समान इन्होंने भी इसे मुहम्मद के अभिधान से वर्णित किया है। 'चित्ररेखा' में सृष्टि के विकासक्रम की प्रक्रिया का वर्णन जायसी ने इसी विशुद्ध समझ से किया है।

अन्ध कूप मँह निकसी जोती। जोतिहि ते उपना एक मोती।
मोती ते भया पानि अपारू। उठा फेन उठि गया अकारू।
दूसरैं फेन उहै जल जामा मै धरती उपजइ सब नामा।[149]

हक़ीक़तुल मुहम्मदिया के इसी ज्योतिपुंज से उठकर एक फेन आकाश पर गया और दूसरे से धरती की सृष्टि हुई। प्रथम फेन जलाल (गुप्त) और दूसरा

जमाल (प्रकट) रूप इसी मुहम्मद नूर का है। जलाल गुण से संहारक क्षमता और जमाल से सृजन और सिंचन की सामर्थ्य से भी अभिप्राय है। एक ही तत्त्व के ये दो गुण हैं। इस तथ्य का स्पष्टीकरण जायसी ने 'अखरावट' में बीज और वृक्ष के द्रष्टान्त द्वारा किया है :

ऐस जो ठाकुर किय एक दाऊँ। पहिले रचा मुहम्मद नाऊँ
तेहि कै प्रीत बीज अस जामा। भए दुइ बिरिछ सेत औ सामा
होतै बिरवा भए दुइ पाता। पिता सरग औ धरती माता।[150]

उपर्युक्त पंक्तियों में श्वेत वृक्ष जमाल हैं और श्याम वृक्ष जलाल हैं। बिरवा की दो पत्तियों से तात्पर्य सूक्ष्मता और स्थूलता से है, यही पत्तियाँ पुरुष तत्त्व और नारी तत्त्व भी हैं, यही आकाशरूपी पिता और धरतीरूपी माता भी हैं।

इस प्रकार हक़ीक़तुल मुहम्मदिया रचना भी है और रचयिता भी। अपने इसी रूप पर ब्रह्म मोहित है[151] और इसी के प्रीतिवश रचना का यह खेल उसने खेला है और लीला रचाई है। 'पद्मावत' में इस तथ्य का स्पष्ट उल्लेख मिलता है :

प्रथम जोति बिधि तेहि के साजी। औ तेहि प्रीति सिस्टि उपराजी।[152]

इसी प्रीति के कारण हक़ीक़तुल मुहम्मदिया, ब्रह्म अवतरण की प्रथम अवस्था, अपने नूर और ज्योति रूप में प्रेमिका है। सूफ़ी संत इसी के दर्शनाभिलाषी हैं। यही अवस्था कालान्तर में नारी रूप में साकार हो गई और सूफ़ी काव्यधारा में इसे माशूक़ (प्रेमिका), महबूब (प्रिया), सनम और बुत (मूर्ति) आदि शब्दों द्वारा अभिव्यक्ति प्राप्त हुई है। महाकवि जायसी ने भी इसी तत्त्व के सगुण नारी रूप को पाट प्रधानी, पद्मिनी, राजकुमारी, गुरु, चेला, सूर्य, चन्द्र, धनि आदि संज्ञाएँ प्रदान की हैं। साधक रत्नसेन, इसी के दर्शन और भोग के अभिलाषी हैं और इसी के अत्यन्त स्थूल रूप पद्मावती नामा नारी की प्राप्ति चित्तौड़ नरेश रत्नसेन को होती है और इसी को अपनाने के लिए दिल्ली सुलतान अलाउद्दीन विचलित हो उठता है, हठपूर्वक इसे प्राप्त करने का असफल प्रयास करता है। परन्तु भारतीय परम्परा के निर्वाह के लिए जायसी ने इस तत्त्व के पुरुष रूप की कल्पना भी की है। 'कन्हउत' के कन्ह (कृष्ण) इसी तत्त्व के स्थूल रूप हैं। वस्तुतः जायसी की पद्मिनी नारी और नन्दनन्दन, गोपी चन्दन कृष्ण दोनों हक़ीक़तुल मुहम्मदिया ही हैं। 'कन्हउत' में कृष्ण ने अपना विराट स्वरूप प्रदर्शित करके राधा को इस तथ्य का भलीभाँति ज्ञान कराया है। कहने का आशय यह है कि जायसी काव्य का मूल स्रोत यही मान्यता है।

अरब देश में जन्मप्राप्त सम्पूर्णगुण सम्पन्न एक महापुरुष मुहम्मद और ब्रह्म के ज्योति रूप अवतरण की प्रथम अवस्था के सम्बन्ध में अन्यत्र चर्चा की जाएगी। वस्तुस्थिति यह है कि नाम के अतिरिक्त दोनों में कोई एकता नहीं है। तात्त्विक दृष्टि

से जो भी सम्बन्ध इसका मुहम्मद से हो सकता है इसका वही नाता राम, कृष्ण अथवा किसी भी अन्य व्यक्ति से हो सकता है। परन्तु कालान्तर में किसी कारणवश महापुरुष मुहम्मद और हक़ीक़तुल मुहम्मदिया में एकरूपता स्थापित हो गई और इस एकता के निरूपण का सफल अथवा विफल प्रयास सूफ़ीगण करते रहे हैं। मौलाना रूम जैसे साहसी और महान सूफ़ी ने तो इस समस्या के समाधान के लिए भारतीय अवतारवाद के सिद्धान्त को स्वीकार कर लिया और अन्य सूफ़ियों ने अपनी चिन्तनधारा तथा दर्शन की बलि देकर पैग़म्बर मुहम्मद और मुहम्मद नूर में एकत्व की स्थापना की। इस दृष्टि से मंझन प्रथम कोटि के सूफ़ियों से सम्बद्ध हैं और निश्चय ही जायसी की गणना द्वितीय कोटि में करनी होगी।

ब्रह्मावतरण की द्वितीय अवस्था को हक़ीक़ते आदम कहते हैं। इसमें समस्त चराचर सृष्टि का सविस्तार ज्ञान है। तत्त्व अब भी एक ही है किन्तु इस अवस्था में नानात्व का आभास होता है। तत्त्व के नाना रूपा और नाना प्रस्फुटन की सम्भावना स्पष्ट हो जाती है। यह अवतरण गोपनीय (बातिनी अथवा दाख़ली) अवस्थाएँ हैं।

तृतीय अवस्था आत्मजगत (आलमे-अरबाह) है। सृष्टि के प्रत्येक की आत्मा पृथक् हो जाती है, 'पूर्ण' अंशों में विभाजित हो जाता है। द्वितीय अवस्था की सम्भाव्य स्थिति अब नानात्व की वस्तुस्थिति में परिणित हो जाती है। एक ओर ब्रह्म का विकाररहित अंश है और दूसरी ओर यह दृश्यमान जगत, अवतरण की स्थूलतम अवस्था से सम्बद्ध है। सृष्टि के प्रत्येक रूप में यह विद्यमान है। विशेष तनधारण के कारण यह विशिष्ट संज्ञा और रूप धारण करती है और इस प्रकार तन (व्यावहारिक और भौतिक) तथा मन (आध्यात्मिक और आन्तरिक) रूप से जीव को गतिशील रखती है। अपनी उक्त विशिष्ट कार्य पद्धति के कारण यह प्राण है, जीवन है और घट से इसका निकल जाना, आत्मा और तन का सम्बन्ध विच्छेद हो जाना ही मृत्यु है।

चतुर्थ अवस्था की संज्ञा प्रतिमान जगत (आलमे-मिसाल) है। इस अवस्था में आत्मा विशिष्ट शरीर धारण कर लेती, किन्तु यह शरीर अत्यन्त सूक्ष्म है, न तो यह दृष्टिगोचर होता है और न ही इसका स्पर्श सम्भव है। इस स्थिति में आत्मा किंचित् स्थूल होती है। दृश्यमान जगत के प्रत्येक वस्तु का एक प्रतिरूप इस अवस्था में विद्यमान होता है और यही प्रतिरूप अत्यन्त स्थूल होकर, सशरीरी होकर दृश्यमान जगत (आलमे शहादत अथवा आलमे अजसाम) की संज्ञा प्राप्त करता है। यह ब्रह्म निम्नतम और स्थूलतम अवतरण है। आत्मजगत, प्रतिमान जगत और दृश्यमान जगत को अवतरण की प्रकट (ज़ाहिरी अथवा ख़ारिजी) अवस्था कहा जाता है। इस प्रकार सूक्ष्म स्थूल से स्थूलतर होता है, अगोचर, गोचर बनता है, अलख, दृश्यमान होता है। कहने भर को ही ये अवस्थाएँ भिन्न हैं, सूफ़ियों के मतानुसार वस्तुतः यह सब अभिन्न और अपृथक् है, इनमें वही ब्रह्म व्याप्त है। इस तथ्य का उल्लेख

जायसी ने अपनी समस्त रचनाओं में किया है और यह उनके काव्य-दर्शन का द्वितीय प्रमुख स्रोत है :

वै आपुहि कहँ सब मँह मेला। रहै सो सब मँह, खेलै खेला।
उहे दोउ मिलि एकै भएऊ। बात करत दूसर होइ गएउ।
जो किछु है सो है सब ओहि बिनु नाहिन कोइ।
जो मन चाहा सो किया जो चाहै सो होइ।[153]

हक़ीक़तुल मुहम्मदिया की ब्रह्म अवतरण अवस्था और उसके दृश्यमान जगत अवतरण अवस्था को ही मुख्य रूप से जायसी ने अपनी रचनाओं में चित्रित किया है, और यही इनके काव्य का लौकिक तथा पारलौकिक पक्ष है। अन्य अवस्थाओं का उन्होंने आदम रूप में ही समागम कर दिया है। यदा-कदा उनके काव्य में इनकी प्रतिच्छाया अवश्य परिलक्षित होती है, किन्तु यह चित्र अस्पष्ट और दुरूह है, इनका वर्णन अत्यन्त प्रतीकात्मक है। मानवरूपी लघु ब्रह्मांड को जायसी ने सप्त खंड, अष्ट धौराहर, नवद्वार के गढ़ के रूप में भी चित्रित किया है और सप्त ग्रहों के माध्यम से भी उन्होंने इसी तथ्य का उद्‌घाटन किया है। मनुष्य घट को जायसी जगत के समान ही मानते हैं और इसी में धरती तथा आकाश का समावेश स्वीकार करते हैं :

घा-घट जगत बराबर जाना। जेहि माँ धरती सरग समाना।[154]

तदानी और तदल्ली

'तनज़्ज़ुल' सिद्धान्त के अन्तर्गत ब्रह्म के अधोमुख अवतरण की कल्पना की गई है, सूक्ष्म के स्थूल और स्थूल से स्थूलतम होने का अनुमान किया गया है। इसके अनुसार ब्रह्म सगुण, विकारयुक्त और दृश्यमान होता है। ब्रह्म के ऊर्ध्वमुखी प्रस्थान को सूफ़ी परिभाषा में 'तदानी' कहा गया है। इसके अन्तर्गत ब्रह्म का स्थूल से सूक्ष्म और सूक्ष्म से सूक्ष्मतम की ओर उत्थान होता है, ब्रह्म अदृश्य, विकाररहित और निर्गुण होता है, वह अपनी मूल स्थिति को प्राप्त होता है। परन्तु ऊर्ध्वमार्ग गमन के समय वह उन्हीं अवस्थाओं में परिणत होता है जिनमें अवतरण के समय उसकी परिणति हुई थी। इस प्रक्रिया में ब्रह्म दृश्यमान जगत से प्रतिमान और प्रतिरूप जगत, प्रतिमान जगत से आत्मजगत, आत्मजगत से हक़ीक़तें आदम और हक़ीक़तें आदम से हक़ीक़तें मुहम्मदिया की अवस्था को प्राप्त करता है और इसके बाद वह पुनः अदृश्य, निर्गुण, निर्विकार, निराकार और प्रज्ञातीत हो जाता है। यह उलट चाल का मार्ग है। वापसी की स्थिति है, धरती से गगन की ओर प्रस्थान की प्रक्रिया है। इसी को जायसी ने 'उलटि

दिस्टि'[156] तथा 'पलटिपंथ' और 'गगन दिस्टि' कहा है और 'पेम' (ब्रह्म) को अदृश्य और आकाश से भी उच्च बताया है :

पलटि सो पंथ कौन बिधि खेला। चेला गुरु गुरु भा चेला।[157]
गगन दिस्टि सौं जाइ पहुँचा। पेम अदिस्ट गगन सौं ऊँचा।[158]

नाथपंथियों के साधना मार्ग में प्रचलित पारिभाषिक शब्द 'उलटा साधन' और 'उजान साधन' और जायसी द्वारा प्रयुक्त 'उलटि दिस्टि' तथा 'पलटि पंथ' शब्दावली में रूप साम्य के कारण डॉ. वासुदेवशरण जी अग्रवाल को भ्रम हुआ और उन्होंने दोनों की अर्थगत एवं भावगत एकता स्वीकार कर ली।[159] वस्तुतः दोनों में मौलिक अन्तर है। 'उलटा साधन' में चित्तवृत्तियों के ऊर्ध्वगमन की प्रक्रिया स्वीकृत है और जायसी के 'उलटि पंथ' में कायालोक से ब्रह्मलोक में परिणति का विधान है। नायक रत्नसेन तनज़्ज़ुल की स्थिति में है और जायसी 'तदानी' प्रक्रिया में उसकी अनुभूति का चित्रण करते हैं। 'पद्मावत' का पूर्वार्द्ध इसी का सरस और संवेदनशील चित्रण है। हक़ीक़तुल मुहम्मदिया में साधक का समागम, उस रूपवती के दर्शन और उसका सम्भोग ही सूफ़ी साधना पद्धति का चरमबिन्दु है। इससे ऊपर जाने का साहस किसी-किसी को ही होता है। जायसी की सीमा भी हक़ीक़तुल मुहम्मदिया तक ही है। इसीलिए रत्नसेन का लक्ष्य भी पद्मावती के संग सुखबास है। उसे सालोक्य, सामीप्य, सारूप्यमुक्ति प्राप्त होती है। इसीलिए सोपाधि ब्रह्म पद्मिनी के लोक और रत्नसेन और उसके सामीप्य का कवि जायसी ने सविस्तार वर्णन किया है। दोनों के सम्भोग चित्रण में सारूपता का प्रतिपादन भी निश्चय ही हुआ है। जायसी भोगमार्ग के प्रचारक हैं अतः उन्होंने ऐश्वर्य, आनन्द, मुक्ति के विस्तृत चित्र उपस्थित किए हैं और उन्हें अधिक व्यापक, प्रभावशील, मादक और आकर्षक बनाने के निमित्त उन्होंने ऋतु वर्णन काव्य प्रणाली का आश्रय लिया है, अन्यथा ये कथा प्रवाह में बाधक और काव्य परम्परा का अनावश्यक निर्वाह मात्र हैं।

सूफ़ी सिद्धान्त में आत्मा के परमात्मा में लय की चर्चा अवश्य है, किन्तु सायुज्यमुक्ति के सम्बन्ध में सूफ़ी मौन धारण कर लेता है। मंसूर हल्लाज जैसा कोई-कोई साहसी ही 'अनलहक़' (मैं ब्रह्म हूँ) का दावा करता है। शेष की सीमा सारूपता तक ही है। ब्रह्म के दर्शन सूफ़ी को गुरु, पीर-मुर्शिद और मुहम्मद के रूप में ही होते हैं और उसकी पहुँच सोपाधि ब्रह्म हक़ीक़तुल मुहम्मदिया तक ही है, निरुपाधि ब्रह्म उसके लिए निर्वचनीय है। इसीलिए नायक रत्नसेन को भी सारूप्य मुक्ति ही प्राप्त होती है, क्योंकि जायसी का यही चरम लक्ष्य है। इस प्रकार सालोक्य, सामीप्य और सारूप्य मुक्ति की सामूहिक संज्ञा तदानी है। क़ुर्आन में प्रयुक्त 'तदना' शब्द से यह पारिभाषिक शब्द निर्मित है और इसका अर्थ है सामीप्य।

पद्मिनी नारी विश्वज्योति और सोपाधि ब्रह्म है, किन्तु पद्मावती तदानी की स्थिति में स्थित है और यह सामीप्य मुक्तावस्था को त्यागकर अधोगामी अवतरण की यात्रा प्रारम्भ करती है। धरती, कायालोक के दूरस्थ परदेस और उसके अगमपंथ और स्वर्गलोक, अपने नैहर, अपने स्वदेश तथा उसकी सुख-सम्पदा के वियोग से वह भयभीत है :

सात समुंद्र पार वह देसू। कत रे मिलन कत आव सँदेसू।
अगम पंथ परदेस सिधारी। न ज नहु कुसल कि बिथा हमारी।[160]

सिंघलगढ़ (स्वर्गलोक) से पति रत्नसेन के देस चित्रगढ़ नानारूपा और नानानामा (दृश्यमान जगत) प्रस्थान के समय पद्मावती (हक़ीक़तुल मुहम्मदिया) के करुण क्रंदन और विक्षोभ का मार्मिक चित्रण जायसी ने किया है। लोक पक्ष में यह किसी भी नारी के नैहर से पीहर जाने का दारुण दृश्य है, किन्तु अध्यात्म पक्ष में यह आदम (लघु ब्रह्मांड) के स्वर्ग से निष्कासन और उसके प्रलाप का चित्र है। इसका उल्लेख 'अखरावट' में बहुत स्पष्ट रूप से मिलता है :

आदम हौवा कहँ सृजा, लइ घाला कबिलास।
पुनि तहँवाँ ते काढ़ा नारद के विसवास।[161]

'ब्रह्म रूप आदम अवतरा',[162] किन्तु उसने इसका दोषारोपण मानव के आदि पिता आदम पर किया :

का-करतार चहिय अस कीन्हा। आपन दोष आन सिर दीन्हा।
खाएनि गोहूँ कुमति भुलाने। परे आए जग महँ, पछिताने।
छोड़ि जमाल जलालहि रोवा। कौन ठाँव तें दैउ बिछोवा।
अन्धकूप सगरउँ संसारू। कहाँ सो पुरुष, कहाँ मेहरारू।
रैनि छ मास तैसि झरि लाई। रोइ रोइ आँसू नदी बहाई।
पुनि माया करता कहँ भई। भा भिनसार, रैनि हट गई।[163]

मुसलमानों, ईसाइयों और यहूदियों के विश्वासानुसार आदम ही मानव के आदि पिता हैं। इन्हीं से सम्बद्ध स्वर्ग निष्कासन के प्रकरण और आदम रूप (मानव रूप) में ब्रह्म अवतरण की चिन्तनधारा का समन्वय जायसी ने अपनी रचनाओं में किया है। उपर्युक्त कड़वक के अन्त में उन्होंने अपने एक सोरठे द्वारा इस तथ्य को प्रतिपादित किया है :

बुंदहि समुद समान, यह अचरज कासों कहौं।
जो हेरा सो हेरान, आपुहि आपु महँ।[164]

बूँद में समुद्र के समावेश से जायसी ने पौराणिकगाथा के आदम और आदम वेशधारी ब्रह्म की एकरूपता की ओर संकेत किया है। एक स्थिति से दूसरी स्थिति में परिणति की यह लीला उसी दिन से प्रचलित है जिस दिन निषिद्ध गेहूँ का दाना खाने के कारण विधाता ने आदि पिता को स्वर्ग से निर्वासित किया था और उनके जीवनचर्या स्थल बनने का सौभाग्य पृथ्वी को प्राप्त हुआ था। सिंघलगढ़ से बिदाई के समय पद्मावती के क्षोभ और प्रलाप का लौकिक चित्रण करते हुए जायसी ने इसी तथ्य का निरूपण किया है और ब्रह्म के अद्योगमन तथा ऊर्ध्वगमन को एक अनिवार्य सत्य के रूप में स्वीकार किया है :

आदिपिता जो अहा हमारा। ओहु नहिं यह दिन हिएँ बिचारा।
छोह न कीन्ह निछोहैं ओहूँ। गा हम बेंचि लगि एक गोहूँ।[165]
चलने कहँ हम औतरीं औ चलन सिखा हम आइ।
अब सो चलन चलावै को राखै गाहि पाइं।[166]

स्वर्गलोक के सुख भोग का वंचना और नरलोकगमन की आशंका और कष्ट भोग का मार्मिक चित्रण मानसरोदक खंड में भी उपलब्ध है :

ऐ रानी मन देखु बिचारी। एहि नैहर रहना दिन चारी।
जौ लहि अहै पिता कर राजू। खेलि लेहु जौं खेलहु आजू।
पुनि सासुर गौनब काली। कित हम कित एह सरवर पाली।
कित आवन पुनि अपने हाथा। कित मिलि कै खेलब एक साथा।
सासु ननद बोलिन्ह जिउ लेहीं। दारुन ससुर न आवै देहीं।
पिउ पिआर सब ऊपर सो पुनि करै दुहुँ काह।
कहुँ सुख राखै की दुख दुहुँ कस जरम निबाह।[167]

नारी सुलभ स्वभाव, मानवीय व्यवहार, मदन दाह से विकलित, कामक्रीड़ा में दक्ष, राजकीय सुख-वैभव की भोगिनी, सुन्दरता में अनुपम, विदग्धता में अद्वितीय, संजोग और सम्भोग श्रृंगार में रत, प्रेमी प्राप्ति की आकांक्षा से आपूरित, पति विरह में विक्षिप्त और वियोग श्रृंगार के दस लक्षणों की सजीव मूर्ति, नारी पद्मिनी और सौकिन डाह से प्रज्वलित प्रमीत पति के संग अग्नि में भस्म होने वाली सती ये है वे तन्तु और स्नायु जिनसे गन्धर्वसेन तनया चम्पावती कन्या सिंघलगढ़ राजकुमारी पद्मावती के व्यक्तित्व का निर्माण महाकवि जायसी ने किया है। परन्तु यह उसके व्यक्तित्व का केवल एक रूप है। अपने दूसरे रूप में वह उपास्य, साध्य, विश्वज्योति, जोगी जती, संन्यासी और संन्यासियों द्वारा वांछनीय रूप-गुण रहित अदृश्य ब्रह्म का प्रथम स्वरूप, गुण युक्त और सदृश्य रूप सोपाधिब्रह्म, साधक रत्नसेन की इष्ट,

स्वर्गलोक की पाट प्रधानी, परकाया प्रवेश द्वारा सारूप्य मुक्ति प्रदायक,[168] अपने रूप की ज्योति से दिग्दिगंत, देव, दानव, मानव और चराचर सृष्टि को मोहित करने वाली, सर्वत्र व्याप्त नारी रूप में हक़ीक़तुल मुहम्मदिया है। आदम (मानव) वेशधारी ब्रह्म, तनज़्ज़ुल और तदानी के नियमों से प्रतिबद्ध, गागर में सागर, प्रकट में शारीरिक विकारों से युक्त और गुप्त रूप में ब्रह्म समान, ब्रह्मलीला का सम्पूर्ण, सचेतन, सजीव और साकार रूप लघु ब्रह्मांड, इसी पद्मावती का तीसरा रूप है। इन्हीं काव्यात्मक, सौन्दर्यात्मक, लौकिक और आध्यात्मिक रूपों के सम्मिश्रण से जायसी ने अपनी नायिका पद्मावती की रचना की है।

चित्तौड़गढ़ नरेश, वैभव से पूर्ण और धनधान्य सम्पन्न राज्य का भोगी, गज, गढ़, घोड़ों और सैन्य दल बल का अधिपति, महाप्रतापी और अखंडित राज्य का महाराज, शान्तिकाल में विलासी और आपत्तिकाल में पुरुषार्थी, नागमती सहित अनेक रानियों का रमण,[169] करने वाला, अभियान में साहसी और उत्साही, 16 हज़ार सेनानियों की सहायता से सिघंलगढ़ (दक्षिण का कोई राज्य, सम्भवत: देवगिरि) को घेरने वाला योद्धा, गन्धर्वसेन द्वारा जोगी भेस में बन्दी बनाया जाने वाला राजा, कारणवश सन्धि हो जाने पर सिंघलगढ़ राजकुमारी का पति और इस अभियान के फलस्वरूप प्राप्त अपार धनराधि का स्वामी, गृहकलह और भाई के षड्यंत्र की सूचना पाकर तुरन्त स्वदेश लौटने वाला विजेता, पद्मावती के समर्पण के अतिरिक्त प्रत्येक शर्त पर अलाउद्दीन से सन्धि करने को तत्पर छत्रपति, कूटनीति में कच्चा, शत्रु पर विश्वास करने वाला सरल स्वभाव, दिल्ली सुलतान का बन्दी, अपने सम्बन्धी राव देवपाल द्वारा मृत्यु प्राप्त मुकुटधारी, ऐसी ही अनेक विशेषताओं से सम्पन्न व्यक्तित्व वाला यह है राजा रत्नसेन, जायसी निर्मित एक ऐतिहासिक पात्र।

वर्णन की आत्मीयता से ऐसा प्रतीत होता है जैसे मलिक मुहम्मद स्वयं इस अभियान में उसके साथ रहे हों और दुख-सुख, शान्ति तथा युद्ध में उसके विश्वासपात्र रहे हों।

रत्नसेन का दूसरा रूप साधक का है। ब्रह्म नैकट्य प्राप्त सुवारूपी पंडित और ज्ञानी गुरु हीरामणि द्वारा वर्णित अनुपम सौन्दर्य पर आसक्त, रूपासक्ति के फलस्वरूप ब्रह्मोपलब्धि का अभिलाषी, जीवनमुक्त गुरु द्वारा दीक्षित, गोरखपंथी जोगवेशधारी, गोपीचन्द, भोज और भरथरी का अवतार, साधना मार्ग के कष्ट और काठिन्य भोग का व्रतधारी, सत्य पर अडिग, इष्टप्राप्ति पथ पर सुदृढ़ प्रिया के चरणों पर तन, मन, जीव की आहुति देने का प्रणधारी, यह है जायसी को जोगी रत्नसेन। परन्तु इस मार्ग पर चलकर वह सालोक्य मुक्ति ही प्राप्त कर पाता है। यह 'हठजूझ' का मार्ग है, सालोक्यप्राप्ति ही इस कायिक और प्रकट वेश साधना की सीमा है। पुन: वह 'सर-साज' मार्ग का अनुगामी बनता है, अविश्वासी देवताओं का बहिष्कार और 'निरासदेव' को अंगीकार करता है। विरहाग्नि संचार द्वारा चराचर जगत के भस्म होने की सम्भावना

उत्पन्न कर देता है और शान्त होता है शिव द्वारा सिद्धि गुटिका प्राप्त करके। सिद्धि गुटिका की प्राप्ति के बाद साधक रत्नसेन की साधना मार्ग में उत्थान का दूसरा सोपान है आता है जहाँ प्रिया के मन में भी उसके प्रति प्रेम अंकुरित और जाग्रत होता है, प्रिया प्रणय का सन्देश प्राप्त होता है, नैकट्य प्राप्ति का आश्वासन मिलता है। इस बिन्दु से वह आन्तरिक साधना में रत और प्रेममार्गी साधना पथ का पथिक बनकर सामीप्य मुक्ति प्राप्त करता है। प्रेयसी का नैकट्य प्राप्त करता है, दर्शन से मन शान्त होता है, साधक रूप में उसके उत्थान का यह तृतीय सोपान है। दर्शन के पश्चात् भोग और काम क्रीड़ा का समस्त उल्लेख चतुर्थ सोपान सारूप्यमुक्ति का ही प्रतिपादन है। 'पद्मावत' में सात समुद्र यात्रा और इन चार सोपानों का निरूपण ही जायसी की सात खंड और चार बसेरे अथवा चार स्नेनी (श्रेणी) साधना पद्धति है। यह 'पद्मावत' के नायक रत्नसेन का दूसरा रूप है।

अपने तीसरे रूप में वह आदम रूप ब्रह्म है ही। रूप-लावण्य पर गर्व के फलस्वरूप अपने मान भंग के अवसर पर प्रियतम रत्नसेन से क्षमा-याचना करती हुई नागमती इसी तथ्य की ओर संकेत करती है :

मिलतहि महँ जनु अहहु निनारे। तुम्ह सौं अहै अदेस पिआरे।
मैं जाना तुम्ह मोहीं माहाँ। देखौं ताकि तौ हहु सब पाहाँ।
का रानी का चेरी कोई। जा कहँ मया करहु भलि सोई।[170]

नागमती और पद्मावती रानियों के बीच वाक्शर प्रहार और उनके मल्लयुद्ध को शान्त करने के लिए राजा रत्नसेन ने इसी स्थिति की ओर संकेत किया है और दोनों को अपने इसी रूप का ज्ञान कराया है :

एक बार जिन्ह पिउ मन बूझा। काहे कौं दोसरे सौं जूझा।[171]
धूप छाँह दुइ पिय के रंगा। दूनौ मिली रहहु एक संगा।
जूझब छाँड़हु बूझहु दोऊ। सेव करहु सेवाँ कछु होऊ।[172]

एक अन्य सूफ़ी परिभाषा 'तदल्ली' का तत्त्व निरूपण किए बिना जायसी काव्य के वर्ण्य-विषय की चर्चा अपूर्ण रहेगी। क़ुर्आन में प्रयुक्त 'तदल्ला' शब्द से इसकी उत्पत्ति है और इसका अर्थ भी समीप है। इससे तात्पर्य उन महात्माओं, सिद्धों, परमहंसों और वलियों से है जिन्हें ब्रह्म का नैकट्य प्राप्त है या जो ब्रह्म समान हैं। इन पर परमेश्वर की कृपादृष्टि है। यह उसके प्रेमी हैं और वह इन्हें अपने प्रेम का पात्र समझता है। ये महबूबे-इलाही (ब्रह्म प्रिया) हैं। एक ओर ये ब्रह्म सहोदर हैं और दूसरी ओर पिंजरबद्ध हैं। ब्रह्मलोकवासी और सारूप्यमुक्ति प्राप्त होने के कारण वह कुतुब है और जनसेवा और विश्व कल्याणकर्ता के रूप में वही गौसोपाधि प्राप्त ब्रह्म है जो नाना रूप धारण करने में समर्थ है और सम्पूर्ण ब्रह्मांड का पर्यटन करने की क्षमता

रखता है। देहधारी होते हुए भी वह अजर और अमर है, इसीलिए उसके देहावसान को भी अदृश्य होने की संज्ञा दी गई है। तत्त्वतः यह जीवनमुक्ति की अवस्था है। ऐसे ही कुतुब, ग़ौस और जीवन मुक्त सुवागुरु हीरामणि और बिहंगम हैं। जायसी ने इन दोनों पात्रों का निर्माण तदल्ली सिद्धान्त के कलात्मक निरूपण की दृष्टि से किया है। एक विरहाग्नि प्रज्वलित कराकर रत्नसेन को ब्रह्मोपासक बनाता है, उसका कल्याण करता है और दूसरा विरह ज्वाला से भस्म होती हुई नागमती का सन्देश उसके प्रिय को सुनाकर, मिलन का साधन जुटाकर दुखी जन की सेवा करता है। मूलरूप से बिहंगम की क्रीड़ास्थली धरती है, किन्तु स्वर्गलोक पर भी उसके पदचिह्न अंकित हैं, इसी स्वर्गलोक में उसके मुख से सन्देश सुनकर उसे 'सहदेसी'[173] कहकर सम्बोधित किया जाता है। अज्ञान, अविद्या से मुक्त समस्त ब्रह्मांड का वह ज्ञाता है, सम्पूर्ण चराचर सृष्टि पर उसका आधिपत्य है। अपनी इस विशेषता से वह नागमती को अवगत भी कराता है :

एक दीप का आवउँ तोरे। सब संसार पाव तर मोरे।[174]

ब्रह्म के मानव रूप में अवतरण और पुनः उसके परावर्तन, तनज़्ज़ुल और तदानी की मान्यता के फलस्वरूप फ़ारसी साहित्य के सुप्रसिद्ध रूपक 'सराय और मुसाफ़िर' का प्रचलन हुआ। मानव का जन्मस्थान स्वर्गलोक है और आदम का जन्मदाता विधाता है। अतः धरती पर उसका आगमन यात्रा समान है, यहाँ उसका निवास अस्थायी है। यह लोक उसकी कर्मभूमि मात्र है और कर्म तथा काया अभिन्न हैं। प्रथम क्रिया है और द्वितीय उसी का साधन। साधनविहीन कर्म असम्भव है। साधन और कार्य के सम्बन्ध-विच्छेद की संज्ञा ही मृत्यु है। इसका स्मरण जायसी निरन्तर अपनी रचनाओं में करते मिलते हैं और जीवन की क्षणभंगुरता के प्रति वह मानव को सचेत करते रहते हैं। धरतीरूपद्ध परदेस से स्वर्गलोकरूपी स्वदेश को प्रस्थान ही देहावसान है, इसीलिए सांसारिक दृष्टि से यह दुखद है और अध्यात्म पक्ष में यही अत्यन्त सुखद है, यह हमारी यात्रा का समापन बिन्दु है और स्वदेश निवास तथा निश्चिन्त रूप से सुख भोग का आदेशपत्र है। फ़ारसी कवियों ने सराय—मुसाफ़िर रूपक का उपयोग इन्हीं तथ्यों को अभिव्यक्त करने के लिए किया है और अत्यन्त मार्मिक भावाभिव्यक्ति के चित्रों तथा मर्मस्पर्शी बिम्बों के सफल चित्रण का श्रेय उन्हें प्राप्त है। इस धरती पर 'दिना चार रहना' की चर्चा अवश्य जायसी काव्य में मिलती है किन्तु सराय—मुसाफ़िर रूपक का निर्वाह उन की रचनाओं में अप्राप्य है। रूपासक्ति के पश्चात् पद्मावती प्राप्ति की अतिशय इच्छा के चित्रण और रत्नसेन के वैराग्य की प्राथमिक अवस्था के प्रकरण के अन्तर्गत जायसी ने इसका स्पष्ट संकेत किया है। अमरपुर (मुल्के-अज़ल) से मरनपुर (मुल्के-अदम) आगमन और विधि (पिता) से इस व्यवस्था की शिकायत तथा

इससे जनित दुख का चित्रण 'पद्मावत' में रत्नसेन के विलाप वर्णन के माध्यम से प्रस्तुत हुआ है :

हौं तो अहा अमरपुर जहाँ। इहाँ मरनपुर आएहुँ कहाँ।
केईं उपकार मरन कर कीन्हा। सकति जगाइ जीउ हरि लीन्हा।
सोवत अहा जहाँ सुख साखा। कस न तहाँ सोवत बिधि राखा।
अब जिउ तहाँ इहाँ तन सूना। कब लगि रहै परान बिहूना
जौं जिउ घटिहि काल के हाथाँ। घटन नीक पै जीव निसाथाँ।[175]

इसी चिन्तनधारा का प्रतिफल 'नैहर-पीहर' अथवा 'मैका-ससुराल' का रूपक है और जो उपर्युक्त भावाभिव्यक्ति का सशक्त माध्यम है। 'सरग पिता धरती माता' की मान्यता के अनुसार मानवरूपी नारी का नैहर, मातृगृह और जन्मभूमि यही लोक है। मध्य युग में विवाह सम्बन्ध ही नारी के परदेसगमन का कारण था इसीलिए काव्याभिव्यक्ति में विवाह देहावसान का ही पर्यायवाची है। सांख्य दर्शन की परिभाषा में जगत नारी है और ब्रह्म पुरुष है। पुरुष कर्महीन, तटस्थ और निष्ठुर है और नारी क्रियाशील, आकर्षक और ममत्व से पूर्ण है। नारी-पुरुष के मिलन का साधन विवाह है, इसीलिए पुरजन परिजन के सम्बन्ध-विच्छेद के दुख और दूरस्थ स्थान अपरिचित वातावरण तथा अज्ञात पति से सम्बन्ध स्थापन की आशंकाओं से प्रेरित नारी का स्वाभाविक भय एवं चिन्ता ही नैहर-पीहर सांगरूपक का कथ्य है। इसीलिए आशंका, भय, मिलन की उत्सुकता और प्रियतम के व्यवहार की चिन्ता से परिपूर्ण चित्र तथा हृदयविदारक करुणाजन्य क्रंदनस्निग्ध बिम्ब प्रस्तुत करने में यह अत्यन्त समर्थ है। जायसी ने यथा प्रसंग इसे पद्मावत, 'चित्ररेखा' और 'कन्हउत' में इसे अपनी भावाभिव्यक्ति का माध्यम बनाया है। उनकी चिन्तनधारा को कलात्मक और मर्मस्पर्शी अभिव्यक्ति प्रदान करने में यह इतना सबल और सफल है कि जायसी ने इसी के आधार पर 'कहरानामा' की रचना की है। जायसी का यह ग्रंथ वस्तुतः इसी रूपक का सुविस्तृत, सजीव, सशक्त और संवेदनशील वर्णन है। द्रष्टव्य है कि इस रूपक की अभिव्यक्ति फ़ारसी साहित्य में अनुपलब्ध है क्योंकि यह पूर्णतया भारतीय है। मध्य एशिया, अरब और ईरान में जहाँ चाचा, ताऊ, फूफी और मौसी की कन्याओं से विवाह सम्बन्ध का विधान है वहाँ की काव्यभाषा में ऐसा रूपक स्थान पा ही नहीं सकता। इसका घनिष्ठतम सम्बन्ध संस्कृति से है, उस भूमि से है जहाँ प्रणय सम्बन्ध के फलस्वरूप दूरस्थान गमन का सामाजिक विधान है, यातायात साधनों के मध्ययुगीन अभाव के फलस्वरूप कन्या के घर तथा गाँव में खानपान तक का निषेध है। यह उस भूमि से है जहाँ नारी का नैहर लौटना दुष्कर और उस तक स्वजनों के कुशल क्षेम का पहुँचना अत्यन्त कठिन है। जहाँ विवाह दो शरीरों का मिलन नहीं वरन् दो आत्माओं का योग है। जहाँ नैहर से डोली उठती है और

पीहर से उसकी अर्थी निकलती है। ऐसे ही देश और समाज में इस रूपक की कल्पना सम्भव है। इसकी करुणा यथार्थ एवं परिस्थितिजन्य है और इसमें व्यंजना की अपूर्वशक्ति है। फ़ारसी काव्य में स्वर्गलोक पितृगृह है और हिन्दी साहित्य में वह पतिगृह है। हिन्दी रूपक इसी स्वर्गलोकगमन को व्यंजित करता है और फ़ारसी रूपक पितृगृह छोड़ने की दारुण दशा को चित्रित करता है। वह इन्हीं दोनों का सम्मिश्रित तथा समन्वित रूप है। हमारा जगप्रसिद्ध लोकगीत बाबुल और इसके प्रथम रचनाकार हैं संद्रष्टा महाकवि अमीर ख़ुसरो। सम्भवत: हिन्दी साहित्य सिंहासन पर इस रूपक को पदासीन कराने का श्रेय भी उन्हीं को है।

जायसी का ऐहिक पंथ

जायसी का वर्ण्य-विषय अवश्य सीमित है किन्तु क्रियाओं और संज्ञाओं श्लेषात्मक उपयोग, बिम्बयोजना, चित्रमयता, लोक और परलोक में तादात्म्य स्थापित करने वाला प्रतीक विधान, वाग्विदग्धता, अर्मूत को मूर्त और अज्ञात को ज्ञात बनाने वाली सशक्त शब्दावली, समृद्धशाली फ़ारसी भाषा और साहित्य के प्राण समासों के अवधी रूप प्रस्तुत करने का कौशल, धरती को स्वर्ग से जोड़ने वाली कल्पना, गाँव की पगडंडी पर बिखरे कंकर-पत्थर को उठाकर स्फटिकतुल्य बनाने की क्षमता, सरलता में भी गूढ़ता, रहस्य का सहजोद्‌घाटन जड़ को चेतन बनानेवाला चित्रण सामर्थ्य, उनकी काव्यशैली की ये वे विशेषताएँ हैं जिनसे उनका रचना संसार अत्यन्त विस्तृत और विशाल हो गया है। उनका काव्य वह दर्पण है जिसमें सम्पूर्ण 16वीं शती की सभ्यता, संस्कृति, आचार, विचार तथा व्यवहार भलीभाँति प्रतिबिम्बित हो रहे हैं। जायसी ने धरती को स्वर्गतुल्य ही चित्रित किया है, हीरे की ईंटों, मोती के गच, चन्दन के द्वार, पुष्पों के वर्ण और फलों के रस, सोने-चाँदी तथा रत्न पदार्थ जटित स्तम्भों, प्रस्तर के वक्षस्थल पर उरेहित मूर्तियों से जायसी ने अपने इस चित्रगढ़, धरतीलोक का निर्माण किया है। पोखर, चौरासी, नदियों, समुद्रों को मानसरतुल्य (होज़े-क़ौसर) स्वच्छ जल से पूर्ण, जल प्रवाह में अपूर्व पक्षी क्रीड़ा से शोभायमान उर्वरा पृथ्वी की वनस्थली, मनुष्य की लगाई अमराई और जीवन स्पन्दन के योग से महाकवि ने इहलोक को सुसज्जित करके इसे शिवलोक, इन्द्रपुरी तथा देवलोक तुल्य बना दिया है। निस्सन्देह धरती का ऐसा पूर्ण, आकर्षक और मोहक चित्र हिन्दी क्या फ़ारसी के कवियों के यहाँ भी अप्राप्य है। इस दृष्टि से निज़ामी और ख़ुसरो भी जायसी से बहुत पीछे हैं।

जायसी अवश्य ही अध्यात्म में रत और सूफ़ी साधना में दक्ष कवि हैं। उनका सिद्धान्त पक्ष और उनका कवि हृदय दोनों ही इस दृश्यमान जगत को स्थूल ब्रह्म ही स्वीकार करते हैं, उनके लिए जगत मिथ्या नहीं है वरन्, नाम, धाम, रूप युक्त

वही ब्रह्म ही है। यही ब्रह्म परिचय का साधन है और यही ब्रह्म की लीलास्थली है। इसीलिए अन्य सूफ़ी कवियों के समान जायसी द्वारा भी यह लोक तिरस्कृत और बहिष्कृत नहीं है। उनकी साधना में इसका भोग स्वीकार है और इसीलिए इनकी रचनाओं में इसके अंग-प्रत्यंग का चित्रण है। परन्तु मनुष्यों के व्यक्तिगत, जातिगत और वर्गगत अन्तर्विरोधों, उनके संवेदनशील सम्बन्धों, साधारण जनों के कष्ट, दुख, शोषण और पीड़ा के चित्र जायसी काव्य में उभरे ही नहीं। मानव की भौतिक, आधिभौतिक पीड़ा, दैविक और आधिदैविक प्रकोप का उल्लेख भी मलिक मुहम्मद जायसी नहीं करते। क़ब्र यातना का भयावह चित्र और क़यामत के अवसर पर विधाता के आक्रोश का उल्लेख इस्लाम धर्म की मान्यता का निर्वाह मात्र है।

मनुष्य भावना के द्वन्द्वात्मक संवेदना के प्रसंग[176] अवश्य जायसी की रचनाओं में आए हैं। रत्नसेन और बादल की माताओं का पुत्र वियोग, नागमती, रनिवास की रानियों, बादल की नवविवाहिता पत्नी का पति वियोग वह स्थल थे जहाँ आन्तरिक द्वन्द्वजनित करुणा और वेदना की वर्षा जायसी की लेखनी कर सकती थी किन्तु ऐसे प्रसंगों में उन्होंने कृपण दृष्टि अपनाई है और इन द्वन्द्वों के पूर्वनिश्चित सैद्धान्तिक समाधान के कारण इन हृदयस्पर्शी स्थलों के चित्रण में उनका मन नहीं रमा। इन मानवीय वेदनाओं के सांकेतिक चित्र अवश्य उपलब्ध हैं, किन्तु वे इतने सशक्त नहीं हैं जो पाठक के मन को द्रवीभूत कर दें। इसी प्रकार राजकीय समाज के साथ-साथ रंक समाज का उल्लेख तो जायसी ने किया है, किन्तु उनकी रचना-प्रक्रिया में इन्हें कोई विशिष्ट स्थान प्राप्त नहीं है। मूलतया जायसी ब्रह्म और ब्रह्मोपलब्धि के साधना पक्ष के कवि हैं। उनकी रचनाओं में ब्रह्मरूप आदम का ही चित्रण है और मानवीय भावनाओं का वर्णन केवल आनुषंगिक है। इस अभाव का दूसरा कारण यह है कि जायसी का रचना प्रयोजन वीर श्रृंगार का ही चित्रण है और अन्य रसों के निरूपण से रचना विधान के खंडित होने की आशंका उनकी लेखनी को जकड़े हुए है। वह रस (प्रीति) के कवि हैं रिस (रोष) के नहीं। 'जेहि रिसि तेहि रस जोगै न जाई'[177] और रोष मानवीय अन्तर्द्वन्द्व का परमावश्यक अंश है। रस और रिसि के पारस्परिक विरोध के कारण भी केवल प्रीति प्रदर्शन के चित्रों को जायसी काव्य में प्रश्रेय मिला है।

निश्चय ही जायसी प्रकृति की वनस्थली के कवि हैं और मनुष्य की मनःस्थली का चित्रण उनकी रचनाओं में श्रृंगाराधारित, भोगलिप्त, संकीर्ण और गौण है। वह अपनी साधना के लिए गृह में उदासीनता को आवश्यक मानते हैं किन्तु समाज के लिए सुख भोग जीवन दर्शन में विश्वास रखते हैं।[178] उनकी प्रेम साधना इसी सुख भोग प्राप्ति का साधन है और सुखानुभूति को जायसी ने 'ऐहिक पंथ' की संज्ञा प्रदान की है। उनके समाज में राजा और रंक अवश्य हैं किन्तु सभी सुखी, आनन्दविभोर, ऐश्वर्यासक्त, दुख विमोचित, रोगरहित, गुण सम्पन्न और विद्या निपुण

हैं। समस्त सुख भोग सामग्री की सार्वजनिक उपलब्धि ही 'ऐहिक पंथ' है और इसका संक्षिप्त ब्योरा जायसी ने 'पद्मावत' में अंकित किया है :

राउ रंक सब घर घर सुखी। जो देखिय सो हँसता मुखी।
जनहुँ सभा देवतन्ह कै जुरी। परी दिस्टि इन्द्रासन पुरी।
सबै गुनी पंडित औ ज्ञाता। संसकिरत सबके मुखबाता।
ऐहिक पंथ सँवारहिं जस सिवलोक अनूप।
घर-घर नारि पदुमिनी मोहहिं दरसन रूप। [179]

ऐहिक पंथ मध्ययुगीन समाज में सर्वोदय की आदर्श कल्पना है, किन्तु उपर्युक्त उद्धरण में 'जस सिवलोक अनूप' के उल्लेख में स्पष्ट संकेत प्राप्त होता है कि जायसी धरती को ही असमानता, दुख-दारिद्र्य, रोगव्याधि तथा शोषण से विमुक्त करके स्वर्ग समान बनाने के अभिलाषी हैं और उनके स्वर्ग में रंकों को भी सुख भोग का समानाधिकार प्राप्त है। धरती से सम्बद्ध होने और जनसाधारण के उत्थान तथा कल्याण की भावना पर आधारित होने के कारण ही जायसी के मत का 'ऐहिक पंथ' नाम सार्थक है।

सन्दर्भ

1. अखरावट, 1/8-9
2. आख़िरी कलाम, 23/2
3. अखरावट, 18/8-9
4. आख़िरी कलाम, 21/8-9
5. वही, 60/8-9
6. वही कड़वक 49-50
7. वही, 51/4
8. इस्तलाहात सूफ़िया, प्रथम संस्करण 1929, पृ.118
9. आख़िरी कलाम, कड़वक 38-41
10. अपने पूर्ण नाम मलिक मुहम्मद का उपयोग जायसी ने अपने सम्पूर्ण काव्य में केवल चार बार किया है—'आख़िरी कलाम' में एक बार, 'चित्ररेखा' में दो बार और 'कन्हउत' में एक बार
11. 'आख़िरी कलाम' 9/1-4
12. वही, 9/5
13. वही, 9/6
14. वही, 10/5
15. कहरानामा, मसलानामा, अमर बहादुर सिंह 'अमरेश', हिन्दुस्तानी एकेडमी, इलाहाबाद, प्रथम संस्करण, 1962, पृ. 60
16. मजमउलबहरैन, दाराशिकोह, हस्तलिखित पुस्तक, ज़ाकिर हुसेन पुस्तकालय, जामिया फोलियो 44
17. 'जलाल' और 'जमाल' के सम्बन्ध में समस्त सूफ़ियों में मतैक्य नहीं है।

18. मुहम्मद शाह के समकालीन कादिरिय सम्प्रदाय के प्रसिद्ध संत बरकत उल्लाह शाह 'प्रेमी' ने अपने ग्रंथ 'प्रेम प्रकाश' में कहा है : बै... जमाल को नरक जलाल बखान' ('प्रेम प्रकाश', हस्तलिखित पुस्तक, मारहरा, बहोश
19. कहरानामा, स. अ. ब. अमरेश 7/3
20. वही।
21. वही।
22. आख़िरी कलाम, कड़वक 40
23. कहरानामा : सासुर सीवां, भा दुख जीवां, कोऊ न कहे असाखी रे।
आहि रीति जसि, करहि लागि तसि डांडी-द्वारे राखी रे॥
लै तहँ डगरी, है यक बोबरी, जहाँ न पंथ न वारा रे।
कहँ हम रवनी, रात डरवनी, दैगे बज्र केंवारा रे॥
का गुन कीन्हेउ, केहि चित दीन्हउ, हतिउ जो बारी मोरी रे।
कहैं मंहमद, संवरहु ओही, जो वहि मार बहु सांचे रे॥
24. पद्मावत, 385/1
25. 'मारै गुरु कि गुरु जियावा। और को मार मरै सब आवा॥' पद्मावत, 245/4
26. सूर : अल-हम्द में है कि 'ऐ ईश्वर हमें उस सीधे मार्ग (सिराते मुस्तक़ीम) पर चला जिस पर तूने उन व्यक्ति को चलाया जिन पर तेरी कृपा-दृष्टि थी।'
27. पाढ़, पढ़ा और पढ़ित (पद्मावत, 11/5) शब्दों का उपयोग जायसी ने बहुधा कलेमा के लिए किया है—'मैं साक्षी हूँ कि कोई अल्लाह नहीं है अतिरिक्त अल्लाह के, मैं साक्षी हूँ कि मुहम्मद उसके रसूल हैं।'
28. पद्मावत, 579/1
29. वही, 578/1
30. वही, 579/4
31. वही, 579/5
32. वही, 579/6
33. कहरानामा, स. अ. ब. अमरेश, पृ. 91; 'कन्हउत' में 'कहारा' के स्थान पर पाठ 'गुहारा' है।
34. पद्मावत, 578/ 5-6; 'जब हँकार ठाकुर कर आइहि। एक धरी जिउ रहै न पाइहि। (अखरावट, 22/3)
35. अखरावट, 52/1
36. कहरानामा, स.अ.ब. अमरेश, पृ. 89
37. पद्मावत, 578/7
38. पद्मावत, 578/8-9
39. वही, 579/2-3; मुहम्मद साहब का कथन है, 'मनुष्यों को क़ब्रस्तान में जाकर प्रेरणा लेनी चाहिए क्योंकि मृत्युभीरुता के कारण वह संसार- सुख से विमुख होता है और ईश्वर का सुमिरन करता है।' इसीलिए मुसलमानों में क़ब्रस्तान जाकर 'फ़ातिहा' पढ़ने की प्रथा है।
40. पद्मावत, 579/8-9
41. डॉ. माता प्रसाद गुप्त और वासुदेव शरण जी अग्रवाल की 'पद्मावत' के कड़वक 579 की टीका।

42. आख़िरी कलाम, 59/2
43. वही, 59/3
44. वही, 59/5–7
45. वही, 59/6–7
46. हक़ीक़तुल मुहम्मदिया का ही कलात्मक चित्रण जायसी ने पदुमावति अथवा पदुमिनी रूप में 'पद्मावत' के कड़वक 50; 61-65; 192 में प्रस्तुत किया है। कन्हावत में भी पदुमिनी रूप में हक़ीक़तुल मुहम्मदिया का वर्णन जायसी ने कृष्णलीला के अन्तर्गत किया है।
47. पद्मावत, 50/69 —'दिया जो मनि सिवलोक महँ अपना सिंघलदीप'
48. सूफ़ीमत, साधना और साहित्य, रामपूजन तिवारी, वाराणसी, द्वितीय संस्करण, सं. 2025, पृ. 265
49. पद्मावत, 11/7–9
50. पद्मावत, 580/2
51. वही, 580/4–5
52. वही, 642/7
53. आख़िरी कलाम, 42/4–7
54. पद्मावत, 579/5
55. वही, 580/3
56. वही, 642/4–5
57. अखरावट, 2/8
58. 'कन्हउत' में नन्द के सम्बन्ध से 'महर' कृष्ण का द्योतक है और उनकी लीला को जायसी ने महराई कहा है—सुनहु मीत हौं फिरत बखानौं। महरा जस महराइ रे॥ फ़ोलियो[1] (माइक्रो फ़िल्म); 'कन्हउत' के स्तुति खंड की अनेकों पंक्तियाँ 'कहरानामा' में सम्मिलित हो गई हैं।
59. कहरानामा, पृ. 93
60. कहरानामा, मसलानामा, अमर बहादुर सिंह अमरेश, पृ. 70–71
61. नागरी प्रचारिणी पत्रिका, शहाब सरमदी, वर्ष 71, अंक 2, सं. 2023 वि., पृ. 226
62. देखिए स्टैंगहास, नूरुल्लुग़ात और फ़र्हंगे आसिफ़िया।
63. चित्ररेखा, 11/1–9
64. कहरानामा, 5087
65. पद्मावत, 606/1–9; कन्हावत में सूर के अमरगीत के समान ही गोरखपंथ के योग का खंडन और प्रेममार्ग का समर्थन है।
66. चित्ररेखा, 6/1–4
67. वही, 6/5–9
68. सुन्नी मुसलमानों का मत है कि यज़ीद नरक में नहीं जा सकता क्योंकि वह रसूल का सहचर (सहाबी) है। इस सम्बन्ध में रसूल की एक हदीस उद्धृत की जाती है। ऐसा लगता है कि दूसरों को पीड़ित करने वाला जायसी की दृष्टि में किसी आधार पर भी क्षम्य नहीं है।
69. चित्ररेखा, 21/8–11
70. पद्मावत, 455/9

71. अखरावट ?
72. पद्मावत, 205/1
73. चूं ज़ने हिन्दी कसे दर आशिक़ी मरदाना नेस्त
सोख़्त न बर शमअ मुर्द-कारे-हर परवाना नेस्त
(प्रेम में भारतीय नारी के समान अन्य कोई वीर नहीं है
क्योंकि बुझी दीपशिखा (मृतक पति) पर जल मरना का (सती होना) साहस प्रत्येक शलभ (प्रेमी) नहीं कर सकता।
74. 'ककनूँ' अरबी शब्द 'क़ुक़्नुस' का अपभ्रंश है। और अरबी में इस शब्द का प्रचलन यूनानी प्रभाव के कारण हुआ है। यूनानी शब्द 'फ़ोनीकस' से ही क़ुक़्नुस की व्युत्पत्ति हुई है। फ़ोनीकस अथवा क़ुक़्नुस के सम्बन्ध में यूनानी और अरबी साहित्य में जगत में विचित्र कवि सिद्धियाँ प्रचलित हैं। इसके कलरव से ही संगीत का आविर्भाव स्वीकार किया जाता है और यह भी कि इसकी मादा नहीं होती। कहा जाता है कि इस पक्षी की आयु सहस्त्र वर्ष की होती है। जब यह अपनी आयु हज़ार वर्ष पूर्ण कर लेता है तो लकड़ियाँ एकत्रित करके उनके मध्य में बैठ जाता है। इसके चंचु में तीन सौ साठ छिद्र होते हैं और प्रत्येक छिद्र से एक नवीन राग उत्पन्न होता है। यह अपनी चिता सजाकर राग-रचना प्रारम्भ कर देता है और जैसे ही दीपक राग किसी छिद्र से निकल पड़ता है वैसे ही चिता की लड़कियों में आग लग जाती है। यह पक्षी उसी अग्नि में भस्म हो जाता है। यह भी कहा जाता है कि अपने गान से जब यह उन्मत्त हो जाता है तो परों को इतनी तीव्रगति से फड़फड़ाता है कि उनकी उष्णता से लकड़ियों में आग लग जाती है। वर्षा होने पर इस पक्षी का क्षार अंड का रूप धारण कर लेता है और उसमें से एक बाल क़ुक़्नुस का जन्म होता है। फ़ारसी भाषा में इसी पक्षी को 'आतिश ज़न' कहते हैं।
75. पद्मावत, 204/7
76. सिद्धान्त : कुछ सूफ़ी 'इश्क़' को दाह रूप में स्वीकार करते हैं और कुछ 'आह' और पीड़ा के रूप में चित्रित करते हैं। जायसी का प्रेम 'आह' के स्थान पर 'दाह' ही मान्य है और पीड़ा अनुभव के स्थान पर संघर्ष और साहस प्रदर्शन का चित्रण ही उन्हें प्रिय है।
77. पद्मावत, 205/8-9
78. वही, 216/6
79. वही, 162/2
80. चित्ररेखा, 45/8-9
81. पद्मावत, 381/3
82. कहरानामा-मसलानामा, अमरेश बहादुर, पृ. 91
83. अखरावट, 26/80-9
84. अखरावट, 25/5-7
85. वही, 25/8-9
86. इस्तलाहात सूफ़िया, दिल्ली, 1929, प्र.सं., पृ. 96
87. वही, पृ. 96
88. वही, पृ. 96
89. लुग़ाते-फ़ारसी, प्रकाशक लालाराम नारायण लाल, इलाहाबाद, 1931
90. अखरावट, 26/1

91. अखरावट, 25/10-11
92. क़ुर्आन में नमाज़ के समय या उसके विधि-विधान कोई उल्लेख नहीं है. उसमें केवल निरन्तर अल्लाह को स्मरण करने का आदेश है। शिया सम्प्रदाय के मुसलमान पाँच-बार के स्थान पर तीन बार ही नमाज़ पढ़ते हैं।
93. कन्हउत, माइक्रो फ़िल्म, फ़ो. 13
94. वही, फ़ो. 47
95. कन्हउत, माइक्रोफ़िल्म, फ़ो. 58
96. वही, फ़ो. 22
97. वही, फ़ो. 23
98. वही, फ़ो. 23
99. वही, फ़ो. 23
100. वही, फ़ो. 121
101. वही, फ़ो. 132
102. वही, फ़ो. 113-14
103. वही, फ़ो. 78-82
104. वही, फ़ो. 115-117
105. वही, फ़ो. 119
106. वही, फ़ो. 15-16
107. वही, फ़ो. 83
108. वही, फ़ो. 118
109. वही, फ़ो. 124
110. वही, फ़ो. 59
111. वही, फ़ो. 105
112. वही, फ़ो. 126
113. वही, फ़ो. 126
114. मलिक मुहम्मद जायसी, सैयद क़ल्बे मुस्तफ़ा (दिल्ली, 1941) उर्दू, पृ. 24-25; सैयद आले हसन जायसी का लेख (नागरी प्रचारिणी पत्रिका, सं. 1997, पृ. 57) —पद्मावत, अखरावट, सखरावट, चम्पावत, इतरावत, मटकावत, चित्रावत, खुर्वानामा, मोराईनामा, मुकहरानामा, मुखरानामा, पोस्तीनामा, होलीनामा, आख़िरी कलाम।
115. जनरल ऑफ़ दी बिहार रिसर्च सोसायटी (भाग 39), पृ. 12
116. ख़ज़ीनत-उल-असफ़िया, ग़ुलाम सरवर।
117. इस्तोरिअल लितरित्योर इंदुइ इंदुस्तानी, गारसा-द-तासी (फ्रेंच संस्करण) भाग 2, पृ. 68-69. गारसा-द-तासी ने सूचित किया है कि 'परमारथ जपजी' की प्रति रॉयल एशियाटिक सोसायटी, कलकत्ता के पुस्तकालय में उपलब्ध है 'कुन्हावत' अथवा घनावत की प्रति स्प्रेंगर को प्राप्त हुई है।
118. मध्यकालीन धर्म साधना, पृ. 206-07
119. फ़ारसी लिपि में लिखित अ+व+त अक्षरों के योग को 'आवत' (जैसे अखरावट) 'ओट' तथा ओटि और 'वति' (जैसे पदुमावति) आदि शब्द रूप दिये जा सकते हैं. फ़ारसी लिपि में टे अक्षर नहीं है और 'ते' से ही इस ध्वनि को व्यक्त किया जाता है। इस प्रकार 'त' और

'ट' का पाठ भेद अनुमान पर ही आधारित है। 'अ+व+त' के योग को हम 'ओट' पढ़ने के पक्ष में हैं क्योंकि यह ही सार्थक है। फ़ारसी लिपि में लिखित 'अ+व' का योग हिन्दी लिपि में 'ओ' ही लिखा जाएगा। फ़ारसी अक्षरों के स्थान पर समान ध्वनि वाले नागरी अक्षरों को लिखकर शब्द रचना न ही विधिसंगत है और न ही समीचीन।

120. चित्ररेखा, 11/8
121. चित्ररेखा, 10/7, —सुक्र मंग, नय-ईन अतुराब के लिए देखिए—फ़र्हंगे आम्र: (1937) और स्टैंडर्ड पर्शियन डिक्शनरी।
122. चमन, मीनू और लहन के अर्थों के लिए देखिए फ़र्हंग आम्र: (1937) स्टैंडर्ड पर्शियन डिक्शनरी।
123. 'ख़ुर', ख़ुर्दा, मुरा-ई, मरा-ई के अर्थों के लिए देखिए—फ़र्हंगे आम्र: (1937) और स्टैंडर्ड पर्शियन डिकशनरी।
124. मलिक मुहम्मद जायसी, सैयद क़ल्बे मुस्तफ़ा, (उर्दू) दिल्ली, 1941, पृ. 164
125. आख़िरी कलाम, 13/1—'आखर कहे'।
126. जायसी का काव्य शिल्प, डॉ. दर्शनलाल सेठी (दिल्ली, 1970) पृ. 80
127. अखरावट, कड़वक 40
128. चित्ररेखा, 1/7
129. पद्मावत, 3/1
130. अखरावट, कड़वक 8
131. वही, 14/3-5
132. वही, 3/3
133. वही, 14/8-9
134. अखरावट, 9/5
135. वही, 48/10-11
136. पद्मावत, 371/3-4
137. पद्मावत, 371/5-6
138. वही, 1/1
139. वही, 6/6; चित्ररेखा, 1/1
140. अखरावट, 1/5
141. वही, 2/2
142. कड़वक 1-2
143. अखरावट, 2/5-6
144. वही, 17/2-3
145. वही, 1/1-2; 2/10-11; 3/8-9
146. पद्मावत, 11/3
147. चित्ररेखा, 7/2
148. वही, 3/3
149. चित्ररेखा, 3/3-5
150. अखरावट, 3/1-3
151. अखरावट, 3/8

152. पद्मावत, 11/2
153. अखरावट, 47/6–9
154. अखरावट, 10/1
155.
156. पद्मावत, 125/4; 216/1
157. वही, 257/6
158. वही, 122/6
159. पद्मावत, वासुदेव शरण अग्रवाल, झाँसी, पृ. 43
160. पद्मावत, 379/3–4
161. अखरावट, 6/8–9
162. वही, 8/1
163. अखरावट, कड़वक 7
164. वही, 7/10–11
165. पद्मावत, 380/3–4
166. पद्मावत, 380/8–9
167. वह, 60/3–9
168. पद्मावत, 258/7—तुम्ह ओहिघट वह तुम्ह घट माहाँ। काल कहाँ पावै ओहि छाँहा।
169. वही, 133/3
170. पद्मावत, 91/5–7
171. पद्मावत, 445/4
172. वही, 445/6–7
173. पद्मावत, 371/1
174. वही 367/6
175. पद्मावत, 121/3–7
176. पद्मावत, कड़वक, 129, 133, 613, 618, 619
177. पद्मावत, 90/6
178. पद्मावत, सं. डॉ. माता प्रसाद गुप्त, पृ. 40
179. पद्मावत, 36/5–9

अध्याय-दो

जायसी ग्रंथों का रचनाक्रम

प्राचीन या मध्यकालीन महाकवियों के ग्रंथों का रचनाक्रम कभी भी विवाद से परे नहीं रहा है, किन्तु यह सही है कि रचनाक्रम की वस्तुगत जानकारी, कवि की रचना प्रक्रिया, उसकी विचारधारा के निरन्तर विकास और रचनाओं की प्रामाणिकता आदि के बारे में महत्त्वपूर्ण निष्कर्षों तक ले जाती है। यह एक ध्यानाकर्षक तथ्य है कि अपने नाम से अन्तिम रचना लगने वाला 'आख़िरी कलाम' जायसी का प्रथम एवं आरम्भिक ग्रंथ है। 'पद्मावत' का रचनारम्भ इसके पूर्व 927 हि. में हो गया था। ऐसा उल्लेख अवश्य मिलता है, किन्तु इसका वास्तविक रचनाकाल विवादों से ग्रस्त है। हम अपने अध्ययन का आरम्भ अन्त:साक्ष्य और बहिर्साक्ष्यों के आधार पर रचनाक्रम की पड़ताल से कर रहे हैं। 'पद्मावत' की कुछ पांडुलिपियों में कथा आरम्भ करने की चर्चा इस प्रकार है—

सन् नव सै सत्ताइस अहा। कथा अरंभ बैन कवि कहा।[1]

कालान्तर में अन्य पांडुलिपियों की उपलब्धि, तर्क-वितर्क और काल निर्धारण की अनवरत चेष्टा के फलस्वरूप इस महान ग्रंथ को 947 हि./1540 में रचित स्वीकार कर लिया गया है। 'पद्मावत' में शाहेवक़्त के रूप में शेरशाह के उल्लेख और कवि द्वारा उसकी भूरि-भूरि प्रशंसा को पुष्ट प्रमाण समझकर 947 हि. में शेरशाह के दिल्ली सुलतान पद-प्राप्ति के समय इस ग्रंथ को विरचित माना गया। इस सम्भावना पर भी ध्यान दिया जाना चाहिए कि रचना समाप्ति के पश्चात् भी प्रशस्ति गान जैसे अंशों को मूल ग्रंथ में स्थान प्राप्त हो सकता है। इस सम्भावना की ओर हिन्दी आलोचकों का ध्यान आकृष्ट भी हुआ है। डॉ. वासुदेवशरण अग्रवाल का विचार है कि जायसी और शेरशाह के प्रत्यक्ष साक्षात्कार की 'घटना के बाद ही शाहे वक़्त की प्रशंसा वाला अंश शुरू में जोड़ा गया होगा।'[2] 'रामपुर की प्रति में इस अंश का स्थान भी बदला हुआ है' और 'इससे अनुमान होता है कि बाद में बढ़ाए हुए इस अंश का ठीक स्थान

कहाँ हो, इस बारे में प्रतियों की कम से कम परम्परा में विकल्प अवश्य था।'[3] इस सम्बन्ध में आचार्य रामचन्द्र शुक्ल का कथन अधिक विश्वसनीय और विचारणीय है कि 'कवि ने कुछ थोड़े से पद्य तो सन् 1520 ई. में ही बनाए थे, पर ग्रंथ को 19 या 20 वर्ष पीछे शेरशाह के समय में पूरा किया।'[4]

इस प्रकार 'पद्मावत' के कुछ आरम्भिक पदों की रचना 927 हि. में अधिक प्रामाणिक सिद्ध होती है किन्तु 947 हि. में उसका समापन संदिग्ध है। यदि शेरशाह की प्रशस्ति का अंश ग्रंथ समाप्ति के उपरान्त मूल पाठ में सम्मिलित हो सकता है तो समय-समय पर 'पद्मावत' में संशोधन और संवर्द्धन भी सहज सम्भव हैं। कहना न होगा कि अभी तक 'पद्मावत' के रचनाकाल प्रसंग का अध्ययन अपूर्ण और दूषित है जब तक इन सभी सम्भावनाओं पर विचार न कर लिया जाए।

927 हि./1520 ई. में जायसी ने 'पद्मावत' के 'अरंभ बैन' (प्रारम्भिक पदों) की रचना भले की हो, किन्तु इस समय वह ग्रंथकार नहीं बने थे। 'पद्मावत' की कुछ उपलब्ध प्रतियों में इसके उल्लेख से हम उनकी काव्य रचना के प्रारम्भ होने की तिथि से ही अवगत हो पाते हैं।

'पद्मावत' के रचनाकाल के सम्बन्ध में संदिग्धता और 936 हि. में 'आख़िरी कलाम' के रचित होने के पुष्ट प्रमाणों के कारण 'आख़िरी कलाम' को ही जायसी की प्रथम रचना स्वीकार करना तर्कसंगत है। जायसी का कोई भी उपलब्ध ग्रंथ इसके पूर्व रचित नहीं है। दूसरी ओर किसी भी अनुपलब्ध ग्रंथ का रचनाकाल हमें ज्ञात नहीं है। 'आख़िरी कलाम' की अब तक प्राप्त प्रतियों में इसका रचनाकाल 936[5] हि. ही उल्लिखित है। ग्रंथ के प्रारम्भ में 'बाबर साह छत्रपति[6] राजा' की चर्चा से भी ग्रंथ रचना की यही तिथि प्रमाणित होती है। 'आख़िरी कलाम' के प्राथमिक ग्रंथ होने का पुष्ट प्रमाण यह भी है कि उसमें केवल एक पीर परम्परा का ही उल्लेख है, साथ ही भाषागत विशेषताओं तथा मुस्लिम पौराणिक कथाओं के आधिक्य के अन्त:साक्ष्य से भी इस ग्रंथ की प्रारम्भिकता सिद्ध होती है।

935[7] हि. में बाबर जौनपुर गया था और उसी समय उसने आसपास के क्षेत्रों पर अधिकार प्राप्त कर लिया था। अत: यह अनुमान पूर्णत: निस्सार नहीं हो सकता कि बाबर के प्रताप और वैभव से प्रभावित मलिक मुहम्मद ने उससे भेंट करने की इच्छा अथवा किसी प्रकार की दान प्राप्ति की दृष्टि से इस काल में 'आख़िरी कलाम' की रचना की हो क्योंकि 'कन्हउत' में हुमायूँ की प्रशस्ति तथा 'पद्मावत' में शेरशाह की स्तुति के प्रसंगों में उनके इस दृष्टिकोण के स्पष्ट संकेत प्राप्त हैं। परन्तु बाबर शाह सम्बन्धी पद रचना इस सम्भावना को प्रमाणित नहीं करती क्योंकि इसमें कवि का याचक रूप नहीं वरन् उपदेशक रूप है। मुसलमानों में मान्य और अपने विशेष गुणों के लिए प्रख्यात व्यक्तियों के उल्लेख मात्र से उसके राज्य विस्तार, न्यायप्रियता तथा शौर्य की ओर जायसी ने संकेत किया है। भूपति के रूप में वह सुलेमान तुल्य है, न्याय-

प्रियता में वह ख़लीफ़ा उमर है और बाहुबल में वह अली और हमज़ा के समान है और वह दानी एवं यशवान, धर्मधुरीन, प्रतापी राजा है।[8] परन्तु यह वर्णन निर्वैयक्तिक तथा भावशून्य है और अन्त में भी कवि किसी प्रकार की याचना करने के स्थान पर उसे उपदेश ही देता है :

राजा होइ करै सब छाँड़ि जगत महँ राज।
तब अस कहैं मुहम्मद वै कीन्हा किछु काज।[9]

बाबर बादशाह महान प्रतापी सम्राट और शक्तिशाली विजेता तो था किन्तु 'तपसाधक' और 'धर्म चितबंधा' वह कदापि नहीं था। द्रष्टव्य है कि जायसी ने 'चितबंध'[10] की परिभाषा का प्रयोग अपनी रचनाओं में विशिष्ट प्रयोजन सिद्धि के अन्तर्गत किया है और निश्चय ही इसका संकेत किसी प्रकार की साधना पद्धति तथा ऐसे साधक की ओर है जो राज्य सुख एवं अधिकार सत्ता को त्यागकर साधनारत हुआ हो। ऐसे व्यक्ति जायसी के पीर मुरशिद अशरफ़ जहाँगीर अवश्य हैं। उन्होंने सिमनान राज्य की सुलतानी को छोड़कर तप-त्याग मार्ग अपनाया था।[11] ऐसा प्रतीत होता है कि 'आख़िरी कलाम' के कड़वक 8 की निम्न पंक्ति से जायसी सैयद अशरफ़ जहाँगीर की स्तुति प्रारम्भ कर देते हैं और बाबर शाह के प्रसंग को रूढ़ि निर्वाह मात्र समझकर अधिक विस्तार नहीं देते :

बड़ परताप आप तप साधे। धरम के पंथ दई चित बाँधे।[12]

इस चर्चा का तात्पर्य यह तथ्यनिरूपण है कि बाबर की प्रशंसा में जायसी का मन नहीं रमा और न ही वह उसके प्रताप और विजय से प्रभावित हैं। परन्तु इसमें सन्देह नहीं कि 'आख़िरी कलाम' की रचना बाबर के शासनकाल में ही हुई थी क्योंकि 5 सितम्बर 1529 ई. से 4 सितम्बर, 1530 ई. तक का समय 936 हि. के अन्तर्गत आता है और 30 दिसम्बर, 1530 को बाबर का देहान्त इतिहास सिद्ध है। बाबर सम्बन्धी वर्णन से स्पष्ट हो जाता है कि इस मुग़ल राज्य संस्थापक से उनका कोई सम्पर्क नहीं था और ग्रंथ रचना के कुछ दिनों बाद ही बाबर के देहान्त के कारण किसी प्रकार के सम्बन्ध की सम्भावना भी नहीं है। इससे यह भी सिद्ध होता है कि शेरशाह[13] तथा हुमायूँ[14] की प्रशस्ति जायसी ने कुछ विशेष कारणों और विशेष सम्बन्धों के फलस्वरूप की है। शेरशाह की तुलना में हुमायूँ की स्तुति अत्यन्त संक्षिप्त है, समस्त वर्णन एक ही कड़वक में समाप्त है। परन्तु आत्मीयता, साक्षात्कार और सम्पर्क का आभास दोनों की प्रशस्तियों से प्राप्त होता है, कवि जायसी दोनों को आशीर्वाद देते परिलक्षित होते हैं। शेरशाह को उनका आशीष है :

दीन असीस मुहम्मद करहु जुगहि जुग राज।
पातसाह तुम्ह जग के जग तुम्हार मुहताज॥[15]

और यह कि :

सब पिरथिमी असी सइ जोरि जोरि कै हाथ।
गंगा जउंन जौ लहि जल तौ लहि अम्मर माथ।[16]

हुमायूँ को दिया गया जायसी का आशीर्वाद भी इसी कोटि का है :

सभै पिरथिमी असीस देखि देखि उपम साज।
छात पाट तुम सोहै करौ सदा सुख राज।[17]

इन प्रशस्तिगानों (क़सीदा) में फ़ारसी रूढ़ि के अनुसार उसके चारों अंगों प्रताप, शौर्य, न्याय और दान का उल्लेख है। केवल अन्तर इतना है कि हुमायूँ की स्तुति एक ही कड़वक में समाप्त कर दी गई है और शेरशाह की प्रशस्ति के प्रत्येक अंग का पृथक् कड़वकों में सविस्तार वर्णन हुआ है। अत: न तो यह केवल मसनवी रूढ़ि का निर्वाह है और न ही दान प्राप्ति की लालसा के निमित्त रचित है। जायसी की रचनाओं से उनकी यशलिप्सा का परिचय तो प्राप्त होता है किन्तु धनलोलुप वह कदापि नहीं थे। मध्ययुगीन प्रथानुसार प्रशस्ति लिखकर वह अपने या अपने किसी मित्र के अपराध की क्षमा-याचना करने के लिए शेरशाह के दरबार में गए थे। अपनी मनोरथ सिद्धि और बादशाह के व्यवहार से वह कुछ इतने प्रसन्न और प्रफुल्लित हुए कि भाव-विह्वलता की स्थिति में निम्न दोहा उनकी वाणी से मुखरित हो उठा :

अइस दानि जग उपना सेर साहि सुलतान।
न अस भएउ न होइहि न कोइ देइ अस दान।[18]

हुमायूँ से जायसी के मित्र शेख़ बड़े सैयद मुहम्मद ग़ौस की मित्रता इतिहास प्रसिद्ध है और यह भी कि इसी कारण शेरशाह उनका शत्रु हो गया था। स्वयं जायसी ने शेरशाह की प्रशस्ति के पूर्व हुमायूँ की स्तुति में उससे घनिष्ठता और आत्मीयता का उल्लेख 'कन्हउत' नामक रचना में कर चुके थे। वे छद्म वेश धारण किए इधर-उधर फिरते रहे हैं। अत: यह भी सम्भव है कि जायसी स्वयं सुलतान के प्रकोप भाजन रहे हों। इन सभी संदिग्ध तथ्यों की वास्तविकता तभी खुल सकती है और 'पद्मावत' की रचनातिथि का ज्ञान सम्भव हो सकता है जब विश्लेषण द्वारा इस ग्रंथ के मूल पाठ का परिचय प्राप्त हो और यथा समय और यथा प्रसंग इसमें संशोधन और संवर्द्धन प्रमाणसिद्ध हो।

'पद्मावत' का रचनाकाल और मूल ग्रंथ में संशोधन एवं संवर्द्धन

'पद्मावत' की उपलब्ध हस्तलिखित प्रतियों में रचनाकाल सम्बन्धी अनेक पाठान्तर प्राप्त है, किन्तु प्रतियों की अधिकांश संख्या 927 हि. पाठ की साक्षी है।[19] विद्वानों ने भूतकालिक क्रिया[20] 'अहा' और 'कहा' के उपयोग के कारण तर्क द्वारा इसे अमान्य

ठहराया और शेरशाह के राज्याभिषेक की तिथि से मेल बिठाने के प्रयास में 847 हि. को ही मान्यता प्रदान की। अन्त:साक्ष्य के आधार पर निर्विवाद रूप से कहा जा सकता है कि 945 हि./1538 ई. के पूर्व 'पद्मावत' के उत्तरार्द्ध में घटित घटनाओं का उल्लेख असम्भव है। अत: 927 हि./1520–21 ई. अथवा 936 हि./1529–30 ई. में सम्पूर्ण 'पद्मावत' की उपलब्धि नहीं हो सकती। अधिक से अधिक यह कहा जा सकता है कि 945 हि./1538 ई. में 'पद्मावत' का कोई न कोई रूप प्रस्तुत करने में जायसी सफल हो गए थे और जहाँ तक शेरशाह की प्रशस्ति का सम्बन्ध है वह इसके पश्चात् भी सम्मिलित की गई हो सकती है। चौसा युद्ध (फरवरी 1538 ई.) में हुमायूँ के विरूद्ध शेरशाह की विजय एवं कन्नौज युद्ध (17 मई, 1540 ई.) में मुग़ल सम्राट की पूर्ण पराजय के अवसर पर भी जायसी ने शेरशाह से भेंट की होगी जिसका संकेत हमें कवि द्वारा शेरशाह को दिये गए आशीर्वाद से मिलता है।

परन्तु इसकी भी सम्भावना है कि दोनों की भेंट 1540–45 के बीच किसी समय हुई हो। कन्नौज में हारने के पश्चात् हुमायूँ पराजित सेना सहित लाहौर की ओर सहायतार्थ भागा था और शेरशाह कालपी होता हुआ आगरे पहुँचा था। जहाँ उसने अपने राज्य को सुव्यवस्थित और अपनी सैन्य शक्ति को सुसंगठित किया था। शेरशाह ने दिल्ली पर आधिपत्य भले ही बाद में किया हो, किन्तु कन्नौज युद्ध में हुमायूँ की पराजय के पश्चात् वह वस्तुत:[21] दिल्लीश्वर और भारत–सम्राट का पद प्राप्त कर चुका था। शेरशाह के कालपी आगमन के समय ही सम्भवत: जायसी ने उससे साक्षात्कार किया होगा। राजदरबार की प्रथानुसार भेंट तभी सम्भव थी जब कवि सुलतान को प्रशस्तिगान पेश करे।

यह घटना 947/1540 ई. में ही सम्भव है क्योंकि इसके बाद इस क्षेत्र में शेरशाह पुन: नहीं आ पाया। यह भी सम्भव है कि इस समय अपने गुरुधाम कालपी में उन्होंने शेरशाह से भेंट की हो और इसकी भी सम्भावना है कि यह भेंट कन्नौज में ही हुई हो क्योंकि उस नगर से भी जायसी का कोई घनिष्ठ सम्बन्ध अवश्य है। 'चित्ररेखा' में कन्नौज–वर्णन[22] की आत्मीयता इसी ओर इंगित करती है। जौनपुर भी इस भेंट का सम्भाव्य स्थान हो सकता है किन्तु शेरशाह ने 945 हि./1538–39 ई. के लगभग चुनार, बनारस और जौनपुर पर आधिपत्य कर लिया था और उस समय तक वह केवल एक विद्रोही सेनापति ही था। किंचित् मात्र भी अनुमान नहीं किया जा सकता था कि निकट भविष्य में शेरशाह भारत का सम्राट बन जाएगा क्योंकि अभी तक अपार मुग़ल शक्ति सुसंगठित थी। इन सभी तथ्यों को देखते हुए शेरशाह–जायसी भेंट की सम्भावना कालपी और कन्नौज में ही अधिक है।

ऐसा लगता है कि 'पद्मावत' का श्रीगणेश जायसी ने 927/1520 ई. में कर दिया था और अधिक से अधिक 936[23] हि. तक इसका एक लघु आकार पूर्ण कर लिया था। इसका कथानक संगठन उपलब्ध 'पद्मावत' के समान ही रहा होगा किन्तु इसका आकार लघु और वर्णन संक्षिप्त रहा होगा, इसका परिवेश भी सीमित रहा होगा।

सम्भवत: इसका आकार वही रहा हो जो इस पर आधारित फ़ारसी रचनाओं 'रतपदम'[24] और 'शमअ व परवाना'[25] का आज हमें उपलब्ध है अथवा 'कन्हउत' के समान ही ढाई-तीन सौ कड़वकों में यह रचना पूर्ण हो गई। फ़ारसी 'पद्मावत' के रचनाकारों ने स्वीकार किया है कि उनकी रचनाएँ 'हिन्दवी कथा' पर आधारित हैं, किन्तु उनके ग्रंथों में जायसी का कोई उल्लेख नहीं है। निस्सन्देह जायसी द्वारा प्रयुक्त कथानक रूढ़ि का ही आद्योपान्त उपयोग बज़मी तथा राज़ी ने अपनी रचनाओं में किया है, किन्तु दोनों ग्रंथों में विस्तृत वर्णन अप्राप्य है। दो-एक स्थलों पर वर्णन में भेद भी है। उदाहरणतया जायसी ने 'नागमती के विरह' का सविस्तार वर्णन किया है, किन्तु बज़मी और राज़ी की रचनाओं में इसका अत्यन्त संक्षिप्त चित्रण है। दोनों ने माता की ममतामयी पीड़ा को महत्त्व दिया है और 'बिहंगम' ने माता का ही सन्देश रत्नसेन तक पहुँचाया है। जायसी ने नागमती एवं पद्मावती के कलह के आश्रय से प्रतीकात्मक शैली में अपने सिद्धान्त पक्ष का वर्णन किया है। जायसी के लिए दोनों 'धूप-छाँह'[26] और 'गंगा- जमुना दुई नारी'[27] हैं। बज़मी ने इस कलह के अन्तर्गत नारी सुलभ ईर्ष्या का वर्णन किया है और राज़ी ने इसके द्वारा जन्मभूमि गौरव का सफल चित्रण किया है। उसके वर्णन से पता लगता है कि सीलौन-राजकुमारी पद्मावती की ओट में नागमती के व्यंग्यबाण ईरानियों के मर्मस्थल पर घात-प्रतिघात कर रहे हैं।

बज़मी की रचना में स्तुति के पश्चात् निम्नलिखित शीर्षक से यह तथ्य प्रकाशित हो जाता है कि उसने हिन्दी कथा का ही अनुवाद फ़ारसी में प्रस्तुत किया है :

'हिन्दवी कथा का फ़ारसी भाषा अनुवाद का प्रयोजन'[28]

बज़मी ने इसकी भी चर्चा की है कि हिन्दी काव्य में रत (रतन) का अर्थ 'प्रेमी'[29] होता है और 'पद्म' प्रेमिका का पर्यायवाची है। राज़ी की रचना 'शमआ परवाना' में जायसी द्वारा रचित कड़वक 652 की अनेक पंक्तियाँ ज्यों की त्यों अनूदित हैं :

'न रतन मानद न अलाउद्दीन'।[30]
('कहाँ रतनसेनि अस राजा'[31]*; 'कहाँ अलाउदीन सुलतानू')*[32]
'न पदम मानद नै जमाले पदम'[33]
('कहाँ सुरूप पदुमावति रानी')[34]

जायसी के समान राज़ी भी कहते हैं कि कथा के पात्रों में से कोई नहीं रहा किन्तु उनकी प्रेम-कहानी अमर है :

'लेक अज़ इश्क़ दास्ताने मानद'।[35]
('कोई न रहा जग रही कहानी')[36]

पद्मावती और रत्नसेन की प्रेमकथा सम्बन्धी एक अत्यधिक मूल्यवान सूचना हमें राज़ी की रचना से प्राप्त होती है। उनका कथन है कि 'रत्न के प्रेम को आठ सौ

वर्ष बीत चुके हैं, किन्तु आज तक यह कथा पुरानी नहीं हुई। बहुत समय तक यह हृदय विदारक गाथा अनुश्रुत कहानी के रूप में प्रसारित रही। फिर एक संवेदनशील सहृदय ने लेखनी उठाई और इस कथा को हिन्दी की अपनी शैली में लिख डाला। उसके पश्चात् मैंने इसे फ़ारसी की पाटी पर अंकित किया।'[37]

फ़ारसी ग्रंथों से जायसी की यह संक्षिप्त तुलना आनुषंगिक है, किन्तु इसके द्वारा यह तथ्य अवश्य ही प्रकाशित होता है कि बज़मी और राज़ी ने जायसी द्वारा निर्मित कथानक-रूढ़ि का अनुसरण ही नहीं किया, अपितु दोनों ने उनकी अर्द्धालियों का भावानुवाद तथा छायानुवाद भी किया है। इससे स्पष्ट संकेत मिलता है कि ये दोनों मसनवियाँ जायसी की कृति पर ही आधृत हैं। इन ग्रंथों का 'पद्मावत' से तुलनात्मक अध्ययन हमें उसके मूल आकार तथा उसकी प्रारम्भिक रूपरेखा से अवगत कराने में भी सहायक है। ऐसा प्रतीत होता है कि निरन्तर भ्रमण और अन्य असुविधाओं के कारण जायसी किसी निश्चित काल में 'पद्मावत' को आज का उपलब्ध रूप नहीं दे पाए। इन परिस्थितियों की ओर कवि ने स्वयं संकेत भी किया है :

जेहि के बोल बिरह के घाया। कहु तेहि भूख कहाँ तेहि छाया।
फेरे भेस रहइ भा तपा। धूरि लपेटा मानिक छपा।[38]

सैयद मुहम्मद जौनपुरी ने हिजरत[39] (किसी एक स्थान पर दीर्घकाल तक निवास न करना) पर अधिक बल दिया है। सम्भव है साम्प्रदायिक मान्यता के कारण जायसी निरन्तर पर्यटन करते रहे हों और यह भी सम्भव है कि इसका कोई अन्य कारण रहा हो। राज प्रकोप इस प्रकार छद्म वेशधारण का अत्यन्त विश्वसनीय सम्भाव्य कारण हो सकता है। जायसी चाहे जहाँ रहे हों, गृह में या वन में, किन्तु उनके हृदय रत्नाकर से भावरत्न निकलकर वाणी की शोभा बढ़ाते रहे और उनके मंगल गानों से लोकमत आनन्दित होता रहा। विषम परिस्थितियों में भी उनकी सृजनधारा शुष्क नहीं हुई। उनकी वाणी और लेखनी कुंठित नहीं हुईं। रसामृत की वर्षा वह निरन्तर करते रहे। उनकी इक्कीस[40] अनुपलब्ध रचनाएँ इसका प्रमाण हैं।

जायसी की अनुपलब्ध रचनाओं के नामों और उनके वर्ण्य-विषय पर दृष्टिपात करने मात्र से यह बात स्पष्ट हो जाती है कि उनकी अनेकानेक रचनाएँ 'पद्मावत' में ही सम्मिलित हैं। यह वही अंश है जिनका 'पद्मावत' में पिष्टपेषण है, और जिनके विस्तार के कारण कथाप्रवाह में बाधा उत्पन्न हो गई है। इस सम्बन्ध में यह उक्ति दी जाती रही है कि जायसी ने बहुज्ञता प्रदर्शन के मोहवश ऐसा किया है। परन्तु 'पद्मावत' में कोई भी प्रसंग उद्देश्यविहीन नहीं है और कवि को अपने कथ्य पर पूर्णाधिकार है। अत: यह बात अधिक सम्भाव्य और तर्कसंगत लगती है कि जायसी ने 'पद्मावत' रचना के पश्चात् दोहा+चौपाई में ही बहुत सी कविताएँ लिखी थीं तथा अपनी सुग्राह्य श्लेषात्मक शैली द्वारा लौकिक वर्णन को पारलौकिक दिशा में मोड़

कर उन्होंने जीवन-जगत सम्बन्धी अनेकानेक विषयों को सरस एवं चमत्कारपूर्ण बनाकर जन मन के लिए ग्राह्य बना दिया था। लोकचित्त परिष्करण के निमित्त लिखित एवं विशाल जनसमूह में प्रसारित इन रचनाओं का कोई न कोई शीर्षक भी रहा होगा। उनके द्वारा रचित बहुत सी अनुपलब्ध कृतियाँ इसी कोटि में आती हैं और कालान्तर में यथा प्रसंग इन्हीं को कुछ संशोधन एवं परिवर्द्धन सहित कवि द्वारा 'पद्मावत' में ही सम्मिलित कर लिया गया है। हमने द्वितीय अध्याय में ऐसी रचनाओं के शुद्ध और सार्थक नाम निर्धारण का प्रयास किया है और एक तालिका में नामों के माध्यम से इनके कथ्य का अनुमान लगाया है। उस तालिका के प्रकाश में 'पद्मावत' के उन प्रसंगों और स्थलों का निर्धारण सम्भव प्रतीत होता है जहाँ समय-समय पर जायसी ने अपनी फुटकर कविताओं को इस मूल ग्रंथ में समाविष्ट किया हो। निश्चय ही कथानक और घटनाचक्र में कोई परिवर्तन नहीं हुआ, केवल कुछ प्रसंगों को संशोधित एवं विस्तृत किया गया है जिसके फलस्वरूप ग्रंथ दीर्घाकार हो गया है और बहुत से प्रसंगों का अनावश्यक विस्तार हो गया है जो निश्चय ही कथा प्रवाह में बाधक और 'पद्मावत' की रोचकता के लिए हानिकारक है।

कड़वक 319-320 में प्रेम सुरापान का वर्णन जायसी ने किया है। मधुपान और उसके समस्त उपकरणों को सूफ़ियों ने अपनी भावाभिव्यक्ति का माध्यम बनाया है। फ़ारसी के प्रभाव के फलस्वरूप उर्दू कविता और विशेषकर ग़ज़ल में अभिव्यक्ति बिना मधु, पियाला, ख़ुमार, साक़ी बाला तथा मधुशाला की चर्चा के प्राय: असम्भव है। इसीलिए ग़ालिब ने कहा है कि 'चाहे ब्रह्म और परलोक की ही चर्चा हम क्यों न करें सागर और सुरा के बिना बात बनती नहीं है, जायसी ने भी यथा प्रसंग इस फ़ारसी प्रभाव और सूफ़ियों द्वारा मान्य इस भावाभिव्यक्ति के माध्यम को अपनी रचनाओं में प्रश्रय दिया है। 'पेम पियाला पंथ लखावा' और 'मुहमद मलिक पेम मधु भोरा'[41] का उल्लेख 'चित्ररेखा'[42] में भी है और 'कहरानामा' में तो जायसी ने इस मतवारी का सविस्तार वर्णन किया है। यह मधुपान कोई सरल कार्य नहीं है क्योंकि 'पियब जो सहज सबै कोऊ पीवत।'[43] इस प्रसंग में जायसी द्वारा रचित निम्न रूपक द्रष्टव्य है :

धनि माठी, धनि मद, धनि सखा, धनि दुकान कलवारी रे।
धनि वह घरी, पिआई धनि, धनि, जहँ अस भइ मतवारी रे।
ए मतवारेहु चाखि पिअहु मद, दुइ दुकान यहि नगरी रे।
एक कलारि परम गुन आगरि, भरि राखिस दुइ गगरी रे।
कहै महंमद मतै अगारी राखि; लोक गरुआतम रे।
कोऊ सराब लै परै ख़राबी, गै दिसि दुवौ महातम रे।[44]

उपर्युक्त उद्धरण की दूसरी पंक्ति में, 'पिआई धनि' निश्चय ही फ़ारसी के साक़ी का स्त्रीलिंग वाचक अवधी रूपान्तर है क्योंकि 'साक़ी' का शाब्दिक अर्थ पिलाने वाला

है। फ़ारसी और उर्दू में इसका लिंग भेद नहीं है किन्तु हिन्दी साहित्य में इसका उल्लेख नारी रूप में हुआ है। जायसी ने फ़ारसी के इस 'साक़ी' को 'पिआई धनि' कहा है और बच्चन जी ने अपनी रचना का नाम 'साक़ी बाला' रखा है। द्रष्टव्य है कि 'पद्मावत' के मधुसेवन प्रसंग में रत्नसेन ने पद्मावती को 'धनि'[45] कहकर ही सम्बोधित किया है। अत: इस प्रसंग के माध्यम से फ़ारसी साहित्य के सुप्रसिद्ध 'साक़ीनामा' की परम्परा निर्वाह ही जायसी को अभीष्ट है। इस सन्दर्भ में जायसी की निम्न पंक्ति के अर्थबोध की समस्या की ओर संकेत भी आवश्यक है क्योंकि टीकाकारों ने अर्थनिर्धारण के प्रयास में इस सरलार्थ वर्णन को अत्यन्त दुरूह और क्लिष्ट बना दिया है :

बिनति करै पदुमावति बाला। सो धनि सुराही पीउ पियाला।

डॉ. माता प्रसाद गुप्त ने इसका अर्थ यह किया है कि 'बाला पद्मावती (रत्नसेन से) विनती करने लगी, 'स्त्री (मदिरा की) सुराही है और प्रिय (पति) प्याला है।'[46] और डॉ. वासुदेवशरण अग्रवाल ने इसका यह अर्थ सुझाया है कि 'पद्मावती बाला विनती करने लगी, स्त्री रूपी सुराही में से रस का प्याला भरकर पियो (अथवा स्त्री सुराही है और पति उसमें से भरा जाने वाला प्याला है)।'[47] जबकि इसका स्पष्ट अर्थ यह है कि रतियुद्ध[48] के पश्चात् वह पद्मावती बाला विनती करने लगी जो सोपाधि ब्रह्म रूप में स्वयं ही साक़ी, सुराही, पीने वाली और प्याला है। निश्चय ही जायसी की इस पंक्ति में रूमी द्वारा रचित ग़ज़ल का एक चरण प्रतिध्वनित हो रहा है :

'ख़ुद कूज़: व ख़ुद कूज़: गरो, ख़ुद गिले कूज़: ख़ुद रिंदे सुबुकेश।'

अर्थात् वही ब्रह्म स्वयं प्याला है, वही प्याले का सृजनहार है, वही प्याले की मिट्टी भी है और वह ही मदिरापान करने वाला मतवाला भी है।

उपर्युक्त चर्चा का उद्देश्य यह प्रमाणित करना है कि विचाराधीन प्रसंग के अन्तर्गत जायसी ने 'साक़ीनामा' का वर्णन किया है और फ़ारसी साहित्य में इसका वर्णन एक-दो पंक्तियों में भी किया जाता है और सौ-पचास अर्द्धालियों में भी इसे पूर्ण किया जा सकता है। अत: यह अनुमान निराधार नहीं है कि सुरा सुराही की ओट से जायसी ने अध्यात्म निरूपण के निमित्त साक़ीनामा की रचना की हो और इसी का नाम 'सुक्रउत'[49] रहा हो क्योंकि अरबी शब्द सुक्र अवधी 'मतवारी' का पर्यायवाची है तथा दो कड़वकों में पूर्ण इसी साक़ीनामा को उन्होंने 'पद्मावत' में समाहित कर दिया हो। 'पद्मावत' के इस अंश को ध्यानपूर्वक पढ़ने से इस स्थान पर इसके वर्णन का अनौचित्य आभासित होता है।

'पद्मावत' के वाटिका[50] सम्बन्धी सविस्तार वर्णनों में प्रकृति का सजीव चित्रण भी है, पुष्पों, लताओं, फलों और वृक्षों के नामों के श्लेषात्मक उल्लेख द्वारा अभीष्ट अध्यात्म के वर्णन में भी जायसी सफल हैं, किन्तु ध्यान देने की बात यह है कि फ़ारसी

लिपिबद्ध रहने पर ही यह श्लेष पद्धति सशक्त और सार्थक रहती है। लिपि परिवर्तन के साथ ही इसका सौन्दर्य नष्ट हो जाता है। उपमानों के उल्लेख द्वारा उपमेय के अंग-प्रत्यंग की सौन्दर्यानुभूति कराना जायसी की रुचिकर वर्णन शैली है और इसके अनियंत्रित निर्वाह के कारण 'पद्मावत' में फूल और फुलवारी सम्बन्धी वर्णनों का सर्वाधिक पिष्टपेषण हुआ है। मानव संवेदनाओं से प्रकृति के तादात्म्य, उसके आलंकारिक प्रयोग, आलम्बन, उद्दीपन और आश्रय रूपों में उसके चित्रण के साथ-साथ पुष्पवती तथा फलवती वाटिका के 8 कड़वकों में वर्णन के अतिरिक्त 11 कड़वकों (432-442) में पुन: इसी विषय का प्रतिपादन आश्चर्यजनक है। यह अधिक तर्कसंगत प्रतीत होता है कि कभी उद्यान विषयक काव्य की रचना 'चमनउत'[51] नाम से जायसी ने की थी और 'पद्मावत' पर पुनर्विचार करते समय उन्होंने इसे भी अपनी महान मसनवी का ही अंश बना लिया था। यह विषय जायसी को अत्यधिक प्रिय है और इसीलिए 'कन्हउत' में भी इसकी पर्याप्त चर्चा उन्होंने की है।

जोगी वेशभूषा का उल्लेख जायसी कड़वक 126 में कर चुके थे और जोग, गोरखनाथ, मछन्दरनाथ, गोपीचन्द, भरथरी आदि जोगियों तथा उनके तंत्र की चर्चा 'पद्मावत' में पदे-पदे हो चुकी थी। फिर 600 से 606 पदों में इसी विषय का पिष्टपेषण पद्मावतकार की कला के लिए श्रेयस्कर नहीं हो सकता था क्योंकि ये अंश जोग सम्बन्धी उनकी पूर्व मान्यताओं को खंडित भी करते हैं। ऐसा लगता है कि 'पद्मावत' की रचना के पश्चात्, कालान्तर में जोग सम्बन्धी उनके विचार मूलत: परिवर्तित हो गए थे और इनका प्रतिपादन उन्होंने 'उतराबउत'[52] नामक ग्रंथ में किया था। बाद में अपने नये विचारों के प्रकाश में आवश्यक संशोधनों के निमित्त उन्होंने इस ग्रंथ को पूर्णत: अथवा अंशत: 'पद्मावत' में ही मिला दिया। निश्चय ही इस वर्णन में जायसी प्रकटवेश कायिक साधना से विमुख और गुप्त आन्तरिक साधना के समर्थक दिखाई पड़ते हैं।

सूफ़ियों ने खेल (बाज़ी) और उसके उपकरणों को अपने भावाभिव्यंजन का माध्यम बनाया है और चौगान, शतरंज आदि खेलों के भावगर्मित रूपकों द्वारा उन्होंने संसार की नश्वरता, परिवर्तनशीलता तथा उसके दुख-सुख का संवेदनशील चित्रण किया है। यह जगत एक खेल है वह अदृश्य खेलनहार है। जीव चौगान का गेंद है और बल्ला जन्म है, हाल कर्म तथा जन्म का अन्त है, मैदान जगत है। शतरंज के श्वेत और काले मोहरे रात-दिन तथा दुख-सुख के प्रतीक हैं। बादशाह, प्यादा, वज़ीर, हाथी, घोड़े, ऊँट अथवा रुख़, प्यादा, फ़र्ज़ी और फ़ील मोहरों से विभिन्नकार, रूप और स्वभाव के जीवों का द्योतन होता है। शतरंज की पण जगत है, उसका नानात्व, राजा-रंक, छोटे-बड़े सभी उसके मोहरे हैं। मोहरे चलते नहीं, चलाए जाते हैं, कर्मदोष के लिए वे व्यर्थ ही निन्दित हैं क्योंकि इस शतरंज का खिलाड़ी वही आदिकर्ता है। इस जगत में मरण और जीवन ही हार-जीत है। इन्हीं भावों को शतरंजरूपक द्वारा सूफ़ियों ने फ़ारसी साहित्य में अभिव्यक्त किया है।

जगत उसी खिलाड़ी का खेल है, उसी की बिछाई हुई फड़ है, किन्तु मूर्ख इसे 'जहान', दुनिया धन्धा क्यों कहते हैं। जायसी इसी मत के पोषक हैं और जगत को मिथ्या कदापि नहीं समझते :

भया प्रगट सब खेल उपाना।
अन्ध मुरुख सो कहै जहाना।[53]

जीव काठ की पुतली मात्र है, शतरंज की मोहरों के समान है, चौसर की गोट और चौगान के गेंद तुल्य है। खेलकर जब खिलाड़ी खेल समेटेगा, प्रलय होगी तो जीव, यह फड़, ये मोहरें, यह गेंद और गोटे पुनः उसी में लय हो जाएँगी :

नाथें डोर काठ जस नाचा। खेल खेलाइ फेरि गहि खाँचा।[54]

परन्तु जगतरूपी मैदान में और संसाररूपी फड़ पर जीव का खेल अत्यन्त कठिन है। वह खेल का उपकरण मात्र है, खिलाड़ी नहीं, किन्तु जब तक वह शरीर धारण किए है उसे खेल खेलना ही पड़ता है :

खा-खेलहु ओहि भेंटा। पुनि का खेलहु, खेल समेटा।
कठिन खेल औ मारग सँकरा। बहुतन्ह खाइ फिरे सिर टकरा।[55]

फ़ारसी साहित्य के उपर्युक्त चिर-परिचित रूपकों के द्वारा जायसी ने अपनी काव्य शैली को अनुरंजित किया है। 'पद्मावत' में शतरंज रूपक[56] भी उल्लिखित है और चौगान रूपक[57] को भी जायसी ने अपनी भाव व्यंजना का साधन बनाया है। भावाभिव्यक्ति की इसी पद्धति के अन्तर्गत चौसर रूपक[58] द्वारा विलक्षण निर्वाह जायसी ने 'पद्मावत' में किया है। प्रत्यक्ष में जो मनोरंजन है, खेल है, अप्रत्यक्ष में वही साध्य द्वारा साधक की ज्ञान परीक्षा का उपकरण है, उसकी चिन्हारी (इरफ़ान), उसके प्रेम (नानात्व में एकत्व का ज्ञान) का यही निकष है और इस परीक्षा में उत्तीर्ण होने पर ही सारूप्य मुक्ति प्राप्ति और प्रियतमा पद्मावती द्वारा समर्पण और उसके संग सम्भोग क्रीड़ा सम्भव है। चौसर खेल की परीक्षा के बाद तुरन्त ही पद्मावती ने परीक्षाफल की उद्घोषणा की और निश्चय ही रत्नसेन उत्तीर्ण रहा :

बिहँसी धनि सुनि कै सत बाता। निस्चैं तूँ मोरे रंग राता।[59]

इस परीक्षा में उत्तीर्ण होने के फलस्वरूप ही साधक रत्नसेन को साध्य पद्मावती का पूर्ण समर्पण और आलिंगन पुरस्कार रूप में प्राप्त हुआ, यही साधक की सारूप्य मुक्तावस्था है :

तासों कवन अँतरपट जो अस प्रीतम पीउ।
नैवछावरि गइ आप हौं तन मन जोबन जीउ।[60]
कहि सत भाउ भएउ कँठ लागू। जनु कंचन मों मिला सोहागू।[61]

कहने का अभिप्राय यह है कि चौसर, शतरंज और चौगान के रूपकों द्वारा जायसी ने गूढ़ार्थ रहस्यों का ही सरल, सरस और सुगम चित्रण किया है और ऐसा ज्ञात होता है कि इन हार–जीत के खेलों के ओट में उपर्युक्त भावों को चित्रित करते हुए जायसी ने एक कविता रची थी जिसका नाम 'मँगउत'[62] रखा गया था। किन्तु 'पद्मावत' की गौरव गरिमा वृद्धि की दृष्टि से इस कविता के अंशों को भी उन्होंने यथास्थान इसी ग्रंथ में समाहित कर दिया। इसीलिए चौसर रूपक का उपयोग कलात्मक और भावव्यंजना में सशक्त है; किन्तु इसी कोटि की सफलता चौगान तथा शतरंज के रूपकों को प्राप्त नहीं हो सकी। इनके वर्णन अनायास नहीं सप्रयास हैं क्योंकि इन प्रसंगों को रचना समाप्ति के उपरान्त सप्रत्यन 'पद्मावत' में स्थान प्राप्त हुआ है।

बाज़ी का अवधी पर्याय खेल है, किन्तु इसका एक अर्थ धोखा भी है। जगत को छल–छन्द और ब्रह्म को छलिया तथा इहलोक को नट की बाज़ीगरी, आँखों का धोखा और ब्रह्मरूपी बाज़ीगर को नटवर कहकर भी प्रकृति पुरुष सम्बन्ध को हिन्दी साहित्य में अभिव्यक्त किया गया है। सम्भवतः सूफ़ी प्रभाव के माध्यम से ही ब्रह्म की 'छलिया' और 'नटवर' उपाधियाँ कृष्णभक्ति काव्यधारा को उपलब्ध हुई हैं, क्योंकि इन दोनों में बाज़ी और बाज़ीगर पूर्णतः ध्वनित हैं।

नाद, सुर, संगीत 16वीं शताब्दी में अत्यन्त प्रतिष्ठित कला थी। सुलतानी बारगाह से लेकर सूफ़ी संत दरगाह तक इसका एकच्छत्र राज था। संकीर्ण मुल्ला सुलतान के राग–रंग को भंग करने का साहस नहीं कर सकता था इसीलिए सूफ़ी के 'समअ' (संगीत गोष्ठी) के विरुद्ध शरीअत और शास्त्र की दुहाई देकर सुलतानों को भड़काता रहता था। वेद धर्मभ्रष्टों के रुधिर से वह अपनी धनलोलुपता और संसारलिप्सा के मैल को धोकर पवित्र होना चाहता था। द्रष्टव्य है कि वेद और पुरान हिन्दी सूफ़ी काव्य में क़ुर्आन का ही हिन्दी नाम हैं। क़ुर्आन के प्रकट अर्थ के ज्ञाता दरबारी पंडित (मुल्ला) के इस चरित की ओर जायसी ने 'पद्मावत' में स्पष्ट संकेत किया है। 'कहहिं बेद पढ़ि पंडित बेदी'[64] द्वारा जायसी ने अपने समकालीन इन्हीं धर्मांध और मान द्रव्य पूजक धर्मशास्त्रियों से हमारा परिचय कराया है। संगीत सुनने के अपराध में जिस दंड–विधान को यह शास्त्र ज्ञाता उचित समझते थे उसी का मंतव्य साधक रत्नसेन के सम्बन्ध में पंडितों ने राजा गन्धर्वसेन को दिया है :

पंथ न चलहिं बेद जस लिखे। सरग जाइ सूरी चढ़ि सिखे।[65]

सूफ़ी और मुल्ला के संगीत विषयक शास्त्रार्थ और इसके फलस्वरूप सूफ़ियों पर विलासी सुलतानों के प्रकोप का साक्षी भारतीय इतिहास भी है। तैमूर के आक्रमण (1399 ई.) के पूर्व उत्तर भारत की समस्त सत्ता दिल्ली दरबार में केन्द्रित थी और उसी पर मुल्ला की धर्मसत्ता भी आश्रित थी। अतः 15वीं शती के पूर्व समअ सम्बन्धी दोषारोपण और सूफ़ी संगीत प्रेमियों को प्राणदंड की घटनाएँ इतिहास के पन्नों पर कम

मात्रा में ही अंकित मिलती हैं। परन्तु फ़ीरोज़शाह तुग़लक़ के देहावसान के पश्चात् उत्तर भारत में भी राज्य सत्ता विकेन्द्रित हो गई, छोटे-छोटे स्वतंत्र राज्य स्थापित हो गए और परिणामत: निरंकुश सत्ताधारी शाहों तथा सुलतानों की संख्या में वृद्धि हो गई। मुल्ला के धर्मसत्ता केन्द्र भी एक के स्थान पर अनेक हो गए। यों तो सुलतान और सूफ़ी के बीच कोई भी सम्पर्क बिन्दु परिलक्षित नहीं होता, किन्तु इसी काल में सुलतानी सत्ता के साथ-साथ सूफ़ी संत सत्ता का भी विकेन्द्रीकरण हुआ। प्रतिष्ठित सूफ़ी सम्प्रदायों की शाखाओं और उपशाखाओं को स्वतंत्र सम्प्रदाय का गौरव प्राप्त हो गया। साधना मार्ग पर उँगली पकड़कर चलने वाले पीरो मुरशिद और नवीन सम्प्रदायों के प्रवर्तक बन गए और विभिन्न राज्यों की राजधानियों में सूफ़ी सम्प्रदायों के नवीन केन्द्र स्थापित हो गए। अत: ऐसे प्रत्येक केन्द्र पर संगीत विषयक शास्त्रार्थ होने लगे और सूफ़ी को धर्मभ्रष्ट घोषित करने का मुल्ला को और अधिक अवसर प्राप्त हो गया। इस राजनीतिक विकेन्द्रीकरण से यह लाभ अवश्य हुआ कि एकीकरण और स्तरीकरण के अभिशाप से संस्कृति मुक्त हो गई। स्थानीय संस्कृति को सत्ताधारी वर्ग द्वारा प्रोत्साहन प्राप्त हुआ। और वास्तुकला, चित्रकला, संगीत कला और साहित्य में नित्य नवीन भावधाराएँ प्रवाहित हो उठीं। इनका मूलाधार था स्थानीय संस्कृति और मध्य एशियाई-ईरानी संस्कृति के सम्पर्क से वह नवीन रंग-रूप धारण कर रही थी।

सांस्कृतिक उत्थान की इस प्रक्रिया के फलस्वरूप आधुनिक आर्यभाषाओं का विकास सम्भव हो सका और इन भाषाओं के नित्य विकसित साहित्य के माध्यम से भारतीय संस्कृति के इस नवजात शिशु को संरक्षण प्राप्त हो सका, इस नव भारती बाला का शृंगार हो सका। सर्वमुखी विकासोन्मुख सांस्कृतिक उत्थान की यह प्रक्रिया 16वीं शती में अपने चरमबिन्दु को प्राप्त होती है और हमें इसके परिशुद्ध तथा सन्तुलित रूप के दर्शन होते हैं। जिस प्रकार क्षेत्रीय संस्कृति अपनी विशेषताओं को अधिक से अधिक पल्लवित करने में प्रयत्नशील थी उसी प्रकार एक ही चिन्तन सूत्र में बँधे होने पर भी सूफ़ी सम्प्रदाय अपनी पृथकता और विशिष्टता के प्रतिपादन में संलग्न थे। मूल स्रोत एक होने के कारण केवल साधना पद्धति में संशोधन और परिवर्तन द्वारा ही अपना सम्प्रदाय वैशिष्ट्य सिद्ध कर सकते थे। अत: सूफ़ी साम्प्रदायिक साधना में भारतीय साधना पद्धति अंगीकार होने लगी। 16वें शतक तक यह प्रक्रिया पूर्ण हो चुकी थी और इन साधनाओं और तंत्रों के मूल स्रोत से अनभिज्ञ सूफ़ी इन्हें प्रमाणित और शुद्ध इस्लामी समझते थे। संगीत कला की भी अत्यधिक उन्नति इस काल में हुई और ईरानी तथा भारतीय गायन पद्धति के सन्तुलित समन्वित रूप को प्रश्रय प्राप्त हुआ। अत: संगीत की स्वर लहरियों से भारतीय परिदृश्य ओतप्रोत था। यहाँ पर यह परिचर्चा विषयान्तर अवश्य है किन्तु जायसी सम्बन्धी आगे की चर्चा बिना इस पृष्ठभूमि के समझ में भी नहीं आ सकती है।

नाद, स्वर और संगीत की पारिभाषिक शब्दावली साहित्यिक अभिव्यक्ति को समृद्धशाली बनाती हुई इस काल में परिलक्षित होती है और राग-रागिनियों द्वारा

गूढ़ाध्यात्म चर्चा काव्यग्रंथों के पृष्ठों पर अंकित मिलती है। अत: यह सम्भव ही नहीं है कि जायसी अपनी रचनाओं में सुर–संगीत का चित्रण न करते। फ़ारसी साहित्य में अनेक बाजे अध्यात्मपरक प्रतीकात्मक अर्थबोध का माध्यम बन चुके थे। मौलाना रूम की रचनाओं में 'नैय' (बंसी) इसी प्रकार का सशक्त प्रतीक है, इसी प्रकार अन्य कवियों ने 'चंग', 'रबाब' आदि बाजों को प्रतीक के रूप में अपनाया है। आश्चर्य है कि जायसी काव्य में बंसी तक को यह स्थान प्राप्त नहीं हुआ जबकि 'कन्हउत' में ऐसा करने के लिए उचित भावभूमि भी उपलब्ध थी। परन्तु संगीत विषयक चर्चा के लिए जायसी सन्दर्भ की खोज में तल्लीन दिखाई पड़ते हैं। 'पद्मावत' के प्रक्षिप्त अंशों में तीन कड़वक उपलब्ध हैं जिनमें समअ (संगीत गोष्ठी) का उल्लेख है और संगीत विषयक मुल्ला सूफ़ी भदभेद का निरूपण है। जायसी द्वारा इस प्रकार का चित्रण और पंडित (मुल्ला) से संगीत विषयक उनका शास्त्रार्थ अत्यन्त स्वाभाविक है, किन्तु इसका सन्दर्भ अवश्य ही अनुचित है। 'जेवन आवा बीन न बाजा' और 'बिनु बाजन नहिं जेवैं राजा'[67] की उक्ति के आधार पर इस समस्या की परिचर्चा कला की दृष्टि से दोष ही है, गुण नहीं।

जायसी स्वयं इस स्थिति के प्रति सचेत हैं और सम्भवत: नयचन्द्र सूरिकृत हम्मीर महाकाव्य से प्रेरित होकर उन्होंने नट, नाटक, पात्री तथा बाजों से युक्त संगीत अखाड़े[68] के चित्रण के लिए युद्धकाल में ही अवसर खोज लिया है। नयचन्द्र सूरि की 'शृंगार चर्चरी' और जायसी का यह 'अखाड़ा साज' दोनों पूर्णत: तदनुरूप हैं। केवल अन्तर यह है कि हम्मीर महाकाव्य में एक राजपूत बन्दी उद्दान सिंह ने अलाउद्दीन के आग्रह पर राधादेवी[69] नामक नर्तकी को बाण से आहत करके हम्मीरदेव द्वारा रचित संगीत सभा को भंग किया है और 'पद्मावत' में कन्नौज के राजा जहाँगीर[70] ने अनामा नर्तकी को शरासन का सन्धान बनाया है। इस दृश्य का चित्रण भक्त तुलसी के मानस में भी है और सूफ़ी उसमान की चित्रावली में भी। इसकी रोचकता निर्विवाद सही किन्तु इसका सन्दर्भौचित्य हमारी दृष्टि में संदिग्ध है। और माता प्रसाद जी के मत से हम पूर्ण सहमत हैं कि 'कथा से इसका कोई सीधा सम्बन्ध नहीं है।'[71]

सम्भवत: सुर–संगीत के चित्रण के लिए ही यह स्थल चुना गया है और इसके द्वारा अध्यात्मबोध कराने की चेष्टा की गई है। इस प्रसंग के चित्रण के लिए घटनास्थल की खोज हमारे इस अनुमान को प्रमाणित करती है कि जायसी ने संगीत विषयक कोई स्वतंत्र रचना अवश्य की थी जो 'लहनउत'[72] नाम से प्रसिद्ध थी और उसी के अंशों को 'पद्मावत' में जोड़ दिया गया है।

स्वर्गलोक ही जायसी की रचनाओं में सिंहलद्वीप है और सिंघलगढ़ ही वह प्रासाद है जहाँ मुक्तात्माओं का निवास है। जन्नत का फ़ारसी पर्याय बिहिश्त है और इसका अर्थ है ईरानी सम्राटों का ग्रीष्मऋतु निवास का आनन्द कानन तथा भव्य प्रासाद। कालान्तर में सूफ़ी कवियों ने इसी के तद्रूप स्वर्ग की कल्पना प्रस्तुत की क्योंकि उस

काल में ऐश्वर्य और विलास की कल्पनातीत सामग्री इन महलों में उपलब्ध थी। फ़ारसी साहित्य में वर्णित इस बिहिश्त का चित्रण जायसी काव्य में सिंघलद्वीप और सिंघलगढ़ के रूप में हुआ है। सिंघलद्वीप की भौगोलिक स्थिति का वर्णन जायसी ने उसी प्रकार किया है जिसके दर्शन फ़ारसी काव्य और सूफ़ी सिद्धान्त विषयक ग्रंथों में होते हैं। सप्त समुद्र यात्रा समाप्त करने पर रत्नसेन एक ऐसे स्थान पर पहुँचता है जहाँ त्रिविधि समीर उसके शरीर को शीतलता प्रदान करता है और तिमिर विनाशक सूर्य रश्मियाँ चारों ओर उजाला फैलाए हैं।[73] उसे ऐसा लगता है जैसे आगे मेघ छाए हों और दूर आकाश में बिजली चमक रही हो, स्थान-स्थान पर नक्षत्ररूपी दीप जल रहे हों और उसके स्थान से दक्षिण दिशा में दिखने वाला मेरु कंचन मेरु हो।

हीरामणि उसकी जिज्ञासा शान्त करते हुए बताता है कि जसे तुम मेघ समझते हो वही आकाशचुंबी गढ़ है, चमकती हुई बिजली उसी दुर्ग का कंचन पटकोटा है, जिसे कृत्तिकाओं से घिरा चन्द्रमा समझते हो वह रत्नजटित स्वर्ण राजमन्दिर है और नक्षत्र रानियों के महल हैं। फ़ारसी कवि प्रसिद्धि के अनुसार अष्टखंड स्वर्ग के अन्तिम खंड के नीचे सप्त आकाश हैं जो चँदोवे के समान एक-दूसरे पर फैले हुए हैं और अन्तिम आकाश के नीचे एक समुद्र है जिसमें चन्द्र, सूर्य और नक्षत्र तैरते रहते हैं जो वायु पर आश्रित है। पृथ्वी तथा अन्तिम आकाश के ठीक बीचोबीच इसी समुद्र में एक अन्य सागर है जिससे धरती पर वर्षा होती है। यह आकाश, कोहक़ाफ़ पर टिका है और स्वर्गलोक के चारों ओर से इसी पर्वतमाला से घिरा हुआ है।[74] अन्तिम आकाश के नीचे प्रवाहित समुद्र से ही जायसी ने स्वर्गलोक का भौगोलिक वर्णन प्रारम्भ किया है। यही समुद्र 'पद्मावत' में 'गगन सरोवर' है और इसमें कमल के समान चन्द्र तथा कुमुद के समान नक्षत्र तैर रहे हैं :

गँगन सरोवर ससि कँवल कुमुद तराईं पास।
तूँ रबि उवा जो भँवर होइ पवन मिला लइ बास।[75]

दक्षिण दिशा में रत्नसेन को जिस कंचन मेरु के दर्शन होते हैं वह कोहक़ाफ़ पर्वतमाला है। जायसी ने इन्हीं पर्वत श्रृंखलाओं का उल्लेख स्वर्ण परकोटा के रूप में किया है। गगन सरोवर के ऊपर सप्त आकाश और उनके प्रथम खंड के ऊपर षष्ट समुद्र की भी कल्पना की गई है, किन्तु जायसी की रचनाओं में इनका उल्लेख नहीं है। इन समुद्रों के ऊपर अष्ट खंड वाला सिंघलगढ़ है। यह खंड अष्ट बिहिश्त ही हैं और जायसी ने वर्णों के उल्लेख से इन खंडों और धाराहरों के पृथक् नामों का ज्ञान कराया है। 'पद्मावत' में केवल सप्तवर्ण रत्नजटित कहकर जायसी ने संश्लिष्ट वर्णन प्रस्तुत किया है :

सात खंड धौराहर सातहुँ रँग नग लागु।
द्रेखत गा कबिलासहि दिस्टि पाप सब भागु।[76]

स्वर्ग के सप्तखंड एक के ऊपर एक निर्मित हैं और प्रत्येक के निर्माण में अलग-अलग वर्ण के बहुमूल्य पदार्थों का उपयोग हुआ है। फ़ारसी साहित्य और सूफ़ी सिद्धान्त ग्रंथों पर आधृत निम्न सूची से यह तथ्य स्पष्ट हो जाता है[77] :

प्रथम खंड से ऊपर की ओर चलते हुए स्वर्गों का संख्याक्रम	**फ़ारसी में इन खंडों के नाम**	**बहुमूल्य पदार्थ जिनसे इनका निर्माण हुआ है**
प्रथम खंड	दारुल जलाल	उज्ज्वल मोती
द्वितीय खंड	दारुस्सलाम	लाल रत्न
तृतीय खंड	जन्नतुल मेव	हीरा अथवा हरा स्फटिक
चतुर्थ खंड	जन्नतुल ख़ुल्द	पीला मूँगा
पंचम खंड	जन्नतुल नईम	चाँदी
षष्ठम खंड	जन्नतुल फ़िरदौस	लाल स्वर्ण
सप्तम खंड	जन्नतुल क़रार	कस्तूरी

जायसी ने 'आख़िरी कलाम' में बहुमूल्य पदार्थों के उल्लेख द्वारा इन खंडों का परिचय दिया है। उनके वर्णन में क्रम भेद अवश्य है, किन्तु इससे किसी विशेषता की ओर संकेत नहीं होता क्योंकि इस प्रकार की स्वतंत्रता फ़ारसी रचनाओं में भी उपलब्ध है। द्रष्टव्य यह है कि सोने, चाँदी, कुहुँकुहँ (मूँगा), हीरा, रत्न, अतर (कस्तूरी) और मानिक मोती से जायसी ने भी इन स्वर्ग खंडों को निर्मित बताया है :

सोने रूपै घालि ऊँचावा। निरमल कुहुँकुहँ लाग गिलावा।
हीरा रतन पदारथ जरै। तेहि क जोति दीपक जस बरै।
नदी दूध अतरन कै बहहीं। मानिक मोति पर भुइँ रहहीं।[78]

स्वर्ग के प्रासाद के इन सप्तखंडों के ऊपर धवल धौराहर है, यही जायसी काव्य में 'कबिलास' है और फ़ारसी में इसी का नाम 'जन्नतुल अदन' है। यहीं पर स्वर्गीय विभूति की झलक देखी जा सकती है। यह आठवाँ स्वर्ग मुहम्मद के लिए सुरक्षित है[79] जहाँ दूसरे की पहुँच नहीं है। सूफ़ी परिभाषा में यही स्थान 'अल-मक़ाम-अल-महमूद' है। जायसी की स्वर्गीय विभूति, हक़ीक़तुल मुहम्मदिया, पद्मिनी पाट प्रधानी और पद्मावती का यही निवास स्थान है, इसीलिए उन्होंने इसका सविस्तार वर्णन किया है :

चूना कीन्ह अवटि गज मोती। मोतिहुँ चाहि अधिक सो जोती।
अति निरमर नहिं जाइ बिसेखा। जस दरपन महँ दरसन देखा।
भुइँ गच जानहु समुँद हिलोरा। कनक खंभ जनु रचेउ हिंडोरा॥

रतन पदारथ होइ उजियारा। भूले दीपक और मसियारा।
तहँ आछरी पदुमावति रत्नसेन के पास।
सातौ सरग हाथ जनु आए औ सातो कबिलास।[80]

कबिलास अथवा जन्नतुल अदन ही दूध से अधिक श्वेत और मधु से अधिक मीठे पानी की नदियों का उद्गम स्थल है और यहीं से शेष स्वर्ग खंडों में ये प्रवाहित होती हैं। 'तसनीम' और 'सल्सबील' नामक इन्हीं दो नदियों का 'नीर' तथा 'क्षीर' नाम से सिंघलगढ़ प्रसंग के अन्तर्गत जायसी ने उल्लेख किया है :

गढ़ पर नीर खीर दुइ नदी। पानी भरहिं जैसे दुरुपदी।[81]

मुहम्मद के इसी निवास स्थान में 'हौज़े कौसर' नामक एक कुंड[82] है जिसका जल अमृत, और कपूर उसका कीचड़ है :

औरु कुंड एक मोती चूरू। पानी अंब्रित कीच कपूरू।
ओहि क पानी राजा पै पिआ। बिरिध होइ नहिं जौ लहि जिआ।[83]

जन्नतुल अदन के ऊपर 'कुर्सी' है और उसके दाहिनी ओर थोड़ा हटकर मुक्तालोक है जो जिब्रील का निवास स्थान है। यहाँ से ऊपर के लोक में कोई नहीं जा सकता। इसी स्थान पर तूबा वृक्ष की जड़ें हैं जिसकी शाखाएँ प्रत्येक स्वर्ग में स्थित कानन में फैली हुई हैं और प्रत्येक स्वर्ग निवासी के वास स्थान पर इसकी डालियाँ गई हैं। इसकी जड़ ऊपर की ओर है और शाखाएँ नीचे की ओर फैली हुई हैं, किन्तु जायसी ने इस की जड़ पताल में और शाखाएँ आकाश में वर्णित की हैं। इसका अर्थ यह हुआ कि जायसी जिब्रील लोक के ऊपर स्वर्गों की स्थिति स्वीकार करते हैं। 'तूबा' का अर्थ है नैसर्गिक आनन्द और हौज़े कौसर के पास स्थित 'कंचन वृक्ष' नाम से जायसी ने इसी का वर्णन 'पद्मावत' में किया है :

कंचन बिरिख एक तेहि पासा। जस कलपतरु इन्द्र कबिलासा।
मूल पतार सरग ओहि साखा। अमर बेलि को पाव को चाखा।[84]

सिंघलगढ़ में नीर-खीर नदियाँ प्रवाहित हैं, इसके सरोवर का जल मोती के समान उज्ज्वल है, इसका कंचन वृक्ष चारों और फैले कानन पर आच्छादित है। इसके प्रासादों का निर्माण बहुमूल्य पदार्थों से हुआ है, इसके व्यवस्थापक चार गढ़पति हैं।[85] कहना न होगा कि सिंघलगढ़ स्वर्ग प्रासाद है और सिंहलद्वीप स्वर्गलोक। जायसी ने भ्रम निवारण के लिए अपने वर्णन के प्रयोजन का स्पष्ट उल्लेख भी कर दिया है :

सुने सात बैकुंठ जस तस साजे खंड सात।
बेहर बेहर भाउ तेन्ह खंड खंड उपरजात।[86]

आख़िरी कलाम के अतिरिक्त 'पद्मावत' में भी कई[87] स्थलों पर स्वर्गलोक तथा स्वर्ग प्रासाद का वर्णन किया गया है। इस प्रकरण का वर्णन बाहुल्य इस बात का द्योतक है कि 'मीनउत'[88] नामक कोई ग्रंथ जायसी ने रचा था और उसके अंश भी या वह पूर्ण ग्रंथ कालान्तर में 'पद्मावत' में समाहित हो गया है।

'पद्मावत' जायसी का प्रतिनिधि काव्यग्रंथ है और विरह उनका प्रमुख प्रतिपाद्य विषय। विरह वर्णन में कवि ने अपनी प्रतिभा, योग्यता एवं संजीवनी शक्ति पूरी तरह से प्रयुक्त की है। यह सही है कि इतना श्रेष्ठ विरह काव्य हिन्दी में अन्य नहीं है। इसमें नयन जल भीगी अनुभूति है और उसास कराहि-कराहि उठते हैं। इसमें हृदय पसीज-पसीज अश्रु होकर चूता है और जब जल का अन्त होता है तो रक्त बनकर बहता है। वस्तुत: नागमती का विरह जायसी का रिसता हुआ हृदय है। उन्होंने 'कन्हउत' में भी 'बारहमासा' लिखा है किन्तु गोपियों और राधा का विलाप नागमती विरह के समान हृदयस्पर्शी नहीं है। निश्चय ही इसके माध्यम से जायसी ने हृदयतत्त्व की सृष्टि व्यापिनी भावना को दर्शाया है और करुण मन:स्थिति का सम्यक् गम्भीर परिपाक किया है। विरह दुख के नाना रूपों और कारणों की उद्‌भावनाएँ कवि की अनुभूति सम्पन्नता के अमोघ प्रमाण हैं।

फिर भी यह प्रश्न उठता है कि कवि ने महारानी चित्तौड़ नागमती के विरह को एक साधारण ग्रामीण की संवेदना का रूप क्यों दिया है और 'रुहिर धारा' प्रवाहित करने के लिए ग्रामीण जीवन से सम्बद्ध उपकरणों का उपयोग किसलिए किया है। वर्णन-विस्तार भी सूक्ष्म कलात्मक अभिव्यक्ति की दृष्टि से अनावश्यक ही है। 332 से 340 कड़वक तक जायसी ने षट् ऋतुवर्णन के अन्तर्गत प्रत्येक ऋतु में द्वैमासिक संयोग शृंगार और उसके व्यवहार कौशल का चित्रण किया है। 'कन्हउत' में भी इसी प्रकार का वर्णन उपलब्ध है। सम्भवत: सुख भोग के उज्ज्वल चित्र प्रस्तुत करने के निमित्त यह वर्णन आवश्यक था, इसीलिए इसके अन्तर्गत राजकीय भोगविलास चित्रित है और यह समकालीन अन्त:पुर जीवन को मूर्तिमान करने में समर्थ है।

परन्तु बारहमासा[89] में विरहजन्य संवेदना के माध्यम से जायसी ने ग्रामीण जीवन चित्रित किया है। इस हृदय विदारक और मर्मस्पर्शी सशक्त वर्णन के उपरान्त जायसी ने पुन: नागमती के नयनों से चूती रक्तबूँदों से समस्त सृष्टि को लोहित कर दिया है और उसकी उसाँसों के धुएँ से ब्रह्मांड कालिमायुक्त हो गया है।[90]

इस वर्णन में जायसी ने नागमती की संवेदना, नैराश्य और आत्मविह्वलता को ऐसे सन्देश का रूप दे दिया है जिसकी करुणा को सहन करने की शक्ति विहंगम ऐसे सिद्ध में भी नहीं है। ऐसे ही विरहजन्य दुख का चित्रण इसके पूर्व भी जायसी कर चुके थे।[91] पति वियोगदाह का वर्णन कवि ने रत्नसेन के बन्दी होने के अवसर पर भी किया है।[92] एक ही प्रसंग का इतनी मात्रा में पिष्टपेषण विचारणीय है। हमारा अनुमान है कि वियोग शृंगार पर आधृत जायसी की कोई स्वतंत्र रचना अवश्य थी जिसमें ग्रामीण जीवन के दुख-दारिद्र्य और अभावों के चित्र थे। सम्भवत: इसी कारण इसका नाम 'नयइनउत'[93]

रहा होगा। अरबी शब्द नय-इन का अर्थ फूस का छप्पर है। जायसी ने अपने वर्णन में छप्पर छाने का उल्लेख किया है और 'नैन' का श्लेषात्मक उपयोग भी इसी तथ्य की ओर संकेत करता है :

बरसहिं नैन चुअहिं घर माहा। तुम्ह बिनु कंत न छाजन छाहाँ।[94]

'पद्मावत' में प्रीतिभोज प्रसंग तीन बार आया है। पद्मावती रत्नसेन विवाहोपलक्ष[95] पर, दूसरे बादशाह भोज्य खंड[96] के अन्तर्गत सामिष और निरामिष भोज पदार्थों का उल्लेख किया है। इसके अतिरिक्त देवपाल दूती खंड[97] में भी पकवानों की एक सूची प्राप्त होती है। आख़िरी कलाम[98] में भोजनों और पेय पदार्थों के स्वाद का उल्लेख अधिक है, किन्तु उनके नाम और रूप की चर्चा कम ही है। निस्सन्देह बादशाह भोजखंड में जायसी ने समकालीन राजकीय पाकशाला का पूर्ण चित्र प्रस्तुत किया है और अन्य वर्णन साधारणजन के भोजनालय के परिचायक हैं। इस प्रसंग का अनावश्यक विस्तार किसी 'खुर्वानामा' अथवा 'ख़ुर्दानामा'[99] के अस्तित्व की ओर संकेत करता है जिसे बाद में 'पद्मावत' का ही भाग बना दिया गया है। भोजन और भोज्य सामग्री को भी जायसी ने अवश्य ही अध्यात्मपरक वर्णन का माध्यम बनाया होगा।

बादशाह भोज्य खंड का अन्तिम कड़वक हमारे इस अनुमान को पुष्ट करता है क्योंकि इसमें जल का वर्णन करते समय अध्यात्मपरक अर्थ ही जायसी को अभीष्ट है :

पानी सब महँ निरमरि करा। पानी जो छुवै होइ निरमरा।[100]

जायसी वियोग वर्णन के समान ही सौन्दर्य चित्रण में अद्वितीय हैं। उनकी कला और कल्पना का प्रौढ़तम भागांश उनके निखिल सृष्टिव्यापी सादृश्यमूलक सौन्दर्य वर्णन में है। मान सरोदक खंड में पद्मावती का मुख सभी चराचरों को उनका वास्तविक स्वरूप बोध कराने के लिए दर्पण सिद्ध होता है। अनुभूति और अभिव्यक्ति की यही रमणीयता जायसी काव्य की आत्मा है। पद्मावती के माध्यम से ही पद्मावतकार ने अपनी सौन्दर्यानुभूति और उसकी विराट कल्पना के अन्त:बाह्य स्वरूप की ललित व्यंजना की है। यह निर्विवाद सत्य है कि सौन्दर्य गुण अपने आप में अत्यन्त व्यापक है और उसका कलात्मक सृजन ही कवि का मुख्य कार्य है क्योंकि अन्ततोगत्वा वही ब्रह्मसहोदर आनन्दानुभूति का निमित्त कारण है, फिर भी उसका अनावश्यक वर्णन-विस्तार और पिष्टपेषण रस-धारा के प्रवाह में व्याघात उत्पन्न करता है। जायसी काव्य के विरह का चरम नागमती में और सौन्दर्य का चरम पद्मावती में अपने प्रकृत व्यवस्थित ढंग से यथास्थिति उन्मेषित, व्याप्त और विकसित हुआ है। वियोग-वर्णन और सौन्दर्य-चित्रण ही उनकी पूर्ण क्षमता के निदर्शन हैं। कहा जाता है कि 'पद्मावत' के कथा-निर्वाह में आध्यात्मिक संकेत व्याघात उत्पन्न करते हैं, किन्तु हमारे विचार में इसका मूल कारण वर्णन-विस्तार है।

जायसी काव्य में सौन्दर्य वर्णन कथा के चलते क्रम में नहीं आता वरन् कथांश तो निमित्त मात्र रहता है और कवि अपनी अनूठी उत्प्रेक्षाओं के सहारे सौन्दर्य के विराट प्रभाव की भव्य व्यंजना करता रहता है। यों तो पद्मावती का रूप-वर्णन और सौन्दर्य-चित्रण सम्पूर्ण 'पद्मावत' को अपने घेरे में लिये हुए है और कम से कम जन्म-खंड से पद्मावती-रत्नसेन-भेंट-खंड तक इसकी व्याप्ति पदे-पदे है। परन्तु जायसी ने तीन स्थितियों में विशेषत: रूप-सौन्दर्य का चित्रण किया है। प्रथम स्थिति में पद्मावती की सुन्दरता का वर्णन कड़वक 55 में हुआ है और पुन: इसी भावधारा का प्रवाह 61 से 65 कड़वकों में प्राप्त होता है। जन्म-खंड के वर्णन में यदि इसी सौन्दर्य के उपासक तापसगण है[101] तो मानसरोदक खंड[102] के चित्रण में पद्मावती का सौन्दर्य ही प्रत्येक कण में व्याप्त है।

दूसरी स्थिति वह है जिसमें शिखा से लेकर नख तक पद्मावती के सौन्दर्य का निरूपण किया गया है। नख-शिख-खंड (कड़वक 99-118) और पद्मावती-रूप चर्चा-खंड (कड़वक 463-486) की वर्णन-पद्धति में लगभग पूर्ण साम्य है। दोनों स्थलों पर केश, मांग, ललाट, भृकुटि, नेत्र, बरुनी, नासिका, अधर, दंतावलि, रसना, कपोल, श्रवण, ग्रीवा, बाहु, वक्ष, उदर, पीठ, कटि, नाभि-कुंड और नितम्ब का जायसी ने इतना सजीव वर्णन किया है कि प्रत्येक अंग के छविमान चित्र पाठक की दृष्टि के समक्ष मूर्तिमान हो जाते हैं और जायसी भाव, कला तथा चिन्तन से समन्वित एक अद्वितीय सिद्ध कलाकार प्रमाणित होते हैं।

'पद्मावत' में सौन्दर्य चित्रण की तृतीय स्थिति रत्नसेन-पद्मावती के मिलन-प्रसंगों की है। कविजन प्राय: भोग-पूर्व सौन्दर्य के चित्रण में ही व्यस्त रहे हैं, किन्तु भोगोपरान्त रमणीक सौन्दर्य चित्र उपस्थित करने का श्रेय हिन्दी के सूफ़ी कवियों और विशेषकर जायसी को ही है।

पद्मावती के अंग-प्रत्यंग की रूप-गरिमा से भीत अथवा लज्जित उनकी उत्प्रेक्षाओं के सहारे 'पद्मावत' भर में न जाने कितनी बार असंख्य उपमान हारे और छिपे हैं, किन्तु नख-शिख-खंड और पद्मावती रूप-चर्चा-खंड में वर्णन-पद्धति की समता एक विवरण-सारिणी के प्रस्तुतीकरण की ओर संकेत करती है। ऐसा लगता है कि कड़वक 99 से 118 तक का वर्णन अथवा कड़वक 463 से 486 तक का चित्रण स्वतंत्र रूप से सौन्दर्य खंड है। हमारा अनुमान है कि इन्हीं अंशों में से किसी एक को जायसी ने 'मुखड़ानामा'[103] का नाम दिया होगा और कुछ समय पश्चात् इस स्वतंत्र रचना को 'पद्मावत' में ही समाहित कर लिया होगा।

183 से 189 कड़वकों के वर्णन को यदि मूल 'पद्मावत' से पृथक् कर लिया जाए तो वह 'होलीनामा'[104] ही है। इन स्थलों के अतिरिक्त सात समुद्र-खंड वर्णन (150-158), धातु-कुधातु चर्चा (293-294), शगुन-विचार विवरण (382-383) आदि ऐसे अनेक अंश हैं जिनके द्वारा घटना-क्रम के विस्तारण में बाधा उत्पन्न होती है और 'पद्मावत' महाकाव्य की कार्यान्विति को आघात पहुँचता है।

अनुपलब्ध ग्रंथों के 'पद्मावत' में ही समावेश किए जाने के विवेचन से यह तथ्य सिद्ध करना अभीप्सित था कि प्रारम्भ में 'पद्मावत' का आकार संक्षिप्त था। आचार्य शुक्ल की यह उक्ति सत्य है कि जायसी ने इसके कुछ अंशों को 927 हि. में ही लिखा था। डॉ. वासुदेवशरण जी भी इस मान्यता से सहमत हैं कि 'प्रतियों के बाहुल सम्मति एवं क्लिष्ट पाठ की युक्ति पर विचार करने से प्रतीत होता है कि 927 हि. मूल पाठ था और जायसी ने 'पद्मावत' का आरम्भ इसी तिथि में अर्थात् 1521 ई. में कर दिया था। ग्रंथ की समाप्ति कब हुई कहना कठिन है।'[105] वासुदेवशरण जी का मत यह भी है कि '927 वाली कवि लिखित मूल प्रति थी।'[106] उनकी धारणा है कि 927 हि. में आरम्भ करके अपना काव्य कवि ने कुछ वर्षों में समाप्त कर लिया होगा और भिन्न तिथियों वाले सब संस्करण समय की आवश्यकता के अनुकूल चालू किए गए होंगे। डॉ. वासुदेवशरण जी का अनुमान है कि 936 हि. वाली प्रति हुमायूँ के राज्यारोहण के शुभ अवसर पर चालू की गई, किन्तु इस समय बाबर[107] जीवित था और इस वर्ष उसके पुत्र का राज्याभिषेक इतिहास सिद्ध नहीं है। अत: ऐसा प्रतीत होता है कि या तो जायसी ने इस हिजरी संवत् तक एक ऐसे लघु-आकार 'पद्मावत' की रचना पूर्ण की थी जिसमें उपर्युक्त पिष्टपेषण नहीं थे, उन्हें इस वर्ष अवकाश प्राप्त हुआ और अपने पूर्व विरचित ग्रंथ को संशोधित और संवर्द्धित करके उन्होंने उसकी एक नवीन प्रति तैयार की।

अन्तिम कारण ही हमें अधिक तर्कसंगत लगता है। अपनी इसी संशोधन एवं संवर्द्धन की प्रवृत्ति के फलस्वरूप कवि ने पुन: 945 हि. में एक अन्य मूल प्रति तैयार की थी। इसी वर्ष रोहतास के दुर्ग पर शेरशाह ने छलपूर्वक अधिकार किया था और इसी को अपनी सैन्यशक्ति का केन्द्र बनाकर उस समय बंगाल की समस्याओं में व्यस्त हुमायूँ के प्रति उसने विद्रोह प्रारम्भ कर दिया था तथा मुग़लों के अधिकृत क्षेत्रों पर वह आक्रमण करने लगा था। दुर्ग पर आधिपत्य करने के सम्बन्ध में शेरशाह का छल-छन्द इतिहास सिद्ध है। 'शेर ख़ाँ रोहतास के क्षेत्र में पहुँचा और राजा को सन्देश भेजा कि मुग़ल मेरा पीछा कर रहे हैं। अत: हमारी स्त्रियों को अपनी शरण में लेकर आप हमारी सहायता कीजिए। राजा ने अफ़गानों के बाल-बच्चों को दुर्ग में शरण देना स्वीकार कर लिया। शेर ख़ाँ ने एक हज़ार डोलियाँ तैयार कराईं और प्रत्येक में अपने चुने हुए सशस्त्र अफ़गान वीरों को बिठाया और इन डोलियों को दुर्ग में भेज दिया। कुछ डोलियों में दिखाने मात्र के लिए स्त्रियाँ भी भेजी गईं। दुर्ग-रक्षकों ने जब डोलियों की तलाशी लेनी चाही तो शेर ख़ाँ ने राजा को सन्देश भेजा कि हमारी स्त्रियों को कोई न देखे क्योंकि इससे हमारा अपमान होगा। राजा ने तलाशी रुकवा दी और डोलियाँ दुर्ग के भीतर आ गईं। हिन्दुस्तान में रोहतास का दुर्ग अद्वितीय था और इस प्रकार सुविधापूर्वक शेर ख़ाँ ने उस पर अधिकार कर लिया।'[108]

'पद्मावत' के कड़वक 622 से 625 तक के वर्णन में इस घटना की प्रतिच्छाया स्पष्टत: परिलक्षित होती है। शेरशाह ने एक हज़ार डोलियों में अफ़गान सेनानियों

को दुर्ग में भेजा था और गोरा बादल ने सोलह सौ चंडोलों में योद्धाओं को पद्मावती की सखियाँ बनाकर भेजा है :

सोरह सौ चंडोल सँवारे। कुँवर सँजोइल कै बैसारे।[109]

रोहतास दुर्ग-रक्षकों ने अपने राजा का आज्ञा पालन करते हुए डोलियों की तलाशी नहीं ली और 'पद्मावत' में अलाउद्दीन के आग्नेय 'रखवारों'[110] ने 'दस लाख टका अँकोर'[111] पाकर चंडोलों को यूँ ही अन्दर जाने दिया :

भा जिउ घिउ रखवारन्ह केरा। दरबलोभ चंडोल न हेरा।[112]

उपर्युक्त घटना प्रत्यक्ष अथवा अप्रत्यक्ष रूप में जायसी को विदित हुई और अकस्मात् उन्हें अलाउद्दीन के बन्दीगृह से रत्नसेन को मुक्त कराने का उपाय सूझ गया। इसी से प्रेरित होकर उन्होंने अपनी मूल रचना में संशोधन कर डाला। सम्भव है उस समय उन्होंने अपनी कुछ और रचनाओं को भी 'पद्मावत' में समाविष्ट किया हो। इसी संशोधन और संवर्द्धन के फलस्वरूप उन्होंने अपने ग्रंथ की नवीन प्रति तैयार की होगी और रचनाकाल का सन् भी परिवर्तित किया होगा। शेरशाह की प्रशस्ति 947 हि. में लिखित ज्ञात होती है। इस अंश को जायसी ने उसी वर्ष 'पद्मावत' में जोड़ा होगा और 945-947 हि. के बीच की स्वतंत्र रचनाओं का समावेश भी इस ग्रंथ में कर लिया होगा। इस प्रकार रचना-तिथि में पुन: संशोधन आवश्यक था और जायसी ने इस अपेक्षाकृत अधिक शुद्ध, संवर्द्धित और पूर्णत: नवीन प्रति की रचना-तिथि 947 हि. उल्लिखित की होगी। इसी की प्रतिलिपि 948 हि. वाली प्रति ज्ञात होती है जिसे कवि ने राज्याभिषेक के समय शेरशाह को उपहार रूप भेजा होगा अथवा स्वयं उसे भेंट किया होगा।

इस सारी प्रक्रिया को देखते हुए 'पद्मावत' का समापन-काल निर्धारण एक दुष्कर कार्य है। ऐसा आभास होता है कि संशोधन, संवर्द्धन एवं अन्य रचनाओं के समागम की प्रक्रिया कवि ने आजीवन काल तक सुचारु रखी। यह तो निस्संकोच कहा जा सकता है कि जायसी ने बारंबार 'पद्मावत' का परिमार्जन किया और इसी के फलस्वरूप इस ग्रंथ के अनेक रूप प्रकाश में आए जिनमें अत्यधिक पाठान्तर प्राप्त होते हैं। लिपिकारों की कृपा इसमें अवश्य सम्मिलित है, किन्तु इसमें स्वयं जायसी का कुछ कम योगदान नहीं है। डॉ. माता प्रसाद गुप्त ने 'पद्मावत' की अन्यान्य प्रतियों में प्राप्त 232[113] कड़वकों को प्रक्षिप्त घोषित किया है। जायसी ने एक कड़वक में 7 अर्द्धाली और एक दोहे की प्रणाली का अनुसरण किया है और इस प्रकार लगभग दो हज़ार अठहत्तर पंक्तियाँ प्रक्षेपित हैं। जिनके योग से एक पूर्ण ग्रंथ ही तैयार हो सकता है।

इनमें ऐसे बहुत से अंश भी हैं जिनका अभाव यथास्थान पाठक को खलता भी है और आवश्यक विस्तार की कमी उसे खटकती रहती है, उसकी तृप्ति नहीं हो पाती। शब्दों और पंक्तियों का पाठान्तर इसके अतिरिक्त है। हमारा विचार है कि इतनी मात्रा

में प्रक्षेपण लिपिकार नहीं कर सकते। यह अवश्य ही कवि के संशोधन और संवर्द्धन की प्रवृत्ति का फल है। इससे यह लाभ अवश्य हुआ है कि जिस श्लिष्ट वर्णन, शैली परिमार्जन और भावोत्कर्ष के दर्शन हमें 'पद्मावत' में होते हैं वह अन्यत्र दुर्लभ हैं। स्वयं जायसी की अन्य रचनाओं में भी यह इस व्यंजक शैली, सुगठित शब्द-शक्ति उपयोग, प्रांजलता और अर्थ-गाम्भीर्य अप्राप्य हैं। हानि यह अवश्य हुई है कि ग्रंथों के रचनाक्रम निर्धारण, और कवि के जीवनवृत्त पर प्रकाश डालने वाले अनेक तत्त्व इस प्रक्रिया विनष्ट हो गए हैं। उदाहरण के लिए जायसी के अर्द्धांग रोगग्रस्त होने का समय अज्ञानान्धकार में लुप्त हो गया है और द्वितीय गुरु परम्परा में जायसी द्वारा दीक्षा प्राप्ति के काल का पता चलाना असम्भव हो गया है।

'पद्मावत' में समाविष्ट रचनाओं की तिथि यदि ज्ञात होती तो निश्चय ही इन तथ्यों पर प्रकाश पड़ता। कवि द्वारा लिखित प्रथम प्रति अथवा समकालीन और निकटवर्ती काल की प्रतियों के अभाव के कारण जायसी के भावों, अनुभूतियों, विचारों, कल्पनाओं एवं काव्यशिल्प के आरोहण और अवरोहण के सम्बन्ध में निश्चयपूर्वक कुछ कहना कठिन है क्योंकि 'पद्मावत' का आरम्भकाल ही ज्ञात हो सका है, उसके समापन काल के बारे में केवल अनुमान ही लगाया जा सकता है।

'पद्मावत' के समापनकाल निर्धारण में सर्वाधिक सहायक वे ऐतिहासिक घटनाएँ हैं जिनका उल्लेख इस ग्रंथ में हुआ है। शेरशाह ने जिस छलछन्द द्वारा रोहतासगढ़ को विजित किया है[114] गोरा बादल ने भी उद्देश्यपूर्ति के लिए उसी छल का आश्रय लिया। यह घटना 1538 के आरम्भिक मासों में घटित हुई है, स्पष्ट है कि 'पद्मावत' में इसका उपयोग इसके उपरान्त ही सम्भव है। जायसी के समकालिक महाराज रत्नसिंह चित्तौड़ की गद्दी पर 5 फरवरी, 1528 ई. को बैठे थे और 1531 तक इन्होंने राज्य किया था। इनका प्रतिद्वन्द्वी बूँदी का राव सूरजमल था और उसके द्वारा राणा रत्नसेन का वध ठीक उसी रूप में हुआ है जिस प्रकार रत्नसेन देवपाल द्वन्द्व में जायसी ने इस घटना को अंकित किया है, केवल प्रतिद्वन्द्वी के नामों में अन्तर है। राणा की पत्नी पंवार के समान ही 'पद्मावत' के नायक रत्नसेन की पत्नी पद्मावती भी सती होती है। अत: इस घटना का उल्लेख अथवा इसे प्रेरक तत्त्व के रूप में जायसी द्वारा ग्रहण करने की सम्भावना 1531 के पूर्व नहीं है।[115]

राजा बादशाह युद्ध वर्णन के अन्तर्गत जायसी ने एक ऐसी स्थिति की ओर संकेत किया है जो इतिहास सिद्ध है। रत्नसेन के योद्धा दुर्ग रक्षार्थ जलती मशआलें फेंकते हैं, कोल्हू और गोलाकार पत्थर ऊपर से लुढ़काते हैं; राल तथा गन्धक के जलते हुए 'नफ़त' अलाउद्दीन की सेना पर गिराते हैं।[116] परन्तु तोप अथवा कमान से फेंके जाने वाले बारूदी गोले राजा को उपलब्ध नहीं हैं। जबकि गरगज बाँधकर दारू भरी कमानों का उपयोग गढ़भंजनार्थ अलाउद्दीन की ओर से किया गया है।[117] चौदहवीं शताब्दी में बारूद से चलने वाली तोपों का अस्तित्व भी नहीं था और हम्मीर महाकाव्य में उल्लिखित वह्निगोलक फ़ारसी 'नफ़त' का पर्याय मात्र है जबकि 'पद्मावत' में

अलाउद्दीन कमानों (तोपों) का उपयोग करता है। अत: स्पष्ट है कि राजा बादशाह युद्ध वर्णन के समय जायसी के समक्ष समकालिक पानीपत युद्ध अथवा खानवा युद्ध का ही नक़्शा विद्यमान था। दोनों युद्धों में बाबर एक नवीन शस्त्र तोप और बारूद से फेंके जाने वाले अष्टधातु निर्मित गोलों का उपयोग करता है और इब्राहीम लोदी तथा महाराणा संग्राम सिंह (राणा साँगा) परम्परागत अस्त्र-शस्त्र पर ही निर्भर हैं। इसलिए यह अनुमान निराधार नहीं है कि जायसी ने उपर्युक्त प्रकरण का वर्णन 1526-27 के पश्चात् ही किया होगा, किन्तु प्रसंग वर्णन में हबशी, रूमी और फिरंगी तोपचियों का उल्लेख भी द्रष्टव्य है :

हबशी रूमी औ जो फिरंगी। बड़ बड़ गुनी औ तिन्ह के संगी।
जिन्ह के गोट जाहिं उपराहीं। जेहि ताकहिं तेहि चूकहिं नाहीं।[118]

बाबर के तोपख़ाने के चालक रूमी (तुर्क) थे क्योंकि उन्हीं के द्वारा तोपों की उपयोगिता तथा उनकी निर्माण पद्धति का ज्ञान उसे उपलब्ध हुआ था। बड़े-बड़े गुणवान फिरंगी और उनके सहयोगी बाबर शाही सेना में कदापि नहीं थे। फिरंगी से तात्पर्य पुर्तगालियों से है और इन्हीं के लिए फ़ारसी इतिहासकारों ने इस शब्द का निरन्तर उपयोग किया है। 16वीं शताब्दी के आरम्भ में भारत के पश्चिमी समुद्र तट पर पुर्तगाली आ चुके थे, किन्तु चटगाँव में 1533 ई. के पूर्व वे नहीं पहुँच पाए थे। उस समय शेर ख़ाँ (शेरशाह) का द्वन्द्व बंगाल अधिपति महमूद शाह से चल रहा था जिसने शेर ख़ाँ से अपने राज्य को सुरक्षित रखने की दृष्टि से पुर्तगालियों को सहायतार्थ निमंत्रित किया था। इसी द्वन्द्व के फलस्वरूप पुर्तगाली तोपची बंगाल-बिहार सीमा पर सीकरी गली के दर्रे तक पहुँच गए। लगभग इसी काल में गुजरात पति बहादुरशाह की सेना में भी पुर्तगाली तोपची कमान सँभाले दिखाई पड़ते हैं। हबशी तोपचियों की चर्चा इतिहास ग्रंथों में इसके भी बाद प्राप्त होती है। शेरशाह का तोपख़ाना पूर्णत: पठानों के ही अधीन था और उसके गढ़चूरण सामर्थ्य का उल्लेख जायसी ने भी किया है :

जो गढ़ नए न काऊ चलत होहिं सत चूर।
जबहि चढ़इ पुहुमी पति सेरसाहि जगसूर।[119]

तोप प्रविधि प्रवीण फिरंगियों की अलाउद्दीन की सेवा में उपस्थिति इस बात का प्रमाण है कि 1533 ई. के पश्चात् के ही किसी बादशाह राजा युद्ध का वर्णन जायसी ने इस प्रसंग के अन्तर्गत किया है। तोप संचालकों के रूप में फिरंगियों की चर्चा तथा दिल्ली पति के रूप में शेरशाह की स्तुति आदि को यदि बाद के संशोधन और संशोधन का फल स्वीकार भी कर लिया जाए तो भी रत्नसेन देवपाल द्वन्द्व एवं शेरशाह द्वारा रोहतासगढ़ विजय आदि घटनाओं को 'पद्मावत' के रचनाकाल के निर्धारण की परिचर्चा में मुख्य आधार स्वीकार करना ही पड़ेगा।

इन घटनाओं से पहले 'पद्मावत' के उत्तरार्द्ध के रचे जाने की कल्पना ही असंगत होगी, अन्यथा हमें इस मसनवी में किसी अन्य कथानक की कल्पना करनी होगी जिसका कोई साक्ष्य उपलब्ध नहीं है। इनके अतिरिक्त जिन ऐतिहासिक घटनाओं की ओर पद्मावतकार ने संकेत किया है वे सब 1527-28 ई. तक गुजरात, मालवा और चित्तौड़ में घटी हैं। अत: सुनिश्चित निष्कर्ष निकाला जा सकता है कि कम से कम 'पद्मावत' के उत्तरार्द्ध का समापन 1538 ई. के पूर्व हो ही नहीं सकता। इसी आधार पर कहा जा सकता है कि '927 हि. वाली कवि लिखित मूल प्रति तथा हुमायूँ के राज्यारोहण की स्मृति रूप में चालू की गई 936 हि. वाली प्रति'[120] की कल्पना निराधार है।

महामहोपाध्याय पंडित सुधाकर द्विवेदी द्वारा सम्पादित और जॉर्ज ग्रियर्सन द्वारा अंग्रेज़ी में अनूदित 'पद्मावत' की प्रति में 947 हि. पाठ प्रकाशित है और उन्होंने पाठान्तरों के विवेचन में यह भी लिखा है कि अधिक प्रतियों में सन् 947 पाठ ही मिलता है। किसी अन्य साक्ष्य के अभाव के कारण इसी पाठान्तर को स्वीकृति मिली और अब अधिकांश विद्वान 947/ 1540 ई. में 'पद्मावत' को रचित मानने लगे हैं। इनका मुख्य तर्क यही है कि 17 मई, 1540 ई. को शेरशाह दिल्ली सुलतान बना था और 'पद्मावत' में उसकी इसी रूप में स्तुति की गई है। इसलिए 'पद्मावत' अवश्य ही इस घटना के पश्चात् लिखी गई होगी। परन्तु 'कन्हउत' की उपलब्धि के कारण 'पद्मावत' के रचनाकाल पर पुनर्विचार की आवश्यकता है। क्योंकि इस ग्रंथ में हुमायूँ बादशाह की स्तुति है और इसका रचनाकाल 947 हि. है :

देहली कहौं छत्रपति नाऊँ। बादशाह बड़ साह हुमायूँ।[121]
सन् नौ सै सैंतालिस अहे। तेह्या सरस बचन कबि कहे।[122]

10 मुहर्रम 947 हि./17 मई, 1540 ई. को कन्नौज युद्ध में हुमायूँ पराजित हुआ था किन्तु लगभग पाँच-छह मास तक वह लाहौर और सिन्ध में ही रहा। द्रष्टव्य है कि इस्लामी नववर्ष मुहर्रम मास से ही आरम्भ होता है जिसके अनुसार 'कन्हउत' की रचना के लिए जायसी को केवल दस दिन मिले। कहना न होगा कि जायसी केवल दस दिन में 'कन्हउत' जैसी रचना पूर्ण नहीं की जा सकती और न यह सम्भव है कि शेष 11 महीनों में 'पद्मावत' जैसा ग्रंथ लिखा जा सका होगा। अत: अनेक प्रश्न उठते हैं जिनका उत्तर वांछनीय है। कन्नौज युद्ध के उपरान्त ही शेरशाह दिल्ली सल्तनत का स्वामी नहीं बना अपितु 1541-42 के बीच किसी समय उसका राज्याभिषेक हुआ होगा क्योंकि समकालीन लेखक साक्षी है कि 947 हि. में दिल्ली का बादशाह हुमायूँ ही था। यदि 947 हि. के अन्त में किसी समय शेरशाह दिल्ली पति हुआ था तो भी 'पद्मावत' की रचना उसी वर्ष अविश्वसनीय है क्योंकि इसके लेखन में दो-एक वर्ष अवश्य लगे होंगे। इन सब तथ्यों पर ध्यान देते हुए मनेरशरीफ़

की प्रति का 948 हि./1541-42 ई. पाठ अधिक तर्कसंगत और समीचीन लगता है। इस सम्बन्ध में प्रश्नवाचक मुद्रा में यह मत रखा जा सकता है कि 'पद्मावत' पूर्वकालिक रचना रही होगी और शेरशाह के सिंहासनारूढ़ होते ही कवि ने रचना तिथि में परिवर्तन करके उसे अपना महान ग्रंथ भेंट किया होगा। परन्तु जायसी की एक विशेषता यह भी है कि वह अपने पूर्व रचित ग्रंथों का संकेत किसी न किसी रूप में अपने परवर्ती काव्य में अवश्य करते हैं और अपने विचारों के विकासक्रम की ओर भी इंगित करते हैं। उदाहरणतया उन्होंने 'चित्ररेखा' में 'पढ़ा सुवा बुध धरा मँजारी।'[123] के उल्लेख द्वारा 'पद्मावत' की कथा की ओर संकेत किया है और इसी प्रकार 'किसुन उरै सेस जेहुँ नाथा'[124] तथा 'जात न किरसुन तजि गोपीता'[125] द्वारा जायसी ने 'पद्मावत' में 'कन्हउत' की कथा का सांकेतिक परिचय दिया है। विचारों के विकासक्रम की दृष्टि से 'पद्मावत' का पूर्वार्द्ध निश्चय ही 'कन्हउत' से पहले रचित परिलक्षित होता है क्योंकि 'पद्मावत' के इस भाग में गोरखनाथ और जोग पंथ से जायसी प्रभावित हैं जबकि 'कन्हउत' में वह भोगपंथ के पोषक रहे हैं। 'पवन बंध होइ जोगी जती, काम बंध होइ कामिनि सती'[126] आदि उक्तियाँ अपवाद हैं अथवा बाद के संशोधन संवर्द्धन का फल हैं। उत्तरार्द्ध में निश्चय ही जायसी इस कायिक साधना से विमुख होकर आन्तरिक साधना के परिचायक हैं और 'कन्हउत' में वह पूर्णतः भोगपंथ के पक्षपाती हैं। इस प्रकार 'पद्मावत' 'कन्हउत' के पूर्व रचित ज्ञात होती है। 'पद्मावत' की उपलब्ध प्रतियों की अधिक संख्या 927 हि. पाठ का समर्थन करती है और दूसरे स्थान पर 947 हि. पाठ ही अधिक मान्य है। ऐसी स्थिति में यही मत समीचीन प्रतीत होता है कि ग्रंथ के प्रारम्भिक अंश 1520-21 में लिखे गए थे और कवि ने उसे समाप्त किया 1541-42 ई. में। इन बीस-बाईस वर्षों में जायसी ने अनेकानेक कविताएँ रचीं जो जनता में लोकप्रिय हो गईं और जायसी ने अपने मानस मुक्ताओं को कथासूत्रबद्ध करके 'पद्मावत' नामक ग्रंथ तैयार कर लिया। इस प्रकार पाँच-छह मास में 'पद्मावत' की रचना सम्भव भी है और इसकी 947 हि. रचना तिथि तर्कसम्मत सिद्ध होती है। परन्तु संशोधन और संवर्द्धन की प्रक्रिया इसी काल में समाप्त नहीं हुई।

'चित्ररेखा' का रचनाकाल

'चित्ररेखा' में रचना तिथि का स्पष्ट उल्लेख अप्राप्य है। मसनवी रचना पद्धति के अनुसार, पुस्तक चर्चा (बयाने किताब) के अन्तर्गत निम्नलिखित निरर्थक अर्धाली अवश्य मिलती है :

सुनि कै सब चौंसठ कबि लिखि। जिन्ह जिन्ह सुनी स्त्रवन दइ सुखी।[127]

हमारे विचार में इस अर्धाली का प्रथम चरण सार्थक नहीं है। प्रयत्न करके यही अर्थ लगाया जा सकता है कि 'श्रुतियों के आधार पर कवि ने चौंसठ काव्य लिखे।' परन्तु जायसी द्वारा रचित चौंसठ ग्रंथों अथवा कविताओं का साक्ष्य अन्य स्रोतों से भी पुष्ट नहीं है। श्री शहाब सरमदी ने 'चित्ररेखा' की किसी अन्य प्रति की फ़ोटो कॉपी के आधार पर इसका रचनाकाल 964 हि.[128] बताया है। फ़ारसी लिपिबद्ध इस पंक्ति को इस प्रकार भी पढ़ा जा सकता है—'सन् नैसत चौंसठ कबि लिखी'। इस प्रकार 'चित्ररेखा' की रचना तिथि 964 हि. ठहरती है। परन्तु पुष्ट प्रमाणों के बिना इस तिथि को भी स्वीकार नहीं किया जा सकता।

फिर भी 'चित्ररेखा' में 'पढ़ा सुवा बुध धरा मँजारी'[129] के उल्लेख के आधार पर यह कहना सर्वथा युक्तियुक्त है कि इस ग्रंथ की रचना 'पद्मावत' के पश्चात् ही हुई है। अत: 964 हि. में 'चित्ररेखा' की रचना की मान्यता प्रामाणिक न होते हुए भी विचारणीय है।

इस ग्रंथ में भी जायसी ने आद्यंत प्रेम की महत्ता पर रसात्मक अभिव्यक्ति की है। 'पद्मावत' और 'चित्ररेखा' के प्रतिपाद्य विषयों में समता है, फिर भी दोनों के कला-कौशल में अत्यधिक अन्तर है। सूफ़ी साहित्य के प्रतीकों[130] के ज्ञान के बिना केवल वर्णन के आधार पर 'चित्ररेखा' के मर्म तक पहुँचना कठिन है। अत: 'चित्ररेखा' की 'जेवँ जेवँ बूढ़ा तेवँ तेवँ नवा'[131] जैसी सरलीकृत पंक्तियों के आधार पर इसे जायसी के वृद्धावस्था की कृति मानना सन्देहास्पद है। इस ग्रंथ में लोक से परलोक का सम्बन्ध कराने वाली संज्ञाओं तथा क्रिया-रूपों का श्लेषात्मक उपयोग लेशमात्र नहीं है। वर्णमय संगीत की स्वर्गीय शोभा और सुषमा के विराट प्रभाव की भव्य व्यंजना का सबल प्रस्फुटन इसमें हुआ ही नहीं। ब्रह्म के 'सुरूप-छवियों' के अंकन और समासोक्ति शैली में विश्व ज्योति तथा उसके लावण्य-विलास का लोकमानस ग्राही चित्रण इस ग्रंथ में नाममात्र को ही है। पद्मावती की रूप-गरिमा से भयभीत और लज्जित सुपरिचित उपमानों की हार और लोप के दर्शन 'चित्ररेखा' में दुर्लभ हैं। सौन्दर्य को मूर्तिमान करने वाली और छवि-चित्रों को गतिशीलता, विशालता तथा सूक्ष्मता प्रदान करने वाली उत्प्रेक्षाओं के बिना इस ग्रंथ का अध्येता अतृप्त रहता है। काव्य और अध्यात्म के सामंजस्य-विधान का अभाव 'चित्ररेखा' में अत्यन्त खलता है। इसके व्यंगार्थ का परिचय केवल सूफ़ी-प्रतीक-विधान के विशुद्ध ज्ञान के आश्रय से ही प्राप्त किया जा सकता है। जायसी ने 'चित्ररेखा' की कहानी को चित्र करके कंचन बानी में लिखा है तथा कंचन और हीरा-मोती के योग से एक हार पिरोने का प्रत्यन्न किया है :

अहै 'चित्ररेखा' जुकहानी। लिखे चित्रकरि कंचन बानी।
कंचन कंचन हीरा मोती। पिरुवा हार हुई तस जोती।
जस पिरुवा तस पिरुइ न जाना। पिरुवा कहँ है हार लजाना।[132]

वस्तुत: जायसी का यह काव्य रेखाचित्र ही है और इस चित्र में अपनी कल्पना की तूलिका से रंग भरने, उसे पूर्ण करने तथा भाव व्यंजित करने का भार कवि ने काव्य-मर्मज्ञ पाठक पर डाल दिया है। 'पद्मावत' की तुलना में निश्चय ही 'चित्ररेखा' उत्कृष्ट कृति नहीं है। कवि ने इसे वृद्धावस्था में लिखा होगा इसमें सन्देह है। परन्तु इसके आधार पर 'पद्मावत' के प्राथमिक स्वरूप और आकृति का भलीभाँति अनुमान लगाया जा सकता है।

सूफ़ी-साधना के क्रमिक विकास के आधार पर 'चित्ररेखा' सुक्र (प्रेममद) अवस्था की रचना प्रतीत होती है। यह चित्त विक्षेप और चित्त विभ्रम की स्थिति है। सूफ़ी विचारधारा में सुक्र (प्रेममद), फ़ना (अपनी अलग सत्ता की प्रतीति के परे हो जाना) और अहंभाव का नाश त्याग-पक्ष के अन्तर्गत आते हैं। प्राप्ति पक्ष के अन्तर्गत हैं—बक़ा (ब्रह्ममय अस्तित्व) और सह्व (पूर्ण शान्ति)। अपने अहंभाव और ब्रह्ममय अस्तित्व के अभाव का उल्लेख जायसी ने 'चित्ररेखा' में किया है :

मुहम्मद मलिक पेम मधु भोरा। नाउँ बड़ेरा दरसन थोरा।
जेवँ-जेवँ बूढ़ा तेवँ-तेवँ नवा। खुदी कई ख़याल न कवा।[133]

प्रेममद अवस्था का वर्णन भी द्रष्टव्य है :

बुधि खोई औ लाज गँवाई। अजहूँ अइस धरी लरिकाई।
पता न राखा दुवहइ आँता। मता कलालिन के रस माता।[134]

अपने चित्त-विक्षेप का अत्यन्त यथार्थ चित्र भी जायसी ने प्रस्तुत किया है :

रोवउँ लोटउँ चाहउँ खेला। भसउ अजान छार सिर मेला।[135]

'सुक्र' अथवा उन्माद और 'छार सिर मेला' की यह अवस्था शेख़ बुरहानुद्दीन की कृपादृष्टि के फलस्वरूप ही प्राप्त हुई है :

पेम पियाला पंथ लखावा। आपु चाखि मोहिं बूँद चखावा।
सो मधु चढ़ा न उतरइ कावा। परेउँ माँटि पाएउँ फेरि आवा।
माता धरती सो भइ पीठी। लागी रहइ सरग सों दीठी।
मुये जो छार होइ यह देहा। जियतैं कस न मिलाएन्हि खेहा।[136]

'चित्ररेखा' में जायसी ने 'पेम चित बंध' को ही सत्यमार्ग माना है और यह भी कहा है कि जगत्द्वन्द्व के त्याग के पश्चात् ही साधक अपने लक्ष्य को प्राप्त कर सकता है :

पेम पियाला जेहि पिया, किया पेम चित बंध
साँचा मारग जिन्ह लिया, तजि झूठा जग धंध।[137]

साधक की यह स्थिति परकाया प्रवेश द्वारा सम्पन्न होती है। 'पद्मावत' का नायक रत्नसेन भी इसी अवस्था को प्राप्त होता है और उसकी भावावेष्टावस्था का वर्णन भी जायसी ने मदिरा के द्वारा ही किया है :

नैन कचोर पेम मद भरे। भइ सुदिस्टि जोगी सौं ढरे।
जोगी दिस्टि दिस्टि सो लीन्हा। नैन रोपि नैनन्ह जिउ दीन्हा।
जो मधु चहत परा तेहि पालें। सुधि न रही ओहि एक पियालें।
परा माँटि गोरख का चेला। जिउतन छाँड़ि सरग कहँ खेला।[138]

द्रष्टव्य है कि दोनों वर्णनों में कोई विशेष अन्तर नहीं है, यदि अन्तर है तो केवल इतना कि प्रेम पियाला के मधु को गुरु ने चखकर जायसी को उसकी एक बूँद पिलाई है और रत्नसेन ने पद्मावती के 'नैन कचोर' से इस मद को पिया है। एक बूँद से जायसी को जो अवस्था प्राप्त हुई, रत्नसेन को एक प्याले ने उसी स्थिति में पहुँचाया है। अत: नि:शंक कहा जा सकता है कि जायसी की काया में गुरु के प्रवेश से ही यह मन:स्थिति उत्पन्न हुई है।

936 हि. तक जायसी सैयद अशरफ़ जहाँगीर के सम्प्रदाय में ही दीक्षित थे, अन्यथा वह 'आख़िरी कलाम' में अपनी द्वितीय पीर परम्परा का उल्लेख अवश्य करते। सैयद मुहम्मद के सम्प्रदाय में दीक्षित होने के पश्चात् ही उन्होंने 'अखरावट' की रचना की क्योंकि बुरहानुद्दीन द्वारा दीक्षित किए जाने पर ही उन्होंने 'प्रेम कहानी' की रचना प्रारम्भ की है :

उन्ह सौं मैं पाई जब करनी। उघरी जीभ प्रेम कबि बरनी।[139]

'अखरावट' में जायसी शरीअत के पक्षपाती हैं, नमाज़ दीन की थूनी है और मुहम्मदी धर्म सर्वश्रेष्ठ है। 'पद्मावत' में शरीअत के प्रति निष्ठावान जायसी से भी भेंट होती है और इससे मुक्त कवि के भी हमें दर्शन होते हैं, किन्तु 'कन्हउत' में मलिक मुहम्मद कायिक साधना और धर्म के बाह्याडम्बर से पूर्णतया मुक्त हो चुके थे। मन की जिस मुक्तावस्था का उद्घोषणा जायसी ने 'चित्ररेखा' में किया है उसे वह 947 हि. में 'कन्हउत' लिखते समय ही प्राप्त कर पाए थे :

जब लगि बिरह न होइ तन, हिये न उपजइ पेम।
तब लगि हाथ न आव तप, करम धरम सत नेम।[140]

चिन्तनधारा, विकासक्रम और पीर परम्परा के अतिरिक्त स्तुतिखंड वर्णन भी जायसी ग्रंथों के रचनाक्रम निर्धारण में सहायक हैं। 936 हि. में विधाता के 'दीन्हेसि'[141] रूप पर अधिक बल है। 'दीन्हेसि' फ़ारसी 'बख़शिंदा' का हिन्दी पर्याय है और 'आख़िरी कलाम' की प्रथम पंक्ति सादी द्वारा रचित बोस्तां नामक ग्रंथ की प्रथम पंक्ति का अनुवाद है।[142] सादी ने भी अपने इस ग्रंथ में ईश्वर के बख़शिंदा (दीन्हेसि) रूप की ही स्तुति की है।

'पद्मावत' में ईश्वर का 'कीन्हेसि'[143] रूप ही स्तुत्य है। ख़ालिक़ और 'कीन्हेसि' पर्यायवाची हैं। सर्वप्रथम सृजनहार और कर्ता की चर्चा ही होनी चाहिए, उसके बाद दाता की। जायसी ने 'पद्मावत' में कर्ता की स्तुति की है और 'आख़िरी कलाम' में दाता की प्रशस्ति के पश्चात् उसके संहार की कथा का वर्णन किया है। ईश्वर के सृजन, सिंचन और संहार गुणों का उल्लेख जायसी काव्य में क्रमानुसार हुआ है। यह तथ्य इससे भी सिद्ध होता है कि 'पद्मावत' के स्तुतिखंड का कुछ अंश निश्चय ही 927 हि. में रचा गया था। शेष ग्रंथों में सृष्टि और स्रष्टा का भेद प्राय: समाप्त है और किसी पृथक् सत्ता की स्तुति के स्थान पर ब्रह्म के 'लीला चरित' का वर्णन उपलब्ध होता है। 'पद्मावत' में भी इसका उल्लेख है, किन्तु इसका आधार क़ुर्आन है और कई क़ुर्आनी आयतों का प्रांजल[144] अनुवाद जायसी ने अपने स्तुतिखंड में प्रस्तुत किया है। 'पद्मावत' की स्तुतिखंड रचना के पश्चात् शनै:-शनै: जायसी 'हम:ओस्त' (सब कुछ वही है) की चिन्तनधारा को शिरोधार्य करते हुए प्रतीत होते हैं। 'अखरावट' में सूक्ष्मब्रह्म के स्थूल रूप धारण करने की जायसी चर्चा करते हैं और सृष्टि के रचनाक्रम का वर्णन वह 'चित्ररेखा' में प्रस्तुत करते हैं। 'कन्हउत' में 'मेहरा की मेहराइ' के वर्णन में उनका मन पर्याप्त रूप से रमा है। 'कहरानामा' में प्रौढ़ और सुस्थिर चिन्तन के दर्शन होते हैं और धर्माडम्बर तथा कर्मकांड से जायसी पूर्णत: मुक्त दिखाई पड़ते हैं। क़ुर्आन, गीता, तंत्र-मंत्र को इस अवस्था में वह कहावत मात्र मानते हैं और इनका सार रूप अपने प्रेम पंथ को ठहराते हैं :

वेद पुरान भागवत गीता तंत्र-मंत्र सब जानेहु रे।
यामे सार इस्क पथ जानेहु अउर कहावत मानेहु रे।[145]

शरीअत के प्रति जायसी की आस्था 'कहरानामा' में समाप्त हो जाती है। सम्भवत: मेंहदवी सम्प्रदाय के चर्म चक्षु से ब्रह्म दर्शन की मान्यता से भी वह विमुख हो जाते हैं। समस्त साधना पद्धतियों को निष्फल समझकर वह त्याग देते हैं और अपने मन को प्रेम में गाड़ लेते हैं :

जप तप बरत पाठ औ तीरथ संध्या करि सब छाँड़ा रे।
भयो न फल कछु आँखिन देखा, तब इस्कै मन गाड़ा रे।[146]

जायसी के चिन्तन की यह वह नवीन धारा है जिसका कोई संकेत 'पद्मावत' में प्राप्त नहीं है। अत: विचारों के विकासक्रम की दृष्टि से 'कहरानामा' जायसी की अन्तिम रचना है।

उपर्युक्त विवेचन के आधार पर कहा जा सकता है कि 836 हि. में जायसी ने प्रथम पूर्ण ग्रंथ की रचना की थी जबकि इसके पूर्व 927 हि. में 'पद्मावत' के कुछ पद अवश्य ही लिख चुके थे। 936 हि. और 947 हि. के बीच उन्होंने क्रमश: 'अखरावट' और 'चित्ररेखा' का लेखन समाप्त किया। सम्भवत: इस काल में भी किसी न किसी रूप में 'पद्मावत' नामक ग्रंथ प्रचारित हो चुका था, जिसमें जायसी निरन्तर संशोधन और

संवर्द्धन करते रहे थे। वस्तुतः वर्णन बाहुल्य तथा चित्रण पिष्टपेषण को छोड़कर देखा जाए तो 'चित्ररेखा' में संक्षिप्त रूप में वे समस्त प्रसंग उपलब्ध हैं जिनका 'पद्मावत' में सविस्तार वर्णन कवि ने किया है। निश्चय ही 'पद्मावत' के उत्तरार्ध की कोई प्रतिच्छाया 'चित्ररेखा' में दृष्टिगोचर नहीं होती। सम्भव है कि प्रारम्भिक रूप में 'पद्मावत' केवल एक सूफ़ी काव्य रहा हो और बहुत बाद में उन्होंने इसे ऐतिहासिक काव्य का रूप देने का प्रयत्न किया हो। ऐसी स्थिति में 'पद्मावत' का आकार भी 'चित्ररेखा' जैसा ही रहा होगा। संवर्द्धन और संशोधन की प्रक्रिया के फलस्वरूप ही अनेक तिथियों की प्रतियाँ उपलब्ध हैं। प्राप्त प्रतियों के साक्ष्य पर 'पद्मावत' का समापन काल 948 हि. माना जा सकता है, किन्तु इस ग्रंथ में संशोधन और इसमें नवीन अनुभूतिपरक अभिव्यक्ति का समाहरण जायसी रचना समाप्ति के पश्चात् भी दीर्घकाल तक करते रहे हैं।

यही कारण है कि जो कुछ भी उनके अन्य ग्रंथों में है उस सबका सार और भाव व्यंजक रूप 'पद्मावत' में उपलब्ध है। चित्रमयता, श्लेषात्मक शैली और उलटे समासों की जिस छटा से 'पद्मावत' का पाठक परिचित है। उसके दर्शन उनके अन्य ग्रंथों में नहीं होते। निश्चय ही ये काव्यगत विशेषताएँ उनकी प्रौढ़ता, संशोधन प्रक्रिया और दीर्घकालीन साहित्य साधना का फल हैं। और निस्संकोच कहा जा सकता है कि अनुभूति में सुदृढ़ता, स्पष्टता तथा अभिव्यक्ति में व्यंजकता, प्रांजलता एवं प्रौढ़ता के उस स्तर को जायसी 947 हि. तक प्राप्त नहीं कर पाए थे जिससे 'पद्मावत' का पाठक चमत्कृत है। यह तथ्य हमें उनके देहावसान सम्बन्धी धारणा के पुनर्विचार पर बाध्य करता है क्योंकि जायसी आजीवन साहित्य सृजन करते रहे हैं और 'पद्मावत' में उन रचनाओं का समाहारण होता रहा है।

जायसी का जीवनकाल

जायसी ने अपने जन्म के सम्बन्ध में केवल 'आख़िरी कलाम' में सूचना दी है :

भा औतार मोर नौ सदी। तीस बरीस ऊपर कबि बदी।
आवत उधत चार बिधि ठाना। भा भूकम्प जगत अकुलाना।[147]

उपर्युक्त उल्लेख से ज्ञात होता है कि अपने जन्म के 30 वर्ष पश्चात् उन्होंने काव्यरचना प्रारम्भ की थी और उनके अवतरण के समय या उसके आसपास ही भयंकर भूकम्प आया था। कुछ इतिहास ग्रंथों के अनुसार 3 सफ़र 911 हि. (6 जुलाई, 1505 ई.) को आगरे में भूकम्प आया था और पर्वत हिलने लगे थे तथा बड़े-बड़े दृढ़ भव्य भवन गिरे पड़े थे।[148] निज़ामुद्दीन अहमद बख़्शी कृत—'तबक़ाते-अकबरी' में लगभग 90 वर्ष बाद (1592-93 ई. में) इस घटना का उल्लेख हुआ है और अब्दुल्लाह ने 'तारीख़े दाऊदी' का लेखन जहाँगीर के शासनकाल में प्रारम्भ किया है। अतः इस ग्रंथ में आगरे के भूकम्प का उल्लेख 100 वर्ष से अधिक समय के बाद

हुआ है। 'तबक़ाते अकबरी' का लेखक तिथि के सम्बन्ध में विश्वसनीय है किन्तु अब्दुल्लाह ने तिथियों के सम्बन्ध में बड़ी भूलें की हैं।[149] दोनों इतिहासकारों का वर्णन समान है, किन्तु 'तबक़ाते-अकबरी' के लेखक के वर्णन में ऐसे वाक्य अधिक हैं कि 'कहा जाता है कि उसी दिन हिन्दुस्तान के अधिकांश नगरों में भूकम्प आया था।'[150]

इन दोनों परवर्ती लेखकों के कथन को स्वीकार करने में आपत्ति यह है कि भूकम्प 6 जुलाई, 1505 ई. को आगरे में आया था और उस समय तक सिकन्दर लोदी ने आगरा नगर को बसाया ही नहीं था। किसी समय में बादलगढ़ नाम से प्रसिद्ध यह नगर लगभग 500 वर्ष पूर्व महमूद ग़ज़नवी द्वारा नष्ट-भ्रष्ट हो चुका था और 1505 ई. तक आते-आते इसकी महत्ता एक साधारण गाँव से अधिक नहीं थी। इतिहास साक्षी है कि आगरा नगर का पुनर्स्थापन 1506 ई. में सिकन्दर लोदी द्वारा सम्पन्न हुआ है।[151] श्रीमती हमीदा ख़ातून नक़वी ने उत्तर भारत के नगरों तथा औद्योगिक केन्द्रों के अपने अध्ययन में स्पष्ट लिखा है कि सिकन्दर लोदी ने 1506 ई. में आगरा की स्थापना की और उसे अपनी राजधानी बनाया।[152] ऐसी स्थिति में उपर्युक्त इतिहासकारों का आगरे में घटित भूकम्प विषयक उल्लेख अविश्वसनीय है। मलिक मुहम्मद जायसी ने घटना के 25 वर्ष पश्चात् भूकम्प का उल्लेख किया है और इसे जगव्यापी बताया है :

आवत उधत-चार बिधि ठाना। भा भूकम्प जगत अकुलाना।
धरती दीन्ह चक्र बिधि लाईं। फिरै अकास रहँट कै नाईं।
गिरि-पहार मेदिनि तस हाला। जैस चाला चलनी भरि चाला।
मिरित लोक ज्यों रचा हिंडोला। सरग पताल पवन घट डोला।
गिरि पहार परबत ढहि गए। सात समुद्र बीच मिलि गए।
धरती छात फाटि महरानी। पुनि भइ मया जौ सिष्टि समानी।
जो अस खंभन्ह पाइ कै सहस जीभ गहिराइँ।
सो अस कीन्ह मुहम्मद तोहि अस बपुरे काइँ।[153]

जायसी का उपर्युक्त वर्णन स्वानुभूत प्रतीत होता है। यह चित्रण किसी ऐसी घटना का कदापि नहीं हो सकता जो किसी के जन्मदिवस पर घटी हो अथवा उसका आधार जनश्रुति हो। यह तथ्य दो सम्भावनाओं की ओर संकेत करता है। एक तो यह कि उत्तर भारत में उस समय भूकम्प आया हो जब उनकी आयु कम से कम 5-6 वर्ष की रही हो और दूसरी यह कि किसी अन्य व्यक्ति का स्वानुभूतिपरक भूकम्प विषयक वर्णन जायसी को रुचिकर लगा हो और उन्होंने उसका भावानुवाद करके अपने ग्रंथ में सम्मिलित कर लिया हो। ऐसा असम्भाव्य नहीं है क्योंकि उनकी रचना प्रक्रिया में इस प्रकार के अनुवाद का आभास कई प्रसंगों में मिलता है जिनकी चर्चा हम अन्यत्र करेंगे।

जायसी द्वारा वर्णित भूकम्प सम्बन्धी जिस विकरालता का अनुभव पाठक को होता उसकी चर्चा 'तबक़ाते-अकबरी' (अकबरकालीन रचना) के लेखक ने इस

प्रकार की है, 'जीवित लोग क़यामत समझने लगे और मुर्दे हश्र। आदि काल से लेकर इस समय तक हिन्दुस्तान में इस प्रकार का भूकम्प कभी न आया था और ऐसे भूकम्प के विषय में किसी को इस बात की कोई स्मृति नहीं। कहा जाता है कि उसी दिन हिन्दुस्तान के अधिकांश नगरों में भूकम्प आया था।'[154] भूकम्प की भयंकरता का उल्लेख करते हुए अब्दुल्लाह (जहाँगीर कालीन लेखक) ने लिखा है कि 'जीवित लोग क़यामत समझने लगे और मुर्दे हश्र। आदम के काल से सुलतान सिकन्दर लोदी के राज्य काल तक कभी इस प्रकार का भूकम्प न आया था और किसी को इस बात की स्मृति नहीं कि इस प्रकार का भूकम्प हिन्दुस्तान में पुनः कभी आया।'[155]

दोनों वर्णनों की तुलना से स्पष्ट ज्ञात होता है कि इन लेखकों का भूकम्प सम्बन्धी सूचना सूत्र एक ही है और सम्भवतः वह जायसी ही हैं। इस सम्बन्ध में आश्चर्यजनक स्थिति यह है कि 911 हि. में जीवित और समकालीन जनजीवन सम्बन्धी रूपकों के रचनाकार हिन्दी कवि कबीरदास ने इस दुर्घटना की विकरालता का कोई उल्लेख अपने काव्य में नहीं किया जबकि भूकम्प के पश्चात् लगभग 12 वर्ष तक वह जीवित रहे। वह भ्रमणशील साधु थे। अतः यह तर्क अमान्य होगा कि बनारस में भूकम्प नहीं आया होगा इसलिए वह इससे अनभिज्ञ रहे होंगे।

'वाक़ेआते-मुशताक़ी' के लेखक शेख़ रिज़्कुल्ला मुशताक़ी की रचनाओं में भी इस घटना का उल्लेख अपेक्षित है जबकि भूकम्प के समय उनकी आयु 14-15 वर्ष की थी और इसकी भयंकरता का अनुभव उन्हें अवश्य हुआ होगा। उन्होंने आँखों देखी और कानों सुनी अपनी कहानियों का 'वाक़ेआते-मुशताक़ी' नाम से संकलन अवश्य अकबर के शासनकाल में किया है, किन्तु सिकन्दर लोदी के अमीरों और दरबारियों से उनके व्यक्तिगत घनिष्ठ सम्बन्ध थे। सिकन्दर लोदी के समय घटित अनेक कहानियों का उल्लेख उनकी रचना में हुआ है, किन्तु इस दैवी प्रकोप की कोई चर्चा उन्होंने भी नहीं की। तत्कालीन अन्य स्रोत अभी तक उपलब्ध नहीं हैं। इस प्रकार भूकम्प की घटना को सूचित करने वाले एकमात्र लेखक जायसी हैं। जायसी के वर्णन में न तो किसी स्थान विशेष की ओर संकेत है और न ही किसी तिथि का उल्लेख। 'आख़िरी कलाम' के लेखक ने जिस भूकम्प का चित्र उपस्थित किया है वह अवश्य ही उसके जन्मस्थान में आया होगा और यह तथ्य भी निर्विवाद है कि उनका जन्म आगरे में नहीं हुआ था। जायस उनका धर्मस्थान हो अथवा जन्मस्थान किन्तु आगरा नगर से उनका कोई सम्बन्ध नहीं था।

भूकम्प सम्बन्धी हमारा उपर्युक्त विवेचन संदिग्ध रहेगा यदि इस प्रसंग में अबुल फ़ज़ल और बाबर बादशाह के कथनों का विश्लेषण न किया जाए, क्योंकि अबुल फ़ज़ल राजनैतिक घटनाओं के उल्लेख में चाहे विश्वसनीय न हो किन्तु आर्थिक, सामाजिक एवं सांस्कृतिक तथ्यों के प्रकाशन में वह अत्यन्त विश्वस्त सूत्र है। भारत

आगमन के पूर्व बाबर के जीवन में घटित घटनाओं का उल्लेख करते हुए अबुल फ़ज़ल ने 'अकबरनामा' में लिखा है :

> 'इस वर्ष के प्रारम्भ में काबुल और उसके पार्श्ववर्ती क्षेत्र में एक भयंकर भूकम्प आया। दुर्ग परिकोटि सहित क़िले और नगर के बहुत से भवन धराशायी हो गए। पेमग़ान ग्राम के समस्त घर गिर गए। एक दिन में 33 झटके आए और एक मास तक बराबर दो या तीन झटके दिन और रात में आ जाते थे। बहुत से व्यक्ति मर गए और पेमग़ान तथा बकतुब के बीच में इतनी चौड़ी दरार पड़ गई जितनी दूरी तक एक आदमी पत्थर फेंक सकता है और इतनी गहरी खड्ड उत्पन्न हो गई जितनी दूरी तक कोई तीर फेंक सकता है। इस खड्ड से पानी उबलने लगा। स्तिरग़च और मैदान के बीच 24 मील की दूरी तक धरती इस प्रकार सिकुड़ गई कि इसके कुछ भाग हाथी की ऊँचाई तक ऊपर उठ गए। भूकम्प की आरम्भिक स्थिति में पहाड़ों से धूलाभ्र उमड़ते थे। उसी वर्ष हिन्दुस्तान में भी भयंकर भूचाल आया था।'[156]

उपर्युक्त उद्धरण में काबुल के भूकम्प की विकरालता का चित्रण यथार्थ है क्योंकि इसका साक्षी बाबर बादशाह है और 'बाबरनामा' से उसके कथन को अबुल फ़ज़ल ने ज्यों का त्यों उद्धृत कर दिया है। अपनी ओर से केवल इतना ही बढ़ाया है कि 'उसी वर्ष हिन्दुस्तान में भी भयंकर भूचाल आया था' और अबुल फ़ज़ल के इस कथन का कोई स्पष्ट आधार नहीं है। या तो यह सूचना आधारित है जनानुश्रुति पर अथवा इसका एकमात्र स्रोत जायसी का वर्णन है। तिथि के सम्बन्ध में घटना के 80-90 वर्ष बाद लोकस्मृति को अधिक विश्वसनीय नहीं ठहराया जा सकता।

काबुल, पेमग़ान और मैदान आदि स्थानों के नामों को यदि विस्मृत कर दिया जाए तो काबुल, पेमग़ान, मैदान, घाटी, नदी आदि विशिष्ट स्थान सूचक संज्ञाओं तथा निश्चित तिथियों के अतिरिक्त कवि जायसी और सम्राट बाबर का भूकम्प विषयक वर्णन लगभग समान है। अबुल फ़ज़ल ने 'अकबरनामा' में जिन तथ्यों का उल्लेख किया है वे निश्चित रूप से तुज़्क-ए-बाबरी में लिखित सूचनाओं और तथ्यों पर आधारित हैं। आगरे और अन्य भारतीय नगरों में भूचाल की घटना की सम्भावना के सम्बन्ध में उसने आशंका अवश्य प्रकट की है, किन्तु इस घटना का प्रमाण सहित उल्लेख नहीं किया। अत: 911 हि. (1505 ई.) में भूकम्प के समय आगरा नगर का स्थापन और नगर के विध्वंस की चर्चा पूर्णतया विश्वसनीय नहीं है। भूकम्प की विकरालता, विध्वंसकारिता और दीर्घकालीनता का जो चित्र हमें बाबर के वर्णन में प्राप्य है, जायसी के वर्णन से उसी का परिचय भाव मिलता है। इस प्रसंग में जायसी का वर्णन द्रष्टव्य है :

> 'गिरि, पर्वत और नदियाँ इस प्रकार उद्वेलित थीं जैसे छलनी में भरी वस्तु उमड़घुमड़ रही हो। धरती चक्र के समान घूम रही थी और आकाश रहट के सदृश्य डोल रहा था। 'गिरि-पहार-परबत' धराशायी हो गए थे और स्पत समुद्र कीचरूप रह गए थे।'[157]

जायसी के इस भूकम्प विषयक वर्णन में भी स्पष्ट रूप से किसी ऐसे उच्च पर्वतीय प्रदेश का उल्लेख है जहाँ नदियाँ भी रही होंगी। 'सप्त समुद्र के कीच होने' की चर्चा सम्भवत: काव्यगत अतिशय हो, किन्तु 'गिरि-पहार-परबत' के धूल-धूसरित होने का उल्लेख इस कोटि में कदापि नहीं आता क्योंकि जायसी ने इस विध्वंस का अनेक बार उल्लेख किया है। एक ही प्रकार के वर्णन की बारंबारता को देखकर निश्चित रूप से कहा जा सकता है कि इस वर्णन में काबुल के समान भौगोलिक स्थिति वाले भू-भाग की ओर ही संकेत है। पद्मावतकार के जन्मस्थान जायस नगर का यह प्राकृतिक भूगोल हो ही नहीं सकता।

उनके इस वर्णन को वस्तुपरक मान लेने पर मलिक मुहम्मद जायसी जायस के न होकर किसी पर्वतीय नगर के निवासी ठहरते हैं क्योंकि भूकम्प के प्रसंग में इन्होंने उसी भौगोलिक क्षेत्र का चित्रण किया है जिसमें घटित भूकम्प का विविधात्मक चित्र उनसे 25 वर्ष पूर्व बाबर ने प्रस्तुत किया है। बाबर का भूचाल विषयक वर्णन मान्यता प्राप्त और स्वानुभूतिपरक है। इसीलिए यथार्थ और मार्मिक बन सका है। जायसी का चित्रण भी सजीव और विवरणात्मक है, लेकिन फिर भी सविश्वास नहीं कहा जा सकता कि उन्होंने इस भूकम्प को देखा होगा और इसकी भीषणता का अनुभव स्वयं किया होगा। ऐसा मानने का कारण यह है कि अनेक साक्ष्यों के आधार पर जायसी का जन्मकाल भी भूकम्प की घटना के आसपास ही ठहरता है। मानव शिशु आठ-नौ सप्ताह की आयु तक हर प्रकार की प्रज्ञान क्षमता से वंचित रहता है। जन्म के समय घटित किसी घटना का अंकन बालक के मानस पटल पर अस्वाभाविक और असम्भव है। जिस यथार्थ वर्णन क्षमता और आत्मगत अनुभव का परिचय जायसी ने इस सम्बन्ध में दिया है वह वयस्कायु की अनुभूति का परिचायक है। जन्मकालीन अथवा प्रौढ़ावस्था की किसी अज्ञात भूकम्प घटना का 20-30 वर्ष पश्चात् इतना विस्तृत और वस्तुपरक चित्रण किसी भी प्रकार सम्भव नहीं है। निश्चय ही यह प्रौढ़ावस्था की अनुभूति और अभिव्यक्ति की शक्तिशाली प्रतिभा का फल है। परन्तु इस आशंका को भी पूर्णत: निराधार नहीं कहा जा सकता कि जन्मकालीन अनुश्रुत भूकम्प पर जायसी ने अपने वास्तविक अनुभव को आरोपित करके दोनों घटनाओं को एक बना दिया हो।

ऐसी स्थिति में यही मान्यता समीचीन है कि जायसी ने 911 हि. (1505 ई.) में घटित भूकम्प का ही उल्लेख 'आख़िरी कलाम' में किया है और वर्णन में वस्तुपरक दृष्टि जन्मकालीन स्थिति से असम्बद्ध है। भारत में इस घटना के एकमात्र लिखित साक्ष्य प्रस्तुतकर्ता महाकवि जायसी ही हैं क्योंकि बाबर ने केवल काबुल में घटित भूकम्प का अनुलेखन किया है और पर्याप्त समय बीतने पर अन्य अनुलेखकों ने उसके द्वारा प्रस्तुत विवरण को उद्धृत किया है। इस प्रकार जायसी ही एकमात्र विश्वसनीय सूत्र हैं जो प्रमाणित करते हैं कि काबुल के साथ-साथ उत्तर भारत के कुछ स्थानों में भी उसी समय भयंकर भूकम्प आया था। परन्तु तत्कालीन इतिहासकारों ने इस

महत्त्वपूर्ण घटना का उल्लेख नहीं किया जबकि भूकम्प पीड़ितों की सहायतार्थ कोई न कोई व्यवस्था समकालीन प्रशासन की ओर से अवश्य की गई होगी। इस भयंकर दैवी आपत्ति का प्रभाव अत्यन्त व्यापक क्षेत्र पर पड़ा होगा। हज़ारों घर धूल-धूसरित हुए होंगे और लाखों परिवार इसके प्रकोप के भाजन बने होंगे। आश्चर्य है कि इन संकटग्रस्त और पीड़ितों के प्रति किसी के हृदय में सहानुभूति जाग्रत नहीं हुई। इतिहासकारों ने इस मानवीय संवेदना को उल्लेख के योग्य नहीं समझा। प्रशासन ने इसकी उपेक्षा की। कबीरदास जैसे सहृदय कवि तक ने अपनी किसी रचना में इस पर आधृत कोई रूपक प्रस्तुत नहीं किया, कोई मर्मस्पर्शी चित्र उपस्थित नहीं किया। साहित्य का या साहित्येतर कोई अन्य ऐसा साक्ष्य उपलब्ध नहीं है जो जायसी कथित भूकम्प को पुष्ट और प्रमाणित कर सके।

अत: साक्ष्यों के अभाव में 25 वर्ष उपरान्त अकेले जायसी द्वारा प्रस्तुत किए गए साक्ष्य को अधिक महत्ता प्रदान करने के पक्ष में हम नहीं हैं। तिथि और स्थान के सम्बन्ध में दिए गए उल्लेख भी पूर्णतया संदिग्ध हैं। ऐसी स्थिति में इस एकमात्र साक्ष्य के आधार पर भूकम्प को भारत में भी घटित स्वीकार कर लेना भी औचित्यपूर्ण नहीं है। कहना न होगा कि अपने जन्म के समय घटित अथवा प्रौढ़ावस्था में होने वाले किसी भूकम्प को ही महाकवि जायसी ने 'आख़िरी कलाम' में चित्रित किया है और निश्चय ही यह उनकी स्वानुभूति पर आधारित नहीं है। इसे विश्वसनीय, अनुभूतिपरक, वस्तुनिष्ठ बनाया है उन्होंने बाबर के भूकम्प-चित्रण का छायानुवाद करके।

जायसी के सम्बन्ध में यह कोई आश्चर्यजनक रहस्योद्घाटन नहीं है। वह इस कला में दक्ष हैं। प्रसंगानुकूल अन्य स्थलों पर भी फ़ारसी के अनेक कवियों की कृतियों का शब्दानुवाद तथा भावानुवाद प्रस्तुत करने में उन्होंने अद्वितीय सफलता प्राप्त की है। यह प्रवृत्ति उनकी काव्यशैली और अभिव्यंजना कौशल का अभिन्न अंग है। अत: यदि भूकम्प के प्रसंग में उन्होंने बाबर के वर्णन को ही भाषा-चौपाई का चोला पहना दिया हो तो कोई आश्चर्य नहीं होना चाहिए। इससे उस आशंका का समाधान भी हो जाता है कि अपने भूकम्प विषयक वर्णन के आधार पर पद्मावतकार जायस नगर निवासी नहीं ठहरते और इसका भी सुस्पष्ट प्रमाण मिल जाता है कि भूकम्प की जिस भीषण स्थिति का उन्होंने विविध रूपात्मक चित्र प्रस्तुत किया है वह उनका अपना नहीं है। जिस भौगोलिक स्थिति और आत्मानुभव का परिचय इस वर्णन में प्राप्त होता है उसका जायसी द्वारा प्रस्तुतीकरण अत्यन्त अस्वाभाविक और अविश्वसनीय है।

जायसी ने 911 हि. में घटित भूकम्प का ही उल्लेख किया है अथवा किसी अन्य भूकम्प की विकरालता को उन्होंने बाबर के वर्णन के आश्रय से सजीव बना दिया है? यह प्रश्न भी विचारणीय है। इस विषय में डॉ. वासुदेवशरण अग्रवाल ने सन्देह प्रकट करते हुए लिखा है : '1505 ई. (911 हि.) में अवश्य ऐसा भूकम्प हुआ था किन्तु यह वह नहीं हो सकता जिसका जायसी ने उल्लेख किया है।'[158] यदि यह वह

भूकम्प नहीं है तो इसके पूर्व घटित भूकम्प घटना की खोज आवश्यक है। 847 हि. में जायसी की द्वितीय पीर-परम्परा के संस्थापक गुरु सैयद मुहम्मद जौनपुरी के जन्मदिवस पर जौनपुर के और उसके पार्श्ववर्ती क्षेत्र में आए एक भयंकर भूकम्प का उल्लेख महदवी सम्प्रदाय के ग्रंथों में प्राप्त होता है। दुर्भाग्य से इसका भी कोई उल्लेख तत्कालीन अथवा परवर्ती ऐतिहासिक ग्रंथों में उपलब्ध नहीं है। सम्प्रदाय की मान्यता के अनुसार इस भूकम्प ने 'आकाशचुंबित भवनों को धूल-धूसरित कर दिया था, सुदृढ़ गढ़ और प्रासाद विकम्पित हो उठे थे।' साम्प्रदायिक ग्रंथों के अतिरिक्त लिखित एक भूगोल-ग्रंथ[159] में भी इसी भूकम्प की चर्चा मिलती है।

भूकम्प के आधार पर जायसी की जन्मतिथि का निर्धारण

महाकवि जायसी ने यदि उसी भूकम्प का उल्लेख अपनी रचना में किया है जो उनके जन्म के समय घटित हुआ था तो उपर्युक्त विवेचन के आधार पर निश्चित रूप से उनके दो ही जन्म वर्ष हो सकते हैं—एक 847 हि. और दूसरा 911 हि.। यदि उनका जन्म 911 हि. में स्वीकार किया जाए तो आत्मोल्लेखानुसार[160] उनके प्रथम काव्य-ग्रंथ की रचना तिथि 941 हि. निर्धारित होती है जबकि 936 हि. में ही वह 'आख़िरी कलाम' की रचना कर चुके थे। इसके अतिरिक्त यह मान्यता भी नितान्त निराधार नहीं है कि इस ग्रंथ के पूर्व 927 हि. में ही जायसी 'पद्मावत' के प्रारम्भिक अंशों का समारम्भ कर चुके थे। इसलिए उनके आत्मकथन के आधार पर 911 हि. के पूर्व ही उनका जन्म हुआ होगा। 936 हि. में रचित ग्रंथ में ही अपने जन्म से तीस वर्ष उपरान्त काव्याभ्यास की सूचना उन्होंने दी है। इसे विश्वस्त आधार के रूप में स्वीकार किया जा सकता है। इस प्रकार 905-6 हि. में उनका अवतरण सम्भव है। दूसरा जन्मसंवत् 927 हि. में 30 वर्ष घटाने पर प्राप्त होता है जिसके अनुसार उनका जन्म 897 हि. में निर्धारित होता है। इस मान्यता के आधार पर नवीं सदी हि. में जायसी के जन्म सम्बन्धी अनुमान अधिक तर्कसंगत प्रतीत होते हैं।[161] और 911 हि. में घटित भूकम्प के समय उनकी आयु 14 वर्ष की ठहरती है। चौदह वर्षीय बालक निश्चय ही भूचाल की भीषणता का अनुभव कर सकता है।

महदवी सम्प्रदाय में मान्य भूकम्प घटना 847 हि. में घटित हुई थी। यदि इसी वर्ष जायसी का भी जन्म स्वीकार किया जाए तो 949 हि. में मृत्यु के समय उनकी 102-3 वर्ष की आयु रही होगी। इस युग में किसी की इतनी दीर्घायु आश्चर्यजनक नहीं है। साथ ही इससे यह मत भी पुष्ट हो जाता है कि 'पद्मावत' की रचना के समय जायसी अत्यन्त वृद्ध हो चुके थे। वृद्ध होने का उल्लेख उन्होंने स्वयं 'पद्मावत' के उपसंहार में किया है। परन्तु इस सम्बन्ध में सबसे बड़ी बाधा यह है कि 927 हि. अथवा 936 हि. के पूर्व उनकी कोई भी रचना उपलब्ध नहीं है जबकि 'तीस बरीस ऊपर कबि बदी' की उक्ति के आधार पर 877 हि. में उन्हें काव्य रचना आरम्भ कर देनी चाहिए थी। परन्तु जन्मतिथि की उपर्युक्त मान्यता के आधार पर स्वीकार करना पड़ेगा

कि उन्होंने न्यूनाधिक 80 वर्ष की आयु में काव्यलेखन का श्रीगणेश किया था। यह अनुमान अत्यन्त अविश्वसनीय और अस्वाभाविक है। अत: 847 हि. में जायसी के जन्म की मान्यता न तो तर्कसंगत है और न ही तथ्यसंगत।

जायसी की मृत्युतिथि

949 हि. (1542 ई.) में जायसी का स्वर्गवास अब सर्वमान्य है और इसका एकमात्र आधार नवाब शुजाउद्दौला से सनद प्राप्त किसी क़ाज़ी नसरुद्दीन हुसैन जायसी की याददाश्त है जिसमें उनका मृत्युकाल 4 रजब 949 हि. उल्लिखित है। आश्चर्य है कि स्वर्गारोहण तिथि के सम्बन्ध में लगभग सभी विद्वानों के बीच मतैक्य है जबकि जन्मतिथि के बारे में अत्यधिक मदभेद हैं।[162]

नवाब शुजाउद्दौला 18वीं शाताब्दी के अन्तिम चरण में अवध के शासक थे और उनकी समकालीन याददाश्त जायसी के देहावसान के लगभग डेढ़-दो सौ वर्ष पश्चात् ही लिखी गई है। अत: इस साक्ष्य को जायसी की मृत्यु तिथि निर्धारण के लिए विश्वस्त आधार नहीं बनाया जा सकता। आचार्य रामचन्द्र शुक्ल ने भी इसके सम्बन्ध में सन्देह प्रकट किया है।[163] फिर भी विद्वानों ने इसे निर्विवाद सत्य के रूप में स्वीकार कर लिया है। इसका एकमात्र कारण यही रहा है कि 'पद्‌मावत' के उपसंहार में जायसी द्वारा वर्णित वृद्धावस्था के साथ मृत्युतिथि के सामंजस्य स्थापना के प्रयास में यह सहायक है। 'पद्‌मावत' की रचना के समय जायसी अत्यन्त वृद्ध हो चुके थे। इस तथ्य को बिना परीक्षण के ही स्वीकार कर लिया गया। इसी मान्यता के आधार पर उपलब्ध अन्य साक्ष्यों को अस्वीकार किया गया क्योंकि उनके आधार पर जायसी की आयु डेढ़ सौ वर्ष से भी अधिक हो जाती थी।

जन्मतिथि को आगे बढ़ाकर आयु की इस दीर्घता को कम किया जा सकता था। परन्तु एक ओर भूकम्प (911 हि.) से इसका जुड़ा होना आवश्यक था और दूसरी ओर 'पद्‌मावत' की रचना के समय 947 हि. में जायसी की वृद्धावस्था को प्रमाणित करना भी ज़रूरी था। इसका फल यह हुआ कि विद्वान और शोधकर्ता इस गोरखधन्धे में फँस गए। वे जितनी खोज करते गए उतने ही इस प्रश्न के ओर-छोर उलझते गए। कुछ विद्वानों ने यह प्रश्न उठाया कि यदि 'पद्‌मावत' की रचना के पश्चात् अधिक समय तक महाकवि जायसी जीवित थे तो उन्होंने अपने काव्यलेखन की इतिश्री क्यों कर दी ? उनके मतानुसार इस प्रश्न का यही उचित उत्तर हो सकता है कि 949 हि. में शरीर त्यागकर जायसी स्वर्गलोक सिधार गए। इसी अवधारणा के आधार पर गुलाम सरवर लाहौरी[164] और मीर हसन देहलवी[165] के साक्ष्य को अस्वीकार कर दिया गया क्योंकि विद्वानों के पूर्वनिर्धारित मत को इन व्यक्तियों के उल्लेख से समर्थन प्राप्त नहीं होता था।

जायसी के स्वर्गारोहण तिथि के निर्धारण के सम्बन्ध में अत्यधिक महत्त्वपूर्ण और विश्वसनीय साक्ष्य 'मआ'रिज-उल-विलायत' नामक ग्रंथ के लेखक का है। पुस्तक

के नाम से ही ज्ञात होता है कि लेखक का सम्बन्ध महदवी सम्प्रदाय से रहा होगा। पुस्तक की रचना जहाँगीर के शासनकाल में हुई है। इस प्रकार निकटवर्ती काल का ग्रंथ होने के कारण जायसी की मृत्युतिथि के सम्बन्ध में इसके लेखक द्वारा दी गई सूचना अधिक प्रामाणिक हो सकती है। 'मआ'रिज-उल-विलायत' के लेखक का कथन इसलिए और भी प्रामाणिक सिद्ध होता है क्योंकि उसने अपनी रचना में जायसी काव्य का मूल्यांकन भी किया है। वह जायसी से व्यक्तिगत रूप से न सही किन्तु एक कवि के रूप में अवश्य ही भलीभाँति परिचित है। इस ग्रंथ की सूचना के अनुसार अकबर के शासनकाल के अन्त तक महाकवि जायसी जीवित रहे।

जायसी की जन्मतिथि से सम्बन्धित मत-मतान्तरों का विवेचन करते हुए हम विवेच्य स्थल पर यह मत निर्धारित कर चुके हैं कि 897 हि. में ही उनका जन्म अत्यधिक तर्कसंगत है। मृत्युतिथि का गम्भीर विवेचन अपेक्षित है। सैयद क़ल्बे मुस्तफ़ा ने लिखा है : 'जिस वर्ष वह दरबार में बुलाए गए थे, उसी वर्ष उनकी मृत्यु हुई।'[166] मीर हसन देहलवी ने भी अकबर से जायसी के साक्षात्कार का वृत्तान्त छन्दबद्ध रूप में प्रस्तुत किया है। अतः जायसी की मृत्युतिथि निर्धारण के सम्बन्ध में महत्त्वपूर्ण प्रश्न यह है कि इन दोनों की भेंट कब और कहाँ हुई होगी। निश्चय ही राजधानी आगरा में इस साक्षात्कार की कोई सम्भावना नहीं है, अन्यथा इसका कोई न कोई अनुलेख अवश्य प्राप्त होता। ऐसा प्रतीत होता है कि दोनों की भेंट उसी समय हुई होगी जब बिहार-बंगाल के विद्रोह को समाप्त करने के लिए अकबर ने राज्य की पूर्वी सरकारों का भ्रमण किया था।

1574-75 में कालपी, जौनपुर, ग़्यासपुर (ग़ाज़ीपुर) और वाराणसी आदि स्थानों पर अकबरी दरबार लगा था। इस समय जौनपुर के क़ाज़ी यज़दी के नेतृत्व में मुल्लावर्ग अकबर की धार्मिक नीति के विरोध पर कटिबद्ध हो गया था और बिहार-बंगाल के विद्रोहियों को इनका समर्थन प्राप्त था। ऐसी स्थिति में इस क्षेत्र के धार्मिक व्यक्तियों और प्रभावशाली संतों से सम्पर्क स्थापित करना कूटनीति की दृष्टि से नितान्त आवश्यक था। कवि और धर्मात्मा के रूप में इस समय तक जायसी की ख्याति हो चुकी थी। इसलिए उनसे सम्पर्क स्थापित करना अकबर के लिए एक राजनैतिक आवश्यकता थी और इसी नीति के फलस्वरूप महाकवि जायसी तथा महाबली अकबर की भेंट सम्भव हो सकी। जायसी सम्राट के समक्ष किसी इच्छा या आकांक्षा की पूर्ति के लिए याचक बनकर नहीं गए थे। तत्कालीन परिस्थितियाँ जिस ओर संकेत करती हैं वह यह है कि अकबर ने स्वयं उनका समर्थन प्राप्त करने की दृष्टि से उन्हें दरबार में आमंत्रित किया था। दोनों की भेंट कालपी, जौनपुर और ग़्यासपुर में से किसी भी स्थान पर सम्भव है, इस सम्बन्ध में स्थान विशेष का अधिक महत्त्व है भी नहीं। महत्त्व है केवल उस वर्ष का जब यह भेंट हुई होगी। इतिहास सूत्रों से प्राप्त साक्ष्य के आधार पर यह अनुमान समीचीन है कि 1574-75 ई. में दोनों की भेंट हुई होगी। हो सकता

है कि क़ल्बे मुस्तफ़ा की सूचना के अनुसार उसी वर्ष उनका देहान्त हो गया हो और यह भी सम्भव है कि इसके पश्चात् भी वह कुछ वर्षों तक जीवित रहे हों। जो भी स्थिति रही हो किन्तु यह प्रमाणित है कि वह अकबर के शासनकाल में पर्याप्त समय तक जीवित रहे और 949 हि. में जायसी के देहान्त की अवधारणा नितान्त भ्रामक है।

उपर्युक्त विवेचन के आधार पर जायसी की मृत्युतिथि 1575-76 ई. निर्धारित होती है और इससे 1489-90 ई. में उनके जन्म की धारणा अधिक प्रमाण पुष्ट हो जाती है। 85-86 वर्ष की आयु में किसी का देहावसान युक्ति युक्त है। निर्धारित जन्मतिथि (1489-90 ई.) के आधार पर भूकम्प घटना वर्णन से सम्बद्ध आशंकाओं का भी समाधान होता है क्योंकि 14-15 वर्ष की आयु में इसकी भीषणता की अनुभूति सम्भाव्य और स्वाभाविक है। 1489-90 या उसके आसपास जायसी के जन्म के समय स्थानीय स्तर पर भूकम्प का कोई झटका आया था और 1505 ई. में घटित भूकम्प की स्वतः अनुभूत भयंकरता और व्यापकता को जायसी ने जन्मकालीन अनुश्रुत घटना पर आरोपित कर दिया। वास्तविक स्थिति जो भी हो परन्तु उनके चित्रण पर बाबर की वर्णन शैली का स्पष्ट प्रभाव अवश्य है।

वृद्धावस्था वर्णन का परीक्षण

जन्मतिथि सम्बन्धी हमारी मान्यता के आधार पर 'पद्मावत' की रचना के समय (1540 ई.) जायसी की आयु लगभग 50-51 वर्ष की रही होगी। जीवन की इस मध्यावस्था में स्वानुभूत-सा प्रतीत होने वाला वृद्धावस्था विषयक वर्णन जायसी काव्य के मर्मज्ञों को सरलतापूर्वक मान्य नहीं हो सकता। अन्य प्रसिद्धि प्राप्त मसनवी लेखकों के वृद्धायु सम्बन्धी चित्रण से तुलना करने पर जायसी का वर्णन अनुभूतिपरक प्रमाणित नहीं होता। दूसरे कवियों के समान मसनवी रचना-विधान के अन्तर्गत मान्य परम्परा का निर्वाह जायसी ने भी इस प्रसंग में किया है। कथा प्रारम्भ करने के पूर्व उसका संक्षिप्त विवरण प्रस्तुत करने की पद्धति निज़ामी के समय से प्रचलित हुई है। इस परम्परा का निर्वाह भी पद्मावतकार ने अपनी रचना में किया है। पुस्तक के अन्त में उपसंहार लिखने की परम्परा निज़ामी से भी पुरानी है। फ़िरदौसी ने इसका निर्वाह 'समापन तिथि' शीर्षक के अन्तर्गत किया है। 'शाहनामे' के उपसंहार में उसने अपने अत्यधिक वृद्ध होने की चर्चा की है। साथ ही साथ अपनी कलाकुशलता की सराहना करते हुए उसने 'शाहनामे' को एक अमर ग्रंथ घोषित किया है। 'शाहनामे' में वृद्धावस्था के वर्णन समय उसकी आयु 50 वर्ष से अधिक नहीं थी। 'आईनः-ए-सिकन्दरी' नामक मसनवी में अमीर ख़ुसरो ने फ़िरदौसी का अनुसरण किया है। अमीर ख़ुसरो और जायसी के वृद्धावस्था विषयक वर्णन में विलक्षण समानता है। दोनों महाकवियों के वर्णनों की तुलना से ज्ञात होता है कि ख़ुसरो की अनेक पंक्तियों का अनुवाद जायसी ने अपनी

रचना में प्रस्तुत किया है। अत: इस पक्ष को प्रमाणपुष्ट सिद्ध करने के लिए दोनों के वर्णनों का सविस्तार विवेचन वांछनीय है :

ख़ुसरो ने लिखा है—'हाय युवावस्था बीत गई'[167]
जायसी की उक्ति है—'जोबन हुत सो अवस्था गई'[168]

यौवन की समाप्ति और वृद्धावस्था के आरम्भ के सम्बन्ध में अपनी मानसिक पीड़ा का ख़ुसरो ने एक अन्य पंक्ति में भी उल्लेख किया है :

'यौवन का अन्त हो गया है और बुढ़ापे ने आ घेरा है।
भय है कि कहीं यह भी न बीत जाए।'[169]

ऐसा प्रतीत होता है कि जायसी ने इस शेर की प्रथम पंक्ति के भाव को ही अपने वर्णन में अधिक कलात्मक रूप से प्रस्तुत किया है :

मुहमद बिरिध बएस अब गई। जोबन हुत सो अवस्था गई।[170]
ख़ुसरो को दुख है कि : 'यौवन के दर्प को वृद्धायु ने चूर्ण कर दिया है'[171]
जायसी भी इसी दुख से पीड़ित हैं—'गरब गएउ तरहुँड़सिर नाई।'[172]
पद्मावतकार के अनुसार बुढ़ापे ने बलहीन और जीर्ण शरीर कर दिया है।
दृष्टि में प्रकाश नहीं रह गया, आँखों से पानी बहता रहता है।
बल जो गएउ कै खीन सरीरू। दिस्टि गई नैनन्ह दै नीरू।[173]

'बुढ़ाई' के कारण मनुष्य की दीप्तियुक्त आँखों में अन्धकार छा जाने से ख़ुसरो भी दुखी हैं। उन्होंने पानी बहने का स्पष्ट उल्लेख नहीं किया क़िन्तु उससे सम्बद्ध चिकित्सा सामग्री की चर्चा अवश्य की है :

> 'दीप्तिमान मनुष्य के नेत्र अन्धकारयुक्त, प्रकाशविहीन हो गए हैं। उन्हें कभी सुरमा और कभी तूतिया की आवश्यकता रहती है।'[174]
>
> 'काल अवर्तन ने ख़ुसरो के शरीर को क्षीण और बलहीन कर दिया है। पीठ झुकने से पेट अन्दर को घुस गया है, मुखड़े पर झुर्रियाँ ही झुर्रियाँ हैं।'[175]
>
> जायसी ने अपनी बलहीनता और अपने क्षीण शरीर का उल्लेख किया है किन्तु उन्होंने पीठ-पेट की स्थिति और झुर्रियों से भरी मुखाकृति की चर्चा नहीं की। इसके स्थान पर उन्होंने दशनरहित कपोलों और अपनी श्रवणविहीन स्थिति का वर्णन अवश्य किया है।[176]

ख़ुसरो ने काले केशों के विख्यात उपमान शब-ए-तार (तिमिरमय रात्रि) के माध्यम से उस बिम्ब को प्रस्तुत किया है जिसमें अन्धकार का कालिमयुक्त आवरण हटने लगता है और उसमें से प्रात:कालीन आभा की सफ़ेदी फूटने लगती है।[177] जायसी के वर्णन में काले केशों का स्थान सफ़ेद मुए ने ले लिया है :

भँवर गएउ केसन्ह दै मुआ[178]

'बिना यौवन के मनुष्य जीते जी ही मर जाता है।'[179] 'जीवन की बहार तभी तक है जब तक यौवन का साथ है। जवानी बीतने पर जीवन मृत्यु के समान है।'[180] वृद्धावस्था के प्रति जायसी के यही उद्‌गार ख़ुसरो की रचना में भी प्रतिध्वनित होते हैं। उन्होंने इसी भाव को निम्न प्रकार छन्दबद्ध किया है :

'मनुष्य की समस्त शोभा का एकमात्र आधार यौवनावस्था ही है। उसके अभाव में जीवन जीवन ही नहीं रहता।'[181]

अमीर ख़ुसरो और जायसी के वर्णनों से जो उद्धरण ऊपर की पंक्तियों में प्रस्तुत किए गए हैं उनसे प्रकट होता है कि दोनों में एक जैसे भाव चित्रित किए गए हैं। ऐसा प्रतीत होता है कि जायसी ने अमीर ख़ुसरो से इस प्रसंग के वर्णन में प्रभाव ग्रहण किया है। लगभग 50 वर्ष की आयु में ही ख़ुसरो ने वृद्धावस्था का उपर्युक्त हृदयविदारक चित्रण किया था। उनके आत्मोल्लेख के आधार पर यह निर्विवाद सत्य है।[182] अत: ख़ुसरो के समान जायसी भी 50-51 वर्ष की आयु में वृद्धावस्था के मर्मस्पर्शी वर्णन के प्रस्तुतीकरण में समर्थ थे। इसके लिए दीर्घायु होना वांछनीय नहीं है। जायसी ने इस सम्बन्ध में अपने पूर्ववर्ती फ़ारसी कवियों द्वारा मान्य परम्परा का निर्वाह किया है, इसका उनके अपने जीवन से विशेष सम्बन्ध नहीं है। इस प्रकार यह धारणा निर्मूल सिद्ध होती है कि 'पद्‌मावत' की रचना के समय जायसी अत्यधिक वृद्ध हो चुके थे और इस ग्रंथ के उपसंहार में उन्होंने वृद्धायु के विषय में जो भाव चित्रित किए हैं वह स्वत: अनुभूत हैं।

शेरशाह की प्रशस्ति करते हुए जिन आशीर्वचनों[183] का आश्रय जायसी ने 'पद्‌मावत' में लिया है उनके आधार पर भी उन्हें वृद्ध सिद्ध किया जाता है। श्री इन्द्रचन्द नारंग का विचार है : 'दिल्ली की गद्दी पर बैठने के समय शेरशाह की अवस्था 53-54 वर्ष की हो चुकी थी। शेरशाह बादशाह को आशीर्वाद देने वाला कवि अवश्य वृद्ध रहा होगा। इसलिए 'पद्‌मावत' के अन्तिम छन्द में वृद्धावस्था का वर्णन कवि का स्वत: अनुभूत मानना ही ठीक है। 'पद्‌मावत' लिखते समय जायसी वृद्ध हो चुके होंगे।'[184]

'युग-युगान्तर तक वह राज करता रहे और समस्त संसार उस दाता के समक्ष याचक बना रहे।' यह आशीर्वचन ऐसा नहीं है जिसके उच्चारण के लिए आशीषदाता का वृद्धायु होना आवश्यक हो। आशीर्वाद और आयु का कोई सम्बन्ध भी नहीं होता क्योंकि यह व्यक्ति पद से अधिक सम्बन्धित है। छोटी आयु की बड़ी भाभी भी इसी प्रकार का आशीष अपने देवरों को हमारे समाज में देती है। संत, महात्मा तो आशीर्वाद ही देते हैं चाहे उनकी आयु कितनी कम क्यों न हो। स्वामी रामतीर्थ लघु आयु में अमरीका के वृद्ध राष्ट्रपति को आशीष देते दिखाई पड़ते हैं। ग़ालिब निश्चय ही बहादुरशाह ज़फ़र से आयु में छोटे थे जब सम्राट के स्वस्थ होने पर उन्होंने लिखा था :

तुम सलामत रहो हज़ार बरस।
हर बरस के दिन हों पचास हज़ार।

इसलिए आशीर्वचन के आधार पर जायसी के दीर्घायु होने का अनुमान ग्राह्य नहीं हो सकता। निश्चय ही हमारे पास कोई ऐसा सबल और सुस्पष्ट साक्ष्य नहीं है जिसके आधार पर 'पद्मावत' की रचना के समय जायसी की वृद्धावस्था का अनुमान प्रमाणित हो सके। ऐसी स्थिति में यही मानना अधिक तर्कसंगत होगा कि 1540 ई. में जायसी की आयु लगभग 50-51 वर्ष की ही थी। इस प्रकार वृद्धावस्था से सम्बद्ध इस शंका समाधन के बाद जायसी की जन्म तथा मृत्यु तिथियों के निर्धारण में कोई बाधा नहीं रह जाती।

यदि जायसी 'पद्मावत' रचना के पश्चात् 25 वर्ष की आयु तक जीवित रहे तो स्वाभाविक प्रश्न उठता है कि इस दीर्घकाल में वह क्या करते रहे ? इसका उत्तर स्पष्ट है। हम अन्य स्थल पर तर्क सहित इसकी चर्चा कर चुके हैं कि इस काल में वह 'पद्मावत' का ही संशोधन और संवर्द्धन करने में व्यस्त रहे। इसके अतिरिक्त उनकी अनुपलब्ध कृतियों की रचनातिथि से हम अभी तक अनभिज्ञ हैं। सम्भव है कि उन्होंने इस काल में अन्य काव्यग्रंथों का निर्माण किया हो। 'चित्ररेखा' की रचना तिथि भी प्रमाणित नहीं है। रचनाकाल के उल्लेख के अभाव में अन्तःसाक्ष्य के आधार पर 'कहरानामा' 'पद्मावत' के पश्चात् रचित काव्य ज्ञात होता है। इसलिए मृत्युतिथि के निर्धारण में यह आपत्ति भी महत्त्वहीन है।

जायसी की मृत्यु और जनश्रुति

जायसी की मृत्यु के सम्बन्ध में सैयद क़ल्बे मुस्तफ़ा ने जनश्रुति के आधार पर एक बहेलिये द्वारा जायसी के मारे जाने की घटना का अत्यन्त मनोरंजक वर्णन किया है। इसी का उल्लेख पंडित रामचन्द्र शुक्ल ने भी किया है।[185] इसके अनुसार अमेठी नरेश रामसिंह के एक तुफ़ंगची (बन्दूक़ची) ने भूल से जंगल में उनकी हत्या कर दी। कहा जाता है कि अपने हत्यारे के सम्बन्ध में जायसी को पूर्वज्ञान था। अँधेरी रात में बहेलिया बन्दूक़ लिये जा रहा था और शेर की गुर्राहट जैसी ध्वनियाँ सुनकर उसने गोली चला दी। महाकवि इस संसार से चल बसा। इस कथा से स्पष्ट है कि जायसी जंगल में सस्वर जाप कर रहे थे जिसे बहेलिये ने भ्रम से शेर की गुर्राहट समझ लिया। यह बात तथ्यसंगत नहीं है क्योंकि जायसी सिद्धान्ततः गुप्त जाप में विश्वास रखते थे, सस्वर जाप को वह 'लपक-झपक' मात्र मानते थे। उनके अनुसार 60 वर्ष की 'लपक-झपक' एक क्षण के गुप्त जाप के समान है।[186] अपने सिद्धान्त के विपरीत जायसी द्वारा सस्वर जाप असम्भव है और उसके बिना शेर की गुर्राहट जैसे शब्द सुनना निराधार अनुमान है। इस कथा के सम्बन्ध में दूसरी आपत्ति यह है कि हत्या बन्दूक़ द्वारा हुई है और यदि 1540 में जायसी का देहावसान हुआ था तो उस काल में बन्दूक़ इतना सामान्य शस्त्र नहीं थी कि साधारण सा बहेलिया उसे लेकर शेर मारता फिरे। सम्भावना यह अधिक है कि स्वयं राजा को भी तुफ़ंग उपलब्ध न रही हो क्योंकि चित्तौड़ पर आक्रमण

के समय सर्वप्रथम अकबर द्वारा ही इसका उपयोग इतिहास सिद्ध है। इस काल में भी न किसी संगठित बन्दूक़ची सेना का साक्ष्य प्राप्त होता है और न ही एक सामान्य हथियार के रूप में इसकी चर्चा मिलती है। इसलिए शेरशाह काल में बहेलिये जैसे साधारण जनों द्वारा बन्दूक़ का उपयोग नितान्त अविश्वसनीय है। यह सम्भव है कि जायसी का देहावसान इसी प्रकार हुआ हो, किन्तु यह घटना शेरशाहकालीन (1542 ई.) नहीं हो सकती। जायसी की मृत्यु से सम्बद्ध जनश्रुति भी इसी मत का समर्थन करती है कि वह अकबर के शासनकाल में अधिक समय तक जीवित रहे।

जन्म के समय भूकम्प घटना, 'पद्मावत' की रचना के समय वृद्धावस्था, बहेलिये द्वारा जनश्रुत हत्याकांड वे संकेत बिन्दु हैं, जिनका जायसी के जीवनकाल निर्धारण के लिए गम्भीर विवेचन अपेक्षित था। इस अध्याय में इसी के कारण विषयान्तर अवश्य हो गया है, किन्तु जायसी के जन्म और उनकी मृत्यु तिथियों के सम्बन्ध में हमें अधिक प्रमाणयुक्त तथ्य उपलब्ध हुए हैं। उपर्युक्त विवेचन के आधार पर जायसी का जन्म 1490 ई. के लगभग निर्धारित होता है और 85 वर्ष की आयु में 1575-76 में उनका स्वर्गवास अधिक तर्कसंगत जान पड़ता है। सम्भव है कि अकबर के शासनकाल में जायसी इससे भी कुछ अधिक समय तक जीवित रहे हों।

जायसी के ग्रंथों के रचनाक्रम निर्धारण के लिए उन कालगत सीमाओं की खोज आवश्यक थी जिसमें वह जीवित रहे। हमारे मतानुसार 'अखरावट' 'पद्मावत' के पश्चात् रचित कृति प्रतीत होती है। यदि 'पद्मावत' लिखने के उपरान्त वह एक-दो वर्ष तक ही जीवित रहे तो यह अनुमान प्रमाणपुष्ट नहीं होता। उपर्युक्त निर्धारित मृत्युतिथि के प्रकाश में 'अखरावट' को अन्य अन्त:साक्ष्यों के आधार पर 'पद्मावत' की परवर्ती रचना स्वीकार करने में कोई बाधा नहीं है। 'कहरानामा' उसी आधार पर 'अखरावट' के पश्चात् रचित कृति ठहरती है। 'आख़िरी कलाम' स्पष्टत: जायसी की प्रथम रचना है और 'कहरानामा' उन्हीं की अन्तिम कृति। अब तक की उपलब्ध सामग्री के आधार पर हम इन्हीं निष्कर्षों पर पहुँचते हैं।

सन्दर्भ

1. जा. ग्रं. रामचन्द्र शुक्ल (षष्ठ संस्करण) पद्मावत, 24/1
2. पद्मावत, डॉ. वासुदेवशरण अग्रवाल (झाँसी), प्राक्कथन, पृ. 34
3. वही, पृ. 34
4. जा. ग्रं. रामचन्द्र शुक्ल, (षष्ठ संस्करण), भूमिका, पृ. 5-6
5. आख़िरी कलाम, 13/1
6. वही, 8/1
7. रियाज़-उस-सलातीन, पृ. 173
8. आख़िरी कलाम, 8/1-7
9. वही, 8/8-9

10. अखरावट, 36/8—'ध्यान चितबाँधि'; चित्ररेखा, 11/8 —'पेम चित बंध।'
11. देखिए, लताएफ़-ए-अशरफ़ी, पृ. 56-61; सूफ़ियों के जीवन वृत्तान्त सम्बन्धी सभी ग्रंथों में इसका उल्लेख है।
12. आख़िरी कलाम, 8/6
13. पद्मावत, 13-17 कड़वक।
14. कन्हउत, (माइक्रो फ़िल्म) फो. 10 —दहली कहौं छत्रपति नाऊँ। बादशाह बड़ शाह हुमायूँ।
15. पद्मावत, 13/8-9
16. वही, 15/8-9
17. कन्हउत, (माइक्रो फ़िल्म) फो. 10
18. पद्मावत, 17.8.9
19. गोपाल चन्द जी की तथा माता प्रसाद जी की कुछ प्रतियाँ (927 हि./1520-21ई.); अलाउल कृत बंगलानुवाद (1645-52 के बीच) में 'पद्मावत' के 927 हि. रचनाकाल का उल्लेख; खोज रिपोर्ट (14वाँ त्रैवार्षिक विवरण, 1929/31) के पृ. 62 पर 1801 ई. की लिखित प्रति का विवरण; भारत कला भवन, काशी की कैथी प्रति में रचनाकाल 936/1529-30 ई. में उल्लिखित है; 1697 ई. में लिखित प्रति (माता प्रसाद जी गुप्त की द्वि 3 प्रति) में 945 हि./ 1538-39 ई. रचनाकाल उल्लेख; माता प्रसाद जी कुछ प्रतियों तथा रामपुर की शाकरी प्रति में 947 हि./ 1540-41 ई. और मनेर शरीफ़ की प्रति में 948 हि./ 1541-42 ई.।
20. जा. ग्रं. सं. रामचन्द्र शुक्ल (षष्ठ संस्करण) पद्मावत, 24/1
21. शेरशाह का राज्याभिषेक, 848 हि. में हुआ था।
22. चित्ररेखा, 23/5-7
23. भारत कला भवन काशी की कैथी प्रति में उल्लिखित रचनाकाल।
24. मुल्ला अब्दुश्शकूर बज़्मी—रचनाकाल, 1618-19 ई.।
25. आक़िल ख़ाँ राज़ी—रचनाकाल, 1658-59 ई.।
26. पद्मावत, 445/6
27. वही, 445/8
28. 'रतपद्म', अब्दुश्शकूर बज़मी, (सुलेमान संग्रह, मौ. आ. पुस्त. अलीगढ़) हस्तलिखित— 'तक़रीबे तर्जमा नमूदन ईं अफ़सानये हिन्दवी बज़बाने फ़ारसी।'
29. 'पद्मरत', 'ज़ाँरू किम्याने हिन्दी अशआर। माअनिये रत अस्त आशिक़ेज़ार।'
30. शमआ परवाना, आक़िल ख़ाँ राज़ी, हस्तलिखित (मौ. आ. पुस्तकालय, अलीगढ़)।
31. पद्मावत, 652/4
32. वही, 652/5
33. शमआ परवान, आक़िल ख़ाँ राज़ी, हस्तलिखित (अलीगढ़)।
34. पद्मावत, 652/6
35. शमआ परवाना, आक़िल ख़ाँ राज़ी, हस्तलिखित (अलीगढ़)।
36. पद्मावत, 652/6
37. शमआ परवाना, आक़िल ख़ाँ राज़ी (सलाम संग्रह, संख्या 50/62, मौ. आ. पुस्तकालय अलीगढ़) हस्तलिखित।
38. पद्मावत, 23/6-7
39. एनसाइक्लोपीडिया ऑफ़ इस्लाम, भाग 3, पृ. 111-115

40. देखिए, जायसी ग्रंथों की तालिका—अध्याय-2
41. चित्ररेखा, 10/4
42. वही, 11/1
43. कहरानामा, पृ. 87
44. वही, पृ. 87
45. पद्मावत, 319/1; 320/1
46. पद्मावत, सं. डॉ. माता प्रसाद गुप्त, पृ. 272
47. पद्मावत, सं. डॉ. वासुदेवशरण अग्रवाल, पृ. 318
48. पद्मावत, 318/1
49. देखिए तालिका, अध्याय 2, ग्रंथ संख्या 7
50. पद्मावत, कड़वक 34-35; 59; 186-189; 377; 432-442
51. देखिए तालिका—अध्याय 2, ग्रंथ संख्या 8
52. वही, ग्रंथ संख्या 9
53. चित्ररेखा, 5/5
54. वही, 2/6
55. अखरावट, 36/1-2
56. पद्मावत, कड़वक 567
57. वही, कड़वक 622
58. पद्मावत, 312-13
59. वही, 314/1
60. वही, 315/8-9
61. वही, 316/1
62. देखिए तालिका, अध्याय 2, ग्रंथ संख्या 10
63. चित्ररेखा, 8/4—'उसमाँ लिखि सुपुरान सुनावा।' मधुमालती, 9/4—'तीजें ठाउँ राउ उसमाना। जेइं रे भेद बेद का जाना।'

    यह इतिहास सिद्ध है कि क़ुर्आन का सम्पादन कार्य ख़लीफ़ा उसमान द्वारा सम्पन्न हुआ था और तब से इसका वही प्रमाणित रूप सर्वमान्य है।
64. पद्मावत, 239/3
65. वही, 239/5
66. जायसी ग्रंथावली, सं. डॉ. माता प्रसाद गुप्त—देखिए परिशिष्ट में कड़वक 284अ, 284 आ और 284 द।
67. वही, कड़वक 284 अ।
68. पद्मावत, 557/4
69. द वंडर दैट वाज़ इंडिया, अ. ल. बेशम (लंदन, 1954) पृ. 431-432; वासुदेवशरण जी ने 'पद्मावत' के 563 कड़वक की टिप्पणी में इस नर्तकी का नाम धारा बताया है।
70. पद्मावत, 529/5
71. पद्मावत, माता प्रसाद गुप्त (1963) भूमिका, पृ. 19
72. देखिए अध्याय 2, तालिका-ग्रंथ संख्या 11
73. पद्मावत, कड़वक 159

74. विवरण के लिए देखिए सूफ़ीमत साधना और साहित्य, रामपूजन तिवारी, पृ. 266
75. पद्मावत, 160/8-9
76. पद्मावत, 288/8-9
77. विवरण के लिए देखिए सूफ़ीमत साधना और साहित्य, रामपूजन तिवारी, पृ. 265-66
78. आख़िरी कलाम, 57/4-6
79. सूफ़ीमत साधना और साहित्य, रामपूजन तिवारी, पृ. 279
80. पद्मावत, 289/4-9
81. पद्मावत, 43/1
82. स्वर्ग से बाहर किसी निकटवर्ती स्थान पर होज़े-कौसर का उल्लेख जायसी ने 'आख़िरी कलाम' में किया है जहाँ पुण्यात्माओं ने स्वर्ग प्रवेश और भोजन के पूर्व स्नान किया था—देखिए आख़िरी कलाम, कड़वक 44
83. पद्मावत, 43/2-3
84. वही, 43/4-5; शिया सम्प्रदाय की मान्यता है कि तबा बेर का वृक्ष है और इसीलिए वह लोग मुर्दे को बेरी की पत्ती के पानी से नहलाते हैं और क़ब्र में उसके साथ बेरी की पत्ती और शाखाएँ रखते हैं।
85. मीकाईल, जीब्रील, इज़राइल और इस्राफ़ील नाम चार अढ़वायक (देवदूत) (अखाखट, 5/3) ही गढ़पति हैं।
86. पद्मावत, 48/8-9
87. पद्मावत, कड़वक 40-48; 157-160; 287-289; इनके अतिरिक्त अन्य प्रसंगों के अन्तर्गत स्वर्ग वर्णन कवि ने किया है।
88. देखिए अध्याय 2, तालिका—ग्रंथ संख्या 13
89. पद्मावत, कड़वक 344-357
90. वही, कड़वक 358-373
91. वही, कड़वक 341-343
92. वही, कड़वक 581-583
93. देखिए अध्याय 2, तालिका—ग्रंथ संख्या 15
94. पद्मावत, 356/6
95. वही, कड़वक 283-84
96. वही, कड़वक 541-551
97. वही, कड़वक 586
98. आख़िरी कलाम, कड़वक 45-48
99. देखिए अध्याय 2, तालिका—ग्रंथ संख्या 16
100. पद्मावत, 551/6
101. पद्मावत, 55/8-9—जग कोइ दिस्टि न आवै आछहिं नैन अकास।
जोगी जती संन्यासी तप साधहिं तेहि आस।
102. वही, 65/8-9— नैन जो देखे कँवल भए निरमर नीर सरीर।
हँसत जो देखे हँस भए दसन जोति नग हीर।
103. देखिए अध्याय 2, तालिका—ग्रंथ संख्या 18
104. वही, ग्रंथ संख्या 19

105. पद्मावत, वासुदेवशरण अग्रवाल, (झाँसी, सं. 2012 वि.) प्राक्कथन, पृ. 33
106. वही, पृ. 33
107. 936 हि., 5 सितम्बर, 1529 से 4 सितम्बर, 1530 ई. तक—बाबर का देहान्त 30 दिसम्बर, 1530 ई. को हुआ। अत: हुमायूँ का राज्यारोहण 937 हि. में ही सम्भव है।
108. तारीख़े दाऊदी—अब्दुल्लाह, (इतिहास विभाग, मुस्लिम विश्वविद्यालय, अलीगढ़, 1954) पृ. 124-25—फ़ारसी से हिन्दी अनुवाद स्वयं लेखक ने किया है।
109. पद्मावत, 622/1
110. पद्मावत, 623/7
111. वही, 623/2
112. वही, 624/3
113. जायसी ग्रंथावली, माता प्रसाद गुप्त, (इलाहाबाद, 1952) परिशिष्ट, पृ. 557-650
114. पद्मावत, कड़वक 622-625
115. विवरण के लिए देखिए, राजपूताने का इतिहास, आचार्य गौरीशंकर हीराचन्द ओझा, (दूसरा खंड) पृ. 372-73, 700-5
116. पद्मावत, कड़वक 523
117. वही, कड़वक 525
118. वही, 525/3-4
119. पद्मावत, 14-8-9
120. पद्मावत, सं. वासुदेवशरण अग्रवाल, पृ. 33
121. कन्हउत, (माइक्रो फ़िल्म) फ़ो. 10
122. वही, फ़ो. 13
123. चित्ररेखा, 20/9
124. पद्मावत, 265/2
125. वही, 122/2
126. वही, 173/6
127. चित्ररेखा, 13/1
128. जायसी की रचनाएँ और उनका नामकरण, शहाब सरमदी, ना. प्र. पत्रिका (अंक 2, 2023 वि.) पृ. 227
129. चित्ररेखा, 21/9, पृ. 86
130. देखिए हक़ायक़े हिन्दी, अनु. डॉ. अ. अ. रिज़वी, नागरी प्रचारिणी सभा।
131. चित्ररेखा, 11/2
132. चित्ररेखा, 13/2-4
133. वही, 11/1-2—सूफ़ी परिभाषा में अहंभाव को ख़ुदी और ब्रह्म के अवतरण की प्रथम अवस्था (हक़ीक़त-उल-मुहम्मदिया) को ख़याल कहते हैं इसी अवस्था में ज़ात (सत्ता) ने अपने को अभिव्यक्त करने का विचार किया था—इसके लिए देखिए, इस्तलाहते सूफ़िया (दिल्ली, 1929 ई.) पृ. 56
134. चित्ररेखा, 11/4-5
135. वही, 11/7
136. वही, 10/4-7
137. वही, 10/8-9

138. पद्मावत, 194/3-6; माता प्रसाद गुप्त जी ने माँटि से स्थान पर भाँति पाठ निर्धारित किया है, किन्तु यहाँ माँटि पाठ ही उचित है। फ़ारसी लिपि में दोनों एक ही तरह लिखे जाएँगे।
139. वही, 20/7
140. चित्ररेखा, 6/8-9
141. आख़िरी कलाम, कड़वक 1-2
142. बोस्तान, शेख़ सादी, नवल किशोर प्रेस, पृ. 1
143. पद्मावत, कड़वक 1-4
144. पद्मावत, कड़वक 7-8
145. कहरानामा, स. अ. सि. अमरेश, पृ. 98
146. वही, पृ. 98
147. आख़िरी कलाम, 4/1-2
148. उत्तर तैमूरकालीन भारत (भाग-1) अ.अ. रिज़वी, निज़ामुद्दीन अहमद बख़्शी कृत 'तबक़ाते-अकबरी' का अनुवाद, पृ. 220; अब्दुल्लाह कृत तारीख़े दाऊदी, पृ. 277-78; 'ए शॉर्ट हिस्ट्री ऑफ़ मुस्लिम रूल इन इंडिया', डॉ. ईश्वरी प्रसाद, पृ. 232
149. वही, अनूदित ग्रंथों की समीक्षा, पृ. 'झ'।
150. वही, निज़ामुद्दीन अहमद बख़्शी कृत 'तबक़ाते-अकबरी' का अनुवाद, पृ. 220
151. मख़ज़ने अफ़ग़ाना, नेअमत उल्लाह, अनु. न. रेय, शान्तिनिकेतन (1958 ई.) पृ. 83-83; तुज़ुक जहाँगीरी, अनु. अ. रोजर्स और ह. बेवरिज, लंदन (1909 ई.) भाग-1, पृ. 4
152. अर्बन सेंटर्स ऐंड इंडस्ट्रीज़ इन अपर इंडिया, हमीदा ख़ातून नक़वी (1968 ई.) पृ. 17
153. आख़िरी कलाम, 4/2-9
154. उत्तर तैमूरकालीन भारत (भाग 1), नि अ. अ. रिज़वी, निज़ामुद्दीन अहमद बख़्शी कृत 'तबक़ाते-अकबरी' का अनुवाद, पृ. 220
155. वही, अब्दुल्लाह कृत तारीख़े दाऊदी का अनुवाद, पृ. 277-78
156. अकबरनामा, अबुल फ़ज़ल, अनु. ह. बेवरिज (भारतीय संस्करण) पृ. 228-29
157. आख़िरी कलाम, कड़वक 5
158. पद्मावत, प्राक्कथन, वासुदेवशरण अग्रवाल, पृ. 32
159. जुग़राफ़ि-ए-जौनपुर, उर्दू, किशोरी प्रेस, पृ. 106
160. 'तीस बरीस ऊपर कवि बदी'—आख़िरी कलाम, 4/1
161. नवीं सदी हि. में तीस वर्ष बीतने पर 830 हि. (1427 ई.) में पं. चन्द्रबली पांडेय ने जायसी का जन्म स्वीकार किया है—(ना. प्र. पत्रिका, भाग 14, पृ. 397); डॉ. वासुदेव शरण अग्रवाल ने 9वीं सदी हि. (1398-1494 ई.) के बीच किसी समय जायसी की जन्मतिथि निर्धारित की है। दोनों की मान्यताएँ निराधार कल्पना मात्र हैं।
162. 830 हि. (नवीं सदी हि. में तीस वर्ष बीतने पर) 1427 ई.—पं. चन्द्रबली पांडेय
900 हि. 1492 ई.—पं. रामचन्द्र शुक्ल
900 हि. 1495 ई.—डॉ. जयदेव
900 हि. 1495 ई.—सैयद क़ल्बे मुस्तफ़ा
906 हि. —डॉ. कमल कुलश्रेष्ठ
नवीं सदी हि. 1398-1494 ई. के बीच —डॉ. वासुदेवशरण अग्रवाल
882 हि. (मनेर शरीफ़ में प्राप्त 'अखरावट' की) 1477 ई. —पं. शिव सहाय पाठक
प्रति की पुष्पिका में उल्लिखित 911 हि. में से 30 वर्ष घटाने पर।

163. जा. ग्रं., रामचन्द्र शुक्ल, पृ. 8
164. यह जायसी की मृत्युतिथि 1639 ई. मानते हैं—ख़जीनत-उल-असफ़िया, सखर, पृ. 473
165. इनके अनुसार किसी समय जायसी अकबर के दरबार में उपस्थित हुए थे—मसनवी, रुमूज़-उल-आरफ़ीन।
166. मलिक मुहम्मद जायसी, सं. क़ल्बे मुस्तफ़ा (उर्दू), पृ. 75
167. आईनः-ए-सिकन्दरी, सं. म.स.अ. फ़ारूक़ी, अलीगढ़ (1917), पृ. 286—'दरेग़ा कि दौर-ए-जवानी गुज़श्त।'
168. पद्मावत, 653/1
169. आईनः-ए-सिकन्दरी, सं.म.स.अ. फ़ारूक़ी, अलीगढ़ (1917), पृ. 289—'जवानी शुद व पीरी आग़ाज़ गश्त। दरेगा कि ईं नीज़ ख़्वाहद गुज़श्त।'
170. पद्मावत, 653/1
171. आईनः-ए-सिकन्दरी, सं.म.स.अ. फ़ारूक़ी, अलीगढ़ (1917) पृ.288—'चूँ पीरी ग़ुरूर-ए-जवानी शिकश्त।'
172. पद्मावत, 653/4
173. वही 653/2
174. आईनः-ए-सिकन्दरी, सं. म.स.अ. फ़ारूक़ी, अलीगढ़ (1917) पृ. 287—'शवद तीरह दर चश्म-ए-मर्दुम-ए-ज़्या। गहे सुरमह ख़्वाहद गहे तूतिया।'
175. वही, पृ. 287—तन अज़ गर्दिश-ए-दह मिसकीं शवद। शिकम पुरख़म ब रू-ए-पुरचीं शवद।
176. पद्मावत, 653/3-5
177. आईनः-ए-सिकन्दरी, सं.म.स.अ. फ़ारूक़ी, अलीगढ़ (1917) पृ. 286—
'सुपैदः दमीद अज़ शब-ए-तार-ए-मन'
178. पद्मावत, पृ. 653/6
178. वही, 653/6
180. वही, 656/7
181. आईनः-ए-सिकन्दरी, सं.म.स.अ. फ़ारूक़ी (अलीगढ़) (1917) पृ. 288
182. वही, पृ. 288—'बः पंजाह नज़दीकम आमद हयात।' (जब मेरी आयु 50 के लगभग पहुँची)।
183. पद्मावत—'दीन्ह असीस मुहम्मद, करहु जुगहिं जुग राज।
बादशाह तुम जगत के, जग तुम्हार मुहताज॥'
184. 'पद्मावत' स्वर, इन्द्र चन्द नारंग, पृ. 3
185. जा. ग्र., रामचन्द्र शुक्ल, पृ. 8
186. अखरावट, कड़वक 38—'साठि बरिस जो लपई झपई। छन एक गुपुत जाप जो जपई।
जानहु दुवौ बराबर सेवा। ऐसन चलै मुहमदी सेवा।'

अध्याय-तीन

जायसी-गुरु परम्परा विवेचन

'आख़िरी कलाम' के अतिरिक्त जायसी द्वारा रचित अन्य कृतियों में दो पीर-परम्पराओं का उल्लेख है। डॉ. जयदेव[1] ने मख़दूम जहाँगश्त सैयद अशरफ़ जहाँगीर के गद्दी के उत्तराधिकारी और उनके पौत्र शाह मुबारक को जायसी का दीक्षा-गुरु स्वीकार किया है। अशरफ़ जहाँगीर के पुत्र और पौत्र की कल्पना तथ्यसंगत नहीं है क्योंकि लताएफ़-ए-अशरफ़ी, गुलज़ारे अबरार, सकीनतुल-उल-औलिया, अख़बार-उल अख़ियार आदि सूफ़ी-संत जीवनी सम्बन्धी पुस्तकों में उनके विवाह अथवा संत होने कोई उल्लेख नहीं है।[2] अशरफ़ जहाँगीर ने अपने दत्तक पुत्र हाजी सैयद अब्दुर्रज़्ज़ाक़ को अपने सम्प्रदाय का उत्तराधिकारी नियुक्त कर दिया था। यह क़ादिर सम्प्रदाय के प्रवर्तक सैयद अब्दुल क़ादिर जीलानी (बड़े पीर) के वंशज थे।[3] रामचन्द्र शुक्ल ने अशरफ़ जहाँगीर को जायसी का दीक्षा गुरु माना है और जायस वालों द्वारा मान्य मुबारक शाह बोंदले से दीक्षित होने की उक्ति को अस्वीकार करते हुए लिखा है कि 'पीछे से उन्होंने मुहीउद्दीन की सेवा करके उनसे बहुत कुछ ज्ञानोपदेश और शिक्षा प्राप्त की।' सैयद अशरफ़ जहाँगीर को दीक्षा-गुरु स्वीकार करने में सबसे बड़ी आपत्ति यह है कि दोनों का समकालीन होना सम्भव नहीं है क्योंकि सैयद साहब की मृत्यु 1385 ई.[4] में हो चुकी थी और जायसी की इतनी दीर्घायु का अनुमान विश्वसनीय नहीं हो सकता। इस विवादग्रस्त प्रश्न के शंका समाधान हेतु उस पीर वन्दना पद्धति का विश्लेषण आवश्यक है जिसका अनुसरण जायसी ने किया है। मुल्ला दाउद, कुतबन, मंझन आदि हिन्दी सूफ़ी-काव्य रचयिताओं ने केवल अपने गुरु विशेष की ही वन्दना की है और उसी का ही गुणगान किया है। महाकवि जायसी ने पीर वन्दना के साथ-साथ उसके पूर्वजों का भी उल्लेख किया है। जायसी ने दोनों पद्धतियों का निर्वाह अपने काव्य में किया है। 'आख़िरी कलाम' और 'अखरावट' में प्रथम गुरु परम्परा के अन्तर्गत केवल सैयद अशरफ़ की वन्दना की है और 'चित्ररेखा' में द्वितीय गुरु परम्परा के अन्तर्गत केवल कालपी नगर के शेख बुरहान का स्तवन है। और

उर्सों में 'शजरह' पढ़ने में इसी पद्धति का अनुकरण आज तक किया जाता है। इस पद्धति में सर्वप्रथम अपने दीक्षा-गुरु अथवा उस पीर-मुरशिद के नाम का उल्लेख होता है जिसका उर्स सम्पन्न होता है।'

'आख़िरी कलाम' में जायसी ने केवल अशरफ़ जहाँगीर चिश्ती की वन्दना की है और सूचित किया है कि वह उनके घर के मुरीद हैं। अशरफ़ जहाँगीर ऐसे पीर हैं कि गुणहीन, कलुषित भी केवल उनके सुमिरन मात्र से भवसागर पार कर लेता है।[5] उन्हीं सैयद अशरफ़ जहाँगीर ने 'कर गहि' कर 'कुमार्गगामी' जायसी को धर्म-पंथ गामी बनाया था। इस सम्बन्ध में जायसी का कथन अत्यन्त स्पष्ट है :

कर गहि धरम-पंथ देखरावा। गा भुलाइ तेहि मारग लावा।
जो अस पुरुषहि मन चित लावै। इच्छा पूजै आस तुलावै।[6]

'आख़िरी कलाम' में निस्सन्देह जायसी ने अपने एकमात्र पीर सैयद अशरफ़ जहाँगीर समनानी का ही उल्लेख किया है अन्यथा उस जीवित पीर का स्तवन अवश्य सर्वप्रथम करते जिससे वह दीक्षित होते और तत्पश्चात् उसके पूर्वज अशरफ़ जहाँगीर की वन्दना होती। 'अखरावट' में भी जायसी ने केवल अशरफ़ जहाँगीर का उल्लेख किया है और बताया है कि वह खेवक हैं और मैं दौड़कर उनकी नौका में बैठ गया हूँ। उनकी शरणागति से भवसागर-भय से जीव निर्भय हो गया है।[7] इस प्रकार स्पष्ट हो जाता है कि जायसी भवसागर तारण हेतु स्वयं को अशरफ़ जहाँगीर के ही आश्रित समझते हैं। परन्तु असम्भाव्य समकालीनता का प्रश्न एक जटिल ग्रंथि है।

इसका उत्तर इस सर्वमान्य तथ्य में निहित है कि सूफ़ियों में प्रत्यक्ष दीक्षा के साथ ही साथ अप्रत्यक्ष-दीक्षा की पद्धति का भी प्रचलन स्वीकृत है। कोई किसी पीर-मुरशिद की समाधि पर जाकर धर्म-मार्ग अनुगामी बन जाता है, कोई स्वप्न में अपने गुरु के दर्शन करके स्वयं को उसका शिष्य घोषित कर देता है, कुछ हज़रत ख़िज्र द्वारा अपने अज्ञात गुरु का परिचय प्राप्त करते हैं। सूफ़ी-जीवनी साहित्य इस प्रकार की घटनाओं से परिपूर्ण है। इस प्रकार दीक्षा-प्राप्त सूफ़ियों को 'ओवैसी' कहते हैं और यह इसलिए सम्भव है कि विश्वास किया जाता है कि क़ुतुब एवं ग़ौस मृत्यु को प्राप्त न होकर केवल अदृश्य हो जाते हैं (परदा कर जाते हैं) और किसी-न-किसी रूप में वे इसी इहलोक में रहकर जनसमुदाय की भ्रष्ट मार्गगमन से सुरक्षा करते हैं। स्वयं अशरफ़ जहाँगीर 'ओवैसी' थे क्योंकि इन्हें हज़रत ख़िज्र के दर्शन हुए थे और अप्रत्यक्ष रूप से उन्होंने सैयद अशरफ़ के मन पर ईश्वर के नामों के मंत्र अंकित कर दिये थे, 'पासे-अनफ़ास' श्वासों की रक्षा का अभ्यास कराया था और उन्होंने ही अशरफ़ जहाँगीर को बंगाल के शेख़ अलाउल हक़ की सेवा में उपस्थित होने का आदेश दिया था।[8]

भारत में चिश्ती सम्प्रदाय के प्रवर्तक अजमेर स्थित और संजर निवासी मुईनउद्दीन चिश्ती से अशरफ़ जहाँगीर द्वारा अप्रत्यक्ष ज्ञान-प्राप्ति की ओर संकेत स्वयं जायसी ने 'अखरावट' में किया है :

कही तरीकत चिस्ती पीरू। उधरित असरफ़ औ जहाँगीरू।[9]

जायसी की द्वितीय गुरु परम्परा में सैयद मुहम्मद का उल्लेख 'ओवैसी' सूफ़ी के रूप में ही हुआ है और उनके भी पथ प्रदर्शक अदृश्य ख़्वाजा ख़िज्र हैं और उन्हें भी अप्रत्यक्षरूपेण 'हज़रत ख़्वाजे' (मुईनुद्दीन चिश्ती) से ज्ञान-ध्यान की प्राप्ति हुई है।[10]

'ओवैसी' सम्बन्धी चर्चा से अभिप्राय यह तथ्य-प्रकाशन था कि युग और समय के बंधन का उल्लंघन करके अप्रत्यक्षरूपेण जायसी भी अशरफ़ जहाँगीर से दीक्षा प्राप्त कर सकते थे और उन्हें अपना पीर और पीर मुरशिद मानने के अधिकारी हो सकते थे। समाधि-सेवन के माध्यम से वह अशरफ़ जहाँगीर द्वारा अप्रत्यक्ष रूप से दीक्षित हुए हैं और इस घटना की ओर उन्होंने 'आख़िरी कलाम' में संकेत भी किया है।

मलिक मुहम्मद किसी अन्य स्थान से अतिथि रूप में जायस नगर आए थे। उन्होंने चालीस दिन तक मख़दूम सैयद अशरफ़ जहाँगीर जहाँ गश्त समनानी की जायस स्थित दरगाह[11] की सेवा की और फलस्वरूप उनमें वैराग्य-ज्वाला प्रज्वलित हो उठी। बार (दरगाह) सेवन का स्पष्ट उल्लेख जायसी ने 'चित्ररेखा' में किया है :

हौं मुरीद सेवौं तिन बार।[12]

'चालीस दिन' पर्यंत अशरफ़ जहाँगीर के समाधि-सेवन से दर्शन-लाभ उपलब्धि और पापपुंज से सेवक की विमुक्ति का उल्लेख 'आख़िरी कलाम' में भी है :

जो चालिस दिन सैवै बार बुहारै कोइ। दरसन होइ मुहम्मद पाप जाइ सब धोइ[13]

'तिन्ह घर हौं मुरीद',[14] 'हौं उन्हके घर बाँद',[15] 'हौं मुरीद सेवौं तिन बार'[16] आदि उक्तियाँ निष्प्रयोजन नहीं हो सकतीं और 'घर' तथा 'बार' का अन्तर्भूत अर्थ का सम्यक् द्योतन 'ख़ानक़ाह' एवं 'समाधि' से सम्भव है क्योंकि शिव मंडप के लिए भी जायसी ने 'दुआर'[17] और 'बारू'[18] शब्दों का उपयोग किया है। इस प्रकार द्वार एवं बार 'ख़ानक़ाह' तथा 'दरगाह' के ही समानार्थक हैं। 'घर' का भी विशिष्टार्थ उपयोग स्वीकार करना चाहिए जिससे 'सिलसिला'[19] अथवा सम्प्रदाय का द्योतन होता है। इस विवेचन से यह तथ्य सप्रमाण प्रकाशित हो जाता है कि जायसी सैयद अशरफ़ जहाँगीर को ही अपना पीर स्वीकार करते हैं और उन्हें दरगाह-सेवन की अवधि में परोक्षरूपेण दर्शन के माध्यम से दीक्षा प्राप्त हुई थी। बुरहानुद्दीन से प्रत्यक्ष दीक्षा प्राप्ति के उपरान्त अशरफ़ी सम्प्रदाय के प्रति आदरभाव और आस्था पीरी-मुरीदी नियमावली[20] पालन के फलस्वरूप है और अशरफ़ जहाँगीर के 'घर' (सम्प्रदाय) के प्रति दास्य-भाव प्रदर्शन से यह तात्पर्य कदापि नहीं है कि जायसी

उक्त सम्प्रदाय के किसी समकालीन जीवित पीर द्वारा दीक्षित थे, अन्यथा वह सर्वप्रथम अपने पीर के नाम का स्पष्ट उल्लेख करते। इसके विपरीत जायसी ने शेख़ हाजी के पुत्रों शेख़ मुबारक और शेख़ कमाल दोनों का एक साथ, एक ही समय में, समान आदर सूचक शब्दों द्वारा उल्लेख किया है।[21]

जायसी ने लिखा है कि दोनों को विधाता ने रूप और ज्योति से समृद्ध किया है और दोनों ही जगत के 'थाँभ' (क़ुत्ब) हैं :

दीन्ह जोति औ रूप गोसाईं। कीन्ह खाँभ दुहुँ जगत के ताईं।
दुहुँ खम्भ टेकी सब मही। दुहुँ के भार सिस्टि थिर रही।[22]

परन्तु एक ही समय में और वह भी एक ही सिलसिले में दो क़ुत्बों की कल्पना सूफ़ी विचार प्रणाली द्वारा प्रमाणित नहीं है। 'पद्मावत' में 'मुर्शिद-पीर' और 'चित्ररेखा' में 'मख़दूम' का उपयोग निस्सन्देह सैयद अशरफ़ जहाँगीर के लिए है और 'नाव' एवं 'बोहित' की संज्ञा अशरफ़ी सम्प्रदाय को ही दी गई है। इसी सिलसिलारूपी 'नवका' के जायसीकालीन कर्णधार शेख़ मुबारक और खेवक शेख़ कमाल हैं :

महमद तहाँ निचिन्त पथ जेहि सँग मुरसिद पीर।
जेहि रे नाव करिआ औ खेवक बेग पाव सो तीर।[23]
अस मख़दूम बोहित लइन, धरम करम कर चाल।
करिआ सेख मुबारक, खेवट सेख कमाल।[24]

'अखरावट' में अशरफ़ जहाँगीर की भवसागर[25] तारण शक्ति का गुणगान तो है ही, अन्य ग्रंथों में भी कवि जायसी जल और उसके उपकरणों के माध्यम से ही अपनी प्रथम पीर परम्परा का उल्लेख करते हैं। समुद्र ही ब्राह्मण रूप धारण[26] करके रत्नसेन की सहायता करता है और जायसी के पीर अशरफ़ जहाँगीर के समान ही क्षाणिक मात्र में 'करि गहि' कर घाट पर पहुँचा देता है :

निमिखि एक महँ लेइ गा पदुमावति जेहि घाट।[27]

सैयद अशरफ़ जहाँगीर के सम्बन्ध में श्रद्धालु मुरीद जायसी की 'आख़िरी कलाम' में वर्णित उक्तियों को 'पद्मावत' के ब्राह्मण रूप धारी समुद्र से सम्बद्ध उक्तियों के समक्ष रखकर देखने से प्रतीत होता है कि दोनों मूल रूप में एक ही हैं, केवल परिस्थिति और वेष ही दोनों को पृथक् किए हुए है :

औ निहंग दरिया-जल माहाँ। बूड़त कहँ धरि काढ़त बाहाँ।
समुद्र माहँ जो बहति फिरई। लेतै नावँ सौंह होइ तरई।[28]

एक में कार्य-क्षमता का उल्लेख है और दूसरे में उसी सामर्थ्य की कार्यान्विति का वर्णन है। रत्नसेन के सहायतार्थ समुद्र द्वारा ब्राह्मण रूप धारण करने की घटना

का वर्णन पद्मावती-रत्नसेन प्रेम-कथा को फ़ारसी परिधान से सुशोभित करने वाले रचनाकारों ने भी किया है और इसे 'पीरे दरिया' की संज्ञा दी है।[29] इससे स्पष्ट हो जाता है कि उपर्युक्त ब्राह्मण 'पीर' भी हो सकता है। जायसी की बिम्ब योजना के सराहनीय अध्ययन द्वारा डॉ. सुधा सक्सेना के निष्कर्ष का उल्लेख यहाँ युक्तियुक्त होगा :

'काव्य में शीत (ठंडा) के प्रति भी जायसी के हृदय में एक भय है जो उनके व्यक्तित्व का विश्लेषण करता है। उन्होंने अनेक स्थलों पर शीत के भय और उससे बचने के उपाय रूप में सूर्य की गर्मी का उल्लेख किया है।'[30]

जायसी के लिए शीतलता सुखदायक है और इसके बिम्ब से उनकी रचनाएँ ओत-प्रोत हैं, किन्तु शीत से वह भयभीत हैं। डॉ. सुधा सक्सेना ने निर्णय किया है कि जायसी के इस भय का कारण उनका दारिद्र्य[31] है। हम इस निष्कर्ष से सहमत नहीं हैं क्योंकि सूफ़ीमत में दारिद्र्यग्रहण और सम्पत्ति-त्याग आवश्यक नियम हैं और इस प्रकार की ग्रंथि उनके निर्वेद को निर्मूल बना देगी। वस्तुतः शीत-भय एक मानसिक रोग है और इसका कारण किसी भयंकरतम दुर्घटना द्वारा जनित ग्रंथि है। फ़ालिज के रोगी भी शीत-भय से आतंकित रहते हैं और कुछ में यह भय यहाँ तक ग्रंथि-रूप धारण कर लेता है कि वे गर्मी में भी बन्द कक्ष में सोते हैं।[32] यह तथ्य जायसी के व्यक्तित्व-विश्लेषण में भी सहायक है और कवि द्वारा जलीय उपकरणों द्वारा सैयद अशरफ़ जहाँगीर के वर्णन पर भी यह प्रकाश डालता है। या तो कथा-नायक रत्नसेन के समान जायसी के जीवन में डूबने की कोई दुर्घटना हुई है और अशरफ़ जहाँगीर की परोक्ष सहायता द्वारा उनका तत्क्षण उद्धार हुआ है, अन्यथा इस शीत-भय का सम्बन्ध फालिज से है जिसके फलस्वरूप जायसी को बाईं आँख और बाएँ कान से वंचित होना पड़ा :

मुहम्मद बाईं दिसि तजी एक सखन एक आँखि
जब ते दाहिन होइ मिला बोलु पपीहा पाँखि[33]

सम्भव है ये दोनों घटनाएँ अथवा इनमें से कोई एक जायसी के जीवन में घटी हो, और जल-निम जन के परिणामस्वरूप ही वह फ़ालिज से पीड़ित हुए हों। परोक्ष रूप में अशरफ़ जहाँगीर से दीक्षा-प्राप्ति का सम्बन्ध अवश्य ही इन्हीं घटनाओं से है। इस आपत्ति से जायसी का निस्तारण अशरफ़ जहाँगीर द्वारा हुआ है और तदुपरान्त जायसी ने इन्हें अपना पीर स्वीकार कर लिया है क्योंकि ओवैसी[34] साधक होने का विचार सूफ़ियों में मान्य है। क़िसी दिवंगत शेख़ की आत्मा से 'ओवैसी' सम्बन्ध स्थापित करने पर अपने शेख़ में लय होना शिष्य के लिए आवश्यक है। 'उसे चाहिए कि वह अपने शेख़ का उर्स सम्पन्न करे, उसकी समाधि का सेवन और दर्शन करे, उसके नाम पर दान दे, उससे सम्बद्ध वस्तुओं, उसकी संतान और उससे सम्बन्धित व्यक्तियों का अत्यधिक आदर करे।[35] ओवैसी साधक के जीवन में जब कोई कठिनाई

अथवा बाधा उत्पन्न होती है तो शेख़ की आत्मा मूर्तमान होकर उसके समक्ष सहायतार्थ आती है और साधक अपनी आपत्तियों के निवारण का कारण शेख़ की आत्मा को ही समझता है।[36]

शाह वली उल्लाह की विद्वत्ता और अध्यात्मज्ञान मुस्लिम-जगत में सर्वमान्य है और उनके उपरोक्त कथन के आधार पर यह औचित्यपूर्ण और सप्रमाणित निष्कर्ष निकालना ससंगत होगा कि जायसी अशरफ़ जहाँगीर के ओवैसी शिष्य थे और इसी कारण वह उनकी समाधि सेवन का उल्लेख करते हैं और अशरफ़ी सिलसिले तथा जायस स्थित दरगाह से सम्बन्धित व्यक्तियों के प्रति आदरभाव अपनी रचनाओं में व्यक्त करते हैं।

ओवैसी सम्बन्ध स्थापित होने के उपरान्त साधक के आभ्यंतर-पटल पर दिवंगत पीर की आत्मा का पूर्ण अधिकार हो जाता है। जाग्रत एवं सुषुप्त दोनों अवस्थाओं में वह उसी के दर्शन करता है, मन:चक्षुओं से वह उसका साक्षात्कार करता है और प्रत्येक वस्तु को उसी के रूप और रंग में देखता है। इस तथ्य का उल्लेख जायसी ने 'आख़िरी कलाम' में किया है। चालीस दिन तक जायस-स्थित दरगाह का सेवन करते-करते एक दिन अकस्मात् अशरफ़ जहाँगीर की आत्मा उनके आभ्यंतर में प्रविष्ट हो गई और उन्हें वैराग्य-सुख प्राप्त हुआ :

सुख भा सोचि एक दिन मानौं। ओहि बिनु जिवन मरन कै जानौं।
नैन रूप सो गए उ समाई। रहा पूरि भर हिरद कोई।
जहवैं देखौं तहवैं सोई। और न आव दिस्टि तर कोई।
आपुन देखि मन राखौं। दूसर नाहिं, सो कासौं भाखौं।
सबै जगत दरपन कै बेखा। आपन दरसन आपुहि देखा।
आपने कौकुत कारन 'मीर' पसारिन हाट।
मलिक महम्मद बिहने निकसिन तेहि बाट।[37]

सूफ़ी सम्प्रदायों में यदि पूर्ण सैद्धान्तिक मतैक्य नहीं है तो मत-मतान्तर का अधिक प्रपंच भी नहीं है। इनमें भिन्नता साधना पक्ष की है। प्रत्येक सम्प्रदाय अपनी विशेष ख़ानक़ाही नियमावली के आधार पर ही मुरीदों को दीक्षित करता है और उनका अक्षरश: पालन मुरीद के लिए आवश्यक है। सैयद अशरफ़ जहाँगीर को ख़िर्क़ा (वस्त्र) और ख़िलाफ़त (उत्तराधिकार) चारों सम्प्रदायों से प्राप्त थी, किन्तु मुख्य रूप से उनका सम्बन्ध चिश्तिया-सम्प्रदाय से ही था। अत: इनके अशरफ़ी सम्प्रदाय में चिश्तिया नियमावली का ही मुख्य रूप से पालन होता है। चिश्तियों में चालीस दिन तक किसी दरगाह में एकान्तवास का प्रचलन है। उपवास, सन्तुष्टि, सुमिरन और प्रायश्चित्त द्वारा मुरीद के परीक्षण और उसकी साधना-निष्ठा एवं सामर्थ्य को मापने के उपरान्त उसे मुर्शिदों का ध्यान करने को कहा जाता है। 'तदुपरान्त एक पवित्र नाम बताया जाता

है जिसे वह किसी दरगाह में जाकर जपता रहता है। चालीस दिनों तक उपवास करते हुए उसे जाप करना पड़ता है। तब उसे सम्प्रदाय की वंश-परम्परा बताई जाती है। शनैः-शनैः साधना मार्ग पर अग्रसर होते हुए धरती से आकाश तक वह सारी सृष्टि और साधना के सभी सोपानों को प्रत्यक्ष करता है।'[38]

बीसवीं शताब्दी के प्रथम दशक में जायस में अशरफ़ जहाँगीर का एक इमामबाड़ा[39] था जिसमें चालीस दिन तक साधक एतकाफ़ (एकान्तवास) करते थे और प्रत्येक वर्ष बक़रीद के प्रथम नौ दिनों तक यहाँ मेला लगता था।[40] जिस 'बार' के सेवन के पश्चात् वैराग्य-सुख प्राप्ति का वर्णन जायसी ने किया है वह स्थान सम्भवतः यही इमामबाड़ा है।

जायस की गद्दी का ऐतिहासिक सन्दर्भों में अध्ययन आवश्यक है। मीर सैयद अशरफ़ जहाँगीर का देहावसान 808 हि. में हुआ और उनके दत्तक पुत्र सैयद अब्दुर्रज़्ज़ाक नूरऐनी उनके उत्तराधिकारी हुए। इनके पाँच पुत्र थे जिनमें से एक निस्संतान थे और सम्भवतः पिता के जीवनकाल में ही मृत्यु को प्राप्त हो गए। 837 हि. में शाह अब्दुर्रज़्ज़ाक के देहान्त के पश्चात् चार सज्जादे स्थापित हुए। सैयद हसन और सैयद हुसैन क़त्ताल रसूलपुर में रहे। मख़दूम जहाँगीर की किछौछा स्थित दरगाह रसूलपुर[41] से मिली हुई है। तृतीय पुत्र सैयद फ़रीदउद्दीन बसोढ़ी सज्जादा के ख़लीफ़ा हुए। कनिष्ठ पुत्र सैयद हाजी अहमद जायस दरगाह के उत्तराधिकारी बने और 906 हि. में इनका स्वर्गवास हो गया। इन्हीं का उल्लेख जायसी ने 'हाजी अहमद हाजी पीरू'[42] के नाम से 'चित्ररेखा' में किया है, साथ ही इनके दो पुत्रों शेख़ क़त्ताल (कताल) और शेख़ जलाल[43] की सूचना दी है। शेख़ क़त्ताल का पूरा नाम सैयद हाजी क़त्ताल था और हाजी अहमद के उपरान्त 906 हि. में यह जायस दरगाह के उत्तराधिकारी हुए क्योंकि शाह जलाल का देहान्त पिता के जीवन काल में ही हो गया था। जायसी ने 'पद्मावत' में इन्हीं का वर्णन 'हाजी सेख'[44] के नाम से किया है। शेख़ कमाल (मृत्यु 984 हि.) और शेख़ मुबारक (मृत्यु 974 हि.) दोनों इन्हीं के पुत्र थे। जायसी ने शाह अब्दुर्रज़्ज़ाक का कोई उल्लेख नहीं किया और न ही कछौछा केन्द्र के अशरफ़ी सम्प्रदाय के किसो पीर की उन्होंने चर्चा की है। 'चित्ररेखा' में केवल अन्य धर्मी व्यक्तियों का संकेत मात्र करके उन्होंने कर्तव्य निर्वाह भर किया है :

धरमी हुए कई संसारा। लाभमूल सब ते भए पारा।[45]

द्वितीय गुरु-परम्परा

द्वितीय गुरु-परम्परा पर विचार और सम्बद्ध तथ्यों के विश्लेषण से पहले इस प्रश्न का उत्तर आवश्यक है कि वे कौन सी परिस्थितियाँ थीं जिनके कारण जायसी को अन्य गुरु से दीक्षा-प्राप्ति की आवश्यकता हुई जबकि ख़ानकाही नियमावली के अनुसार

इस प्रकार की स्थिति कुछ सराहनीय नहीं है। दूसरे गुरु से दीक्षा प्राप्त करने का आदेश है, किन्तु इसे आदर्श आचरण स्वीकार नहीं किया गया। कोई भी व्यक्ति अन्य पीर से दीक्षा प्राप्त कर सकता है यदि प्रथम पीर का देहान्त हो गया हो, सम्प्रदाय-साधना पूर्ण हो गई हो और फिर भी जिज्ञासा समाप्त न हुई हो। किसी कारणवश पीर से सदा-सदा के लिए दूरी हो गई हो या गुरु द्वारा बताए जाप और ध्यान की दो-तीन वर्ष तक साधना करने पर भी मनोरथ सिद्ध न हो अथवा पूर्णरूपेण सफलता न हो।[46] जायसी के श्रद्धायुक्त वर्णन से विदित होता है कि अशरफ़ जहाँगीर और उनके सम्प्रदाय के प्रति उनकी पूर्ण आस्था है और किसी प्रकार की भी दूरी, असन्तुष्टि का परिचय हमें उनके उल्लेख से प्राप्त नहीं होता :

कर गहि धरम-पंथ देखरावा। गा भुलाइ तेहि मारग लावा।
जो अस पुरुषहि मन चित लावै। इच्छा पूजै, आस तुलावै।[47]
सैयद असरफ़ पीर पिआरा। तिन्ह मोहिं पंथ दीन्ह उजियारा।
लेसा हिए पेम कर दिया। उठी जोति भा निरमल हिया।
मारग हुत अँधियार असूझा। अँजोर सब जाना बूझा।[48]

अशरफ़ जहाँगीर ने जायसी को उज्ज्वल पंथ का परिचय कराया था, हृदय में प्रेम-दीपक को प्रज्वलित करके उनके मन को स्वच्छ और निर्मल कर दिया था, अगम और अन्धकारमय मार्ग को उनके लिए सुस्पष्ट और सुगम बना दिया था, इच्छापूर्ति में वह सशक्त थे। फिर जायसी को 'मेहदी गुरु' बुरहानुद्दीन से दीक्षा प्राप्त करने की आवश्यकता क्यों पड़ी? जायसी के निम्न कथन से कुछ ऐसा आभास होता है कि अशरफ़ जहाँगीर का सम्प्रदाय धर्म, कर्म तक ही सीमित था :

अस मखदूम बोहित लइन, धरम-करम कर चाल।[49]

'चारि बसेरे'[50] चढ़ने पर ही सत्य की प्राप्ति होती है और अपने इन बसेरों (सोपानों) को जायसी ने 'करम', धरम, सत, नेम'[51] की संज्ञा दी है।

जायसी जैसा जिज्ञासु कर्म (शरीअत) धर्म (तरीक़त) के सोपान तक ही कैसे सीमित रह सकता था? उसे तो चारों बसेरों को पार करके अंशज में अंशी को विलय करना था, उसे तो सायुज्य मुक्ति प्राप्त करना था। वह अपनी ही चुनौती को किस प्रकार अस्वीकार कर सकता था :

दस महँ एक जाइ कोइ करम-धरम सत नेम।[52]

अतः जायसी सत्य (हक़ीक़त) और नेम (मारिफ़त) के रहस्य-उद्घाटन के लिए किसी अन्य गुरु की खोज में संलग्न हो गए। अशरफ़ी सम्प्रदाय की शुष्क एवं संकीर्ण साधना पद्धति भी इसका द्वितीय सम्भाव्य कारण हो सकती है। सैयद अशरफ़ जहाँगीर भारत आगमन के पूर्व सिमनान में रुकनुद्दीन अलाउद्दौला सिमनानी से ज्ञान लाभ करते

रहे हैं।[53] अलाउद्दौला सिमनानी (1261-1336) इब्ने अरबी के अद्वैतवाद और विश्वात्मवाद के घोर विरोधी और सूफ़ी-साधना प्रणाली को अमिश्रित और शरीअत-अधीन[54] रखने के कट्टर प्रचारक थे। इनके विचारों से सैयद अशरफ़ कितने प्रभावित थे, कहना कठिन है क्योंकि 'मकतूबाते अशरफ़ी'[55] और 'लताइफ़-ए-अशरफ़ी' में इसका कोई संकेत प्राप्त नहीं होता। 'तबक़ाते शाहजहानी' के लेखक ने अवश्य उल्लेख किया है कि सैयद अशरफ़ जहाँगीर 'दमिश्क़ में शेख़ इब्ने अरबी की समाधि पर श्रद्धांजलि चढ़ाने गए थे और उन्होंने महाऋषि की 'फ़ुसुसुल हेकम', 'फ़ुतूहाते मक्की' आदि पुस्तकों का सूक्ष्म अध्ययन शेख़ अब्दुर्रज़्ज़ाक काशी के चरणों में बैठकर किया था और इसका प्रसार-प्रचार भी भारत में उन्हीं के द्वारा हुआ था।'[56] शेख़ अब्दुर्रज़्ज़ाक[57] काशी इब्ने अरबी के अनन्य भक्त और उनके सिद्धान्तों के सक्रिय प्रचारक थे। इसीलिए अलाउद्दौला सिमनानी इनका कट्टर विरोध करते थे। अलाउद्दौला के विचार और उनकी कृतियाँ कट्टरपंथी सुन्नियों और संकीर्णमना सूफ़ियों के लिए प्रेरणास्रोत बन गईं और इनकी विचारधारा को 'वहदतुश्शहूद' की संज्ञा प्राप्त हो गई।

इस प्रकार मुस्लिम बुद्धिजीवी 'शहूदी' एवं 'वजूदी' दो भागों में विभाजित हो गए। 'शहूदी' इस्लाम को ही एकमात्र शुद्ध धर्म स्वीकार करते थे। शरअ के बाह्याडंबर पर बल देते थे, किसी प्रकार के सांस्कृतिक आदान-प्रदान को धर्म विरोधी मानते थे, भारतीय ब्रह्मवाद और साधना पद्धति के प्रभावों का बहिष्करण उनका ध्येय था। प्रेम-मार्ग की साधना इनके यहाँ स्वीकृत थी, किन्तु उसे शरीअत के घेरे में सीमाबद्ध रखने की चेष्टा की जाती थी। अत: इस काल में प्रतिक्रियावाद एवं संकीर्णता के पोषक यही 'शहूदी' मताधारी थे। इनके विपरीत 'वजूंदी' मताधारी और इब्ने अरबी के समर्थक उदार थे, भारतीय धर्म भावना के बहिष्कार के स्थान पर उसे ग्रहण किया जाना उनका उद्‌देश्य था। वे मानव और मानव में भेदभाव को अस्वीकार करते थे, प्रत्येक धर्म की पूजा विधि और भावना का समादर उनको मान्य था। वे शरीअत के विरोधी न थे, किन्तु उसकी संकुचित सीमाओं का उल्लंघन करके नवीन अर्थ स्थापन, समय और परिस्थिति के अनुकूल उसमें संशोधन, परिवर्द्धन, विस्तारण और विस्फारण के ये पोषक थे। इस समुदाय के इस उदार दृष्टि को इनके विरोधी 'बिदअत' (शरीअत में प्रक्षेपण) कहते थे। प्रथम वर्ग शुद्धतावादी एवं संकीर्ण था और द्वितीय समुदाय उदार एवं समन्वयवादी था। उस काल से आज तक मुस्लिम समाज में इन दोनों दृष्टिकोणों में विचार एवं भाव दोनों स्तरों पर संघर्ष होता रहा है।

अलाउद्दौला की मृत्यु के पश्चात् उनके समर्थक सैयद अशरफ़ जहाँगीर से परामर्श करने और 'शहूदी' दृष्टिकोण के प्रचार के लिए भारत भी आए थे।[58] परन्तु तथ्य यह है कि सैयद अशरफ़[59] जहाँगीर 14वीं शताब्दी के उन संतों में से थे जिनका भारत में विश्वात्मवाद, सहिष्णुता और उदारता के प्रसार एवं प्रचार में अत्यधिक योगदान है। उनके शिष्य निज़ामुद्दीन यमनी द्वारा संकलित ग्रंथ 'लताएफ़-ए-अशरफ़ी इब्ने

अरबी के अद्वैतवाद तथा विश्वात्मवाद का ज्ञान–कोश है। सैयद अशरफ़ जहाँगीर पर शिया होने और हिन्दू प्रभावों से प्रेरित होने का आरोप ज़फ़राबाद के शेख़ सद्रउद्दीन सुहरावर्दी ने लगाया था।[60] इसमें कोई सन्देह नहीं है कि सैयद अशरफ़ जहाँगीर ने 15वीं शताब्दी के कट्टरपंथियों और उदारमना सूफ़ियों, दोनों को प्रभावित और प्रेरित किया है। दोनों दृष्टिकोणों में तारतम्य स्थापित करने में संत अशरफ़ जहाँगीर प्रयत्नशील प्रतीत होते हैं।

इस विस्तृत विवेचन का आशय यह निर्धारित करना था कि जायसी द्वारा बुरहानुद्दीन से दीक्षा प्राप्त करने का कारण अशरफ़ी सम्प्रदाय का संकुचित एवं कट्टरपंथी दृष्टिकोण नहीं हो सकता था क्योंकि मूलत: वह उदार और समन्वयवादी था। द्वितीय पीर परम्परा में दीक्षित होने का वास्तविक कारण चाहे कुछ रहा हो किन्तु इस शंका का समाधान जायसी ने 'कन्हउत' में स्पष्ट किया है। अशरफ़ जहाँगीर शरीअत मार्ग के पीर थे और बुरहानुद्दीन तरीक़त मार्ग के :

कहुँ शरीअत पीर पियारा। सैयद अशरफ़ जग उजियारा।[61]
कहुँ तरीकत अगुआ गुरु। रोशन दीन दुनिए सुर्ख़रू।[62]

16वीं शताब्दी वास्तव में कट्टरता और संकीर्णता की पराजय और उदारता एवं समन्वयवादिता की विजय का युग है। बौद्धिक धरातल पर इस काल को सैयद मुहम्मद महदी, कबीर, नानक और सैयद मुहम्मद ग़ौस, तुलसीदास और सूरदास की शताब्दी कहना समीचीन है। इसी प्रकार राजनीतिक धरातल पर इस शताब्दी को शेरशाह अकबर और अबुल फ़ज़ल का युग कहना अनुचित नहीं होगा। वास्तविकता यह है कि यह 'सुल्ह कुल'[63] (सहिष्णुता) और सरिताओं के संगम की शताब्दी है। राजा से रंक तक और ज्ञानी से अज्ञानी तक सभी उदारता की तरंगों में तरंगायित हैं। अशरफ़ जहाँगीर के अतिरिक्त सैयद मुहम्मद मेहदी, कबीरदास और सैयद मुहम्मद ग़ौस शत्तारी द्वारा निर्मित ज्ञान–गगन ही महाकवि जायसी का विचरण स्थल है। इन्हीं तीनों के विचारों और भावों के स्नायुओं और तन्तुओं से जायसी ने अपने भावलोक का निर्माण किया है और इसे आलोकित, अनुरंजित और सुसज्जित किया है उन्होंने फ़िरदौसी, निज़ामी, सादी, रूमी और ख़ुसरो की भाव–तारिकाओं और समकालीन यथार्थ और कवि की व्यक्तिगत संवेदना की मणियों से इसे दीप्तिमान किया है। इन तथ्यों पर हम अन्य प्रकाश डालेंगे।

सैयद मुहम्मद जौनपुरी (मेहदी) का दावा था कि मुहम्मद साहब का जन्म 'असनाम'[64] (पाषाण–देवता) की समाप्ति के लिए हुआ था और मेरा जन्म 'अजसाम'[65] (नर–देवता) का अन्त करने के लिए हुआ है। सैयद मुहम्मद रूपी जल प्रवाह में निस्सन्देह महानतम नर–देवता, धर्म शास्त्री, सूफ़ी, मुस्लिम मठाधीश जलनिमग्न हो गए। गुजरात तट से यह भयंकर तूफ़ान उठा और तीव्रगति से समस्त भारतीय मुस्लिम–समाज की धारणाओं, विश्वासों, प्रणालियों के उत्तंग–शिखरों को

धराशायी करता हुआ सम्पूर्ण 16वीं शती के आकाश पर आच्छादित रहा। सुदृढ़ राज्य-सिंहासन डाँवाडोल हो गए। शक्तिशाली सुलतानों के मुकुटों के रत्न झड़ने लगे। कृषक-मज़दूर 'दायरे' (संघ) में सम्मिलित होकर राजकीय-भय से मुक्त हो गए। विख्यात और प्रसिद्ध ज्ञानी ध्यानी मेहदी-मार्गी हो गए। प्रत्येक ख़ानक़ाह में मेहदीवाद का निनाद प्रतिध्वनित हो उठा। अत: कोई आश्चर्य नहीं होना चाहिए यदि कविहृदय और जिज्ञासु साधक मलिक मुहम्मद भी इस तूफ़ान में उड़ते हुए शेख़ बुरहानुद्दीन की शरण में कालपी[66] पहुँच गए क्योंकि 16वीं शती के पूर्वार्द्ध में महदवी-आन्दोलन का एक महत्त्वपूर्ण केन्द्र यहाँ था।

जायसी की रचनाओं के अवलोकन से स्पष्ट ज्ञात होता कि जायसी ने न तो सैयद मुहम्मद जौनपुरी के कल्कि अवतार[67] को निर्विवाद रूप से मान्यता प्रदान की है और न ही अपने गुरु बुरहानुद्दीन के मेहदी-पंथरत होने का स्पष्ट साक्ष्य ही प्रस्तुत किया है। इस तथ्य का स्पष्ट उल्लेख केवल मनेर शरीफ़ की 'अखरावट' की प्रति में हुआ है :

सैयद मुहम्मद मेहदी साँचा। दानियाल दीन्ह सिद्ध सबाचा।[68]

केवल एक ही प्रति के आधार पर जायसी को मेहदी-पंथ अनुयायी और सैयद मुहम्मद के मेहदी-अवतार का साक्षी स्वीकार कर लेना कुछ बहुत समीचीन नहीं लगता। महदवी-सम्प्रदाय हैदराबाद, भोपाल और गुजरात में आज भी बहुत ही प्रभावशाली है और जायसी-युग में तो उसका प्रभाव अत्यन्त व्यापक था। इसलिए यह सम्भव है कि उपर्युक्त पंक्ति किसी महदवी-पंथ के प्रचारक अथवा श्रद्धालु लिपिकार की कल्पना और पंथ-भक्ति भावना का फल हो। सैयद मुहम्मद जौनपुरी के प्रवचनों का प्रभाव-ग्रहण और उन्हें 'साँचा मेहदी' मानना दो भिन्न स्तर की बातें हैं। इस काल में सैयद मुहम्मद के भव्य व्यक्तित्व और प्रलय-नैकट्य के भय संचार ने साधारणतया भारतीय मानस के मन और मस्तिष्क को प्रभावित किया है। किन्तु यह प्रश्न निरन्तर विवादग्रस्त रहा है कि सैयद मुहम्मद ने कल्कि अवतार रूप में स्वयं को मेहदी घोषित किया था अथवा उन्होंने यह उपाधि साधारण रूप में धारण की थी।

तथ्य केवल इतना है कि कालपी निवासी शेख़ बुरहानुद्दीन मलिक मुहम्मद के गुरु थे। इनके महदवी[69] धर्मावलंबी होने के सम्बन्ध में बहुत से सूफ़ी-संत जीवनी-लेखकों ने सन्देह प्रकट किया है, किन्तु किसी ने भी इसका स्पष्ट उल्लेख नहीं किया। इनका नाम बुरहानुद्दीन अंसारी था और यह ताजउद्दीन अंसारी के पुत्र थे। मुहम्मद ग़ौसी शत्तारी की रचना गुलज़ार-ए-अबरार (रचनाकाल 1611-1613 ई.) में केवल शत्तारी सम्प्रदाय से सम्बन्धित संतों के जीवन-वृत्तान्त का उल्लेख हुआ है और इस पुस्तक में शेख़ बुरहानुद्दीन की सविस्तार चर्चा की गई है। शेख़ बुरहान शेख़ अब्दुल मलिक को पाठशाला में दूसरे विद्यार्थियों से पहले पहुँचने के प्रयास में प्रात:काल ही उठकर चल देते थे। एक दिन एक वृद्ध व्यक्ति ने इन्हें रोका और इनसे प्रश्न किया, 'बुरहान

तुम कहाँ जा रहे हो ? तुम जो कार्य कर रहे हो वह व्यर्थ है और जिस मार्ग पर अग्रसर हो वह अनुचित है। तुम संन्यास धारण करो और ज्ञान-ध्यान में लीन हो जाओ।' शेख़ बुरहान ने उसके कथन की ओर ध्यान नहीं दिया। तीसरी बार भी जब बुरहानुद्दीन ने कोई उत्तर न दिया तो उस व्यक्ति ने सरोष, बलपूर्वक इनको धरती पर पटक दिया और परिणामस्वरूप ये पंगु हो गए। बुरहानुद्दीन को ब्रह्मज्ञान प्राप्त हुआ और वह एक ऐसी कोठरी में एकान्तवास करने लगे जिसमें वह केवल अपनी टाँगें फैला सकते थे। वह तप और आत्मत्याग में तल्लीन हो गए। पका भोजन त्यागकर केवल दुग्ध और मट्ठे पर जीवन व्यतीत करने लगे।[70] यही पंगु बुरहानुद्दीन हिन्दी-काव्य [71] जगत के उज्ज्वल नक्षत्र थे और इनके दोहे तथा 'फ़िराक़नामे' (विरह काव्य) जनसाधारण का ही नहीं रस मर्मज्ञों का भी हृदय द्रवीभूत कर देते थे। वह निरन्तर भावावेष्टित अवस्था में लीन रहते थे। इस स्थिति का साक्ष्य जायसी के यहाँ भी है :

पेम पियाला पंथ लखावा। आपु चाखि मोहि बूँद चखावा।
सो मधु चढ़ा न उतरइ कावा। परेउँ माँटि पाएउँ फेरि आवा।[72]

मलिक मुहम्मद जायसी की रचनाओं में उल्लिखित है कि शेख़ बुरहानुद्दीन के दीक्षा-गुरु अलाहदाद [73] थे और इन्हीं के द्वारा वह पंथ के अगुवा[74] (ख़लीफ़ा) नियुक्त हुए थे। इस काल में बहुत से ख्याति प्राप्त अलाहदाद नामक व्यक्ति हुए हैं। अत: राजे हामिद शाह के शिष्य और ख़लीफ़ा सुप्रसिद्ध मौलाना अलाहदाद जौनपुरी (मृत्यु 923 हि./ 1517 ई.) को जायसी-काव्य आलोचकों ने भ्रमवश शेख़ बुरहानुद्दीन का दीक्षा-गुरु स्वीकार कर लिया है। 'तबक़ात-ए-शाहजहानी' में शेख़ बुरहानुद्दीन के गुरु का नाम मियाँ अलाहदाद बारीवाल[75] उल्लिखित है और इस सम्बन्ध से यह सैयद मुहम्मद जौनपुरी की शिष्य-परम्परा में आते हैं।[76] बारी निवासी इन्ही मियाँ अलाहदाद से 'तीन दिन में तीन बार भेंट[77] के फलस्वरूप शेख़ बुरहानुद्दीन को भगवत्-प्रेम 'तप, त्याग, सन्तुष्टि[78] और भावावेष्टित अवस्था प्राप्त हो गई।' 'गुलज़ार-ए-अबरार' में वर्णित वृत्तान्त में भी शेख़ बुरहानुद्दीन की भेंट तीन दिन में तीन बार एक वृद्ध व्यक्ति से हुई थी और इसी भेंट के फलस्वरूप वह पंगु हुए थे और उन्हें सिद्धि प्राप्त हुई थी। सम्भवत: मियाँ अलाहदाद ही यह वृद्ध व्यक्ति थे। इस घटना में इस तथ्य का स्पष्ट संकेत है कि शेख़ बुरहानुद्दीन की मियाँ अलाहदाद से भेंट लगभग दस-बारह वर्ष की आयु में हुई होगी और उस समय मियाँ साहब वृद्धावस्था को प्राप्त हो चुके थे। बन्दगी[79] मलिक अलाहदाद बन्दगी मलिक अहमद बारीवाल के पुत्र थे और गुजरात में इन्हें उच्च पदाधिकार प्राप्त था। गुजरात में सैयद मुहम्मद जौनपुरी के आगमन (1493-94 ई.) के समय मलिक अलाहदाद के धार्मिक दृष्टिकोण में परिवर्तन उत्पन्न हुआ और वह अपने दो भाइयों मलिक नज्जन और मलिक हम्माद सहित सैयद मुहम्मद के दायरे (संघ) में सम्मिलित हो गए।[80] तब से महदवी

विचारधारा के प्रसारण और संगठन को सुदृढ़ करने में यह सक्रिय रूप से संलग्न रहे। सैयद मुहम्मद के जामाता और शिष्य सैयद ख़ुंदमीर (जन्म 1481-82 ई.) के साथ गुजरात के सुलतान मुज़फ़्फ़र द्वितीय (शासनकाल 1511-1526 ई.) के विरुद्ध लड़ते हुए 1524 ई. में अलाहदाद आहत हुए।[81]

शेख़ बुरहानुद्दीन का देहावसान 970 हि.[82]/1562-63 ई. में हुआ था। उनकी मृत्यु के इस संवत् पर विश्वास किया जा सकता है क्योंकि यह सन् 'शेख़ अवलिया[83] बूद' से प्राप्त होता है, दूसरे, चुनार से लौटते समय बदायूँनी ने (967 हि./1559-60 ई.) कालपी में इनसे भेंट की थी। यदि गुलज़ार-ए-अबरार में वर्णित पंगु होने की घटना को विश्वसनीय मान लें और मियाँ अलाहदाद को ही पंगु बनानेवाला वृद्ध व्यक्ति स्वीकार कर लें तो हम शेख़ बुरहानुद्दीन के जन्म का अनुमान 890 हि.[84] के आसपास लगा सकते हैं। मियाँ अलाहदाद ने लगभग 900 हि./1493-94 ई. में सैयद मुहम्मद जौनपुरी से दीक्षा प्राप्त की थी। इस प्रकार 901-2 हि. में दस-बारह वर्ष के बालक बुरहानुद्दीन को अलाहदाद द्वारा महदवी पंथ में दीक्षित करने की घटना सम्भव हो सकती है। हो सकता है कि इस समय मियाँ अलाहदाद अपने नगर कालपी में पंथ का प्रसार और संगठन करते फिर रहे हों क्योंकि सैयद मुहम्मद जौनपुरी इस समय मक्के में थे।

सैयद मुहम्मद जौनपुरी का जन्म 847 हि./9 सितम्बर 1443 ई. को जौनपुर में हुआ था और इनके पिता का नाम सैयद ख़ाँ[85] अथवा सैयद[86] बुद्ध था, किन्तु भक्तजनों की रचनाओं में इन्हें अब्दुल्लाह[87] का पुत्र बताया गया है। इनके जन्म के सम्बन्ध में अनेक किंवदंतियाँ महदवी सम्प्रदाय में मान्य हैं और प्रसिद्ध है कि वह जन्मजात सिद्ध पुरुष थे। अत: न तो वह किसी सूफ़ी सम्प्रदाय में दीक्षित थे और न ही उनका कोई दीक्षा गुरु था। सम्प्रदाय के ग्रंथों में उल्लिखित है कि सैयद मुहम्मद को ब्रह्मज्ञान और ज़िक्र ख़फ़ी (गुप्त जाप, अजपा जाप) का रहस्योद्घाटन ख़्वाजा ख़िज्र[88] द्वारा हुआ था। जायसी के अनुसार भी सैयद मुहम्मद 'सिद्ध पुरुष'[89] थे और 'संगम खेल'[90] चुके थे। इनके शिष्य अलाहदाद को जायसी ने 'सिद्ध नवेला'[91] कहा है। सैयद मुहम्मद जौनपुरी के दीक्षा-गुरु के सम्बन्ध में पद्मावतकार का वर्णन द्रष्टव्य है :

दानिआल गुरु पंथ लखाए। हजरति ख़्वाज ख़िज़िर तिन्ह पाए।
भए परसन ओहि हजरति ख़्वाजे। लइ मेरए जहँ सैयद राजे।

इस प्रकार जायसी के कथनानुसार सैयद मुहम्मद के दीक्षा-गुरु शेख़ दानियाल थे और उनके पीर सैयद राजे थे। परन्तु शेख़ दानियाल ने जिस मार्ग की दीक्षा सैयद मुहम्मद को दी थी वह उन्हें ख़्वाजा ख़िज्र से प्राप्त हुई थी और इन्ही ख़्वाजा ख़िज्र की कृपा के फलस्वरूप दानियाल की भेंट अपने गुरु सैयद राजे से हुई थी। इस कथन से यह स्पष्ट नहीं होता कि सैयद मुहम्मद से ख़्वाजा ख़िज्र का कोई प्रत्यक्ष सम्बन्ध था। महदवी सम्प्रदाय की मान्यता है कि ख़िज्र ने स्वयं ही सैयद मुहम्मद को ब्रह्मज्ञान

की शिक्षा दी थी। यह वृत्तान्त इंसाफ़नामा, शवाहिद-उल-विलायत, जन्नत-उल-विलायत आदि ग्रंथों में सविस्तार उल्लिखित है और इन्हीं के आधार पर 'अलमहदी-उल-मौऊद'[92] नामक ग्रंथ में भी इस घटना का वर्णन उपलब्ध है :

'जौनपुर में गोमती तटवर्ती खोखरा मुहल्ला में स्थित एक निर्जन मस्जिद में जुमे की नमाज़ के पश्चात् ख़्वाजा ख़िज्र और शेख़ दानियाल में बहुधा भेंट हुआ करती थी। सैयद मुहम्मद के वयस्क होने पर ख़्वाजा ख़िज्र को ईश्वर का आदेश प्राप्त हुआ कि मुहम्मद साहब की जो थाती तुम्हारे पास है उसे उसके अधिकारी को सौंप दो और उसे उत्तराधिकार के सिंहासन पर आरूढ़ करके हमारा यह आदेश सुना दो कि वह जनसमूह का मार्गदर्शन करे। दानियाल के माध्यम से यह सूचना ख़िज्र ने सैयद मुहम्मद को भिजवाई। जुमे की नमाज़ के उपरान्त उपर्युक्त मस्जिद में इनकी भेंट निश्चित हुई। वहाँ ख़िज्र निश्चित समय पर रंगरेज़ के रूप में अकस्मात् पहुँच गए। कुछ ग्रंथों में लिखा है कि वह एक लकड़हारे के रूप में पहुँचे थे। ख़िज्र ने भेंट होने पर उनके प्रति अत्यधिक आदर प्रदर्शित किया और उन्हें हाथ पकड़कर एकान्त में ले गए। 'इंताब-उल-मवालीद' और 'तारीख़-ए-सुलैमानी' के उल्लेख के अनुसार ख़िज्र ने सैयद मुहम्मद को एक बन्द क़लमदान और एक सूखा खजूर भेंट किया और कहा कि ये दोनों वस्तुएँ आपके पितामह हज़रत मुहम्मद की ओर से आपको सौंपी जा रही हैं। खजूर रसूल का जूठन है और मंजूषा में ज़िक्र ख़फ़ी (गुप्त जाप) की क्रिया प्रणाली एवं सिद्धि सम्बन्धी निर्देश सुरक्षित हैं। ख़िज्र द्वारा सौंपी गई मंजूषा में सुरक्षित सामग्री को ही 'गंजे विलायत' (सिद्धि गुटिका) कहा जाता है। मंजूषा सौंपने के बाद ख़्वाजा ख़िज्र ने प्रार्थना की कि सैयद मुहम्मद उन्हें ज़िक्रे ख़फ़ी (गुप्त जाप) की शिक्षा दें और उन्हें अपने मार्ग में दीक्षित करें। सैयद मुहम्मद ने ख़िज्र को दीक्षित करने के पश्चात् शेख़ दानियाल को भी दीक्षा दी।'

इस प्रकार गुरुजन चेला हो गए और चेला गुरु हो गया। सरल बुद्धि के लिए इस रहस्यात्मक स्थिति का बोध भले ही असम्भव हो, किन्तु महाकवि जायसी इस रहस्य से अवश्य ही परिचित थे :

पलटि सो पंथ कौन बिधि खेला। चेला गुरु गुरु भा चेला।[93]

सूफ़ी सिद्धान्त में ख़िज्र की कल्पना एक वैचारिक आवश्यकता प्रतीत होती है। नबियों के लिए जिब्रील ईश्वर के सन्देशवाहक के रूप में कार्य करते हैं, इसीलिए वह इन रहस्यों के साक्षी भी हैं और अमीन (थाती रखने वाले) भी। सूफ़ी का सम्बन्ध ईश्वर से आभ्यंतरिक है और सिद्धान्ततः नबी एवं सिद्ध पुरुष में विशिष्ट भेद भी किया जाता है। हज़रत मुहम्मद को मुसलमान अन्तिम पैग़म्बर स्वीकार करते हैं और इस प्रकार मार्गद्रष्टा के रूप में नबूअत (नबी पद) का अन्त और विलायत (सिद्धि पद) का आरम्भ होता है। इसलिए आवश्यकता थी ऐसे सन्देश वाहक की जो सिद्ध पुरुष

तक ईश्वर का गोपनीय ज्ञान पहुँचाए। इस कार्य को सम्पन्न करने वाले सूक्ष्म तत्त्व का अभिधान ही ख़िज्र है। इस प्रकार सूफ़ी सम्प्रदाय के प्रत्येक प्रवर्तक से ख़िज्र के सम्बन्ध की चर्चा अवश्य की जाती है। ख़िज्र से भेंट का अर्थ होता है सिद्धि प्राप्ति की चरम सीमा। अत: यह एक विशेषाधिकार है जो किसी-किसी को ही सुलभ होता है। स्वेच्छापूर्वक स्वयं को प्रकट और अप्रकट करने की दैवीय क्षमताओं के साथ-साथ ख़िज्र 'परकाया परवेस' की प्रक्रिया भी सम्पन्न करा सकते हैं। उनके माध्यम से कभी किसी साधक में चिश्तिया सम्प्रदाय भारतीय शाखा के प्रवर्तक मुईनुद्दीन चिश्ती (1142-1236 ई.) की 'परकाया परवेस' हो जाता है तो कभी किसी में इन्हीं के द्वारा हज़रत मुहम्मद की 'परकाया परवेस' क्रिया सम्पन्न होती है। इन्हीं ख़िज्र की कृपा से जायसी के प्रथम पीर सैयद अशरफ़ जहाँगीर सिमनानी में अजमेरी ख़्वाजा की 'परकाया परवेस' सम्पन्न हुई थी और इन्होंने ही अशरफ़ जहाँगीर को पासे अनफ़ास (प्राणायाम) के रहस्य से परिचित कराकर गौड़ निवासी शेख़ अला-उल-हक़ से भारत जाकर दीक्षित होने की प्रेरणा दी थी।[94] इसी प्रकार ख़िज्र की प्रसन्नता के फलस्वरूप शेख़ दानियाल का सम्बन्ध 'सैयद राजे' से स्थापित हुआ है। कहने का तात्पर्य यह है कि ख़िज्र से भेंट एक परम्परानुगत कल्पनामात्र है और श्रद्धालु भक्त समय-समय पर माहात्म्य प्रकाशन के लिए अपने श्रद्धेय के सम्बन्ध में इसकी चर्चा करते रहते हैं।

गीता के अनुसार 'धर्म की ग्लानि' और 'अधर्म के अभ्युत्थान' के युग में अविनाशी ब्रह्म 'साधुजनों के परित्राण', 'दुष्टों के विनाश' तथा 'धर्म-संस्थापन' हेतु अवतार ग्रहण करता है। मुसलमानों के मतानुसार उपर्युक्त कारणों से ही अन्तिम पैग़म्बर हज़रत मुहम्मद के पश्चात् युग के महदी का जन्म होता है। महदवियों के अनुसार 15वीं शताब्दी धर्म की ग्लानि और अधर्म के अभ्युत्थान का युग था और इसीलिए धर्म संस्थापन के लिए सैयद मुहम्मद का जन्म हुआ था। उन्हें किसी प्रकार के ज्ञानवर्धन अथवा विद्यार्जन के लिए किसी की शिक्षा, दीक्षा की आवश्यकता नहीं थी क्योंकि उन्हें तो जन्मजात ही परोक्ष ज्ञान प्राप्त था। परन्तु सिद्ध पुरुषों के लिए 'परगट लोक-चार कहु बाता' का पालन अनिवार्य है, इसलिए जौनपुर स्थित शेख़ दानियाल की पाठशाला[95] में मुस्लिम प्रथानुसार चार वर्ष, चार मास और चार दिन की आयु में सैयद मुहम्मद का विद्या-समारम्भ संस्कार 851-52 हि. में सम्पन्न हुआ था। इस प्रकार इनके सांसारिक और विधिवत् शिक्षण का श्रेय शेख़ दानियाल को ही है। साम्प्रदायिक मान्यता है कि इस विद्या-समारम्भ समारोह में ईश्वरादेश से न केवल ख़्वाजा ख़िज्र उपस्थित थे वरन् हज़रत इदरीस, हज़रत इलियास और हज़रत ईसा आदि तीन नबियों ने भी इस शुभावसर पर पदार्पण किया था।[96] इस प्रकार प्रत्यक्ष रूप से शेख़ दानियाल से सैयद मुहम्मद ने शिक्षा प्राप्त की थी और इस तेजस्वी बालक ने 'सात साल की आयु में क़ुर्आन का अध्ययन समाप्त कर दिया और बारह वर्ष की आयु में सम्पूर्ण शास्त्रों का पारंगत पंडित हो गया।'[97]

सम्प्रदाय की मान्यता भले ही यह हो कि सैयद मुहम्मद जन्मजात महदी और ब्रह्मज्ञान में दक्ष थे, किन्तु लोकाचार के अनुसार शेख दानियाल ही उनके शिक्षक एवं साधना गुरु सिद्ध होते हैं। मलिक मुहम्मद जायसी ने 'पद्मावत' में उल्लिखित पंक्तियों में इसी तथ्य को प्रकाशित किया है। परन्तु 'अखरावट' में प्राप्त वर्णन से सम्प्रदाय सम्बन्धी मान्यताएँ अवश्य प्रकाशमान होती हैं। निस्सन्देह ये पंक्तियाँ अत्यधिक दुरूह हैं और इनकी पदरचना अत्यन्त दूषित है, फिर भी मनेर शरीफ़ की प्रति में उपलब्ध पाठ-भेद को समक्ष रखने से सम्भवतः स्पष्ट अर्थ की प्राप्ति हो जाती है।

'पद्मावत' में पाठ इस प्रकार है :

दानियाल गुरु पंथ लखाए। हज़रत ख़्वाज ख़िज़िर तिन्ह पाए।[98]

अखरावट में यही पंक्ति इस रूप में है :

दानियाल तइँ परगट कीन्हा। हज़रत ख़्वाज ख़िज़िर पथ दीन्हा।[99]

तबक़ात-ए-शाहजहानी के लेखक ने किसी मारिज-उल-विलायत नामक पुस्तक से शेख़ दानियाल के जीवन-वृत्तान्त में इस पंक्ति को उद्धृत किया है :

दानियाल जो परगट कीना। हज़रत ख़्वाजा ख़िज्र तिन्ह दीना।[100]

मनेर शरीफ़ की 'अखरावट' की प्रति में पाठ निम्न प्रकार है :

दानियाल जो परगट कीन्हा। हज़रत ख़्वाजे ख़िज्र किन्ह चीन्हा।

इस पंक्ति के पाठ-भेदों के तुलनात्मक अध्ययन से जो अर्थ प्राप्त होता है वह यह है कि सैयद मुहम्मद के प्रकटरूपेण गुरु शेख़ दानियाल थे और गुप्त रूप से इनके दीक्षा-गुरु ख़्वाजा ख़िज्र थे। महदवी सम्प्रदाय में यही तथ्य मान्य भी है। 'अखरावट' की प्रकाशित प्रतियों में एक अन्य पंक्ति का पाठ भी विचारणीय है :

सैयद मुहमद दीनहि साँचा। दानियाल सिख दीन्ह सुबाचा

'मनेर शरीफ़' की प्रति में पाठ-भेद इस प्रकार है :

सैयद मुहम्मद महदी साँचा। दानियाल दीन्ह सिद्ध बाँचा।

'अखरावट' की प्रकाशित प्रतियों में उल्लिखित अर्द्धाली का अर्थ होगा कि 'सैयद मुहमद का दीन साँचा है और दानियाल ने उन्हें सुबाचा सीख दी थी।' परन्तु इस अर्थ को स्वीकार करने में कठिनाई यह है कि 'दीन' और 'मज़हब' इस्लामी धर्मशास्त्र में पारिभाषिक शब्द हैं। दीन (सिद्धान्त) का प्रवर्तक केवल नबी होता है और उसी के आचरण पक्ष को मज़हब कहते हैं। इसीलिए मुसलमान मुहम्मद द्वारा प्रचारित सिद्धान्तों को 'दीन' कहते हैं और उन पर आधारित फ़िक्र : (स्मृति-ग्रंथ) द्वारा स्वीकृत आचरण पक्ष को मज़हब[101] मानते हैं। इस प्रकार मुसलमान रहते हुए सैयद मुहम्मद

किसी अन्य दीन अथवा धर्म के प्रचारक हो ही नहीं सकते थे। वह तो इसी मुहम्मदी दीन को विशुद्ध और इसे विभक्त करने वाले सम्प्रदायगत प्रपंचों से उसे मुक्त कराने का दावा करते थे।[102] महदवी मान्यताएँ सम्प्रदायगत विशेषताओं के रूप में ही स्वीकृत हैं और सैयद मुहम्मद के अनुयायी भी उनके द्वारा प्रचारित मतों को दीन की गद्दी पर पदासीन नहीं करते। अत: जायसी की उपर्युक्त पंक्ति में 'दीनहि साँचा' का उपयोग न केवल अशुद्ध है वरन् जायसी की धार्मिक मान्यताओं के प्रति अन्याय भी।

'दीनहि' का क्रिया पद भी स्वीकार किया जा सकता है, किन्तु ऐसी स्थिति में कर्ता एवं कर्म पदों की खोज सरल नहीं है। यदि उपर्युक्त अर्द्धाली में सैयद मुहम्मद को कर्ता मान लिया जाए तो 'साँचा' विशेषण के स्थान पर संज्ञापद बन जाएगा और इस शब्द के विशिष्ट अर्थ स्वीकार करने पड़ेंगे। इस सम्बन्ध में यह तथ्य भी द्रष्टव्य है कि फ़ारसी लिपि में 'दीन्ह' एवं 'दीनहि' का रूप एक ही रहेगा और अनुमान से उसे उभय रूपों में पढ़ा जा सकता है। इसी प्रकार इस अर्द्धाली में प्रयुक्त 'सिख' और 'सिद्ध' शब्दों का रूप परिवर्तन फ़ारसी लिपि में सहज सम्भव और स्वाभाविक है।

मनेर शरीफ़ की प्रति से अवश्य स्पष्ट रूप से यह अर्थबोध होता है कि सैयद मुहम्मद 'सच्चे महदी' हैं और इस सत्य को प्रमाणित करने वाले दानियाल हैं। साम्प्रदायिक मान्यता के अनुसार सैयद मुहम्मद के अवतरित होते ही विचित्र घटनाएँ घटने लगीं और शेख़ दानियाल ने शिशु मुहम्मद के घर पहुँचकर सर्वप्रथम उनके 'महदी' होने की साक्ष्य दी।[103] श्री गोपाल चन्द्र सिंह जी की प्रति में 'दीनहि' के स्थान पर 'महरी'[104] पाठ है। लिपिकार की भूल से 'महदी' का 'महरी' हो जाना स्वाभाविक है। इस आधार पर कहा जा सकता है कि दो प्रतियों में 'महदी' पाठ उपलब्ध है। उपर्युक्त प्रति में 'दानियाल सिद्ध आयत बाँचा[105] पाठ है। इसका अर्थ होगा कि 'इसको सिद्ध करने के लिए शेख़ दानियाल ने क़ुर्आन की आयत से प्रमाण प्रस्तुत किया।' जबकि मनेर शरीफ़ की प्रति के पाठ का अर्थ है कि शेख़ दानियाल ने उन्हें 'सिद्ध बाँचा' दिया। ऐसी स्थिति में 'सिद्ध-बाँचा' को समासयुक्त शब्द स्वीकार करना उचित होगा और यह 'गंजे विलायत' (सिद्धि गुटिका) का हिन्दी रूपान्तर होगा। बाह्य लोकाचार में इस प्रकार सैयद मुहम्मद जौनपुरी के शिक्षक और पीर शेख़ दानियाल ही हैं।

'पद्मावत' में जायसी ने किसी 'सैयद राजे' का शेख़ दानियाल के साधना गुरु के रूप में उल्लेख किया है और इस आधार पर विद्वानों ने राजे हामिद शाह को शेख़ दानियाल का दीक्षा गुरु स्वीकार कर लिया है। 'राजे' वस्तुत: एक उपाधि मात्र है जो मानिकपुर क्षेत्र के एक सैयद परिवार को उसकी विद्वत्ता, सहिष्णुता, उदारता एवं सम्मान के कारण प्राप्त थी। जनसाधारण में इस परिवार के प्रत्येक सदस्य के नाम के पूर्व श्रद्धासूचक उपाधि 'राजे' का[106] उपयोग प्रचलित था। राजे सैयद[107] नूरउद्दीन (दे. 1515 ई.) इसी परिवार के थे और हामिदशाह के पिता का नाम सैयद राजे शाह[108] था।

तबक़ात-ए-शाहजहानी में शेख़ दानियाल के सम्बन्ध में उल्लिखित है कि 'वह सैयद राजे हामिद शाह के मुरीद और उत्तराधिकारी थे। हज़रत ख़िज्र से उनका सत्संग होता रहता था। बड़े ख़्वाजा मुईनुद्दीन की आत्मा से उन्हें अध्यात्म लाभ हुआ था और यह बात प्रमाणित है कि उन्हें बड़े ख़्वाजा ने गुप्त रूप से ख़्वाजा ख़िज्र के हवाले किया था। मआरिज-उल-विलायत नामक ग्रंथ में इनके सम्बन्ध में यह हिन्दी पंक्ति उल्लिखित है :

'जुग जुग अमर जो हज़रत ख़्वाजे। हज़रत नबी रसूल नेवाजे।
दानियाल जो परगट कीना। हज़रत ख़्वाजा ख़िज्र तिन्ह दीना[109]

इनका देहान्त 994 हि. में हुआ है।'

'मआरिज-उल-विलायत'[110] 17वीं शताब्दी का लिखित ग्रंथ है और इसके अध्ययन से ज्ञात होता है कि ग्रंथकार ने जायसी की कृतियों का श्रद्धापूर्वक सविस्तार अध्ययन किया है। इस पुस्तक के नाम[111] से ही उद्घोषित होता है कि लेखक एवं ग्रंथ का घनिष्ठ सम्बन्ध महदवी मत से है। 'तबक़ात-ए-शाहजहानी' में इस ग्रंथ से उपर्युक्त पंक्तियाँ उद्धृत की हैं और निश्चय ही ये जायसी द्वारा रचित हैं क्योंकि न्यूनाधिक पाठ-भेद सहित यही अर्द्धालियाँ 'अखरावट' में उपलब्ध हैं। इन पंक्तियों से ज्ञात होता है कि जायसी मुसलमानी मान्यता के समान ही 'ख़्वाजा ख़िज्र' को अमर और अजर स्वीकार करते हैं और उन्हें हज़रत मुहम्मद का कृपापात्र मानते हैं। महाकवि ने 'हज़रत नबी रसूल' के विशेषणों का उपयोग निश्चय ही इस्लाम धर्म के पैग़म्बर हज़रत मुहम्मद के लिए ही किया है क्योंकि इन्हीं विशेषणों से युक्त मुहम्मद साहब का उल्लेख हमें 'चित्ररेखा' में भी प्राप्त होता है :

उन ते भया संसार सपूरन, सुनहु बैन अस्थूल।
वे ही सबके अगुवा, हज़रत नबी रसूल।[112]

पैग़म्बर, नबी, रसूल साधारणतया समानार्थक हैं, किन्तु 'नबी' और 'रसूल' में विशिष्ट भेद है। रसूल वह नबी है जिसे दैवी ग्रंथ प्रदान हुआ हो। इस प्रकार दाऊद, मूसा, ईसा और मुहम्मद रसूल की कोटि में आते हैं और शेष 1 लाख 24 हज़ार सन्देशवाहक नबी मात्र स्वीकार किए जाते हैं।

'तबक़ात-ए-शाहजहानी' के अनुसार शेख़ दानियाल का देहावसान 994 हि. में हुआ था और इस तथ्य की पुष्टि अन्य ग्रंथ[113] भी करते हैं। परन्तु सैयद मुहम्मद के शिक्षा गुरु शेख़ दानियाल उनके अवतरण (847 हि.) के समय जौनपुर के समादृत पंडितों में से थे, उनकी पाठशाला अत्यधिक विख्यात थी और इसी सिद्ध पुरुष एवं शिक्षाशास्त्री ने प्रमाणित किया था कि सैयद मुहम्मद ही महदी (कल्कि अवतार[114]) हैं। अत: 847 हि. में शेख़ दानियाल की आयु कम से कम 20 वर्ष तो अवश्य ही रही होगी और उनका देहावसान लगभग 174 वर्ष की आयु में हुआ होगा। वह भले ही सिद्धि प्राप्त व्यक्ति रहे हों किन्तु उन्हें इतना दीर्घायु स्वीकार करना अविश्वसनीय है।

स्पष्ट है कि उपर्युक्त ग्रंथों में चर्चित सैयद राजे हामिद शाह (दे. 901 हि./1495–96) के शिष्य शेख़ दानियाल कोई अन्य व्यक्ति हैं और भ्रमवश इन्हें ही सैयद मुहम्मद का गुरु मान लिया गया है। सैयद मुहम्मद से सम्बन्धित शेख़ दानियाल के विषय में जायसी का वर्णन ही विश्वसनीय साक्ष्य है और अन्य ग्रंथों में उल्लेख तो उनके निकटतम काल का भी नहीं है। परन्तु जायसी की रचनाओं से इनके सम्बन्ध में हमें विस्तृत सूचना प्राप्त नहीं होती और न ही उनके पीर 'सैयद राजे' के विषय में स्थिति स्पष्ट होती है। 'आधुनिक कालीन रचना' मेहदी-उल-मौऊद में अवश्य कहा गया है कि 'शेख़ दानियाल' का देहावसान 20 रबी-उल-अव्वल, 865 हि. में हुआ था और उनकी समाधि जौनपुर में है। उनके श्रद्धालु जन अभी तक उस पर पुष्पमाल चढ़ाने जाते थे।[115] परन्तु रचनाकार ने अपने इस कथन के लिए कोई प्रमाण प्रस्तुत नहीं किया। इसी ग्रंथ के अनुसार शेख़ दानियाल के दीक्षा गुरु सैयद राजे अहमद शाह थे, और ये शेख़ हुसामुद्दीन मानिकपुरी के शिष्य थे।[116] वस्तुतः हुसामुद्दीन मानिकपुरी के एक पुत्र का नाम सैयद अहमदशाह है जिनकी उपाधि 'नूरदीदह' थी और सैयद राजे शाह[117] राजे हामिद शाह के पिता थे। जायसी की साक्ष्य के आधार पर इन्हीं सैयद राजे शाह को शेख़ दानियाल का दीक्षा-गुरु स्वीकार करना समीचीन है। इस प्रकार पुत्र के स्थान पर शेख़ दानियाल पिता के शिष्य ठहरते हैं।

जायसी की द्वितीय पीर-परम्परा के प्रसंग में दो तथ्यों पर विचार करना आवश्यक है। प्रथम यह कि 'मोहदी' और 'मुहद्दी'[118] पाठ भेद के आधार पर किसी मुहीउद्दीन को जायसी का दीक्षा गुरु स्वीकार करना तर्कपुष्ट होता है अथवा नहीं? 'पद्मावत' की एक प्रति में इस अर्द्धाली का पाठभेद इस प्रकार है :

गुरु मुहमद सेवक मैं सेवा[119]

'अखरावट' की श्री गोपाल सिंह की प्रति में 27/1 के पाठान्तर में भी 'मोहदी' के स्थान पर 'मुहमद' ही प्रयुक्त है :

पा-पाएउँ गुरु मुहमद मीठा[120]

उपर्युक्त अर्द्धालियों के अनुसार जायसी 'पद्मावत' में स्वयं को गुरु मुहम्मद के खेवक (ख़लीफ़ा) का सेवक घोषित करते हैं और 'अखरावट' में मीठे गुरु मुहम्मद की प्राप्ति का उल्लेख करते हैं। 'अखरावट' में ही 'मुहम्मदी खेवा' की प्रशस्ति करते वह मिलते हैं :

साठि बरिस जो लपई झपई। छन एक गुपुत जाप जो जपई।
जानहु दुवौ बराबर सेवा। ऐसन चलै मुहमदी खेवा।[121]

इस प्रसंग में द्रष्टव्य है 'गुप्तजाप' का आस्थायुक्त वर्णन और 'मुहम्मदी खेवा' में इसकी प्रमुखता। गुप्त जाप ('ज़िक्र ख़फ़ी') ही हज़रत मुहम्मद की वह थाती है

जो ख़िज्र ने सैयद मुहम्मद को प्रदान की थी। इस चर्चा से यह तथ्य प्रकाशित हो जाता है कि उपर्युक्त अर्द्धालियों में सैयद मुहम्मद के सिलसिले (खेवा) का उल्लेख ही जायसी का उद्देश्य है और उनके पीर के रूप में मुहीउद्दीन की कल्पना निरर्थक है।

'महदी गुरु सेख़ बुरहानू'[122] एवं 'पा-पायउँ महदी गुरु मीठा'[123] के पाठान्तर से वास्तविक स्थिति पूर्णतया अप्रभावित रहती है। दोनों में एक ही वस्तुस्थिति का वर्णन विभिन्न माध्यमों से किया गया है। प्रथम में मुहम्मद के नाम से उनके खेवे का उल्लेख है और द्वितीय में उन्हीं के विशेषण 'महदी' (कल्कि अवतार) द्वारा उनके सम्प्रदाय की चर्चा की गई है। दोनों में मौलिक अन्तर यह है कि उपर्युक्त अर्द्धालियों में 'मुहमद' शुद्ध पाठ स्वीकार करने से यह तथ्य अप्रकाशित रह जाता है कि इससे जायसी का संकेत सैयद मुहम्मद जौनपुरी के महदवी सम्प्रदाय की ओर है अथवा अपने समकालीन सुप्रसिद्ध संत सैयद मुहम्मद गौस ग्वालियरी के शत्तारी सम्प्रदाय का उल्लेख उन्हें अभीसिप्त है। सैयद मुहम्मद ग़ौस (दे. 1562-63 ई.) शत्तारी सम्प्रदाय के मान्य एवं प्रमुख संत थे और वह योग साधना से भलीभाँति परिचित थे। इस साधना से सम्बद्ध 'अमृतकुंड' नामक संस्कृत ग्रंथ का 'बह्र-उल-हयात'[124] नाम से इन्होंने ही छायानुवाद किया था। उनकी ख़्याति एवं प्रभाव भी इस काल में सैयद मुहम्मद जौनपुरी से कुछ कम नहीं था। 'मधुमालती' के प्रणेता मंझन के यही 'शेख़ बड़े' अथवा सैयद मुहम्मद ग़ौस गुरु थे और इसी शत्तारी सम्प्रदाय के 'शेख़ बुद्धन' की शिष्य-परम्परा में मृगावतीकार कुतबन ने स्वयं को दीक्षित बताया है। 'वाक़ेआते मुश्ताक़ी' के लेखक शेख़ रिज़्क़ उल्लह मुश्ताक़ी भी इसी सम्प्रदाय से सम्बन्धित थे और 'राजन' उपनाम से हिन्दी-काव्य रचना करते थे। इस प्रकार इस सम्प्रदाय का हिन्दी साहित्य से घनिष्ठतम सम्बन्ध निर्विवाद है।

जायसी ने 'चलै उताइल जिन्हकर खेवा' से अपने सम्प्रदाय की परम लक्ष्य प्राप्ति की सत्वरता की ओर भी संकेत किया है। सत्वरता का अरबी रूपान्तर 'शत्तार' है और क्योंकि साधना यात्रा के जिस अन्तिम सोपान पर अन्य सूफ़ी साधक सप्रयास पहुँचते हैं उस पर अनायास ही शीघ्र गति से इस सम्प्रदाय के साधक विराजमान हो जाते हैं, अत: इसी कारण इस सम्प्रदाय का नाम शत्तारी है।

'महदी' एवं 'मोहदी'[125] पाठ स्वीकार करने से उपर्युक्त शंका का समाधान नहीं होता क्योंकि आलोच्य अर्द्धालियों में शेख़ बुरहानुद्दीन के विशेषण रूप में ही गुरु (शेख़) पीर, महदी (पथ प्राप्त) और खेवक (पथ प्रदर्शक) आदि शब्द प्रयुक्त हुए हैं। जायसी ने 'खेवक'[126] शब्द का प्रयोग निरन्तर पथ प्रदर्शक के समानार्थक किया है। अट्ठारहवीं शताब्दी के पूर्वार्द्ध के एक विख्यात कवि और संत शाह बूतराब ने भी 'महदी' एवं 'हादी' विशेषणों से अपने पीर को सुशोभित किया है और यह तथ्य निर्विवाद है कि उनका कोई सम्बन्ध महदवी सम्प्रदाय से नहीं था :

'हुसैनी को महदी हादी पहचानो।'[127]

अतः शेख़ बुरहानुद्दीन के नाम के पूर्व 'महदी' अथवा 'मोहदी' विशेषणों के प्रयोग मात्र से हम विशेष्य को महदवी मत का समर्थक नहीं मान सकते। सूफ़ी संत जीवन-वृत्तान्त लेखकों[128] ने शेख बुरहानुद्दीन के महदवी मताधारी होने के विषय में संकेत अवश्य किया है, किन्तु किसी भी ग्रंथ में इस तथ्य का स्पष्ट उल्लेख नहीं हुआ। 'सैयद मुहम्मद महदी साँचा'[129] अवश्य एकमात्र उल्लेख उपलब्ध है जिसके आधार पर सैयद मुहम्मद को महदवी मत-प्रवर्तक स्वीकार किया जा सकता है। परन्तु यह अर्द्धाली इस रूप में 'अखरावट' की दो प्रतियों में ही उल्लिखित है। अतः सम्प्रदाय प्रसारण के फलस्वरूप इसका प्रक्षेपण भी सम्भव है।

अन्तर्साक्ष्य के आधार पर जायसी की पीर परम्परा का विश्लेषण करने से ज्ञात होता है कि महाकवि ने सैयद मुहम्मद ग़ौस के साधना-सिद्धान्त और आराधना प्रणाली का 'अखरावट' में स्पष्ट उल्लेख किया है। सर्वप्रथम इन्होंने ही सूफ़ियों में ग्रह-नक्षत्रों पर आधारित साधना प्रणाली का प्रसार किया था। इनकी पद्धति का सूफ़ी अभिधान 'दावते समा' है। इसका तात्पर्य है कि समस्त आकाश मानव शरीर में विद्यमान है और सात ग्रह इसी शरीर में विराजमान हैं। इसी सिद्धान्त के फलस्वरूप हुमायूँ इनका मुरीद हुआ था क्योंकि ज्योतिष-विद्या में उसे अत्यधिक रुचि थी। इस प्रसंग में जायसी का वर्णन द्रष्टव्य है :

टा-टुक झाँकहु सातौ खंडा। खंडै खंड लखहु बरम्हंडा॥
पहिल खंड जो सनीचर नाऊँ। लखि न अँटकु, पौरी महँ ठाऊँ॥
दूसर खंड बृहस्पति तहँवाँ। काम-दुवार भोगघर जहँवाँ॥
तीसर खंड जो मंगल जानहु। नाभि-कँवल महँ ओहि अस्थानहु॥
चौथे खंड जो आदित अहई। बाईं दिसि अस्तन महँ रहई॥
पाँचवँ खंड सुक्र उपराहीं। कंठ माहँ औ जीभ-तराहीं॥
छठएँ खंड बुद्ध कर बासा। दुइ भौंहन्ह के बीच निवासा॥
सातवँ सोम कपार महँ, कहा सो दसवँ दुआर॥
जो वह पँवरि उधारै सो बड़ सिद्ध अपार॥[130]

यह 'बड़ सिद्ध' स्वयं सैयद मुहम्मद ग़ौस हैं और जायसी के परम मित्र 'शेख़ बड़े' भी यही हैं। इनके परम शिष्य मधुमालतीकार मंझन ने इनका उल्लेख 'सेख बड़े' के नाम से भी किया है :

सेख बड़े जग बिधि पियारा। ग्यान गरु औ रूप अपारा।[131]

'सेख बड़े' और सैयद मुहम्मद ग़ौस एक ही व्यक्ति के दो नाम हैं, इसका पुष्ट प्रमाण मंझन के वर्णन से प्राप्त होता है। 'सेख बड़े' ही 'सेख मुहम्मद पीर अपारा'[132] हैं और यह ही 'अपार सिद्ध' एवं सहस्र बाहुओं से सिद्धि प्रदाता हैं :

सेख मुहम्मद सिद्ध अपारा। साहस बाझु सिद्धि देनिहारा।[133]

मंझन के इन्हीं पीर सेख बड़े अथवा सैयद मुहम्मद का शिष्यत्व ग्रहण करके कलियुग के समस्त पंडित सिद्ध हो गए हैं :

एहि कलि जेते पंडित भए। मूँड़ मुड़ाइ सिद्धि लै गए।[134]

कवि मुहम्मद के चार मित्रों में से 'सेख बड़े' एक हैं और जायसी ने उन्हें प्रसिद्ध सिद्ध बताया है जिनके माहात्म्य का साक्ष्य सिद्ध-वृंद आदेश कर-करके प्रस्तुत करते थे :

सेख बड़े-बड़े सिद्ध बखाने। कइ अदेस सिद्धन्ह बड़माने।[135]

'सेख बड़े' के प्रसंग में जायसी और मंझन दोनों के वर्णन में अद्‌भुत साम्य है। दोनों उन्हें ख्याति प्राप्त महासिद्ध स्वीकार करते हैं और उनकी शिष्य मंडली में अनेकों सिद्धि प्राप्त महात्मा भी सम्मिलित थे, यह मान्यता भी दोनों में समान है। मंझन ने इस तथ्य का प्रकाशन 'मूँड़ मुड़ाइ' द्वारा किया है और 'कइ अदेस' से जायसी का भी यही तात्पर्य है। अत: जायसी के परम मित्र सेख बड़े ही सैयद मुहम्मद ग़ौस हैं और यदि इनके सिद्धान्तों की प्रतिच्छाया जायसी के वर्णनों में यदा-कदा परिलक्षित होती है तो उसे घनिष्ठ-सम्बन्ध का फल ही स्वीकार करना उचित होगा क्योंकि 'चारों मित्र एकचित्त' थे :

मुहमद चारिउ मीत मिलि भए जो एकइ चित्त।[136]

सैयद मुहम्मद ग़ौस की साधना पद्धति में योगाभ्यास की अत्यधिक महत्ता है और इसकी प्राप्ति उन्हें योगियों के सम्पर्क एवं 'अमृतकुंड' नामक ग्रंथ से हुई थी। इसका अभ्यास भी उन्होंने चुनार के जंगलों में बारह वर्ष तक किया था।[137] योग साधना प्रक्रिया का प्रभाव सम्भवत: जायसी ने अपने मित्र से प्राप्त किया है क्योंकि यह प्रणाली अभ्यासरूपा है और जायसी के दीक्षा सम्प्रदाय में वरदानरूपा सिद्धि प्राप्ति स्वीकृत है।

जायसी पर महदवी प्रभाव

महदवी सम्प्रदाय के प्रवर्तक सैयद मुहम्मद जौनपुरी 16 वर्ष की आयु में समस्त शास्त्रों का अध्ययन समाप्त करके जौनपुर में पारंगत पंडित एवं शास्त्रवेत्ता के रूप में सुप्रसिद्ध हो गए थे। तत्पश्चात् वह 12 वर्ष तक ध्यान, समाधि और तपश्चर्या में तल्लीन रहे। इस काल में वह शरीअत के कट्टर पक्षपाती एवं इस्लाम धर्म के प्रसार और प्रचार के सुदृढ़ समर्थक थे। सम्प्रदाय में इनके जन्मजात सिद्ध होने की मान्यता है और इन्हें ख़्वाजा ख़िज्र के माध्यम से हज़रत मुहम्मद द्वारा वरदानरूपा सिद्धि प्राप्त हो चुकी थी। परन्तु वास्तविकता यह है कि 875 हि. तक यह अभ्यासरूपा सिद्धि प्राप्ति में संलग्न रहे। ब्रह्मचर्य और कष्टदायक तपश्चर्या पर इनका अटूट विश्वास था और धर्म प्रचार हेतु इन्होंने ऐसे ही तापसों की एक सेना एकत्रित की थी जिसमें 1500 व्यक्ति सम्मिलित थे और जो 'बैरागियों की सेना' के नाम से प्रसिद्ध थी। परन्तु 875 हि. में इस साधना पद्धति से वह

विमुख हो गए और तदुपरान्त 12 वर्ष तक भावावेष्टावस्था में तल्लीन रहे। इस भावावेश और अचेतनावस्था के फलस्वरूप बहिर्मुखी-धर्मोन्माद समाप्त हो गया। शरीअत के चारों सम्प्रदायों की मान्यताओं को वह निर्मूल बताने लगे। इनकी साधना पद्धति अन्तर्मुखी हो गई। उन्होंने हज़रत मुहम्मद के आभ्यंतर साधना पक्ष पर ध्यान केन्द्रित किया और अपने मत के प्रमाण एवं पुष्टि के लिए क़ुर्आन को एकमात्र आश्रय बनाया। इस प्रकार शरीअत के इमामों और प्रथम चार ख़लीफ़ाओं द्वारा इस्लाम धर्म की व्याख्याओं का महत्त्व नगण्य हो गया।[138] परन्तु जायसी ने शरीअत मार्ग को सत्य घोषित किया है और उसके अनुसरण पर बल भी दिया है।[139] उन्होंने शरीअत के चार इमामों का सम्मानपूर्वक उल्लेख भी किया है।[140] चार ख़लीफ़ाओं का स्तवन जायसी ने 'पद्मावत', 'चित्ररेखा' और 'आख़िरी कलाम' में तो किया ही है, 'अखरावट' में 'चार यार'[141] के नाम से उनका उल्लेख किया है। जायसी के अनुसार चारों एकमतधारी और एक पंथगामी हैं :

चारिउ एक मतइँ एक बाता। एक पंथ औ एक संघाता।[142]

शरीअत और ख़लीफ़ाओं के प्रति आस्था एवं अनास्था एक विवादग्रस्त प्रश्न रहा है अत: जायसी के वर्णन से महदवी सम्प्रदाय की मान्यता के सम्बन्ध में किसी प्रकार का निष्कर्ष निकालना न्यायपूर्ण नहीं है।

सैयद मुहम्मद के सम्प्रदाय में सिद्धि प्राप्ति अभ्यास एवं कर्मकांड पर आधारित नहीं थी। इसका एकमात्र आधार ईश्वरानुकम्पा है और इसकी प्राप्ति वरदान रूप में ही सम्भव है। साधक की दृष्टि उनकी दृष्टि से मिलते ही वह उन्मादग्रस्त और प्रतिमाशून्य हो जाता था। वह कई-कई दिन और कभी-कभी वर्षों इसी स्थिति में रहता था। साधक के वक्षस्थल पर हस्तस्पर्श करके वह दैवी सत्ता को उसके अन्दर प्रविष्ट कर देते थे। उनके जीवन में इस प्रकार की अनेक घटनाओं का उल्लेख प्राप्त होता है। उनके वरिष्ठ पुत्र और सम्प्रदाय के प्रथम ख़लीफ़ा सैयद महमूद को इसी प्रकार सिद्धि प्राप्त हुई थी :

> 'दृष्टि मिलते ही वह मूर्च्छित और भावावेष्टित हो गए।...उनकी त्वचा, उनका मांस, रक्त और अस्थियाँ सब 'लाइलाह इल्लल्लाह' वाक्य का साकार रूप हो गईं...सैयद मुहम्मद ने अपना करकमल अपने वक्षस्थल पर रखकर उठा लिया और उसी हाथ से अपने पुत्र की छाती का स्पर्श करके कहा कि 'जो कुछ दैवी रहस्य मुझे प्राप्त हैं, वे सैयद महमूद के वक्षस्थल में भी प्रत्यक्ष रूप से विद्यमान हैं।' तबरी के कथनानुसार हज़रत मुहम्मद ने हज़रत अबुबक्र को भी इसी क्रिया प्रणाली द्वारा सिद्धि प्रदान की थी। उन्होंने भी इसी प्रकार वक्षस्थल स्पर्श करके कहा था कि 'ईश्वर के जो रहस्य मेरे अन्तस्तल में हैं, उन्हें मैंने अबुबक्र के सीने में भर दिया है।'[143]

बन्दगी मियाँ ख़ुंदमीर भी गुरु की दृष्टि के प्रभावान्तर्गत मूर्च्छित हो गए थे और एक सप्ताह तक भावावेश, अचेतावस्था एवं उन्मादावस्था में लीन रहे थे।[144] अपनी

इस भावविह्वलता का परित्याग करके जब वह जागरणावस्था को प्राप्त हुए तो पीर ने उनसे इस काल में प्राप्त अध्यात्मपरक अनुभवों का उल्लेख करने को कहा। गुरु-शिष्य प्रश्नोत्तर का संक्षिप्त उद्धरण यहाँ आवश्यक है क्योंकि इनसे सम्प्रदाय की मान्यता सम्बन्धी अनेक तथ्य प्रकाशित होते हैं[145] :

सैयद मुहम्मद : मियाँ ख़ुंदमीर तुम्हें ईश्वर के दर्शन हुए ?

ख़ुंदमीर : आपकी मुखाकृति पर दृष्टिपात होते ही मुझे भगवत्दर्शन का लाभ हुआ। मैं सौगन्ध खाकर कहता हूँ कि आपकी आकृति के स्थान पर वहाँ ईश्वर की ही उपस्थिति का मुझे अनुभव हुआ था।

सैयद मुहम्मद : 'मानव गुणयुक्त परिधान को त्याग और अस्तित्व एवं अहंकार को समाप्त करके परमतत्त्व रूप धारण कर ईश्वर को देखता है।' ख़ुंदमीर तुमसे ईश्वर ने क्या कहा ?

ख़ुंदमीर : जो हमारा सेवक, हमारा प्रेमी और हमारा आसक्त होता है वह हमें भेंट देता है ? मैंने कहा, मैं अपना सिर भेंट करने के लिए आया हूँ।

सैयद मुहम्मद : फिर क्या हुआ ?

ख़ुंदमीर : फिर मुझे ऐसा आभास हुआ कि मेरा सिर कट के आकाश की ओर चला गया हो और मेरा धड़ मात्र ही शेष रह गया हो और वह ईश्वर की अभ्यर्थना एवं प्रार्थना में लीन हो। प्रार्थना पश्चात् मुझे अनुभव हुआ कि मेरा सिर पुनः धड़ पर लाकर रख दिया गया है। मुझे ऐसा लगा जैसे मेरी भेंट अस्वीकार कर दी गई है। भावविह्वल होकर मैंने पूछा कि ईश्वर क्या मेरा सिर इस योग्य नहीं है कि भेंट रूप में तू उसे स्वीकार कर ले, ईश्वर ने उतर दिया—'सहर्ष हमने तेरी भेंट स्वीकार की और अब यह सिर तुझे थाती रूप में लौटाया गया है। एक निश्चित समय पर हम इसे तुझसे वापस ले लेंगे।'

उपर्युक्त घटनाओं एवं प्रश्नोत्तर से निम्न तथ्य प्रकाशित होते हैं :

1. गुरु-दृष्टि के माध्यम और हस्तस्पर्श द्वारा बिना साधना और अभ्यास के सत्वर गति से वरदान रूप में सिद्धि प्राप्ति की मान्यता महदवी सम्प्रदाय में स्वीकृत थी।
2. शिष्य इसी जगत में सशरीर ही भगवत्दर्शन लाभ से आनन्दित हो सकता था और वह गुरु रूप में ही ईश्वर को देखता था। गुरु-गोविन्द अभंग और अभिन्न थे।

3. सिर भेंट करने अर्थात् 'स्व' को भस्म करने एवं अहं को समाप्त करने पर महदवी सम्प्रदाय में अत्यधिक बल है और 'सिर भेंट' ही इस साधना प्रणाली का परम लक्ष्य है।

नयन-मिलन के फलस्वरूप मूर्च्छा, भावावेष्टावस्था, प्रतिभाशून्यता, उन्माद आदि का वर्णन हमें जायसी काव्य में निरन्तर प्राप्त होता है। गुरु की कृपा से ही चर्म चक्षुओं से उन्होंने भी ईश्वर का दर्शन लाभ किया था :

उन्ह हुति देखइ पावौं दरस गोसाईं केर[146]

भावविह्वल होकर वह भी धूल-धूसरित और मिट्टी में विलोड़ित परिलक्षित होते हैं :

परेउँ माँटि पाएउँ फेरि आवा[147] (पाठान्तर-पहिरावा)

शरीअत मार्ग को सत्य घोषित करने वाले जायसी इस जगत के पुण्यकर्म तथा साधना एवं अभ्यास को निस्सार मानते हैं :

इहै जगत कै पुन्न, यह जप तप सब साधना।
जानि परै जेहि सुन्न, मुहमद सोई सिद्ध भा।[148]

लोकाचार, कथा प्रसार एवं वर्णन की आवश्यकताओं की पूर्ति के फलस्वरूप 'पदमवाती-गुरु' के कारण जायसी का नायक रत्नसेन योग साधना और तंत्र-मंत्र खेल का संकेत तो करता है किन्तु इस खेल को सक्रिय खेलता हुआ वह समस्त 'पद्मावत' में हमें परिलक्षित नहीं होता। वह योगियों की वेशभूषा अवश्य धारण करता है परन्तु परमलक्ष्योपलब्धि के लिए आभ्यंतर साधना का ही आश्रय लेता है। अतः उसकी साधना कर्म अथवा अभ्यास प्रधान नहीं है :

सो पदुमावति गुरु हौं चेला। जोग तंत जेहि कारण खेला।[149]

गुरु से अभेद होने और उसकी कृपा से रहस्योद्घाटन द्वारा ही सिद्धि प्राप्ति जायसी को मान्य है :

चेला सिद्धि सो पावै गुरु सो करै अछेद ।
गुरु करै जौं किरिपा कहै सो चेलहिं भेद।[150]

जायसी 'प्रकट वेश' के विरोधी हैं और अन्तस्तल में ही गुरु-उपदेश लेकर, सखियों के माध्यम से पद्मावती रानी को गुप्तरूपेण जोग जगाने का उपदेश देते हैं :

सखिन्ह कहा पदुमावति रानी करहु न परगट भेस।
जोगी सोई गुपुत मन जोगवै लै गुरु कर उपदेस।[151]

'कंत न पाइआ किए सँवाँगू'[152] महदवी सम्प्रदाय की मान्यता है और जायसी सम्भवत: इसीलिए अपनी नायिका पद्मावती रानी को योग के समस्त बाह्य उपकरणों को अन्तस्तल में घटित करने का परामर्श देते हैं :

एइ बिधि जोग बियोग जो सहा। जैसें पिउ राखै तिमि रहा।
गिरिही महँ भै रहै उदासा। अंचल खप्पर सिंगी स्वाँसा।
रहै पेम मन अरुझा लटा। बिरह धँघारि परहिं सिर जटा।
नैन चक्र हेरै पिय पंथा। कया जो कापर सोई कंथा।
छाला पुहुमि गगन सिर छाता। रंग रकत रह हिरदै राता।
मन माला फेरत तंत ओहीं। पाँचों भूत भसम तन होहीं
कुंडल सो जो सुनै पिय बैना पाँवरि पाय परेहु।[153]

उपर्युक्त अर्द्धालियों में खप्पर, शृंगी, जटा, चक्र, कंथा, मृगछाला, छत्र, माला, कुंडल, पांवरी आदि जोगी-भेस आभ्यंतर अध्यात्म-साधनापरक स्वीकार करने का स्पष्ट आग्रह प्रतिध्वनित होता है। जोगी-भेस की इसी प्रकार की अध्यात्म कल्पना उसमान रचित चित्रावली में भी उपलब्ध है।[154]

पंचभूत-भस्म प्रक्रिया बाह्य उपकरणों द्वारा महदवी सम्प्रदाय में सम्पन्न नहीं होती थी। सैयद मुहम्मद जिस भी साधक की नासिका से अपनी नासिका मिलाकर 'ज़िक्र ख़फ़ी' का उपदेश देते थे वह दीर्घकाल तक मूर्च्छनाग्रस्त, उन्मादित एवं भावावेशावस्था में तल्लीन रहता था। ऐसे प्रत्येक अवसर पर सैयद मुहम्मद कहते थे कि 'दिया, बाती और तेल तैयार था। मैंने केवल पलीता लगा दिया है।'[155] इंसाफ़नामा आदि उनके जीवनवृत्तान्त सम्बन्धी ग्रंथों में उपर्युक्त कथन की चर्चा अनेक स्थलों पर मिलती है। जायसी काव्य में यही प्रक्रिया 'सर साज' एवं अथवा 'मरन खेल' है।

जायसी का 'सर साज' अथवा 'मरन खेल'

जोगी जती बनकर भी रत्नसेन अपनी लक्ष्य प्राप्ति में विफल होकर सती के समान भस्म होने का मार्ग अपनाता है :

पाएउँ नहिं होइ जोगी जती। अब सर चढ़ौं जरौं जससती।[156]

रत्नसेन 'ककनूँ पंखि जैस सर साजा', और उस चिता पर चढ़कर स्वयं को भस्म करने का इच्छुक हुआ। सैयद मुहम्मद की पंचभूत-भस्म प्रक्रिया और जायसी के 'ककनूँ सर साज' में अन्तर यह है कि ककनूँ स्वयं अपनी चिता बनाता है और स्वयं ही उसमें अग्नि प्रज्वलित करता है। परन्तु सैयद मुहम्मद का शिष्य चिता तो स्वयं तैयार करता है किन्तु उसमें अग्नि प्रज्वलन का कार्य सैयद मुहम्मद द्वारा सम्पन्न होता है। 'दिया, तेल, बाती' की तैयारी से ताप्पर्य 'सर साज' ही है। प्रीतम कुँवर ने 'कासी

आइ मरन सर साजा'[157] था। राजकुमारी 'चित्ररेखा' भी यही 'सर रच' कर स्वयं को भस्म करके अपने प्रियतम से भेंट का उपाय करती है :

गहौं तपा कहँ सर रच देहिं बेगि मोहि आगि।
जाई मिलौं स्वामी कौं, चलौं सरग संग लागि।[158]

जो तुम पिउ हौं अइस बिसारी। आपुहिं जारि मिलौं तौ नारी। ककनूँ और सती-नारी जायसी काव्य में इस भस्मकांड एवं पंचभूत तन प्रज्वलन के प्रतीक हैं और पतंग, फनिग, भृंग तथा भँवरा[159] प्राणाहुति प्रकरण के महानतम नायक तथा जायसी के 'मरन खेल' के दक्ष खेलाड़ी हैं।

जायसी के इसी 'मरन खेल' की प्रतिच्छाया इस अध्याय में अन्यत्र चर्चित ख़ुंदमीर सम्बन्धी घटना में हमें स्पष्ट परिलक्षित होती है। ख़ुंदमीर अपना सिर ईश्वर को भेंट रूप में अर्पित करते हैं और भेंट स्वीकृति के रूप में उनका सिर कटकर आकाश गमन करता है और इस मीचु के पश्चात् उन्हें पुनर्जीवन प्राप्त होता है। जायसी का नायक भी अपने 'निरास प्रीतम' को जीवाहुति देने का प्रण करता है :

ओहि न मोरि कछु आस हौं ओहि आस करेउँ
तेहि निरास प्रीतम कहँ जिउ न देउँ का देउँ[160]

रत्नसेन निस्संकोच सिर भेंट करने को भी तत्पर है :

दुरस ओहि का दिया जस हौं रे भिखारी पतंग।
जौं करवत सिर सारै मरत न मोरौं अंग।[161]

ख़ुंदमीर की घटना और जायसी की उक्ति में समान तथ्य यह है कि दोनों ही मरण-साधना के अमरत्व प्राप्ति का एकमात्र उपाय मानते हैं। मृत्यु एक अनिवार्य सत्य है और इसीलिए स्वीकृत शिराहुति ख़ुंदमीर को वापस करके ईश्वर एक निश्चित समय पर उसे पुनः लेने की सूचना देता है। जायसी के अनुसार मरण-साधना में मरे हुए को मृत्यु भी नहीं मारती और इस विधि मरणलाभ को वह साधु का प्रमुख लक्षण मानते हैं :

एक बार मरि मिलै जो आई। दोसरि बार मरै कत जाई।[162]
कत तेहि मीचु जो भर कै जिया। भा अम्मर मिलि कै मधु पिया।
मुहमद जिअतहि जे मारहिं तेई पुरुष कहु साधु।[163]

'मर-जिया' का यह प्रबोधन 'पद्मावत' में बारंबार आता है :

जौ पहिलें सिर दै पगु धरई। मुए केर भी चुहि का करई।[164]

जायसी के अनुसार उपर्युक्त 'मरण' का आस्वादन कर लेने पर पुनः मरण का भय नहीं रहता। यह 'मरन' ही 'प्रेम व्यवस्था' है और यह मृत्यु से भी अधिक

कष्टदायक है क्योंकि इस अवस्था में 'न जीव में जीवन रह जाता है और न ही दशम अवस्था की ही प्राप्ति होती है' :

कठिन मरन ते पेम बेवस्था/न जिअँ जिवन न दसइँ अवस्था।[165]

'पद्मावत' में 'मरन खेल' अथवा प्रेम व्यवस्था का आरम्भ उस समय होता है जब पद्मावती का नख-शिख वर्णन सुनकर राजा रत्नसेन भाव-संवेष्ठित अवस्था को प्राप्त होता है। साधक की इस स्थिति का विशद और कलात्मक वर्णन जायसी ने कड़वक 119 में किया है। उनके अनुसार 'मरन साधना' का प्रारम्भ 'मूर्च्छा'[166] से होता है और तदंतर साधक उन्मादग्रस्त और 'बाउर' हो जाता है :

जौं भा चेत उठा बैरागा। बाउर जनहुँ सोइ अस जागा।[167]

मूर्च्छावस्था का वर्णन जायसी ने परमसुख के रूप में किया है और इस स्थिति में रत्नसेन स्वयं को 'अमरपुर वासी' समझता है तथा जागरणावस्था को कष्टदायक 'मरनपुर आएउँ' कहता है :

सोवत अहा जहाँ सुख साखा। कस न तहाँ सोवत बिधि राखा।[168]
हौं तो अहा अमरपुर जहाँ। इहाँ मरनपुर आएउँ कहाँ।
केइँ उपकार मरन कर कीन्हा। सकति जगाइ जीव हरि लीन्हा।[169]

जागरणावस्था में प्रियतम-भेंट की उत्कंठा जाग्रत होती है और उसकी प्राप्ति के उपकरण जुटाए जाते हैं। हमारा नायक रत्नसेन भिखारी भेस धारण करता है, राज्य परित्याग, थलमार्ग की घनघोर यातनाएँ सहन करता हुआ जनमार्ग के भीषण कष्ट भोगता हुआ प्रीतम नगरी में पहुँचता है। परन्तु जायसी के अनुसार साधना के ये बाह्य प्रपंच हैं और इनके द्वारा परमलक्ष्य की प्राप्ति असम्भव है। अधिक से अधिक इनके माध्यम से जलने के लिए चिता तैयार हो सकती है। इसीलिए रत्नसेन इस साधना पद्धति को अपनी कार्य-सिद्धि हेतु व्यर्थ समझता है :

कत तप कीन्ह छाड़ि कै राजू। आहर गएउ न भा सिधु काजू।
पाएउँ नहिं होइ जोगी जती। अब सर चढ़ौं जरौं जसि सती।[170]

जप, तप, जोग और तंत्र-मंत्र की निस्सारता का प्रसंग महादेव-रत्नसेन संवाद में भी वर्णित है। महादेव प्रश्न करते हैं 'कै तप करै न पारेहु कै रे नसा एहु जोग?' रत्नसेन अपने 'तप, जोग' का उल्लेख करके अपने मनोरथ के आपूरित रहने पर खेद प्रकट करता है :

मैं पुनि तजा राज औ भोगू। सुनि सो नाउँ लीन्हा तप जोगू।
यह मढ़ सेएउँ आइ निरासा। गै सो पूजि मन पूजि न आसा।[171]

जायसी 'पद्मावत' में दीर्घकाल तक संशोधन और परिवर्द्धन करते रहे थे। अपनी उत्तरकालीन रचनाओं में जहाँ उन्होंने परिवर्तित विचारधारा पर अधिक बल दिया वहीं दूसरी ओर वे स्वयं को पूर्वकालिक विचार सरणियों से मुक्त नहीं कर पाए। एक प्रकार से उन्होंने पूर्वकालिक और परिवर्तित विचारों को एक ही स्थान पर समाहित करने का प्रयास किया है, इसीलिए इस रचना में उनकी अनेक उक्तियाँ एक-दूसरे का खंडन करती मिलती हैं। एक ओर उनकी साधना पद्धति में हठ, जूझ, शिराहुति, त्याग, तपश्चर्या, प्रकट साधना का आग्रह परिलक्षित होता है और दूसरी ओर वह इन्हीं को निस्सार और व्यक्त सिद्ध करने लगते हैं। गुरु हीरामन का उपदेश है कि सिंघल राज्य की प्राप्ति अत्यन्त कठिन है और उदासी, जोगी, जती तथा संन्यासी ही इसे पाने का साहस कर सकते हैं :

ओहिं पंथ जो होइ उदासी। जोगी, जती, तपी संन्यासी।
भोग जोरि पाइत वह भोगू। तजि सो भोग कोइ करत न जोगू
तुम्ह राजा चाहहु सुख पावा। जोगहि भोगहि कत बनि आवा।
साधन्ह सिद्धि न पाइअ जौ लहि साध न तप्प।
सोइ जानहिं बापुरे जो सिर करहिं कलप्प।[172]

परन्तु दूसरे स्थान पर महादेव का कथन है कि उस प्रीतम को आत्मज्ञान से प्राप्त किया जा सकता है। हठ और तपश्चर्या द्वारा सिद्धि-प्राप्ति नहीं होती :

पाइअ नाहिं जूझ हठि कीन्हे। जेइं पावा तेइं आपुहि चीन्हे।[173]

उपर्युक्त पंक्ति में जूझ 'जुह्द' हठि, 'रियाज़त' और आपुहि चीन्हे 'इरफ़ान' के हिन्दी के पर्यायवाची शब्द हैं। यहाँ पर जायसी का साधना मार्ग बाह्याडंबर के कंटकों से प्रशस्त हो गया है और वह योगी के प्रकट वेश को निरर्थक बताते हैं और गुप्त साधना का समर्थन करते हैं :

सखिन्ह कहा पदुमावति रानी करहु न परगट भेस।
जोगी सोइ गुपुत मन जोगवै लै गुरु कर उपदेस।[174]

किसी समय जोग और भोग को जायसी विरोधी तत्त्व समझते रहे होंगे किन्तु 'कन्हउत'[175] की रचना के समय दोनों के प्रति उनमें समन्वयवादी दृष्टि उत्पन्न हो गई थी। जायसी के कृष्ण को गोरखनाथ उपदेश देते हैं कि गोपियों के भोग का त्याग करो और इसी जीवनकाल में ही तप और साधना द्वारा दर्शन लाभ प्राप्त कर लो किन्तु जायसी की मान्यता अब इससे भिन्न हैं और इस सिद्धान्त के विरोध में वह कहते हैं :

परगट विद्या परगट भेसू। काज न आवै यहि उपदेसू।[176]

जायसी का यह गुप्त ज्ञान तुरुक और हिन्दू का भेदभाव समाप्त कर देता है, स्त्री-पुरुष का अन्तर भी मिट जाता है क्योंकि प्रकट रूप में जो गोपाल है वही गुप्त रूप में हिन्दू, तुरुक, राजा, रंक, पंडित, मूर्ख, स्त्री, पुरुष सब कुछ है :

परगट भेस गोपाल गोबिन्दू। गुपुत ज्ञान नहिं तुरुक न हिन्दू।
अपनइ रंग सुरूप मुरारी। किथौं राजा किथौं भिखारी।
किथौं सुपंडित किथौं मुरुख। किथौं इस्तरी किथौं पुरुख।
सो अपनेन कारन खेल आनित खेला।[177]

कभी-कभी तो ऐसा लगने लगता है कि वे शास्त्र मार्ग (कर्मयोग) योगमार्ग की तुलना में भोगमार्ग को ही अधिक समर्थ मानते हैं :

पंडित पढ़हिं सास्तर जोगी पढ़हिं सो जोग।
कन्ह गुपुत तप साधइ परगट मानइ भोग।[178]

इसी गुप्त तप साधना अथवा गुप्त मत का उपदेश जायसी साधकों को देते हैं और अत्यन्त गोपनीयता का आग्रह भी करते हैं :

सो परगट महँ आइ भुलावै। गुपुत में आपन दरस देखावै।
तुम अनु गुपुत मते तस सेऊ। ऐसन सेउ न जानै केऊ।[179]

दर्शन एवं भोग

'सर साज', आभ्यंतर साधना, गुप्त मत और भोगवाद के अतिरिक्त दर्शन एवं भोग को भी पद्‌मावतकार की साधना पद्धति में महत्ता प्राप्त है। गुरु हीरामणि ने साधक रत्नसेन को सिंघल द्वीप पहुँचने पर उसके हितार्थ यह शिक्षा दी है :

अब सिधि देउँ तोहि जोगू। पहिलें दरस होइ तब भोगू।[180]

दर्शनाभिलाषा की यही महत्ता 'आख़िरी कलाम' में भी परिलक्षित होती है। दीदार (दर्शन) के पश्चात् ही स्वर्गोप भोग की इच्छा धर्मीजनों की ओर से हज़रत मुहम्मद ने ईश्वर के समक्ष रखा है। 'बिहिस्त न जाऊँ, जौ लगि दरस तुम्हार न पाऊँ'[181] की उक्ति में इसी तथ्य का द्योतन है :

सीस पाँय भुइँ लावौं, जौ देखौं तोहि आँखि।
दरसन देखि मुहम्मद, हिये भरौं तोर साखि।[182]

महदवी सम्प्रदाय में तो ईश्वर से प्रत्यक्ष साक्षात्कार, चर्म चक्षुओं से उसके दर्शन और इसकी प्राप्ति के लिए निरन्तर प्रयास अत्यन्त महत्त्वपूर्ण नियम रहे हैं। इनके आधार पर मुल्ला सत्ता के कोप का भाजन भी सैयद मुहम्मद को बनना पड़ा है और इसी संसार में चर्म चक्षुओं से दर्शन कराने की उनकी पद्धति पर आरोप भी लगाए गए हैं। उनकी

प्रत्येक उक्ति क़ुर्आन की आयतों पर आधृत होती थी और उन्हीं की नवीन व्याख्या करके वह अपने कथ्य को प्रमाणित और पुष्ट करते थे। दर्शन सम्बन्धी उठाई गई आपत्तियों का समाधान भी वह क़ुर्आन की आयत के उद्धरण द्वारा ही करते थे—'जो व्यक्ति इस संसार में (ईश्वर के दर्शन से) अन्धा है, वह प्रलय के दिन भी अन्धा रहेगा।'[183] क़ुर्आन की उपर्युक्त आयत के आधार पर वह अपने विरोधियों को निरुतर कर देते थे और दर्शनाभिलाषियों की संख्या उनके दायरे में बढ़ जाती थी।

इससे यह कदापि सिद्ध नहीं होता कि जायसी की साधना पद्धति पर आवश्यक रूप से महदवी प्रभाव पड़ा है, हमें ऐसे कई अमहदवी सूफ़ियों की रचनाएँ मिलती हैं जिनमें दर्शन और भोग की चर्चा है। सम्भवत: चिश्तिया सम्प्रदाय के साधकों में यह सिद्धान्त साधारणत: प्रचलित रहा था। महदवी और अमहदवी दोनों प्रणालियों में दृष्टि मेल ही अभीप्सित दर्शन का साधन है और उसका फल है मूर्च्छना, चेतनशून्यता और भावविह्वलता।

दृष्टि मेल

जायसी ने 'पद्मावत' में इस 'दिस्टि मेरावा' के अत्यन्त मर्मस्पर्शी चित्र प्रस्तुत किए हैं। गुरु हीरामणि ने इसका उपाय रत्नसेन को सिंघलगढ़ पहुँचते ही बता दिया था :

पदुमावति पुनि पूजै आवा। होइहि एहि मिसु दिस्टि मेरावा।[184]

चन्दायनकार जायसी से पूर्व ही इस दृष्टि मेल का उपयोग अपनी रचना में कर चुके थे। क्षीरोदक सारी धारण किए, षोडश शृंगारयुक्त, चाँदा की झलकमात्र 'देखि लोर कहँ बिसरि गरासू।'[185] चाँदा की बिरस्पत नामक सखी ने लोरक की विरहाग्नि को प्रशान्त करने के लिए दृष्टि मेल का ही उपाय ढूँढ़ा। लोरा दर्शनार्थ और चाँदा देवपूजार्थ देव मंडप में पहुँचे। नयन से नयन का मिलन तो हुआ किन्तु परिणाम कुछ सुखद नहीं निकला :

नैन दिस्टि चाँदा लायसु। दहा खाइ न सो देखै पायसु।[186]

दृष्टि मेल प्रेम खेल का प्रारम्भ मात्र है और इसका विकास है अनंग चिंगारी प्रज्वलन, विरहाग्निदाह, सर साज, विह्वलता, उन्माद, मिलन की उत्कंठा, प्राणाहुति की चाह। इसका अन्त निश्चय ही, सामीप्य, सुखवास तथा भोग है। चाँदा के विषाक्त नयन बाणों से आहत लोरा की जो स्थिति हुई थी उसी का अधिक मार्मिक चित्रण जायसी ने प्रस्तुत किया है :

नैन कचोर पेम मद भरे। भइ सुदिस्टि जोगी सौं ढरे।
जोगी दिस्टि दिस्टि सो लीन्हा। नैन रूप नैनन्ह जिउ दीन्हा।
जो मधु चहत परा तेहि पाले। सुधि न रही ओहि एक पियाले।[187]

दर्शन के चमत्कार के फलस्वरूप ही राघव चेतन जैसा पंडित और ज्ञानी भी अचेतन हो उठता है, सन्निपातग्रस्त होता है, उसे बिजली मार जाती है और वह सुध-बुध खो बैठता है। दर्शन द्वारा चित अपहृत राघव दृष्टि मेल का यही दृश्य प्रस्तुत करता है :

सो हँकारि मोहि कंगन दीन्हा। दिस्टिन परै जीव हरि लीन्हा।
नैन भिखारि ढीठ सत छाँड़े। लागे तहाँ बान बिखु गाड़।[188]

रूपलिप्सा से पीड़ित, हठपूर्वक पद्मावती के सम्भोग का आकांक्षी, दिल्ली सुल्तान अलाउद्दीन भी दर्पण में छवि दर्शन मात्र से हतप्रभ हो उठता है और उसकी स्थिति जोगी-तपस्वी के समान हो उठती है। जायसी ने पारस दर्शन और उससे उत्पन्न अलाउद्दीन की मन:स्थिति का 'पद्मावत' में सविस्तार वर्णन किया है :

होतहि दरस परस भा लोना। धरती सरग भएउ सब सोना।[189]

भोजन पेम सो जान जो जेवा। भँवर न तजै बास रस केवा।
दरस देखाइ जाइ ससि छपी। उठा भान जस जोगी तपी।[190]

दर्शन द्वारा रत्नसेन, अलाउद्दीन और राघव चेतन तीनों को पेमचिंगी उपलब्ध हुई, किन्तु इसे प्रज्वलित करके अहं का विनाश और स्व: को भस्म करने की क्षमता केवल रत्नसेन में है। इसीलिए वह पद्मावती का सम्भोग करता है और अन्य 'सरजार' का सामर्थ्य न होने के कारण इससे वंचित रहते हैं। नयन से नयन के मिलन, दर्शन, विह्वलता, विरहदाह, सरजार की प्रक्रिया सम्पन्न होने पर भी सम्भोग सुख प्राप्ति स्वत: सम्भव नहीं है। प्रिय की अनुकम्पा ही इसकी उपल्बिध का एकमात्र आधार है। जायसी ने राघव चेतन जैसे साधक को भी यही उपदेश दिया है :

कोई माँगि मरै नहिं पावै कोइ बिनु माँगा पाउ।[191]

दृष्टि मिलन, दर्शन, अचेतन, विरहदग्धता, चिता प्रज्वलन, अनुकम्पा और सम्भोग की यह साधना प्रणाली अभ्यासस्वरूप भी है और वरदानरूपा भी। महदवी सम्प्रदाय में साधना के दोनों रूप प्रचलित थे—किन्तु यह उनकी एकमात्र विशेषता नहीं है। वस्तुत: सूफ़ी संतों में साधारणत: मान्य इसी साधना मार्ग को जायसी ने दरस-भोगवाद की संज्ञा दी है। न यह उनकी अपनी मौलिक उद्‌भावना है और न ही उन्होंने इसे महदवी सम्प्रदाय से ग्रहण किया है।

व्यक्तिगत और समष्टिगत साधना

समस्त साधक समुदाय के समान सूफ़ी भी एकाकी साधना में विश्वास करते हैं। इसका एकमात्र अपवाद मेहदी सम्प्रदाय है जिसमें जमात बनाकर एक स्थान से दूसरे स्थान को प्रस्थान करते थे और दायरे में निवास करते हुए सामूहिक रूप से

साधना सम्पन्न करते थे। सम्प्रदाय के संस्थापक ने स्वयं सत्रह व्यक्तियों सहित जौनपुर से प्रस्थान किया था रोगग्रस्त हो जाने के कारण दिलावर शाह को दानापुर में मियाँ दुराज की मस्जिद में छोड़ना पड़ा था। इस प्रकार सोलह साधकों का यह दायरा भ्रमण पर्यटन करता हुआ अपनी साधना पूर्ण कर रहा था। साधकों के लिए दायरे में निवास का ही नियम था।

आश्चर्यजनक संयोग है कि 'पद्मावत' के नायक रत्नसेन के संग भी सोलह सहस्त्र कुँवर जोगी[192] होकर सिंघलगढ़ की ओर प्रस्थान करते हैं। जायसी ने रत्नसेन के शिष्यों की संख्या सोलह हज़ार बताई है और अगण्य साथी संघतियों की भी चर्चा की है :

सोरह सरस कुँवर भए चेला।[193]
औरु गनै को संग सहाई।[194]

निश्चय ही अपने वर्णन में जायसी ने अतिशयोक्ति अलंकार का उपयोग किया है। फिर भी दोनों में सोलह की संख्या समान है। विचार के लिए आश्चर्यजनक बिन्दु यह है कि योग पथ गामी, राजपाट और वैभव का त्यागी रत्नसेन किस साधना पद्धति के नियमानुसार इस दल-बल को शिष्यों के रूप में अपने संग रखता है ? संसार त्याग और जनसमुदाय से पृथकता का नियम महदवी सम्प्रदाय में भी अन्य सूफ़ी साधकों के समान ही मान्य है और जायसी ने भी इस पर बल दिया है। परन्तु सामूहिक रूप से जाप और साधना का प्रभाव उन्होंने अवश्य ही महदियों से ग्रहण किया है।

परिव्रज्या (हिजरत)

अविराम परिव्रज्या पर सैयद मुहम्मद जौनपुरी ने अत्यधिक बल दिया है और स्वयं वह आजीवन भ्रमण करते रहे हैं। सम्भवत : उनका विचार था कि रमते जोगी और बहते पानी को स्थिर नहीं रहना चाहिए। उनका मत था कि आदम भारत से, इब्राहीम बाबुल से, मूसा मिस्त्र से और मुहम्मद मक्के से हिजरत (प्रस्थान) करने पर ही अपना मनोरथ पूर्ण कर पाए थे और नबी पद पर आसीन हुए थे। इसीलिए अपनी साधना प्रणाली में उन्होंने परिव्रज्या को अत्यन्त महत्त्वपूर्ण स्थान दिया है। यात्रा की महत्ता अन्य सूफ़ियों को भी स्वीकृत है किन्तु यह देश-विदेश के पर्यटन से भिन्न है। यह अन्तस्तल में ही घटित होती है। इसके दो रूप हैं—बर्री (थलयात्रा) और बहरी (जल यात्रा)। थल यात्री सात घाटियों को पार कर गंतव्य स्थान तक पहुँचता है और जलयात्री सप्त समुद्रों का कष्ट भोगकर प्रिय के लोक में प्रवेश करता है। जायसी ने थलयात्रा का वस्तुगत यथार्थ वर्णन ही प्रस्तुत किया है, देश-विदेश के नामोल्लेख के साथ पर्यटन का विवरण दिया है। परन्तु जायसी द्वारा वर्णित सप्त समुद्रयात्रा निश्चय ही साधक की आन्तरिक यात्रा है। उससे साधना पथ पर अग्रसर साधक की अनुभूतियों का द्योतन होता है।

सम्पत्तिदान

अखंड जाप, सन्तुष्टि, सत्संग, महदी अवतरण की साक्ष्य, भौतिक सम्पत्ति के समान वितरण के अतिरिक्त 'अश्र' (सम्पत्ति का दसवाँ भाग) देने पर भी महदवी सम्प्रदाय में बल दिया गया है। जायसी ने भी 'पद्मावत' में दान की महिमा[195] पर बल दिया है किन्तु उनके वर्णन में द्रव के चालीसवें [196] भाग के दान का ही आग्रह है। निश्चय ही इस वर्णन में संकेत इस्लामी ज़कात[197] की ओर है, महदवी अश्र से इसका कोई सम्बन्ध नहीं है।

मेला और अकेला

'उज़लत-ए-बातिनी' (आन्तरिक एकाकीपन) का नियम भी महदवी सम्प्रदाय के अभ्यास का एक अंश है। इसमें कोई मौलिकता अथवा नवीनता नहीं है क्योंकि अन्य सूफ़ी इस स्थिति को 'ख़िलवत दर अनजुमन' की संज्ञा देते हैं और 'मेले में अकेले' की भी यही स्थिति है। इस की परिभाषा महदवी ग्रंथों में इन्हीं अर्थों में की गई है। वे लोग इसे 'बाहमा (सर्वसहित) व बेहमा (सर्वरहित)[198] की स्थिति बताते हैं। जायसी के 'गिरिही महँ मै रहै उदासा'[199] में यही भाव स्पष्ट ध्वनित है।

क़ह्र और मह्र

सैयद मुहम्मद जौनपुरी प्रकांड पंडित और प्रभावशाली वक्ता थे। क़ुर्आन सम्बन्धी उनके व्याख्यान अत्यन्त लोकप्रिय थे और श्रोताओं के मन-मस्तिष्क को वशीभूत करने की उनमें अतुल्य क्षमता थी। परन्तु अपने प्रवचनों में वह ईश्वर के भयंकर, रुद्र और संहारी रूप की चर्चा करते थे और उसके स्रष्टा, कर्ता, दयावान तथा मुक्तिदाता आदि गुणों की ओर अधिक न ध्यान देते थे। वस्तुत: उनका ध्येय विरक्ति उत्पन्न करना था आसक्ति नहीं, अत: भयसंचार द्वारा ही वह संसार से मनुष्य को विमुख करने में प्रयत्नशील थे। इस प्रश्न को लेकर अनेक अवसरों पर आपत्तियाँ भी उठाई गईं किन्तु उन्होंने अपने कथ्य को एक हदीस (मुहम्मद वचन) के आधार पर उचित बताया। वह कथन है : 'मित्र दुखा कर कहता है और शत्रु हँसा कर।'[200]

मलिक मुहम्मद जायसी आसक्ति के कवि हैं विरक्ति के नहीं, वह भोगवादी हैं वैराग्यवादी नहीं, उनकी रचनाओं में विमोह पर बल है भय एवं आतुरता पर नहीं। निस्सन्देह उन्होंने सृष्टि संहार, नरकदाह, ईश्वरीय दंडविधान, कष्टसाध्य मृत्यु का विस्तृत वर्णन किया है और मरणोपरान्त कष्ट भोग की ओर पाठक का ध्यान भी आकृष्ट किया है।[201] 'कहरानामा' में जायसी ने विवाह के रूपक के माध्यम से ससुराल गमन, ओबरी में यातना भोग, पीव की संकीर्ण डगर, डोली कहार के रूप में मरण और उसके उपरान्त घटित घटनाओं का भयंकर और मार्मिक वर्णन किया है। परन्तु साथ ही पीव की दया-कृपा तथा उसके सम्पर्क से प्राप्त आनन्द-उल्लास की चर्चा करना भी वह नहीं भूले हैं।

जायसी ने 'आख़िरी कलाम' में ईश्वर के दाता रूप का ही स्तवन किया है कि वह दयालु है। काया, बुद्धि, संसार सुख, मुक्ति, नयन, श्रवण, नासिका, जिह्वा, दशन, कपोल, अधर, कंठ, भाषा, भुजदंड, पंचभूत आत्मा, शीत, घाम, नींद-विश्राम का दाता है।[202] 'आख़िरी कलाम' के स्तुति खंड की प्रत्येक पंक्ति 'दीन्हेस' से आरम्भ होती है जो निश्चय ही फ़ारसी शब्द 'बख़शिन्दा' का पर्यायवाची है। 'दीन्हेसि' रूप में 'पद्मावत' के नवें कड़वक में भी स्तुति की गई है किन्तु इसमें मुक्तिदाता और भौतिक सुख-वैभव प्रदाता आदि विशेषताओं पर अधिक बल है। 'पद्मावत' के स्तुति खंड में कर्ता रूप में विधाता के स्तवन में जायसी का मन रमा है, और इसकी पंक्तियाँ 'कीन्हेसि'[203] से प्रारम्भ होती हैं जो अरबी शब्द 'ख़ालिक़' का अवधी रूपान्तर है। इस ग्रंथ में कर्ता की कृतियाँ हैं—संसार, ज्योति, प्रेम, कविलास, अग्नि, पवन, जल, धरती, आकाश, पाताल, दिवस, रात्रि, सूर्य, चन्द्र, नक्षत्र, धूप, शीत, छाया, मेघ, विद्युत, सप्तमही, चौदह भुवन, सप्त समुद्र, पर्वत, नदी, नाला, झरना, मगरमच्छ, सीप, मोती, नग, वनखंड, खजूर, अरण, साउज, पक्षी, भूख, निद्रा, औषधि, रोग, निरोग, सुगंधि, अमृत, विष, ऊख, करु-बेल, मधु, भ्रमर, मधुमक्खी, लोमड़, चूहा, चींटी, राक्षस, भूत, प्रेम, अठारह सहस्त्र संसार आदि। किन्तु मनुष्य की सृष्टि उसका महानतम उपकार है :

कीन्हेसि मानुष दिहेसि बड़ाई, कीन्हेसि अन्न भुगुति तेहिं पाई।[204]

'जाकर सबै जगत यह साजा' कहकर 'चित्ररेखा' में ईश्वर के 'साजकर्ता' रूप की स्तुति जायसी ने की है। इस स्रोत में जायसी ने समस्त का निमित्तकारण मनुष्य को बताया है :

सब पर मानुस सरा गोसाईं। सबै सरा मानुस के ताईं।[205]

'बड़ करतार जिवन कर राजा'[206] और 'आदिहुँ अन्त राज जेहि छाजा'[207] की उक्तियों से भी जायसी ने विधाता की महिमा को प्रकाशित किया है। निश्चय ही यह फ़ारसी के दरबारी कवियों का प्रभाव है और 'बड़ राजा', 'शाहेशाहां' का ही पर्याय है। इसी बड़ राजा के परिवेश में 'पद्मावत' की कथा की सार्थकता और मनोरंजकता निहित है। राजकीय वैभव, भोग-विलास, सोना, चाँदी, रत्नागार, सुगंधि भंडार, वस्त्राभूषण, हाथी, घोड़े, मणियों से ज्योतिर्मय राजभवन, नेगी, प्रजा, राजकुँवर राजकुमारी, पटप्रधानी, युद्ध, अस्त्र, शस्त्र, जीविकार्जन की चिन्ता से विमुक्त जीवन को यदि 'पद्मावत' से पृथक् कर दिया जाए तो यह महाकाव्य नीरस हो जाएगा और किसी साधक का प्रवचन मात्र रह जाएगा। इसकी सरसता का आधार 'बड़राजा' ही है। इसी के परिवेश से कहीं न कहीं और किसी न किसी रूप में जायसी अवश्य जुड़े हुए हैं। जायसी के पूर्व रचित 'चन्दायन' और 'मृगावती' भी राजकुल से सम्बद्ध कथानक पर आधारित प्रेमाख्यान हैं किन्तु 'पद्मावत' में जो जिस रस परिपाक का बोध पाठक को होता है वह इन ग्रंथों में दुर्लभ है। कारण यही है कि जायसी अपने

परिवेश से अधिक निकट हैं और सम्बद्ध परिस्थितियों, व्यक्तियों के पारस्परिक सम्बन्धों को साधिकार चित्रित करने में वह सफल हैं, उस सन्दर्भ से उत्पन्न यथार्थ के मर्मज्ञ ज्ञाता तथा उसके समर्थ चित्रकार हैं।

निस्सन्देह भौतिक आतंकों, दैवी यातनाओं, ईश्वरीय दंड विधान, प्रलय, मृत्यु, बन्दीगृह का दारुण दुख, आशा-निराशा के बीच त्रिशंकु मानव की संवेदना का भी कुशल और प्रभावशील चित्रण जायसी ने अपनी रचनाओं में किया है। किन्तु यह उनके काव्य का न्यूनतम अंश है। मूल-रूप से वह आनन्द, उल्लास और भोग-विलास के ही कवि हैं। इस प्रकार यह प्रमाणित हुआ कि सैयद मुहम्मद जौनपुरी के व्याख्यानों के कथ्य और जायसी के वर्ण्य-विषय में मौलिक अन्तर है।

जायसी की भावधारा और महदवी सम्प्रदाय संस्थापक सैयद मुहम्मद जौनपुरी की विचारधारा के उपर्युक्त परिशीलन से यह तथ्य प्रकाशित होता है कि दोनों में साम्य की अपेक्षा वैषम्य अधिक मात्रा में है। समान तत्त्व अत्यन्त सामान्य हैं और अन्य सूफ़ी साधकों द्वारा वे साधारणतः स्वीकृत हैं। तात्त्विक दृष्टि से दोनों के विचारों का भेद अधिक मौलिक है। आन्तरिक साक्ष्य के इस आधार पर जायसी को महदवी सम्प्रदाय के विचारों का पोषक और सम्प्रदाय में दीक्षित स्वीकार करना समीचीन नहीं है।

वस्तुस्थिति यह है कि सेख (शेख़) बुरहान[208] जायसी के पीर का उपनाम मात्र है। किसी विशेषता के कारण लगभग सभी प्रसिद्ध संतों का अपने नाम के अतिरिक्त कोई उपनाम अवश्य प्रचलित है। निज़ामुद्दीन महबूब-ए-इलाही हैं; क़ुतुबुद्दीन, बख़्तियार काकी हैं; अलाउद्दीन, साबिर हैं; फ़रीदउद्दीन, गंजशकर हैं; सैयद मुहम्मद, गेसूदराज़ हैं और सैयद अशरफ़ जहाँगीर हैं। श्रद्धा के कारण भक्तजनों में इन्हीं उपनामों की अधिक प्रसिद्धि और प्रचलन है। इस दृष्टि से जायसी के गुरु सम्बन्धी वर्णनों का अवलोकन करने से स्पष्टतः सूचना मिलती है कि उनके गुरु का 'नाँव पियार बुरहानू' है। यह उनका पूर्ण और पारिवारिक नाम नहीं है। 'पियार नाँव', 'लक़ब' का ही अवधी रूपान्तर है। बुरहान (तार्किक, प्रज्ञावान) विशेषण का अवश्य ही कोई न कोई विशेष्य है।

द्वितीय गुरु परम्परा का उल्लेख करते समय जायसी ने प्रत्येक अवसर पर किसी 'महदी'[209] अथवा 'मोहदी'[210] के माहात्म्य प्रकाशन से अपना वर्णन प्रारम्भ किया है। फ़ारसी लिपि में लिखित होने के कारण इस शब्द का पाठ 'मुहिद्दी' भी हो सकता है। सम्भवतः जायसी का पीर का नाम मुहीउद्दीन था और उन्हीं का उपनाम बुरहान था। वही शेख़ बुरहान नाम से ही जन साधारण में प्रसिद्ध थे। हमारी धारणा है कि मुहीउद्दीन और बुरहान दो भिन्न व्यक्ति नहीं हैं वरन् एक ही व्यक्ति के ये दो नाम हैं। इस प्रकार जायसी के द्वितीय गुरु का नाम मुहीउद्दीन बुरहान था और उन्होंने उनके दोनों नामों का उल्लेख अपने वर्णनों में किया है। 'महदी' पाठ की अशुद्धता इस आधार पर प्रमाणित है कि महदवी सम्प्रदायगत विचारों का प्रभाव जायसी की रचनाओं में न्यूनतम है और यह शब्द विशेषण पद है, बुरहान इसके विशेष्य कदापि नहीं हो सकते

क्योंकि यह किसी व्यक्ति विशेष का उपनाम है, उसकी उपाधि है, उसका विशेषण है। फिर भी इस प्रश्न पर पुनर्विचार की आवश्यकता है क्योंकि ऐसा प्रतीत होता है कि जायसी ने अपने पीर मुहीउद्दीन बुरहान द्वारा वरदान रूप में अपना परम लक्ष्य प्राप्त कर लिया था और दीक्षा गुरु की साम्प्रदायिक विचारधारा को आत्मसात् और उसकी साधना प्रणाली का अभ्यास करने की उन्हें आवश्यकता पड़ी थी।

सन्दर्भ

1. मलिक मुहम्मद जायसी, डॉ. जयदेव, पृ. 41
2. बशारत-उल-मुरीदीन, मौ. आ. पुस्त., अलीगढ़, फ़ो. 49; अन्य ग्रंथों में भी इसका उल्लेख है।
3. जा...ग्र. ना. प्र. सभा (षष्ठ संस्करण) सं. 2013 वि., पृ. 10
4. लताएफ़-ए-अशरफ़ी, मौलाना आज़ाद पुस्तकालय, अलीगढ़, हस्तलिखित, पृ. 57-61; 'तबक़ाते शाहजहानी', मौलाना आज़ाद पुस्तकालय, अलीगढ़, हस्तलिखित पुस्तक पृ. 113 पर अशरफ़ जहाँगीर की मृत्युतिथि 28 मुहर्रम को जौनपुर सम्राट इब्राहीम शाह शर्क़ी के राज्यकाल में उल्लिखित है।
5. आख़िरी कलाम, 9/1-5
6. वही, 9/6-7
7. अखरावट, 26/1-4
8. तबक़ाते शाहजहानी, मौ. आ. पुस्तकालय, अलीगढ़, (हस्तलिखित), पृ. 113-14; लताएफ़-ए-अशरफ़ी, मौ. आ. पुस्त., अलीगढ़, (हस्तलिखित), पृ. 57-61
9. अखरावट, 26/2
10. वही, 27/5-7; पद्मावत, 20/5-6
11. सैयद अशरफ़ जहाँगीर ने अवध, जायस, रुदौली और सिघोरा का भ्रमण किया था—लताएफ़-ए-अशरफ़ी, भाग-2, (मौलवी सैयद नुसरत अली प्रेस, देहली, पृ. 383-385, जायस की गद्दी अब्दुर्रज़्ज़ाक़ के कनिष्ठ पुत्र सैयद हाजी अहमद को मिली थी—लताएफ़-ए-अशरफ़ी, पृ. 414
12. चित्ररेखा, 9/1
13. आख़िरी कलाम, 9/8-9
14. वही, 9/5
15. पद्मावत, 18/9
16. चित्ररेखा, 9/1
17. पद्मावत, 191/1; 'पदुमावति गै देव दुआरू।'
18. वही, 198/1, 307/5; 'काल्हि जो गइहु देव के बारू'; 'सेएउँ महादेव कर बारू'।
19. हसन अस्करी, 'बिहार रिसर्च सोसायटी की पत्रिका, 22/29
20. मुक़ामाते तसव्वुफ़, मौ.मु. इस्माइल संभली, बम्बई, प्र.स., पृ. 86
21. पद्मावत, 19/3-7
22. पद्मावत, 19/5-6
23. वही, 19/8-9
24. चित्ररेखा, 9/8-9

25. अखरावट, 26/7
26. पद्मावत, 409/3-4
27. पद्मावत, 413/9
28. आख़िरी कलाम, 9/3-4; 'उन्ह मारे करिअ पोढ़कर गहा। पाएउँ तीर घाट जो अहा।'—पद्मावत, 18/5
29. मुल्ला अब्दुश्शकूर 'बज़मी' की रचना 'रत पदम', रचनाकाल 1618-19 ई.; 3 मीर अस्करी आक़िल ख़ाँ राज़ी की रचना 'शमअ परवाना', रचनाकाल 1658-59 ई. हस्तलिखित, मौ. आ. पुस्तकालय, अलीगढ़।
30. जायसी की बिम्ब योजना, डॉ. सुधा सक्सेना, प्र.स. 1966, पृ. 424
31. वही, पृ. 424
32. मैं इस सूचना के लिए अपने मित्र डॉ. सैयद हुसैन अहमद का आभारी हूँ।
33. पद्मावत, 367/8-9
34. जब कोई व्यक्ति किसी दिवंगत संत से अध्यात्म ज्ञान प्राप्त करता है तो मुरीद और पीर के इस सम्बन्ध को 'ओवैसी' कहते हैं. एक विख्यात संत ओवैस करनी के नाम के आधार पर इस प्रकार ज्ञान-प्राप्ति को 'ओवैसी' विधि की संज्ञा मिली है। कहा जाता है कि ओवैस करनी मुहम्मद साहब के समकालीन थे किन्तु दोनों में कभी भेंट नहीं हुई थी, फिर भी आत्मबल द्वारा उन्होंने मुहम्मद साहब से अध्यात्म ज्ञान प्राप्त किया था। —देखिए शाहवली अल्लाह की पुस्तक 'हमआत' का उर्दू अनुवाद 'तसव्वुफ़ की हक़ीक़त और उसका फ़लसफ़-ए-तारीख़' 1969, पाद टिप्पणी, पृ. 79
35. शाह वली उल्लाह, तसव्वुफ़ की हक़ीक़त और उसका फ़लसफ़-ए-तारीख़ (हमआत का उर्दू अनुवाद), 1969, पृ. 144
36. वही, पृ. 144
37. आख़िरी कलाम, 10/3-9; आचार्य रामचन्द्र शुक्ल ने 'मीर' का अर्थ सरदार और परमेश्वर किया है (ग्रंथावली, पृ. 342, पाद-टिप्पणी) शाब्दिक अर्थ यही है, किन्तु 'मीर' सैयद अशरफ़ जहाँगीर की उपाधि भी है और उनके नाम के साथ इसका निरन्तर उपयोग होता है।
38. सूफ़ीमत साधना और साहित्य, रामपूजन तिवारी, द्वि. सं., सं. 2025, पृ. 447 (ग्लौसरी ऑफ़ पंजाब ट्राइब्स एंड कास्ट (प्रथम खंड), पृ. 528-29 से उद्धरित)।
39. डिस्ट्रिक्ट गैज़ेटियर, यू.पी xxxix, रायबरेली, पृ. 181-83, इस दरगाह को राज्य की ओर से अनुदान भी प्राप्त था। इसके लिए देखिए 'जायस भूमि अनुदान पथ, अलीगढ़'।
40. अशरफ़ जहाँगीर ने इस स्थान का नाम रूहाबाद रखा था और यहीं उनकी अंत्येष्टि क्रिया सम्पन्न हुई थी. शाह अब्दुर्रज़्ज़ाक ने बाद में इसका नाम रसूलाबाद रख दिया था। शाह मुहम्मद ने इसके निकटवर्ती क्षेत्र में एक खेड़ा अथवा पूरवा बसाया और उसका नाम अशरफ़पुर रखा।
41. चित्ररेखा, 9/6
42. वही, 9/7—शिवसहाय पाठक जी द्वारा सम्पादित 'चित्ररेखा' में 'कताल' को ही बिंदियाँ उड़ जाने के कारण भ्रमवश 'कमाल' पढ़ लिया गया है।
43. पद्मावत, 19/1
44. चित्ररेखा, 9/4
45. दीक्षा के सम्बन्ध में देखिए—मुक़ामाते तसव्वुफ़, मुहम्मद इस्माइल (बम्बई), पृ. 84-85
46. आख़िरी कलाम, 9/6-7
47. पद्मावत, 18/1-3

48. चित्ररेखा, 1/8
49. पद्मावत, 41/8
50. वही, 148/8
51. पद्मावत, 148/8
52. तबक़ाते शाहजहानी (हस्तलिखित) मौ. आ. पुस्तकालय, अलीगढ़, पृ. 6
53. मु.रि.मू. इन ना. इ. (इन सि. से. सेन.), सैन. अ. अ. रिज़वी, आगरा, 1965, पृ. 36-37
54. सैयद अशरफ़ जहाँगीर के पत्रों का संग्रह (हस्तलिखित) मौ. आ. पुस्तकालय, अलीगढ़।
55. तबक़ाते शाहजहानी, मौ. आ. पुस्तकालय, अलीगढ़, पृ. 6
56. शेख़ अब्दुर्रज़्ज़ाक़ काशी (मृत्यु 1339 ई.) ने सूफ़ी साधना पद्धति का एक पारिभाषिक कोष तैयार किया था जो इस्तेलाहात-अल-सूफ़ी अथवा इस्तेलाह-ए-कबीर के नाम से विख्यात है, वह इब्ने अरबी के भक्त और अलाउद्दौला के विरोधी थे—इनसाइक्लोपीडिया ऑफ़ इस्लाम, भाग-1, (1960) पृ. 90-92
57. मकतूबात-ए-अशरफ़ी, (हस्तलिखित, मौ. आ. पुस्तकालय, अलीगढ़) काज़ी अतन के नाम पत्र, पत्र-संख्या 6; लताएफ़-ए-अशरफ़ी, (हस्तलिखित, अलीगढ़) पृ. 216
58. सैयद अशरफ़ जहाँगीर ने 'बशारत-उल-इख़बान', 'फ़वाएद-उल-अशरफ़', 'बशारतु-उज़्-ज़ाकरीन' नामक पुस्तकें जनसाधारण के उपयोग के लिए तैयार की थीं और सूफ़ी सिद्धान्त के ज्ञाताओं के लिए 'मिरात-उल-हक़ायक़' तथा 'कंज़ उद-दक़ायक़' नामक ग्रंथ लिखे थे।
59. लताएफ़-ए-अशरफ़ी, 57-61; मकतूबाते अशरफ़ी, पत्र संख्या 58, 67, 93, 122, 141- 193
60. कन्हउत, फो. 10
61. वही, फो. 11
62. अकबर की नीति को अबुल फ़ज़ल ने 'सुल्ह कुल की नीति' कहा है—सुल्ह कुल बा ख़ास व आम। बा मुसलमाँ अल्लाह बा ब्रहमन राम-राम (राजा-रंक सभी के प्रति उदार होना आवश्यक है। मुसलमान से अल्लाह-अल्लाह और ब्राह्मण से राम-राम कहना चाहिए)
63. मु. रि. मू. इन ना. इ.सं.अ. अ. रिज़वी (आगरा 1965) पृ. 94; नजातुर्रशीद, मुल्ला अब्दुल क़ादिर बदायूँनी (हबीबगंज संग्रह, मौ. आ. पुस्त. अलीगढ़) हस्तलिखित 1590 ई. से उद्धृत।
64. वही।
65. सैयद मुहम्मद जौनपुर से दानपुर और कालपी गए थे। कालपी प्रस्थान से पूर्व दानपुर में इनके पुत्र सैयद महमूद, शिष्य मियाँ शाह दिलावर पुत्र राजा दलपत राय और पत्नी अल्लाह देई को प्रथम बार इन्हें महदी घोषित करने की प्रेरणा मिली थी। देखिए—मतल-उल-विलायत (हैदराबाद) पृ. 13-18; शावाहिद-उल-विलायत (हैदराबाद) पृ. 42-52
66. मुसलमानों में इस धारणा को साधारणतया मान्यता प्राप्त है कि कलियुग के अन्त काल में और महाप्रलय के पूर्व चालीस व्यक्तियों के अतिरिक्त समस्त मानव जाति भ्रष्ट और कुमार्ग गामी हो जाएगी। काने, कुरूप, व्यभिचारी और अत्याचारी दज्जाल (आ.क. 14/7-9 का एकच्छत्र राज समस्त संसार में स्थापित हो जाएगा और गधा उसका वाहन होगा। इस राक्षस से मनुष्यमात्र के उद्धार, साधुपुरुषों के त्राण, न्याय और सदाचार के पुनःस्थापन हेतु मुहम्मद साहब के वंशजों में एक व्यक्ति का जन्म होगा। उसकी विजय पताका सम्सत संसार पर फहरेगी। इस महात्मा के कारण उसकी उपाधि महदी (नेता) होगी। उसे आशीर्वाद देने के लिए ईसा मसीह का भी अवतरण होगा। महदी आगमन के नाना प्रकारेण लक्षणों की कल्पना की गई है। यह भी कल्पना की गई थी कि हिजरी संवत् की 10वीं शताब्दी में प्रलय का होना अनिवार्य है। इसीलिए सैयद मुहम्मद जौनपुरी ने स्वयं को महदी घोषित किया था।

उनके पूर्व और उत्तर काल में भी बहुत से व्यक्ति महदी होने की घोषणा कर चुके हैं। कल्कि-औतार और महदी की कल्पना में अत्यधिक साम्य है। अत: हमने महदी के पर्यायवाची रूप में कल्कि औतार का उपयोग किया है।

67. अखरावट, मनेर शरीफ़ पुस्तकालय, हस्तलिखित, 27/5; 38 / 4 'चलै उताइल महदी खेवा'।
68. गुलज़ार-ए-अबरार, मुहम्मद ग़ौसी शत्तारी (रिज़ा पुस्तकालय, रामपुर) हस्तलिखित, फ़ो. 196; तबक़ात-ए-शाहजहानी, पृ. 301; अख़बार-उल-अख़ियार, पृ. 271
69. गुलज़ार-ए-अबरार, मुहम्मद ग़ौसी शत्तारी (रिज़ा पुस्तकालय, रामपुर) फ़ो. 195
70. गुलज़ार-ए-अबरार, फ़ो. 195; अख़बार-उल-असफ़िया (मौ. आ. पुस्तकालय, अलीगढ़) हस्तलिखित; तबक़ात-ए-शाहजहानी (हस्तलिखित) पृ. 301; अख़बार-उल-अख़ियार, पृ. 271; मुंतख़ब-उत-तवारीख़, बदायूँनी, भाग 3, पृ. 6. 8
71. चित्ररेखा, 10/4-5
72. अखरावट, 27/3; पद्मावत, 20/3
73. पद्मावत, 20/2
74. तबक़ात-ए-शाहजहानी (हबीबगंज संग्रह, मौ. आ. पुस्त. अलीगढ़), हस्तलिखित, पृ. 301; कालपी के निकट 'बारी' एक स्थान है। वहाँ का निवासी होने के कारण ही यह बारीवाल कहलाते हैं।
75. वही, पृ. 301, 'ब यक वास्ता ब सैयद मुहम्मद जौनपुरी मी रसीद'। जायसी ने स्पष्ट: अल्लाहदाद को सैयद मुहम्मद का चेला कहा है—अखरावट, 27/3-4; पद्मावत, 20/4
76. वही, पृ. 301, 'अज़ सह सुहबत सह रोज़ा मियाँ अल्लाहदाद'।
77. वही, पृ. 301, 'ईं. हमा वारस्तगी व इस्तग़ना व तक़्वा हासिल कर्द'।
78. 'बन्दगी' और 'मियाँ' जैसे सम्मान सूचक विशेषणों का उपयोग अधिकांश महदवी संतों के नाम के साथ प्राप्त होता है।
79. मतलअ-उल-विलायत, बन्दगी मियाँ यूसुफ़ (हैदराबाद, 1955) पृ. 143-146; शवाहिद-उल-विलायत, बन्दगी मियाँ सैयद बुरहानुद्दीन (हैदराबाद, 1960) पृ. 501-508
80. मतलअ-उल-विलायत, पृ. 123-24; शवाहिद-उल-विलायत, पृ. 484-500
81. तबक़ात-ए-शाहजहानी, पृ. 301
82. वही, पृ. 301
83. तबक़ात-ए-शाहजहानी में 'लगभग सौ वर्ष की आयु में' शेख़ बुरहानुद्दीन की मृत्यु का उल्लेख है। परन्तु 'सूफ़ी संत वृत्तान्त', लेखक इसे संदिग्ध मानते हैं। संतों को दीर्घायु सिद्ध करने के लिए वह प्रत्येक को शतवर्षीय बता देते हैं।
84. नजात-उर-रशीद, अब्दुल क़ादिर बदायूँनी (हबीबगंज संग्रह, मौ. आ. पुस्त. अलीगढ़) हस्तलिखित पृ. 37 अ।
85. आईने-अकबरी, अबुल फ़ज़ल (नवल किशोर प्रेस, लखनऊ 1882) भाग-3, पृ. 174
86. मतलअ-उल-विलायत, बन्दगी मियाँ यूसुफ़ (हैदराबाद, 1955) पृ. 7; शवाहिद-उल-विलायत, बुरहानुद्दीन (हैदराबाद, 1960) पृ. 29-30
87. ख़िज्र और सैयद मुहम्मद की भेंट महदवी सम्प्रदाय के ग्रंथों में कई अवसरों पर उल्लिखित है। विद्यार्जन हेतु जब अपने अग्रज सैयद अहमद के संग शेख़ दानियाल की पाठशाला गए; उस समय भी ख़िज्र ने विद्यारम्भ संस्कार सम्पन्न किया है—मतलअ-उल-विलायत, पृ. 12; शवाहिद-उल-विलायत, पृ. 39; इनसाफ़नामा और जन्नत-उल-विलायत नामक ग्रंथों

में भी इसका उल्लेख है। मुसलमानों के परम्परागत विश्वासों के अनुसार ख़िज़्र पैग़म्बर भी हैं, मनुष्य भी हैं और मानव सहायतार्थ नियुक्त देवदूत भी। वह जल, थल, खगोल और नरलोक से देवलोक तक विचरण करते रहते हैं। तीन बार सहायतार्थ पुकारने पर वह स्तेय, जलप्लावन, राजदंड भूत-प्रेत-पीड़ा, सर्प और बिच्छू से संरक्षण करते हैं। आकाश और अंबुज तथा भूमंडल की दसों दिशाओं में उनकी आज्ञा का पालन होता है। वह स्वेच्छापूर्वक स्वयं को प्रकट एवं अप्रकट कर सकते हैं और जो रूप चाहें धारण कर लेते हैं। जन साधारण तथा सूफ़ी समुदाय इन्हें वली (सिद्ध पुरुष) मानते हैं—इनसाइक्लोपीडिया ऑफ़ इस्लाम, भाग-2, पृ. 861-65

88. पद्मावत, 20/4
89. वही, 20/4
90. अखरावट, 27/4
91. अलमहदी-उल-मौऊद, सैयद हुसैन महमूदी, हैदराबाद, 1388 हि., पृ. 174-178
92. पद्मावत, 257/6
93. तबक़ात-ए-शाहजहानी, मुहम्मद सादिक़ हमदानी (हबीबगंज संग्रह, मौ. आ. पुस्त. अलीगढ़) हस्तलिखित, पृ. 6
94. पद्मावत, 20/6
95. इस समय जौनपुर में 1700 दिग्गज मुस्लिम धर्मशास्त्री एकत्रित थे। इनमें शेख़ दानियाल के पांडित्य और उनके पाठशाला की ख्याति अतुलनीय थी। इस पाठशाला में दूर-दूर से विद्यार्थी आकर विद्यार्जन करते थे—अलमहदी-उल-मौऊद, पृ. 154
96. अलमहदी-उल-मौऊद, पृ. 172
97. वही, पृ. 173
98. पद्मावत, सं. वासुदेवशरण अग्रवाल, 20/5; जायसी-ग्रंथावली, रामचन्द्र शुक्ल, 20/5 —'तिन्ह' के स्थान पर 'तेहि' पाठ है।
99. जायसी ग्रंथावली, रामचन्द्र शुक्ल, अखरावट, 27/7; जायसी ग्रंथावली, माता प्रसाद गुप्त, अखरावट, 27/7
100. तबक़ात-ए-शाहजहानी, पृ. 46
101. सुन्नी मुसलमानों के चार मज़हब अथवा 'शरअे' (मार्ग) स्वीकृत हैं—हनफ़ी, हबली, शाफ़अी, मालकी। इस्लाम धर्म शास्त्र के इन्हीं चार सम्प्रदायों के प्रवर्तकों को जायसी ने 'भावै चारि इमाम जे आगे' कहा है (अखरावट, 10/6)।
102. मु. रि. मू. इन ना. इ., स. अ. अ. रिज़वी, आगरा, 1965, पृ. 94 पर बदायूँनी की रचना नजात-उर-रशीद से उद्धृत।
103. महदी-उल-मौऊद, सैयद हुसैन महमूदी, हैदराबाद, 1388 हि. पृ. 154
104. जायसी ग्रंथावली, माता प्रसाद गुप्त, परिशिष्ट, पृ. 681
105. वही, पृ. 681
106. अख़बार-उल-अख़ियार, पृ. 194-95
107. वही, पृ. 186-188; लताएफ़-ए-क़ुद्दूसी, पृ. 23-24
108. गुलज़ार-ए-अबरार, फ़ोलियो 63
109. अखरावट, 27/6-7—परन्तु 'जो' के स्थान पर 'सो' पाठ भेद है।
110. इसकी प्रति ख़लीक़ अहमद निज़ामी के व्यक्तिगत पुस्तकालय, अलीगढ़ में है।

111. महदवी मत की अधिकांश पुस्तकों के नामों में 'विलायत' शब्द का प्रयोग होता है।
112. चित्ररेखा, सं. शिव सहाय पाठक, पृ. 71
113. ख़ज़ीनत-उल-असफ़िया, गुलाम सरवर (लखनऊ) भाग-1, पृ. 443
114. महदी मत के ग्रंथों में महदी-अवतरण के प्रमाण के रूप में बहुधा 'कल्कि पुराण' के उद्धरण प्राप्त होते हैं। इसी कारण हम कल्कि अवतार को महदी का रूपान्तर स्वीकार करते हैं।
115. महदी-उल-मौऊद, हैदराबाद, 1388 हि., पृ. 178
116. वही, पृ. 178
117. गुलज़ार-ए-अबरार, फ़ो. 63
118. वा. दे. अग्रवाल एवं माता प्रसाद गुप्त ने 'मोहदी' पाठ स्वीकार किया है और ग्रियर्सन, द्विवेदी एवं रामचन्द्र शुक्ल को 'मुहदी' पाठ मान्य है।
119. देखिए, जायसी ग्रंथावली, माता प्रसाद गुप्त, 20/1 का पाठ भेद।
120. वही, परिशिष्ट, पृ, 680
121. अखरावट, 38/ 3-4
122. चित्ररेखा, शिव सहाय पाठक, पृ. 74
123. अखरावट, मनेर शरीफ़ की प्रति, मनेर शरीफ़ पुस्तकालय; बिहारशरीफ़, गोपालचन्द्र और मनेर शरीफ़ की 'पद्मावत' की प्रतियों में 'महदी' पाठ है।
124. इस पुस्तक का एक संस्करण देहली से 1890 ई. में प्रकाशित हुआ था और मौ. आ. पुस्तकालय अलीगढ़ के अब्दुस्लाम संग्रह में इस संस्करण की एक प्रति विद्यमान है।
125. अरबी भाषाओं में मोहदी का अर्थ पथ-प्रदर्शक है और 'महदी' पथ प्रदर्शन-कार्य का कर्ता न होकर उस क्रिया का प्राप्तकर्ता है।
126. पद्मावत, 19/9—जेहि नाव करिआ औ खेवक बेग पाव सो तीर; वही, 157/7—खेवक आगे सुवा परेवा; अखरावट, 26/4—जेहि के ऐसन खेवक भला।
127. मन समझावन, सं. डॉक्टर सैयदा ज़ाफ़र, (हैदराबाद, 1964 ई.) पृ. 5
128. गुलज़ारे अबरार, फ़ो. 196—'इनके युग में लोग-बाग इन्हें महदी मतानुयायी समझते थे, किन्तु खोज करने पर यह तथ्य प्रमाणित नहीं हुआ'; तबक़ात-ए-शाहजहानी, पृ. 301; अख़बार-उल-अख़ियार, पृ. 271
129. अखरावट, मनेर शरीफ़ की प्रति; श्री गोपाल चन्द्र सिंह की प्रति में 'महरी' पाठान्तर को भी 'महदी' पाठ स्वीकार करना उचित ही है।
130. अखरावट, कड़वक 17
131. मधुमालती, सं. माता प्रसाद गुप्त, 14/1
132. वही, 15/1
133. वही, 16/5
134. वही, 20/1
135. पद्मावत, 22/5
136. वही, 22/8
137. वही, कड़वक 21
138. इनसाफ़नामा, हैदराबाद, 1369 हि., पृ. 23-26
139. अखरावट, 26/8
140. वही, 10/6—भावै चारि इमाम जो आगे। भावै चारि खंभ जे लागे।

141. वही, 10/4—भावै चारि यार पहिचानहु; यह चार अथवा ख़लीफ़ा हैं—अबुबक्र, उमर, उस्मान और अली।
142. पद्मावत, 12/6
143. महदी-उल-मौऊद, पृ. 201; इसी प्रकार की घटना मियाँ निज़ामुद्दीन जायसी के साथ घटी थी—वही, पृ. 218
144. वही, पृ. 264
145. समस्त प्रश्नोत्तर के लिए देखिए महदी-उल-मौऊद, पृ. 265
146. पद्मावत, 20/8
147. चित्ररेखा, शिवसहाय पाठक, पृ. 74
148. अखरावट, 29/9
149. पद्मावत, 246/1
150. वही, 257/8
151. वही, 605/8
152. पद्मावत, 606/1
153. पद्मावत, कड़वक 606/2-8
154. चित्रावली, 210/4-7; देखिए वासुदेवशरण अग्रवाल द्वारा 'पद्मावत' के कड़वक 601/5 की टिप्पणी।
155. महदी-उल-मौऊद, पृ. 218
156. पद्मावत, 204/7
157. चित्ररेखा, पृ. 108
158. वही, पृ. 106
159. अखरावट, 37/3-4; पद्मावत,125/6-7; 168/8; /182/5; /231/6
160. पद्मावत, 210/8
161. वही, 246/8
162. पद्मावत, 305/7-8
163. वही, 146/8
164. वही,142/2; 182/7—'होइ अमर अस मरि कै जिया'।
165. वही, 119/7
166. वही, 119/1
167. वही, 121/1
168. पद्मावत, 121/5
169. वही, 121/3-4
170. वही, 205/6-7
171. वही, 208/4-5
172. पद्मावत, 123/5-9
173. वही, 215/2
174. 605/8-9
175. रचनाकाल 947 हि.
176. कन्हउत, माइक्रो फ़िल्म, फो. 127

177. वही, फ़ो. 47
178. कन्हउत, माइक्रो फ़िल्म, फो. 121
179. अखरावट, 35/4-5
180. पद्मावत, 162/2
181. आख़िरी कलाम, 49/1
182. वही, 49/8-9
183. अल-महदी-उल-मौऊद, हैदराबाद, पृ. 291
184. पद्मावत, 162/7
185. चंदायन, 163/2
186. चंदायन, 178/4
187. पद्मावत, 194/3-5
188. वही, 454/4-5
189. पद्मावत, 569/4
190. वही, 570/1-2
191. वही, 455/8
192. पद्मावत, 134/2
193. वही, 178/5
194. वही, 178/6
195. पद्मावत, कड़वक 387
196. वही, 387/8
197. आय का जो भोग सालभर तक किसी मुसलमान के पास सुरक्षित रहे और यदि वह 10 तोले सोने और बावन तोले चाँदी से कम न हो तो उसका चालीसवाँ भाग दान करने का नियम इस्लाम में है, इसी को ज़कात कहते हैं।
198. महदी-उल-मौदूद, हैदराबाद, पृ. 195
199. पद्मावत, 606/3; अखरावट, 48/9
200. अल-महदी-उल-मौदूद—हैदराबाद, हैदराबाद, 292
201. आख़िरी कलाम, कड़वक 11-44; सम्पूर्ण कहरानामा; पद्मावत, / 384-385; 'पद्मावत' 579-580
202. वही, कड़वक 1-2
203. पद्मावत, कड़वक, 1-3
204. पद्मावत, 4/1
205. चित्ररेखा, 1/7
206. अखरावट, 52/1
207. पद्मावत, 6/1
208. नाँव पियार सेख बुरहानू। नगर कालपी हुत गुरु थानू। (अखरावट, 27/2)
209. चित्ररेखा, पृ. 74
210. पद्मावत, 20/1; अखरावट, 27/1

अध्याय-चार

पद्मावती का रूप चित्रण और फ़ारसी पदावली

अविवाहिता पद्मावती की सीमान्त रेखा का सौन्दर्य बोध कराने और उसके आलम्बन रूप को चित्रित करने के लिए जायसी ने जो सादृश्य योजना अपनाई है वह सिन्दूर से आपूरित माँग के प्रति आकर्षणोत्पादन में समर्थ है। वह पाठक को रोमांचित और मुग्ध करने में सफल है। बिना सिन्दूर की यह माँग काले केशों के बीच दीपक के समान है जो अँधेरी रात में पंथ को उज्ज्वल करता है, वह कसौटी पर कसी कंचन रेखा है, धन में चमकती दामिनी है, आकाश पर फैलने वाली सूर्य किरण है और यमुना के बीच सरस्वती है।[1] फ़ारसी के महानतम कवि के लिए भी यह बिम्ब योजना कल्पनातीत है। भारत भूमि में ही इनका निर्माण सम्भव था ईरान में नहीं क्योंकि वहाँ की संस्कृति में माँग को यह महत्ता प्राप्त नहीं है। उस देश में न माँग भरी जाती है और न ही माँग उजड़ती है। ऊपर उल्लिखित चित्र वही कवि प्रस्तुत कर सकता है जो भारत भूमि से पूर्णतया जुड़ा हो और अपने यथार्थ बोध को भावोत्तेजक कल्पना में परिवर्तित करने में सक्षम हो। इस दृष्टि से फ़ारसी और हिन्दी दोनों में जायसी का स्थान अद्वितीय है।

परन्तु इतने मधुर और मोहक चित्रण के तत्पश्चात् रक्तलिप्त खड्‌गधार, और करवत जैसी कुत्सित प्रथा के सादृश्य द्वारा इसी माँग को बिंबित करते हैं तो रसानन्द विभोर पाठक के मन को एक झटका सा लगता है। सम्भवतः सीमान्त रेखा प्रसंग को अध्यात्मोन्मुख बनाने के प्रति आग्रह और वर्णन वैधिक्य के मोह ने ही जायसी को ऐसे बीभत्स चित्र प्रस्तुत करने पर बाध्य किया है। इस प्रसंग में फ़ारसी वर्णन शैली की छाप अवश्य है किन्तु इसे चित्रित करने के लिए मध्ययुगीन भारतीय संस्कृति से ही सामग्री एकत्रित की गई है। रुधित लिप्त खड्‌गधार जैसी माँग पाठक को चमत्कृत अवश्य करती है :

खाँडै धार रुहिर जनु भरा। करवत लै बेनी पर धरा।[2]
करवत तपा लेंहिं होइ चूरू। मकु सो रुहिर नै देइ सेंदूरू।[3]
भएउ बीर रस सेंदुर माँगा। राता रुहिर खरग जस नाँगा।[4]

संयोग श्रृंगार में राम-रावन युद्ध का सादृश्य जायसी को अत्यधिक प्रिय है। इस युद्ध में पलंग धँस जाता है और कोमलांग नारी के अंग-प्रत्यंग अस्त्र-शस्त्र का रूप धारण करके प्रेमी पर आघात करते हैं और इस आघात-प्रतिघात द्वारा जनित वासना उसे पदाक्रांत करती है। युद्ध में पराजयोपरान्त ख़ुसरो की नायिका चीनी राजकुमारी केन्फ़ुवे भी वासना उत्तेजक अपने अंग रूपी आयुधों की चर्चा करके सिकन्दर को इसी राम-रावन युद्ध के लिए आमंत्रित करती है और सगर्व घोषणा करती है कि इस रण में उसकी विजय निश्चित है,[5] महान विजेता का उसके अल्का पाश में बँधकर अधीनस्थ होना नियत है। 'पद्मावत' में बादल को भी कुछ ऐसी ही परिस्थिति का सामना करना पड़ता है। राम-रावन युद्ध से विमुख होकर वह युद्ध यात्रा के लिए तत्पर है। नववधू की 'गवन आव धनि मिलन की ताईं। कवन गवन जौ गवनै साईं' की उक्ति भी बादल को प्रभावित नहीं करती। उस समय बादल की पत्नी भी 'सिंगार जूझि' के लिए उसे निमंत्रित करती है :

जौं तुम्ह जूझि चहौ पिय बाजा। किहें सिंगार जूझि मैं साजा।
जोबन आइ सौंह होइ रोपा। पखरा बिरह काम दल कोपा।
भयउ बीर रस सेंदुर माँगा। राता रुहिर खरग जस नाँगा।
भौंहें धनुक नैन रस साँधे। काजर पनच बरुनि बिख बाँधे
दै कटाक्ष सो सान सँवारे। औ नख सेल भाल अनियारे।
अलक फाँस गियँ मेलि असूझा। अधर-अधर सौ चाहे जूझा।
कुंभस्थल दुइ कुच मैमंता। पेलौं सौंह सँभारहु कंता।
कोपि सँघारहु बिरह दल टूटि हुइ दुइ आध।
पहिलें मोहि संग्राम कै करहु जूझि कै साध।[6]

इस प्रसंग के वर्णन में अमीर ख़ुसरो की स्पष्ट छाप परिलक्षित है। अन्तर केवल इतना है कि कन्फ़ुवे सिकन्दर को श्रृंगार युद्ध के लिए चुनौती देती है और बादल वधू इसके लिए पति से निवेदन करती है। ख़ुसरो की नायिका गर्वीली है और जायसी की नायिका युद्ध के लिए कटिबद्ध होने पर भी अत्यन्त नम्र है। जायसी इस प्रसंग में ख़ुसरो से प्रभावित अवश्य हैं किन्तु अपनी कल्पनाशक्ति की मौलिकता को उन्होंने आघात नहीं पहुँचने दिया। भारतीय नारी के सौम्य और उसकी स्वभावजन्य नम्रता के योग से उन्होंने इस प्रसंग के वर्णन को निश्चय ही ख़ुसरो की अपेक्षा कहीं अधिक भावोत्तेजक और मर्मस्पर्शी बनाया है। जायसी की यह नायिका बधिक ही नहीं चिकित्सक भी है। फ़ारसी नायिका के समान वह घाव ही नहीं लगाती, उसका उपचार भी जानती है :

मकु पिय दिस्टि समानेउ चालू। हुलसा पीठि कढ़ा वै सालू।
कुच तूँबी अव पीठि गड़ोवैं। कहेसि जो हूक काढ़ि रस धोवैं।[7]

सम्भोग चित्रण

इस असत्य विचार के प्रसारण का श्रेय डॉ. श्याम मनोहर पांडेय को ही प्राप्त है कि ख़ुसरो से पूर्व किसी अन्य मसनवीकार ने सम्भोग का चित्रण नहीं किया।[8] इन्हीं के मत पर विश्वास करते हुए डॉ. माता प्रसाद गुप्त ने लिखा है कि 'फ़ारस तक में रची हुई सूफ़ी प्रेम-कथाओं में शारीरिक सम्बन्ध चित्रित नहीं हुआ है। ख़ुसरो कदाचित् पहले सूफ़ी कवि हैं जिन्होंने अपनी रचनाओं में शारीरिक सम्बन्ध को स्थान दिया है।[9] वास्तविकता इस मान्यता के नितान्त विपरीत है। निज़ामी ने ख़ुसरो-शीरीं के सहवास का चित्रण किया है। रुस्तम-तहमीने और ज़ाल-रुदाबा के सम्भोग चित्र फ़िरदौसी ने प्रस्तुत किए हैं। जामी ने यूसुफ़-ज़ुलैख़ा के शारीरिक सम्बन्ध का उल्लेख किया है। इस प्रकार का वर्णन जीवन के यथार्थ को चित्रित करने के लिए अनिवार्य समझा गया था और ईरान के प्रत्येक मसनवीकार ने इसका चित्रण अवश्य किया है। इस वर्णन पद्धति के प्रवर्तक निज़ामी हैं और फ़िरदौसी, ख़ुसरो, जामी, जायसी और फ़ैज़ी सभी ने उन्हीं का अनुसरण किया है। अतः डॉ. श्याम मनोहर पांडेय की मान्यता निराधार है कि 'निज़ामी और अमीर ख़ुसरो में एक अन्तर और स्पष्ट है। अमीर ख़ुसरो ने अपनी शीरीं-ख़ुसरो मसनवी में सम्भोग का चित्रण किया है,...निज़ामी और जामी की मसनवियों में इस प्रकार के चित्रण नहीं पाए जाते।'[10]

सम्भोग प्रसंग का वर्णन अनिवार्यतः फ़ारसी के सभी सम्मानित रचनाकारों ने किया है, किन्तु किसी में कोई विविधता अथवा नवीनता नहीं है किसी ने भी मुक्ताभेदन से आगे बात नहीं बढ़ाई। वास्तविकता यह है कि सभी ने परम्परा का निर्वाह मात्र किया है और वर्णन में उनका मन नहीं रमा। 'बरमा सों बेधा जनुमोती' तक जायसी का वर्णन भी सीमित है। स्पष्ट है कि अपने पूर्ववर्ती कवियों की उक्ति को ही उन्होंने भी उद्धृत किया है और इस प्रसंग में किसी शैलीगत विशेषता का परिचय नहीं दिया :

कंचन करी चढ़ी नग जोती। बरमा सौं बेधा जनु मोती।[11]

एक फ़ारसी कवि ने नारी के गुह्यांग का सादृश्य इस प्रकार प्रस्तुत किया है :

नक़्श-ए-आहु-ए-चीं अस्त बर बर्ग-ए-समन।
(मानो सुमन की पंखड़ियों पर चीनी हिरण के खुर चिह्न हों)

जायसी ने गुह्यांग प्रसंग वर्णन में इसी पंक्ति को अनूदित किया है। सुमन-पराग (बर्ग-ए-समन) के स्थान पर 'चन्दन' और 'नक़्श' की जगह 'खोजू' शब्द के प्रयोग द्वारा उन्होंने उपर्युक्त पंक्ति को अपनी शैली में ढाला है :

चन्दन माँझ कुरंगिनि खोजू। दहुँ को पाव को राजा भोजू।[12]

केहरि कटि से भृंगी-लंक तक जायसी की कल्पना की उड़ान निश्चय ही फ़ारसी वर्णन पद्धति के अनुसरण का परिणाम है। पतले होंठ और पतली कमर फ़ारस वालों को अधिक रुचिकर है। इसीलिए पतली कमर के वर्णन में वह इतनी अत्युक्ति करते हैं कि बीच से उसका लोप हो जाता है। पतली कमर विषयक इसी प्रकार की अतिशयोक्ति जायसी के वर्ण में भी उपलब्ध है :

भ्रिंगि लंक जनु माँझ न लागा। दुइ खंड नलिनि माँझ जस तागा।[13]

जायसी ने जहाँ अपनी श्लेषात्मक शैली के माध्यम से कटि का वर्णन किया है वहाँ वह और भी दूर की कौड़ी लाए हैं और अर्थ बोध अत्यन्त दुरूह हो गया है :

हुलसी लंक कि रावन राजू। राम लखन दर साजहिं साजू।
आजु कटक जोरा हठि कामू। आजु बिरह सों होइ संग्रामू।[14]

विवेच्य पंक्ति में कुचों के लिए राम-लखन शब्द का प्रयोग में वैचित्र्य अवश्य है, किन्तु सौन्दर्य बोध में इससे बाधा उत्पन्न होती है।

नख-शिख अथवा शिख-नख वर्णन

ईरानी और तूरानी काव्य परम्परा में नख-शिख वर्णन प्रणाली शिख से वक्षस्थल तक के सौन्दर्य चित्रण तक ही सीमित थी। कुछ कवियों की रचनाओं में कटि के रूप लावण्य के चित्र भी उपलब्ध हैं, किन्तु ये अपवाद मात्र हैं। परन्तु ईरान में निज़ामी और भारत में ख़ुसरो ने इस प्रसंग की वर्णन पद्धति को परम्परा मुक्त करके नख तक नारी सरापा के चित्रण की प्रथा प्रचलित की। 'सिकन्दरनामे' में निज़ामी ने (पस अज़ नाख़ुन ता फ़र्क़ेसर) नख से शिख तक रूप सौन्दर्य वर्णन को मान्यता दी। हाफ़िज़ शीराज़ी ने (ज़फ़र्क़ ता बक़दम) शिख से पग तक नारी सौन्दर्य को रूपायित करने का आग्रह किया। जायसी ने परम्परा मुक्त और परम्पराबद्ध दोनों प्रकार से शिख-नख वर्णन किया है। हीरामणि ने शिख से 'अनवट बिछिया नखत तराईं' तक पद्मावती के रूप-सौन्दर्य का वर्णन किया है, किन्तु राघव चेतन द्वारा नख-शिख वर्णन कटि प्रदेश तक ही सीमित है। इसके पश्चात् हंसगामिनी और गजगामिनी की चलताऊ चर्चा करके पद्मावती के रूप वर्णन का प्रकरण उसने समाप्त कर दिया है क्योंकि अप्रत्यक्ष अनुभव पर आधृत वर्णन उसकी दृष्टि में अनुचित है। कलाकार जायसी ने निम्न दोहे में अपनी काव्यगत यथार्थवादी मान्यता को निर्दिष्ट किया है और साथ ही परम्पराबद्ध नख-शिख वर्णन प्रणाली के निर्वाहण में भी वह सहज रूप से सफल हुए हैं :

बरनी नारि तहाँ लगि दिस्टि झरोखें आइ।
औ जो रही अदिस्टि मै सो कछु बरनि न जाइ।[15]

फ़ारसी समासों का प्रयोग

ऊपर इस तथ्य का निर्देश किया जा चुका है कि 'पद्मावत' का रचना विधान पूर्णतया मसनवी जैसा ही है और संयोग-वियोग शृंगार प्रसंगों के वर्णन में जायसी ने यत्र-तत्र फ़ारसी द्वारा पोषित भावों एवं उस विशिष्ट वर्णन पद्धति को भी अंगीकार किया है। परन्तु 'पद्मावत' का ऊपरी आकार ही इनसे प्रभावित हुआ है, उसका आभ्यन्तर अस्पर्श और अमिश्रित रहा है। इसकी आत्मा को प्रभावित करने का श्रेय जायसी द्वारा प्रयुक्त फ़ारसी ढंग के लक्षणामूलक समासों को है। फ़ारसी की समासयुक्त अभिव्यंजना शैली को अपनाने में ऐसी चातुरी से जायसी ने काम लिया है कि साधारणतया इनकी ओर पाठक का ध्यान ही नहीं जाता। फ़ारसी ढंग के समासों का प्रचुर प्रयोग जायसी ने किया है, किन्तु आश्चर्य है कि उनकी समास-योजना में फ़ारसी का कोई भी शब्द उपयुक्त नहीं हुआ और ठेठ अवधी के ठाठ को आघात नहीं पहुँचने पाया। फिर भी फ़ारसी साहित्य से परिचित कोई भी व्यक्ति अवधी आवरण के पीछे से स्पष्टतः झाँकती फ़ारसी समासों की मूल आकृति को तुरन्त पहचान सकता है। इनकी सृष्टि अवधी की मिट्टी से अवश्य हुई है किन्तु इनकी फ़ारसी आत्मा पूर्णतया सुरक्षित है। ऐसा दुष्कर कार्य उसी व्यक्ति द्वारा सम्पन्न हो सकता था जो दोनों भाषाओं पर समान अधिकार रखता हो। यह समास इस बात का प्रत्यक्ष प्रमाण है कि जायसी फ़ारसी भाषा और साहित्य के प्रकांड पंडित थे और भारतभूमि के वह सुपुत्र तो थे ही। निम्न तालिका में प्रस्तुत जायसी द्वारा निर्मित कुछ अवधी समासों और उनके मूल फ़ारसी रूपों को देखने मात्र से हमारी यह धारणा प्रमाण पुष्ट होती है और इसकी मान्यता में किसी प्रकार की आशंका अथवा विवाद की कोई सम्भावना नहीं रह जाती :

अवधी समास	**फ़ारसी का मूल रूप**	**कड़वक संख्या**
सर-तीखे	नावक-ए-तेज़	615/4
नैन-सर	चश्म-ए-नावक	619/4
बरुनि-बिख-बाँधे	पलक-ए-ज़ह आलूद	619/4
रबि-परभात	आफ़ताब-ए-सुब्ह	112/3
रक्त-भरी-अँगुरी	ख़ूँ आलूद अंगुश्त	112/4
अलक-फाँस-गियँ	ज़ुल्फ़-ए-गुलुगीर	619/6
कस्तूरी-केसा	मुश्क-ए-ज़ुल्फ़	99/2
कँवल-कपोल	गुल-ए-रुख़सार	480/1

बोहित-धरम	किश्ती-ए-ईमान	18/4
सरवर-हिया	दरिया-ए-दिल	354/6
जल-जोबन	दरिया-ए-जवानी	583/5
रंग-पुहुप-सुरंगा	रंग-ए-गुल-ए-सुर्ख़	468/3
नैन-कुरंग.न	चशम-ए-ग़िज़ाला	55/4
परान-परेवा	मुर्ग़-ए-जाँ	58/2
पींजर-हिए	क़फ़स-ए-दिल	58/3
ससि-मुख	माहरू	61/2
अंग-मलैगिरि	आज़ा-ए-संदली	61/2
रस-पेमा	कैफ़ियत-ए-इश्क़	63/7
पारस-रूप	कीमिया-ए-हुस्न	65/1
केस-नग-कारे	ज़ुल्फ़-ए-मार-ए-सियाह	99/5
बिख-बाँधी	ज़हृ-आलूद	104/3
बरुनि-बान	तीर-ए-मिज़गाँ	104/8
बान-बिख	तीर-ए-हलाहल	224/5
मन-अैंठा	नफ़स-ए-सरकश	422/4
कागर-पुतरी	काग़ज़ी-मजस्समा	398/2
बिधि-सँदेस	ग़ैबी पैग़ाम	366/1
सरग-सँदेसी	आसमानी पैग़म्बर	371/1
नैन-भिखारि-ढीठ	चश्म-ए-गदा-ए-गुस्ताख़	454/5
पुरुख-बरियारू	मर्द-ए-तवाना	488/6
सिंघ-असवारू	शेर सवार	488/6
धनि-मुगुध-बुधि	ज़न-ए-कुंद ज़ेहन	618/8
सुख-सुहाग	ऐश-ए-वस्ल	638/2
दीपक-प्रीति-पतंग	शमअ'-ए-वफ़ादारी-ए-परवाना	648/8
चित फंदी	होश रुबा	470/8

पराव-सँदेसा	पयाम-ए-फ़रार	539/6
मया-सूर	आफ़ताब-ए-कर्म	567/1
रूप जगत	हुस्न-ए-आलम	548/8
बल हरि	ज़ोर-ए-ख़ुदा	614/6
खेह-पाय	ख़ाक-ए-पा	287/9
पाट-हिएँ	औरंग-ए-जाँ	259/7
जियन-जरम-सुख भोग	ज़िन्दगानी-ए-ऐश-ए-जावदाँ	287/8
अधर-अधर सों	लब ब लब	319/8
बास रस	निकहत-ए-कैफ़	570/1
चाँद-सपूरन	माह-ए-कामिल	571/6
हँसता-मुखी	ख़ंदःरू	—
सँदेश बियोग	पयाम-ए-हिज्राँ	367/1
बिरह अपारा	फ़राक़-ए-बेकराँ	254/5
आगि सरीर	आग-ए-तन	253/9
नैन नीर	चश्म-ए-अश्कबार	225/5
नैन सीप	चश्म-ए-सदफ़	583/1
बौरौ सूख	शाख़-ए-ख़ुश्क	478/4
अलक मंजरी	जुल्फ़-ए-पेचाँ	480/7
अलक भुवंगिनि	जुल्फ़-ए-मार-ए-सियाह	483/6
नैन रकत	चश्म-ए-ख़ूनी	253/6
दिस्टि बंध	नज़रबंद	448/5
केसरि बरन	ज़ाफ़रानी रंग	169/7
अधर सुरंग	लब-ए-लाडली	106/1
फूल दुपहरी	गुल-दुपहरी	106/2
कंचन करी	तेलाइ कली	178/1
सारंग नैनी	ग़ज़ाला चश्म	32/3

सिरता पाइ	सर ता पा	32/5
मुख चंद	रुख़-ए-माह	32/6
केस मेधावरि	ज़ुल्फ़-ए-अब्र-ए-सियाह	32/5
कुच नारंग	पिस्तान-ए-नारंग	59/2
राता बदन	सुर्ख़रू	64/5
कुंजर बिरह	पील-ए-हिज्र	170/3
संताप बियोग	तपिस-ए-हिज्र	170/4
आदिहु ते आदि	अज़ल-उल-अज़ाल	—
पंखि उजियारे	तायर-ए-रोशन ज़मीर	—
पाहन जिउ	संग दिल	428/2
परगट भेस	ज़ाहिरी लिबास	605/8
बखाना बली	मशहूर ज़ोर आवर	635/2
कारी धाव	कारी ज़ख़्म	646/7
मांस खावा	गोश्तख़ोर	—
नैन पुहुप	चश्म-ए-गुल	314/7
किरिन रबि	शोआ'-ए-आफ़ताब	159/4

जायसी की भाषा के सम्बन्ध में आचार्य रामचन्द्र शुक्ल का मत है कि 'भाषा बोलचाल की और सीधी-सादी है। समस्त पदों का व्यवहार उन्होंने बहुत ही कम किया है—जहाँ किया भी है वहाँ दो से अधिक पदों के समास का नहीं। दो पदों के समासों का भी हाल यह है कि वे तत्पुरुष ही हैं और अधिकतर संस्कृत की रीति पर नहीं हैं, विपरीत क्रम से हैं जैसे कि फ़ारसी में हुआ करते हैं।'

ऊपर की तालिका में लिखित समस्त पदों की संख्या से जायसी की भाषा सम्बन्धी आचार्य शुक्ल की धारणा का समर्थन नहीं होता। विपरीत क्रम के अनेकानेक समस्त पदों का प्रयोग 'पद्मावत' में उपलब्ध है और जहाँ सीधे समास पदों का प्रयोग हुआ है वहाँ भी फ़िरदौसी और साअदी द्वारा प्रयुक्त समस्त पदावली का अवधी रूप स्पष्टत: परिलक्षित होता है। इन पदों में भी यथासम्भव फ़ारसी का मूल रूप सुरक्षित है और फ़ारसी साहित्य का साधारण अध्येता जायसी के द्वारा प्रयुक्त समास पदों के आधार पर उनके मूल फ़ारसी रूप को निर्धारित कर सकता है :

अवधी समास	फ़ारसी का मूल रूप	कड़वक संख्या
दिस्टि दवँगरा	बारिश-ए-नज़र	354/7
बिरह काग	ज़ाग़-ए-फ़राक़	355/6
दुख बिरिखा	शजर-ए-ग़म	609/2
नैन कचोर	प्यालः-ए-चश्म	194/3
पेम मद भरे	शराब-ए-इश्क़	194/3
ससि जोती	ज़्याए-ए-माहताब	247/1
जोबन तुरिअ	तौसन-ए-जवानी	628/2
हिअ भँडार	गंजीन-ए-दिल	33/4
बरुनि बान	तीर-ए-मिज़गाँ	104/8
दुहुँ जगत	दो जहाँ	624/8
छार एक मूठी	यक मुश्त ख़ाक	166/2
मुख बचन	पैग़ाम-ए-ज़बानी	224/1
नैन चक्र	हलक़-ए-चश्म	474/8
दरस पियासा	तिश्न-ए-दीदार	564/2
दरसन पानी	जरअ': दीद	564/3
भुजा बिहूनि	बे दस्त व बाजू	572/7
चलन पंथ	जादः सलूक	574/2
गरुव दुख	रंज-ए-गराँ	580/9
जोबन रतन	गौहर-ए-जवानी	586/9
आस पियासा	तिश्नः-ए-आरज़ू	—
खरबार सँवारे	ख़रदार आरास्तन	482
मरन पंख	पर व बाल-ए-फ़ना	240/4
पेम सँदेस	पैग़ाम-ए-इश्क़	371/2

नेह गीत	नग़मः-ए-इश्क़	244/5
पेम पिय	इश्क़-ए-महबूब	173/4
पेम चित लागा	दिल गिरफ़्तः-ए-इश्क़	125/1
सिंकरी पेम	ज़ंजीर-ए-इश्क़	99/7
पेम कर तागा	रिश्तः-ए-इश्क़	564/7
बिरह मसि	तारीकी-ए-हिज्राँ	172/7
बिरह साँस	दम-ए-हिज्र	370/5
बिरह बान	नावक-ए-जुदाई	342/3
बिरह बैन	सुख़न-ए-हिज्र	252/3
बिरह रेति	रेगज़ार-ए-फ़राक़	582/5
बिरह पतंग	परवानः-ए-फ़राक़	168/8
बिरह बन	दश्त-ए-फुरक़त	169/1
बाजी पेम	बाज़ी-ए-इश्क़	63/8
पेम रंग	रंग-ए-इश्क़	139/5
जल मानुस	मर्दुम-ए-आंबी	419/7
मानुस पेम	मर्द-ए-इश्क़	166/2
प्रीति गाँठि	रिश्तः-ए-उलफ़त	307/6
भोजन पेम	ग़िज़ा-ए-इश्क़	570/1
कनक कचोर	जाम-ए-ज़र	113/1
पवन बाँधि	हब्स-ए-दम	306/4
बार पहुँचा	बार याब	457/2
पेम फाँद	दाम-ए-इश्क़	—
घरी कठिन	लमहः मुश्किल	628/8
करमुखे	सियाह रू	454/8

ऊँच हिआऊ	बुलंद हिम्मत	163/4
अगिनि पहार	आतशीं कोह	520/6
सैन मेध	अफ़वाज-ए-मेग़	518/3
मँस खावा	गोश्तख़ोर	619/4
भै अग्याँ सुलतानी	हुक्म-ए-सुल्तानी शुद	633/8
जिय बधा	जल्लाद	578/1
करहु सँजोऊ	साज़कर्दन	222/3
बड़ परताप	बुलंद इक़बाल	538/5
जग तप	रख़शिन्द-ए-जहाँ	538/5
सर सौंह होंहीं	शुद रास्त चूँ तीर	539/3
जग सूर	आफ़ताब-ए-गेती	538/4
पुहिम उजियारे	ताबिंद-ए-अर्ज़	538/4
आसामुखी	तमन्नाई, आरज़ूमंद	224/6
गुंजर सिंघ	ग़ुर्रन्दह शेर	634/1
रहहु मनबूझे	दानिशमंदी	222/4
खरग बीज	तेग़-ए-नर्क़	520/7
चीन्हा	यादगार	652/3
देखिसर	जेह दीदह	539/2
हँसता मुखी	शुगफ़्ता रू	465/3
हाथ मँजीठी	दस्त-ए-हिनाई	590/5
नास	फ़ना	233/9
पेम कर तागा	रिश्त-ए-उलफ़त	630/7
उठौनी	हमला	117/3
कुरंगिनि खोजू[248]	नक़्श-ए-आहू	117/3

जायसी ने 'प्रेमजल', 'प्रेम प्रमोद', 'बिरह भस्म', 'बिरह भुअंग' आदि कुछ समासों के अतिरिक्त अपने पूर्ववर्ती रचनाकारों द्वारा प्रयुक्त प्रत्येक समास का सरस और विदग्ध उपयोग किया है। 'पेम पहार' (124/3), 'पेमबार' (98/6), 'बिरह कोकिला' (350/5), 'बिरह काग' (355/6), बिरह गाज (355/2) आदि समास उनकी अपनी मौलिक कल्पनाशक्ति के द्योतक हैं। उनकी समस्त पदीय संयोजना की प्रतिच्छाया भी उनके पूर्ववर्ती अथवा परवर्ती कवियों के यहाँ उपलब्ध नहीं है क्योंकि यह फ़ारसी के बहुउपयुक्त और सर्वज्ञात समास हैं जिनके अवधी रूपों से 'पद्मावत' की संरचना हुई है। इसीलिए जायसी की भाषा ठेठ बोलचाल की अवधी होते हुए भी अपने आभ्यंतर में फ़ारसी का ठाठ छिपाए है और उनकी पद रचना को अन्य कवियों के लक्षणामूलक पद विन्यास से पृथक् करती है। 'कुंडल, नयन, दसन, बिरह, प्रेम, पुहुप, जल, रस, रूप, दरसन, कटाछ, पीतम, बेलि, नेह, खेह, खरग, दाह, बाँक, कनक, सरोवर, हिया, बिजुरी, मेह, अगिनि, कुंड, बान, सर, जूझ, सरग, पतार, पवन, गुरु, फनिंग, दीपक, पतंग, जीवन, मरन, सन्देस, उपदेस आदि वह अभिधामूलक शब्द हैं जिन्हें मुल्ला दाऊद, कुतबन, जायसी, मंझन, मीरा, सूर, तुलसी की रचनाओं में समानतः स्थान मिला है। परन्तु जायसी 'जड़इया' ही नहीं 'गढ़इया' भी हैं और इसीलिए उनके द्वारा इन शब्दों का लाक्षणिक उपयोग अन्य कवियों की रचनाओं में अनुपलब्ध है। इन्होंने जब चाहा है इनसे भारतीय कवियों जैसा काम लिया है और जहाँ चाहा है इनमें फ़ारसी कवियों के समान रंग भरा है। यही कारण है कि उनकी काव्य भाषा सूर, तुलसी से उतनी ही अलग है जितनी मुल्ला दाऊद, कुतबन, मंझन और उसमान से यह भिन्न है। 'जोग, स्रिंगार, बीर' सूफ़ी काव्यधारा के मुख्य रस हैं और 'पेम, बिरह, रसपूरी' इसका मुख्य कथ्य है। अतः प्रेम और विरह को अभिव्यंजित करने वाले समस्त पदों का तुलनात्मक अध्ययन से हमारे उपर्युक्त कथन को प्रमाणित करने के लिए पर्याप्त है :

कुतबन

लुब्धा प्रेम कर, प्रेम कहानी, प्रेम गहा, कथा नेह, पेमकथा, पेमफाँद, किंगिरी पेम, नेह क साइर, पेम दुखदाघा, पेम के दुख, पेम रसाल कहानी, पेम सुरा, पेम पियारा, पुरइन प्रीति की, मकरंद पेम कर, पेम भाव, पेम सुरा रस, पेम लाग, पेम प्रीति रस, सुरुज सनेह, पेम रस गहा, नेह कसाइर आदि।

मंझन

पेम फाँद, पेम ग्यान, पेम पियारी, प्रीति परेवा, पेम बात, पेम म्रिगमद, पेम रंग, पेम भाव, पेम रस, पेम आनन्द, पेम बिछोह, पेम अँजौरा, पेम बनिज, पेम समुंद, पेम पीर, पेम पंथ, पेम सुरा, पेम अमि, पेम पँवरि, प्रीति भेद, प्रीति

बास, पेम सास्तर, पेम की पीरा, पेम दुख, पेम सपन, पेम ब्योहार, पेम करार, पेम की बौरी, पेम सलिल, पेम चिन्हारी, पेम लीक आदि।

मीरा

प्रीति पुरातन, प्रेम बेल, प्रेम दिवानी, प्रेम भक्ति, प्रेम पियारा मीत, प्रेम री बाती, प्रेम की आँच, प्रीति खरी, प्रेम पेड़ा, प्रेम जंजीर, प्रेम री कटारी, नेह की नाव, प्रेम को फंदा, प्रेम की प्रतीति, प्रेम रा हौज, प्रेम नीर आदि।

सूर

प्रेम सलिल प्रवाह, प्रेम मनोहर, प्रेम बान, हृदय प्रेम दुख, प्रेम पुहुप, प्रेम जोग, प्रेम जल, गुप्त प्रीति, प्रेम बियोग, प्रेम भजन, प्रीति पंथ, मन की प्रीति आदि।

तुलसी

प्रेम प्रमोद प्रवाह, प्रेम बल, प्रेम बिबस मन, प्रेम प्यारे, प्रीतिबस, प्रेम पुलक आदि।

जायसी

बाजी पेम, पेम रंग, मानुस पेम, प्रीति गाँठ, भोजन पेम, पेम मद, पेम घाव दुख, पेम सँदेस, नेह गीत, पेम धुवा, पेमपिय, पेम चित लागा, सँकरी पेम, पेम कर तागा आदि।

विरह विषयक वर्णनों में भी इन कवियों की पद रचना पद्धति की असमानता स्वभावतः परिलक्षित है :

कुतबन

कया अनल, बिरह बिओग, आग बिरह, बिरह संताप, बिरह बिओग संताप, पीव बियोग, बिरह सरौता, बिरह बियोग, बिरहा सेज, कुंजर बिरह, बिरह सुपेती, बिरह सुवा, सूर बिरह, बिरह दग्धि, बिरह की आग, बिरह दुख, बिचल बियोग, बिरह सूर, बिरह भभूत, बिरह बिकार, बिरह बियाकुली, बिरह फफोला, बिरह कथा आदि।

मंझन

बिरह जाल, बिरह मरन, पीर बिरह की, बिरह खरग, बिरह धाय, बिरह दग्धि, बिरह आग, बिरह अनल, बिरह निसान, बेदन बिरह, बिरह भाव, बिरह दुख, बिरह बिथा, बिरह पवन, बिरह बिओग, बिरह सहेली, बिरह संताप, बिरह भिखारी, बिरह कथा, आदि बिरह, बिरह अन्त, बिरह उदास, बिरह पीर, बिरह चिंगी, बिरह दीरघ दुख, बिरह रूप, बिरह समुंद, बिरह अग्नि, बिरह जुआ, बिरह दिया आदि।

मीरा

बिरह व्याकुल, बिरह बुझावन, बिरह समुंद, बिरह की मारी, बिरह दरद, बिरह नागिन, बिरह दुख, बिरहानल, बिरह भुअंगम, बिरह बिथा, तपता बिरह, बिरह दिवानी, बान बिरह का, बिरहन व्याकुल आदि।

सूर

बिरह संजोग, बिकल बिरहनी, बिरह भसम, बिरह प्रजारन, बिरह की बेल, बिरह बियोग, मोहन के बिरह, बिरह जुर, बिरह दुख, बिरह रस, बिरह बिथा, बिरह बाए बुड़ा े आदि।

तुलसी

बिरह जनित, पीतम बिरह, बियोग सम्भव दुख, बिरह अनल, बिरह अग्नि, बियोग दुख आदि।

जायसी

बिरह मसि, बिरह की आह, सन्देस बियोग, बिरह साँस, बिरह बान, बिरह बैन, बिरह अपारा, बिरह रेत, बिरह पतंग, बिरह बन, बिरह पंच सर आदि।

कुतबन, मंझन, मीरा, सूर, तुलसी और जायसी की रचनाओं से प्रस्तुत उपर्युक्त कुछ उदाहरणों पर दृष्टि पड़ते ही इन कवियों की समास रचना का भेद स्पष्ट हो जाता है और इनकी चेतना जन्य संवेदना के परिवेश का परिचय प्राप्त होता है। इस आधार पर नि:संकोच कहा जा सकता है कि जायसी की काव्य भाषा अधिक समृद्धशाली और व्यापक अनुभूति की परिचायक है।

जायसी ने अपने समस्त काव्य में 'माया' का उपयोग विशुद्ध दर्शन झलक अथवा भक्तिमूलक पारिभाषिक शब्द के रूप में नहीं किया। इसका सरल अर्थ ही उन्हें अभीप्सित है। कहीं यह ईश्वर की क्रियाशक्ति है, कहीं आँखों का धोखा है, कहीं अज्ञान है, कहीं यह जारी है, कहीं दिखावे का प्रेम और कहीं निरर्थक धन-सम्पत्ति है, कहीं लिप्सा अथवा दर्प है। इसी प्रकार 'प्रेम करना' की तुलना में उन्हें 'प्रेम खेलना' ही रुचिकर है और उनकी रचनाओं में 'प्रेम करना' महावर के उपयोग का निषेध सा है। 'रस' शब्द को भी जायसी ने अधिकांशत: 'आनन्द' का समानार्थक स्वीकार किया है और मंझन ने इसे प्रेम के पर्याय के रूप में उपर्युक्त किया है। शब्दों के विशिष्ट उपयोग के अनेक उदाहरण 'पद्मावत' की प्रत्येक अर्धाली से प्रस्तुत किए जा सकते हैं। इससे यह तथ्य प्रमाणित होता है कि सारे सूफ़ी कवियों का शब्द भंडार समान होते हुए भी इनके अर्थबोध और उपयोग में पर्याप्त भेद है। जायसी की रचना पद्धति नितान्त चमत्कारी मौलिक है। नवीनार्थबोधक भी है और साथ ही साथ रसात्मकता के उद्दीपन में सहायक भी।

महावरे

जायसी की काव्य भाषा को रोचक और समृद्ध बनाने में ठेठ देसी महावरों के साथ-साथ विदेशी महावरों का अत्यधिक योगदान है। 'उघरी आँखी' (411/3), 'चूँबि कै छाड़ा' (411/6), 'दिस्टिन परै' (454/4), 'जीव हरि लीन्हा' (454/4), 'उधेलु कान कै रूई' (455/7), 'मिला सोहागहिं सोना' (54/7), 'जग भा लट्टू' (483/3), 'लागै केहि के डार' (599/9), 'लाग पवन कर झोला' (452/5), 'लाग गुहारा' (530/3), 'सरगहि गई' (577/1), 'पार होइ' (136/6), 'दुख कर नाच' (133/9), 'भा भारथ' (632/8), 'फोरहिं वलय' (133/3), 'करहिं खरिहाना' (133/3), 'खरि बात कहें' (268/9), 'लीक पखान' (566/5) आदि ठेठ अवधी महावरों से यदि जायसी ने कविता कामिनी का शृंगार किया है तो फ़ारसी महावरों से भी काव्य सौन्दर्य का उत्कर्षण उन्होंने किया है। 'पद्मावत' में कुछ महावरे ऐसे हैं जो फ़ारसी भाषा भाषियों के अतिरिक्त अन्य फ़ारसी कवियों की रचनाओं में भी दुर्लभ है। 'पीठ देना' (मुँह फेर लेना), 'कान देना' (सुनना), 'तंग पकड़ना' (आत्मीयता का प्रदर्शन), 'सिर पहुँचना' (समाप्ति), आदि फ़ारसी महावरों के हिन्दीकृत रूपों को जायसी अत्यन्त सरलता से उपयुक्त करते हैं। फ़ारसी के महावरों और कहावतों को देसी रूप देने का श्रेय निश्चय ही जायसी को है। उनके समकालिक कवियों में से किसी की भी काव्य भाषा में ये तत्त्व उपलब्ध नहीं हैं। किसी भाषा के महावरों और कहावतों को दूसरी भाषा का अभिन्न अंग बनाने की प्रक्रिया के लिए आवश्यक है कि लेखक उस दूसरी भाषा पर लगभग उतना ही अधिकार रखता हो जितना अपनी भाषा पर। जायसी काव्य के सिंहावलोकन मात्र से ही आभास होता है कि वह फ़ारसी के साहित्य मर्मज्ञ, काव्य रसिक और उस भाषा के अधिकारी विद्वान रहे होंगे अन्यथा वह इन महावरों और लोकोक्तियों को इतना रसात्मक और वैदग्ध रूप न दे पाते। उनके द्वारा प्रयुक्त कुछ महावरे द्रष्टव्य हैं :

अवधी कहावत	**फ़ारसी कहावत**	**कड़वक संख्या**
चाँटिहि उठे मरन कै पाँखा	मौरे कि पर बर आरद उभ्रश ब आख़िर रसद (चींटी के पर निकल आते हैं जब उसके मरने के दिन आते हैं)	438/7
नग कर मरम सो जरिया जाना	क़द्रे जौहर जौहरी दानद (रत्नों का मूल्य जौहरी जानता है)	179/6
पानी कै पानी महँ गई	अज़ आब ब आब रफ़्त (पानी से पानी में चली गई)	411/7

गरुव दुख दुखी जान जेहि बाज	बा दर्द कसे रसद कि दर्दे दारद (दूसरे की पीड़ा को वही जानता है जो स्वयं पीड़ित हो)	580/9
पेम क लुबुध बहिर औ अंधा	आशिक़ कोरे बाशद (प्रेमी अन्धा होता है)	557/5
पै एक पेट न रह निरगुना	ईं शिकम-ए-बेहुनर पेच पेच (यह गुनरहित पेट बहुत नीच है)	80/6
नवै सदाफर सोनित फरई	नेहद शाख़े पुरमेवः सर बर जमीं (फलों से लदी शाख़ा धरती पर सिर नवाती है)	439/5
पहिलें करुइ अंत होइ मीठी	सब्र तल्ख़ अस्त वले बरे शीरीं दारद (धैर्य कड़ुआ है किन्तु उसका फल मीठा होता है)	269/1
परिमल पेम न आछे छपा	इश्क़ व मुश्क रा नतवाँ नहुफ़तन (प्रेम और कस्तूरी छुपाने से छुपते नहीं हैं)	211/2
ते परि बूड़े वार ही भेंड पोंछि जिन्ह हाथ	दरया गुज़ारह कै शवद गर दुमबेगीरी मेशरा (वह नदी पार कैसे कर सकता है भेड़ की पूँछ पकड़कर पार उतरना चाहे)	202/9
साजा बिधि सोई पै बाजा	हर चे ख़ुदा ख़ास्त हमाँ मी शवद (जो ईश्वर चाहता है वही होता है)	274/7
दिस्टिवंत कहँ नीअरे अंध मुरुख कहँ दूरि	दूराँने बाख़बर दर हुज़ूर नज़दीकाने बेबसर दूर (दूर के जानकार निकट होते हैं, निकट रहने वाले अन्धे दूर)	8/9
पुरुख क बोल सपत औ बाचा	कौले मर्दां जाँ दारद (मर्दों की बात जान के साथ होती है)	313/1
तन बुढ़ाइ मन बूढ़ न होई, बल न रहा लालच जिय सोई	आदमी पीर चू शुद हिर्स जवाँ मी गर्दद (आदमी बूढ़ा होता है तो लालच जवान हो जाती है)	586/5

मानुस चिंत आन कछु निंता करै गोसाइँ न मन महँ चिंता	मन दर चे ख़यालम व फ़लक दरचे ख़याल (मैं किस विचार में था और आकाश (नियति) कुछ और कर रहा था)	287/2
देहु देवस सैं कुसल सिधावहिं दीरघ आउ होइ पुनि आवहिं	बसफ़र रफ़्तंद मुबारकबाद, बसलामत रवी व बाज़ आई (यात्रा तुम्हें मुबारक हो, सुरक्षा से जाओ और वापस आओ)	376/7
जेहि परबत पर दरसन लहना सिर सौं चढ़ौं पाय का कहना	अज़ दोस्त यक इशारत व अज़ मा ब सर दवीदन (मित्र का संकेत तो हो मैं सर के बल दौड़ता जाऊँ)	163/2
जो आवै गढ़ लागै सोई	हर कि आमद इमारते नव साख़्त (जो आता वह नया निर्माण करता है)	522/6

उपर्युक्त लोकोक्तियों के अतिरिक्त 'पद्मावत' में ऐसे असंख्य महावरे उपलब्ध हैं जिनका रसास्वादन अन्यत्र दुर्लभ है :

फ़ारसी महावरे	**अवधी रूप**	**जायसी द्वारा प्रयोग**	**कड़वक संख्या**
गोश दादन	स्त्रवन देना (सुनना)	तस पदमावति स्त्रवन न देई	589/7
तंग गिरफ़्तन	संकेती छूना	औरु न छुऔं सो हाथ संकेती	590/4
चश्म ब राह	मारग नैन	मारग नैन बियोग बियोगी	182/1
ब सर रसीदन	सिर पहुँची	आनु अवधि सिर पहुँची कै सो चलेउँ मुखरात	261/8
चश्म बर राह अफ़गंदन	दिस्टि बिछाना	पंथ पूरि कै दिस्ट बिछावौं जोवै मारग दिस्टि बिछाए	640/3 236/5
पुश्तदादन	पीठ देना (मुँह मोड़ना)	रतन सेनि तब दीन्हीं पीठी	415/5
बार याफ़्तन	बार पाना	महिं घूँबिअ पाइअ नहिं बारू	45/1

सर दादन	सिर देना	सीस न देइ पतँग होइ तब लगि जाइ न चाख	154/9
अख़्तर शमुर्दन	नखत गिनना	रैनि नखत गनि कीन्ह बिहानू	430/3
जाँ तलबी कर्दन	जिउ माँगी	जानहुँ काल करहिं जिउ माँगी	631/4
शिकस्ता शुदन सवार बमअ अस्प	घोरा टूटै असवारू	सिउँ घोरा टूटै असवारू	633/4
बदस्त आउर्दन, दस्त याफ़्तन	करहु हाथ	भै अग्याँ सुलतानी बेगि करहु एहि हाथ	633/8
पा दादन ब रिकाबे अस्प	तुरैदेत पाउ	आँति सैंति करि काँधे दतुरै देत है पाउ	635/9
शमशीर दर आउर्द	खरग लावा	तीसर खरग कंध पर लावा	636/7
हाल शुदन	हाल होइ (गोल होना)	सीस न दीजै गोई जौं हाल न होइ मैदान	628/9

मुहावरे ही किसी भाषा को प्राणवान और गत्यात्मक बनाते हैं। गूढ़ कल्पना, जटिल सत्यानुभूति, रहस्यात्मक भाव तरंगों की सरस अभिव्यंजना शक्ति किसी भाषा में इन्हीं के द्वारा उत्पन्न होती है। कवि की अलंकार योजना, बिम्ब योजना, प्रतीक योजना भी भाषा को सक्षम बनाने और सूक्ष्मातिसूक्ष्म भावों के मूर्तिमान वर्णमय चित्र रचने में अवश्य सहायक होती हैं। परन्तु इनसे भाषा अधिक दुरूह और जटिलोन्मुखी बनती है। दुरूह को सहज, जटिल को सरल, गूढ़ को बुद्धिगम्य बनाकर अभिव्यक्त करने वाली क्षमता महावरों से ही भाषा में उत्पन्न होती है। यही भाषा को माधुर्य और प्रसाद गुणयुक्त व्यंजनाशक्ति प्रदान करते हैं। उसे व्यंजक और सांकेतिक बनाते हैं। मुहावरे ही हमारी वंशानुगतानुभूति की मूल चेतना के परिचायक होते हैं और इसीलिए वह रूढ़िबद्ध होते हैं। हिन्दी का मुहावरा 'जल पीना' और बंगला का 'जल खाना' एक ही चेतना का द्योतन नहीं करते। जी लेना, जी देना, आँख लगाना, आँख लगना, हाथ करना, हाथ आना, हाथ देना, हाथ दिखाना, हाथोहाथ लेना आदि मुहावरों में अभिधात्मक शब्दों के थोड़े हेर-फेर से जो भावोत्कर्ष और अभिव्यक्ति की जो क्षमता भाषा को प्राप्त होती है वह वाणी के विकास और निर्माण की अन्य कारकों से उपलब्ध नहीं होती। शब्दों के इसी लेशमात्र हेर-फेर से नवीनार्थ बौद्ध और चमत्कारोत्पादक अभिव्यंजना के जायसी सक्षम शिल्पकार हैं। इस दृष्टि से वह हिन्दी भाषा और साहित्य के प्रथम सफल प्रयोगशील आचार्य कवि हैं। आधुनिक काल में

प्रयोगवादियों और नई कविता वादियों ने भी हिन्दी की काव्य भाषा को नये मुहावरे और कथन शैली देने की चेष्टा की है। प्रयोगशील जायसी ने यदि संकालिक विश्व वाणी सशक्त भाषा फ़ारसी को अपनी विशिष्ट पद योजना का आधार बनाया है, तो आधुनिक कवियों ने विश्ववाणी अंग्रेज़ी की काव्य भाषा के नवीन महावरों और बिम्बों के हिन्दीकृत रूप से अपनी कथन शैली को नवीनता प्रदान करने का प्रयास किया है। इनके प्रयोग का क्षेत्र सीमित है क्योंकि व्यक्ति की आन्तरिक आत्मानुभूति ही इनका एकमात्र कथ्य है और मनुष्य के अन्तस् में तरंगायित भाव लहरियों को ही मूर्त करने में यह संलग्न हैं। स्वस्थ मनुष्य की खोज, मनोवैज्ञानिक यथार्थ और भोगे हुए सत्य की अनुभूति आदि चाहे जितने चमत्कारी, गूढ़ और रहस्यात्मक विषय क्यों न हों किन्तु भाषा को बहुमुखी बनाने और उसकी अभिव्यंजना शक्ति को व्यापकता प्रदान करने की असीम सम्भावना उनमें कदापि नहीं है। 'सब संसार पाव तर मोरे' कहने वाले कवि का कथ्य विश्वव्यापी ही नहीं ब्रह्मांडव्यापी भी है। अत: भाषा सम्बन्धी जायसी के प्रयोग का क्षेत्र अत्यधिक असीम और विशाल है। अनुभूति भाषा के योग से ही काव्य रूप धारण करती है। व्यवहार-जगत के आचार-विचार, जग संवेदन, आत्मनिवेदन, बाह्य जगत और अन्त:जगत के योग की क्रिया-प्रतिक्रिया का घनीभूत रूप ही काव्य है। इस दृष्टि से हिन्दी काव्य को अधिक व्यवहार कुशल और उसके अभिव्यक्ति क्षितिज को असीम बनाने में जायसी का अद्वितीय योगदान है। खेद की बात है कि हिन्दी काव्य भाषा अपने विकास क्रम में जायसी के इन प्रयोगों और उनके द्वारा रचित संवेदनशील विशिष्ट पदों को आत्मसात् न कर सकी। इससे जायसी का श्रम तो विफल हुआ ही किन्तु हिन्दी की क्षतिपूर्ति भी अब तक नहीं हो सकी। पद्मावतकार का दुर्भाग्य यही है कि उसकी रचना अजर-अमर है किन्तु उसका सजीव और प्रयोगशील पद रचना विधान उपेक्षित है।

निरर्थक ध्वनि

भयावह दृश्यों और वातावरण के कोलाहल को सजीव बनाने के लिए 'हुर्रा',[17] 'ग़ल-ग़िल',[18] आदि ध्वनियों का उपयोग फ़ारसी कवियों ने यथावसर किया है। जायसी ने भी 'हहलि हहलि' (प. 351/2), 'किल किल' (प. 155/1), 'हहरि' (प. 342/4), 'गलगाजहिं' (प. 555/6, 'घुम्मरहि' आदि भयसूचक ध्वनियों से अपने वर्ण्य-विषय को उद्दीप्त किया है। हुर्रा और हहलि में अत्यधिक समानता है। किल-किल, गल और ग़िल-ग़िल के बीच सम्भवत: उच्चारण भेद ही भेदक रेखा है। इस आश्चर्यजनक ध्वनिमूलक समानता और वर्णनगत साम्य से प्रतीत होता है कि जायसी की काव्यकला का यह रूप फ़ारसी कवियों की लेखन शैली से प्रभावित है। परन्तु यह बात निस्संकोच कही जा सकती है कि उनकी तुलना में जायसी का वर्णन अधिक भावोत्पादक और

प्रभावशाली है। पद्मावतकार द्वारा रचित निम्न पंक्तियाँ ही इस कथन को प्रमाणित करने के लिए पर्याप्त हैं :

पहल पहल तन रुई जो झाँपे। हहलि हहलि अधिकों हिय काँपे।

(प. 351/2)

किल किल उठा देखि उरु खाए (प.155/2)

हहरि परान तजै अब नारी (प. 342/4)

सारदूर दुहुँ दिसि गढ़ि काढ़े। गल गाजहिं जानहुँ रिसि बाढ़े (प. 555/6)

बीस सहस गुम्मरहिं निसाना। गल गाजहिं बिहरै असमाना (प. 505/4)

जायसी ने भय और वैभव आदि के उद्रेक के लिए सार्थक ध्वनियों का उपयोग भी किया है। उनकी यह कला निम्न चौपाइयों में द्रष्टव्य है :

हय गय सेन चलइ जगपूरी। परबत टूटि उड़हिं होइ धूरी।
रेनु रइनि होइ रबिहि गरासा। मानुस पंखि लेहिं फिरि बासा।
ऊपर होइ छावइ महि मंडा। खट खँड धरति अट्ठ ब्रह्मंडा।

(प. 14/2-4)

इन चौपाइयों में जायसी ने 'र' ध्वनि की बारंबार पुनरोक्ति से मेढकों और झींगुरों की रें-रें का आभास कराया है, अन्धकार और निर्जनता को मूर्तमान किया है। अट्ठब्रह्मंडा, टूटि उड़हिं, महिमंडा, खट खंड आदि भयावह ध्वनियों के योग से ऐसे वातावरण का निर्माण हुआ है जो हृदय में कम्पन और रोम-रोम में सिहरन उत्पन्न करने में सहायक है। पद्मावतकार ने चमत्कार प्रदर्शन के हेतु ऐसा नहीं किया। उन्होंने इस प्रकार अपने वर्णन को भाव व्यंजन की शक्ति प्रदान की है और उसे सजीव बनाया है।

अन्तर्कथा

महाभारत, रामायण, पुराण और इतिहास की सुप्रसिद्ध अन्तर्कथाओं को मर्मस्पर्शी, अर्थगर्भित और रसोत्पादक रूप देने में भी जायसी का योगदान अद्वितीय है। इन्हें नव अर्थ बोध सम्पन्न, गतिवान, संवेदनशील और अभिव्यंजना का सशक्त माध्यम बनाने में जायसी के समक्ष अन्य शिल्पकार ठहरते ही नहीं हैं। मिथक और अन्तर्कथाओं का विशाल भारतीय भंडार उनके लिए पर्याप्त था। इसीलिए वह अधिकांशत: देशीय मुक्तमाल से ही वाग्देवी का शृंगार करते हुए मिलते हैं। हनुमान और लंकादाह का प्रकरण निश्चय ही उन्हें अत्यधिक प्रिय है और इसके माध्यम से जो संवेदनशील चित्र उन्होंने अंकित किए हैं वह राम-हनुमान भक्त कवियों

के यहाँ भी अनुपलब्ध हैं। फिर भी यदा-कदा प्रसंगानुकूल कुछ विदेशी अन्तर्कथाओं को भी उन्होंने वर्णनोपयोगी बनाया है। निज़ामी कृत 'सिकन्दर नामा' के पात्र नौशाबा और सिकन्दर का उल्लेख उन्होंने केवल दो बार किया है : जो पात्रोचित उपयोग कदापि नहीं है :

पुरुख न करहिं नारि मति काँची। जस नौसाबै कीन्ह न बाँची।
हाथ चढ़ाइ सिकन्दरबरी। सकति छाँड़ि कै मै बँदि परी।
(प. 621/2-3)

दारा का अर्थ नारी भी है और सिकन्दर द्वारा पराजित ईरानी सम्राट का यह नाम भी है। इसी द्वयर्थकता का लाभ उठाते हुए जायसी ने रत्नसेन के मुख से कहलाया है :

इस्कंदर सों बाँचै दारा (प. 537/3)

देव-सुलेमान (प. 635/5) की कथा का उपयोग पद्मावतकार ने केवल एक बार किया है। अमीर हमज़ा, आदी, लिंधौर आदि 'हमज़ानामा' के पात्रों, अय्यूब, शीश, आदि पैग़म्बरों का उल्लेख मात्र जायसी की रचनाओं में हुआ है और उनसे सम्बद्ध कथाओं को उन्होंने रसोत्पादन के योग नहीं समझा। ईरान के वैभवशाली सम्राटों, सुप्रसिद्ध पहलवानों, लैला-मजनूँ, शीरीं-फ़रहाद आदि प्रेमाख्यानों के विख्यात पात्रों का उन्होंने उल्लेख भी नहीं किया। इस्लामी मिथक और अन्तर्कथाओं के प्रति भी वह प्राय: उदासीन हैं। मंसूर और सूली की घटना का अंकन उन्होंने दो चौपाइयों में अवश्य किया है :

पंथ सूरिन्ह कर उठा अँकूरू। चोर चढ़ै कि चढ़ै मंसूरू। (प. 124/4)
जस मारइ कहँ बाजा तूरू। सूरी देखि हँसा मंसूरू (प. 260/6)

मदीना नगर स्थित मुसलमानों के तीर्थ स्थान काबे के पुनरोद्धारक पैग़म्बर इब्राहीम और प्रह्लाद-होलिका की कथा में अत्यधिक समानता है। बादशाह नमरूद ने उन्हें अग्नि-कुंड में फिंकवा दिया था किन्तु ईश्वरीय कृपा के फलस्वरूप उसकी दग्धता समाप्त हो गई और चिता ने फुलवारी का रूप धारण कर लिया। आतिशेनमरूद (नमरूदानल) और गुले गुलज़ार (फुलवारी) की अन्तर्कथा को फ़ारसी-उर्दू कवियों ने तरह-तरह से बाँधा है। इसके द्वारा भी जायसी ने सुन्दर चित्र उपस्थित किए हैं :

जानहुँ जरत अगिनि जल परा। होइ फुलवारि रहस हिय भरा (प. 270/6)
आइ आगि सों करु फुलवारी (प./354/4)

उपर्युक्त पंक्तियों में इब्राहीम से सम्बद्ध अग्नि-फुलवारी की अन्तर्कथा का स्पष्ट संकेत है। जायसी ने इस घटना का प्रकट उल्लेख 'आख़िरी कलाम' में भी किया है :

इब्राहीम कह, कस ना कहत्यों। बात कहे बिन मैं न रहत्यों।
मोसैं खेल बन्धु जो खेला। सर रचि बाँधि अगिन महँ मेला।
तहाँ अगिन हुँत भइ फुलवारी। अपडर डरौं न परहि सँभारी।

(अ.क. 36/4-6)

आदमी के आदि पिता आदम का प्रथम पाप निषिद्ध अन्न गेहूँ का उपभोग था और इसी भोग-लिप्सा के कारण वह हौवा सहित स्वर्ग से निष्कासित हुए। इस घटना पर आधृत अनेक रूपकों और बिम्बों की भाव व्यंजना शक्ति से फ़ारसी-उर्दू कवियों ने भूरि-भूरि लाभ उठाया है। उर्दू काव्य-भाषा में भी इसकी महत्ता स्वीकृत है। पितृ-गृह का त्याग करते समय नारी की स्वाभाविक वेदना को अभिव्यक्त करने के लिए जायसी ने इस घटना में पर्याप्त गुंजाइश निकाल ली है। मायके से बिदाई के समय सखियाँ पद्मावती को समझाती हैं और उसकी आपबीती हृदय विदारक व्यथा को जगबीती दुखद कथा बनाकर प्रस्तुत करती हैं :

आदि पिता जो अहा हमारा। ओह नहिं यह दिन हिएँ बिचारा।
छोह न कीन्ह निछोहैं ओहूँ। गा हम बेंचि लागि एक गेहूँ।
मकु गोहूँ कर हिय बेहराना। पै सो पिता नहिं हिएँ छोहाना।

(प. 380/3-5)

कथा-प्रवाह निरोधक वर्णन

मसनवी लेखन विधा को रूढ़िबद्ध करने का श्रेय निश्चय ही निज़ामी को है और परवर्ती कवियों ने उन्हीं का अनुसरण किया है। हम्द (ईश्वर स्तुति), नात (पैग़म्बर की स्तुति), चार मीतों की प्रशंसा, समकालीन शासक का यशगान, रचना-उद्देश्य की चर्चा पुस्तक समाप्ति के हिजरी संवत् का उल्लेख और आत्मकथन आदि शीर्षकों में उन्होंने मसनवी के प्रस्तावना अंग को विभाजित किया था। पद्मावतकार ने इसी पद्धति का अनुसरण किया है। प्रस्तावना मसनवी लेखन का अनिवार्य अंग भी नहीं है और किसी न किसी रूप में निज़ामी के पूर्ववर्ती कवियों की रचनाओं में भी यह उपलब्ध है। परन्तु कथा कहने से पूर्व कथासार प्रस्तुत करने का प्रचलन निश्चय ही निज़ामी के समय से हुआ है। जायसी ने इस परम्परा का निर्वाह 'पद्मावत' में किया है :

सिंघल दीप पदुमिनी रानी। रतन सेनि चितउर गढ़ आनी।
अलाउद्दीन दिल्ली सुलतानू। राघव चेतन कीन्ह बखानू।

सुना साहि गढ़ छेंका आई। हिन्दू तुरकहिं भई लराई।
आदि अन्त जसि कथ्था अहै। लिखि भाषा चौपाई कहै।

(प. 24/2-5)

उपसंहार लिखने की परम्परा निज़ामी के पूर्व भी प्रचलित थी। फ़िरदौसी ने इसे 'समापन तिथि' शीर्षक के अन्तर्गत छन्दबद्ध किया है। उसने पचास वर्ष की आयु में अत्यन्त वृद्ध होने का काल्पनिक वर्णन किया है, अपनी कला की परिपक्वता और अपनी रचना 'शाहनामा' के अमरत्व पर गर्वोक्ति भी की है। परन्तु ऐसा प्रतीत होता है कि ख़ुसरो की वर्णन शैली से जायसी अधिक प्रभावित हुए हैं। वृद्धावस्था विषयक दोनों के वर्णनों का तुलनात्मक विवेचन प्रस्तुत करते समय हम इस तथ्य का सविस्तार उल्लेख कर चुके हैं। रचना-उद्देश्य प्रसंग का वर्णन भी दोनों ने एक जैसा ही किया है। दोनों ही अपनी रचनाओं को एक स्मारक के रूप में आगामी पीढ़ियों को समर्पित करते हैं। ख़ुसरो का कथन है : 'मैंने यह जानकर रचना की है कि संसार में यह मेरी यादगार रहे।'[19] जायसी ने इसी विचार को भाषा चौपाई में प्रस्तुत किया है :

औ मन जानि कबित अस कीन्हा। मकु यह रहै जगत महँ चीन्हा।

(प. 652/3)

दोनों ही काव्य मर्मज्ञों से अपनी रचनागत त्रुटियों के लिए सनम्र क्षमा प्रार्थी हैं। ख़ुसरो ने लिखा है :

'काव्य पारखियों को यदि उचित लगे तो वह मेरी रचना के गुण-दोषों का निर्धारण न्याय की दृष्टि से करें और मेरी भूलों को सुधार कर इस बुलबुले को स्वयं शुद्ध कर लें।'[20] इसी भाव को पद्मावतकार ने भी हिन्दी रूप दिया है :

औ बिनती पंडितन्ह सो भजा। टूट सँवारेहु मेरएहु सजा। (प. 23/2)

ख़ुसरो अपने पाठकों से आग्रह करते हैं, 'यदि वह इस उपवन (काव्य) की सैर (पठन) करें तो उनका स्मरण अवश्य करें।'[21] जायसी भी अपने अध्येताओं से यही याचना करते हैं :

जो यह पढ़े कहानी हम सँवरै दुइ बोल। (प. 652/9)

जिस हिजरी संवत् में पुस्तक समाप्त होती थी उसी का उल्लेख मसनवीकार अपनी रचनाओं में करते थे जबकि भारतीय परम्परा में रचना समप्ति की तिथि, दिन और घड़ी तक बताने का प्रचलन था। जायसी मसनवीकारों की लीक पर ही चले हैं। अत: उनकी पुस्तकों में उल्लिखित हिजरी संवत को रचना समाप्ति का ही वर्ष समझना चाहिए।

मसनवी रचना पद्धति में वर्ण्यकथा के अनुरूप एक सुखद और रोचक वातावरण का पूर्वनिर्माण निज़ामी की मौलिक कल्पना का ही फल है। फ़ारसी काव्य पर अरबी क़सीदों (प्रशस्ति गीत) का यह प्रत्यक्ष प्रभाव है और इस उपकरण को तशबीब कहते हैं। निज़ामी से पूर्व न प्रस्तावना आवश्यक थी और न ही तशबीब। निज़ामी ने इन्हें मसनवी-रचना विधान का अनिवार्य तत्त्व बना दिया। उनकी अमर रचना 'सिकन्दरनामा' में कथा प्रारब्धि से पूर्व बसन्त बहार की छटा से वातावरण को रमणीय बनाया गया है। निज़ामी के बसन्त कानन में बनफ़शा, नरगिस, गुल, लाला, नस्तरन, मुश्कबेद खिले हैं उन्हीं के बीच पक्षी फुदकते और चहचहाते हैं। इसी बसन्ती वातावरण में 'एक अनूढ़ा कामिनी फूल चुनने आती है जिसका मुखमंडल प्रदीप्त दीपक के समान है, बल खाई चोटी कमर पर लोट रही है और पुष्प सदृश खिले मुखड़े से मोती (श्रम बिन्दु) टपक रहे हैं।' जायसी ने इस पद्धति को अपनाकर इसे विस्तृत और उत्कृष्ट रूप दिया है। सिंघल दीप के फल-फूल, अँबराई, बारी, फुलवारी, पशु-पक्षी, ताल-तलैया, तापस-संन्यासी, पनघट-पनिहारिन, नगर, हाट, दुर्ग-दरबार आदि का सजीव दृश्य दिखाते हुए जायसी ने पाठक को रनिवास तक पहुँचाया है। इस प्रकार के वर्णन में अन्ततः कथासूत्र के बीजारोपण के लिए अवसर निकाला जाता है। इसे 'गुरेज़' कहते हैं। जायसी ने अत्यन्त चातुर्य से अपने वर्णन में गुरेज़ का टुकड़ा जोड़ा है। बिना किसी कठिनाई के वह हमें राज प्रासाद से रनिवास और वहाँ से सोलह-सहस्र पद्मिनियों के परिस्तान में पहुँचा देते हैं। निज़ामी और जायसी दोनों ही नायक-नायिका के जन्म से कथा वर्णन प्रारम्भ करते हैं।

मसनवी के बीच-बीच में ग़ज़ल, मुनाजात (आत्मनिवेदन गीत), साक़ीनामा, हालावादी काव्य, चतुष्ट पदी, क़सीदा और लघु मसनवी आदि काव्य विधाओं के स्तवक भी कवि वृंद खिलाते चलते हैं। जायसी ने इन विधाओं का स्पष्ट उपयोग नहीं किया किन्तु 'पद्मावत' में इनके वर्ण्य-विषयों का वर्णन अवश्य उपलब्ध है। उन्होंने रूप की रक्षा नहीं की किन्तु इनकी आत्मा को निश्चय ही सुरक्षित रखा है। अपनी तुच्छता और ईश्वर की उच्चता, भगवान से भोगता की याचना, दुख भार हरण और भवसागर तारण की प्रार्थना आदि विषयों का वर्णन मुनाजात के अन्तर्गत किया जाता है। जायसी द्वारा रचित मुनाजात में ये सभी बातें समाविष्ट हैं।[22]

'राम-रावन जूझ' के उपरान्त जायसी सुरा-सुराही की चर्चा करने लगते हैं। 'धनि सुराही' और 'पीउ पियाला' के वर्णन से हाला और साक़ी वाला का ही आभास मिलता है। निश्चय ही यह काव्यांश फ़ारसी कवियों द्वारा रचित साक़ीनामे की याद दिलाते हैं।[23]

कभी-कभी मसनवीकार कथा प्रवाह में विघ्न उत्पन्न करके असि और अश्व का अतिशयोक्तिपूर्ण वर्णन करने लगते हैं। कभी वे सर्दी, गर्मी, वर्षा, पतझड़ और बसन्त की चर्चा में संलग्न हो जाते हैं, कभी शतरंज और चौसर का खेल पसार कर

बैठते हैं, कभी ज्ञान-विज्ञान, दर्शन, नीति, भक्ति आदि के गूढ़ रहस्यों को उद्घाटित करते हुए मिलते हैं, कभी उपदेश-रत्न भंडार रिक्त करते हुए दिखाई देते हैं। जायसी भी कभी 'प्रीति बोलि'[24] की छाया में सुख की खोज करते हैं, कभी पाषाण पूजन[25] पर टिप्पणी करते हैं, कभी 'जनु फुलवारि सबै चलि आईं'[26] के निमित्त फूलों की अकूत राशि एकत्रित कर देते हैं, कभी पीव-मिलन भयभीता पद्मावती का अपने उपदेशों[27] से साहस बँधाते हैं, कभी 'नैहर छूटा जाए'[28] के दारुणदाह के शीतल उपचार के रूप में जीव की आवाजाही का सिद्धान्त समझाने लगते हैं, कभी दान-पुन्य[29] की महिमा पर लेखनी उठाते हैं, कभी द्रव्य[30] की शक्ति की व्याख्या प्रस्तुत करते हैं, कभी प्रलोभन[31] से बचने का सुझाव देते हैं।

इसी प्रकार के अनेकानेक विषयों का सविस्तार वर्णन से जायसी काव्य अनुरंजित, है। स्त्री वर्णन, षट्ऋतु वर्णन, चौसर, चौगान, शतरंज, तोप के सांगरूपक, घोड़ों, हथियारों की विस्तृत सूची, राग-रागिनियों और वाद्यों की गणना, स्वादिष्ट भोजनों और वस्त्र-भूषणों के परिगणन आदि प्रसंगों का कथानक के प्रवाह और संकलन त्रय की आवश्यकताओं से कोई सम्बन्ध नहीं है। इनसे कथानक में भराव अवश्य आया है किन्तु उसकी गति और पाठक के मन पर प्रत्यक्ष आघात करने की उसकी शक्ति नष्ट हुई है। जायसी ने फ़ारसी मसनवीकारों की परम्परा का अनुसरण और मसनवी लेखन शैली की मान्य पद्धति का निर्वाह मात्र इन वर्णनों द्वारा किया है। परन्तु ऐसे अवसरों पर भी वह असावधान नहीं हैं और अधिकांशतः कथा प्रसंगानुरूप ही उन्होंने उपर्युक्त वर्णन प्रस्तुत किए हैं। इस दृष्टि से फ़ारसी कवियों की तुलना में वह अधिक परिपक्व शिल्पकार ठहरते हैं। फिर भी पद्मावतकार से भी यदा-कदा चूक हो गई है। उदाहरणतः उनके द्वारा वर्णित धन-अभावग्रस्त व्यक्ति का अत्यन्त मर्मस्पर्शी और सजीव चित्र उनकी कला कौशल का परिचायक अवश्य है किन्तु यह घटना चक्र का अभिन्न अंग प्रतीत नहीं होता। इसमें रत्नसेन की विपन्नता का उल्लेख है जबकि हमें ज्ञात है कि समुद्रराज ने द्रव्यभंडार उपहार रूप में दिए थे और जगन्नाथपुरी पहुँचने तक कोई ऐसी घटना नहीं घटी जिसके कारण हमारा कथानायक निर्धन और निसंठा हो गया हो। स्वतंत्र रचना के रूप में यह पंक्तियाँ अत्यन्त हृदयग्राही हैं :

साँठ होइ जासौं सो बोला। निसँठा पुरुख पात पर डोला।
साँठें राँक चलै मौराई। निसँठ राउ सब कह बौराई।
साँठें ओद गरब तन फूला। निसँठें बोद बुद्धि बल भूला।
साँठें जाग नींद निसि जाई। निसँठें खिन आवै औंघाई।
साँठें द्रिस्टि जोत होइ नैना। निसँठें हियँ न आव मुख बैना।
साँठें रहै सुधीनता निसठें आगरि भूख।
बिनु गथ पुरुख पतंग ज्यौं ठाठ ठाढ़ ग्वै सूख।

(प. 420/3-9)

इसी प्रकार सरस्वती पूजकों की लक्ष्मी द्वारा उपेक्षा और कवि कर्म की विशेषताओं का वर्णन जायसी को अभीप्सित था और 'कवि बियास और पंडित सहदेऊ' राघव चेतन के प्रसंग में उन्होंने इसका अवसर निकाल लिया। हो सकता है कि ये पंक्तियाँ स्वानुभूतिपरक हों किन्तु प्रसंग की दृष्टि से इनका औचित्य सन्देहास्पद है। किन्तु इनकी रोचकता और विचारोत्पादकता निर्विवाद है :

कवि सो पेम तंत कबि राजा। झूँठ साँच जेहि कहत न साजा।
खोट रतन सेवा फटिकरा। कहँ खर रतन जो दारिद हरा।
चहै लच्छि बाउर कबि सोई। जेहि सुरसती लच्छि कित होई।
कबिता सँग दारिद मति भंगी। काँटइ कुटिल पुहुप के संगी।
कबिता चेला बिधि गुरु सीप सेवाती बुंद।
तेहि मानुस कै आस का, जो मरजिआ समुंद।

(प. 449//4-9)

कवि के बारे में लिखने को जैसे कुछ शेष रह गया था और अगले कड़वक में उस कमी को पूर्ण किया गया हो :

कबि कै जीभ खरग हिरवानी। एक दिसि आग दोसर दिसि पानी।

(प. 450/4)

जायसी काव्य में विशिष्ट प्रकारण

दीन-दुखियों की सहायता, परहित रक्षा, सत्य का समर्थन, अन्याय का विरोध, बलिदान और पुरुषार्थ आदि गुणों को एक साथ अभिव्यक्त करने के लिए जायसी ने हिन्दी साहित्य को तीन उपमान भेंट किए हैं। राम की भक्ति, सेवाभाव और परम वीरता के लिए प्रसिद्धि-प्राप्त नायक के रूप में हनुमान का चित्रण पूर्वकाल से होता रहा है। परन्तु उनके कार्यक्षेत्र को व्यापकता प्रदान करने और उनके पुराणाधृत गुणों का सब-जन हिताय उपयोग जायसी की अपनी मौलिकता है। हनुमान के समान गुणधर्मी जगदेव, भोला भीम और दंगवै जैसे कीर्तिमान नायकों को पुरातन ग्रंथों के पृष्ठों से तो उन्होंने ही खोज कर निकाला है और उनके इतिहास-सिद्ध चारित्रिक गुणों को भावाभिव्यक्ति का माध्यम बनाया है। निश्चय ही यह जायसी के अपने निजी उपमान हैं क्योंकि इन नायकों पर उनसे पहले के और उनके बाद के किसी कवि की कृपा दृष्टि नहीं हुई।

यूनानी विजेता महान सिकन्दर और एक प्रागैतिहासिक ईरानी सम्राट सिकन्दर जुलक़रनैन (दो सींग वाला सिकन्दर) के चरित्रों के योग से फ़ारसी कवियों ने सिकन्दर नामक एक साहित्यिक पात्र का सृजन किया है। इस कथानक से जुड़े अनेकानेक प्रकरणों को रचनाशील शिल्पकारों ने अपनी अभिव्यक्ति का माध्यम बनाया है। निज़ामी

कृत 'सिकन्दरनामा' और ख़ुसरो द्वारा रचित 'आईन-ए-सिकन्दरी' का यह पात्र महाकवि जायसी को भी आकृष्ट किए बिना न रह सका। अमरत्व का अभिलाषी सिकन्दर ख़िज्र के नेतृत्व में अमृत (आबे-हयात) खोजता हुआ कदली बन (बह्रे ज़ुलमात) में पहुँचता है और दूषित मार्गदर्शन के कारण अनश्वरता का इच्छुक नश्वरप्राणी विनष्ट हो जाता है। भाग्य की विडंबना, वंचना और पथभ्रष्टा नेता के प्रतीक के रूप में सिकन्दर तथा ख़िज्र का उपयोग आज भी उर्दू काव्य में होता है। इस अर्थ-गर्भित प्रकरण का हिन्दी काव्य भाषा में समाविष्ट करने का श्रेय भी सृजनशील जायसी को ही है। ख़िज्र का उल्लेख किए बिना उन्होंने फ़ारसी काव्य की इस निधि को हिन्दी कोष में सुरक्षित कर दिया है। यह इतिहास-सिद्ध तथ्य है कि अलाउद्दीन ख़िलजी सिकन्दर द्वितीय बनने का स्वप्न देख रहा था और उसके सिक्कों पर इस उपाधि का अंकन है। ख़ुसरो ने उसके लिए सिकन्दरे सानी (सिकन्दर द्वितीय) का विरद अपनी रचनाओं में बारंबार उपयुक्त भी किया है। इसी के आधार पर रत्नसेन ने दिल्ली सुलतान के साहस पर व्यंग्य किया है :

सुनि अंब्रित केदली बन धावा। हाथ न चढ़ा रहा पछितावा।
उड़ि तेहि दीप पतंग होइ परा। अगिनि पहार पाउ दैजरा।
धरती सरग लोह भा ताँबै। जीउ दीन्ह पहुँचब गालाँबे।
यह चितउर गढ़ सोइ पहारू। सूर उठै धिकि होइ अँगारू।
जौं पै इस्कंदर सरि कीन्ही। समुँद लेउ धँसि जस वै लीन्ही।

(प. 493/2-6)

'केदली बन धावा' और 'समुँद लेउ धँसि' उक्तियों में स्पष्ट विरोधाभास है। गोरखपंथी साधकों के आदर्श स्थान कदलीबन अथवा कजलीबन में सिकन्दर के आगमन की कल्पना जायसी की अपनी है और अंध्यार समुद्र (बह्रे ज़ुलमात) में जलनिमग्न होना मूल प्रकरण में स्वीकृत है। रचनाशील कवि ने दोनों मान्यताओं के योग से इस वर्णन को अधिक सांकेतिक और अर्थगर्भित बना दिया है।

जल मंडल-विजय की अभिलाषा से प्रेरित सिकन्दर के समुद्रतल प्रवेश के प्रसंग सूत्र का विस्तार करते हुए महाकवि ख़ुसरो ने इसमें एक नवीन प्रकरण जोड़ दिया है। वहाँ उसकी भेंट एक व्यक्ति से होती है जो 'मनुष्य के रूप में देवदूत था, मानव नहीं था फिर भी उसकी सूरत आदमी जैसी थी, उसके ओजस्वी सौन्दर्य से आँख हटाना कठिन था और उसकी पावन ज्योति से सर्वत्र प्रकाश फैल रहा था।'[32] ख़ुसरो के इसी वर्णन से प्रेरित होकर सम्भवत: जायसी ने ब्राह्मण रूप धारी समुद्र का चित्रण किया है। कनक बैसाखी लिए, कनक पत्र बाँधे और कनक जड़ाऊ पादुका पहने वह भी स्वर्णाभयुक्त है।[33] ख़ुसरो का यही देवदूत सिकन्दर का पथ प्रदर्शक है और जायसी का विप्ररूपधारी समुद्र रत्नसेन का उद्धारक है। दोनों की क्रियात्मक और रूपात्मक

समानता इस आशंका को पुष्ट करती है कि जायसी द्वारा प्रस्तुत प्रसंग ख़ुसरो की परिकल्पना से प्रेरित है। रत्नसेन और समुद्र का सम्पूर्ण प्रसंग ही सिकन्दर की समुद्रतलीय यात्रा से प्रभावित सा ज्ञात होता है।

'लाल मुँह और बन्दर जैसी सूरत'[34] के प्राणियों के सम्बन्ध में सिकन्दर की जिज्ञासा को शान्त करने के लिए देवदूत कहता है कि 'यह जल मानुस दल है।'[35] ख़ुसरो की यह कल्पना जायसी को अधिक रुचिकर लगी जान पड़ती है और उन्होंने इसका अत्यन्त सार्थक और परिस्थिति अनुकूल उपयोग अपनी रचना में किया है :

तरुन तुरंगम दुऔ चढ़ाए। जल मानुस अगुवा संग लाए। (प. 419/7)
जल मानुस तब बहुरे जब आए जग्रनाथ। (प. 419/9)

जायसी द्वारा वर्णित 'सिंगार जूझि' भी एक ऐसा प्रसंग है जो निज़ामी और ख़ुसरो की रचनाओं से प्रेरित सा ज्ञात होता है। केशरूपी कमंद, भृकुटिरूपी कमान, बरौनी रूपी तीर, नखरूपी भाले से सुसज्जित नायिका विश्वविजेता सिकन्दर के सम्मुख अपने श्रेष्ठतम आयुधों के प्रति गर्वोक्ति करती है, उसे युद्ध के लिए ललकारती है। निज़ामी का प्रासंगिक वर्णन द्रष्टव्य है :

'यह सच है कि विश्वविजेता शाह ने सूर्य और चन्द्र तक की ग्रीवा में अपनी कमंद डाली है (उन्हें पराजित किया है), किन्तु उसी बादशाह की गर्दन में अत्यन्त चाव से डालने के लिए मैंने अलका-कमंद तैयार की है (उसे हरा सकती हूँ)।'[36] और फिर 'उसने खिंची हुई भृकुटि रूपी कमान से बरौनी रूपी तीर इस प्रकार चलाए कि सन्नाह-स्तन से दूध टपक पड़ा।'[37]

आईन-ए-सिकन्दरी की नायिका चीन की राजकुमारी कन्फूवे है। वह पुरुष वेष में सिकन्दर जैसे सेनानायक से युद्ध करती है और उसके छक्के छुड़ा देती है। उसकी वीरता तो सिकन्दर को प्रभावित करती ही है किन्तु बन्दी होने पर उसकी वास्तविक परिचय-प्राप्ति पर वह आसक्त भी हो जाता है। भेंट होने पर ख़ुसरो की नायिका ने भी अपने नारी-अंगरूपी हथियारों से विजेता को पराजित करने की धमकी दी है।[38]

गौना आई हुई बादल की पत्नी के सन्दर्भ में जायसी ने इसी प्रसंग का वर्णन किया है। रुधिर से लाल सीमान्त रूपी तलवार, भौंरूपी धनुष, नेत्ररूपी बाण, काजल रेखा रूपी प्रत्यंचा, अलकरूपी फंदवार, और नुकीले नखरूपी सेल-भाले आदि हथियारों से सुसज्जित होकर सम्मुख खड़े योद्धा को अपने आक्रमण से सावधान करती है।[39] वह भी अलक-फाँस द्वारा बादल को वशीभूत करने की अपनी क्षमता को प्रदर्शित करती है :

अलक फाँस गियँ मेलि असूझा। अधर अधर सौं चाहै जूझा।
कुंभस्थल दुइ कुच मैमंता। पेलौं सौहँ सँभारहु कंता। (प. 619/6-7)

श्रृंगार–संग्राम का चित्रण निज़ामी, ख़ुसरो, जायसी तीनों कवियों ने किया है किन्तु हिन्दी रचनाकार और फ़ारसी कलाकारों की वर्णन शैली का भेद स्पष्ट है। निज़ामी और ख़ुसरो के यहाँ रूप–सौन्दर्य का दर्प और अजित को पराजित करने की आकांक्षा आभासित होती है जबकि जायसी के वर्णन से विरह–दल दमन की याचना, विरहानल के शमन की प्रार्थना और आत्म–समर्पण की भावना व्यंजित होती है :

कोप सँघारहु बिरह दल टूटि होइ दुइ आध।
पहिलें मोहि संग्राम कै करौ जूझ कै साध।

(प. 619/8–9)

चन्द्र और सूर्य का प्रतीकार्थ उपयोग जायसी ने प्रचुर मात्रा में किया है। फ़ारसी साहित्यिक परम्परा में भी माह (चन्द्र) प्रिया और ख़ुरशीद (सूर्य) प्रियतम के बोध शब्द हैं। दवल रानी–ख़िज्र ख़ाँ नामक अपनी मसनवी में ख़ुसरो दोनों प्रेमियों के मिलन का चित्र उपस्थित करते हैं : 'चन्द्र से सूर्य की आँख चार होते ही दोनों विमोहवश देश–काल की दूरी से विमुग्ध हो गए।'[40] आईन–ए–सिकन्दरी में भी सिकन्दर को रोमी मान और राजकुमारी को चीनी चन्द्रमा कहकर उन्होंने इसी प्रतीक विधान का निर्वाह किया है।[41] जायसी के वर्णन का यह प्रकरण भी सम्भवत: ख़ुसरो की रचना शैली से प्रभावित है। रत्नसेन–पद्मावती विवाह के चित्रण में इस प्रतीक विधान का निर्वाह द्रष्टव्य है :

चाँद के हाथ दीन्हि जैमाला। चाँद आनि सुरुज गियँ घाला।
सुरुज लीन्हि चाँद पहिराईं। हार नखत तरइन्ह सिउँ पाईं।

(प. 286/2–3)

'भान देख ससि बदन मलीनी' (प. 430/2) और 'सुरुज हँसा ससि रोई डफारा' (प. 430/4) आदि पंक्तियों में भानु–शशि का भी प्रतीकात्मक उपयोग जायसी ने किया है।

जायसी ने ठेठ बोलचाल के अनगढ़ शब्दों को अर्थोत्कर्ष के उस चरम बिन्दु तक पहुँचा दिया है जहाँ गूढ़तम और सूक्ष्मतम भावों की सहज अभिव्यक्ति में वे सक्षम्य हैं। उनकी काव्य भाषा नवीन और पारम्परिक प्रतीकों से सम्पन्न है। नवीन शब्द वे हैं जिन्हें उन्होंने फ़ारसी जैसी अन्य भाषाओं से अपनाया है अथवा स्वयं उनकी सृजना की है। परम्परागत वे हैं जो उन्होंने भारतीय वाङ्मय अथवा लोक परम्परा से ग्रहण की हैं। फ़ारसी साहित्य में 'ताक' (दाख) वासना का प्रतीक है। ताक और दाख समानार्थक भी हैं और उनकी मात्राएँ भी समान हैं। फिर भी जायसी ने वासनाजन्य प्रेम के प्रतीक के रूप में दाख के स्थान पर महुवा का ही उपयोग किया है। कुछ बातों में दोनों समानधर्मी हैं। जाड़ों में दोनों निपात होते हैं और दोनों से सुरा सुलभ होती

है। इसी गुण साम्य के आधार पर पद्मावतकार ने महुवा को ताक का पर्याय बना दिया है। महुवे के निपात होने और उसके फूलों के चूने का अत्यन्त रसात्मक चित्रण जायसी ने किया है :

पात बिछोव रूख जौं फूला। सो महुवा रोवै अस भूला।
टपकै महुव आँसु तस परई। होइ महुवा रोवै बसन्त जेउँ झरई।

(प. 201/5-6)

महाकवि सादी की बहुउद्धरित पंक्ति *'कै नशीनद ब: ज़ेरे साय: ताक'* (दाख-बेलि की छाया में कौन विश्राम करता है) के अत्यन्त रोचक अनुवाद द्वारा जायसी ने हिन्दी काव्य को समृद्ध किया है :

कत बैठे महुआ की छाँहा (प. 154/3)

प्रेमसुरा की उन्मादकता और महुवा-मधु की भ्रामकता के भेद को निम्न पंक्तियों में महाकवि ने प्रकट किया है :

जो तेहि पिअै सो भाँवरि लेई। सीस फिरै पँथ पैगु न देई।
पेम सुरा जेहि के जिय माहाँ। कत बैठे महुआ की छाहाँ।
गुरु के पास दाख रस रसा। बैरि बबूर मारि मन कसा।

(प. 154/2-4)

'महुवा' के इस चमत्कारी उपयोग पर निश्चय ही फ़ारसी के ताक की प्रतिच्छाया परिलक्षित होती है। शब्द-भेद होते हुए भी दोनों में अद्‌भुत भावात्मक एकता है। 'भई सांति हिय साध जुड़ानी' की साधना में रत नारी-पुरुष की मधुमय समाधि, तन-तृषा की तृप्ति और मनरंजन की स्थिति, और मानव की नैसर्गिक उत्कंठा की पूर्ति के क्षणों का वर्णमय चित्र उपस्थित करना सरल नहीं है। 'परिरम्भण, मुख चुंबन, कच, कुच नेबी परसन' जैसे अरोचक और कामशास्त्रीय चित्रण द्वारा इस प्रसंग के साथ न्याय नहीं किया जा सकता। इसके लिए आत्मसंयम और इन्द्रिय निग्रह परम आवश्यक गुण हैं। डॉ. श्याम मनोहर पांडेय[42] की मान्यता के विपरीत फ़ारसी के सभी मसनवीकारों ने दो प्राणियों की मुग्धावस्था और समर्पण की सुन्दर बेला में आत्मविस्मृति के चित्र अपनी रचनाओं में अंकित किए हैं। फ़िरदौसी ने रूदाबा-ज़ाल और रुस्तम-तहमीने के प्रथम समागम का चित्रण किया है। परन्तु इस प्रसंग को साहित्यिक परम्परा का आवश्यक अंग बनाने का श्रेय निज़ामी को है। इन्हीं से ख़ुसरो, जामी, फ़ैजी आदि कवियों के वर्णन प्रभावित हैं। जहाँ तक इस प्रसंग का सम्बन्ध है जायसी ने इन्हीं रचनाकारों की वर्णन शैली का अनुसरण

किया है। मोती में लाल का गुंथन और हीरे की नोक से मोती भेदन आदि उक्तियों तक ही इन कवियों का वर्णन चमत्कार सीमित है। थोड़े हेर-फेर से जायसी ने इन्हीं उक्तियों को अपने वर्णन में स्थान दिया है :

कंचन करी चढ़ी नग जोती। बरमा सौं बेधा जनु मोती। (प. 316/5)

'कुसुममाल', 'चम्पा डार ओनाई', 'भ्रमर द्वारा कली बेधन', 'अर्जुन द्वारा राहु हनन' आदि उक्तियाँ जायसी की अपनी मौलिक कल्पना का फल हैं। परन्तु इस प्रसंग में जिस सत्यानुभूति और यथार्थ दृष्टि का परिचय मंझन की रचना में प्राप्य है वह अन्यत्र दुर्लभ है। उनकी प्रासंगिक उक्तियाँ और वर्णन शैली दोनों ही मौलिक हैं। इस मैदान में जायसी को ही नहीं फ़ारसी के मूर्द्धन्य कवियों को भी मंझन बहुत पीछे छोड़ गए हैं।

दल्क़ नीस्त गुदड़ी

काग और ज़ाग समानार्थक शब्द भी हैं और दोनों की मात्राएँ भी बराबर हैं। हमारी परम्परा में काग सन्देशवाहक है। कभी मुँडेर पर बैठकर बिछड़े प्रियतम के आगमन की वह सूचना देता है और कभी विरह-दग्ध गोरी का सन्देश किसी साँवरिया को पहुँचाता है। वह आदरणीय है और इसीलिए उसे श्राद्ध का भोजन खिलाया जाता है, कागभुसुंडि के समान वह सयाना और ज्ञानी है। 'जहाँ न कोइ सँदेसी कागा' (प. 404/1) और 'फिर फिर करहिं पराव सँदेशा' (539/6) आदि उक्तियों द्वारा जायसी ने देसी परम्परा का निर्वाह किया है। परन्तु फ़ारसी परम्परा में कौवा छली, धूर्त, बार-बार उड़ाए जाने पर उसी स्थान पर आकर बैठने के कारण निर्लज्ज और ढीठ है। अपने काले वर्ण के कारण भी यह घृणा का पात्र है। जायसी की रचना में काग सम्बन्धी फ़ारसी मान्यताओं की गुंजार भी स्पष्टत: सुनाई पड़ती है।

निज़ामी को अपने श्वेत केश ऐसे लगे जैसे 'कौवे के परों पर बर्फ़ की वर्षा हो गई हो।'[43] इस भाव की अभिव्यक्ति के लिए वर्ण साम्य के आधार पर जायसी ने भ्रमर को अपना माध्यम बनाया है :

भँवर गएउ केसन्ह दै भुवा (प. 653/6)

ख़ुसरो ने लिखा कि 'काले जंगली कौवों ने श्वेत वर्ण धारण कर लिया है।'[44] जायसी ने इसी भाव को अधिक रोचक बना दिया है :

कत बग सेत होत ओइ स्यामा (प. 539/5)
करहिं न आपन उजियर केसा (प. 539/5)

कौवे की छलछन्द की वृत्ति और उसकी ढिठाई विषयक चित्रण में ख़ुसरो की छाप जायसी के वर्णन में स्पष्टत: झलकती है :

अबहूँ तेहि सर सौहँ न होहीं। देखहिं धनुक चलहिं फिरि ओहीं।
तिन्ह कागन्ह कै कौनु बसीठी। जो मुख फेरि चलहिं दै पीठी।

(प. 539/3-4)

जायसी ने अपने कथानक को गति प्रदान करने के निमित्त राज पंखी को भी माध्यम बनाया है। राक्षसीय कुचाल से रत्नसेन को मुक्त कराने वाला यही पक्षी है और यही कथा के दिशा निर्धारण में सहायक है :

तेतखन राजपंखि एक आवा। सिखर टूट तस उहन डोलावा।
परा दिस्टि वह राकस खोटा। ताकेसि जैस हस्ति बड़ मोटा।
आइ ओहि राकस पर टूटा। गहि लै उड़ा भँवर जल छूटा।

(प. 396/3-5)

जायसी का राजपक्षी इब्ने बतूता (तुग़लक़ कालीन) द्वारा उल्लिखित शाहरुख़ पक्षी ही है। पूर्व एशिया की यात्रा करते समय उसे ऐसा ही एक पर्वताकार पक्षी दिखाई पड़ा था जो एक बड़े जहाज़ को अपनी चोंच में दबाकर आकाश की ओर उड़ गया था। इस प्रसंग में इब्ने बतूता से ही जायसी प्रेरित लगते हैं क्योंकि राजपंखि शाहरुख़ का हिन्दी रूपान्तर मात्र प्रतीत होता है।

भ्रमर-केतकी, दीपक-पतंग, मरजिया-समुद्र, दिया-बाती, सीप स्वाति, चातक-मेघ, सारस, युग्म, चकवा-चकई, चन्द्र-चकोर, सूर्य-कमल, पिंजर परेवा सभी को जायसी ने अपनी प्रेमव्यंजना का माध्यम बनाया है। प्रेमनिष्ठा, एकाग्रता और आत्माहुति के द्योतन के लिए साहित्य परम्परा से प्राप्त यही माध्यम उन्हें उपलब्ध थे। परन्तु उनकी प्रेमव्यंजना की गरुता, गम्भीरता और उसके चरम बिन्दु को मूर्त करने में ये अपूर्ण थे। मंसूर का साहस और सती का आत्मोत्सर्ग ही जायसी के प्रेमपथिक का आदर्श है, उन्हीं की गति प्राप्त करने के लिए वह साधनारत है। जायसी के पूर्व कबीर ने भी शूर और सती को दुर्गम्य प्रेम प्रतीक के रूप में उपयुक्त किया है। उनसे भी बहुत पहले भारतीय फ़ारसी कवियों ने अपनी मानसधारा को प्रवाहित करने में इनकी सहायता ले चुके थे। ख़ुसरो जैसे महाकवि की रचनाओं में सती भाव अत्यन्त सराहनीय और वन्दनीय है। सुदृढ़ प्रेम और स्नेह पराकाष्ठा की जीवित मूर्ति—भारतीय नारी—के प्रति इस व्यसन गायक कवि ने अपनी श्रद्धांजलि समर्पित की है। सती प्रथा से सम्बद्ध क्रूरता, मानवीय दारुण दाह के विवेचनात्मक चित्र इन रचनाओं में कदापि नहीं मिलते। इसके सामाजिक औचित्य के सम्बन्ध में भी यह भावुक कवि मौन धारण किए हैं। केवल इसके प्रेम मूल्य पक्ष को ही इनकी रचनाओं में प्रश्रय मिला है। इस प्रथा द्वारा जनित उच्च प्रेमादर्श

ही उनकी भावधारा का अंग बन सका है। इस्लामी अनुशासन की दृष्टि में यह प्रथा आत्महत्या मात्र है और जो धर्मशास्त्र के नियमों के प्रतिकूल है। इस निषेधात्मकता के प्रति ख़ुसरो दुख प्रकट करते हैं क्योंकि इसे वह प्रेमादर्श के रूप में शिरोधार करने के इच्छुक हैं। वह सती को प्रेम-साधनारत साधक के लिए पथ प्रदर्शक स्वीकार करते हैं। उसकी निष्ठा, एकाग्रता और अनन्यता के वह प्रचारक कवि हैं।

सती और समंद (आतिश जान) नितान्त गुण साम्य हैं। प्रेमाग्निदाह में दोनों का ही जीवन है, भस्म होकर ही दोनों अमर हैं। इसी कारण इस काल्पनिक पक्षी से भी उन कवियों का रागात्मक सम्बन्ध है। सती के समान समंद भी 'जल मरने का साज सहर्ष आप ही सजाता है।'[45] ख़ुसरो की इसी भावधारा की प्रेरणा से 'ककनूँ पंखि जैस सर साजा' का सृजन सम्भव हुआ है। जायसी की इस पंक्ति में ख़ुसरो द्वारा उपयुक्त 'साज़' शब्द भी सुरक्षित है। आश्चर्य इस बात पर है कि सर-रचना-साधना की अभिव्यक्ति का सर्वाधिक शक्तिशाली माध्यम उपलब्ध होते हुए भी जायसी उसके प्रति अधिक आकृष्ट नहीं हुए। ऐसा प्रतीत होता है कि उनकी मानसिकी का अभिन्न अंग यह बन ही नहीं पाया और इसीलिए उन्होंने केवल एक ही बार यथावसर इसका उपयोग अपनी रचना में किया है।

कुछ बहुमूल्य तथा दुर्लभ वस्तुओं का प्रसंग 'पद्मावत' में तीन बार चित्रित हुआ है। वस्तुतः क्या वे अत्यन्त अद्भुत और अप्राप्य हैं भी? क्या एक भूपति के वैभव वर्धन में किसी प्रकार ये सहायक हैं? हमारे विचार में ऐसा कदापि नहीं है। अधिक से अधिक इनकी गुणात्मक महत्ता ही स्वीकार की जा सकती है। हंस नीर-क्षीर न्याय के लिए प्रसिद्ध है, अमृत विषनाशक है, पारस स्पर्शमात्र से मूल्यविहीन को मूल्यवान बना देता है, पक्षियों में सोनहा और जन्तुओं में शार्दूल की हिंसक वृत्ति, आखेट निपुणता, दूसरों को पदाक्रान्त करने का कौशल, चुस्ती, चालाकी प्रसिद्ध है।[46] किसी भी राजनेता के व्यक्तित्व में इन गुणों का समावेश आवश्यक है।

अतः इन्हीं गुणों का मूल्य है और वस्तुएँ नगण्य हैं। नीति शिक्षक और संकट विमोचक रूपी समुद्र द्वारा इन वस्तुओं का उपहार समीचीन है। परन्तु अलाउद्दीन द्वारा इनकी उपलब्धि की आकांक्षा, विनाश तथा रक्तपात की विभीषिका का औचित्य संदिग्ध है। जायसी की दृष्टि में इनकी महत्ता अतुल्य है क्योंकि सिकन्दर भी इनसे वंचित है—'इस्कंदर नहिं पाएउ जौं रे समुँद धँसि लीन्ह।' फिर भी पुहुमिपति अलाउद्दीन के मन में इनके प्रति अभूतपूर्व जिज्ञासा जाग्रत करने और इनकी प्राप्ति के हेतु अष्टवर्षीय अभियान के लिए प्रेरित करने की योग्यता इनमें कदापि नहीं है। 'सिकन्दरनामा' के रचयिता निज़ामी ने भी युद्ध-सन्धि के प्रसंग में कुछ इसी प्रकार के उपहारों की कल्पना की है। सिकन्दर को भी हिन्दी की ओर से चार वस्तुएँ भेंट की गई हैं—सूर्य और शशि से अधिक कान्तिमय कान्ता, असली लाल का प्याला जो कभी भी सुरारिक्त नहीं होता, दार्शनिक जो अवनि-अम्बर का द्रष्टा है, निपुण वैद्य जो प्रत्येक रोग का उपचारक

है। निश्चय ही इन उपहारों का भी गुणात्मक मूल्य ही है। जायसी ने सम्भवत: इस वर्णन प्रसंग की प्रेरणा निज़ामी से ग्रहण की है किन्तु उनकी गुणग्राही उद्भावना-प्रवण प्रतिभा ने इसे अधिक सार्थक रूप प्रदान करके जीवन-मूल्यों के रूप में प्रस्तुत किया है।

फ़ारसी रचनाओं में वर्णित अनेकानेक वर्णन प्रसंगों को जायसी ने 'पद्मावत' में समाविष्ट करके उसकी रोचकता और गरिमा में वृद्धि अवश्य की है, किन्तु इस समन्वयात्मक रचना प्रक्रिया में अन्धानुसरण लेशमात्र भी नहीं है। फ़ारसी कवियों में अधिकांशत: घटनाओं के वर्णन की प्रवृत्ति दृष्टिगोचर होती है जबकि इन्हीं कथा-प्रसंगों में जायसी की वृत्ति घटनाओं के भावात्मक विकास में रमती दिखाई पड़ती है। घटनाचक्र के बाह्योन्मुख तथ्य उन्हें अधिक रुचिकर नहीं हैं, इसीलिए इनके सांगोपांग चित्रण की ओर इनका ध्यान अधिक नहीं है। वह मूल्यत: घटनाओं द्वारा जनित संवेदनाओं और जीवन-मूल्यों के द्रष्टा हैं। उन्हीं का रागात्मक और रसात्मक चित्रांकन ही उनकी कला का मूलाधार है।

फ़ारसी पदों का अनुकलन

'पद्मावत' में फ़ारसी पदावली का प्रतिबिम्ब प्रभूत मात्र में है। पर्याप्त मात्रा में जायसी की पंक्तियाँ उद्धृत की जा सकती हैं जिनमें शब्द हिन्दी के हैं किन्तु उनकी भावधारा, वाक्य-विन्यास फ़ारसी जैसे हैं। इस बात के प्रमाण के लिए कतिपय उदाहरण ही यथेष्ट हैं :

फ़ारसी पदावली	**जायसी पदावली**
ज़ सख़्ती कि ज़दबर सरश गुर्ज़रा (उसने बलपूर्वक उसके सिर पर गुर्ज़ मारा) बर उफ़ताद तपे लरज़ा अलबुर्ज़रा (इस मार की गर्मी से अलबुर्ज़ पर्वत भी काँप उठा) सरो गर्दनो सीन: ओ पावो दस्त (सिर, गर्दन, वक्षस्थल, हाथ और पाँव को काटते हुए) ज़ सर ता क़दम ख़ुर्द व दरहम शिकस्त सर से पाँव तक काटता चला गया और उसे दो टुकड़े कर दिया) —(निज़ामी)	कोपि गुरुज मेलेस तस बाजा। जनहुँ परी परबत सिर गाजा। ठाठर टूट-टूट सिर तासू। सिउँ सुमेरु जनु टूट अकासू। (प. 637/2-3) टूटहिं कंध कबंध निनारे (633/5)

दर आमद ब: शमशीर बाज़ी चू बर्क़ (उसने ऐसी तलवार चलाई जैसे चपला चमक गई हो।) —(निज़ामी)	खरग जो बीज अस बाजे, (प. 518/4)
दू दे दिल बताँ रा ज़ाग कर्दी (विरह तपित हृदय से निकले धुएँ से सारे पक्षी काग के समान काले हो गए) ज़ दम बर राने-गोराँ दाग़ कर्दी (विरहानल के धुएँ से ज़ेबरा की रान पर काले दाग़ पड़ गए) —(ख़ुसरो)	भँवर पतंग जरे औ नागा। कोइल भुँजइल और सब कागा। (प. 370/6) जनहुँ सरागिनि होइ होइ लागे। सब बन दागि सिंघ बन दागे (प. 200/3)
चिराग़े कि ता ऊ नैफ़रदख़्त नूर (हे ईश्वर तूने एक दीप जलाया जिससे चारों ओर प्रकाश फैल गया) ज़ चश्मे जहाँ रौशनी बूद दूर (अन्यथा जगत के नेत्रों से प्रकाश समाप्त हो गया था)—(निज़ामी)	दीपक लेसि जगत का दीन्हा। भा निरमल जग मारग चीन्हा (प. 11/3)
सिकंदर शिकोहे कि दर जुमला साज़ (सिकंदर शाही वैभव की सकल सामग्री उसे उपलब्ध थी)—(निज़ामी)	तहाँ लगि राज खरग बर लीन्हा। इस्कंदर जुलकराँ जो कीन्हा। (प. 13/5)
ब: मुह्र सुलेमानी अफ़रोख़्ता (हज़रत सुलेमान की अँगूठी उसके पास थी)—(निज़ामी)	हाथ सुलेमाँ केरि अँगूठी (प. 13/6)
ख़ुदाया! जहाँ बादशाही तुरास्त (हे ईश्वर! संसार का राजा तू ही है) —(निज़ामी)	धनपति उहइ जेहिक संसारू। (प. 5/1) — आदि सोइ बरनौं बड़ राजा। आदिहुँ अन्त राज जेहि छाजा (प. 6/1)

न पीले नेहद बर पुश्ते मौर (चींटी की पीठ पर हाथी पाँव नहीं रखता) —(ख़ुसरो)	चाँटहि चलत न दुखवइ कोइ (प. 15/1)
—अज़्मे दीदारे तू दारद जाँ बर लब आमदः (तेरे दर्शन की अभिलाषा है और होंठों पर दम है) —बाज़ गर्दद या बर आयद चीस्त फ़रमाने शुमार (जान निकल जाए या रुकी रहे, तुम्हारा आदेश क्या है) —(रूमी)	पाती लिखि सौ पठाइ लिखा सबै दुख रोइ। दहुँ जिउ रहै कि निसरै काह रजाएसु होइ। (प. 229/8-9)
फ़र्स रा रुख़ अफ़गंद दर वक़्ते शोर फ़गंदा रुख़श पील रा वक़्ते ज़ोर (शतरंज में घोड़े पर रुख़ (पैदल) और हाथी पर घोड़ा विजयी होता है। इसीलिए जब चालें चली जाने लगीं तो रुख़ ने घोड़े को मारा। हाथी सामने पड़ा तो उसे भी मार दिया)—(निज़ामी)	धोरा दै फ़रज़ी बँद लावा। जेहि मोहरा रुख़ चहै, सो पावा। राजा फील देइ सह माँगा। सह दै साहि फ़रज़ी दिग खाँगा। (प. 567/6-7)
बः नामे जहाँ दारे जाँ आफ़री। हकीमे सुख़ने दर ज़बाँ आफ़रीं। (उस विधाता के नाम से आरंभ करता हूँ जो प्राणदाता है और जो जिह्वा को भाषण शक्ति देता है)—(सादी)	पहिले नाँव दैउ कर लीन्हा। जेइ जिउ दीन्ह बोल मुख दीन्हा। (आ.क. 1/1) सँवरौं आदि एक करतारू। जेइ जिउ दीन्ह कीन्ह संसारू। (प. 1/1)
अगर जौरे शिकम नेस्ती हेच मुर्ग़ दर दामे सैयाद नेयफ़तादी बलि सैयद ख़ुद दाम न नेहादी (गुलिस्ताँ-सादी) (यदि पेट की विवशता न होती तो चिड़ीमार के जाल में पक्षी कदापि न फँसता, बल्कि अहेरी आप भी जाल न बिछाता)	जौं न होत चारा कै आसा। कत चिरिहार दुकत लै लासा।

हरके आमद इमारते नव साख़्त रफ़्त व मंज़िल ब : दीगरे परदाख़्त (सादी) (जो आता है नवनिर्माण करता है। चला जाता है और दूसरों के लिए भवन छोड़ जाता है)	जो आवै गढ़ लागै सोई। थिर होइ रहै न पावै कोई। (प. 522/6) जो आवै सो आपुन्ह कीन्हा। (प. 221/7)
न बुअद आफ़रीनश तो बूदे ख़ुदाय। न बाशाद हमः हम तू बाशी बजाय। (सृष्टि नहीं थी तो ख़ुदा था, यह नाना रूपा जगत नहीं होगा तो भी ख़ुदा होगा) —(अत्तार)	आप अलख पहिले हुत जहाँ। नाँव न ठाँव न मूरति तहाँ। (अखरावट)
आदमी पीर शुद चू हिर्स जवाँ मी गर्दद (आदमी बूढ़ा होता है तो लिप्सा जवान होती है)	तन बुढ़ाइ मन बूढ़ा न होई। बल न रहा लालच जिय सोई। (प. 586/5)
रवाँ ख़ुम्र व चँग अफ़तादः निगूँ। तू गुफ़्ती शुदस्त अज़ बते कुश्ता ख़ूँ। (लाल रंग की मदिरा बह रही है और बत की आकृति का चँग औंधा पड़ा है, तू कहता है कि उस बत का रक्त प्रवाहित है जिसकी गर्दन काट दी गई हो) —(बोस्ताँ—सादी)	बिनु सिर रकत सुराही ढारी। जनहुँ बकत सिर काटि पबारी। (प. 400/4)
बफ़रीद कोस अज़ शह्रयार। जहाँ शुद ज़ बाँगे जरस बेक़रार। (सुलतान का नक़्क़ारा बजा और सकल जग उसकी गूँज से विचलित हो उठा) —(निज़ामी)	डंड धाउ भा इन्द्र सँकाना। डोला मेरु सेस अँगिराना। (प. 495/2)
फ़रस्ताद ता लश्कर अज़ हर द्यार। रवाना शवद बर दरे शह्रयार। ज़ मिस्रो ज़ अफ़रंजः व रूम शाम। न चंदाँकि अज़ गुफ़्तन आयद तमाम। (सैन्यदल प्रत्येक देश से चलकर सुलतान के द्वारा पर पहुँचा, मिस्र,	आइ जोहारि कटक सब लागा (प. 495/7) ख़ुरासान और चला हरेउ। (प. 498/2) रहा न रूम साम सुलतानू। (प. 498/3)

अफ़रंजा, रूम और शाम आदि की वाहिनी आ पहुँची, समस्त देशों का उल्लेख भी नहीं किया जा सकता) —(निज़ामी)	का बरनौं जस उन्ह के थाने। (प. 498/1)
ब शमशीरे पौलाद वतीरे ख़दंग। गुज़रगाह बर मौर कर्दंद तंग। (काले रंग के लोहे की तलवारों और तीरों की वह राशि एकत्रित हुई कि चींटियों के चलने के लिए भी मार्ग न रह गया)	लोहैं सैन सूझ बस कारी। तिल एक कतहुँ न सूझ उधारी। (प. 6131/2)
बजुंबिश दर आमद दो दरियाय ख़ूँ। शुद अज़ मौजे आबश ज़मीं लाला गूँ। (जैसे दो रुधिर धाराएँ तरंगायित हो उठी हों और उनके हिलोर से धरती रक्ताभ हो गई हो) —(फ़िरदौसी)	गरब गयंद गँगन पसीजा। रुहिर जो चुवै धरति सब भीजा। (प. 517/6)
यके लश्कर अंगेख़्त कज़ तर्क व तेग़। फ़रोज़ंदा बर्क़श बरआमद बः मेग़। (लौह वेशधारी सेना के बीच तीर और तलवार इस प्रकार चमक उठीं जैसे काले बादलों से तड़ागा तड़प उठी हो) —(निज़ामी)	सैन मेघ अस दुहुँ दिसि गाजै। खरग जो बीच बीज अस बाजे। (प.518/4)
बरअंगेख़्त रज़्मे चू बादंदः मेग़। तगरश ज़ पैकाँ व बाराँ ज़ तेग़। (रणक्षेत्र में अस्त्र-शस्त्र की ऐसी झड़ी लगी थी जैसे तीरों के ओले गिर रहे हों और तलवारों से वर्षा हो रही हो) —(निज़ामी)	बरसहिं तुपक तीर जस ओला। (प. 526/4) बरिसै सेल आँसु होइ काँदौं। जस बरिसै सावन औ भादौं
कशीदंद ता आस्माँ बारगाह। (आसमान तक उनके तम्बू तन गए) —(ख़ुसरो)	उठि सरवान गँगन लहि छाए— (प. 495/6)

चू दरिया कि बादश दरआरद बः मौज। (सेना ऐसी चली जैसे नदी तरंगायित हो उठी हो) —(ख़ुसरो)	उदधि समुँद जेउँ लहरैं देखें (प. 522/2)
ज़बरदस्त सोज़ व फ़रोदस्त साज़। (जबर को गिराया और कमज़ोर को उठाया) —(ख़ुसरो)	दूबर बली एक सम राखा। (प. 15/7)
तू कर्दी बुलंद आदमी ज़ादः रा। (तूने आदमी को परवर बनाया) —(ख़ुसरो)	कीन्हेस मानुस दिहिसि बड़ाइ। (प. 3/1)
हम अन्दरे हिंद रायाँ रा रही कर्द। हम अज़ तातार ग़ज़नी रा तही कर्द। (भारत के सभी रायों को उसने अपने अधीन कर लिया और तातार—ग़ज़नी सभी उसके अधीनस्थ हो गए। —(ख़ुसरो)	हेम सेत औ गौर गाजना बंग तिलंग सब लेत! (प. 498/8)
ज़लरज़े ज़मीं ज़ेरे क़ल्बे ग्राँ। दरांदाम गाव आरद गश्त इस्तख़्वाँ। (भीमकाय हाथियों के बोझ से दबकर धरती डाँवाँडोल हो गई और उसे पीठ पर धारण किए हुए गाय के अस्थि-पंजर टूट गए) —(ख़ुसरो)	चलत हस्ति जग काँपा चाँप सेस पतार। कुरुँभ लिहें हुत धरती बैठ गएउ गज भार। (प. 497/8-9)
ग़ुबारे ज़मीं कल्लः बर माह बस्त। (धरा की धूल आकाश पर जाकर विराजमान हो गई) —(ख़ुसरो)	गगन छपान खेह तसि छाई। सुरुज छपा रैनि होइ आई। —(प. 509/7)
दो लश्कर नगोयम कि दो कोहक़ाफ़। (इन दोनों को सेना क्या कहूँ, यह दो क़ाफ़ पर्वत थीं) —(ख़ुसरो)	ओनै आइ दूनौ दर गाजे। (प. 516/4) दुऔ मेरु खिखिंद पहारा। (प. 516/5)

ज़बस पील कि आमद ब: चालश बरूँ। शुद अज़ पाए पीलाँ ज़मीं नील गूँ। (भारी-भरकम हाथियों ने जब धरती-तल पर पाँव रखा तो ज़मीन दब गई और पानी निकल आया) —(निज़ामी)	भा भुँइ चाल चलत गज गानी। जहँ पौ धरहिं उठै तहँ पानी। (प. 497/7)
कि पोशीद: शुद रूये ख़ुर्शीदो माह। (सूर्य और चन्द्र छुप गए) —(निज़ामी)	दिनहि राति असि परी अचाका। भा रबि अस्त चन्द रथ हाँका (प. 510/1-2)
चू अंजुम बर आरास्त लश्कर गहे। कशीद: ब: गर्दूं दरूँ दर गहे। (ऐसा लगता था जैसे आसमान पर चमकने वाले तारे रणक्षेत्र में उतर आए हों) —(निज़ामी)	गगन नखत जस गने न जाहीं। निकसि आइ तस भुँइ न समाहीं) (प. 515/7)
दोस्ताँ रा कुजा कुनी महरूम। तरक: ब दुश्मनाँ नज़र दारी। (मित्रों को वह कब वंचित रखता है, वह तो शत्रुओं का भी ध्यान रखता है) —(सादी)	ताकरि दिस्टि सबहिं उपराहीं। मित्र सत्रु कोइ बिसरइ नाहीं। (प. 5/3)
चूँ परवीं ब: मेहमाने मह आमदंद। (नायिका सखियों सहित ऐसी प्रतीत होती थी जैसे तारक सखियाँ राका रानी के घर मेहमान आई हों) —(ख़ुसरो)	चाँद नहाइ पैठ लिए तारा। (प. 62/6) जैसे चाँद गोहने सब तारा। (प. 203/4)
शुद अनाँ रेज़ी नेज: हाए बिस्यारा बिस्यार। (भालों की अधिकाधिक वर्षा होने लगी) —(निज़ामी)	भै बगमेल सैल घँघोरा। (प. 632/1)

सक़्फ़े गर्दूं कोचनीं दायम बूद। तज़ तनाब दरीसने क़ायम बूद। (बिना टेक और खंबे के उसने सप्त आकाश को स्थिर कर रखा है) —(मौलाना रूम)	गगन अंतरिख राखा बाज खंभ बिनु (प. 2/9)
अज़ाँ शेरे दिल तर सवारे दिगर। दर आमद बः पुरख़ाश चूँ शेरे नर। (इसके पश्चात् शेर से भी अधिक बहादुर सवार आया और नर शेर केसमान युद्ध करने लगा) —(निज़ामी)	कहि कै गरजि सिंघ अस धावा। सरजा सारदूर पहँ आवा। (शिरज: (तुर्की) = सिंध) —(प. 336/2)
मन तू शुदम तू मन शुदी (मैं तू हुआ और तू मैं हो गई।) —(ख़ुसरो)	वह भा कथा जीव तुम्ह भईं (प. 258/4)
चश्मे मा रोशन दिले मा शाद। (प्रिय के आगमन से मेरे नेत्र ज्योतिर्मय हो उठे और चित्त प्रसन्न)	नैनन्ह भीतर पंथ है हिरदै भीतर ठाउँ। (प. 236/9)
हुमायूँ सवारे चूँ ग़ूरन्दःशेर। (ग़ुर्राते सिंह के समान सवार)	गुंजर सिंघ जाइ नहिं टेका। (प. 634/1)
बा हंम : व बे हम : (सब में मिला और सबसे अलग)	ना वह मिला न बेहरा अइस रहा भरपूरी। (प. 8/8)
सिनाँ सरेख़िश्त ख़फ़ताँ शेगाफ़। बरूँ रफ़्त अज़ फ़लक-ए-पुश्त नाफ़। (भाला ख़ुफ़्तानु (लौह वस्त्र) को भेदता हुआ नाभि को चीरता-फाड़ता पीठ के बाहर निकल गया) —(निज़ामी)	मारेसि साँगि पेट महँ धँसी। काढ़ेसि हुमुकि आँति भुँइ खसी। (प. 635/7)

इज़्ज़ो मन तशाओ ज़िल्लो मन तशा (ईश्वर जिसे चाहता है सम्मानित करता है और जिसे चाहता है अपमान का भागी बनाता है)	ओछे पारइ दैय है जीत-पत्र जो देइं। (प. 266/9)
अलमकतूबो निस्फ़-उल-मुलाक़ात (पत्र आधी भेंट के समान हैं) सुलेमाँ शुद बमुल्क देवगीरे (देवगिरि प्रदेश के देव (रामदेव) को सुलेमान के समान वश में कर) —(ख़ुसरो)	आधी भेंट पीतम कै पाती। (प. 234/1) अैसें पंथ न आवै देऊ। चढ़ै सुलेमां मानै सेऊ। (प. 494/3)
चू ज़िन्दः बः आतिशे दरूँ ख़ुश रवद हम अज़ राहे आतिश दर आतिश रवद। (अग्नि ही उसका प्राणदाता है, इसीलिए अग्निदाह उसके लिए सुखदायी है। वे धधकती आग से गुज़रकर आत्मदाह करते हैं) —(ख़ुसरो)	आगि जो जरा आगि पै सूझा। जरत रहै न बुझाएँ बूझा। (प. 494/2) तिन्ह सीतल को राखे जिन्हैं आगि महँ मीचा (प. 502/9) हिन्दुन्ह केर पनिग कर लेखा। दौरे परहिं आगि जहँ देखा। (प. 502/5)
नमुर्द आँ कसे कज़ जहाँ नाम बुर्द। कि मर्दे निको नाम हरगिज़ न मुर्द। (संसार में सुकीर्ति प्राप्त व्यक्ति कभी नहीं मरता) —(ख़ुसरो)	धनि सो पुरुख जस कीरति जासू। फूल मरै पै भरै न बासू। (प. 652/7)

उपर्युक्त कतिपय उदाहरण इस तथ्य के प्रकाशन और प्रमाण के लिए पर्याप्त हैं कि जायसी फ़ारसी साहित्य के मर्मज्ञ पंडित थे। उन्होंने फ़ारसी शब्दों का उपयोग नाममात्र को किया है और वह भी आवश्यकता पड़ने पर। किन्तु फ़ारसी के मुहावरों, समासों, प्रतीकों, रूपकों, उपमानों, अन्तर्कथाओं, प्रसिद्ध मसनवियों के पात्रों और महान फ़ारसी कवियों की परिकल्पनाओं का हिन्दीकृत रूप को अपनी रचना प्रक्रिया में समाहित किया है।

उन्होंने फ़ारसी साहित्य रत्नाकर में ग़ोते लगाए हैं और उसमें निहित माणिक-मुक्ता के योग से हिन्दी को सुसज्जित और समृद्धशाली बनाया है। 'पद्मावत' में क़ुर्आन

की आयतें भी हैं और हज़रत मुहम्मद के प्रवचन भी। ख़ुसरो, निज़ामी आदि मसनवीकारों की रचनाशीलता का प्रचुर प्रभाव भी है, और फ़ारसी पदावली का प्रत्यक्ष आभास भी प्राप्य है। परन्तु यह सब है उनके परिवेश से जुड़ा हुआ, हिन्दी कवि का आत्मसात् किया हुआ। ख़ुसरो की नायिका की 'आह' से ज़ेबरे के शरीर पर धारी पड़ती है तो नागमती की विरह ज्वाला की लपटें सिन्धों के तन को दाग़दार बना देती हैं। फ़ारसी काव्य प्रेमियों को फ़िरदौसी की निम्न पंक्तियों पर अत्यधिक गर्व है। शाहनामाकार ने लिखा है :

मनीज़: मनम दुख़्ते-अफ़्रासियाब
ब्रह्मन: नदीद: तनम आफ़ताब

(मैं एक वैभवशाली सम्राट अफ़्रासियाब की पुत्री हूँ और मेरा नाम मनीज़ है। मैं इतनी पवित्र हूँ कि मेरा नग्न शरीर सूर्य को भी नहीं दिखाई पड़ा)।

परन्तु हिन्दी कवि जायसी ने इसी भाव को अपने परिवेश के अनुकूल बनाकर इस प्रकार छन्दबद्ध किया है कि मार्मिकता और चमत्कार की दृष्टि से फ़िरदौसी का रंग फीका पड़ गया है। इस सन्दर्भ में जायसी की निम्न पंक्ति द्रष्टव्य है :

बेलि जो राखी इन्द्र कहँ पवनहुँ बास न दीन्ह (प. 322/8)

जायसी भक्तों के समान विधाता के सम्मुख गिड़गिड़ाते मिलते हैं और फ़ारसी कवियों के अनुरूप कभी-कभी व्यंग्य बाण भी निर्भीकतापूर्वक चलाते दिखाई देते हैं :

नियाव न कीन्ह कीन्ह ठकुराई। अनकीन्ही लिख दीन्ह बुराई।

'पद्मावत' वह वाटिका है जिसमें फ़ारसी फूलों की सुगंधि और रंग अवश्य है किन्तु यह हिन्दी की सुगंधि और रंग से भिन्न कदापि नहीं है। यही जायसी की अपनी विशेषता भी है और यही उसके रसास्वादन में बाधक भी। धरती और परिवेश से एकात्म हैं, इसीलिए अपनी प्रयोगों में अत्यन्त सफल हैं। इसमें किंचित् मात्र सन्देह नहीं है कि उनकी मूल भावभूमि की रचना स्वर्गारोही अयोध्या नरेश हरिश्चन्द्र (508/6), द्रोणाचार्य-अभिमन्यु (294/1) सत्यवादी हरिश्चन्द्र (160/1), आदिराज पृथु वैन (160), दशरथ-श्रवण कुमार, (362/7; 362/8-9), कान्ह-कंस (263/3), भीम-कुम्भकरण (265/9), सत्स्यावतार और समुद्र से वेदों का उद्धार (149/8-9), नल-दमयन्ती-हंस (255/7), धर्मराज युधिष्ठिर (240/8), इन्द्र-वासुकि (241/5), बररुचि-भोज (91/8), भोज-भानुमती (91/8), इन्द्र अखारा (116/6), संजीवनी बूटी-हनुमान (120/4) लंकादाह-हनुमान, कालिया नाग-कृष्ण, गोपी-कृष्ण, भगीरथी-गंगावतरण, राम-सीता आदि तत्त्वों से हुई है। इसी में फ़ारसी

के रस को मिलाकर एक आकर्षक और नवीन सांस्कृतिक चेतना से उन्होंने हिन्दी काव्य प्रेमी को परिचित कराया है। अपने इस प्रयास के फलस्वरूप वह निश्चय ही समन्वित संस्कृति के समुज्ज्वल प्रतीक हैं, राष्ट्रीय एकता के सशक्त और प्रभावशाली गायक हैं।

सन्दर्भ

1. पद्‌मावत, 100/1–4
2. पद्‌मावत, 100/5
3. वही, 100/7
4. वही, 619/3
5. आईन-ए-सिकन्दरी, अमीर ख़ुसरो (अलीगढ़ संस्करण) पृ. 136–37
6. पद्‌मावत, 619/1–9
7. वही, 616/6–7
8. मध्ययुगीन प्रेमाख्यान, डॉ. श्याम मनोहर पांडेय, पृ. 156–159
9. पद्‌मावत, डॉ. माता प्रसाद गुप्त, पृ. 52
10. मध्ययुगीन प्रेमाख्यान, डॉ. श्याम मनोहर पांडेय, पृ. 34–36
11. पद्‌मावत, 316/5
12. वही, 117/3
13. वही, 484/1
14. वही, 280/5–6
15. पद्‌मावत, 484/8–9
16. जा.ग्रं. आचार्य रामचन्द्र शुक्ल, (षष्ठ संस्करण) पृ. 204
17. स्त्री के गुह्य स्थान के लिए 'हरिणीखुर' की कल्पना अवश्य पुरानी है किन्तु इस पंक्ति में 'खोजू', 'नक़्श' का समानार्थक है 'खुर' का नहीं।
18. ज़ हुर्राए हमला ज़ हुर्राए तेग़ (निज़ामी)
19. हमेशा बाद अज़ मह ताब माही। बग़िल ग़िल नौबत ईं. पादशाही (ख़ुसरो)
20. आईन-ए-सिकन्दरी, ख़ुसरो, अलीगढ़ संस्करण, 1917 ई., पृ. 289 —
    ख़याले दरईं नामा कर्दम निगार।
    कि मानद ज़ मन दर जहाँ यादगार।
21. वही, पृ. 290—
    सज़द गर बुज़ुर्गाने ग़ौहर शिनास।
    सुख़न रा बइंसाफ़ दारंद पास।
    चूज़ीं बुलबुला साफ़ जोशी कुनंद।
    फ़रोमांदा रा ऐबपोशी कुनंद।
22. वही, पृ. 287—
    मगर अज़ तमाशाए ईं बोस्ताँ।
    दरूदेरसद बरमन अज़ दोस्ताँ।

23. पद्मावत, 407-08
24. पद्मावत, 319-20
25. वही, 254
26. वही, 202
27. वही, 59, 187-88
28. वही, 301
29. वही, 378-380
30. वही, 388
31. वही, 388
32. वही, 386
33. आईन-ए-सिकन्दरी, ख़ुसरो, अलीगढ़ संस्करण, 1917, पृ. 246
34. पद्मावत, 409/2-5
35. आईन-ए-सिकन्दरी, ख़ुसरो, अलीगढ़ संस्करण, 1917, पृ. 252—
    हमा बूज़ना सूरत व सुर्ख़ रूए।
36. वही, पृ. 252—ईं. तायफ़ : मर्दुमे आबी अंद कि पोशीदा अज़ ख़िरचे दोलाबी अंद।
37. सिकन्दरनामा, निज़ामी—
    अगर्चे कमंद जहाँगीरे शाह। फ़तादा अस्त मह्न व माह।
    कमंदे मन अज़ ज़ुल्फ़ बर साज़श।
    नर्सम ब गर्दन दर अन्दाज़श।
38. सिकन्दरनामा, निज़ामी—
    कमाने कज़े अब्रू ब मिज़गाने तीर।
    ज़ पिस्ताने जौशन बर आउर्द: शीर।
39. आईन-ए-सिकन्दरी, ख़ुसरो, अलीगढ़ संस्करण, 1917, पृ. 136-137
40. पद्मावत, 619/1-5
41. दवलरानी-ख़िज्र ख़ाँ, ख़ुसरो, अलीगढ़ संस्करण, 1917, पृ. 145—
    शताबाँ चश्म-ए-ख़ुरशीद ओ माह
    न अज़ दूरी न अज़ दौरानी आगह
42. आईन-ए-सिकन्दरी, ख़ुसरो, अलीगढ़ संस्करण, 1917, पृ. 139—
    दिगर रह महे चीन व ख़ुरशीदे
    नशिस्तेद बाहम चू दो नख़ले मोम
43. मध्ययुगीन प्रेमाख्यान, डॉ. श्याम मनोहर पांडेय, पृ. 34-36
44. 'मरा बर्फ़ बारीद बर पर्रे जाग'
45. ख़ज़ायन-ए-फ़तूह, प्रो. मो. हबीब कृत अनुवाद, पृ. 54
46. दवल रानी ख़िज्र ख़ाँ, ख़ुसरो, अलीगढ़ संस्करण, 1917, पृ. 166—
    कि ऊन सोज़िशे ख़्वेश कर्द ख़ुद साज़
47. पद्मावत, 419, 487, 538

अध्याय-पाँच

जायसी का रचना संसार—सांस्कृतिक पैतृकी

जायसी की रचनाओं में प्रकीर्ण कथ्यों को एकत्र करने से ज्ञात होता है कि उनका वर्ण्य-विषय सीमित है, किन्तु वर्णन की विविधता और नित नवीन रोचकोत्पादन क्षमता के कारण विषयगत संकोचिता स्पष्टतः परिलक्षित नहीं होती। उनके कथ्य का विवेचन पहले ही किया जा चुका है। उन्हीं का पेषण जायसी द्वारा रचित समस्त ग्रंथों में समान रूप से प्राप्त है। इस अध्याय में इस काव्य संरचना के उन अवयवों को खोजने का प्रयत्न करेंगे जिनके भोग से महाकवि ने अपना रचना संसार संयोजित किया है। वह धर्मनिष्ठ व्यक्ति थे, अतः सर्वप्रथम उनके विश्वासों पर ही विचार आवश्यक है।

'आकाश के नक्षत्रों और तन के रोम के समान विधाता के अनगिनत मार्ग हैं,[1] किन्तु उनमें मुहम्मदी पंथ अत्यधिक लाभप्रद और महान है।'[2] इसके कर्म, धर्म, नेम, व्रत आदि का एकमात्र स्रोत पुरान (क़ुर्आन) है जो ईश्वर की वाणी है। उसी के आदेशानुसार उभय जगत के प्राणी इसका पाठ करते हैं।[3] इसका संग्रह तृतीय ख़लीफ़ा हज़रत उस्मान द्वारा किया गया था क्योंकि उनके पूर्व इसकी मौखिक परम्परा ही प्रचलित थी :

पुनि उस्मान पंडित बड़ गुनी। लिखा पुरान जो आयत सुनी।[4]

क़ुर्आन पर आधृत इस्लाम धर्म एकेश्वरवादी है और परम सत्ता की द्योतक 99 संज्ञाओं का उल्लेख इसमें हुआ है। निर्गुण, निराकार का बोध नाम से होता है।...गोसाईं,[5] ठाकुर, कर्ता, संहारकर्ता, पालनहार (धरता), सृजनहार,[6] आदि,[7] दैउ,[8] विघना,[9] आदि एक,[10] बड़ राजा,[11] नाथ,[12] बिधि,[13] दई,[14] दयाल[15] आदि वे अभिधान हैं जिनके द्वारा जायसी ने अपने एकेश्वर का रूप निरूपित किया है। कर्ता (कीन्हेसि),[16] दाता (दीन्हेसि)[17] आदि उसी ईश्वर के सामर्थ्य और गुण की बोधक संज्ञाएँ हैं। वह चेतन (अ'लीम), अनन्त (अल-मुहीत), सक्षम (क़ादिर) श्रोता (समी'अ), द्रष्टा (बसीर)

है। वही मुक्तिदाता (रज़्ज़ाक़) है, वही 'आदिहु ते आदि (अज़लु-उल-अज़ाल) है, वही अनादि है, वही महर और क़हरा है।' इन्हीं सर्वशक्तिमान की इन्हीं शक्तियों की चर्चा हमें अनेक बार 'पद्मावत' के पृष्ठों पर अंकित मिलती है। स्तुति विषयक वर्णन में तो उसकी इन विशेषताओं का ही उल्लेख हुआ है। ध्यान देने की बात यह है कि मुसलमानों में मान्यता प्राप्त परमेश्वरीय नामों का प्रयोग जायसी ने नहीं किया। अल्लाह, ख़ुदा, रब आदि जैसे शब्दों से वह अनभिज्ञ से प्रतीत होते हैं। करीम के लिए 'महरा' और क़हहार के लिए (कहरा) संज्ञाओं का प्रयोग द्वारा ईश्वर की मांगलिक सत्ता और उसके रौद्र रूप को जायसी ने 'कहरानामा' में चित्रित किया है। जायसी ने अनेक नामों से अपने ईश्वर का स्मरण किया है किन्तु उसके विधि अथवा विधना नामों का ही उल्लेख उन्होंने अपनी रचनाओं में अधिक किया है।

'जिवन कर बड़ राजा' जायसी का प्रिय रूपक है जिसके द्वारा उन्होंने परमात्मा की निरपेक्ष सत्ता, भव्यता, ऐश्वर्य और उसके द्वारा सृष्टि संचालन की व्यवस्था का निरूपण किया है।

आदम

इस्लामी मान्यता के अनुसार आदमी के आदि पिता आदम हैं। शरीराकृति निर्माण और उसमें आत्मा के प्रतिष्ठान के उपरान्त इन्हें स्वर्गीय आनन्द-भोग का आदेश प्राप्त हुआ। संगिनी के रूप में इन्हीं की बाईं पसुली से माता हौवा की संरचना हुई। दोनों के लिए स्वर्ग के एक विशिष्ट वृक्ष का फल निषिद्ध कर दिया गया था, किन्तु शैतान के बहकाने पर इन्होंने परमेश्वरी आदेश की उपेक्षा करते हुए उसका भक्षण किया और परिणामत: स्वर्ग से इन्हें निष्कासित होना पड़ा। मुसलमानों के मतानुसार गेहूँ ही वह निषिद्ध फल है जिसके खाने की लालसा के कारण यह दुर्घटना हुई। अपने इसी दोष के कारण आदम-हौवा आकाश से धरती पर फेंके गए। तभी से आत्मा अपने मूलस्थान की ओर परावर्तन के लिए व्याकुल है, वह चिर वियोगिनी है। मानव आत्मा की यह विरहाकुलता आदि पिता आदम की करनी का फल है। जायसी ने इसी का रोचक वर्णन 'पद्मावत' में किया है :

आदि पिता जो अहा हमारा। ओहु नहिं यह दिन हिएँ बिचारा।
छोह न कीन्ह निछोहैं ओहूँ। गा हम बेंचि लागि एक गोहूँ।[18]

गुण-अवगुण के लेखा-जोखा के अवसर पर मुहम्मद ने इन्हीं आदम को पिता कहकर सम्बोधित किया है।[19] स्वर्गलोक से निष्कासन और मोहवश गेहूँ खाने के अपराध की ओर उन्होंने अपने उत्तर में संकेत किया है :

होइ बैकुंठ जो आयसु ठेलेउँ। दूत के कहे मुख गोहूँ मेलेउँ।[20]

बैकुंठ से निकाले जाने और धरती पर उनके पदार्पण की घटना का चित्रण जायसी ने 'अखरावट' में सविस्तार किया है :

आदम हौवा कहँ सृजा, लेइ घाला कबिलास।
पुनि तहवाँ तें काढ़ा, नारद के बिसवास।[21]
खाएनि गोहूँ कुमति भुलाने। परे आइ जग महँ पछिताने।[22]

एक दंत कथा के अनुसार बाबा आदम और अम्माँ हौवा लंका स्थित आदम पर्वत पर स्वर्ग से गिराए गए थे। एक-दूसरे से पृथक् होकर दोनों अपने दारुण दुख पर विलाप करते हुए छह मास तक फिरते रहे। दीनबंधु की दयादृष्टि से वियोग की अवधि समाप्त हुई और इन्हीं आदि पुरुष-नारी से उत्पन्न संतति द्वारा संसृति का विस्तार हुआ :

तिन्ह संतति उपराजा भाँतिहि भाँति कुलीन।
हिन्दू तुरुक दुवौ भए अपने अपने दीन।[23]

आदि पिता आदम का यह आदि पापाकर्षण ही उनकी संतति आदमी की घुट्टी में है, इसीलिए स्वभावतः वह पापाचार की ओर आकृष्ट होता है। उसके समस्त विक्षोभ, विषाद और अन्तर्दाह का यही अन्तर्निहित कारण है।

क़ुर्आन में कहा गया है कि विधाता ने मानव को अपने प्रतिनिधि के रूप में पृथ्वी पर नियुक्त किया है और उसी के उपयोग के लिए भोग सामग्री नानारूपा की सृष्टि की है।[24] 'चित्ररेखा' में जायसी ने इसी ईश्वरीय वरदान का चित्रण किया है :

सब पर मानुस सरा गोसाईं।
सबै सरा मानुस कै ताईं।[25]

आदम की संरचना के पश्चात् समस्त देवदूतों को इसी प्रवर सृष्टि के सम्मुख नतमस्तक होने का आदेश ईश्वर ने दिया था :

भइ आयसु यह जग भा दूजा। सब मिलि नवहु करहु एहि पूजा।[26]

समस्त दूतों के नायक, पंडित और ज्ञानी इब्लीस ने ईश्वर के उपर्युक्त आदेश की अवहेलना की क्योंकि आदम को वह निम्नकोटि की सृष्टि समझता था। उनके सृजन में उसका भी योगदान था। आदेशोल्लंघन के अपराध में विधाता के सामीप्य से उसे वंचित होना पड़ा। दंड के रूप में उसे यह दायित्व सौंपा गया है कि वह मानव को कुमार्गगामी बनाने के निमित्त नाना प्रकार के प्रपंच का संयोजन करता रहे। ईश्वर के इसी आदेश का पालन वह उसी समय से कर रहा है। वास्तविक स्थिति यह है कि पापलिप्सा आदम के पुत्र आदमी की जन्मजात मनोवृत्ति है और पुण्य उसका कर्तव्य है, उसका आदर्श है। पाप-पुण्य के बीच अनवरत संघर्ष को ही जीवन

की संज्ञा दी गई है। इब्लीस द्वारा पारमेश्वरीय आदेश के उल्लंघन का चित्रण जायसी काव्य में उपलब्ध है :

आयसु इब्लीस हु जोटारा। नारद होइ नरक महँ पारा।[27]

इब्लीस अपने दायित्व का निर्वाह कुशलतापूर्वक करता रहता है और उसके प्रपंच से मुक्ति दिलाने के लिए, मनुष्य को कर्तव्यनिष्ठ बनाने और मनुष्य के उत्थापन के लिए एक लाख 24 हज़ार[28] पैग़म्बर (सन्देशवाहक) भेजे गए। क़ुर्आन में लिखा है कि विधाता ने विधिवत् जीवन व्यतीत करने के लिए अपने विधान के प्रचारक के रूप में संसार के प्रत्येक क्षेत्र और हर एक जाति में पैग़म्बर भेजे हैं। परन्तु उनमें से कुछ का ही नामोल्लेख क़ुर्आन में हुआ है। इन ज्ञात और अज्ञात पैग़म्बरों के बीच किसी प्रकार का भेदभाव अथवा उनका तिरस्कार मुसलमान के लिए महापाप है। परन्तु व्यवहार में क़ुर्आन की इस शिक्षा का पालन कदापि नहीं होता।[29]

जायसी ने भी कुछ प्रसिद्ध सन्देश वाहकों का ही उल्लेख किया है। आदम तो आदि पिता हैं। मूसा ने ईश्वर से बातें की थीं, फ़िरऔन को परास्त करने के लिए नील नदी पर उन्होंने सेतुबन्ध बाँधा था।[30] तूर पर्वत पर उन्होंने ईश्वर से साक्षात्कार की अभिलाषा की। विद्युत के समान रूप के कौंदे को वह सहन न कर सके और मूर्च्छित हो गए। पर्वत जलकर राख हो गया।[31] ईसा जीवन दान देते हैं, इसीलिए वह 'मसीह' हैं।[32] इब्राहीम को चिता पर जलाया गया और अग्नि फुलवारी हो गई।[33] परन्तु उनके द्वारा अपने पुत्र इस्माइल की बलि से सम्बद्ध घटना का उल्लेख जायसी ने नहीं किया। जलप्लावन की घटना तूफ़ान-ए-नूह के नाम से प्रसिद्ध है। समस्त सृष्टि जल निमग्न हो गई थी और ईश्वर की कृपा से केवल नूह पैग़म्बर एक नौका पर सवार होकर इस दुर्घटना से सुरक्षित रह सके थे।[34] सुलेमान समस्त संस्मृति के अधिपति थे।[35] ख़िज्र, इलियास, इदरीस, अय्यूब, यूसुफ़, याक़ूब आदि पैग़म्बरों से सम्बद्ध अन्तर्कथाओं की जायसी ने उपेक्षा की है। आश्चर्य है कि उन्होंने सिकन्दर की चर्चा की है किन्तु ख़िज्र को विस्मृत कर गए हैं। इन्हीं अन्तर्कथाओं के आधार पर नित नवीन उत्प्रेक्षाओं के निर्माण से फ़ारसी साहित्य अनुरंजित है। परन्तु महाकवि जायसी ने इन अन्तर्कथाओं का उल्लेखमात्र किया है। न तो भाव व्यंजक रूपकों के लिए उन्होंने उपयोगी समझा है और न ही हेतुत्प्रेक्षा की छटा बिखेरते समय इन सशक्त क़ुर्आनी कथाओं ने उनका ध्यान आकृष्ट किया है।

मुहम्मद

इस्लाम धर्म अनन्तकाल से है। वह परमेश्वरीय विधान है जिसमें कालान्तर में प्रक्षेपण होते रहते हैं और उसकी शुद्धता से परिचित कराने के लिए ही प्रत्येक युग में पैग़म्बर आते रहे हैं। इस ईश्वरीय विधान को अन्तिम रूप मुहम्मद ने दिया है, उन्हीं के द्वारा

यह पूर्ण हुआ है। इसी कारण वह अन्तिम पैग़म्बर हैं। सिद्धान्ततः उन्हें इस्लाम धर्म का प्रवर्तक कहना उचित नहीं है, उन्होंने केवल परिशोध करके उसका परिनिश्चित रूप निर्धारित किया है। जायसी के मन में उनके प्रति अगाध श्रद्धा है, प्रगाढ़ आस्था है। अत्यन्त निष्ठाभाव से उन्होंने मुहम्मद की स्तुति 'चित्ररेखा' में की है :

जिन वह नाउँ लीन्ह औ जपा। सो कबिलासी औ बड़ तपा।
जाके हियें पाप होइ जामाँ। निर्मल होइ लेत मुख नामा।
उन ते भया संसार सपूरन, सुनहु बैन अस्थूल।
वे ही सब के अगुवा, हज़रत नबी रसूल।[36]

मुहम्मद उम्मत के बसीठ (पैग़म्बर) हैं और उनके नाम का जाप करने से दोनों जग का निस्तारण होता है। जिसने जन्म में उनका नाम नहीं लिया वह निश्चय ही नरक का भागी बनेगा :

उमति बसीठ दई ओइँ कीन्हे। दोउ जगत तरा नाउँ ओहि लीन्हें।
जेइँ नहिं लीन्ह जरमि सो नाऊँ। ताकहँ कीन्ह नरक महँ ठाऊँ।
गुन अवगुन बिधि पूँछत होइहि लेख अउ जोखा
ओन्ह बिनउब आगे होइ करब जगत कर मोखा[37]

मुहम्मदी धर्म में दीक्षित होने के लिए कलिमा (पाढ़ित) का उच्चारण अनिवार्य है। इसके प्रथम चरण का अर्थ है कि 'कोई अल्लाह नहीं है अल्लाह के अतिरिक्त' और दूसरे चरण में इस तथ्य का उद्घोषणा है कि 'मुहम्मद अल्लाह के बसीठ (रसूल), सन्देशवाहक हैं।' इस पाढ़ित में अल्लाह के पश्चात् द्वितीय स्थान पर मुहम्मद के नाम का स्मरण है। इसी ओर जायसी ने अपनी पंक्ति में संकेत किया है :

दोस रइँ ठाँव दई ओइँ लिखे। भए धरमी जो पाढ़ित सिखे।[38]

सूली पर चढ़ने के लिए तत्पर रत्नसेन द्वारा उच्चारित शब्दों में पाढ़ित के भाव ही ध्वनित हैं :

कहेसि ओहि सँवरौं हर फेरा। मुएँ जिअत आहौं जेहि केरा।
औ सँवरौं पदुमावति रामा। यह जिउ नेवछावरि जेहि नामा।[39]

प्रथम पंक्ति में परमात्मा का सुमिरण है और द्वितीय में 'पदुमावति रामा' के व्याज से मुहम्मद का ही स्मरण किया गया है। पद्मावती नारी और मुहम्मद के एकीकरण के सम्बन्ध में हम उचित स्थल पर विचार करेंगे। यथा प्रसंग पाढ़ित का उच्चारण स्वाभाविक था क्योंकि कलिमा पढ़ते हुए प्राणान्त हो, प्रत्येक मुसलमान इसका अभिलाषी है।

मुहम्मद के जन्म के सम्बन्ध में एक दंतकथा प्रसिद्ध है। उनके पिता अब्दुल्लाह के ललाट पर एक दिव्य दीप्ति विद्यमान थी। उससे वशीभूत होकर अनेक अरबी महिलाएँ उनके प्रति उत्कंठा रखती थीं, उन पर आसक्त थीं। अकस्मात् वह भाल ज्योति लुप्त हो गई और रसूल की माता अमीना का नाभिस्थल ज्योतिर्मय हो उठा। पद्मावती के जन्म प्रसंग विषयक वर्णन में इसी दंतकथा का स्पष्ट आभास प्राप्त है। ऐसा प्रतीत होता है कि मुहम्मद और पद्मावती अभिन्न हों, दोनों का निर्माण एक ही गगन निर्मित ज्योति से हुआ हो :

प्रथम सो जोति गगन निरमई। पुनि सो पिता माथे मनि भईं।
पुनि वह जोति मातु घट आई। तेहि ओदर आदर बहु पाई।
जस औधान पूर होइं तासू। दिन-दिन हिएँ होइ परगासू।
जस अंचल झीन महँ दिया। तस उजिआर देखावै हिया।[40]

हज़रत मुहम्मद को चालीस साल की आयु में रसूलपद प्राप्त हुआ था। परन्तु जन्म से ही उनके व्यक्तित्व में ऐसे लक्षण दिखाई पड़ने लगे थे जिनसे इस भावी नबी का द्योतन होता था। प्राकृतिक नियम के विपरीत उनके देह की छाया नहीं पड़ती थी। उम्मी (निरक्षर) होते हुए वह पंडित और ज्ञानी थे। उनके नबी होने का एक लक्षण यह भी स्वीकृत है कि रसूल होने के पूर्व कुरैश क़बीले की प्रथा के अनुसार उन्होंने कअ'ब: में प्रवेश किया। इसी क़बीले का प्रतिष्ठित सदस्य रसूल का परिवार था और यही लोग इस धर्म स्थान के व्यवस्थापक थे। इस काल में कअ'ब: शत-शत देवमूर्तियों के कारण देवालय बन गया था और अपने संस्थापक हज़रत इब्राहीम द्वारा प्रचारित एकेश्वरवादी उपासना का केन्द्र नहीं रह गया था। रसूल ने जैसे ही इसके अन्दर प्रवेश किया समस्त मूर्तियाँ आप ही आप धराशायी हो गईं, पूजक निष्प्रभ हो गए, अपने देवताओं की शक्ति निष्ठावानों की दृष्टि में सन्देहास्पद हो गई। प्रत्यक्ष मूर्तिमान देवताओं के प्रति अनास्था बढ़ने लगी और मुहम्मद द्वारा प्रचारित अरूप, अनाकार परोक्ष सत्ता पर जनसमुदाय का विश्वास सुदृढ़ होने लगा, जनमत मुहम्मद के पक्ष में प्रबल हो उठा। प्रथानुसार पद्मावती का पूजा के हेतु महादेव मंडप में आगमन और उसके मुख ज्योति पर विमोहित हो महेश साहित समस्त देवताओं की प्राणाहुति के वर्णन और मुहम्मद से सम्बद्ध उक्त दंतकथा में विलक्षण समानता है। पद्मावती को मंडप में प्रविष्ट होते देखकर देवता संशयग्रस्त हो गए। उन्हें भाग निकलने का मार्ग भी नहीं सूझ रहा था क्योंकि चारों ओर से मंडप पद्मावती और उसकी सखियों द्वारा घिरा हुआ था :

देवहि संसौ भा जिय केरा। भागौं केहि दिसि मँडप घेरा।[41]

पद्मावती ने नमन, पूजन और वन्दन के पश्चात् वरदान की इच्छा प्रकट की। परन्तु उत्तर में उसे एक दिव्य-शब्द गुंजारित होता सुनाई पड़ा—'और देवताओं की

बात ही क्या, महेश भी मर गए हैं, फिर उत्तर कौन दे।' जायसी ने पद्मावती के इस चरित का सविस्तार वर्णन किया है :

उतर को देइ देव मरि गएऊ। सबद अकूट मँडप महँ भएऊ।
काटि पबारा जैस परेवा। गर भा ईस औरु को देवा।
भए बिनु जिउ नखत औ ओझा। बिखि भइ पूरिकाल भा गोझा।
जो देखैं जनु बिसहर डँसा। देखि चरित पदुमावति हँसा।[42]

पद्मावती के महादेवगढ़ की ओर आते समय सकल देवता उसे देखने की अभिलाषा से आतुर हो उठे और उसके दर्शन के पुण्य से उनकी दृष्टि के पाप विनष्ट हो गए।[43] परन्तु उसने जब सिंघलगढ़ (कबिलास) की ओर प्रस्थान किया तो महाबली देवता बलि हो चुके थे :

भए बलि सबै देवता बली। हत्यारिनि हत्या लै चली।[44]

किस प्रकार यह ज्योति बिजुली बनकर देवताओं पर गिरी और किस प्रकार इस प्रकाश से वे भ्रमित हो उठे, देवमुख से ही सुनने पर यह वृत्तान्त विश्वसनीय और सजीव हो उठता है :

देव कहा सुनु बौरें राजा। देवहिं अगुमन मारा गाजा।
पदुमावति राजा कै बारी। आइ सखिन्ह सिउँ मंडप उघारी
जैसे चाँद सब गोहने सब तारा। परेउँ फुलाइ देखि उजियारा।
चमके दसन बीज की नाईं। नैन चक्र जमकाति भवाईं।
हौं तेहि दीप पतंग होइ परा। जिउ जम गहा सरग लै घरा।[45]

कअ'ब: में स्थित देवता जिस प्रकार अपने पुजारियों की आस्था खो बैठे थे, ठीक उसी तरह महादेव मंडप में स्थापित देव मूर्तियों के प्रति अश्रद्धा उत्पन्न हो गई। देवताओं की यह दुर्दशा देखकर पूजक रत्नसेन निन्दक बन गया। आस्था और निष्ठा के पुष्प जिनके कर कमलों में अर्पित कर चुका था, जिनके समक्ष वरदान माँगने के लिए नतमस्तक हुआ था, उन्हीं देवताओं को 'मलिछ' और 'बिसवासी' कहकर सम्बोधित करने लगा :

अरे मलिछ बिसवासी देवा। कत मैं आइ कीन्हि तोरि सेवा।
आपनि नाउ चढ़ै जो देई। सो तै पार उतारै खेई।
सुफल लागि पग टेकेउँ तोरा। सुवा का सेंवर तूँ भा मोरा।
पाहन चढ़ि जो चहै भा पारा। सो ऐसैं बूड़ै मँझधारा।
पाहन सेवाँ काह पसीजा। जरम न पलुहै जो नित भीजा।
बाउर सोइ जो पाहन पूजा। सकति कि भार लेइ सिर दूजा।[46]

जो देवता स्वयं अपनी रक्षा न कर सकते हों उनके द्वारा प्राप्त संरक्षण के वरदान पर कैसे विश्वास किया जा सकता है, जो आप ही इच्छाग्रस्त हों वे अपने उपासकों की इच्छापूर्ति किस प्रकार कर सकते हैं, जो वैद्य ही रुग्ण हो वह अन्य का उपचार कैसे कर सकता है। अरब के मूर्तिपूजकों के समान ही जोगी रत्नसेन के मन में भी यही प्रश्न उठे। उसको भी जीवन-मरण के नियामक एक 'देव निरासा' की शरण प्राप्त हुई। यह देवता आशा और निराशा से परे है इसीलिए 'निरास' है, उस पर सब निर्भर हैं, वह किसी पर आश्रित नहीं है, वह सर्वशक्तिमान है, वह इच्छाओं का पूरक है, स्वयं उसे कोई अभिलाषा नहीं है। इस क्षण से लेकर 'पद्मावत' के अन्त तक यथा अवसर रत्नसेन इसी 'देव निरासा' (ख़ुदा-ए-बेन्याज़) को अपना उपास्य और आराध्य स्वीकार किया है और इसी 'निरास' पर वह 'जीउ' बलिदान करने के लिए उत्सुक है। महादेव मंडप, ईश, अन्य देवता आदि का उल्लेख इस प्रसंग में कथानक सम्बन्धी आवश्यकताओं की पूर्ति के लिए किया गया है, अन्यथा यह वही वृत्तान्त है जिसका सम्बन्ध अरब के मूर्तिपूजकों और पैग़म्बर मुहम्मद से है।[47]

रसूल ने अपनी उँगली के इंगित से चन्द्रमा को दो भागों में विभाजित कर दिया था। उनके अनेक चमत्कारों में से यह अत्यधिक बहुचर्चित है और मुहम्मद के यशोगान में इसकी चर्चा अवश्य की जाती है। परन्तु जायसी ने इस चमत्कार की ओर कोई संकेत अपनी रचनाओं में नहीं किया।

क़ुर्आन

युग-युगान्तर से चले आ रहे इस्लाम धर्म को परिशुद्ध, परिपूर्ण और अन्तिम रूप देने का दायित्व विधाता ने मुहम्मद को सौंपा था। उनके दीन के कई स्तम्भ हैं जिनमें से 'नमाज़'[48] का उल्लेख जायसी ने किया है। प्रत्येक मुसलमान को साल भर तक अपनी संचित सम्पदा का चालीसवाँ भाग धर्म कर के रूप में प्रतिवर्ष अनिवार्यत: दान करना चाहिए, इसी सम्पत्ति कर विधान के लिए 'ज़कात' की परिभाषा प्रचारित है। 'चालिस अंस दरब जहँ एक अंस तहँ मोर'[49] की उक्ति से इसी धर्म कर की ओर जायसी ने संकेत किया है। मुहम्मदी दीन की एकमात्र नियमावली क़ुर्आन है। जायसी इस ग्रंथ के अधिकारी विद्वान ज्ञात होते हैं। यदि उनकी रचनाओं में से पदे-पदे बिखरी क़ुर्आन की अनूदित आयतों को एकत्रित कर दिया जाए तो क़ुर्आन का एक अवधी रूप ही उपलब्ध हो सकता है। इस वक्तव्य को प्रमाणित करने के लिए दो-चार उदाहरण ही पर्याप्त हैं। क़ुर्आन में लिखा है :

'भूमि में जितने भी वृक्ष हैं, यदि वे लेखनी बन जाएँ तथा समुद्र स्याही हो जाए तो भी ईश्वर की बातों का वर्णन पूरा नहीं होगा।'[50]

क़ुर्आन के इन्हीं वचनों को जायसी ने अवधी रूप दिया है :

जगत पताल जो सैंते कोई। लेखनी बिरिख समुद्र मसि होई।
लागै लिखै सिष्टि मिटि जाई। समुद्र घटै, पै लिखि न सिराई।[51]

क़ुर्आन की सूर: अल रअ'द में कहा गया है कि 'यह परमात्मा ही है जिसने आकाश को ऊँचा किया है और तुम देख रहे हो उसे कि कोई टेक उन्हें थामे हुए नहीं है। फिर वह अपने सिंहासन पर विराजमान हुआ (अर्थात् समस्त चराचर जगत में उसके आदेशानुसार कार्य होने लगा)। सूर्य और चन्द्र को उसने काम पर लगा दिया कि प्रत्येक अपने नियत काल तक कार्यरत रहे। वही सकल सृष्टि का नियामक और नियन्ता है।'[52]

जायसी ने क़ुर्आन के इसी भाव का 'पद्मावत' में वर्णन किया है। उन्होंने अन्य आयतों का भी आश्रय इस कड़वक को पूर्ण करने में अवश्य लिया है :

तूँ यह गँगन अन्तरिख थाँभा। जहाँ न टेक न थून्ही खाँभा।
चाँद सुरुज औ नखतन्ह पाँती। तोरे डर धावहिं दिन राती।
पानी पवन आगि औ माँटी। सब की पीठि तोरि है साँटी।[53]

'दाहिन' और 'बाएँ' पारिभाषिक शब्द के रूप में ही जायसी की रचनाओं में प्रयुक्त हुए हैं। इन पर टिप्पणी करते हुए डॉ. वासुदेवशरण अग्रवाल ने मत व्यक्त किया है कि 'दाहिने और बाएँ, इन शब्दों पर श्लेष से कवि अपने समय में प्रचलित वाममार्गी सम्प्रदायों का निराकरण करके प्रेम साधना के दाहिने या अनुकूल मार्ग की प्रशंसा करता है। सिद्ध और नाथ योगमार्ग, शैवों का निर्गुण योग मार्ग, शाक्तमार्ग, ये बाएँ मार्ग थे।'[54]

विवेच्य परिभाषाओं का तात्कालिक वाममार्गों से कोई सम्बन्ध नहीं है। क़ुर्आन में प्रयुक्त परिभाषाओं के ही ये दोनों शब्द हिन्दी रूपान्तर हैं। सूर: वाक़अ': में उल्लिखित है कि 'जब हो पड़े, हो पड़ने वाली। नहीं है उसके पड़ने में कुछ झूठ, नीचा करने वाली है, ऊँचा करने वाली है। जब लरज़े ज़मीन कँपकँपाकर और चूर-चूर हों पहाड़ टूट-फूटकर और फिर हो जाएँ उड़ता हुआ क्षार। तुम विभक्त हो जाओ तीन प्रकार से। फिर दाहिने वाले क्या अच्छे लोग हैं दाहिने वाले और बाएँ वाले क्या बुरे लोग हैं बाएँ वाले और अगाड़ी वाले तो अगाड़ी वाले, वे लोग हैं सहचर।' इस आयत के भाष्य में दाएँ और बाएँ की परिभाषा को अधिक स्पष्ट किया गया है। पुनरुत्थान दिवस पर जो व्यक्ति ईश्वरीय सिंहासन के दाहिनी ओर खड़े होंगे, उनके गुण-अवगुण का लेखा-जोखा भी उनके दाहिने हाथ में होगा, ये लोग आदम के दाहिने पहलू से निकाले गए थे। यही स्वर्ग के भागी होंगे। जो लोग सिंहासन के बाईं ओर खड़े होंगे, उनके बाएँ हाथ में ही उनके कर्मों का लेखा-जोखा होगा,

ये लोग आदम के बाएँ पहलू से निकाले गए होंगे, उनके दुर्भाग्य का कोई अनुमान नहीं किया जा सकता, यही नरक का ईंधन है। जो अगाड़ी खड़े होंगे वे ईश्वर के विशेष कृपा पात्र हैं।

इस विवेचन से हमारा अभिप्राय यही सिद्ध करना है कि जायसी ने निस्सन्देह दाएँ और बाएँ पारिभाषिक शब्द क़ुर्आन से ही लिए हैं और उन्हें उसी विशिष्ट अर्थ में उपयुक्त भी किया है। क़ुर्आन के अनुसार 'दाहिने' वाले ही सराहनीय हैं और इसीलिए जायसी ने भी उनकी प्रशंसा की है :

दहिने फिरै सो अस उँजियारा। जस जग चंद सुरुज और तारा।[55]

जायसी ने यह भी सूचित किया है कि कुकर्मों से मुक्त होकर वे अध्यात्म के उस स्थान पर स्थित हैं जो दाएँ वालों का है :

मुहमद बाईं दिसि तजी एक सरवन एक आँखि।
जब ते दाहिन होइ मिला बोलु पपीहा पाँखि।[56]

आयतों का जिस सरलता और कुशलता से जायसी ने यथा प्रसंग उपयोग किया है उससे प्रमाणित होता है कि वह क़ुर्आन के मर्मज्ञ पंडित थे। उनका आग्रह है कि अन्य व्यक्ति भी अध्यात्ममूलक ज्ञान क़ुर्आन से ही प्राप्त करें :

एहि बिधि चीन्हहु करहु गिआनू। जस पुरान मँ लिखा बखानू।[57]

जायसी की दृष्टि में पंडित वही है जो बेद मत का पालन करता है :

पंडित सो बेद मति साजा।[58]

जायसी ग्रंथ पंथ (शरअ') के पालन पर बल देते से अपने वर्णन में प्रतीत होते हैं :

पंथ गरंथ न जे चलहिं ते भूलहिं बन माँझ।[59]

प्रलय : अथवा पुनरुत्थान दिवस

प्रलय पर अडिग विश्वास और मन में उसका अनवरत भय संचार मनुष्य को धर्मनिष्ठ तथा कर्तव्यपरायण बनाए रखता है। यह प्रलय है क्योंकि सकल सृष्टि का अन्त हो जाएगा, यह पुनरुत्थान दिवस है क्योंकि उस दिन सारे मृतक क़ब्रों से उठाए जाएँगे और उनके गुण, अवगुण का लेखा-जोखा होगा। धर्मी स्वर्ग के भागी बनेंगे और पापी नरक का भाजन होंगे। इस दिन 'उनके कान, नेत्र एवं उनकी खालें उनके

विरुद्ध उनके करतूतों की गवाही देंगी।'[60] जायसी ने क़ुर्आन के इसी वचन का उल्लेख 'पद्मावत' में किया है :

हाथ पाउँ सरवन औ आँखी। ये सब भरिहैं पुनि साखी।[61]

क़ुर्आन में प्रलय का उल्लेख धर्मियों के मन में भयावह उत्पन्न करने की दृष्टि से किया गया है। परन्तु प्रलय और पुनरुत्थान दिवस का जो विविध चित्र जन साधारण के मन में शताब्दियों से बैठा हुआ है वह उनकी कल्पना द्वारा जनित है। जायसी ने इसी चित्र को 'आख़िरी कलाम' में अंकित किया है। जनमानस का प्रलय विषयक चित्र कुछ इस प्रकार है :

प्रलय का अवसर निकट आने पर सूर्य धूम्र वर्ण[62] हो जाएगा और सृष्टि कृष्णवर्ण। सूर्य पूर्व में अस्त होगा।[63] गदहा पर आरूढ़ दज्जाल[64] सबकी गर्दन मारता फिरेगा। उसके अत्याचार से लोग त्राहि-त्राहि कर उठेंगे। जन विश्वास के अनुसार महदी द्वारा ही इस दज्जाली अत्याचार का अन्त होगा। परन्तु आश्चर्य है कि जायसी ने इस तथ्य की उपेक्षा की है जबकि उन्हें अवसर प्राप्त था कि महदी का स्तवन करने के निमित्त अपने सम्प्रदाय के प्रवर्तक गुरु सैयद मुहम्मद जौनपुरी का गुणगान कर सकते थे।

लोग इस काल में धर्म विमुख और कर्तव्यविहीन हो जाएँगे। मोहमाया की लिप्सा सबका धर्म होगा और ऐश्वर्य प्रिय उनका जीवन।[65] प्रलय के इन लक्षणों के प्रत्यक्ष होने पर विचित्र बिल्ली[66] दिखाई पड़ेगी। जिसको भी वह सूँघ लेगी वह निष्प्राण हो जाएगा।[67] पुनः मीकाइल द्वारा वर्षा का संचार होगा। अंगारे आकाश से बरसेंगे और फिर पत्थर गिरेंगे।[68] चालीस दिन-रात तक इस प्रकार वर्षा होती रहेगी।[69] विधि के आदेशानुसार जिब्रील पृथ्वी का निरीक्षण करेंगे और देखेंगे कि धरती शून्य है, समस्त सृष्टि जल निमग्न है।[70] इस्राफ़ील अपना सुर फूँकेंगे और इस धन गरज ध्वनि से पर्वत उड़ जाएँगे, नदी, नाले पट जाएँगे, सूर्य और तारे टूट जाएँगे, दिशाशून्य की स्थिति उत्पन्न हो जाएगी।[71]

अवनी अम्बर के विनाश, प्राणियों के बध के इस कांड के चालीस वर्षोंपरान्त पुनः समस्त सृष्टि का पुनरुत्थान होगा।[72] सर्वप्रथम चार अढ़वायक (जिब्रील, मीकाइल, इस्राफ़ील, इज्राइल) जीवित होंगे और नरक, स्वर्ग का व्यवस्थापन प्रारम्भ होगा।[73] मनुष्य जाति अपने करों में अपने-अपने कर्म-पत्र लिए अपने कर्मों का लेखा-जोखा देने को एक मैदान में एकत्रित होगी।

पुलसरात

तीस सहस्त्र कोस का एक बाट है जो बाल से पतला और खड्ग धार से अधिक धारदार है।[74] इस पर से गुज़रते समय ही पापी और पुण्यात्माओं का परीक्षण हो जाएगा। पापी इस सेतु को पार नहीं कर पाएँगे और नीचे नरक में गिरते जाएँगे।[75] इसी सुई[76] के

नोक के समान मार्ग का उल्लेख जायसी ने 'अखरावट' में किया है। इसी पुलसरात का वर्णन 'पद्मावत' में भी उपलब्ध है :

एही समुँद पंथ मँझधारा। खाँडै कै असि धार निनारा।
तीस सहस्र कोस कै पाटा। अस साँकर चलि सकै न चाँटा।
खाँडै चाहि पैनि पैनाई। बार चाहि पातरि पतराई।
मरन जिअन एही पंथ एही आस निरास।
परा सो गया पतारहि तिरा सो गा कबिलास।[77]

नरक और स्वर्ग के बीच के इस सेतु को धर्मी ही पार कर पाएँगे और मोक्ष की प्रतीक्षा में एक मैदान में एकत्रित होंगे। उसी स्थान पर उनके कर्मों का फल उन्हें प्राप्त होगा।[78] हज़रत मुहम्मद के प्रयासों से ही मोक्ष प्राप्ति होगी और उसी के पश्चात् स्वर्गीय आनन्द का उपभोग सम्भव हो सकेगा।

क़ब्र की यातना, मुनकिर नकीर द्वारा सांसारिक कर्मों की पूछताछ आदि विश्वासों की चर्चा हम अन्य स्थल पर कर चुके हैं। मुस्लिम जनसाधारण का धर्माचरण इन्हीं उपर्युक्त अवधारणाओं पर आधृत है। जायसी काव्य में इन शुष्क धारणाओं की चर्चा अवश्य है किन्तु यह उनके चिन्तन और संवेदना का मूल नहीं है, उनके जीवन का व्यवहार पक्ष है, लोकाचार है।

सूफ़ी सिद्धान्त और साधना

महाकवि जायसी के रचना विधान का द्वितीय किन्तु अत्यन्त महत्त्वपूर्ण अवयव सूफ़ी विचारधारा है। क़ुर्आन की दर्शन पक्षीय व्याख्या ही इस चिन्तनधारा का मूलस्रोत है। सिद्धान्तों और मतों के औचित्य को सूफ़ी विचारक क़ुर्आनी वचनों तथा हदीसों से सिद्ध करते रहे हैं। जहाँ उन्हें व्यवधान का अनुभव हुआ उन्होंने परमेश्वरीय ज्ञान भंडार क़ुर्आन की व्याख्या अपने ढंग से की और अपने मत की पुष्टि के लिए यथा आवश्यकता अपने मन से हदीसों की सृष्टि करने में भी वे नहीं चूके। व्यवहार पक्षीय इस्लाम के अनुसार मनुष्य और ईश्वर के बीच का सम्बन्ध निरंकुश स्वामी और दास का है। गढ़न, भंजन, सँवारन उसकी इच्छा पर निर्भर है। समग्र रूप में वह दया और निर्दयता के गुणों से युक्त एकच्छत्र राज्य का सत्ताधीश है। जीव उसके सृजनात्मक क्रिया का फल है, उसका दास है। सूफ़ी मत का आधार दार्शनिक है जिसके अनुसार स्रष्टा, सृष्टि और सृजन क्रिया अभिन्न, अभेद हैं। सब कुछ वही परमसत्ता है, अन्तर है केवल तरलता और सघनता का, भेद तात्त्विक नहीं स्वरूप का है।

आपुहि कागद, आपु मसि, आपुहि लेखनहार।
आपुहि लिखनी, आखर, आपुहि पंडित अपार।[79]

आदम

आदि पिता, हौवा के पति, प्रथम नबी और शैतान के विश्वासघात के कारण स्वर्ग से निष्कासित, पृथ्वी पर शरणार्थी हज़रत आदम की कल्पना सूफ़ी सिद्धान्त से कदापि मेल नहीं खाते। वह खिलौना हैं और ईश्वर खेलनहार। परन्तु खेल, खिलौना और खेलनहार के बीच निरपेक्ष ऐक्य की अवधारणा ही सूफ़ी दर्शन का मूल सिद्धान्त है। सूफ़ियों ने आदम शब्द को अवश्य उपयुक्त किया है किन्तु तात्त्विक दृष्टि से दोनों में कोई समानता नहीं है। सूफ़ी सिद्धान्त आदम उसी परम सत्ता का सगुण और साकार रूप है, उसी तरल, अनाम, अरूप और अनाकार का सघन रूप, नाम, रूप तथा आकार है। जायसी ने इस आदम तत्त्व का सविस्तार उल्लेख किया है और इस गुण, रूप क्षमताओं तथा सीमाओं की व्याख्या की है :

आपुहि आपहि चाह देखावा। आदम रूप भेस धरि आवा।
अलिफ़ एक अल्लाः बड़ सोई। दाल दीन दुनिया सब कोई।
भीम मुहम्मद प्रीति पियारा। तिनि आखर यह अरथ बिचारा।
कै दरपन अस रचा बिसेखा। आपन दरस आप महँ देखा।[80]

उपर्युक्त पंक्तियों में स्त्रष्टा (अल्लाः), सृष्टि (दीन-दुनिया) और निमित्त कारण (मुहम्मद प्रीति) की पूर्ण अभिन्नता की ओर संकेत है और इसी एकता की संज्ञा आदम है। इसके घट में जगति व्याप्त है, धरती और आकाश इसी में समाहित हैं।[81] 'जस चौदह खंड तैस सरीरा' है।[82] यह सीमाबद्ध है, किन्तु विराट पुरुष है क्योंकि उसी सूक्ष्म सत्ता का यह स्थूल रूप है। इसी की काया नगरी ब्रह्मांड है। मनुष्य इस ब्रह्मांडरूपी वृहत् जगत को अपने भीतर छिपाए हुए है। आदिहुं ते आदि, अलख, अगोचर, 'तत्' अपने समस्त तत्त्वों और विशेषताओं को इसी आदम के शरीर में प्रत्यक्ष करता है।

ये ब्रह्मांड शरीर के सप्त खंड हैं। प्रथम खंड[83] शनि है जो 'पौरी' (पाँव) में स्थित है। दूसरा खंड बृहस्पति है, इसका स्थान भोग घर, और काम द्वार है।[84] नाभिकमल में स्थित तीसरा खंड मंगल है।[85] चौथा खंड आदित्य है जो सीने में बाईं ओर स्थित है।[86] कंठ में जिह्वा के नीचे पाँचवें खंड शुक्र की स्थिति है।[87] दोनों भृकुटियों के बीच छठे खंड बुद्ध का स्थान है।[88] सातवाँ खंड सोम है जो शिर में स्थित है और यहीं दसवाँ द्वार है।[89] सप्त खंड का यह उल्लेख है कि 'हठयोग के मूलाधार और चक्रों की व्यवस्था से ठीक नहीं बैठती।'[90] जायसी ने नव खंड की भी चर्चा की है। सूफ़ी मान्यता के अनुसार इन सातों खंडों के ऊपर स्थिर तारागणों का लोक है और सबसे बाहर वाला नवाँ लोक 'फ़लक-उल-अफ़लाक' है। यहाँ न तारे हैं और न किसी प्रकार के चिह्न।

आदि कारण ने अपने ही अनुरूप आदिभूत की रचना की। प्रथम अभिव्यक्ति विशुद्ध ज्ञान है और इसे 'अक़्ल-ए-अव्वल' अथवा अक़्ल-ए-कुल (विश्व ज्ञान) है। इसी विश्व ज्ञान का एक रूप 'नफ़्स' है जिससे वह अपने आपको जानता है। 'नफ़्स'

से नफ़्स-ए-अव्वल अथवा नफ़्स-ए-कुल का उद्‌भव हुआ। यही विश्वात्मा है। आत्मा के दो भेद स्वीकृत हैं। नफ़्स निम्न कोटि का है और वह सभी प्रकार की कुप्रवृत्तियों का आगार है। रूह सद्‌वृत्तियों का उद्‌गम स्थल है। प्रथम भावावेग से प्रचालित है और द्वितीय विवेक द्वारा ये दोनों आत्मा को विपरीत दिशाओं में खींचते रहते हैं।

उमर बिन उसमान अल मक्की (मृ. 909 ई.) के मतानुसार सर्वप्रथम सिर्र (अन्तःकरण) का निर्माण हुआ और सौन्दर्य का रहस्य उस पर प्रकट किया गया। रूह अथवा जान का निर्माण इसके पश्चात् हुआ और उसे प्रेम तत्त्व से परिचित कराया गया। इसके उपरान्त क़ल्ब अथवा दिल की सृष्टि हुई और इस पर साहचर्य के भेद प्रकट हुए। इसी कृपा दृष्टि के कारण उनमें अहंकार और दम्भभाव भर गए। तब सिर्र को रूह में, रूह को क़ल्ब में और क़ल्ब को शरीर में बन्द कर दिया गया।

जायसी काव्य में 'हिया', हिय अथवा हृदय क़ल्ब का ही पर्याय है और रूह तथा जान के लिए 'जिउ' शब्द का उपयोग हुआ है। जायसी ने इनका उपयोग निश्चय ही सामान्य अर्थों में भी किया है। परन्तु पारिभाषिक अर्थों में भी ये जायसी द्वारा उपयुक्त हुए हैं :

हिया कँवल जस फूल, जिउ तेहि महँ बासना।
तन तज मन महँ भूल, मुहम्मद तब पहिचानिए।[91]

हृदयरूपी कमल में सुगंधि के समान 'जिउ' स्थित है। इस 'जिउ' में अनुपम ज्योति है, वह दीपक है जिसकी प्रकट और गुप्त दो बत्तियाँ हैं और जो 'हिय' के आले में जलता रहता है :

जा-जानहु 'जिउ' बसै सो तहवाँ। रहै कँवल हिय संपुट जहवाँ।
दीपक जैस बरत हिय आरे। सब घर उजियार तेहि उजियारे।
तेहि महँ अस समानेउ आई। सुन्न सहज मिलि आवै जाई।
तहँ उठै धुनि आउँकारा। अनहद सबद होइ झनकारा।
तेहि महँ जोति अनूपम भाँती। दीपक एक, बरै दुइ बाती।
एक जो परगट होई उजियारा। दूसर गुपुत सो दसवैं द्वारा।[92]

'जिउ' के समान ही 'हिया' के भी प्रकट और गुप्त दो विभाग हैं :

अरध अरध अस है दुइ हीया। परगट, गुपुत बरै जस दीया।
परगट भया मोह जस लावै। गुपुत सुदरसन आप लखावै।[93]

प्रकट रूपेण भ्रमजाल में फँसाने वाले और गुप्त में दर्शन दाता दोनों की अभिन्न स्थिति का स्पष्ट उल्लेख जायसी ने किया है :

सो परगट महँ आइ भुलावै। गुपुत महँ आपन दरस दिखावै।[94]

उपर्युक्त उद्धरणों से ज्ञात होता है कि जायसी हृदय (क़ल्ब) के दो अनुभाग स्वीकार करते हैं। एक अधोगामी है और दूसरा ऊर्ध्वगामी। इसी प्रकार जीउ भी हृदय को प्रेरित करता है, शुद्ध करता है और दूसरी ओर वह ही सिर्र (अन्तःकरण) है, सौन्दर्य के रहस्य का ज्ञाता है और प्रेम तत्त्व से भी परिचित है। प्रीति एक अमानत है जिसके विषय में क़ुर्आन में उल्लिखित है कि 'हमने दिखाई 'अमानत' गगनों को, धरती को, पर्वतों को। किसी ने उसे नहीं अपनाया, उसे उठाया और उससे आतंकित हो उठे। और इसे उठा लिया मनुष्य ने। यह है अत्यन्त निर्भय और भोला।'[95]

इसी प्रीतिरूपी अमानत को शिरोधार्य करने की सराहना जायसी ने 'पद्मावत' में की है :

गिरि, समुद्र, ससि, मेघ, रवि सहि न सकैं जो आगि।
मुहमद सती सराहिए, जरै जो अस पिय लागि।[96]

प्रेमाग्नि के सम्बन्ध में सुनकर ही अवनि-अम्बर भय से विकम्पित हो उठते हैं। यह निर्भीक और साहसी मनुष्य का ही जिउ है जो इसका आलिंगन करता है :

मुहमद चिनगी अनँग की सुनि महि गँगन डेराइ।
धनि बिरही औ धनि हिया जेहि सब आगि समाइ।[97]

हक़ीक़त-उल-मुहम्मदिया

अपनी सार्वभौमिक इच्छाशक्ति के बल पर आदि और एकाकी सत्ताधीश का शून्य से स्थूल रूप में उन्मीलन सूफ़ी अद्वैत चिन्तनधारा का मूल बिन्दु है। इसके प्रवर्तन और प्रसारण का श्रेय इब्न-ए-अरबी (मृ. 1240 ई.) को है। पूर्वकालीन सूफ़ियों का अध्यात्मपरक दृष्टिकोण कर्मप्रधान अधिक है क्योंकि उनका चिन्तन अव्यवस्थित और अन्तर्विरोधों से परिपूर्ण है। प्रेमोन्माद तथा भावावेग पर ही उनकी साधना पद्धति आधृत है। इसीलिए दार्शनिकों और ग्रंथ पंथी कट्टर पक्षपातियों दोनों की ओर से समान रूप से इनका विरोध हुआ। प्रिय-प्रेम-प्रेमी की त्रिकोणात्मक सम्पूर्ण ऐक्य की मान्यता को मुईनुद्दीन चिश्ती जैसे महान संत द्वारा प्रश्रय प्राप्त हो चुका था।[98] परन्तु किसी तार्किक और ठोस चिन्तन पर यह विचार आधारित नहीं थे, भावावेग द्वारा ही इनका प्रतिफलन था। महान दार्शनिक इमाम ग़िज़ावी (मृ. 1111 ई.) के प्रयत्नों द्वारा इस हृदय ग्राह्य भाव प्रधान साधना प्रणाली को ठोस बौद्धिक आधार प्राप्त हुआ और उन्होंने इसमें नैतिक पक्ष का समावेश करके शास्त्र पंथियों के लिए इसे समादृत बना दिया। परन्तु सृष्टि और स्रष्टा में पूर्ण तादात्म्य स्थापित हुआ इब्न-ए-अरबी के वहदत-उल-वजूद (अद्वैत) सम्बन्धी चिन्तन के आधार पर ही। भारतवर्ष में फ़ख़्रउद्दी इराक़ी

सुहरावर्दी द्वारा सर्वप्रथम इसका प्रचार प्रारम्भ हुआ, किन्तु तत्कालीन सुहरावर्दी और चिश्ती सम्प्रदाय इस विचारधारा से पर्याप्त समय तक अप्रभावित रहे। इस प्रकार चौदहवीं शती के मध्य में 'अवारिफ़-उल-आरफ़ीन' नामक ग्रंथ द्वारा सुचारु रूप से अद्वैतवादी विचारों का प्रसार सम्भव हो सका, क़ाज़ी हमीद उद्दीन नागौरी ने 'अवारिफ़-उल-मआ'रिफ़' नामक पुस्तिका की रचना करके इसके प्रचार का मार्ग स्पष्ट किया क्योंकि उपर्युक्त दोनों सम्प्रदायों में पाठ्य पुस्तक के रूप में इसका उपयोग होता था।[99] यह बात निर्विवाद रूप से कही जा सकती है कि शताब्दियों तक इसी चिन्तनधारा का प्रभुत्व भारतीय मुसलमानों के मन-मस्तिष्क पर रहा है। इसके पक्षधर भी थे और विपक्षी भी, इसके समर्थक भी थे और विरोधी भी, किन्तु समस्त मध्ययुगीन मुस्लिम चिन्तनधारा का केन्द्र बिन्दु इब्न-ए-अरबी का अद्वैतवाद ही था।

'मुहम्मद नूर' अथवा ज्योति रूप में सर्वप्रथम मुहम्मद की रचना से सम्बद्ध उक्तियाँ पूर्वकालिक हैं, किन्तु इन कतिपय विचारों को एक सुव्यवस्थित-दर्शन के रूप में सूत्रबद्ध करने का श्रेय अद्वैतवाद को ही है। इस प्रकार परब्रह्म के स्थूल रूप में अवतरण की प्रक्रिया में प्रथम अवस्था का नामकरण हक़ीक़त-उल-मुहम्मदिया किया गया है, कुछ ग्रंथों में इसी स्थिति को 'हक़ीक़त-उल-हक़ायक' की भी संज्ञा दी गई है। यह अव्यक्त का प्रथम व्यक्त रूप है, यह सम्पूर्ण ज्ञान है, सृष्टि का उद्गम है, उसका प्रसार है। निमीलन क्रम में यही अन्तिम अवस्था है। इसी ज्योति की रश्मियाँ नाना अवस्थाओं में नाना रूप और नाम धारण करके सृष्टि को विविधात्मक, और चित्रमय बनाती हैं।

अरब देश में जन्मे महान पुरुष मुहम्मद (मृ. 632 ई.) और इस दार्शनिक विचार 'मुहम्मद नूर' में एकता किस प्रकार स्थापित हो गई, एक विचारणीय प्रश्न है। प्रारम्भिक स्थिति की स्तुतियों में हज़रत मुहम्मद के चमत्कारों और उनकी जीवन-घटनाओं का कवित्तमय उल्लेख ही प्राप्त होता है। बाबा ताहिर उर्यान (मृ. 11वीं शती का मध्य) ने सर्वप्रथम फ़ारसी में मुहम्मद की स्तुति लिखी। इसके उपरान्त सेनाई (मृ. 1140 ई.) निज़ामी (मृ. 1202 ई.), अत्तार (मृ. 1230 ई.) ने अपनी रचनाओं में अनिवार्य रूप से मुहम्मद की स्तुति लेखन की प्रथा का अनुसरण किया। एक ऐतिहासिक व्यक्तित्व को दार्शनिक विचार के एकीकरण का श्रेय इन्हीं कवियों को ही है। भारतीय फ़ारसी लेखकों में इस पद्धति को लोकप्रिय बनाने का कार्य अमीर ख़ुसरो ने किया है।

इस सम्बन्ध में जायसी की पूर्व परम्परा का सिंहावलोकन आवश्यक है। चन्दायन में पैग़म्बर की स्तुति के अन्तर्गत केवल दो ही पंक्तियाँ उपलब्ध हैं, अत : वह हमारे विवेचन के लिए अनुपयोगी है। मृगावतीकार कुतबन ने 'मुहम्मद नूर'[100] का उल्लेख किया है किन्तु मुहम्मद के नाम सुमिरण और उनके साहाय्य से मोक्ष प्राप्ति पर ही मूल रूप से उन्होंने बल दिया है :

जेहि रसना वह नाव न आवा। पावक जरै मोख नहीं पावा।[101]

अमीर ख़ुसरो की रचनाओं में प्रथम ज्योति और सृष्टि के आदिभूत कारण के रूप में उल्लेख अवश्य है, किन्तु यह उनका मूल स्वर नहीं है। ऐसा ज्ञात होता है कि अद्वैतवाद के प्रभावाधीन जायसी ने ही मुहम्मद को 'हक़ीक़त-उल-मुहम्मदिया' का रूप देने में अधिक योगदान दिया है। उनके वर्णनों में इस्लाम धर्म के प्रवर्तक पैग़म्बर मुहम्मद की उपेक्षा नहीं है, किन्तु कथ्य की दृष्टि से यह उनका मूल स्वर भी नहीं है। कवि जायसी का मन उसी रहस्यात्मक सृष्टि उन्मीलन की प्रथम स्थिति के वर्णन में अधिक रमा है। इसी प्रथम ज्योति को साकार, सगुण, सप्राण प्रतिमा का रूप देकर 'पद्मावती रानी' का निर्माण किया है। पद्मावती के रूप, स्वरूप में अलौकिक और लौकिक का जो समन्वित रूप प्राप्त होता है उसका आभास मुहम्मद की स्तुति विषयक वर्णनों में स्पष्टतः होता है। निश्चय ही इस दृष्टि से उन्हें प्राथमिकता प्राप्त है और भारतीय वाङ्मय को उनका मौलिक योगदान है।

जायसी ने 'मुहम्मद नूर' और अन्धकारमय संसार में तिमिर विनाशक 'दीपक' का वर्णन अधिकांशतः अपनी स्तुति में किया है। परन्तु 'चित्ररेखा' में एक मोती के रूप में भी ज्योति चित्रण प्राप्त है। एक हदीस में इस मुहम्मद नूर को सफ़ेद याक़ूत भी कहा गया है। सृष्टि रचना की इच्छापूर्ति के निमित्त आदि सत्ता ने 'हक़ीक़त-उल-मुहम्मदिया' पर पूर्ण दृष्टि डाली। परब्रह्म की इस पूर्ण अभिव्यक्ति को सहन करने का सामर्थ्य उसमें भी नहीं था जो सृष्टि का उद्गम है। दृष्टि पड़ते ही यह मोती विगलित हो गया। परब्रह्म ने इसके ऊपर ऐश्वर्यपूर्ण दृष्टि डाली और वह तरंगायित हो उठा तथा फेन की उत्पत्ति हुई। इस फेन से परमात्मा ने सात पृथ्वी तल और उनके निवासियों का निर्माण किया। जल से उड़ने वाले वाष्प से सप्त आकाश निर्मित हुए और उनमें निवास करने वाले देवदूतों की सृष्टि हुई। पुनः ईश्वर ने उस जल को सात समुद्रों में परिणत कर दिया जो पृथ्वी के चतुर्दिक फैले हुए हैं। इसी वैचारिक कल्पना को कवि जायसी ने काव्य का रूप दिया है :

औ सुन भाजो अहा अचीन्हाँ। फुन अस्थूल भएउ जग कीन्हाँ।
अन्धकूप महँ निकसी जोती। जोतिहिं तें उपजा एक मोती।
मोती तें भया पानि अपारू। उठा फेन उठि गया अकारू।
दुसरैं फेन उहै जलि जामा। भै धरती उपजइ सब नामा।[102]

जायसी द्वारा रचित ईश्वर स्तुति विस्तृत अवश्य है किन्तु है पूर्णतया परम्परागत, क़ुर्आन की वचनावलियाँ ही इसका स्रोत हैं। पैग़म्बर के स्तवन में अवश्य जायसी की मौलिकता के दर्शन होते हैं, यह मौलिकता अभिव्यक्ति की है। व्यक्ति को विचार और अमूर्त भाव को मूर्त रूप देना ही 'पद्मावत' का केन्द्रीय भाव है, शेष इसी का स्फारण और व्यापक प्रसार है।

इब्लीस अथवा नारद

आदम का आदि शत्रु और अपनी अवज्ञाकारिता के फलस्वरूप स्वर्गलोक से निर्वासित देवदूत मनुष्य में भ्रम उत्पन्न करने में दक्ष है। इसी कार्य विशेष के लिए ईश्वर द्वारा उसकी नियुक्ति हुई है। व्यावहारिक इस्लाम में इब्लीस के प्रति यही मान्यता स्वीकृत है। परन्तु कुछ सूफ़ियों के लिए वह अनन्य भक्ति का प्रतीक है क्योंकि इष्ट के आदेश पर भी उसने अपने इष्ट के अतिरिक्त किसी अन्य के सम्मुख नतमस्तक होना स्वीकार नहीं किया। अन्य सूफ़ी नफ़्स को ही इब्लीस की संज्ञा देते हैं। सूफ़ी संतों की कहानियों से ज्ञात होता है कि वह नाना रूप और पशु आकृति धारण करने की क्षमता रखता है। इन मान्यताओं के अनुसार वह एक पदार्थ और द्रव्य विशेष है। परन्तु यह अवधारणा अद्वैतवादी मान्यताओं के प्रतिकूल है। जब कण-कण उसी आदि सत्ता की अभिव्यक्ति है तब इब्लीस भी अपने मूल में वही है, नफ़्स कुल का ही स्थूल रूप है। मुहम्मद सौन्दर्य विभूति हैं और इब्लीस संरक्षक तत्त्व है। जायसी ने इब्लीस के इसी गुण की ओर अपने एक दोहे में संकेत किया है :

नूर मुहम्मद देखि तब भा हुलास मन सोई।
पुनि इब्लीस सँचारेउ; डरत रहै सब कोई।[103]

संसारोन्मुख व्यक्तियों को वह अवश्य पापाचार की ओर अनुप्रेरित करता है, किन्तु ऊर्ध्वगामियों का वह मुक्तिदाता है क्योंकि बुराइयों से युक्त यदि यह उनके संग न होता तो वे अहंकार से भर जाते। वह परमात्मा की सेना है, उसे विनष्ट नहीं किया जा सकता। जायसी के वर्णन में इब्लीस अथवा नारद परमात्मा का निराला सेवक और दसवें द्वार का रक्षक है :

तू सेवक है मोर निनारा। दसई पँवरि होस रखवारा।[104]

इब्लीस को जायसी ने परमात्मा के सेनानी रूप में भी चित्रित किया है :

एहि बाट पर नारद बैठ कटक कै साज़।
जो ओहि पईठै, करै दुवौ जग राज।[105]

जायसी का नारद पतनोन्मुख अवस्था में जीव को अनुप्रेरित करता है और उत्थापन की स्थिति में उसका सहायक भी है, यह गुणात्मक स्थि।ति है, व्यावहारिक इस्लाम के मतानुसार एक विशिष्ट द्रव्य के रूप में भी जायसी ने इसे चित्रित किया है।

साधना पक्ष

जायसी का मूल रूप से सम्बन्ध चिश्ती सम्प्रदाय से ही मानना उचित है क्योंकि अशरफ़ी और महदवी सम्प्रदाय उसी की उपशाखाएँ हैं। इस सम्प्रदाय में इन्द्रिय निग्रह, तपस्या

और आत्मशुद्धि पर अधिक बल है। अल्पाहार और नित्य उपवास को इस सम्प्रदाय की साधना पद्धति में विशेष महत्त्व प्राप्त है। चिन्तन और ध्यान के अतिरिक्त जोगियों के सम्पर्क के फलस्वरूप जाप प्रणाली में कुछ नवीतत्त्व भी जुड़ गए थे। आसन, प्राणायाम और पास अनफ़ास (हृदय पर श्वास का आघात पहुँचाना) आदि वह क्रियाएँ हैं जिन्हें चिश्ती सूफ़ियों ने योगियों द्वारा प्राप्त किया था।[106]

जायसी ने भी अल्पाहार और जीवित रहने मात्र के लिए भोजन की आवश्यकता पर बल दिया है :

छाँड़हु घिउ और मछरी मांस। सूखे भोजन करहु गरास।
दूध, माँसु, घिउ कर न अहारू। रोटी सानि करहु फरहारू।[107]

प्राणायाम की ओर भी 'अखरावट' में संकेत मिलता है :

भरै साँस जब नबै नरी। निसरै छूँछी, पैठै भरी।[108]

ज़र्ब लगाने (हृदय पर अल्लाह शब्दोच्चारण से आघात पहुँचाने की क्रिया) की पद्धति सभी सूफ़ी सम्प्रदायों में समान रूप से स्वीकृत है, भेद है केवल ज़र्ब लगाने के तरीक़ों में। जायसी ने इसका भी उल्लेख किया है :

ला-इलाइ कै नरी चढ़ाई। इललिल्लाह कै ढारि चलाई।
चित डोलै नहिं खूँटी टरई। पल पल पेखि आग अनुसरई।[109]

ज़िक्र (जाप) 'फ़िक्र' (चिन्तन) और पास अनफ़ास पर भी जायसी ने बल दिया है :

जिकर, पास अनफ़ास, कहु हिय फिकिर सँभारि कै।
कहत रहै हर साँस, मुहमद निरमल होइ तब।[110]

प्रत्येक श्वास में नाम सुमिरण और गुप्त जाप[111] को उन्होंने व्यक्तिगत मंत्र और पूँजी बताया है, शेष क्रियाएँ वही हैं जो चिश्तिया सम्प्रदाय में बहुत पहले से प्रचलित थीं। 'पद्मावत' में निश्चय ही आन्तरिक साधना और 'सर रचना' प्रणाली पर ही एकमात्र बल है क्योंकि जोगी और प्रेम पथिक रत्नसेन समस्त 'पद्मावत' में कहीं भी बाह्य साधनारत परिलक्षित नहीं होता। तंत्र-मंत्र और योगाभ्यास आदि को अपेक्षाकृत गौण स्थान ही प्राप्त है। प्रतीत होता है कि जायसी ने तात्कालिक समस्त साधना पद्धतियों को अपनाने का प्रयत्न अवश्य किया है, किन्तु धीरे-धीरे सभी को निस्सार समझकर उन्होंने आन्तरिक साधना को ही अंगीकार कर लिया। विरहाग्नि प्रज्वलन और रोम-रोम से प्रिय-नाम सुमिरण ही उनकी साधना का सार है, और इसके लिए वह किसी बाह्याडम्बर की आवश्यकता नहीं समझते।

यात्रा अथवा आवा-जाही

साधक (यात्री) का परम लक्ष्य ब्रह्म के पूर्ण ज्ञान प्राप्ति की चेष्टा है। जो उसे खोजते-खोजते स्वयं खो जाता है उसे ही अमृतफल की प्राप्ति होती है। इसी खोज को सूफ़ी परिभाषा में यात्रा कहा जाता है। ब्रह्मांडरूपी मनुष्य शरीर में यह यात्रा अनवरत होती रहती है। शून्य से स्थूल और स्थूल से शून्य में प्रवेश, निरन्तर उन्मीलन और निमीन ही यात्रा है। शून्य में सहज रूप से समागम और स्थूल रूप में पुन: आगमन को ही जायसी ने 'आवा-जाई' कहा है :

तेहि महँ अस समानेउ आई। सुन्न सहज मिलि आवै जाई।

सूफ़ी मत के सैद्धान्तिक ग्रंथों में अत्यन्त रहस्यमयी व्याख्या यात्रा की प्राप्ति होती है। वस्तुत: उपर्युक्त आवा-जाई की अवस्थाओं को ही यात्रा कहा गया है और इसकी स्थिति आन्तरिक है। सभी सूफ़ी यात्रा सिद्धान्त को स्वीकार करते हैं, किन्तु विभिन्न अवस्थाओं के सम्बन्ध में अनेक मत हैं। साधारणतया सात घाटियों की कल्पना की गई है और उनमें से प्रत्येक तक पहुँचने के मार्ग में जो व्यवधान उत्पन्न होता है और वहाँ पहुँचकर जो अनुभूति प्राप्त होती है, उस सबका विवरण यात्रा सम्बन्धी व्याख्याओं से प्राप्त है। जायसी ने ऊर्ध्वगमन जलमार्ग से कराया है। अधोगमन यात्रा का आभास गुरु हीरामनि और बिहंगम के वृत्तान्तों से अवश्य होता है, किन्तु उसकी कोई स्पष्ट रूपरेखा नहीं है। जोगी रत्नसेन थल यात्रा समाप्त करके सप्त समुद्र यात्रा आरम्भ करता है। इन समुद्रों का नामकरण विभिन्न अवस्था की अध्यात्मानुभूतियों के आधार पर जायसी ने किया है। अत: पुराणों के पृष्ठों में इनकी खोज व्यर्थ है।

प्रिय प्राप्ति के मार्ग में धन, बल, वैभव माता, पत्नी, परिजन, पुरजन के प्रति मोह बाधक सिद्ध हो सकता था, किन्तु सभी से सम्बन्ध विच्छेद कर जोगी वेश धारण किए रत्नसेन थल यात्रा के कष्टों को भोगता हुआ समुद्र तट पर पहुँचा था। सम्भवत: यह उसकी बाह्य साधना के द्योतक हैं। समुद्र तट से उसकी आन्तरिक यात्रा प्रारम्भ होती है। क्षार समुद्र में 'हिएँ सतपरा'[113] की स्थिति प्राप्त होती है। गजपति की विनती, समुद्र की हिलोरें, राजपंख, नाना प्रकार के जलीय जन्तुओं का भयावह उसके मार्ग का व्यवधान बनते हैं, किन्तु उसका संकल्प दृढ़ है और प्रिय मिलन की उत्कंठा अधिक तीव्र होती है। श्वेत जल का खीर समुद्र द्रव्य उगलकर मणि-मोतियों का भंडार दिखाकर उसके मार्ग में विघ्न उत्पन्न करता है। परन्तु वह तो पहले ही द्रव्य का मोह त्याग कर चुका था। इस समुद्र को वही पार करने का सामर्थ्य रखता है जो द्रव्य से विमुख हो।[114] दधि समुद्र में प्रेमासक्तों के लिए अग्नि चन्दन होती है और प्रेमविहीन भयभीत होकर भाग खड़े होते हैं।[115] यह दही मथकर घी काढ़ने की अवस्था है। उदधि समुद्र में इसी प्रेम अग्नि का विस्तार है। विरह की तीव्रता और प्रेम पीड़ा की अनुभूति इसी समुद्र में प्राप्त होती है। यह तेल के कराह के समान तलफता है।[116] सुरा समुद्र उन्माद और

वज्द की स्थिति है। पतंग के समान दीपक पर शीश चढ़ाने की यही स्थिति है। प्रेमोन्माद की इस अवस्था में 'गिरि गिरि परहिं रकत के आँसू।'[117] किलकिला समुद्र में पर्वताकार लहरें उठती हैं, पानी कुम्हार के चाक के समान घूमता है। इसमें धैर्य छूट जाता है। इसी समुद्र में सत्य डोल जाता है।

इसे पार करने के लिए गुरु परमावश्यक है। इस गम्भीर और आन्दोलित समुद्र को वही पार कर सकता है जो गुणों से युक्त हो। जायसी ने इसके मध्य में एक अति संकीर्ण बाट का उल्लेख किया है जो निश्चय ही पुलसरात है, स्वर्ग और नरक की विभाजन रेखा।[118] इस बाट पर चलते समय मनुष्य की दारुण स्थिति का जो उल्लेख जायसी ने 'आख़िरी कलाम' (कड़वक 28) में किया है मानव की उसी दुर्गति और निराश्रयता का चित्रण 'पद्मावत' में भी प्राप्त है।[119] इसके ऊर्ध्व छोर पर स्वर्गलोक स्थित है और इसी के नीचे भयंकर नरक है :

मरन जिअन एही पंथ एही आस निरास।
परा सो गया पतारहि तिरा सो गा कबिलास।[120]

साहसी, निर्भीक और सत्य के प्रति दृढ़संकल्प को उपरोक्त बाट पार करने पर सिद्ध की प्राप्ति होती है और आनन्दोल्लास के सागर मानसर में पहुँचकर वह रस-भोग की अवस्था प्राप्त करता है। यह क्रीड़ारत हंसों, विकसित कमलों, आशापूर्ति और ऐश्वर्य का सरोवर है।[121] यह कौसर का हौज़ है जिसके पेय से मुक्ति प्राप्ति के पश्चात् धर्मियों की तृष्णा शान्त होगी, जिसमें स्नान करने से उनको नवकाया और नवअवतार की उपलब्धि होगी।

पुलसरात को पार करते समय जिस दारुण दुख का अनुभव होगा उसका उल्लेख क़ुर्आन में अवश्य है किन्तु उस स्थिति का काल्पनिक, कलात्मक, सजीव और विविधात्मक वर्णन जायसी की अपनी मौलिकता है। व्यावहारिक इस्लाम में पुलसरात की स्थिति बाह्य है और सूफ़ी मतानुसार वह मनुष्य घट में ही स्थित है। वहाँ प्रलय का युग और दिन नियत है, वहाँ प्रतिदिन, प्रतिक्षण प्रलय घटित होती है :

भा परलौ निअराएन्हि जबहीं। मरै सो ताकर परलौ तबहीं।[122]

सप्त समुद्र पार करने की यात्रा नितान्त सैद्धान्तिक है क्योंकि अवसर होने पर भी साधक के मन को उद्वेलित करने वाले संशयों, द्विधाओं उसके हृदय में उठने वाले नैराश्य के तूफ़ानों का वस्तुपरक उल्लेख जायसी ने नहीं किया, रत्नसेन के आभ्यंतर में सफलता, विफलता, आशा, निराशा के बीच होने वाले अन्तर्द्वन्द्व का कोई चित्र प्रस्तुत नहीं किया। इसकी आवश्यकता सम्भवतः महाकवि ने इसलिए नहीं समझी क्योंकि वस्तुतः शिवमंडप पहुँचकर ही रत्नसेन की अध्यात्म यात्रा आरम्भ होती है। प्रिय मिलन की उत्कंठा, दर्शनाभिलाषा, दर्शन, चेतनाशून्यता, विरहाग्नि दाह, प्रेमोन्माद, सूली की वेदी से विवाह मंडप गमन आदि प्रेम साधना मार्ग की वे अनुभूतियाँ हैं, वे अवस्थाएँ हैं जिनका अनुभव

और जिनकी उपलब्धि साधनारत रत्नसेन को समुद्र यात्रा समाप्ति के पश्चात् ही होती है। अत: समुद्र यात्रा खंड का वर्णन अनावश्यक-सा प्रतीत होता है। परन्तु प्रबन्ध काव्य कला और कथानक प्रवाह की दृष्टि से यह वर्णन अत्यधिक महत्त्वपूर्ण है। इसके द्वारा जायसी ने एक कलात्मक भ्रमजाल उत्पन्न किया है जिसके बिना धरती से उठकर आकाश पर पहुँचने का वृत्तान्त अविश्वसनीय और अयथार्थ सा प्रतीत होता। पद्मावतकार ने कुछ ऐसी भ्रान्तिजन्य स्थिति की सृष्टि की है कि गगन स्थित सिंघल द्वीप (कबिलास) और धरती पर बसे लंकाद्वीप (सिंघल) का देश कालिक भेद पाठक के मन से विलुप्त हो जाता है, वह जायसी की अध्यात्माधृत कल्पना को पूर्णतया यथार्थ और वस्तुपरक मान लेता है। यही कवि की काव्य कुशलता और उसकी कलात्मक सफलता है।

जीत-पत्र

सूफ़ी परिभाषा में 'जीत' शब्द से विशिष्ट अर्थबोध होता है और इसका फ़ारसी पर्याय 'फ़त्ह' है। 'जीत' की उपलब्धि ईश्वर की अनुकम्पा पर निर्भर है। महाबली और वैभवशाली रावण का तापसी राम द्वारा अन्त उसी सर्वसत्ताधारी की कृपा का फल है। ईश्वरद जिसे चाहता है वही जीत-पत्र प्रदान करता है :

ओछ जानि कै काहूँ जनि कोइ गरब करेइ।
ओछे पारइ दैय है जीत-पत्र जो देइ।[123]

'जीत' अथवा 'फ़त्ह' के अन्तर्गत चार प्रकार की जीत की कल्पना सूफ़ी सिद्धान्त ग्रंथों में की गई है। प्रथम धन, बल और ऐश्वर्य की जीत है। दूसरी बाह्य साधनारत होने की क्षमता है। तीसरी जीत आन्तरिक साधना में तल्लीनता और उसमें आनन्द विभोरता है। चौथी जीत परब्रह्म का रूप दर्शन और रहस्यों का ज्ञान है। अन्तिम जीत के तीन विभाग हैं। जब साधक के हृदय (क़ल्ब) में ईश्वरीय सत्ता और गुण अभिव्यक्त होने लगें तो यह 'फ़त्ह क़रीब' की अवस्था है। इससे उच्चतर अवस्था 'फ़त्ह मुबीन' है जिसमें सिद्धि प्राप्त होती है और पूर्ण ज्योति की विभा से साधक का हृदय प्रकाशित हो उठता है, अनेकत्व एकत्व में विलीन होता आभासित होता है। उत्कृष्ट और उच्चतम 'जीत' का नाम 'फ़त्ह मुतलक़' है और इस अवस्था में साधक और साध्य की द्वैता समाप्त हो जाती है, एक और अनेक का अन्तर मिट जाता है। प्रिय स्वयं मिलनाभिलाषा से आकुल, आतुर होकर आलिंगन का निमंत्रण देता है। यह उसकी परम अनुकम्पा है और निमंत्रण उत्कृष्टतम जीत-पत्र है। 'उड़ंत छाला' अथवा 'उदंत छाला' कोई वस्तु विशेष नहीं है जिस पर बैठकर तुरन्त पहुँचने का आदेश दिया गया हो। किसी छाल (वृक्ष का छिलका) पर लिखित जीत-पत्र ही है, सिद्धावस्था की 'फ़त्ह मुतलक़' है, इसमें साधना साफल्य की बधाई है—और पुरस्कार रूप में सिद्धि प्राप्ति का आवाहन

है। जायसी ने जिस आत्मोन्नत अवस्था और प्रिय की अनुकम्पा को छन्दबद्ध किया है उसके लिए 'फ़त्ह मुतलक़' की संज्ञा समीचीन है :

जस तुम्ह क्या कीन्ह अगिदाहू। सो सब गुरु कहँ भएउ अगाहू।
तव उरंत छाला लिखि दीन्हा। बेगि आउ चाहौं सिद्ध कीन्हा।
आवहु स्यामि सुलक्खने जीव बसै तुम्ह नाउँ।
नैनन्ह भीतर पंथ है, हिरदै भीतर ठाउँ।[124]

तप, जप, इन्द्रिय दमन, पंचभूत माया शमन, ध्यान, समाधि, अभ्यास, प्राणायाम, सर्वकाल सुमिरण, अल्पाहार, सतत उपवास आदि प्रणालियाँ सूफ़ी साधना के अन्तर्गत स्वीकृत हैं। अपने काव्य वर्णन में जायसी इनकी ओर अधिक आकृष्ट नहीं हैं। हृदय में प्रेमाग्नि प्रज्वलन और प्रियमिलन उत्कंठा को अति तीव्र करने के प्रयास को उन्होंने अत्यधिक महत्ता प्रदान की है। शाह वली उल्लाह जैसे शास्त्रीय इस्लाम के कट्टर पक्षपाती ने भी 'मृत्यु के चिरस्मरण, प्रेम कहानियों के अध्ययन, उपदेशात्मक उक्तियों के आस्वादन, और नाद, सुर, संगीत के आनन्दलाभ' को साधक के लिए अत्यन्त आवश्यक बताया है।[125] रत्नसेन की साधना में निश्चय ही कथा-कहानियों को प्रतिष्ठा प्राप्त है क्योंकि उनके माध्यम से उसकी प्रेमविह्वल स्थिति और भी उत्तेजित होती है और 'अग्नि में घी पड़ने' के मुहावरे द्वारा जायसी ने उसकी भाव-विह्वलावस्था का सजीव चित्रण किया है :

कथा कहानी सुनि सुठि जरा। जानहुँ घीउ बैसंदर परा।
बिरह न आपु सँभारै मैल चीर सिर रूख।
पिउ पिउ करत रात दिन पपिहा भइ मुख सूख।[126]

ग्रीवा में नाग फाँस पड़ जाने और सूली पर चढ़ने की अन्तिम घड़ी आ जाने पर नायक और साधक रत्नसेन प्रेमगीत अलापता है :

नेहु गीत बैरागी गावा।[127]

मनुष्य के अनिवार्य अन्त मृत्यु को क्षणिक मात्र के लिए जायसी अपनी रचनाओं में विस्मृत नहीं करते। यथा प्रसंग प्रलय, क़ब्र की यातना, पुलसरात, मीच और मरजिया का वर्णन करने से वह नहीं चूकते। प्रेमाख्यान के वह कुशल गायक तो हैं ही। गर्व, द्रव, सांसारिक ज्ञान, कविकर्म, जल, मिट्टी आदि के सम्बन्ध में उपदेशात्मक मणियाँ लगाती-बिखेरती हुई उनकी लेखनी 'पद्मावत' के कथानक को प्रवाहित करती है। परन्तु ऐसा प्रतीत होता है कि उन्होंने अन्य प्रेमाख्यानों का अध्ययन साधनारत जायसी ने अवश्य किया था। विक्रम-सपनावती, सुदैबच्छ-मुग्धावती, राजकुँवर-मृगावी, मनोहर-मधुमालती, बाणासुर-प्रेमवती, उषा-अनिरुद्ध आदि प्रेम कथाओं का उन्होंने

प्रत्यक्ष उल्लेख 'पद्मावत' में किया है।[128] अतः उस काल में इन प्रेमाख्यानों की लिखित रूप में उपलब्धि निर्विवाद है। जायसी अकबर के शासनकाल तक जीवित थे इसलिए मनोहर-मालती के रचयिता के सम्बन्ध में जो विवाद पूर्व में उठे थे वे निराधार सिद्ध होते हैं। मंझनकृत मधुमालती (रचनाकाल 952 हि.) का ही उल्लेख जायसी ने किया है। 'पद्मावत' के संवर्द्धन और संशोधन की अवधारणा इससे और भी दृढ़ होती है। परन्तु आश्चर्यजनक स्थिति यह है कि महाकवि ने किसी भी प्रसिद्ध या अप्रसिद्ध फ़ारसी मसनवी का उल्लेख नहीं किया जबकि फ़ारसी आख्यानों से उन्होंने आनन्दलाभ ही नहीं वर्णनलाभ भी किया है, उनकी वर्णन शैली निश्चित रूप से फ़ारसी मसनवियों से प्रभावित है।

भर्तृहरि सोलह सहस्त्र नारियों का त्याग करके पिंगला के प्रेम में लुब्ध कजरी बन गमन करते हैं[129] और उसके विक्षोभ में रोते-रोते प्राणान्त करते हैं :

भरथरी बिछोउ पिंगला आहि करत जिय दीन्ह।[130]

भर्तृहरि-पिंगला के प्रेमाख्यान का कई बार उल्लेख 'पद्मावत' में हुआ है। बंग नरेश गोपीचन्द द्वारा राज्य वैभव त्याग और जलंधर जोगी की अनुप्रेरणा से जोग धारण भी महत्त्वपूर्ण प्रेम कथा है।[131] प्रेम वियोगी नल-दमयंती का मिलन कार्य स्वर्ण हंस द्वारा सम्पन्न होता है।[132] काम-कंदला के प्रेम और वियोग की कथा का भी 'पद्मावत' में उल्लेख है। अक्रूर की क्रूर करनी और कृष्ण के मथुरा गमन की कथा के साथ-साथ गोपियों के प्रलाप और अश्रु प्रवाह का संकेत 'पद्मावत' में उपलब्ध है।[133] गोपी-कृष्ण प्रेमाख्यान पर आधारित 'कन्हावत' नाम से जायसी ने उत्कृष्ट काव्य की रचना स्वयं की है। ऐसा प्रतीत होता है कि जायसी काल में उपर्युक्त प्रेमाख्यानों की मौखिक परम्परा प्रचलित थी। सम्भवतः उस काल में इन कथाओं पर आधारित गीत और कवित्त जन साधारण के मनोरंजन के साधन थे। यह भी सम्भव है कि तत्कालीन लोक रंगमंच नौटंकी के माध्यम से यह आख्यान लोक जीवन को मंगलमय बना रहे हों। स्थिति जो भी हो, किन्तु जायसी ने अपनी प्रेमोत्तेजक साधना के लिए इन आख्यानों को अवश्य ही उपयोगी समझा है और सूफ़ी प्रेमाग्नि को प्रज्वलित करने के निमित्त इन्हें घी के समान उपयुक्त किया है।

पौराणिक अन्तर्कथा

पुरातत्त्व कथाएँ अथवा मिथक किसी संस्कृति विशेष की समृद्धि और व्यापकता के मापक हैं। प्रकृति के रहस्योद्घाटन, अद्भुत के प्रति जुगुप्सा, अज्ञात को ज्ञातव्य बनाने की इच्छा, देव और दानवों से संघर्ष की शक्ति मानव जीवन में सुख संचार की प्रवृत्तियों की यही ऐतिहासिक, प्रागैतिहासिक और अर्द्धैतिहासिक कथाएँ परिचायक हैं। भौतिक

जगत के रहस्यों को अनावृत करने और अदृष्ट आत्मजगत् को दृष्टिमान करने तथा बुद्धिगम्य बनाने के मार्ग में जिन आशाओं, आकांक्षाओं, नैराश्य, विफलताओं का अनुभव मनुष्य को होता है, वस्तुतः उन्हीं का वंशानुगत संचित कोष संस्कृति है। पौराणिक अन्तर्कथा से ही किसी जाति की सांस्कृतिक चेतना और अपने भाग्य निर्माण की महत्त्वाकांक्षा का परिचय कराती हैं। जीवन को सुख-सम्पन्न और व्यवस्थाबद्ध करने के उपायों और लक्ष्योपलब्धि के लिए प्रयुक्त प्रविधियों का ज्ञान इन्हीं के द्वारा होता है। जीवन-मूल्यों के निरूपण और कलात्मक मनोवृत्ति को जाग्रत करने में इनका महत्त्वपूर्ण योगदान है। संस्कृति के पुरातन स्वरूप और उसकी आधुनिकतम विकासोन्मुख प्रवृत्तियों के बीच इन्हीं कथाओं के माध्यम से अटूट सम्बन्ध स्थापित रहता है। संस्कृति को संकुचित भी यही करती हैं और कला की सार्वभौमिकता इन्हीं के माध्यम से जातीय परिवेश में सीमाबद्ध होती है। भावाभिव्यंजना के लिए सक्षम पदावली के निर्माण में इनका अपूर्व योगदान है। भावों और मूल्यों के प्रतीकों तथा उपमानों के रूप में इन्हीं कथाओं के पात्र साहित्य और भाषा को समृद्ध करते हैं। ईरान, यूनान, मिस्त्र आदि की तुलना में निश्चय ही भारतीय मिथक कहीं अधिक व्यापक, मानवीय, रहस्य गर्भित और व्यावहारिक हैं। सम्भवतः इन्हीं विशेषताओं के कारण आज भी संस्कृति के सिंचन, सृजन में उनकी उपयोगिता समाप्त नहीं हुई।

मिथक और पुरातत्त्व कथाओं पर समस्त देशवासियों का ही समानाधिकार नहीं होता, वह समस्त विश्व की सम्पत्ति है। जायसी अपनी सांस्कृतिक पैतृकी के प्रति सचेत और जागरूक थे। धर्मविश्वासों और इस थाती के बीच उन्होंने कोई व्यवधान स्वीकार नहीं किया। फ़ारसी साहित्य में इन मिथकों और पौराणिक कथाओं को अमीर ख़ुसरो की रचनाओं में स्थान मिलना प्रारम्भ हो चुका था। उनके द्वारा रचित 'हश्त बिहिश्त' नामक मसनवी भारतीय देवमाला का एक फ़ारसी कोष है। हिन्दी-शुक फ़ारसी साहित्य और भाषा का परिचय एक नवीन पदावली से कराने में संलग्न था जो गर्वोन्नत ईरानी साहित्य का भारतीयकरण करे और उस भाषा में एक भारतीय अभिव्यंजना शैली प्रतिष्ठित हो जाए। जायसी के पूर्व कुतबन इन्हीं पुरातत्त्व कथाओं से निर्मित पदावली के माध्यम से एक लौकिक प्रेम कथा को अध्यात्मपरक बनाकर प्रस्तुत करने का सफल प्रयास 'मृगावती' के रूप में कर चुके थे। जायसी ने इसी पूर्व संचित थाती के परिवेश को अधिक व्यापक बनाया और इन अन्तर्कथाओं में निहित उस अभिव्यंजना शक्ति को अपने काव्य कौशल द्वारा प्रकाशित किया जो उनसे पूर्व ज्ञात नहीं थी। 'मृगावती' में निश्चय ही इस विशेष शैली का श्रीगणेश हो चुका था, उसी का परिमार्जन और संवर्द्धन जायसी द्वारा हुआ है। उन्होंने कहीं इन अन्तर्कथाओं के सुप्रसिद्ध उपमानों को कान्तिहीन और मानहीन बनाया है, कहीं प्रसंगानुकूल अर्थ गर्भित रूपकों का इन्हीं के माध्यम से निर्माण किया है, कहीं सादृश्य की छटा बिखेरकर पाठक को चकित कर दिया है, कहीं इन पर आधृत उत्प्रेक्षाओं द्वारा सौन्दर्य को

अनुभूतिगम्य ही नहीं बनाया उसे सजीव और साकार कर दिया है। कभी एक ही पंक्ति में सम्पूर्ण कथा का बोध कराया है और कभी संकेत मात्र से समस्त घटना का आभास कराया है। वास्तविकता यह है कि उन्हें इन अन्तर्कथाओं में निहित भावव्यंजनशक्ति पर पूर्ण अधिकार प्राप्त है और वह यथा आवश्यकता अपने वर्णनानुकूल इन पुरातत्त्व कथाओं को रूप देने में सिद्धहस्त हैं। ये कथाएँ उनकी लेखनी के इंगित पर नृत्य करती हैं और उनकी इच्छानुसार भावव्यंजन का चोला धारण कर लेती हैं।

शिव के अजगव,[134] राम के पिनाक,[135] अर्जुन के गाण्डीव और विष्णु के सारंग[136] धनुषों का जायसी ने एक साथ उल्लेख करके ज्योतिरूपा, पद्मावतीनामा परम सत्ता के भौंह-धनुष से इन सबका ऐक्य स्थापित कर दिया है। परशुराम के फरसे और कृष्ण के सुदर्शन चक्र से सम्भवतः जायसी भलीभाँति परिचित हैं, इन दोनों को उन्होंने अज्ञानवश धनुर्धारी नहीं बनाया। उनकी दृष्टि में विष्णु और शिव विशेष देव दूत (अढ़वायक) हैं, गढ़न के देवदूत ब्रह्मा अथवा जिब्रील हैं, सँवारन के विष्णु अथवा मीकाइल और भंजन के महेश अथवा इस्राफ़ील हैं। क़ुर्आन के अनुसार एक लाख चौबीस हज़ार ज्ञात और अज्ञात पैग़म्बर ईश्वर की ओर से प्रेषित हैं। जायसी ने परशुराम, राम, कृष्ण और अर्जुन को पैग़म्बरी पद पर ही आसीन किया है। हनुमान के प्रति भी जायसी का यही दृष्टिकोण है। अर्जुन और हनुमान दोनों को मध्ययुगीन भारतीय मुस्लिम चिन्तनधारा में अधिक महत्ता प्राप्त रही है। मलाया और इंडोनेशिया आदि देशों में भी यही स्थिति है। क़ुर्आन पर जायसी का अडिग विश्वास है, और उसकी शिक्षा के अनुसार पैग़म्बरों के बीच भेदभाव महापाप है। पद्मावती 'मुहम्मद नूर' है इसलिए उसी के समान ही परशुराम, राम, कृष्ण और अर्जुन की शक्ति का उन्होंने वर्णन किया है। उनका अभिप्राय धनुष की विनाशक शक्ति से है, धनुर्धारी के नाम से नहीं क्योंकि यह धनुष और धानुक केवल साधन हैं उसी सर्वशक्तिमान के शक्ति प्रदर्शन के।

सम्पूर्ण 'पद्मावत' में एक बार भी विष्णु शब्द का उपयोग नहीं हुआ। फिर भी उनके विभिन्न अवतरणों से सम्बद्ध कथाओं के उल्लेख से उनका स्मरण कवि जायसी ने किया है। मत्स्यावतार के समय विष्णु ने ही सप्त पाताल में आलुप्त वेदों का उद्धार किया था।[137] बावनावतार के समय इन्हीं ने राजा बलि का राज्य दान रूप में प्राप्त किया था।[138] परशुराम, राम और कृष्ण के रूप में इन्हीं विष्णु के अवतार की चर्चा जायसी ने की है। बराहावतार और नरसिंहावतार का कोई उल्लेख 'पद्मावत' में नहीं है। विष्णु की एक उपाधि नारायण का प्रयोग जायसी ने एक बार अवश्य किया है।[139] परन्तु कंस बध और रावण बध की चर्चा अनेक बार हुई है। राम कथा के माध्यम से भावव्यंजन तो जायसी की वर्णन शैली का प्रमुख अंग है।

गन्धर्वसेन की गर्वोक्ति के समक्ष समस्त शक्तिशाली प्रसिद्ध उपमान निरादृत और तिरस्कृत हैं। इन्द्र उसके सम्मुख नतमस्तक हैं, कालिय नाग को नाथने वाले कृष्ण

उससे भयभीत हैं, चतुर्मुख ब्रह्मा और पाताल राज वासुकि, धरती, मंदराचल, सुमेरु पर्वत, चन्द्र, सूर्य, गगन और कुबेर सभी उसके भय से कम्पित हैं। मेघ, बिजुली और धरणी को पीठ पर धारण करने वाले कुर्म उससे आतंकित हैं। परन्तु 'कुंभकरन की खोपरी बूड़त बाँचा भीवँ' की उक्ति द्वारा भाट गन्धर्वसेन के दम्भ को निस्सार सिद्ध कर देता है।[140] रावण के बल और वैभव की चर्चा करके सारे गर्वोन्नत शिरों को उसी शक्तिमान के सम्मुख झुक जाने का उपदेश जायसी देते हैं जो बलहीन को बलवान बनाने की क्षमता रखता है। दश स्कन्ध और बीस भुजदंड वाले रावण का वैभव देखिए। सूर्य रावण की रसोई सुलगाते हैं, अग्नि उसकी धोती धोते हैं, शुक्र उसके दरबान और शशि मशालची हैं, पवन उसके घर झाड़ू-बुहारू करते हैं। प्रसिद्ध उपमानों, देव विभूतियों का उल्लेख करके अत्यन्त सहजभाव से गर्व के दुष्परिणाम को पाठक के मन में जायसी अंकित कर देते हैं :

नाती पूत कोटि दस अहा। रोवन हार न एकौ रहा।[141]

बैन[142] (आदिराज पृथु), अयोध्या के राजा हरिश्चन्द्र का प्रजासहित स्वर्गारोहण और वहाँ एक अलग पुरी का स्थापन,[143] पूर्वजों के उद्धारक भगीरथ,[144] श्रवण कुमार का दशरथ द्वारा बध, अन्धा, अन्धी का पुत्र वियोग[145] आदि उपाख्यान रामायण की कथा से पद्मावतकार की संवेदना से जोड़ते हैं। चक्रव्यूह, द्रोणाचार्य, अभिमन्यु[146] कुम्भकरण की खोपड़ी और भीम,[147] धर्मराज युधिष्ठिर,[148] पंडित सहदेव, गंगापुत्र भीष्म, द्रौपदी और अर्जुन द्वारा महाभारत की चेतना तथा संवेदना 'पद्मावत' की शिक्षाओं में रक्त के समान संचारित है। सत्यवादी हरिश्चन्द्र,[149] बररुचि-भोज, और भोज-भानुमती,[150] गरूर,[151] कवि व्यास, दानी कर्ण आदि की अन्तर्कथाएँ रसामृत की वर्षा द्वारा जायसी के पाठक को आनन्द विभोर कर देती हैं।

वियोगी क्रौंच पक्षी के हृदय विदारक प्रलाप ने वाल्मीकि को आदि कवि बनाया था। जायसी इस प्रेमाकुल पक्षी की उपेक्षा कैसे कर सकते थे :

सारस जोरी किमि हरी मारि गएउ किन खग्गि।
झुरि झुरि पाँजरि धनि भई विरह की लागी अग्गि।[152]

महादेव

बैल पर असवार, कुष्टि वेशधारी, काँथरि पहने, रुंडमाल और शेषनाग का कंठमाल गले में डाले, तन विभूत मले, हड़ावर बाँधे, कमलगट्टे की पहुँची, सुरसरि और चन्द्रमा को जटा में रखे चँवर घंट और डमरू बजाते, हस्ति छाला साथ में लिए महेश से हमारी भेंट 'पद्मावत' में होती है।[153] अर्द्धांगिनी पार्वती भी उनके साथ हैं। सिद्ध प्राप्ति पर रत्नसेन इन्हीं के पुत्र गणेश[154] का मनुहार करता है। इन्हीं महादेव के मंडप में बसन्त

पंचमी पूजन और योग वर प्राप्ति के वरदान की इच्छा से पद्मावती प्रवेश करती है और देवों के पिता महादेव भी उसकी ज्योति से चमत्कृत होकर चेतनाशून्य हो जाते हैं। यही योगियों के आदिनाथ हैं और योगी रत्नसेन को सिद्धि गुटिका के प्रदाता भी। विष्णु के समान शिव शब्द का भी प्रयोग जायसी ने 'पद्मावत' में नहीं किया। शिवलोक का उल्लेख अवश्य है किन्तु इसी स्थिति प्रायः शिव से भिन्न है। शिवलोक तथा इन्द्रलोक की वास्तविक स्थिति से अवगत होने के लिए ब्रह्मांड सम्बन्धी सूफ़ी कल्पना का ज्ञान अपेक्षित है।

ब्रह्मांड सम्बन्धी सूफ़ी कल्पना

पृथ्वी जिस पर मनुष्य निवास करता है वह सबसे ऊपरी तल पर है, इसके नीचे छह पृथ्वियाँ और हैं। ये सभी जहाज़ के समान समुद्र में तैरती फिरती थीं। एक देवदूत को इन्हें सुस्थिर रखने का आदेश मिला। उनके नीचे एक चट्टान रखी गई और उसके नीचे एक साँड़ खड़ा किया गया। इस साँड़ के नीचे एक बड़ी मछली है जो एक महासागर में है। इस महासागर के नीचे सप्त स्तरीय नरक है। उसके नीचे भयंकर तूफ़ान, उसके नीचे अन्धकार की एक तह और सबसे नीचे एक अन्तर्पट। इसके नीचे मनुष्य की बुद्धि पहुँच ही नहीं सकती।

आकाश

सबसे निचले आसमान के नीचे पानी का एक समुद्र है और इसी में चन्द्रमा, सूर्य, तारकगण तैरते फिरते हैं। इसी प्रकार प्रथम स्वर्ग खंड तक छह पर्वतमालाएँ और छह समुद्र एक-दूसरे पर टिके हुए हैं। समस्त खगलोक को क़ाफ़ पर्वत चारों ओर से घेरे हुए है। इस पर्वत की आठ श्रेणियों की अष्ट वर्तुलाकार पर्वतमालाएँ बन गई हैं। प्रत्येक पर्वत श्रेणी के बाद एक समुद्र है। सबसे भीतर वाला पर्वत सबसे भीतर वाले समुद्र से घिरा हुआ है। इस प्रकार स्वर्गलोक के निचले स्तर पर एक पर्वतमाला है।[156]

मानसरोवर समुद्र पार करने पर रत्नसेन को दक्षिण दिशा में एक कंचन मेरु दिखाई पड़ता है। 'दिस्टि परा सिंघल कबिलासू।'[157] इसी कंचन मेरु पर महादेव का मंडप स्थित है :

कंचन मेरु देखावसि जहाँ। महादेव के मंडप तहाँ।
ओहिक खंड जस परबत मेरू। मेरुहि लाग होइ अति फेरू।[158]

कंचन मेरु ही क़ाफ़ पर्वत की भीतरी श्रेणी है और सुमेरु पर्वत नाम से इसी की चर्चा जायसी को अभीष्ट है। इसी पर्वतमाला के ऊपर अष्ट खंड स्वर्गलोक स्थित है जिसके उच्चतम अन्तिम खंड में पद्मावती का निवास है।

शिवलोक एवं इन्द्रलोक

गन्धर्वसेन गर्वोक्ति करते हुए स्वयं को शिवलोक का इन्द्र[159] घोषित करता है और उसकी पुत्री पद्मावती शिवलोमणि[160] है जिसके जन्म से समस्त कबिलास[161] ज्योतिर्मय हो गया है। पार्वती जी रत्नसेन के अनन्य प्रेम की परीक्षा के प्रकरण में कहती हैं :

औ बिधि रूप दीन्ह है तोकाँ। उठा सो सबद जाइ सिवलोका।
तब हौ तो कहँ इन्द्र पठाई। गै पदुमिनि तैं आछरि पाई।[162]

शिवलोक के समान ही जायसी अपने ऐहिक पंथ को रूप देने की इच्छा प्रकट करते हैं—'अैहिक पंथ सँवाँरहिं जस सिवलोक अनूप।'[163]

उपरोक्त उद्धरणों से सिद्ध होता है कि शिवलोक—कबिलास और स्वर्गलोक का पर्यायवाचक है। परन्तु इस लोक के अधिपति उमापति शिव नहीं है बल्कि उनकी कल्याणमयी और मांगलिक विभूति से अनुप्रेरित होकर जायसी ने स्वर्ग का ही अभिधान शिवलोक कर दिया है। यह लोक महादेव मंडप से पर्याप्त दूरी पर स्थित है और इसके अधिपति इन्द्र हैं जिन्होंने शिवलोक में रत्नसेन के रूप-सौन्दर्य की प्रसिद्धि सुनकर उपहार रूप उसके पास एक आछरी को भेजा है। जायसी ने हूर के पर्याय के रूप में ही 'आछरी' शब्द का प्रयोग अपनी समस्त रचनाओं में किया है। कबिलास में इन्द्र के प्रासाद हैं[164] और 'अछरिन्ह माँह इन्द्र बिधि साजा'[165] की उक्ति में भी स्वर्गलोक के अधिपति की ओर संकेत है।इन्द्र अखाड़ा[166] और इन्द्र सभा[167] आदि के द्वारा जायसी ने स्वर्गलोक के ऐश्वर्य और संगीतमय जीवन का आभास कराया है क्योंकि भोग-विलास का ही नाम स्वर्ग है। कतिपय वर्णन ऐसे भी प्राप्य हैं जिनसे अमरावती पति इन्द्र की प्रतीति होती है।[168] परन्तु जायसी के वर्णन के आधार पर शिवलोक ही कबिलास अथवा स्वर्गलोक है और इसके अधिनायक का नाम इन्द्र है, जिनका कोई सम्बन्ध इन्द्राणी पति और अमरावती अधिपति इन्द्र भगवान से नहीं है। जन्नत का प्रबन्धक और प्रमुख अधिकारी एक देवदूत है जिसकी उपाधि रिज़वान-ए-जन्नत है।इसी देवदूत का जायसी ने इन्द्र के नाम से उल्लेख किया है और इस प्रकार शिवलोक (स्वर्गलोक) के अधिपति के रूप में इन्द्र को पदासीन कर दिया गया है। क्योंकि भोग-विलासप्रियता के लिए वह पुराणों में भी प्रसिद्ध हैं आकाश लोक में बल का केन्द्र इन्द्र हैं और पाताल में कूर्म तथा शेषनाग शक्ति के प्रतीक हैं। जायसी ने इन्हें देवता से फ़रिश्ता बना दिया है क्योंकि इस्लामी मतानुसार सृष्टि के धारण और उसकी व्यवस्था का कार्यभार फ़रिश्तों (अढ़वायकों) के कन्धों पर है जिनमें से चार प्रमुख हैं।

धन, धान्य और वैभव की देवी के रूप में लक्ष्मी तथा काव्य, कला और वाणी की धात्री सरस्वती का उल्लेख जायसी ने किया है। उनके अनुसार दोनों का योग असम्भव है, अतः सरस्वती के भक्तों को लक्ष्मी की लालसा करनी ही नहीं चाहिए :

चहै लच्छि बाउर कबि सोई। जेहि सुरसती लच्छि कित होई।[169]

रामायण के उपाख्यान और पात्र

रामायण के उपाख्यानों और पात्रों के प्रति महाकवि जायसी का अपेक्षाकृत अधिक आकर्षण है। अपनी संक्षिप्त और सांकेतिक शैली में उन्होंने एक नवीन रामायण की रचना कर डाली है और 'पद्मावत' के पृष्ठों में यत्र-तत्र बिखरे राम कथा के सूत्रों को एकत्र करने से एक 'जायसी रामायण' उपलब्ध हो सकती है। अयोध्या में दशरथ की पुत्री के रूप में सीता का जन्म और उनके रूप-सौन्दर्य के प्रति रावण का विमोह,[170] श्रवण कुमार का दशरथ द्वारा बध और पुत्र वियोग में अन्धे माता-पिता का प्रलाप,[171] सीता सहित राम का वनवास,[172] भिक्षुक के वेश में छलपूर्वक रावण द्वारा सीता हरण,[173] वैभवशाली कंचनपुरी लंका,[174] अशोक वन में सीता का कारावास,[175] राम-हनुमान मिलन,[176] हनुमान द्वारा लंका दहन और उद्यान विध्वंस,[177] अंगद का प्रण,[178] सीता वियोग में दशरथ सुत राम का विलाप[179] सेतुबंध,[180] राम को महादेव की शरण,[181] शक्तिबाण के आघात से चेतनाशून्य लक्ष्मण और संजीवनी बूटी,[182] तापसी राम द्वारा बलशाली रावण का बध,[183] बन्दी छोर हनुमान,[184] पातालपुरी और महिरावण बध,[185] विभीषण को लंका राज्य की प्राप्ति और राज्यत्याग,[186] कारावास में पवित्रपावन सीता,[187] राम-कौशल्या मिलन[188] आदि राम कथा से सम्बद्ध ऐसे उपाख्यान हैं जिनका यथा प्रसंग 'पद्मावत' में जायसी ने अत्यन्त कलात्मक उपयोग किया है। भावव्यंजन, गर्वभंजन, कष्ट विमोचन, परोपकार परायणता, वैभव, गरिमा, साहस और दृढ़ता आदि मानवीय मूल्यों तथा संवेदनाओं के प्रत्यक्षीकरण के लिए पद्मावतकार ने उपरोल्लिखित उपाख्यानों का आश्रय लिया है, भाव प्रकाशन के लिए सादृश्यमूलक अलंकार, उत्प्रेक्षाओं और दृष्टान्तों के रूप में यथा इच्छा इन्हें उपयुक्त किया है। राम कथा के पात्रों में जायसी ने कुछ चारित्रिक विशेषताओं का भी समावेश किया है। अत: इन विशेषताओं की अन्वीक्षा अपेक्षित है।

लंका

लंका, सिंघल, सरादीप अथवा सीलोन उस भू-भाग की संज्ञा है जो भारतवर्ष (जम्बूद्वीप) के अत्यन्त सुदूर दक्षिण में स्थित है। इसी पर रावण का आधिपत्य था और राम-रावण संग्राम का यही युद्धस्थल था। परन्तु वाल्मीकि रामायण में उल्लिखित लंका सम्भवत: इससे कुछ भिन्न है और इसीलिए विद्वानों का कल्पना उर्वर मस्तिष्क राम-रावण संग्राम भूमि की खोज में संलग्न है। किसी को गुजरात में समुद्र तट पर यह मिली, किसी ने महाद्वीप ऑस्ट्रेलिया में इसका पता लगाया। वाल्मीकि रामायण में लंका के पशु-पक्षियों, फूल-पत्तियों, लकड़ी-पत्थर का जो चित्रण है उसके आधार पर डॉक्टर शंकालिया ने वर्तमान जबलपुर में लंका को स्थित माना है। जायसी के वर्णन से यह स्पष्टत: प्रतीत होता है कि लंका एक वास्तविकता है और सिंघल द्वीप

नाथपंथी जोगियों की कल्पना मात्र जायसी की कवि कल्पना ने पद्मिनी नारियों के निवास स्थल सिंघल और इस्लामी सप्ततलीय स्वर्ग का समागम करके एक रोचक कलात्मक भ्रान्ति उत्पन्न की है।

दंडकारण्य बन खंड में फूले हुए सघन ढाकों के बीच सतर्क और सावधानी से चलने का उपदेश देते हुए पथप्रदर्शक हीरामणि ने पथिकों को बताया है कि यहाँ से बाईं ओर चंदेरी है और दाईं दिशा में बिदर स्थित है और इसी बिन्दु से दो मार्ग जाते हैं। एक सिंघल ले जाता है और दूसरा लंका के समीप पहुँचाता है :

दहिने बिदर चँदेरी बाएँ। दहुँ कहँ होब बाट दुहुँ ठाएँ।
एक बाट गौ सिंघल दोसर लंक समीप।
हहिं आगे पंथ दोऊ दहुँ गवनब केहि दीप।[189]

सिंघल से वापसी के समय जहाज़ विमुख दिशा में लंका की ओर चल पड़े थे :

बोहित बहे लंक दिसि ताके। मारग छाँड़ि कुमारग हाँके।[190]

'पद्मावत' के उल्लेखों से स्पष्ट है कि लंका और सिंघल एक ही स्थान के दो नाम नहीं हैं। लंका द्वीप अपनी बहुमूल्य शिलाखंडों के लिए विख्यात है क्योंकि सिंघल के मानसरोवर के घाट का निर्माण इन्हीं शिलाओं से हुआ है :

लंक दीप कै सिला अनाई। बाँधा सरवर घाट बनाई[191]

लंका द्वीप से आने वाली इन शिलाखंडों से संगमरमर अथवा स्फटिक का बोध होता है और इस अवधारणा की पुष्टि होती है कि सिंघल और लंका पृथक् स्थान हैं।

सप्त समुद्र पार करने पर रत्नसेन को दक्षिण दिशा में कंचन मेरु दिखाई पड़ा और इसी पर्वत पर स्थित महादेव मंडप के निकट उसने स्वयं को भस्म करने के उपकरण जुटाए थे। जायसी के वर्णन से प्रतीत होता है कि लंकादहन नायक वीर हनुमान इसी पर्वत के रक्षक हैं :

हनिवँत बीर लंक जेइं जारी। परबत ओहि रहा रखवारी।
बैठ तहाँ भा लंका ताका। छठएँ मास देइ उठि हाँका।[192]

लंका निश्चय ही उपरोल्लिखित पर्वत पर स्थित है क्योंकि रत्नसेन द्वारा प्रज्वलित प्रेम ज्वाला का दाह सहन न होने पर हनुमान लंका छोड़ पलंका (महेश-पार्वती निवास स्थान) भाग जाते हैं :

तेहि की आगि उहौ पुनि जरा। लंका छाड़ि पलंका परा।
जोगी आहि बियोगी कोई। तुम्हरे मँडप आगि तेई बोई।[193]

यथार्थ और अध्यात्म के गोरखधन्धे में लंका लुप्त है। जायसी के लंका विषयक वर्णन से दो बातों का ही स्पष्टीकरण होता है। प्रथम यह कि लंका और सिंघल दो पृथक् भू-भाग हैं और द्वितीय यह कि पद्मावतकार के युग में लंका नामक विशिष्ट स्थान अपने शिलाखंडों के लिए अत्यधिक प्रसिद्ध था और जिनकी दूरस्थ स्थानों में माँग थी।

लंका द्वीप की सुख-सम्पन्नता और लंका गढ़ की ऊँचाई[194] जायसी का प्रिय प्रतिमान है सिंघलगढ़ की तुलना में उसे हेय बताया है और लंकापति रावण के राजवैभव के उपमान को सिंघलपति गन्धर्वसेन के वैभव की तुलना में निम्नस्तरीय सिद्ध किया गया है :

लंका सुना जो रावन राजू। तेहु चाहि बड़ ताकर साजू।[195]

घोर श्रृंगारपरक प्रसंगों के वर्णन में भी 'राम-रावन' युद्ध तथा 'कंचन गढ़ लंका' के उल्लेख से पाठक के मन में एक अद्‌भुत भाव जगत् की सृष्टि होती है और जायसी की सर्जनाशक्ति उसे विमोहित कर देती है :

लीन्ह लंक कंचन गढ़ टूटा। कीन्ह सिंगार अहा सब लूटा।[196]

राम

त्रिगुणात्मक व्यक्तित्व से युक्त रामचरित का निर्माण 'पद्मावत' में हुआ है। प्रथम रूप चिर-परिचित अयोध्यापति दशरथ के पुत्र, कौशल्या सुत, सीता पति, लक्ष्मण भ्राता, ऋषियों का उद्धारक और राक्षस-विनाशक का है। अपहृत पत्नी को मुक्त कराने के हेतु इन्हीं राम का लंकापति रावण से युद्ध हुआ और उसका दर्प चूर्ण करके वैभवशाली कंचनपुरी लंका का राज्य उसके भाई विभीषण को दान करके यह स्वदेश लौट गए। द्रष्टव्य है कि महाकवि जायसी ने रामकथा उपाख्यान के अनेक मर्मस्पर्शी और भावगर्भित सूत्रों की नितान्त उपेक्षा की है। कैकेयी की मातृ सुलभ पुत्रहित की चिन्ता, मंथरा की कुमंत्रणा, पुत्र वियोग में दशरथ की दयनीय स्थिति, समस्त अयोध्या समाज सहित भरत का चित्रकूट में आगमन, भ्रातृ स्नेह से गद्‌गद भरत-राम मिलाप ऐसे सशक्त प्रसंग थे जिनके द्वारा जायसी की चमत्कारपूर्ण और सशक्त शैली रस की सरिता प्रवाहित कर सकती थी। आश्चर्य है कि विरह वज्राग्नि के पूजक और वियोग प्रलाप के चतुर चित्रकार जायसी को चिर विरहिणी, नव विवाहिता, पति उपेक्षिता उर्मिला ने भी आकृष्ट नहीं किया।

राम का दूसरा रूप बत्तीस कलायुक्त विष्णु अवतार का न होकर साकार और सगुण परब्रह्म का है। इस रूप को अभिव्यक्ति मिली है धनुष के माध्यम से। धनुषधारी राम और संहारकर्ता सर्वशक्तिमान परम सत्ता के एकीकरण में जायसी ने कलात्मक

चातुर्य का प्रदर्शन किया है। धनुष ही ज्योतिरूपा ब्रह्म पद्मावती की भृकुटियों पर पड़ा बल है। यही राम के हाथों में पिनाक, कृष्ण के हाथों में सारंग, अर्जुन के हाथों में गांडीव और परशुराम के हाथों में अजगव है। इसी धनुष से निकले शर एक-एक रोम कूप और रोयें-रोयें में बिंधे हुए हैं, नस-नस में छुये और हड्डी-हड्डी में बिंधे हैं :

सोत सोत तन बेधा रोवँ रोवँ सब देह।
नस नस महँ मै सालहिं हाड़-हाड़ भए बेह।[197]

रावण, कंस, सहस्रबाहु इसी धनुष से मारे गए, इसी के भय से समुद्र ने हठ छोड़कर सेतुबंध निर्माण की अनुमति दी। भौंहरूपी धनुष और विषाक्त बाणरूपी बरौनियाँ किसी नारी की नहीं हो सकतीं। इनसे परमसत्ता की संहार क्षमता का ही बोध होता है और इसी सन्दर्भ में राम परब्रह्म के पद पर आसीन हो जाते हैं।

रामायण के नायक राम का एक सूफ़ी प्रेममार्गी साधक के रूप में चित्रण जायसी की मौलिक उद्भावना है। सीता के वियोग में वनों-पर्वतों में विलाप करते पशु-पक्षियों से अपनी मृगनयनी का पता पूछते राम का चित्रण साहित्य में हुआ है किन्तु समुद्र में रो-रोकर सीता को खोजने की कोई जानकारी नहीं है। परन्तु जायसी के वर्णनानुसार नारी विक्षोभ से पीड़ित दशरथ सुत राम समुद्र में रत्नसेन के समान ही प्रिया को खोजते फिरते हैं :

तहुँ एक बाउर मैं भेंटा। जैस राम दसरथ कर बेटा।
ओहु नारि कर परा बिछोहा। एहि समुंद्र महँ फिरि फिरि रोवा।[198]

जिस नारी की प्रेम ज्योति मन में बसाए विक्षुब्ध मना राम समुद्र तल पर प्रलाप कर रहे हैं वह निश्चय ही जनक सुता मिथिला कुमारी सीता नहीं हैं। यह शिवलोक मणि, ज्योतिरूपा पद्मावती ही हैं। राम और पद्मावती में नाम भेद अवश्य है किन्तु मूलतया दोनों एक ही हैं। दोनों की इस एकता को प्रमाणित करने के लिए जायसी ने पूर्व में ही व्यवस्था कर ली थी। पद्मावती जन्म के सन्दर्भ में ही बत्तीस कलायुक्त राम जन्म की चर्चा जायसी ने सोद्देश्य ही की है। दशरथ जातक की एक अपेक्षाकृत अज्ञात दंतकथा का आश्रय लेकर अपने वर्णन चातुर्य के बल पर उन्होंने दोनों की तात्कालिक एकता की ओर प्रारम्भ में ही संकेत कर दिया था :

रामा आइ अजोध्याँ उपने लखन बतीसों अंग।
रावन राइ रूप सब भूलै दीपक जैस पतंग।[199]

इसी राजा पर राम मुग्ध हैं, शलभ के समान इसी दीपशिखा पर भस्म होने के लिए रावण तत्पर है और इसी पर जोगी रत्नसेन आसक्त है। परन्तु इसकी उपलब्धि

'मरजिया' को ही होती है। और यही मरण खेल जायसी की साधना का केन्द्रीय बिन्दु है। राम के मरजिया रूप की ओर ही इन पंक्तियों में संकेत है :

पुनि जौं राम खोइ भा मरा। तब एक अन्त भएउ मिलि तरा। [200]

राम और रावण शब्द का श्लेषात्मक उपयोग भी जायसी ने शृंगार प्रसंग के अन्तर्गत कई बार किया है। परन्तु मुख्य रूप से आयुध (धनुष) की चर्चा के माध्यम से उन्होंने राम के पराक्रमी रूप को ही अधिक महत्त्व दिया है।

सीता

जायसी ने अयोध्या में सीता के जन्म का उल्लेख किया है और सम्भवत: इसी कारण जनक अथवा जनकपुरी की चर्चा सम्पूर्ण 'पद्मावत' में अनुपलब्ध है। रावण द्वारा सीता हरण और अशोक वन के कारावास से राम-हनुमान के प्रयत्नों के फलस्वरूप उनकी मुक्ति के कई चित्र जायसी ने प्रस्तुत किए हैं। परन्तु मुख्य रूप से अपहरण के प्रसंग पर ही उनका ध्यान केन्द्रित रहा है क्योंकि आडम्बरपूर्ण साधना को सारहीन ठहराने के लिए रावण के छलछन्द की कथा अनुकूल भूमिका प्रस्तुत करती है। रावण भिक्षुक नहीं है, वह सीतारूपी साध्य को प्राप्त करने के लिए भिक्षुवेष धारण करता है। जायसी के अनुसार भिक्षापात्र ग्रहण और साधु वेष धारण छलछन्द मात्र हैं जिनसे संसार को छला जा सकता है, समाज को धोखा दिया जा सकता है, किन्तु प्राणप्रिय का सायुज्य प्राप्त नहीं हो सकता। रत्नसेन के जोगी वेष के प्रति सन्देहात्मक दृष्टि और साधना के बाह्योपकरणों पर कटाक्ष द्वारा उन्होंने पद्मावती के मुख से इसी तथ्य को प्रकाशित किया है :

जोगि भिखारि करसि बहु बाता। कहेसि रंग देखौं नहीं राता।
कापर रँगे रँग नहिं होई। हिएँ औंटि अपनै रँग सोई।
चाँद के रंग सुरुज जौं राता। देखिअ जगत साँझ परभाता।
दगध बिरह निति होइ अँगारू। ओहि की आँच धिकै संसारू।
जौ मँजीठ औटै औ पचा। सो रँग जरम न डोलै रँचा।
जरै बिरह जेउँ दीपक बाती। भीतर जरै उपर होइ राती।
जर परास कोइला के भेसू। तब फूलै राता होइ टेसू। [201]

'एहि भेस रावन सिय हरी' की उक्ति द्वारा आडम्बरपूर्ण कायिक साधना पर ही जायसी ने व्यंग्य किया है। इसके द्वारा साध्य की प्राप्ति जैसी स्थिति तो सम्भव है किन्तु मुक्ति की प्राप्ति पूर्णतया उसी की अनुकम्पा और साधक के सम्पूर्ण आत्मसमर्पण पर निर्भर है। निम्न पंक्ति में इसी तथ्य का संकेत मिलता है :

तब लगि भुगुति न लै सका रावन सिय एक साथ। [202]

कायिक साधक रावण को सीता ने भिक्षा दी और छली गई, इसीलिए आत्मसमर्पण के पूर्व पद्मावती जोगी रत्नसेन का पूर्ण परीक्षण करती है और उस समय तक एक अन्तरपत का व्यवधान दोनों को पृथक् रखता है जब तक 'प्रेमरंग राते' के सम्बन्ध में वह पूर्णतया सन्तुष्ट नहीं हो जाती। वह सीता की भूल को दुहराना नहीं चाहती :

सीय भीख रावन कहँ दीन्ही। तूँ असि निठुर अँतरपट कीन्ही।[203]

वस्तुत: 'पद्मावत' का एक प्रतिपाद्य विषय आडम्बरपूर्ण काय साधना का खंडन और आन्तरिक प्रेम साधना का निरूपण भी है और सीता अपहरण की घटना द्वारा उन्होंने अत्यन्त कुशलतापूर्वक अपने इसी विचार को व्यक्त किया है।

रावण

सम्पूर्ण ऐश्वर्य से सम्पन्न, समृद्धिशाली राज्य व्यवस्था का प्रतीक रावण राज है और दल, बल, सैन्यशक्ति तथा पराक्रम का प्रतीक स्वयं रावण है। जायसी की दृष्टि में पाप और पतन का मूल कारण गर्व है। अपनी इसी धारणा को उन्होंने रावण-विनाश और लंका-विध्वंस के दृष्टान्त द्वारा चित्रित किया है :

रावन गरब बिरोधा रामू। औ ओहिं गरब भएउ संग्रामू।
जो अस बजर टरै नहीं टारा। सोउ मुआ तपसी कर मारा।[204]

धन संचय और द्रव्य प्रलोभन समस्त पापों का मूल है। जायसी का विचार है कि अपनी धन संचय प्रवृत्ति के कारण ही रावण जैसा वीर योद्धा और धनपति विनाश को प्राप्त हुआ :

दान करन दै दुइ जग तरा। रावण संचि अगिनि महँ जरा।[205]

नियति द्वारा पूर्व निर्धारित और पूर्व जन्म के कर्म फल के रूप में भी जायसी ने रावण वध की घटना को चित्रित किया है :

रावन लिखा जो जरै कहँ किमि अजरावर होई।[206]

हनुमान

क्रियाशीलता, परोपकार परायणता, नि:स्वार्थ सेवा, लक्ष्यनिष्ठा और कष्ट विमोचन हनुमान के चरित्र के वे मानवीय मूल्य हैं जिनके कारण रामायण के अन्य पात्रों की तुलना में जायसी को वह कहीं अधिक प्रिय हैं। लगभग बीस बार उन्होंने हनिवँत

की चर्चा 'पद्मावत' में की है। राम-हनुमान मिलन के पश्चात् ही राम कथा में संघर्षशीलता और द्वन्द्वात्मक स्थिति का विकास होता है, उसमें नाटकीय तत्त्व विस्फुरित होते हैं। इससे पहले का समस्त घटनाचक्र इसी नाटक की पूर्व पीठिका जैसा है, वह पूर्व रंग की ही स्थिति है। नायकत्व की दृष्टि से राम अत्यन्त निष्क्रिय, भाग्य द्वारा प्रचलित, पूर्वनिर्धारित कर्मों के कर्ता और परिस्थितिजन्य आपत्तियों को बिना किसी संघर्ष के शिरोधार्य करने वाले पात्र हैं। उनकी बाल्यावस्था राक्षस दमन में व्यतीत हुई और माता-पिता के स्नेह से वंचित ऋषियों के आश्रमों की रक्षा करते हुए वह युवावस्था को प्राप्त हुए। सुख भोग का समय निकट आया तो गृह-कलह आरम्भ हो गई और कर्तव्यपालन के हेतु सीता सहित उन्होंने वन में शरण ली। तपस्वी, वनवासी और एकान्तवासी राम फिर भी निश्चिन्त नहीं रह सके, पातालपुरी में बन्दी बने और प्राणप्रिया सीता रावण द्वारा अपहृत हुईं।

वस्तुतः राम से अधिक दुखपूर्ण जीवन किसी अन्य नायक का हो ही नहीं सकता। वह कष्ट भोग के लिए तत्पर रहते हैं और उसके निवारण की चेष्टा नहीं करते। सम्भवतः दुख सहन की इसी अपार क्षमता के कारण शताब्दियों से दलित, पीड़ित, दुख भार वहन करती हुई भारतीय ग्रामीण जनता ने उनके चरित में अपने कष्टपूर्ण जीवन के दर्शन किए और दोनों के बीच आत्मीय सम्बन्ध स्थापित हुआ। उनकी अवसादपूर्ण महानता उसकी विषादपूर्ण छुद्रता के लिए सांत्वना का कारण बन गई। हमारा अभिप्राय अध्यात्म के तत्त्वज्ञान से यहाँ नहीं है, उस तथ्य की ही चर्चा यहाँ अभीष्ट है जिसके कारण अवधेश और भारत देश के बीच की घनिष्ठता चिरन्तन और स्वाभाविक है। दुखिया का दुख दुखिया ही जानता है।

निश्चय ही राम भगवान हैं, किन्तु मिथक से आर्ष साहित्य और वहाँ से अध्यात्म साहित्य तक पहुँचकर इस पद पर आसीन होने की प्रक्रिया में राम और जनमानस के बीच यदि कोई सशक्त प्रीति सम्बन्ध निरन्तर रहा है तो वह रामचरित की कष्ट भोग क्षमता का ही फल है। इसके विपरीत हनुमान कष्ट विमोचन में सक्रिय हैं। कंचनपुरी लंका दहन और उसके उद्यानों का विध्वंस महाशक्तिशाली को साहसी और निर्भीक व्यक्ति की चुनौती मात्र है। रावण का वध निश्चय ही राम ने किया, किन्तु उसके दल-बल को हास्यास्पद स्थिति में पहुँचाने, रावण की सेना के असंख्य बलवान और अनुभवी योद्धाओं के आत्मबल को नष्ट करके लंका समाज में हीनभावना उत्पन्न करने का श्रेय हनुमान को ही है।

अपने साहस और कर्मठता के कारण ही जायसी के लिए हनुमान का चरित अधिक रोचक है। सम्भवतः इसी दृष्टि से मलाया और इंडोनेशिया आदि देशों में आज भी हनुमान को अधिक महत्ता और प्रतिष्ठा प्राप्त है, रामायण के नायक के रूप में उन्हीं का अधिक सम्मान है। जायसी के वर्णन में वह एक महान कपि और राम सेवक कदापि नहीं हैं, उनका रूप एक महापुरुष का है जो संकटग्रस्त व्यक्तियों के दुख निवारण

के लिए संकल्पबद्ध हैं, जो मौखिक वरदान द्वारा कष्ट विमोचन नहीं करता बल्कि दुखीजन का सहयोगी और साथी बन के अपने उद्यम द्वारा अत्याचारी का विनाश करता है। उसे अपने बाहुबल और आत्मबल पर पूर्ण विश्वास है।

हनुमान चरित के दो पक्ष 'पद्मावत' में चित्रित हैं। एक राम-लक्ष्मण को महिरावण के बन्दीगृह से मुक्त कराके 'बन्दी छोर' उपाधि प्राप्त हनुमान का है और समुद्र लंघन, अशोक वन में बन्दिनी सीता से भेंट, लंका उद्यान विध्वंस, लंका दहन, संजीवनी बूटी की उपस्थिति आदि हनुमान के वह कृत्य हैं जो सर्वविदित हैं। वह सीता के उद्धारक और लक्ष्मण के लिए पुनर्जीवनदाता हैं। दूसरे रूप को जायसी की नितान्त मौलिक कल्पना तो नहीं कहा जा सकता क्योंकि पुराण साहित्य में उसके सूत्र यत्र-तत्र उपलब्ध हैं। परन्तु इस सामग्री को एकत्रित कर हनुमान को एक नवीन व्यक्तित्व प्रदान करने में अवश्य ही जायसी की विशिष्ट चेतना और कला कौशल का योगदान है।

अदम्य उत्साह और दुर्गम्य को सुगम्य बनाने की महत्त्वाकांक्षा ही जायसी के अनुसार पुरुष के आभूषण हैं और हनुमान चरित इसी का मूर्तमान रूप है :

पुरषहि चाहिअ उँचइ हिआऊ। दिन-दिन ऊँचै राखै पाऊ।[207]

जीते जी जो मृत्यु का आलिंगन करते हैं वही साधु हैं :

मुहमद जिअतहिं जे मरहिं तेइ पुरुष कहु साधु।[208]

विवेच्य पंक्तियों में निरूपित आदर्श हनुमान-चरित में पूर्णरूप से चरितार्थ होते हैं और इसीलिए जायसी की दृष्टि में वह महासिद्ध हैं क्योंकि साहसी को ही सिद्धि प्राप्त होती है :

साहस जहाँ सिद्ध तहँ होईं।[209]

'पद्मावत' में वर्णित स्थल-रूपरेखा के अनुसार सप्त स्वर्ग के निम्नतम खंड को घेरे हुए मानसर समुद्र के ऊपर कंचन मेरु पर्वत है और इसी के एक उच्च शिखर पर महादेव मंडप स्थित है। अपने सिद्ध रूप में हनुमान इसी कंचन मेरु के रक्षक हैं। लंका की ओर मुँह किए वह यहीं बैठे रहते हैं और छठे महीने उठकर हाँक लगाते हैं। रत्नसेन द्वारा प्रज्वलित वियोगाग्नि दाह सहन न कर सकने पर उन्होंने यहीं से पार्वती-महेश निवास स्थान पलंका में पहुँचकर इस दावानल की गम्भीरता से सूचित किया है। निश्चय ही यह हनुमान का अमरत्व प्राप्त सिद्ध रूप है :

हनिवँत वीर लंक जेइ जारी। परबत ओहि रहा रखवारी।
बैठ तहाँ भा लंका ताका। छठएँ मास देइ उठि हाँका।
तेहि की आगि उहौ पुनि जरा। लंका छाँड़ि पलंका परा।
जाइ तहाँ यह कहा सँदेसू। पारबती औ जहाँ महेसू।[210]

चित्तौड़ से प्रस्थानोपरान्त पहले पड़ाव और दूसरे मिलान के बीच विषम घाटी तथा अगम्य पर्वतमाला है जिनके बीच-बीच में खोह, नदी, नाले हैं और जगह-जगह बटमारों की उपस्थिति के कारण मार्ग अत्यन्त असुरक्षित है।[211] सम्भवतः यह चंबल घाटी का वर्णन है और यहीं उपर्युक्त हनुमान की हाँक सुनाई पड़ती है जिसके कारण पथिक स्थिर चित्त नहीं रह पाते, भयभीत होकर वह आगे नहीं बढ़ते।[212]

बानर जाति के अंजना पुत्र और पवन सुत हनुमान का कोई चित्र 'पद्मावत' में उपलब्ध नहीं है। जायसी के हनिवँत प्राकाम्य सिद्ध पुरुष हैं जो अपनी इच्छानुसार आकृति अथवा वेष धारण करने में समर्थ हैं। रत्नसेन के सहायतार्थ यदि महेश कुष्टि वेष धारण करके आते हैं तो महाबली हनुमान उनके संग बन्दर शावक की आकृति में प्रकट होते हैं :

औ हनिवंत बीर सँग आवा। धरे वेष जनु बन्दर छावा।[213]

महेश-पार्वती को उन्होंने रत्नसेन-अग्निदाह में लंगूरों के जलने और भाग निकलने का वृत्तान्त सुनाया है, किन्तु तत्क्षण अपनी दुर्दशा की चर्चा भी की है। इससे भ्रम उत्पन्न हो सकता है कि वह सजातीय लंगूरों की स्थिति का उल्लेख कर रहे हैं। परन्तु इसी भ्रमोत्पादक शैली द्वारा ही जायसी प्रख्यात पात्रों और अपनी विशिष्ट मान्यताओं का समागम करते हैं। इस शैली का एक सुन्दर उदाहरण द्रष्टव्य है :

जरे लँगूर सो राते उहाँ। निकसि जो भागे गए करमुँहाँ।
तेहि बज़्रागि जरै हौं लागा। बज्जर अंग जरत उठि भागा।
रावन लंका मैं डही ओइँ हम डाहन आइ।
कनै पहार होत है रावट को राखै गहि पाइ।[214]

कंचन, मेरु के वह रक्षक हैं इसीलिए उनके रावण होने की चिन्ता स्वाभाविक है किन्तु जायसी ने साथ ही साथ लंका दहन की चर्चा सोद्देश्य की है क्योंकि 'सर रचना' और अग्निदाह ही उनकी प्रेम साधना के उत्कृष्टतम साधन हैं। जायसी के अध्यात्माधृत इस दृष्टिकोण को अभिव्यक्त करने के लिए वस्तुतः लंका दहन से अधिक सशक्त और उपयोगी अन्य माध्यम हो ही नहीं सकता था। कलाकार जायसी ने इस उपाख्यान में निहित अभिव्यंजना शक्ति को पहचाना और सूफ़ी जायसी ने इस घटना में अपनी अध्यात्म चेतना को रूप लेते देखा। दृष्टि और द्रष्टा के मणिकंचन योग से चित्त को चमत्कृत करने वाले ऐसे दृश्यों की सृष्टि सम्भव हो सकी जिनमें प्रज्वलित ज्वाला की लपटों में पुष्पित टेसुओं की लालिमा के दर्शन होते हैं। उड़ती चिनगारियों से कुसुमागार का आनन्द प्राप्त होता है, अनल रक्ताभ कमल का रूप धारण करता है और हुताशन गुलशन बन जाता है। कलाकार जायसी ने विरहावस्था को अपने प्रिय

नायक हनिवंत के रूप में मानवीयकृत भी किया है और लंका दाह को विरहाग्नि का पर्यायवाचक बना दिया है :

होइ हनिवंत बैठ है कोई। लंका डाह लाग तन होई।
लंका बुझी आगि जो लागी। यह न बुझै तस उपजि बजागी।
जनहुँ अगिन के उठहिं पहारा। वै सब लागहिं अंग अँगारा।[215]

हनुमान विरह ज्वाला भी हैं और प्रेमाग्नि से संतप्त वियोगियों के उद्धारक भी। इसीलिए 'मरण से भी कठिन प्रेमव्यवस्था' में फँसे राजा रत्नसेन को प्राणप्रिया रूपी संजीवनी की प्राप्ति की आशा हनुमान के ही सामर्थ्य से है :

नहिं सो राम हनिवंत बड़ दूरी। कौ लै आव संजीवनी मूरी।[216]

नाना पुराण के आख्यानों और उनके प्रख्यात नायकों के अनेक चित्र 'पद्मावत' में पदे-पदे अंकित हैं, किन्तु ये उनके आदर्शात्मक रूप के द्योतक नहीं हैं, इनकी ओर भक्ति भावना विभोर दृष्टि पद्मावतकार की नहीं है। वाग्विदग्ध और सृजनशील जायसी का इन सब से घनिष्ठ रचनात्मक सम्बन्ध है। अत: उनकी रचनाओं में इन अन्तर्कथाओं का उपयोगात्मक और प्रयोगात्मक वर्णन ही हुआ है।

देवी-देवताओं का इस्लामीकरण

सूफ़ी चेतना जनित व्यक्तित्व का आरोपण जायसी ने पौराणिक पात्रों में किया है और इस तथ्य की अन्वीक्षा यथा सन्दर्भ पूर्व अनुच्छेदों में की जा चुकी है। परन्तु इस समन्वयात्मक सांस्कृतिक धारा के प्रवर्तन का श्रेय उन्हें कदापि नहीं है क्योंकि अनेक पूर्ववर्ती सूफ़ी संत इस प्रक्रिया को विकसित कर चुके थे और उनके परवर्ती सत्रहवीं शती के विख्यात मुस्लिम विचारकों ने देवी-देवताओं के इस्लामीकरण की इस धारा को प्रवाहित रखने में सराहनीय योगदान किया है। खेद है कि इन उदार तथा समन्वयवादी महान चिन्तकों की उपेक्षा की गई, उनके बहुमूल्य ग्रंथों[217] के प्रकाशन और प्रसारण को अनावश्यक समझा गया, पुस्तकालयों में कर्मियों के भक्षण के लिए उन्हें सुरक्षित कर दिया गया। अध्यात्म के क्षेत्र में इन समस्त समन्वयात्मक प्रयासों की स्थिति प्रयोगात्मक ही रही है और व्यापक रूप से मुस्लिम समाज में इस्लामीकृत देवी-देवताओं का प्रतिष्ठापन सम्भव नहीं हुआ अन्यथा भारतीय इतिहास और समाज का कुछ और ही रूप होता। इस समन्वित चेतना को रूप देने में जायसी का भी महत्त्वपूर्ण योगदान है।

'पद्मावत' में हनुमान के जिस चरित पर अधिक बल है वह निश्चय ही एक 'क़ुत्ब' अथवा ग़ौस का है। सूफ़ी परिभाषा के अनुसार 'क़ुत्ब' अन्तर्ध्यानावस्था में

अमरत्व को प्राप्त होता है, निस्सहाय और दुखियों की सहायता करता है। अदृश्यता, अमरता और दीनबंधुता के गुणों के योग से हनुमान के व्यक्तित्व का निर्माण जायसी ने किया है। यह रूप पैग़म्बर ख़िज्र का भी हो सकता है।

जायसी के पूर्व महात्मा कबीर ने महादेव को मुहम्मद और ब्रह्मा को आदम के रूप में मान्यता प्रदान की थी :

वही महादेव, वही महमद, ब्रह्मा आदम कहिये।
को हिन्दू को तुरुक कहावै, एक जमीं पर रहिये।

इनसे भी पूर्व 1430 ई. के लगभग सिन्ध में अत्यन्त प्रभावशाली खोजा सम्प्रदाय के प्रसिद्ध पीर सदरुद्दीन ने ब्रह्मा को मुहम्मद, विष्णु को अली और आदम को शिव के अभिधान से सुशोभित किया था।[218] इन्होंने दशावतार नामक ग्रंथ लिखकर अली को विष्णु के दशम अवतार के रूप में प्रतिष्ठापित करने का प्रयास पन्द्रहवीं शती के आरम्भ में किया था। परन्तु जायसी के परवर्ती विद्वान दाराशिकोह ने ब्रह्मा को जिब्रील, विष्णु को मीकाइल और महेश को इस्राफ़ील के तुल्य माना है। जायसी भी त्रिमूर्ति को ईश्वर के तीन देवदूतों अथवा अढ़वायकों जिब्रील, मीकाइल और इस्राफ़ील के रूप में ही देखते हैं। ब्रह्मा या जिब्रील सृजन करते है, सिंचन का भार विष्णु अथवा मीकाइल के कन्धों पर है और सृष्टि के संहारकर्ता शिव या इस्राफ़ील हैं। निश्चय ही ब्रह्मा, विष्णु, महेश से सम्बद्ध अवधारणाओं का यह एक पक्ष ही है, किन्तु इनके इस्लामीकरण का इसके अतिरिक्त अन्य आधार हो भी नहीं सकता था।

दंतकथाओं के अनुसार कुर्सी (जिस पर ईश्वर पाँव रखता है) के निकट दाहिनी ओर मूर्तियों से निर्मित प्रासाद जिब्रील का निवास स्थान है। मुहम्मद के पास 'वही' (परमेश्वरीय सन्देश) लेकर जिब्रील ही आते थे। इस प्रकार वह विधाता के विशिष्ट कृपा पात्र हैं।

जायसी के वर्णन के अनुसार 'हक़ीक़त-उल-मुहम्मदिया' पद्मावती और सामीप्य मुक्ति प्राप्त तोता एक साथ मिलकर वेद-शास्त्र का पाठ्य करते थे और ब्रह्मा आनन्द विभोर होकर सिर डुलाते थे।[219] 'वेद' और 'पुरान' दोनों शब्दों का उपयोग जायसी ने क़ुर्आन के पर्याय के रूप में किया है। पद्मावती का विद्या समारम्भ संस्कार इस्लामी विधि के अनुसार पाँचवें वर्ष पुरान[220] पाठ से ही सम्पन्न हुआ है। अतः निश्चित रूप से कहा जा सकता है कि 'पद्मावत' में जिब्रील का ही चित्रण ब्रह्मा के नाम से जायसी को अभीष्ट है।

नाथ और गोरखपंथियों के आदिनाथ के रूप में ही मुख्यतया जायसी ने महादेव का वर्णन किया है, किन्तु त्रिमूर्ति सम्बन्धी अपनी मान्यता के विरुद्ध आदि पिता आदम के रूप में भी महेश का उल्लेख 'पद्मावत' में उपलब्ध है। व्यावहारिक इस्लाम की मान्यतानुसार मानव के आदि पिता आदम और आदिमाता हौवा हैं जिसके प्रमाण में

जायसी-काव्य से संगत उद्धरण यथास्थान प्रस्तुत किए जा चुके हैं। 'कहरानामा' में विधाता द्वारा रचित सृष्टि का विवरण प्रस्तुत करते हुए जायसी ने इन्हीं का स्मरण गौरा और ईश्वर नाम से भी किया है :

फिरि इस्त्री-पुरिस भे दोऊ, ईश्वर गौरा साजे रे।[221]

उपर्युक्त उद्धरण से इस तथ्य का निर्विवाद रूप से स्पष्टीकरण हो जाता है कि जायसी की दृष्टि में आदम ही ईश्वर अथवा महेश और गौरा या पार्वती ही हौवा हैं। इस्लामी धर्मतंत्र में चूँकि देवियों की कोई कल्पना नहीं की गई इसीलिए पार्वती का ही हौवा के रूप में इस्लामीकरण यथेष्ट है। धनपति कुबेर विषयक जायसी-वर्णन के सम्बन्ध में इस आधार पर आपत्ति उठाई गई है कि उसके पाताल में धँसने की कथा पुराण वाङ्गमय में अप्राप्य है। परन्तु कुबेर की वस्तुस्थिति से अनभिज्ञता का यह फल कदापि नहीं है।

वस्तुत: कुबेर के नाम से उन्हीं के समान धनाढ्य क़ारून का वर्णन जायसी ने 'पद्मावत' में किया है। क़ारून पैग़म्बर मूसा के चाचा का पुत्र था और उसके धनकोष की कुंजियाँ चालीस ऊँटों के लदान के बराबर थीं। मूसा के अभिशाप के कारण वह धरती में धँस रहा है और प्रलयकाल तक पाताल में धँसता जाएगा। इसी क़ारून के भारतीय संस्करण कुबेर के इस्लामीकृत रूप को ही जायसी ने 'पद्मावत' में चित्रित किया है :

दान मेरु बढ़ि लाग अकाराँ। सैंति कुबेर बूड़तेहि भारा।[222]

इब्लीस के सम्बन्ध में व्यावहारिक इस्लाम की मान्यताओं और सूफ़ी मतानुसार उसकी स्थिति का उल्लेख यथा सन्दर्भ हम कर चुके हैं। सूफ़ी विश्वास के अन्तर्गत वह अनन्य भक्ति का प्रतीक और ब्रह्मरंध्र (दसऐं द्वार) का विधाता द्वार नियुक्त रक्षक है। भ्रमोत्पादन और साधकों का नित्य परीक्षण उसका कर्तव्य है। ऋषि नारद के चरित में भी कुछ इसी प्रकार के गुण विद्यमान हैं। नारद विषयक तुलसी वर्णन हमारी इस उक्ति का पुष्ट प्रमाण है :

सुनत बचन बिहँसे रिषय गिरि सम्भव तव देहू।
नारद कर उपदेसु सुनि कहहु बसेउ किसु गेहू।[223]
दच्छ सुतन्ह उपदेसेन्हि जाई। तिन्ह फिरि भवनु न देखा आई।
चित्रकेतु कर घर उन घाला। कनक कसिपु कर पुनि अस हाला।
नारद सिष जे सुनहिं नर नारी। अवसि होहिं तजि भवन भिखारी।
मन कपटी तन सज्जन चीन्हा। आप सरिस सबहि चह कीन्हा।[224]

नारद की इन्हीं विशेषताओं से प्रेरित होकर जायसी ने इब्लीस के रूप में उनका इस्लामीकरण किया है। इस सबके पीछे भविष्य द्रष्टा जायसी की वह बलवती

चेतनाशक्ति क्रियाशील है जिसका लक्ष्य भारतीय इस्लाम की रूपरेखा का निरूपण है। किसी के धार्मिक विश्वासों का निरादर अथवा प्रसिद्ध पौराणिक पात्रों के प्रति किसी प्रकार की अश्रद्धा महाकवि जायसी का ध्येय हो ही नहीं सकता। भूल-चूक के लिए उन्होंने पहले ही पंडितों से क्षमायाचना कर ली है।

साधनानिष्ठ पदावली

सूर्य-चन्द्र, गंगा-यमुना, धूप-छाँव, रात-दिन, साँवरी-गोरी, सात खंड (शरीरस्थ सात चक्र) कविलास, सुखबास (आठवाँ चक्र), सुखबासी, नाभिकमल, हृदय कमल, त्रिवेणी, नवधौराहर, नवद्वार, दशम द्वार (दसएँ द्वार), दसईं अवस्था, बाँकी बाट (बंक नाल), सरग द्वारी, राजकोष, रतन मंजूषा, सेंध, चोर, मन, हृदय, बिन्दु, रंगराता, बज्र केवाड़, केवाड़ खोलना, ताला-कुंजी, उलटि दिस्टि, गगन दिस्टि, पवन (वायुप्राण)पदुमावति-कमलिनी (षट्चक्रों की शक्ति, राजा (जीव, हंस), जरत (जीर्ण), एक बार (एक द्वार) बारी, नारी, पिउ, सोना, रूपा, पारा, अभरक, हड़ताल, सुहागा, अन्धकूप, अदेस, पिंगला, सुषुम्णा, पान-सुपारी-कत्था-चूना (चतुष्ट्य शून्य), पेड़ी का पान (मूलाधार चक्र), सोनिरासि (सर्वशून्यावस्था, सिद्ध, सिद्धि, नाथ, आदिनाथ, गोरख, सिद्धि गोटिका, सिंगी, अधारी, मृगछाला, किंगरी, मुद्रा, डंड, कुंडल, माला, कंथा, पान और चौपड़ आदि कार्य साधना की सर्वस्वीकृत परिभाषाओं, रूपकों, प्रतीकों द्वारा जायसी ने अपनी रचना को व्यंजक, भावगर्भित, अध्यात्मोन्मुख और चित्रमय बनाया है। 'सुगन्ध कनक' (प. 93/4), सुवासि कनक (84/3), सोंधा सोना (84/8) विशेषणों से युक्त राजकुमारी पद्मावती के रूप सौन्दर्य को अपने अनुभव की वस्तु बना ही नहीं सकता जब तक पाठक इन तीन अध्यात्म परिभाषाओं से पूर्णतया परिचित न हो। शुष्क, विरस, साधनामूलक पदावली में उन्होंने नवीन प्राण प्रतिष्ठान किया, नई स्फूर्ति फूँकी और रचनात्मक प्रयोग द्वारा उसे सशक्त बनाया। व्यंगार्थ की दृष्टि से यह पदावली गत्यात्मक हो गई, उनकी श्लेषमयी शैली और प्रयोगात्मक कौशल ने परिभाषाओं और अभ्यास सूचक इस सीमित अर्थबोध वाली शब्दावली द्वारा ऐसे असीम भावजगत का सृजन किया है जो जायसी के पूर्व अज्ञात था। नि:सन्देह उनके पूर्ववर्ती निर्गुण संत, नाथ, सिद्ध कवियों ने इसी के माध्यम से एक आन्तरिक रहस्यात्मक जगत की सृष्टि की थी, किन्तु सर्वप्रथम जायसी ने ही प्रबन्ध काव्य रचना के लिए इसका प्रयोग किया है और व्यापक परिवेश को चित्रित करने की क्षमता इसे प्रदान की है। स्त्री-पुरुष के वासनाजनित प्रेम की समस्त शब्दावली और प्रतीकों को स्वीकार करते हुए भी इसी पदावली के योग से उन्होंने अपने कथ्य को विषयातीत परिपूरित और परिशुद्ध किया है, इन्हीं के द्वारा लौकिक और पारलौकिक सौंदर्य के बीच तात्त्विक एकता स्थापित की है। हो सकता है कि नाथों और सिद्धों

के सम्पर्क में आने पर ही इस पदावली का प्रत्यक्ष ज्ञान जायसी को प्राप्त हुआ हो, किन्तु इसकी सम्भावना अधिक है कि काव्यमर्मज्ञ कवि को पूर्ववर्ती रचनाओं के अध्ययन द्वारा इसकी उपलब्धि हुई हो। पावन प्रेमानुभूति, शृंगार और निवृत्तिमूलक अध्यात्मवाद जैसे गूढ़ और विरोधी तत्त्वों में इसी रसायन द्वारा जायसी ने समरसता उत्पन्न करके एक ही साथ सभी प्रकार के काव्य प्रेमियों के लिए रस भोग की सामग्री एकत्रित कर दी है। आलोचकों की अवधारणा के विपरीत अपने आत्मोल्लेख के आधार पर वह 'वेद-पुराण, भगवद्गीता, तंत्र-मंत्र'[225] आदि के प्रकांड पंडित थे। अन्य साधना प्रणालियों का अभ्यास उन्हें था या नहीं कहना कठिन है, किन्तु कुछ समय तक उन्होंने योगाभ्यास अवश्य किया था क्योंकि अपने व्यक्तिगत साधना मंत्र की चर्चा करते हुए 'ताला-कुंजी' जैसे पारिभाषिक शब्दों के उल्लेख द्वारा उन्होंने इसका स्पष्ट संकेत किया है :

कहौं मंत्र जो आपनि पूँजी। खोलु केवारा ताला कूँजी।[226]

'पद्मावत' का नायक रत्नसेन भी सम्भवतः कवि की इसी व्यक्तिगत रुचि के कारण पिंगला, सुषुम्णा नाड़ियों का आश्रय लेकर शून्य समाधि में त्राटक लगाता है :

गही पिंगला सुखमन नारी। सुन्नि समाधि गौ तारी।[227]

निश्चय ही तत्कालीन प्रचलित साधना प्रणालियों के यम-नियम और परिभाषाओं से जायसी भलीभाँति परिचित थे, किन्तु उनकी रचना में इन्हें उसी सीमा तक मान्यता प्राप्त हुई है जहाँ तक यह प्रेमी साधक को साहाय्य प्रस्तुत करते हैं क्योंकि अन्ततः सभी साधना मार्ग विफल होकर 'सर-रचना' प्रणाली में विलीन हो जाते हैं क्योंकि सूफ़ी जायसी की दृष्टि में प्रेमसाधना ही सिद्धि प्राप्ति का उत्कृष्ट मार्ग है। परन्तु कलाकार जायसी हिन्दी की पूर्वकालीन साहित्यिक परम्परा का परिष्करण और विकास करते हुए अपनी संवेदनाओं और अनुभूतियों के योग से एक नवीन काव्यधारा प्रवाहित करते हैं। इसीलिए काव्य-साधनारत साधक के रूप में वह अधिक सफल हैं।

सुप्रसिद्ध संत और सूफ़ी अद्वैतवाद (वहदत-उल-वजूद) के प्रवर्तक आचार्य मुहीउद्दीन इब्न-अल-अरबी ने लिखा है कि 'मेरा हृदय उसी प्रतिरूप का रूप है। यह कुरंगों की चरागाह है, यह मठ है संसार विमुख ईसाई साधकों के लिए, देवालय है देव मूर्तियों के लिए, का'बः है हज करने वालों के लिए एक तख़्ती है जिस पर तौरेत भी अंकित है और क़ुर्आन भी उत्कीर्ण है। मैं प्रेममार्ग का पथिक हूँ और अनुराग रूपी ऊँट मुझे जिस पथ पर चाहे ले जाए।' इसी प्रकार का अनंत सागर 'पद्मावत' भी है जो क़ुर्आन, गीता, पुराण, तंत्र-मंत्र, योग, नाथ-सिद्ध परम्परा, व्यावहारिक इस्लाम और सूफ़ी सिद्धान्त सभी का संगम स्थल है। सार्वभौमिक प्रेम सत्ता और कण-कण

में व्याप्त विश्वात्मा को सरस मूर्त रूप देने में जायसी ने सभी का योगदान स्वीकार किया है। अनेकता में एकता की जिज्ञासा प्रवृत्त उनकी दृष्टि ने सभी सिद्धान्तों और साधना प्रणालियों में संचारित समान तत्त्वों को आत्मसात् करके उनके संश्लिष्ट रसात्मक रूप को अपने काव्य का कथ्य बनाया है।

फ़ारसी साहित्य और भाषा का प्रभाव

सर्गबद्ध महाकाव्यों के रचना विधान और चरित-काव्यों की वर्णन शैली का 'पद्मावत' में निर्वाह नहीं हुआ। फ़ारसी की सुप्रसिद्ध मसनवी शैली की रचना-पद्धति के आधार पर ही अपने ग्रंथ की रचना की गई है। मसनवी के सर्वमान्य सर्वश्रेष्ठ कवि निज़ामी हैं और अप्रत्यक्ष रूप से ख़ुसरों ने भी उन्हें अपना काव्य गुरु स्वीकार किया है। रचना विधान की दृष्टि से पद्मावतकार ने निज़ामी द्वारा निर्धारित पद्धति का ही अनुसरण किया है। परन्तु भाव सृष्टि, विचार निरूपण तथा श्लेषात्मक वर्णन शैली के आयोजन में वह अमीर ख़ुसरो के अधिक निकट हैं। एक उत्कृष्ट मसनवी लेखक के रूप में जायसी का अध्ययन आवश्यक है और इस काव्यधारा के विकास में उनके योगदान का अनुमान तभी लगाया जा सकता है जब फ़ारसी की प्रसिद्ध मसनवियों और 'पद्मावत' का तुलनात्मक अध्ययन किया जाए। इसके बिना विश्वविख्यात मसनवीकारों के बीच जायसी का स्थान निर्धारित करने का प्रयास निराधार और विफल प्रयत्न मात्र है। फिर भी इतना अवश्य कहा जा सकता है कि अपने वाक्चातुर्य और वर्णन गाम्भीर्य द्वारा उन्होंने एक अविकसित बोली को उस गौरवोन्नत शिखर पर पहुँचा दिया जहाँ से फ़ारसी जैसी तत्कालीन अन्तर्राष्ट्रीय भाषा को चुनौती देने में वह समर्थ है। फ़ारसी के गौरव ग्रंथों में जो कुछ भी शाश्वत है, मानव संस्कृति के विकास में जो भी उनका योगदान है, उन सबका निश्चय ही जायसी ने 'पद्मावत' में समावेश किया है। वीर भावना और रस राज शृंगार के सामंजस्य से ही मूलतया फ़ारसी मसनवियों का निर्माण हुआ है। अपने वर्णन के बीच-बीच में अध्यात्ममूलक विचारों को भी यथा अवसर इन कवियों ने अवश्य चित्रित किया है, किन्तु यह उनकी रचनाओं का मुख्य वर्ण्य-विषय कदापि नहीं है। इसके विपरीत वीर, शृंगार और जोग तीन विभिन्न प्रकार के रसों के संहित वर्णन में सफलता प्राप्त करके जायसी ने अपनी श्रेष्ठता सिद्ध की है।

जायसी ने फ़ारसी वर्णन शैली का प्रभाव अवश्य ग्रहण किया है, किन्तु उसके हिन्दीकरण की ओर उनका ध्यान केन्द्रित रहा है। उन्होंने काव्य विधा मसनवी को फ़ारसी से अपनाया है किन्तु उसे चरित काव्य के समीप लाने में वह प्रयत्नशील रहे हैं। सूफ़ी सिद्धान्त और साधना उनके कथ्य हैं। अपनी कथनी के लिए उन्होंने पौराणिक अन्तर्कथाओं और नाथ-सिद्ध-योगी साधना प्राणियों से प्राप्त पारिभाषिक

पदावली का ही अधिकांशत: उन्होंने प्रयोग किया है। उनकी शैली में फ़ारसी प्रभाव मुख्यतया शृंगार और युद्ध के वर्णन प्रसंगों में परिलक्षित है। इसकी भी मात्रा अत्यन्त सीमित है।

फ़ारसी काव्य परम्परा के समान ही जायसी ने वन, पर्वत, घाटी, खोह, नदी, नाले, समुद्र आदि का वर्णन विपत्ति सूचक प्रसंगों में ही किया है और उसी प्रकार कुसुम कलिका, पुष्ट, वाटिका, वसंत, जलधारा, त्रिविध समीर, ज्योत्स्ना और अरुण की लालिमा द्वारा हृदय की आनन्दोल्लसित स्थिति का द्योतन कराया है।

शृंगार की वियोग और संयोग दोनों दशाओं के वर्णन में फ़ारसी साहित्य द्वारा पोषित भाव 'पद्मावत' में यत्र-तत्र उपलब्ध हैं और ऐसे प्रसंगों के चित्रण में देसी कोमलकांत पदावली की उपेक्षा करके जायसी ने 'सीख-कबाब', रकत-के-आँसू, बरौनियों के तीर, भाले आदि फ़ारसी पदावली का ही प्रयोग किया है। भारतीय काव्यशास्त्र की मान्यतानुसार ऐसे चित्र बीभत्स की कोटि में आते हैं किन्तु फ़ारसी काव्य मीमांसा में शृंगार वर्णन और भावोद्रेक के लिए इनकी उपयोगिता सर्वमान्य है।

जायसी काव्य की इस विशेषता का सोदाहरण विशद विवेचन आचार्य रामचन्द्र शुक्ल 'जायसी ग्रंथावली' की भूमिका में कर चुके हैं। जायसी द्वारा गृहीत फ़ारसी-प्रभाव विषयक चर्चा अपूर्ण रहेगी यदि उन्हीं तथ्यों का पुनरोल्लेख यहाँ न किया जाए। वासनाजनित शृंगार से प्रेम की स्थिति जायसी काव्य में नितान्त भिन्न है। यह हृदय की रागात्मक वृत्ति नहीं है बल्कि एक 'मरण-खेल' है। शृंगार में चित्तवृत्ति की अन्तिम दशा 'मूर्च्छना' है इस खेल की 'दसईं-अवस्था', 'स्व' को सम्पूर्णतया भस्मसात करना है, मुंडोपहार से प्रिय को प्रसन्न करना है। प्रेम भाव के इस उद्रेक के चित्रण में कोमलकांत पदावली और रससिद्धान्त के आचार्यों द्वारा निर्धारित शब्दावली की तुलना में फ़ारसी की अभिव्यंजना शैली अधिक उपयोगी है। सम्भवत: जायसी ने इसी दृष्टि से यथा अवसर रक्त, मांस, हड्डी, तीर-भाले वाली फ़ारसी वर्णन शैली का प्रयोग 'पद्मावत' में किया है। विरह शलाका में बिंधे मांस से सीख़ कबाब बनाने की प्रक्रिया का यथातथ्य चित्रण जायसी ने किया है क्योंकि मांस जब भूँजा जाता है तो उसमें से रक्त की बूँदें नीचे आग में गिरती रहती हैं। सीख कबाब के रूपक द्वारा रत्नसेन की विरहाकुल दशा को चित्रित करके प्रेममार्गी दुष्कर कर्मों, की ओर जायसी पाठक को आकृष्ट करना चाहते हैं और इस लक्ष्य की पूर्ति के लिए इससे अधिक सशक्त पदावली उन्हें उपलब्ध नहीं हो सकती थी :

बिरह सरागन्हि भूँजै माँसू। गिरि गिरि परहिं रकत के आँसू।
मुहमद मद जो पिरेम का किएँ दीप तेहि राखि।
सीस न देइ पतंग होइ तब लगि न जाइ न चाखि।[229]

सम्पूर्ण कड़वक 154 में फ़ारसी द्वारा पोषित भावों का ही कादम्बरी और कबाब के सांग रूपक के माध्यम से जायसी ने चित्रण किया है। आत्मदाह द्वारा मांसरूपी शारीरिक विकारों के भस्मसात होने की इसी स्थिति का वर्णन निम्न पंक्तियों में भी द्रष्टव्य है :

कटि कटि माँसु सराग पिरोवा। रकत के आँसू माँसु सब रोवा।
खिनु एक मारि माँसु अस भूँजा। खिनहिं जिआइ सिंघ अस गूँजा।[230]

भावोद्रेक के चित्रण में सहायक इस पदावली को जायसी ने फ़ारसी साहित्य से लिया अवश्य है किन्तु उसे गत्यात्मक और अध्यात्ममूलक प्रतीक युक्त बनाकर उन्होंने इस पदावली को अधिक सशक्त बना दिया है। फ़ारसी में यह रूढ़ अभिधात्मक शब्द मात्र हैं और जायसी ने इनके द्वारा सांगरूपकों का निर्माण करके नग्न यथार्थ के समावेश से इन्हें प्रांजल और प्राणवान बना दिया है। उनके इस मौलिक योगदान पर फ़ारसी के मर्मज्ञ पंडित अवश्य ही 'वाह' कह उठेंगे।

प्रेम की विप्रलम्भ दशा के चित्रण से सम्बद्ध ऐसे कम ही स्थल हैं जहाँ जायसी ने फ़ारसी पदावली का प्रयोग किया हो। परन्तु संयोग और नख-शिख वर्णन में तीर-भाले, धनुष-बाण, रुधिर धार का प्रयोग कहीं अधिक मात्रा में जायसी ने किया है। मेहँदी रची हथेली भी रक्तपिपासु डाइन की सी लगती है :

जानहुँ रकत हथोरी बूड़ीं। रबि परभात तात वह जूड़ीं।
हिया काढ़ि जनु लीन्हेसि हाथाँ। रकत भीरी अँगुरी तेहिं साथाँ।[231]

विवेच्य पंक्तियों में तो जायसी ने फ़ारसी समासों के हिन्दी रूप की भी छटा बिखेरी है, जिसकी चर्चा यथा अवसर आगे की जाएगी। प्रेमी के वक्षस्थल को फाड़कर उसके हृदय को निकालने की प्रक्रिया में रक्त में डूबे हाथों का चित्र भी अत्यन्त बीभत्स है :

कर पल्लौ जो हथेरिन्ह साथाँ। वै सुठि रकत भरे दुहुँ हाथाँ।
देखत हिए काढ़ि जिउ लेहीं। हिया काढ़ि लै जाहिं न देहीं।[232]

सन्दर्भ

1. अखरावट, 25/2
2. वही, 25/4-5
3. वही, 25/6
4. पद्मावत, 12/4
5. अखरावट, 1/1
6. वही, 4/7
7. वही, 5/2; 6/9

8. वही, 7/3; अ.क. 1/1
9. वही, 12/1
10. चित्ररेखा, 1/1
11. वही, 1/1
12. वही, 3/1
13. वही, 32/2
14. वही, 34/1
15. अ.क. 1/10
16. पद्मावत, कड़वक 1–4
17. वही, कड़वक 9
18. पद्मावत, 380/3–4
19. अ.क., 32/1
20. वही, 33/2
21. अखरावट, 6/7–8
22. वही, 7/2; अ.क. कड़वक 33
23. वही, 7/8–9
24. क़ुर्आन, सूर : 6 : 166
25. चित्ररेखा, 1/7
26. अखरावट, 6/2
27. अ.क. 6/5
28. अ.क. 31/1—जायसी ने छन्दपूर्ति की दृष्टि से सवा लाख पैग़म्बरों का उल्लेख किया है।
29. अ.क. 34/2
30. वही, 35/3–4
31. वही, कड़वक 35
32. वही, 36/3
33. वही, 36/4–6
34. वही, 36/7
35. पद्मावत, 13/6, 494/3, 577/1
36. चित्ररेखा, 7/6–9
37. पद्मावत, 11/6–9 सातवीं पंक्ति अक्षरत: अ.क. 7/7 में भी उल्लिखित है।
38. वही, 11/5
39. वही, 262/2–3
40. पद्मावत, 50/4–7
41. पद्मावत, 191/2
42. वही, 192/2–5
43. पद्मावत, 190/2
44. वही, 196/2
45. वही, 203/1–6
46. पद्मावत, 202/1–6

47. अरब में काष्टिक मूर्तियों की प्रथा अधिक थी और उन निर्जीव मूर्तियों को ही शक्तिशाली वरदान दाता माना जाता था। भारत में प्रतिमाओं में प्राण प्रतिष्ठान की प्रथा रही है, इसीलिए यहाँ की मूर्तियाँ किसी परोक्ष सत्ता की प्रतीक मात्र हैं, उनका अपना कोई महत्त्व नहीं है। प्रतिमा में यदि खरोंच आ जाए तो वह पूजनीय नहीं रहती। इसीलिए 18वीं शती तक मुसलमानों के बीच यह विवाद चलता रहा है कि भारतीय प्रतिमा उपासक मूर्तिपूजकों की कोटि में आते हैं या नहीं। विचारकों के एक महत्त्वपूर्ण और प्रभावशाली वर्ग ने इन्हें मूर्तिपूजक माना भी नहीं है।
48. अखरावट, 26/1—ना-नमाज़ है दीन कथूनी। पढ़ै नमाज़ सोइ बड़ गूनी।
49. पद्मावत, 387/8
50. क़ुर्आन, सूर : 31.27
51. अ.क., 6/2-3
52. क़ुर्आन, सूर : 13.2
53. पद्मावत, 407/3-5
54. पद्मावत की संजीवनी टीका, कड़वक 367 पर टिप्पणी।
55. पद्मावत, 367/5; अखरावट, 40/8-9
56. वही, 367/8-9
57. पद्मावत, 8/1
58. वही, 449/3—पुरान के समान वेद शब्द का उपयोग भी क़ुर्आन के लिया सूफ़ी काव्य में हुआ है। मधुमालती के वर्णन से यह तथ्य प्रमाणित होता है—
    तीजें ठाउं राउ उसमाना। जेईं रे भेद बेद का जाना। 'मधुमालती', 9/4
59. पद्मावत, 347/9; 239/5
60. क़ुर्आन, 41.19-22
61. पद्मावत, 130/4
62. अ.क., 14/5
63. वही, 14/6
64. वही, 14/7-9
65. वही, क. 15
66. वही, 15/6
67. वही, 15/7
68. वही, 16/1-3
69. वही, 16/7
70. वही, क. 17
71. वही, क. 18
72. वही, क. 22
73. वही, क. 23
74. वही, क. 27
75. वही, क. 27
76. अखरावट, 16/4
77. पद्मावत, 156/5-9

78. वही, 519/8-9; 412/9; 595/6
79. अखरावट, 18/8-9; 18/4-7; 47/3-7
80. अखरावट, 40/2-6
81. वही, 10/1
82. वही, 11/4
83. वही, 17/2
84. अखरावट, 17/3
85. वही, 17/4
86. वही, 17/5
87. वही, 17/6
88. वही, 17/7
89. वही, 17/8
90. जा.ग्र. आचार्य रामचन्द्र शुक्ल, पृ. 315
91. अखरावट, 31/11-12
92. वही, 32/1-6
93. अखरावट, 33/2-3
94. वही, 35/5
95. क़ुर्आन, सूर : अहज़ाब, आयत 72
96. पद्मावत, 355/8-9
97. वही, 205/8-9
98. फ़वाएद-उल-फ़वाद, पृ. 226
99. ख़ैर-उल-मजालिस, पृ. 74-75
100. मधुमालती, 1/1
101. वही, 1/3
102. चित्ररेखा, 3/2-5
103. अखरावट, 103, 3/8-9
104. अखरावट, 6/4
105. वही, 16/8-9
106. फ़वाएद-उल-फ़वाद, पृ. 228
107. अखरावट, 36/5-6
108. अखरावट, 44/4
109. वही, 44/5-6
110. वही, 39/8-9
111. वही, 238/2-5
112. अखरावट, 32/3
113. पद्मावत, क. 150
114. वही, क. 151
115. वही, क. 152
116. वही, क. 153

117. वही, 153/7
118. पद्मावत, क. 154-157
119. वही, क. 157
120. वही, 156/8-9; सप्राण और सशरीर ही मरण-जीवन का यह खेल सूफ़ी मत में मान्य है—'जियतहिं' जौ रे मरै एक बारा/ पुनिकत मीचु को मारै पारा (प. 216/6.)
121. वही, 158
122. पद्मावत, 155/7
123. पद्मावत, 266/8-9
124. पद्मावत, 236/6-9, —'उड़ंत' अथवा 'उदंत' क्लिष्ट पाठ है। हमारे विचार में 'उरंत' पाठ ही शुद्ध और सार्थक है।'उरंत छाला', 'हिरदै भीतर ठाउँ', का ही अर्थबोध कराता है और 'चाल' तथा चाला आज भी बम्बई आदि नगरों में कुटीर के पर्याय के रूप में प्रचलित शब्द हैं।
125. तसौवुफ़ की हक़ीक़त (हमआ'त का उर्दू अनुवाद), शाह वली उल्लाह, पृ. 92
126. पद्मावत, 226/7-9
127. वही, 244/5
128. वही, क. 233
129. वही, 193/7
130. पद्मावत, 595/8
131. वही, 241/6
132. वही, 255/7
133. वही, 341/7
134. पद्मावत,102/5—सहस्त्र बाहु अर्जुन का वध परशुराम ने फरसे द्वारा किया था। जायसी का अभिप्राय उस धनुष से है जिसे राम ने भंग किया था और परशुराम जिसका स्वयं को संरक्षक समझते हैं।
135. वही, 102/2; 527/4
136. पद्मावत, 102/3 —जायसी का अभिप्राय विष्णु से है क्योंकि कृष्ण का प्रसिद्ध अस्त्र सुदर्शन चक्र है।
137. पद्मावत, 149/8-9
138. वही, 341/4
139. पद्मावत, 341/4
140. वही, क. 265
141. वही, क. 266
142. वही, 160/1
143. वही, 508/6
144. चित्ररेखा, 27/2
145. पद्मावत, 362/7-9
146. पद्मावत, 294/1
147. वही, 265/9
148. वही, 240/8

149. वही, 160/1
150. वही, 91/8
151. वही, 235/9
152. वही, 341/8-9
153. वही, क. 207
154. वही, 217/1
155. पद्मावत, 159/8
156. गिब्ब : हिस्ट्री ऑफ़ ऑटोमन पोएट्री (पृ. 34-39) के आधार पर।
157. पद्मावत, 160/4
158. वही, 162/3-
159. वही, 53/8
160. वही, 50/9
161. वही, 51/3
162. वही, 209/5-6
163. वही, 16/8
164. पद्मावत, 36/2
165. वही, 95/5
166. वही, 116/6
167. वही, 47/2
168. वही, 36/6
169. वही, 449/6
170. पद्मावत, 52/8-9
171. वही, 368/1-6; 362/8-9
172. वही, 132/2
173. वही, 306/5; 307/7
174. वही, 25/6; 26/2; 40/7; 318/2; क. 266
175. वही, 414/1
176. वही, 140/5-6
177. वही, 206/8; 153/2; 363/5; 253/2-3; 206/1
178. वही, 612/1; 614/4
179. वही, 413/1; 413/6
180. वही, 394/1; 473/3; 475/3; 41/7; 393/4
181. वही, 211/6
182. वही, 120/4-5
183. वही, 266/6
184. वही, 611/7; 614/7
185. वही, 394/1-7
186. वही, 647/9; 384/5
187. वही, 232/8

188. वही, 426/2
189. पद्मावत, 137/7-9
190. पद्मावत, 389/4
191. वही, 31/3
192. वही, 206/1-2
193. वही, 206/3-5
194. पद्मावत, 25/6; 40/7
195. वही, 26/2
196. वही, 314/2
197. पद्मावत, 473/8-9
198. पद्मावत, 413/4-5
199. वही, 52 /8-9
200. वही, 413/6
201. पद्मावत, 308/1-7
202. वही, 232/8
203. वही, 307/7
204. पद्मावत, 266/1, 6
205. वही, 287/6
206. वही, 525/9
207. पद्मावत, 163/4
208. वही, 146/9
209. पद्मावत, 146/3
210. वही, 206/1-4—'ताका' शब्द का उचित अर्थ ओर ही ज्ञाता होता हैं क्योंकि 'बोहिंत बहे लंक दिसि ताके' से भी यही अर्थबोध होता है।
211. वही, 136/2-5
212. वही, 136/6
213. पद्मावत, 207/6
214. वही, 206/6-9
215. पद्मावत, 253/2-4
216. वही, 120/5
217. मिरात-उल-मख़्लूक़ात, अब्दुर्रहमान चिश्ती (र.क.1630/1682 ई.); मजम'अ-उल-बह्रैन, दाराशिकोह (र.क. 1654-55 ई.); हुज्जत-उल-हिन्द, मलिक उमर अलीशाह महराबी (र.क. 1673 ई.)—इन ग्रंथों की पांडुलिपियाँ मौ. आज़ाद पुस्तकालय, अलीगढ़ में उपलब्ध हैं।
218. खोजा वृत्तान्त (पृ. 208) के आधार पर टी. डब्ल्यू. अर्नाल्ड द्वारा अपनी पुस्तक प्रीचिंग ऑफ़ इस्लाम (1935) में उद्धरित (पृ. 275)।
219. पद्मावत, 54/8-9 — रहहिं एक संग दोऊ पढ़हिं सास्तर बेद।
ब्रह्मा सीस डोलावहिं सुनत लाग तस भेद।
220. वही, 53/2

221. कहरानामा, अ.ब. सिंह अमरेश, पृ. 88
222. पद्मावत, 387/7
223. रामचरितमानस, तुलसीदास, 1/78/9-10
224. वही, 1/79/1-4
225. कहरानामा, अ.ब. सिंह अमरेश, पृ. 98
226. अखरावट, 38/2
227. पद्मावत, 235/3
228. जा. ग्रं. रामचन्द्र शुक्ल, पृ. 43, 107
229. पद्मावत, 154/7-9
230. पद्मावत, 253/5-6
231. वही, 112/3-4
232. वही 482/4-5

उपसंहार

भारतीय इतिहास में अनेकानेक कारणों से सोलहवीं शताब्दी अत्यन्त महत्त्वपूर्ण है। तैमूरी आक्रमण के पश्चात् राजनीतिक विकेन्द्रीकरण की जो स्थिति उत्पन्न हुई थी उसका अन्त इसी सदी में हुआ और केन्द्रीकरण के जिस प्रक्रम को शेरशाह ने प्रारम्भ किया था, उसे पूर्ण करने में अकबर सफल हुआ। ग़ज़नी से गौड़ तक का सम्पूर्ण क्षेत्र उसके शासनाधीन हो गया। उसकी सफल राज्य विस्तार नीति के फलस्वरूप प्रसिद्ध भारत भी उसके अधीनस्थ हो गया। प्रत्यक्ष रूप से उसे दक्षिण भारत पर अधिकार प्राप्त नहीं था, किन्तु दक्षिण की राजनीति और अर्थतंत्र पर उसका प्रभाव कदापि कम नहीं था। शेरशाह द्वारा निर्मित सड़कों और सरायों से व्यापारियों को सुरक्षा तथा सुविधा प्राप्त हुई। अकबर द्वारा सम्पन्न देशीय एकीकरण के परिणामस्वरूप व्यापारियों के कार्यक्षेत्र में विस्तार हुआ। व्यापार की उन्नति के कारण दूरस्थ मंडियों में कारीगरों द्वारा निर्मित उपभोग सामग्री की माँग में वृद्धि हुई। इसका परिणाम यह हुआ कि विभिन्न प्रकार के उद्योगधन्धों और उनमें कार्यरत कारीगरों की बस्तियाँ बसने लगीं। प्रत्येक जाति-सम्प्रदाय और धर्म के व्यक्ति व्यावसायिक सुविधा के कारण अपने गाँवों को छोड़कर इन उपनगरों में बसने लगे। व्यापारियों और सौदागरों ने भी इन्हीं में निवास करना प्रारम्भ किया। दूसरी ओर शेरशाह और अकबर के भूमि सुधारों के कारण भूमिघर, भूमिकर और भूमिविहीनों के बीच में नवीन सम्बन्ध स्थापित हुए। कुछ नये समुदाय भूस्वामी बन गए और पीढ़ियों से चले आए अपने भूमिधरी के अधिकार को कुछ गँवा बैठे। इससे कृषि क्षेत्र और गाँवों में द्वन्द्व भी उत्पन्न हुआ और इस परिस्थिति द्वारा जनित समस्याओं का समाधान नगरों-उपनगरों में जाकर ढूँढ़ा गया। इस प्रकार उपनगर जातीय एकता और धार्मिक समन्वय के केन्द्र बन गए। आर्थिक दृष्टि से पारस्परिक निर्भरता ने भावात्मक एकता और समन्वित संस्कृति की गतिविधि को शक्ति प्रदान की।

इसके पूर्व राजतंत्र के साथ ही साथ अध्यात्मतंत्र का भी विकेन्द्रीकरण हो चुका था। अनेक प्रकार के तिलकछाप समुदायों और केवल जाप-भेद के आधार पर तरह-तरह के सूफ़ी सम्प्रदायों में समाज विभाजित था। इस काल में निश्चय ही क्षेत्रीय संस्कृतियों और क्षेत्रीय भाषा-साहित्य का उत्थान हुआ। संगीत, साहित्य,

वेशभूषा, भवन निर्माण और खान-पान के विभिन्न और अत्यन्त रोचक तथा आकर्षक रूप विकसित हुए। पुनरेकीकरण के काल में इन्हीं के योग से एक नवीन और सशक्त सांस्कृतिक धारा प्रवाहित हो उठी। भेदोत्पादक धार्मिक मान्यताओं का विरोध और एक व्यापक (अध्यात्मवाद) का प्रसार भी इसी शताब्दी में प्रारम्भ हुआ। सूफ़ी-संतों और आचार्यों-महात्माओं ने इस काल में बसे नगरों-उपनगरों को अपने कार्य-क्षेत्र का केन्द्र बनाया। इतिहास साक्षी है कि सदैव ही अध्यात्म के केन्द्र नगर उपनगर ही रहे हैं। अत: यह कोई नवीन घटना नहीं थी। धर्मगत और सम्प्रदायगत भेदों को (शिरोधार्य) किए यह वर्ग भी अनेकतोत्पादक तत्त्व के रूप में इन स्थानों पर पहुँच गया। अत: अपने लक्ष्य प्राप्ति के लिए एकता पोषक शक्तियों द्वारा भेद-प्रेरित शक्तियों के प्रति (मोर्चावादी) आवश्यक थी। ऐसे प्रयास के सूत्र हमें सर्वप्रथम जायसी के पीर-मुर्शिद सैयद मुहम्मद जौनपुरी के उपदेशों में प्राप्त होते हैं। विभिन्न राज्यतंत्रों से जुड़ने और विभिन्न सम्प्रदायों में दीक्षित होने के कारण मुस्लिम समाज पूर्णतया भिन्न था। बहुप्रचारित इस्लामी के स्थान पर बादशाही राजनीतिक व्यवस्था ने असमानता की भावना और वर्गों के बीच वैमनस्य को तीव्र कर दिया था। सैयद मुहम्मद ने सत्ताधारियों को ही नहीं सम्पूर्ण व्यवस्था को चुनौती दी और उसे ही नैतिक पतन का कारण बताया। विश्वास और मान्यता का एकमात्र स्रोत क़ुर्आन को स्वीकार करके मुस्लिम समुदाय में फैली अनेकता को समाप्त करने का उन्होंने प्रयास किया। राजा और रंक को अपने दायरा (संघ) में सम्मिलित करके समानता का पाठ पुन: पढ़ाया। कुछ समय तक यह आन्दोलन अत्यन्त सफल रहा और बादशाहों, शहज़ादों, सेनापतियों, सिपाहियों, और जनसाधारण को प्रेरित करने में इसने महत्त्वपूर्ण भूमिका निबाही। परन्तु राजसत्ता से टकराने के कारण इसकी शक्ति क्षीण हो गई और राजसत्ता के द्वारा प्रेरित एकीकरण के प्रक्रम में यह नष्ट हो गया।

कबीर और नानक भी इसी एकीकरण की प्रक्रिया की दो शृंखलाएँ हैं। दोनों ने मनुष्य की उच्चता का आधार जन्म के स्थान पर कर्म को स्वीकार किया। इस सिद्धान्त के प्रचार द्वारा कुल और जाति के आधार पर फैले पाखंड पर उन्होंने कुठाराघात किया। विभिन्न सम्प्रदायों और धर्मों की उपासना पद्धति में उपयुक्त पारिभाषिक शब्दों के माध्यम से उन्होंने अपनी बात जनता तक पहुँचाई। उनके बीच में फैली भ्रांतियों को सारहीन और निरर्थक सिद्ध किया। व्यापक मानवीय मूल्यों पर आधारित सामाजिक एकता पर दोनों ने बल दिया और 'राम-रब, महादेव-मुहम्मद की एकरूपता का सन्देश प्रसारित किया। इन प्रयासों की चर्चा अपूर्ण है जब तक मंझन के गुरु सैयद मुहम्मद ग़ौस (ग्वालियरी) के योगदान का स्मरण न किया जाए। वह साधक मात्र थे और प्रचारक तथा उपदेशक की वृत्ति उनमें नहीं थी। इसीलिए एकीकरण सम्बन्धी उनकी उपलब्धियों की उपेक्षा हुई है। अमृतकुंड नामक ग्रंथ का फ़ारसी

अनुवाद प्रस्तुत करके उन्होंने योगसाधना और सूफ़ी साधना पद्धतियों में तादात्म्य स्थापित किया। अनेक यौगिक क्रियाओं को सूफ़ी साधना तंत्र का अपृथक अंग बना दिया। दोनों पद्धतियों के निकटतम सम्बन्ध स्थापित करने और दोनों के एकीकरण में इनका योगदान अत्यन्त महत्त्वपूर्ण है।

इसी शताब्दी की महान विभूतियों में राम भक्त तुलसीदास हैं। वह भी मानवीय एकता के पोषक और अनेकता के विरोधी हैं। अपनी स्वभावजन्य विशेषताओं के कारण उनका स्वर मृदुल अवश्य है, किन्तु वह अधिक प्रभावशाली है। वर्णाश्रम और जातीय प्रथा के संरक्षक, हिन्दू धर्म पोषक, हरिजन और नारी निन्दक, कुलगत और वर्गगत भावना के संवर्द्धक के रूप में ही अधिकांशतः उनकी चर्चा की गई है। सम्भवतः हमने अपनी मानसिकता का आरोपण उन पर किया है और अपनी मान्यताओं को प्रमाण पुष्ट करने की दृष्टि से उनकी रचनाओं से सन्दर्भरहित उद्धरणों का आश्रय लिया। वस्तुतः वह मानवीय एकता के ही गायक हैं और समाज की अनेकता को समाप्त करना उनका ध्येय है। उनका कार्यक्षेत्र निश्चय ही हिन्दू समुदाय है। सैयद मुहम्मद जौनपुरी ने एक पुस्तक निष्ठा पर केन्द्रित करके मुसलमानों के मतभेद का अन्त करने का प्रयास किया था। तुलसीदास ने रामनाम के सूत्र में सभी को अनुबद्ध करने का प्रयत्न किया है। कबीर और सैयद मुहम्मद ने खंडन-मंडन पद्धति को एकता प्रचार की कार्यनीति का अंग बनाया, किन्तु तुलसी ने समस्त मान्यताओं, विश्वासों, देवी-देवताओं का समर्थन करते हुए भी उन्हें कूपजल बताया और रामभक्ति को गंगा जल ठहराया। वह राम की शरणागति को एकता का माध्यम बनाते हैं। अनेकता की समाप्ति के साधन के रूप में ही वह वर्णाश्रम धर्म का सुझाव प्रस्तुत करते हैं, अन्यथा वह स्वयं जाति प्रथा के समर्थक नहीं हैं। छुआछूत का पक्षपाती वह व्यक्ति हो ही कैसे सकता है जो सबका दिया खा-पीकर मसजिद में सो रहने की घोषणा करता हो। उनके सम्बन्ध में ये भ्रांतियाँ इसलिए उत्पन्न हुईं क्योंकि हिन्दू जनता को ही उसी की धार्मिक शब्दावली के माध्यम से उन्होंने एकीकरण का उपदेश दिया। इस शताब्दी के प्रारम्भ में सैयद मुहम्मद जौनपुरी भी मुस्लिम समुदाय में मतैक्य उत्पन्न करने में संलग्न दिखाई पड़ते हैं। तुलसी ने यदा-कदा अन्य धर्मावलम्बियों को भी रामाश्रय प्राप्ति का निमंत्रण दिया है। हराम-हराम कहते-कहते धोखे से राम-नाम लेने पर भी मुक्ति प्राप्ति की चर्चा तुलसी की रचनाओं में उपलब्ध है। तुलसी काव्य राम की महिमा और लीला का गुणगान तो है ही किन्तु वह मानवीय एकता का मंच भी है। राम की छत्रच्छाया में सभी को एकत्रित करने की इच्छा से ही तुलसी काव्य प्रेरित है।

सोलहवीं शताब्दी बा मुसलमाँ 'अल्लाह-अल्लाह', बिरहमन 'राम-राम' संकुचित करने और भावात्मक एकता के विस्तार का युग है। राजनीतिक दृष्टि से जिस कार्य को शेरशाह और अकबर पूर्ण करते हैं, सैयद मुहम्मद जौनपुरी,

सैयद मुहम्मद ग़ौस, कबीर, नानक, जायसी और तुलसी उसी लक्ष्य की पूर्ति के लिए वैचारिक पृष्ठभूमि प्रस्तुत करते हैं। ये सब धार्मिक व्यक्ति थे और नवीन मानवीय जीवन-मूल्यों के निर्माण के निमित्त धर्म का आश्रय लेना इनके लिए स्वाभाविक था। एक समन्वित संस्कृति का उदय निश्चय ही इस शताब्दी के पूर्व हो चुका था और क्षेत्रीय संस्कृति के उत्थानकाल में इसकी रूपरेखा भी स्पष्ट हो चुकी थी। इस शताब्दी में यही सांस्कृतिक धारणा अधिक प्रौढ़ और गतिशील हुई, पारस्परिक आदान-प्रदान की प्रक्रिया पूर्ण हो गई और विभिन्न तत्त्व मिलकर एकसार हो गए।

जायसी का जन्म इसी शताब्दी में हुआ और सम्भवत: इसके अन्तकाल तक वह जीवित भी रहे। इस अध्ययन में यह तथ्य सतर्क प्रकाशित किया गया है। अत: जायसी की रचनाएँ सम्पूर्ण शती का दर्पण हैं। उनकी रचनाओं में उनका युग मुखरित है। जायसी अपने युग की भावना से प्रेरित हैं और मानव तथा सृष्टि को एक ही तत्त्व की लीला स्थिति स्वीकार करते हैं। नाम और रूप की भिन्नता को भेदकर तात्त्विक ऐक्य का दर्शन ही उनकी प्रेम साधना का परम लक्ष्य है। एकता में अनेकता और अनेकता में एकता की खोज ही उनकी साधना का मूलमंत्र है। अत: जायसी सोलहवीं शताब्दी की आवाज़ हैं। और यह एकता, समन्वय, मानवप्रियता का स्वर हैं।

अमीर ख़ुसरो ने कवियों का विभाजन चार वर्गों में किया है—सुकवि, कवि, कुकवि और अकवि। उनके अनुसार अकवि निरर्थक तुकबन्द होते हैं और दूसरों की रचना पद्धति का अनुसरणमात्र करने वाले कुकवि की कोटि में आते हैं। कवि कहलाने के अधिकारी वे हैं जो पूर्वकालीन कवियों की भाषा-शैली और भावों को अभ्यास द्वारा चमत्कारपूर्ण तथा भावोत्पादक ढंग से प्रस्तुत करने में सक्षम हैं। ख़ुसरो की दृष्टि में सुकवि उसी रचनाकार को कहा जा सकता है जो नवीन भावभूमि की खोज करता है, उसके अनुकूल नवीन रचनात्मक भाषा और विद्या का निर्माण करता है। ख़ुसरो का निश्चित मत है कि शताब्दियों में दो-एक ही सुकवि किसी समाज में जन्म लेते हैं। हिन्दी कविता कामिनी का सौभाग्य है कि सोलहवीं शती में कबीर, जायसी, सूर और तुलसी जैसे सुकवियों ने उसका श्रृंगार करने के लिए जन्म लिया। इन चारों की कथन शैली एक-दूसरे से नितान्त भिन्न है, उनका रंग-ढंग अलग है। फिर भी चारों की रचनाओं में जीवन-मूल्यों की समाज धारा प्रवाहित है, उनके कथ्य में समानता है। इनकी रचनाएँ समाज का दर्पण ही नहीं उसकी मार्गदर्शक भी हैं।

चारों कवियों में से केवल जायसी को ही सम्पूर्ण सोलहवीं शताब्दी की गतिविधि का प्रत्यक्ष अनुभव प्राप्त है। इस शती के अन्तर्विरोधों, वैभवशाली साम्राज्य की स्थापना से क्षेत्रों, जातियों, धर्मों के क्षेत्र में उत्पन्न आर्थिक और राजनीतिक

परिस्थितियों और पारस्परिक नवीन सम्बन्धों द्वारा जनित संवेदनाओं को उन्होंने स्वयं भोगा था।

वह राज-कोप से भयभीत भेस बदले हुए नगर-नगर, डगर-डगर, मारे-मारे फिरे हैं। वह राजकीय वैभव से भलीभाँति परिचित हैं और जनजीवन का उन्हें पूर्ण अनुभव है। इसीलिए सोलहवीं शताब्दी का विकासक्रम उनकी रचनाओं में स्पष्ट अंकित है और इसी के फलस्वरूप उनकी चिन्तनधारा में विरोधी तत्त्व समाविष्ट हो गए हैं। जायसी अपनी वैचारिक यात्रा मार्ग पर अनथक चलते हुए प्रतीत हैं, कहीं रुकना और थकना तो वह जानते ही नहीं। उनकी विकासशील चिन्तनधारा के सूत्रों से परिचय प्राप्ति के निमित्त महाकवि के ग्रंथों के रचनाक्रम का अनुशीलन आवश्यक था। ग्रंथों के रचनाक्रम के अध्ययन से ज्ञात होता है कि प्रारम्भ में इस्लामी मान्यताओं के वह पोषक थे। उन्होंने ईश्वर की स्तुतिपरक अपनी पंक्तियों में निश्चय ही अल्लाह, खुदा आदि मुस्लिम समुदाय में सर्वमान्य संज्ञाओं का उपयोग नहीं किया। परन्तु ईश्वर के रूप और गुण को मूर्तमान करने के लिए उन्होंने विधाता और विधना शब्दों से काम लिया है। अरबी, फ़ारसी शब्दों के उचित हिन्दी पर्यायों के चयन में उनकी दक्षता अद्वितीय है। वह पंचकालिक जुहार (नमाज़) को दीन की थूनी स्वीकार करते हैं। क़यामत, स्वर्ग, नरक, पुलसरात, हूर, हौज़े कौसर, मुनकिर, नकीर, क़ब्र की यातना आदि पर उनका अगाध विश्वास है। उनका विधाता—कर्ता, दाता, पालक और संहारकर्ता सभी कुछ एक साथ है। वह कल्पनानिधान और महहार भी है, वह प्रकोपी और क़हहार भी है। सभी धर्मों में ईश्वर की यही परिकल्पना की गई है। परन्तु शनैः-शनैः वह अपनी इस मान्यता से विमुख होते दिखाई पड़ते हैं और 'कहरानामा' तक पहुँचते-पहुँचते वह समस्त धार्मिक पुस्तकों को निस्सार पाते हैं और धार्मिक विधि-विधानों की कटु आलोचना करने लगते हैं। जायसी ने अपने इस विचार परिवर्तन की घोषणा स्पष्ट शब्दों में की है :

वेद, पुरान, भागवत, गीता, तंत्र मंत्र सब जानेहु रे।
यामे सार इस्क पंथ जानेहु, अउर कहावत मानेहु रे।
जप-तप, बरत, पाट और तीरथ, संध्या करि सब छाँऊ रे।
भयो न फल कुछ, आँखिन देखा, तब इसकै मन गाड़ा रे।

(कहरानामा, पृ. 98)

जायसी के जीवन में एक समय ऐसा भी आया था जब वह योग साधना प्रेरित थे। योग साधना और यौगिक क्रियाओं के प्रति उनकी निष्ठा-आस्था के प्रत्यक्ष प्रभाव 'पद्मावत' के पृष्ठों में परिलक्षित होते हैं। परन्तु 946 हि. में रचित 'कन्हावत' नामक अपने कृष्णालीला काव्य में वह योगसाधना का खंडन करते हैं। इसमें गोरखनाथ स्वयं कृष्ण को योगसाधना और निवृत्ति मार्ग का उपदेश देते हैं। योगी पुरुष कृष्ण प्रेम साधना

और मुक्तिमार्ग की तुलना में योगसाधना को सारहीन और आडंबरपूर्ण सिद्ध करते हैं। इसका अर्थ यह हुआ कि इस काल तक जायसी योगमार्ग से भी विमुख हो चुके थे। धर्म के बाह्याचार का प्रकट विरोध 'पद्मावत' में भी प्राप्य है। और बिना किसी भूमिका के अकस्मात् आन्तरिक साधना मार्ग का प्रचार वह प्रारम्भ देते हैं। इसीलिए हमारी धारणा है कि 'पद्मावत' के कुछ अंश बहुत बाद के लिखे हुए हैं, वह उनके सम्पूर्ण जीवन के चिन्तन का सार है।

जायसी का रचना संसार आकाश से पाताल तक अपनी परिधि में घेरे हुए है, फिर भी उनके वर्ण्य-विषय अत्यन्त सीमित हैं। संक्षेप में कहा जा सकता है कि वह तत् के तत्त्वों के गायक हैं। उनकी मान्यता के अनुरूप मनुष्य और अनेक रूप जगत प्रकृति उसी विधाता के विभिन्न रूप हैं और इसी अनेकरूपता की एकरूपता से परिचित होना ही प्रेमसाधना का सर्वमान्य सिद्धान्त है। इश्क़ का पारिभाषिक अर्थ परिचय और ज्ञान है। साध्य, सिद्धि और साधक में पूर्ण तादात्म्य ही सूफ़ी साधना का चरमोत्कर्ष है। सृष्टि और स्रष्टा का पूर्णविलयन और एकतत्त्व की स्थिति के दर्शन ही प्रेम इश्क़ पंथ का सार हैं। अध्यात्म के बाह्याचरों को सोपानों के रूप में साधना की प्रारम्भिक अवस्था में अवश्य उपयुक्त किया जाता है किन्तु 'एकत्व' की परिचय प्राप्ति के पश्चात् ये सब निर्मूल्य और सारहीन हो जाते हैं। जायसी काव्य में धरती पर स्वर्गावतरण की स्थिति की संज्ञा 'औहिक पंथ' है। उनकी इस कल्पना के अन्तर्गत सभी सुख-सम्पदा के भागी हैं, सभी को घर-दर, रोटी, कपड़ा सुविधापूर्वक उपलब्ध है। सभी के घर में पद्मिनी नारियाँ हैं और सभी गृहवाटिकाएँ इन्द्र के उपवन को लज्जित करती हैं। जायसी के अनुसार सुख भोग की स्थिति ही स्वर्ग है और मानसिक-शारीरिक पीड़ा ही नरक है। नरक-स्वर्ग दोनों का अनुभव मनुष्य को इसी संसार में होता है। यह अवधारणा हुरूफ़ी सम्प्रदाय की है जिसका प्रचार-संसार अकबर के शासनकाल के मध्य में हुआ है। सम्भवतः इसी काल में जायसी भी इस चिन्तनधारा से प्रभावित हुए हैं क्योंकि यह अवधारणा व सूफ़ी विचारों के अनुरूप कदापि नहीं है। सूफ़ी इस संसार को विधाता का ही पार्थिव रूप अवश्य स्वीकार करता है और इसे उसी की लीला समझता है किन्तु साधना सिद्धि के लिए मार्ग को भी अंगीकार करता है।

उपलब्ध ग्रंथों के आधार पर कहा जा सकता है कि जायसी ने अपनी आयु के केवल बारह वर्ष (836-946 हि.) ही साहित्य सृजन में व्यतीत किए हैं। कुछ प्रतिलिपियों के आधार पर 827 हि. में भी 'पद्मावत' का रचनाकाल स्वीकार किया जा सकता है। ऐसी स्थिति में भी जायसी का साहित्यिक जीवन दीर्घकालिक सिद्ध नहीं होता। काव्य-रचना अवधि की यह लघुता विश्वसनीय भी ज्ञात नहीं होती और अनेक प्रश्नचिह्न उभारती है। क्या तीस वर्ष की आयु में कविकर्म प्रारम्भ करके 12 वर्ष तक साहित्य सेवन के पश्चात् लगभग चौवालीस वर्ष की अल्पायु में उनका

देहावसान हो गया। यह सम्भव नहीं है क्योंकि समस्त साक्ष्य उनके दीर्घायु होने के पक्ष में हैं। इस सम्बन्ध में प्राचीन-अर्वाचीन सभी लेखकों में मतैक्य है, ऐसी स्थिति में उन्हें दीर्घायु स्वीकार ही करना पड़ता है। केवल उत्तरापेक्षित प्रश्न इतना रह जाता है कि 846 हि. के पूर्व वह अपने जीवन का अधिक समय बिता चुके थे अथवा इसके पश्चात् दीर्घकाल तक जीवित रहे। हमारी मान्यता है कि लगभग सोलहवीं शती के अन्त तक वह अवश्य ही जीवित थे। मआरिजुल विलायत के लेखक का साक्ष्य इसका पुष्ट प्रमाण है। 'पद्मावत' में वृद्धावस्था का आत्मीयतापरक वर्णन फ़िरदौसी और ख़ुसरो की परम्पराओं का निर्वाह मात्र है। इस सन्दर्भ में ख़ुसरो और जायसी द्वारा रचित पंक्तियों के तुलनात्मक अध्ययन से यह तथ्य स्पष्टतः प्रमाणित होता है। उनके जन्मदिन पर आने वाले भूकम्प की स्थिति भी संदिग्ध है। जायसी ने स्वयं ही इसका उल्लेख अपने जन्म के सन्दर्भ में किया है। परन्तु काबुल के भूकम्प के सन्दर्भ में बाबर ने जिस भीषणता का उल्लेख किया है उसकी प्रतिच्छाया जायसी के वर्णन में परिलक्षित होती है। यह वर्णन अत्यन्त स्वानुभूतिपरक है और चेतनावस्था से पूर्वघटित किसी सुनी-सुनाई पूर्व घटना का इतना यथार्थ वर्णन असम्भव है। अतः जायसी का जन्म 811 हि. से कम-से-कम 8-10 वर्ष पूर्व अवश्य हुआ होगा। वृद्धावस्था का वर्णन ख़ुसरो और फ़िरदौसी के समान 48-50 वर्ष की आयु में वह कर सकते हैं। यदि वे वस्तुतः 947 हि. में अत्यधिक वृद्ध हो चुके थे तो आश्चर्य है कि इसी संवत् में रचित 'कन्हावत' में उन्होंने इसका कोई उल्लेख नहीं किया। उपर्युक्त मान्यता के फलस्वरूप यह आशंका उत्पन्न होती है कि इतने अल्पकाल में ही जायसी रचनाकार्य से विमुख क्यों हो गए और जीवन के आगामी वर्षों में वह क्या करते रहे ? जायसी की रचनाओं में वर्णित विचारों और घटनाओं के विश्लेषणात्मक अध्ययन से इसका समाधान प्राप्त होता है। 'पद्मावत' के पर्यावलोकन से यह तथ्य निश्चित रूप से प्रकाशित होता है कि इस ग्रंथ की पूर्णरूपेण रचना एक ही काल में नहीं हुई। प्रारम्भ में लघु आकार का यह एक प्रेमाख्यान मात्र रहा होगा। जायसी ने 948 हि. के पश्चात् रचित अपनी अनेक छोटी रचनाओं की खोज भी की है। इसके अतिरिक्त अंग बजा दिया है। अपने इस अध्ययन में हमने ऐसी कुछ रचनाओं की खोज भी की है। इसके अतिरिक्त जिस प्रकार फ़ारसी समासों के हिन्दी कृत रूपों मुहावरों, रूपकों, प्रतीकों का उपयोग महाकवि ने पात्रों द्वारा 'पद्मावत' में किया है उसकी कोई छाप उनकी अन्य रचनाओं में परिलक्षित नहीं होती। 'कन्हावत' का रचनाकाल भी 948 हि. है, किन्तु उसमें जायसी के इस फ़ारसी मिज़ाजी का आभास नहीं मिलता। अतः यही मान्यता समीचीन प्रतीत होती है कि अपने शेष जीवनकाल में वह 'पद्मावत' में ही संशोधन और संवर्द्धन करते रहे। इसी का रूप सँवारते रहे और यथा सन्दर्भ अपनी दूसरी रचनाओं को इसी का भाग बनाते रहे।

जनश्रुति के आधार पर जायसी के देहावसान से सम्बद्ध जिस घटना को प्रामाणिक स्वीकार किया गया है वह सन्देहास्पद ही है। सस्वर जाप को जायसी लपक-झपक मात्र मानते हैं और गुप्त जाप के एक क्षण को साठ वर्ष की लपक-झपक के समान बताते हैं। अपनी इस मान्यता के प्रतिकूल वह जंगल में सस्वर जाप करते हुए सिंघनाद उत्पन्न कैसे कर सकते थे। इसके अतिरिक्त अकबर के शासनकाल तक में भी बंदूक़ों का सामान्य प्रचलन नहीं हुआ था। फिर यह कैसे सम्भव था कि शेरशाह के शासनकाल में साधारण बहेलिया बंदूक़ का उपयोग करने लगे। आधुनिककालीन उन्नतिशील तकनीक के अन्तर्गत भी बारह बोर की बंदूक़ की मार केवल साठ गज़ तक ही है। अकबरकालीन बंदूक़ों में भी छर्रों का उपयोग नहीं होता था, नाल में बारूद के साथ चौकोर ताँबे के टुकड़े भरे जाते थे। परिणामत: उसकी मार बहुत ही कम होती थी। अत: यदि यह स्वीकार भी कर लिया जाए कि बहेलिये को बंदूक़ उपलब्ध थी तो भी दस-पन्द्रह गज़ की दूरी से पद्मावतकार की हत्या कर सकता था? आश्चर्य है कि इतनी कम दूरी से भी वह मनुष्य और सिंह में भेद नहीं कर सका। इन कारणों से जायसी की मृत्यु से सम्बद्ध घटना कपोल कल्पना सी प्रतीत होती है।

जायसी के व्यक्तित्व के सम्बन्ध में भी अनेकानेक भ्रांतियों को प्रश्रय मिला है। कहा जाता है कि वह बहुश्रुत ज्ञान रखते थे और स्वाध्ययन से प्राप्त ज्ञान से वंचित थे। उन्हें अक्षर ज्ञान भी नहीं था। हिन्दू देवी-देवताओं के प्रति वह उदार अवश्य थे किन्तु उनकी वास्तविक स्थिति से वह अनभिज्ञ थे। इस अवधारणा के विपरीत हमारे अध्ययन के आधार पर जायसी मर्मज्ञ पंडित सिद्ध होते हैं। वेद-पुराण, भगवद्-गीता और तंत्र-मंत्र की उन्हें पूर्ण जानकारी थी।

जन्म, मरण, वृद्धावस्था, पीर परम्परा के समान जायसी के व्यक्तित्व के सम्बन्ध में भी तर्कसंगत और प्रमाणित कही जाने वाली अनेकानेक भ्रामक मान्यताएँ प्रचलित हैं। यह धारणा बनी हुई है कि उन्हें किसी भी विषय का प्रत्यक्ष ज्ञान नहीं था। वह अक्षर ज्ञान से भी वंचित थे। उनकी बहुज्ञता प्रामाणिक नहीं है। परन्तु हमारे अध्ययन के आधार पर यह मान्यता निराधार सिद्ध होती है। इसके विपरीत फ़ारसी भाषा और साहित्य के वह विद्वान थे। जिस प्रकार फ़ारसी के बहुमूल्य रत्नों से हिन्दी भाषा साहित्य को उन्होंने सुसज्जित किया है, वह अपरिपक्व ज्ञान द्वारा सम्भव ही नहीं है। उन्होंने फ़ारसी कवियों का अनुकरण मात्र नहीं किया बल्कि उन भावों और माध्यमों को अपने परिवेशानुकूल बनाकर अत्यन्त मर्मस्पर्शी और भावोत्पादक साहित्य की सृष्टि की है। फ़ारसी मुहावरों, कहावतों, रूपकों, श्लेषात्मक शैली, अन्तर्कथाओं के हिन्दी रूपान्तर साधिकार उन्होंने अपनी रचनाओं में प्रस्तुत किए हैं। इस सम्बन्ध में उनके प्रयास अतुल्य हैं। इस दृष्टि से वह सफल प्रयोगशील कवि हैं। इसके अतिरिक्त धर्मग्रंथों का भी उन्हें पूर्ण ज्ञान था। क़ुर्आन की आयतें और हज़रत मुहम्मद प्रवचन

उनकी रचनाओं में पर्याप्त मात्रा में यथासन्दर्भ अंकित हैं। आत्मकथनानुसार वेदोपनिषद गीता, और तंत्र-मंत्र के रहस्यों से वह भलीभाँति परिचित थे ('कहरानामा', पृ. 98)। इन तथ्यों के प्रकाश में जायसी के व्यक्ति के सम्बन्ध में अब तक की सभी मान्यताएँ अन्यायपूर्ण और भ्रामक सिद्ध होती हैं।

जायसी पर यह भी एक आरोप है कि नारद, कुबेर आदि के वास्तविक रूप से वह अपरिचित थे। इस तथ्य का विवेचन करने का प्रयत्न हमने किया है। अनेक भारतीय देवी-देवताओं और पौराणिक पात्रों द्वारा इस्लामी मान्यताओं को मूर्तमान करने में जायसी संलग्न हैं। समन्वयवादी दृष्टिकोण उन्हें ऐसा करने पर बाध्य करता है। उन्होंने इसीलिए समकालिक प्रचलित समस्त साधना पद्धतियों में उपयुक्त परिभाषाओं को अभिव्यक्ति का माध्यम बनाया है, किन्तु अपने मूलमात्रों की परिचायक ये कदापि नहीं हैं। जायसी ने यथासम्भव इस्लामी तत्त्वों का समावेश इनमें किया है। इस पृष्ठभूमि को ध्यान में रखकर 'पद्मावत' का अध्ययन करने पर ही इन शब्दों का वास्तविक अर्थबोध होता है।

'एक-एक बोल अरथ चौगुना' की घोषणा करने वाले कवि की रचना भाव सागर है और उसे गागर में भरने का प्रयत्न न्यायोचित नहीं है। जायसी का काव्यसंसार अत्यन्त विशाल और भव्य है। उसे संकुचित और सीमित मापदंडों से मापना अनुचित है।

जायसी की रचनाओं में मसनवी-रचना विधान का ही निर्वाह हुआ है और मसनवीकारों की सर्वमान्य परम्पराओं का सदुपयोग भी उन्होंने अपने काव्य में किया है। फिर भी जायसी की अपनी एक विशेषता है। फ़ारसी मसनवियों में किसी विशिष्ट संस्कृति का संरक्षण नहीं होता। इनमें ईरानी, तूरानी, समरकंदी, रूसी, रोमी, भारतीय कथानक उपयुक्त होते हैं, किन्तु देश-काल के विशिष्ट प्रभावों के दर्शन कदापि नहीं होते। देश-विदेश के पात्र अपने परिवेश से नितान्त कटे होते हैं। सभी फ़ारसी संस्कृति का आवरण ओढ़े हमारे सम्मुख आते हैं और अस्वाभाविक से ज्ञात होते हैं। परन्तु जायसी ने देश-काल पर ध्यान केन्द्रित किया है। किसी भी परिस्थिति में उन्होंने अपने परिवेश से नाता नहीं तोड़ा। फ़ारसी का सौन्दर्य उन्हें आकृष्ट अवश्य करता है किन्तु उसे भारतीय संस्कृति की रूप सज्जा द्वारा मोहक रूप प्रदान करके ही उन्होंने अपनी रचनाओं में स्थान दिया है। उनका काव्य भारतीय और फ़ारसी सांस्कृतिक धाराओं का ऐसा संगम है जहाँ गंगा, यमुना के जल की भेदक रेखा प्रायः लुप्त है। सोलहवीं शती की संस्कृति का यही समोत्कर्ष रूप है। जायसी काव्य की आत्मा यही है। विशेष रूप से 'पद्मावत' इस शताब्दी का सांस्कृतिक इतिहास है, नवीन जीवन-मूल्यों की खोज का प्रमाण है।

जायसी द्वारा रचित 'पद्मावत' और 'कन्हावत' सूफ़ी काव्य भी हैं, ऐतिहासिक काव्य भी हैं। नव सांस्कृतिक चेतना के वे द्योतक हैं और भारतीय भावना के प्रचारक

हैं। निश्चय ही वे महान् काव्य हैं। खेद है कि जायसी की रचनाओं के ऐतिहासिक और सामाजिक पक्ष का सविस्तार अध्ययन हमारे लिए सम्भव नहीं हो सका। एक कारण इसका यह हुआ कि इस पक्ष पर अनेक ग्रंथ इस काल में प्रकाशित हुए और उन्हीं तथ्यों की पुनरोक्ति से कोई लाभ नहीं था। परन्तु इन ग्रंथों से हम पूर्णतया संतुष्ट भी नहीं हैं। 'पद्मावत' में उल्लिखित ऐतिहासिक घटनाएँ गुजरात और मेवाड़ के इतिहास से सम्बद्ध प्रतीत होती हैं और इन क्षेत्रों की वांछित सामग्री अभी तक हमें उपलब्ध नहीं है। जायसी काव्य के इस पक्ष के पूर्णरूपेण प्रस्तुतीकरण में हम असमर्थ हैं।

—मुजीब रिज़वी

परिशिष्ट

सहायक ग्रन्थों की सूची

1. तारीख़-ए-दाऊदी, अब्दुल्लाह, इतिहास विभाग, मुस्लिम विश्वविद्यालय, 1954 ई.
2. तसौवुफ़ की हक़ीक़त और उसका फ़लसफ़ः-ए-तारीख़ (हमसात का उर्दू अनुवाद), शाह वली उल्लाह, देवबंद
3. क़ुर्आन सार—आचार्य विनोबा भावे, सर्व सेवा संघ, वाराणसी, 1966 ई.
4. इस्तालाहात-ए-सूफ़िया, शाह मो. अब्दुस्समद, दिल्ली, 1929 ई.
5. मुक़ामात-ए-तसौवुफ़, मो. इस्माइल, बम्बई
6. तज़किराः-ए-ग़ौसिया, शाह गुल हसन, (पाँचवाँ संस्करण, दिल्ली), 1965 ई.
7. अल-मेहदी-अल-मौऊद, सैयद हुसेन महमूदी, हैदराबाद, 1388 हि.
8. सैयद शाह अमीन उद्दीन अली आम'ला, डॉ. हुसैनी शाहिद, हैदराबाद, 1973 ई.
9. तसवीर-ए-जानाँ, लक्ष्मी नारायण शफ़ीक़ (दक्खनी) 1774 ई. स. ख़्वाजा हमीद उद्दीन शाहिद, प्रकाशन एजाज़ प्रिंटिंग प्रेस, छत्ता बाज़ार, हैदराबाद
10. सरापा सुखन, सं. 1852 ई. —स. सैयद मोहसिन अली मूसवी, 'मोहसिन', मुंशी नवल किशोर, लखनऊ
11. हक़ायक़े हिन्दी, मीर अब्दुल वाहिद बिलग्रामी (अनुवादक) स.अ.अ. रिज़वी, काशी, 1957 ई.
12. गुलज़ार-ए-अबरार—ग़ौसी शत्तारी (1613 ई.), रज़ा पुस्तकालय रामपुर
13. तबक़ात-ए-शाहजहानी, मुहम्मद सादिक़ हमदानी (हबीबगंज संग्रह) मौ.आ. पुस्तकालय, अलीगढ़
14. अख़बार-उल-अख़बार, अब्दुल हक़ मुहद्दिस देहलवी
15. ख़ज़ीनत-उल-असफ़िया, ग़ुलाम सरवर, समरेहिन्द, लखनऊ
16. सियर-उल-औलिया, सैयद मुहम्मद बिन सैयद मुबारक
17. फ़वायद-उल-फ़वाद
18. लतायफ़े-अशरफ़ी

19. मक्तूबात-ए-अशरफ़ी
20. मीरात-उल-अस्रार
21. लतायफ़-ए-क़ुद्दूसी
22. मआरिज-उल-विलायत, अहमद क़ासिम, प्र. निज़ामी (अलीगढ़) निजी संकलन
23. शवाहिद-उल-विलायत, बन्दगी मियाँ सैयद बुरहानुद्दीन, हैदराबाद, 1960 ई.
24. जाम'अ-उल-विलायत, बन्दगी मियाँ यूसुफ़, हैदराबाद, 1955 ई.
25. हिन्दुस्तान अरबों की नज़र में (भाग 1-2) दारुल मुसन्नफ़ीन, आज़मगढ़, 1962 ई.

रतपदम	:	मुल्ला अब्दुश्शकूर बज़मी (1592–1662 ई.) पुत्र मुनौवर द्वारा संवत् 1618–19 ई. में रचित और जहाँगीर को समर्पित है। स्प्रेंगर का कथन है कि बज़मी शीराज़ से आकर गुजरात में बस गए थे। अन्य मतानुसार वह मूलतः भारतीय थे। दोनों कथनों के आधार पर वह गुजराती अवश्य ठहरते हैं। उन्होंने अपने पिता के आग्रह पर इस हिन्दी कथा को फ़ारसी रूप दिया था। हॉर्डिंग पुस्तकालय, देहली (ग्रंथ संख्या 78) और मौलाना आज़ाद पुस्तकालय, अलीगढ़ (लिट्टन संग्रह, ग्रंथ संख्या 54/2) में इसकी पांडुलिपियाँ विद्यमान हैं।
शम'अ व परवाना	:	मीर असकरी आक़िल ख़ाँ राज़ी द्वारा औरंगज़ेब के शासनकाल (1658–59 ई.) में रचित। इन्होंने जायसी का उल्लेख किए बिना एक सहृदय हिन्दी कवि की रचना पर अपनी मसनवी को आधारित माना है और नल दमन, मधुमालती नामक हिन्दी आख्यानों की भी चर्चा की है। वह दिल्ली में एक उच्च पदाधिकारी थे। मौलाना आज़ाद पुस्तकालय, अलीगढ़ में यह रचना सुरक्षित है।
हुस्नो इश्क़	:	1660 ई. में हिसाम उद्दीन ने 'पद्मावत' की कथा को छन्दबद्ध किया। इसकी एक प्रतिलिपि ब्रिटिश म्यूज़ियम (ग्रंथ क्रम संख्या 8918) में उपलब्ध है।
क़ससे 'पद्मावत'	:	फ़र्रुख़सियर (1713–19 ई.) के शासनकाल में हुसैन ग़ज़नवी ने 'पद्मावत' की कथा को फ़ारसी गद्य में रूपान्तरित किया था।
हंगामे-इश्क़	:	मध्य युग के विख्यात फ़ारसी गद्यकार मुंशी आनन्द नारायण मुख़लिस ने जायसी की रचना को फ़ारसी गद्य में रूपान्तरित किया। इन्होंने 'पूरबी भाषा में मलिक

मुहम्मद जायसी द्वारा रचित पद्मावत' का उल्लेख किया है। अपने एक दकन निवासी सेवक से 'पद्मावत' के कुछ अंश सुनकर वह और उनके मित्र अत्यन्त प्रभावित हुए। उन्होंने 1739-40 ई. में 'पद्मावत' के पर्याप्त अंशों को फ़ारसी गद्य में रूपान्तरित करने में सफलता प्राप्त की। दो साल के पश्चात् 1942-43 ई. में उन्होंने 'पद्मावत' के प्रथम भाग की कथा को फ़ारसी रूप दिया। राघव चेतन द्वारा प्रेरित होकर चित्तौड़ पर अलाउद्दीन के आक्रमण की कथा को इन्होंने छोड़ दिया है। इसकी एक़ प्रति नज़ीरिया पुस्तकालय, दिल्ली (ग्रंथ संख्या 147) में विद्यमान है और प्रतिलिपि काल 1775 ई. इसमें अंकित है।

बोस्ताने-सुखन : इमाम कवि द्वारा रचित संक्षिप्त 'पद्मावत' जिसे कवि ने नवाब टोंक को 1813-14 ई. में समर्पित किया। टोंक संग्रहालय (ग्रंथ संख्या 3085) में इसकी प्रति उपलब्ध है।

पद्मावते-ज़ाकिर : ज़ाकिर नामक कवि ने बनारस नरेश महाराजा उदित नारायण को 'पद्मावत' का यह फ़ारसी रूप 1808 ई. में भेंट किया था। महाराजा बनारस पुस्तकालय (ग्रंथ क्रम संख्या 163/52) में यह ग्रंथ उपलब्ध है।

तोहफ़त-उल-कुल्ब : राय गोविन्द द्वारा फ़ारसी गद्य में 'पद्मावत' की रचना है। इसकी पांडुलिपि हार्डिंग पुस्तकालय देहली (ग्रंथ क्रम संख्या 38) में सुरक्षित है।

वर्ण रत्नाकर, स. सुनीति कुमार चटर्जी और बाबुआ मिश्र, बिब्लियोथिक, इंडिका, 1940 ई.

हनुमान के देवत्व तथा मूर्ति का विकास, राय गोविन्द चन्द्र, हिन्दी साहित्य सम्मेलन, प्रयाग।

आईन-ए-सिकन्दरी, अमीर ख़ुसरो, अलीगढ़ संस्करण, 1917 ई.

राठी-ख़िज़्र ख़ाँ, अमीर ख़ुसरो, अलीगढ़ संस्करण, 1917 ई.

सिकन्दरनामा, निज़ामी गजवी

उत्तर तैमूर कालीन भारत (भाग 1-2), डॉ. अत्हर अब्बास रिज़वी, अलीगढ़

ख़िलजी कालीन भारत, डॉ. अत्हर अब्बास रिज़वी, अलीगढ़

पद्मावत : मलिक मुहम्मद जायसी कृत महाकाव्य (मूल और संजीवनी व्याख्या)

वासुदेवशरण अग्रवाल, साहित्य सदन, चिरगाँव (झाँसी) प्रथम संस्करण, 2012 वि.

जायसी ग्रंथावली, सं. रामचन्द्र शुक्ल, नागरी प्रचारिणी सभा, काशी, षष्ठ संस्करण, 2013 वि.

पद्मावत, माता प्रसाद गुप्त, प्रथम संस्करण, नवम्बर, 1963 ई.

जायसी ग्रंथावली, माता प्रसाद गुप्त, हिन्दुस्तानी एकेडेमी, इलाहाबाद, पद्मावत, मलिक मुहम्मद जायसी, संस्करण, 1952

कहरानामा, मसलानामा—अमर बहादुर सिंह अमरेश, हिन्दुस्तान एकेडेमी इलाहाबाद, प्रथम संस्करण, 1962

चित्ररेखा, विश्वनाथ प्रसाद मिश्र, वाराणसी, प्रथम संस्करण, 1959

जायसी की बिम्ब-योजना, डॉ. सुधा सक्सेना, अशोक प्रकाशन, दिल्ली, प्रथम संस्करण, 1966 ई.

सूफ़ीमत—साधना और साहित्य, रामपूजन तिवारी, वाराणसी, प्रथम-द्वितीय संस्करण, 2025 वि.

पद्मावतकार जायसी श्री सेवक वात्स्यायन, बरेली, प्रथम संस्करण, 1968 ई.

English Books

Indian Theism : Nicol Macnicoll
Theism in Medieval India : Carpenter
Qanun-i-Islam : Herklot
The Brahmins, Theists and Muslims of India : J.C . Oman
The Mystics, Ascetics and Saints of India : J.C. Oman
The Preaching of Islam : T.W. Arnold
Indian Islam : Murray Thurston Titus
Sufism : Its Saints And Shrines : John A. Subhan
The Religious Orders of Islam : Edward Sell
Medieval Mysticism Of India : Kshitimohan Sen
Modern Trends In Islam : Prof. H.A.R, Gibb
Evolution of Avadhi : Babu Ram Saxena
The Modern Vernacular Literature : Grierson 1889
A Glossary of Judicial and Revenue Terms : H.H. Wilson
History of Gujrat : E.C. Bayley
Do Mogor Storia : Niccolao Manucci (Translated William Irvines)
Bases of Indian Culture : Syed Abdul Latif, Hyderabad, 1959
Islam, Belief and Practices : A.S. Tritton, London, 1954
Social Life In Ancient India : H.C. Chakladar, Calcutta, 1954
Society and Culture In Mughal.P.N. Chopra. Agra, 1955
Kabir the Great Mystic : Isaac A. Ezental, Calcutta., 1973
Jewelry and Personal Adornment in India : Kamla S. Dongetery, Delhi, 1970
Studies in Indian weapons and Warfare : G.N. Pant, New Delhi-1970
Life, Times of Works of Amir Khusro : Muslim Revivalist Movements in North India : Saiyid Athar Abbas Rizvi, Agra University, 1965
The Rekhta of Ibn Battuta, trs. Mahdi Hasan, Baroda, 1955
Urban Centres and Industries in Upper India Dr. Hameda Khatoon, Asia Publishing House, 1968

पद्मावत और अब्बू की बानी

आम तौर पर ये समझा जाता है कि दसवीं सदी ईस्वी के बाद हिन्दोस्तान से संस्कृत लुप्त होती चली गई और इसकी एक अहम वजह, दीगर कारणों के साथ, ये मानी जाती है कि उसे सरपरस्ती और फ़रोग़ यानी संरक्षण मिलना बन्द हो गया। चूँकि राजसी ताक़त और सत्ता एक ऐसे वर्ग के हाथ में आ गई थी जो इसे फ़रोग़ नहीं देना चाहते थे। दूसरी तरफ़ तुलसीदास या ग़ालिबन कबीर का मशहूर क़ौल है, 'संस्कृत है कूप जल भाखा बहता नीर।' हालाँकि हम बख़ूबी जानते हैं कि ख़ुद तुलसीदास संस्कृत से अछूते नहीं थे बल्कि उसके इतने अच्छे जानकार थे कि उन्होंने संस्कृत शे'रियात, संस्कृत काव्यशास्त्र और छन्दशास्त्र को अपनी रचनाओं में एक नया आयाम और जीवन प्रदान किया था। पिछली सहस्राब्दि में संस्कृत के जमूद और उसके इनहितात और पतन की ये मनगढ़ंत दास्तान अभी भी मानक सत्य का दर्जा लिए हुई है हालाँकि पिछले दस-पन्द्रह सालों में शेल्डन पोलोक (Sheldon Pollock) और दूसरे कई इतिहासकारों और शोधकर्मियों ने ये साबित कर दिया है कि इस सहस्राब्दि में भारत के साथ-साथ दक्षिण-पूर्व एशिया में, संस्कृत साहित्य और रचना संसार की रिवायतें बहुत प्रबल और सक्रिय थीं। पोलोक इन सरगर्मियों को 'कॉस्मोपोलिटन वर्नाक्युलर' (cosmopolitan vernacular) यानी बैनुलअक़्वामी इलाक़ाइयत की संज्ञा देते हैं। हालिया सालों में मंज़र-ए-आम पर आई हुई कुछ तहक़ीक़ और तारीख़ की किताबों से ये तथ्य भी सामने आया है कि मुग़लों ने संस्कृत को काफ़ी फ़रोग़ दिया। साथ ही ये बात भी प्रमाणित हो चुकी है कि इस दौर में ब्रज और भाखा शाइरी और दीगर हिन्दी[1] तख़लीक़ों में संस्कृत की शे'रियात और साहित्यिक मान्यताओं और संस्कृत समीक्षा और टीका शास्त्र बहुत सरगर्म तरीक़े से पनप और फल-फूल रहे थे। तुलसीदास के बाद की सदी में हज़ारों की तादाद में रीतिग्रन्थ लिखे गए जिनमें शाइरी और साहित्य के हवाले से जो बहसें की गईं वो काफ़ी हद तक संस्कृत काव्यशास्त्रों से मुस्तआर और प्रभावित थीं। ये कहना ग़लत न होगा कि इस दौर में संस्कृत एक नये रूप और वेशभूषा में सुसज्जित होकर हमारे सामने आई। ये ग्रन्थ ज़्यादातर ब्रज और दूसरी हिन्दी ज़बानों मसलन भाखा में लिखे गए थे मगर इन पर संस्कृत की गहरी छाप साफ़ नज़र आती है। संस्कृत के इस नये प्रारूप और प्रयोग

या कहना चाहिए नये इस्तेमाल की एक बहुत अनूठी, शानदार और उत्कृष्ट कोशिश है मलिक मुहम्मद जायसी की पद्मावत। पद्मावत एक ऐसा महाकाव्य है जो न सिर्फ़ तीन-चार ज़बानों, साहित्यिक परम्पराओं बल्कि कई सभ्यताओं का अदबी, सक़ाफ़ती और दार्शनिक संगम है, एक ऐसा संश्लेषण जिस पर हर हिन्दोस्तानी को बे-इन्तहा नाज़ होना चाहिए।

जैसा कि पद्मावत में कई जगह उद्धृत है, जायसी अपने इस महाकाव्य को एक ख़ास शे'री रिवायत का हिस्सा समझते थे। उस शेरी रिवायत को आज हम सूफ़ी प्रेमाख्यानों के नाम से जानते हैं। अपने पेशरूओं और हमक़बीलों में जायसी मुल्ला दाऊद की 'चन्दायन', क़ुतबन की 'मृगावती' और मंझन की 'मधुमालती' को ख़ास तौर से याद और नमन करते हुए अपनी श्रद्धांजलि पेश करते हैं। ये सारे नाम ऐसे कवियों के हैं जो तुर्क-अफ़ग़ान दरबारों से ऊँचे पदों पर मुनसलिक रहे जहाँ फ़ारसी का वर्चस्व और बोलबाला था। ऐसे दरबारों से जुड़े होने के बावजूद उन्होंने हिन्दी में इतने बड़े-बड़े महाकाव्यों की रचना कैसे कर डाली, और वो भी ख़ासी गूढ़ और परिष्कृत हिन्दी जिसमें संस्कृत के शब्दों, व्याकरण और रिवायतों का भारी ज़ोर था। हालाँकि सूरदास और तुलसी और दकनी उर्दू कवियों के मुक़ाबले उनकी ज़बान में तत्सम के बजाय तद्भव शब्दों का प्रयोग ज़्यादा हुआ है, जैसा कि आज भी अवधी और पूरबी ज़बानों में चलन है। इन लेखकों ने अपनी ज़बान के लिए ज़्यादातर जिस शब्द का प्रयोग किया है वो है भाखा, यानी भाषा का तद्भव रूप। 18वीं सदी के पहले शुमाली हिन्द की साहित्यिक ज़बानों के लिए यही शब्द शायद सबसे ज़्यादा प्रचलित था। इन प्रेमाख्यानों की अपार लोकप्रियता, जिसका सबूत आगे आएगा, कई सवाल खड़े करती है। वैसे तो इन महाकाव्यों की शैली संस्कृत के महाकाव्यों से काफ़ी अलग है मगर इनमें प्रेम रस और श्रृंगार से सम्बन्धित जो शेरियात अपनाई गई है वो संस्कृत रिवायतों से बहुत मुतास्सिर है। दूसरे ये कि इन कवियों को वेद-पुराण के साथ-साथ महाभारत, रामायण और दूसरे हिन्दू ग्रन्थों का इतना ज्ञान कैसे हासिल हुआ जो इनकी रचनाओं से झलकता है ? ये रचनाएँ इतनी मक़बूल हुईं कि इनकी दर्जनों पांडुलिपियाँ मिलती हैं जिनमें से कई सचित्र हैं यानी उनकी बनावट में धन और उद्यम दोनों प्रचुर मात्रा में ख़र्च किए गए होंगे। पद्मावत के कम से कम एक दर्जन फ़ारसी अनुवाद किए गए थे। ये इतना लोकप्रिय था कि सुदूर दक्कन तक चीनी बर्तनों में इसकी पंक्तियाँ लिखी जाती थीं। 18वीं सदी के मशहूर फ़ारसी अदीब आनन्द राम मुख़्लिस ने अपने एक दकनी नौकर से ये काव्य पहली बार ज़बानी सुनकर इसका फ़ारसी तर्जुमा करने का बीड़ा उठाया था। बाद में इसके कई बांग्ला और उर्दू अनुवाद भी हुए। अकबर के अहद के मशहूर इतिहासकार बदायूँनी ने एक सूफ़ी शेख़ तक़ीउद्दीन रब्बानी के बारे में लिखा है कि वो चन्दायन को मस्जिद के मिंबर से सुनाते थे। श्रृंगार रस, प्रेम, नायिका-भेद, नख-शिख वर्णन और काम और

उन्माद से भरा हुआ एक काव्य, जिसमें जा-ब-जा, ब-ज़ाहिर, हिन्दू देवी-देवताओं का महिमामंडन किया गया है, एक ज़माने में किसी मस्जिद के मिंबर से पढ़ा जाता था! यक़ीनन अहद-ए-वुस्ता कोई गया-गुज़रा ज़माना नहीं था बल्कि मध्ययुगीन भारत, या अगर आप कहना चाहें तो क़ब्ल-अज़ जदीद हिन्दोस्तान, में रायज मज़हबी और सांस्कृतिक प्रथाओं के बारे में हमारी जानकारी बहुत महदूद है।

हाल ही में प्रोफ़ेसर पुरुषोत्तम अग्रवाल ने ख़ुद अंग्रेज़ी में पद्मावत पर एक बहुत ख़ूबसूरत किताब लिखी है। ज़ाहिर सी बात है प्रोफ़ेसर अग्रवाल के मुक़ाबले में मेरा ज्ञान इतना महदूद है कि मेरी उनकी तारीफ़-ओ-तौसीफ़ करना, चे जायेके उनकी किसी बात की तनक़ीद करने की जसारत करना ऐसा है जैसे सूरज को चिराग़ दिखाना। फ़ारसी में कहते हैं कि वली रा वली मीशनासद, वली ही वली को पहचानता है। जायसी के बारे में अग्रवाल साहब क्या कहते हैं इसकी सटीक समीक्षा तो मुजीब साहब ही कर सकते थे या फिर मुजीब साहब के लिखे की अहमियत अग्रवाल साहब पहचान सकते हैं। मैं तो एक अदना क़ारी यानी पाठक हूँ महज़ इन दोनों को मिलाने के लिए। फिर भी तारीख़ के एक विद्यार्थी होने के नाते जो थोड़ा-बहुत इल्म हासिल किया उसके बूते पर थोड़ा जानने को यहाँ ज़्यादा बनाकर पेश कर रहा हूँ ताकि पद्मावत की अहमियत और जिस सांस्कृतिक पर्यावरण और परिवेश से वो उपजी है उसे थोड़ा अंकित यानी दर्ज कर सकूँ। ये लिखते हुए मैं बख़ूबी वाक़िफ़ हूँ कि इस किताब में बाक़ी जिन बुज़ुर्गों का लेखन है वो सब 'आँखों देखी' है और मेरे जो दो-चार ख़यालात हैं वो महज़ 'पोथी लेखी' हैं।

जैसा कि सर्वविदित है पद्मावत ने लम्बी उम्र पाई है और अपने रचनाकाल के बाद भी वो लगातार कई रूपों में जन्म लेती रही है। जैसा मैंने पहले भी अर्ज़ किया है कि इसके 12 से ज़्यादा फ़ारसी कथन हैं। मैं उनके लिए अनुवाद के बजाय शब्द कथन को तरजीह दूँगा। इन नुस्ख़ों के लिए अनुवाद शब्द उपयोग करना उपयुक्त नहीं है। मशहूर लोक साहित्य विशेषज्ञ और शोधकर्ता ए.के. रामानुजन ने बार-बार ज़ोर देकर कहा है कि ज़बानी परम्पराओं में हर अनुवाद एक आज़ाद और तबई यानी मौलिक बखान होता है जिसे वो अंग्रेज़ी में 'टेलिंग' (telling) कहते हैं। इसी तरह पद्मावत भी कई ज़बानों में सुनी और सुनाई गई है जिसके लिए हम शायद लफ़्ज़ बखान इस्तेमाल कर सकते हैं। इन फ़ारसी बखानों के अलावा पद्मावत और उसकी कहानी को उर्दू में कई बार लिखा और सुनाया गया है और बांग्ला में भी इसके तराजिम हुए मगर 19वीं सदी बंगाल में इस कहानी ने एक नये तरह से मक़बूलियत हासिल कर ली। उस ज़माने में पद्मिनी की कहानी एक राष्ट्रोन्मुख रूपक बनकर उभरी जिसका इस्तेमाल देशभक्ति की भावनाओं को जाग्रत करने के लिए किया गया। उसके बाद ये कहानी पारसी थियेटर की मरग़ूब ग़िज़ा बन गई और इसने स्टेज पर बेशुमार मक़बूलियत हासिल की। और अब ये एक कामयाब हिन्दी फ़िल्म के रूप में सामने

आ चुकी है। अगर सिर्फ़ पिछले सौ साल का अरसा ले लें तो हिन्दी में इसके कई उत्कृष्ट अध्ययन टीका समेत किए जा चुके हैं, ये अमेरिका और पश्चिमी यूरोप में की गई तीन अहम पी-एच.डी. मक़ालों का मौजूँ रही है इसके दो अंग्रेज़ी अनुवाद छप चुके हैं। बौद्धिक और आध्यात्मिक स्तर पर 'पद्मावत' की अहमियत ज्यूँ की त्यूँ बरक़रार है। मगर अफ़सोस ये है कि जनमानस में 'पद्मावत' उस अहमियत और हर-दिल अज़ीज़ी की हामिल नहीं रही जो कभी उसका ख़ासा था। आज शायद ही कोई ऐसा हो जिसे आनन्द राम मुख़्लिस के उस दकन मुलाज़िम की तरह, पूरी पद्मावत याद हो। मैंने आज तक किसी को पद्मावत या उसके किसी इक़्तेबास या उसकी पंक्तियों को उस तरह उद्धृत करते नहीं सुना जैसे लोग आज भी तुलसी और कबीर को सुनते-सुनाते हैं। ज़्यादातर लोग उसे अलाउद्दीन और पद्मावती के तथाकथित प्रेम-प्रसंग के कारण जानते हैं। पद्मिनी के जौहर और उसकी कहानियों को रूपक बना के किस तरह पेश किया गया है इसकी जाँच-पड़ताल राम्या श्रीनिवासन (Ramya Sreenivasan) ने अपनी मशहूर किताब द मेनी लाइव्स ऑफ़ ए राजपूत क्वीन : हिरोयिक पास्ट इन इंडिया 1500-1900 (The many lives of a Rajput Queen? : Heroic Pasts in India c. 1500-1900) में कर चुकी हैं। यहाँ 'पद्मावत' की ऐतिहासिकता से बहस नहीं है और प्रोफ़ेसर अग्रवाल अपनी अंग्रेज़ी समीक्षा में 'पद्मावत' में अलाउद्दीन की सानवी हैसियत को अच्छी तरह दर्शा चुके हैं।

बज़ाहिर 'पद्मावत' रत्नसेन के इश्क़ और जंग की दास्तान है, जो कि फ़ारसी और उर्दू मसनवियों और दास्तानों का ख़ास रंग है। रज़्म-ओ-बज़्म, इश्क़ और जंग, मुहब्बत और दुश्वार मुहिमें, तकलीफ़देह सफ़र, आज़माइशें, जिस्मानी और रूहानी कठिनाइयाँ ये सब मसनवियों और दास्तानों की विशेषताएँ हैं। 'पद्मावत' भी हमें दो प्रेमियों के प्रेम, विरह और मिलन की जद्दोजहद की दास्तान सुनाती है। राजा रत्नसेन चित्तौड़ का राजा है और पद्मावती के हुस्न का सिर्फ़ बयान सुनकर, जैसा कि संस्कृत और फ़ारसी रिवायतों में होता है, बुरी तरह से पद्मावती का दीवाना हो जाता है। वो पद्मावती की मुहब्बत में मजबूर होकर उसकी तलाश में निकलना चाहता है। उसकी बीवी नागमती उसे बहुत मना करती है मगर वो बाज़ नहीं आता। वो एक योगी बनकर और राज-पाट तजकर अपनी जान जोखिम पर लगाने निकल पड़ता है। रास्ते में उसे हज़ार दुश्वारियों, ख़तरों, इम्तिहानों और आज़माइशों से गुज़रना पड़ता है, वो तमाम तरह के अजायब और ग़रायब से दो-चार होता है, उसे सात समुद्रों से हो के गुज़रना पड़ता है और आख़िरकार वो सिंहलदीप पहुँचता है जो कि गोया फ़िरदौस बर रूए ज़मीन है, यानी एक पाक-साफ़, शफ़्फ़ाफ़ और बे-इंतहा ख़ूबसूरत जज़ीरा। पद्मावती और रत्नसेन एक दूसरे के प्रेम में गिरफ़्तार हो जाते हैं मगर पद्मावती का बाप गन्धर्वसेन उनकी मुहब्बत की राह में आड़े आता है। रत्नसेन को कोई आम चलता जोगी समझकर वो तिरस्कृत कर देता है। रत्नसेन महायोगी महादेव शंकर भगवान

की मदद से उसके महल पर चढ़ाई कर देता है। रत्नसेन बहुत सख़्त आज़माइशों और कठिनाइयों से गुज़रता है यहाँ तक कि एक दफ़ा उसे जायसी के लफ़्ज़ों में हल्लाज[2] जैसे अज़ीम सूफ़ी की तरह सूली पर लटकाने ले जाया जाता है पर वो बच जाता है। आख़िरकार रत्नसेन और पद्मावती का ब्याह हो जाता है। इधर वो सुख से रहने लगते हैं और उधर रत्नसेन के वियोग में बेकल होकर उसकी रानी नागमती विरह, दुख और बेबस अरमानों से भरा एक बारहमासा गाती है जिसे सुनकर रत्नसेन अपने देश लौट जाने को विवश हो जाता है। प्रेमाख्यान का आख़िरी हिस्सा अलाउद्दीन और देवपाल के पद्मावती पर मर-मिटने और उसे हासिल करने की साज़िशों को समर्पित है। अन्ततः जैसा कि सर्वविदित है, रत्नसेन युद्ध में हार जाता है और पद्मावती जौहर में भस्म हो जाती है। और जैसा जायसी कहते हैं, 'इस्लाम भयो चित्तौड़' (इस पंक्ति को मुजीब साहब यूँ पढ़ते हैं चित्तौड़ = चित्त + उर)

जैसा कि प्रोफ़ेसर अग्रवाल ने अपनी भूमिका में इंगित किया है कि ये बात बहस-तलब है कि पद्मावत महज़ एक प्रेमकथा है या एक प्रतीकात्मक सूफ़ी कथा। एक सहृदय पाठक ही इसका सही निर्णय कर सकता है। जायसी के अलग-अलग विशेषज्ञों की इस पर अलग-अलग राय है। प्रोफ़ेसर अग्रवाल के नज़दीक ये एक महान प्रेमकथा है और बस, जबकि मुजीब साहब के नज़दीक ये एक महान प्रेमकथा होने के साथ-साथ भी बहुत कुछ है। यक़ीनन पद्मावत में प्रेम, शृंगार और काम-भावना के बयान को बे-इंतिहा अहमियत हासिल है। प्रोफ़ेसर अग्रवाल ने हाल में शाया हुई अपनी अंग्रेज़ी किताब में दिखाया है कि 'पद्मावत' एक ऐसी इश्क़िया दास्तान है जिसमें नारी का सौन्दर्य, उसका लुभावनापन, उसका शृंगार, प्रेम, कामुकता, लालसा, अभिलाषा कूट-कूटकर भरा है मगर इसके साथ-साथ स्थानीय खान-पान, सेज-सज्जा, वेश-भूषा, ख़ास तौर से पकवान, अस्त्र-शस्त्र, आभूषण, रीति-रिवाजों, धार्मिक मान्यताओं, पौराणिक कथाओं और दर्शनशास्त्र सबका प्रचुर बखान है। 'पद्मावत' न सिर्फ़ एक प्रेमकथा है बल्कि उस कथा में अवध और अवध के सबसे प्रिय पात्र श्री भगवान रामचन्द्र जी के लिए श्रद्धा और प्रेम उसकी हर पंक्ति से टपकता है। ये दावा सही है कि मात्र 'पद्मावत' के टुकड़ों को जमा कर लेने से ही अच्छी-ख़ासी जायसी रामायण का संकलन किया जा सकता है। 'पद्मावत' एक प्रेमकथा होते हुए अवध और हिन्दोस्तान जन्नत निशान दोनों के प्रति समर्पित एक विराट प्रेम-पत्र है। मगर इन सबके बावजूद इस हक़ीक़त से मुँह मोड़ना मुश्किल है कि 'पद्मावत' एक महान प्रेम कथा होने के साथ-साथ एक महान सूफ़ी प्रेमाख्यान है।

दरअसल 'पद्मावत' की और प्रेमाख्यानों की पूरी रिवायत की सबसे बड़ी उपलब्धि और विशेषता यही है कि उन्हें किसी भी स्तर या रूप में पढ़ा-सुना जा सकता है। राजसी प्रेमकथा होने के साथ-साथ ये कहानियाँ मनुष्य की आत्मीय और दाख़िली तब्दीलियों की गाथा भी बयान करती हैं। प्रेमाख्यानों के बहुत से शोधार्थियों ने इस

हक़ीक़त पर रोशनी डाली है जिनमें अंग्रेज़ी में आदित्य बहल मंझन की मधुमालती—एक सूफ़ी प्रेमकथा (Manjhan Madhumalati : an Indian Sufi Romance), शान्तनु फुकन की फ़ारसी चश्मे से : मुग़ल कल्पना संसार में हिन्दी और 'पद्मावत' (Through a Persian Prism : Hindi and 'Padmavat' in the Mughal Imagination), साइमन डिगबी की तैमूर के आगमन पूर्व (Before Taimure Came) और हिन्दी में मुजीब साहब का ये शोधग्रन्थ और इससे पूर्व उर्दू में प्रकाशित हुआ उनका संकलन पीछे फिरत कहत कबीर कबीर काफ़ी अहम है और मेरी नज़र से गुज़र चुकी हैं। मैं जो भी बात यहाँ रखूँगा वो इन किताबों की रोशनी में रखूँगा।

इन किताबों के अध्ययन से ये ज़ाहिर हो जाता है कि पद्मावत के बहुत से ऐसे अंश हैं जो यक़ीनन मध्ययुगीन भारतीय सूफ़ियों के मार्गदर्शन और प्रशिक्षण प्रणाली से सम्बन्धित हैं। जिस सूफ़ी सिलसिले से जायसी का ताल्लुक़ था वो तक़रीबन दो सौ सालों से गुरु मछिंदर नाथ और गुरु गोरखनाथ स्थापित नाथपंथी विचारधारा से बहुत मुतास्सिर था और ये घनिष्ठता दो सौ सालों से ज़्यादा पुरानी थी। विचारों, पद्धतियों और प्रशिक्षण तीनों मामलों में सूफ़ियों ने नाथपंथियों से बहुत कुछ अख़्तियार किया था। इन कहानियों में अक्सर सात समुद्रों का ज़िक्र आता है जो क़ुर्आन में अक्सर एक मानक के रूप में इस्तेमाल हुआ है मगर वो एक रूपक भी है तांत्रिक मान्यताओं में शरीर के सात चक्रों का। पद्मावती का पहला दर्शन एक तरह की दिव्य-दृष्टि है जिसे हक़ीक़त-उल-मुहम्मदिया की संज्ञा दी गई है जो परमात्मा का रूप है, आग में जल जाना उस मक़ाम का भी नाम है जिसे सूफ़ी फ़ना कहते हैं यानी जहाँ पहुँचकर आपकी अपनी ज़ात ग़ायब हो जाती है। विरह की आग, मिलन की सघन चाह, हीरामन तोता जो पीर भी है, क़ुतुब भी और ग़ौस भी—इन प्रेमाख्यानों में जा-ब-जा सूफ़ी विचार बिखरे पड़े हैं। नायक एक प्रेमी और आशिक़ होने के साथ-साथ एक साधक भी है और एक सालिक भी जो सच्चे मार्ग की तलाश में है और जहाँ तभी पहुँचा जा सकता है जब आदमी अपना तन-मन-धन न्योछावर कर दे। दरअसल प्रेमाख्यान के लिए जो सबसे नज़दीकी काव्यात्मक प्रतिमान था वो थीं फ़ारसी मसनवियाँ जिनमें इश्क़ और जंग, रज़्म-ओ-बज़्म का बयान किया जाता है और जिनमें अक्सर पता नहीं चल पाता कि लौकिक प्रेम का ज़िक्र किया जा रहा है या अलौकिक प्रेम का। प्रेमिका को हासिल करने की जद्दोजहद अपने नफ़्स को और पार्थिव शरीर पर फ़तेह हासिल करने की एक व्यंजना है, और काव्य के लगभग हर मोड़ पर इस तरह के इशारे-किनाये निहित हैं। ये तो पढ़ने-सुनने वाले की सद्बुद्धि और उसकी सहृदयता पर निर्भर है कि वो किस अंश से किस समय क्या अर्थ निकालता है। किसी भी पाठ का अर्थ तो वैसे भी उसके पाठक ही तय करते हैं।

मुजीब साहब ने हमें दिखाया है कि बग़ैर क़ुर्आन को जाने-बूझे पद्मावत को पढ़ना मुश्किल है। साथ ही साथ बग़ैर इब्न-उल-अरबी, शेख़ अली हुजविरी और अल

ग़ज़ाली जैसे सूफ़ी मत के संस्थापक विचारकों को पढ़े और समझे बग़ैर पद्मावत के बहुत से इशारों और कनायों से हम अनभिज्ञ रह जाएँगे। मामला यहीं तक सीमित नहीं है, इन दार्शनिक सिद्धान्तों के साथ-साथ हमारे लिए फ़ारसी शाइरी के उस्तादों, मसलन रूमी, सादी, हाफ़िज़, वग़ैरह से भी वाक़िफ़ियत रखना उतना ही ज़रूरी है। क़ुर्आन की आयतें, हदीस[3] के अक़वाल, सूफ़ियों की बानी और फ़ारसी शाइरी ये सब कुछ पद्मावत और दूसरे प्रेमाख्यानों में इस ख़ूबसूरती से हिन्दी में बिठाए गए हैं कि ऐसा लगता है कि ये अपने मूल में हिन्दी में ही सोचे और लिखे गए होंगे। मिसाल के तौर पर मैंने जब पद्मावत का स्तुति खंड पढ़ना शुरू किया तो मुझे उसमें ऐसी कई पंक्तियाँ मिलीं जो क़ुर्आन का सीधा अनुवाद मालूम देती हैं—

क़ुर्आन (21.23) में आया है कि,

वा मिन आयातिही मनमुकम बिल लैल

और उसकी निशानियों में एक ये है कि तुम रात को आराम करते हो

जायसी कहते हैं,

कीन्हेसि नींद भूख विश्रामा

क़ुर्आन, 31.10 में है,

ख़ल्क़ अस समावाती बिग़ैरी आमदीन

और उसने आसमानों को बिना किसी खम्भे के ठहराया

जायसी,

गगन अन्तरिख राखा बाजू खम्भ बिनु टेक

क़ुर्आन, 18.35

अल्लाहू नूर उस समावती वल अर्ज़

अल्लाह आसमान और ज़मीन की रोशनी है

जायसी,

कीन्हेसि प्रथम ज्योति प्रकाशू

क़ुर्आन, 23

इज़ा अरादा शयअन अन यक़ुला लहू कुन फ़यकुन

जब वो कुछ करना चाहता है तो कहता है 'हो जा' और वो हो जाता है

जायसी,

निमिख ना लाग करत ओही कीन्ह सबै पल एक

ये अहवाल और बयान कुछ इस तरह से हिन्दू धर्म शास्त्रों और ग्रन्थों से गूंथा गया है और उसमें महाभारत और रामायण और गीता का रस घोला गया है कि ये

मालूम होता है कि ये तो कोई ख़ालिस हिन्दी, हिन्दवी और हिन्दुई बात की जा रही है। यही नहीं, जिन साहित्यिक छन्दशास्त्रों पर 'पद्मावत' का निर्माण किया गया है उनमें नाट्यशास्त्र और उसका रस सिद्धान्त, सहृदय और रसिक श्रोता/पाठक की अनिवार्यता, आनन्दवर्धन का ध्वनि सिद्धान्त और अभिनवगुप्त की श्लेष और यमक जैसी तकनीकों के विषय में की गई व्याख्या—इन सबकी साफ़ झलक दिखाई पड़ती है। भाखा शायरों ने अपने आख्यानों में देसी फूल, पौधे, फल, रिवाज, पहनावा, जीवन शैली, शादी-ब्याह की रस्में, मौसम, बाग़-बग़ीचे, भक्ति, व्यंजनों इत्यादि का भरपूर सकुशल बयान किया है और साथ ही उसमें पुराणों और मिथकीय संकेतों और रूपकों का भी ढेर लगा रखा है।

इससे क़तए-नज़र कि 'पद्मावत' में जायसी कोई सूफ़ी सन्देश दे रहे हैं कि नहीं, अहम सवाल ये है कि वो जो कुछ भी करना चाह रहे हैं उसे कैसे पेश कर रहे हैं, उनकी कार्यशैली क्या है। जायसी और उनके पूर्ववर्ती कवियों ने अवधी को बोली से उठाकर एक मानक भाषा के दर्जे पर पहुँचाया। उनके पूर्व अवधी में इस तरह का कोई वृहद् साहित्यिक ग्रंथ नहीं मिलता है मगर उनके प्रयासों से अवधी में अरबी, फ़ारसी और संस्कृत के आलातरीन साहित्य का प्रतिबिम्ब कुछ इस तरह बैठ गया, या कहिए उनके नमूने इस तरह इसमें निहित होकर पैठ गए कि वो ख़ुद बेइंतहा चमकने लगी। इन कवियों ने क़ुर्आन और इस्लामिक महानुभूतियों के देसी पर्याय खोजकर उन्हें कुछ इस तरह पेश किया कि इस्लामी और हिन्दू पात्र एक-दूसरे में गड्डमड्ड नज़र आने लगे। मिसाल के तौर पर ब्रह्मा और आदम को मिलाना, हीरामन तोते को क़ुतुब या ग़ौस के स्थान पर रखना, अल्लाह के लिए परमात्मा या करतार शब्द इस्तेमाल करना, हनुमान को जिब्रील का रूपक बनाना, महादेव को मुहम्मद साहब का स्थानीय बनाने से इस्लाम और हिन्दू धर्म एक-दूसरे के बराबर और नज़दीक आ गए। इसी तरह ख़ास सूफ़ी निबन्धों जैसे बातिन, ज़ाहिर और क़ल्ब को उन्होंने गुप्त, प्रकट और मन इत्यादि कहकर मुख़ातिब किया। जायसी कहते हैं :

प्रगट गुप्त ओ सर्ब बियापी
धर्मी चीन्ह न चीन्है पापी

मुजीब साहब फ़रमाते हैं कि,

'हिन्दी के मुसलमान सूफ़ी कवियों ने न सिर्फ़ ये कि एक नई ज़बान ख़ल्क़ की बल्कि फ़ारसी और अरबी से उधार और प्रेरणा लेकर उसमें नये शब्द, नई संज्ञाओं और क्रियाओं को पैदा करके उसे बेइंतहा गहराई और गीराई भी बख़्शी। उन्होंने सैकड़ों फ़ारसी मुहावरों, कहावतों और समासों को एक नया क़ालिब अता किया।'

नतीजतन एक बहुत ही परिष्कृत और मंजी हुई ज़बान वजूद में आई जो रसिकों और आम लोगों को एक साथ आनन्दमयी कर सकती थी और जिसमें इस्लाम और

हिन्दू मत को इस तरह गूँथा गया था कि स्थानीय फ़ारसी-आमेज़ हो गया था और फ़ारसी देसीआमेज़ बन गई थी। शान्तनु फुकन ने अपने शोध में इस बात को अंकित किया है कि 'पद्मावत' की कुछ पांडुलिपियों में जा-ब-जा फ़ारसी अश'आर और क़ुर्आन की आयतें लिखी हुई हैं जिनसे लगता है कि पांडुलिपि नक़ल करने वाले को उस वक़्त ये प्रकरण याद आ रहे होंगे। फुकन कहते हैं :

'इस तरह से न सिर्फ़ ये कि मूल में जो देशज है उसका फ़ारसीकरण हो जाता है बल्कि एक तरह से उसका इस्लामीकरण भी हो जाता है क्योंकि उसे क़ुर्आन और हदीस इत्यादि के पाठकीय जाल में बाँध दिया गया है। इस तरह के काव्य में देशज, फ़ारसी और इस्लामी तार इस तरह आपस में गूँथकर रचे गए हैं कि तीनों एक साथ दीप्तिमान नज़र आते हैं।'

मैं ये कहने कि जसारत करूँगा कि 'पद्मावत' हमें एक ऐसे इस्लाम से रूबरू कराता है जो अपनी हिन्दुआनी चमक-दमक से हमें चमत्कृत और वशीभूत कर देता है। जिस समाज में इसे गढ़ा गया वहाँ ये तथ्य कोई ऐसा धर्म-विरोधी नहीं माना जाता था कि उसे कुफ्र की संज्ञा दी जाए वर्ना ये सूफ़ियों समेत मुग़ल सम्भ्रान्त तबक़ों में इतना मक़बूल नहीं होता। और उसकी मक़बूलियत इसी बात से ज़ाहिर है कि मुग़ल उच्च वर्ग के साहित्यकारों ने, जिनमें अक्सर का ताल्लुक़ दरबारों से था, कम से कम बारह बार इसका तर्जुमा किया। वो साहित्यिक ज़मीन और माहौल कैसा था जिसमें 'पद्मावत' जैसे ग्रन्थ परवान चढ़े, इस पर मैं आगे बात करूँगा मगर मैं अपनी बात वाज़ेह करने के लिए प्रोफ़ेसर अग्रवाल की किताब से एक इक़्तेबास पेश करना चाहता हूँ। प्रोफ़ेसर अग्रवाल लिखते हैं कि 'कबीर ने एक जगह कहा कि वो सात समुद्रों का कागद स्याही में बदलकर भी भगवान राम की भक्ति करें तो वो भी उसके लिए अपर्याप्त होगा।' अब देखिए क़ुर्आन में क्या बयान आया है :

क़ुर्आन, 21:27

'और अगर दुनिया के सारे दरख़्तों से क़लम बना लिया जाए और समन्दर से रोशनाई, और अगर सातों समन्दर भी उसमें भर दिये जाएँ तब भी वो अल्लाह की तारीफ़ के लिए नाकाफ़ी होंगे।'

देखिए क्या हूबहू और सटीक सन्दर्भ हैं। और ये फ़ारसी शेर देखिए जिसे पानीपत के मशहूर सूफ़ी बू अली क़लन्दर ने दोहराया था :

मन शुनीदम यार-ए-मन फ़र्दा रवद राह-ए-शिताब
या इलाही ता क़यामत बर ना आयद आफ़ताब
मैंने सुना है कि कल सुबह मेरा प्रेमी चला जाएगा
ऐ ईश्वर ऐसा कर कि क़यामत तक सूरज नमूदार न हो

अब देखिए इसी ज़मीन में एक दोहा जो उन्हीं से मंसूब है :

सजन सिकारे जाएँगे, नैन मरेंगे रोय
बिधना ऐसा कीजिए कि भोर कभी न होये

***

तुलसी, कबीर, वैष्णव भक्ति और दीगर मज़ामीन पर मुबनी अपने उर्दू संकलन, पीछे फिरत कहत कबीर कबीर में मुजीब साहब ने इसी अहम बात का ख़ुलासा किया है कि, 'सूफ़ियों के असर की वजह से हिन्दू मज़हब के पूजा उपासना और आराधना के तौर-तरीक़ों में बहुत नुमायाँ फ़र्क़ देखा जा सकता है। उनके आने के पहले धार्मिक अनुष्ठानों में यज्ञ, व्रत और मंत्रोच्चारण ही सिरमौर थे। ऐसा समझा जाता था कि हर शख़्स का अपने आराध्य के साथ एक व्यक्तिगत और वैयक्तिक सम्बन्ध है और आराध्य को योग साधना और तप, बल या सिद्धि का सहारा लेकर झुकाया जा सकता था। मगर सूफ़ियों के आने के बाद उपासना ने सामूहिक रूप ले लिया और यज्ञ और हवन की आहुतियों के बजाय भजन-कीर्तन अवश्यम्भावी हो गए...ऐसा माना जाने लगा कि मोक्ष रज़ा-ए-इलाही यानी ईश्वर की अनुकम्पा पर निर्भर है, उसकी मर्ज़ी, कृपा और उसकी ख़ुशनूदी ही सब कुछ और सर्वोपरि है। और मज़ीद ये कि ईश्वर की अनुकम्पा प्रेम और भक्ति-भाव और श्रद्धा पर निर्भर है न कि कर्म-उपासना और पुरोहितों के मंत्रों पर। तुलसी और सूरदास दोनों ये मानते-जानते हैं कि रियाज़त, यानी योग-साधना और तपस्या महज़ से मोक्ष प्राप्त नहीं होता। मोक्ष केवल उसकी अनुकम्पा से मिलता है।'

मुजीब साहब का कहना है कि हिन्दी में फ़ारसियत की छाप केवल शब्दों के आदान-प्रदान तक सीमित नहीं है। शब्दों का आदान-प्रदान तो पहले दिन से शुरू हो गया था। 13वीं सदी के हिन्दोस्तान में फ़ारसी के जो अव्वलीन शब्दकोश तैयार किए गए उनमें भी हिन्दी के काफ़ी शब्द मिल जाते हैं जिनकी तादाद हर सदी में बढ़ती चली गई। फ़ारसी और हिन्दवी या भाखा के बीच का ये लेन-देन सदियों तक चलता रहा और उसने न सिर्फ़ हमारी शब्दावली को बदला बल्कि इस तरह हमारी संस्कृति का रूपान्तरण किया कि पुराने शब्दों को नया माने दिया, हमारे विचारों को एक नया पैराया अता किया और प्रेम और मुहब्बत की हमारी तमाम मान्यताओं को मुकम्मल तौर पर परिवर्तित कर दिया। 'पद्मावत' और दूसरे प्रेमाख्यानों ने हमारी सांस्कृतिक और बौद्धिक ढाँचे पर गहरी छाप छोड़ी है। प्रेम के मापदंडों और उनके साहित्यिक बयानों में ये बदलाव आया कि बारहमासा में विरह और हिज्र की गाथा प्रधान हो गई जबकि संस्कृत काव्यशास्त्र में विसाल, मिलन और संसर्ग पर अधिक ज़ोर है। कबीर और तुलसी दोनों की रचनाओं में सूफ़ी शब्दावली का प्रचुर प्रयोग है। तुलसीदास का ज़िक्र करते हुए मुजीब साहब ने दर्शाया है कि उन्हें सूफ़ी इस्तेलाहों और परिभाषाओं का

गहरा ज्ञान है। ऐसी बहुत सी सूफ़ी परिभाषाएँ हैं जो तुलसी के यहाँ कई जगह मिलती हैं। मुजीब साहब का इसरार है कि तुलसी ने इन शब्दों का प्रयोग आम शब्दों की तरह नहीं किया है बल्कि उनके जो गूढ़ अर्थ और भाव हैं उन्हें परिलक्षित करते हुए उनका इस्तेमाल किया है। ऐसे शब्दों की एक छोटी सी सूची मुजीब साहब हमें प्रदान करते हैं। उन परिभाषाओं में निम्नलिखित शामिल हैं :

राम की रजाई (रज़ा-ए-इलाही), साहेबो दीन दुनी (मालिक-ए-दीन या दुनिया), दीन (आख़रत), ग़नी, करामात, मंशा-ए-इलाही, जमात, ख़ल्क़, हरम, रहम, क़हर, मक़ाम, इताअत, क़िस्म, बाग़बान, बख़्शीश, बख़्शना, सज़ा, दानी, दया, दरिया, गुनाह।

इसी तरह कबीर की शाइरी में भी सूफ़ी शब्दावली की भरमार है। क़ुर्आन के लिए कबीर अक्सर कुतुब का प्रयोग करते हैं। और बहुत से ऐसे समास हैं, जैसे—वेद-पुराण, राम-रहीम, केशव-करीम, ख़ालीक़-हरी, यम-इज़रायल जिनसे कबीर की सूफ़ी धारणा से गहरी वाक़िफ़ियत झलकती है। क़ुर्आन की मशहूर आयत है :

ला इकरहा फ़िद दीन
दीन में कोई ज़बरदस्ती नहीं
कबीर कहते हैं,
अल्लाह अव्वल दीन का जोर नहीं फरमाया

कबीर में इस तरह के बहुत से इस्तेमाल हुए हैं। मिसाल के तौर पर फ़ारसी का मशहूर मुहावरा है ख़लवत दर अंजुमन यानी महफ़िल में भी अकेले रहना। (ग़ालिब—'हम अंजुमन समझते हैं ख़लवत ही क्यों न हो') जिससे मेले में अकेले होने का मुहावरा निकला जो भाखा शाइरी में बहुत इस्तेमाल होता है। ये पैक़र कि ज़िन्दगी महज़ एक सफ़र है, ये जिस्म एक पड़ाव है, ये सारा संसार मात्र एक सराय की तरह है जिससे इनसान मुसाफ़िर की तरह गुज़रते हैं, ये भी सूफ़ी इस्तेलाहों की देन हैं, कबीर का बहुत मारूफ़ दोहा है :

कबीर सरीर सराय है क्या सोवत सुख चैन
स्वाँस नगारा कूच का बाजत है दिन रैन

इस बात को दोहराने की ज़रूरत नहीं है कि आधुनिक पूर्व भारत एक मौखिक संस्कृति (oral culture) प्रधान देश था जहाँ साहित्य और कला के ज़बानी प्रदर्शन पर ज़ोर था। इसलिए उस परिवेश में बहुत से ऐसे लोग थे जो फ़ारसी लिखना-पढ़ना नहीं जानते थे मगर फ़ारसी से परिचित थे। बिलकुल उसी तरह उस समाज में संस्कृत से भी वाक़िफ़ियत जितना हम समझते हैं उससे कहीं ज़्यादा प्रचलित और विस्तृत थी। संस्कृत से उस परिचय और उसकी जानकारी के लिए संस्कृत पढ़ना-लिखना-जानना अनिवार्य नहीं था। कवि और लेखक संस्कृत से प्रत्यक्ष और परोक्ष दोनों तरह से

वाक़िफ़ियत रखते थे। फ़ारसी के लेखकों का संस्कृत से परिचय या तो ब्रज भाषा के माध्यम से हुआ या राजदरबारों में मौजूद संस्कृत विद्वानों से प्रत्यक्ष या अप्रत्यक्ष आदान-प्रदान से। अमीर ख़ुसरो ने हिन्दोस्तान की शान में लिखी गई अपनी मशहूर मसनवी नोह सिपिहर में दावा किया है कि उन्हें संस्कृत आती है। इतना तो हम जानते हैं कि महान संस्कृतविद् और रत्नावली के लेखक आचार्य विश्वनाथ जी ख़िलजी दरबार से संलग्न थे और अमीर ख़ुसरो के साथ उनका उठना-बैठना था। *आईन-ए-अकबरी* के मुताले से पता चलता है कि अबुल फ़ज़ल को भानुदत्ता के ग्रन्थ रसमंजरी का बोध था और उसके साथ ही जैन भिक्षु पद्मासुन्दर के ग्रन्थ शृंगारदारण के भी वो ज्ञाता थे, बल्कि यहाँ तक कि उसने आईन-ए-अकबरी किताब में नायिका-भेद का बयान भी किया है। शाहजहाँ के दरबार में संस्कृत के आख़िरी बड़े संस्कृत मौलिक विचारक और सिद्धहस्त शास्त्री पंडित जगन्नाथ की मौजूदगी सर्वविदित है। बल्कि उन्हें कविराज की उपाधि भी दी गई थी। जगन्नाथ ने एक निबन्ध 'साहित्यिक भावों का रहस्य' में लिखा कि 'कविता और काव्यशास्त्र सम्बन्धी जो भी बहसें आचार्य मम्मट ने की हैं उन्हें मैंने भाषा में बयान कर दिया है।' यानी जो संस्कृत से अनभिज्ञ भी थे वो उसकी साहित्यिक समीक्षाओं और धारणाओं से ब्रजभाषा के ज़रिये परिचित थे या परिचय प्राप्त कर सकते थे। उसके अतिरिक्त फ़ारसी में संस्कृत-हिन्दी साहित्य और हिन्दू धर्म के ताल्लुक़ से कई ग्रन्थ लिखे गए थे जिनमें मशहूर सूफ़ी अब्दुल वाहिद बिलग्रामी की हक़ाइक़-ए-हिन्दी और औरंगज़ेब काल में लिखी गई मिर्ज़ा लुत्फ़ की 'तोफ़हतुल हिन्द' ने बहुत शोहरत हासिल की। ग़ौरतलब है कि ये आख़िरी ग्रन्थ औरंगज़ेब ने अपने पुत्र की तालीम के लिए लिखवाया था। औरंगज़ेबी अहद के ही सबसे बड़े मनसबदार मारवाड़ नरेश मिर्ज़ा राजा जय सिंह ने ब्रज में बहुत कुछ लिखा है और संस्कृत और ये बात आम है कि वो ब्रज और संस्कृत साहित्यकारों को बहुत प्रोत्साहन और सरपरस्ती यानी संरक्षण प्रदान करते थे। फ़ारसी-हिन्दी कवियों में ग़ुलाम नबी रसलीन की अंग दर्पण और अब्दुर्र रहीम ख़ान-ए-ख़ाना की शृंगार शतक भी इसी सिलसिले की अहम रचनाएँ हैं। जिनसे प्राचीन भारत की साहित्यिक मान्यताओं का ज्ञान झलकता है। भाषा और धर्म की आधुनिक लकीरें एक तरफ़ और मध्यकाल का बहुभाषीय साहित्य और सांस्कृतिक परिवेश एक तरफ़। यहाँ तक कि 18वीं सदी में ताजुद्दीन रचित फ़ारसी लेख 'मिरात उल मुल्क' में इस बात पर बहुत ज़ोर है कि मुग़ल कुलीन और सम्भ्रान्त वर्ग के सदस्यों के लिए हिन्दी कविता का ज्ञान बेहद ज़रूरी है। ये दोहराने की ज़रूरत नहीं कि हिन्दी का ज्ञान परोक्षत: संस्कृत का भी ज्ञान था।

'पद्मावत' और दीगर प्रेमाख्यानों का समाज में किस तरह प्रयोग किया जाता था, कौन लोग इसे सुनते-पढ़ते थे और कहाँ सुनते-पढ़ते थे ? इन्हें सूफ़ी दरगाहों और ख़ानक़ाहों में बहुत प्राथमिकता दी जाती थी जहाँ शिक्षाधीन और पारंगत दोनों इसके गूढ़ अर्थों से आनन्दमयी होते थे। इन्हें संगीतमय करके भी सुनाया जाता था। 17वीं

सदी के एक जैन व्यापारी बनारसी दास ने अपनी आत्मकथा अर्धकथानक में लिखा है कि इन प्रेमाख्यानों को ज़बानी सुनाए जाने की प्रथा बहुत लोकप्रिय थी। भारत के अलग-अलग क्षेत्रों के राजदरबारों में व्यापक रूप से इन्हें सुना और सुनाया जाता था जहाँ अभिजात मुग़ल सरदार इसके विभिन्न साहित्यिक स्रोतों और रसों से भाव-विभोर होते थे। प्राचीन संस्कृत प्रधान और मध्ययुगीन फ़ारसी प्रधान समाजों में ये समानता थी कि दोनों ही युगों में कवियों को राजाओं के बराबर सम्मान मिलता था और राजाओं से कवि होने और साहित्यप्रेमी और कला का ज्ञानी होने की अपेक्षा की जाती थी। कविता का ज्ञान, कविता का बोध और कविता पर महारत ये राजसी गुणों में उतने ही अहम समझे जाते थे जितना कि एक कुशल शासक और योद्धा होना। ब्रज रचना संसार के अंग्रेज़ी में आए एक हालिया शोध 'राजसी कविता : मुग़लों के दौर में शास्त्रीय हिन्दी साहित्य' (Poetry of Kings : The classical Hindi Literature of Mughal India, Allison Bushch) ने ये साबित किया है कि कविता ज्ञान राजधर्म का अनिवार्य अंग था। इस किताब से हमें ये भी पता चलता है कि मुग़ल और मुग़ल प्रभावित दरबारों में ब्रज भाषा और ब्रज शाइरी के संसार का प्रभुत्व और वर्चस्व कितना फैला हुआ था। और जैसा कि ऊपर आया है कि इस दौर में सैकड़ों रीतिग्रन्थ लिखे गए जिनमें बराह-ए-रास्त संस्कृत साहित्य ज्ञान उँडेला गया था। प्राचीन भारत हो या मध्ययुगीन भारत, राजाओं के लिए कविता संसार पर महारत दिखाना बहुत ज़रूरी था। वो कहती हैं, 'दक्षिण एशिया में जिस क़दर मिक़्दार, तादाद और कसरत से राजाओं ने कविता लिखी है या अपने कवि और शाइर होने का सबूत दिया है उतना हमें दुनिया के किसी और क्षेत्र में नहीं मिलता।'

'पद्मावत' और उसके मुख़तलिफ़ुन्नौ उपभोग इस सांस्कृतिक परिवेश में बिलकुल फ़िट बैठते हैं। शिक्षित और सम्भ्रान्त वर्ग के रसिकों के लिए इसको सुनना-सुनाना और इसका प्रदर्शन उनके सौन्दर्यबोध का एक अहम पहलू था। मुग़ल और मध्यकालीन तर्ज़-ए-तामीर यानी स्थापत्य में सर्वत्र हमें ऐसे बरामदे, मंडप और कक्ष देखने को मिलते हैं जो ख़ास उन महफ़िलों को मद्देनज़र रखकर बनवाए गए हैं जहाँ 'पद्मावत' जैसे ग्रन्थों और कृतियों के प्रदर्शन सम्भव हो सकें। ये प्रेमाख्यान संगीत की दृष्टि से भी अहम थे। इनमें जा-ब-जा उन रागों का ज़िक्र किया गया है जो उस मौज़ूँ के लिए मुनासिब थे। सूफ़ी ख़ानक़ाहों में वैष्णव भक्ति की बहुत सुदृढ़ परम्परा रही है और शास्त्रीय संगीत के विकास में ख़ानक़ाहों का योगदान उल्लेखनीय है। संगीत के कुछ इतिहासकारों का मानना है कि जब सूफ़ी दरगाहों के संगीतज्ञ ध्रुपद से विमुख होकर ख़याल गाने लगे उसी समय से ख़याल की लोकप्रियता आसमान से बातें करने लगीं और जल्दी ही गायकी का ये रंग राजदरबारों पर भी छा गया। यहाँ ये ज़िक्र भी बहुत ज़रूरी है कि बहुत से संगीतकार ख़ुद भी शायर और कवि थे और ख़ुद ही गाने लिखते थे और शास्त्रीय संगीत के लिए गढ़े हुए

उनके बोल और बंदिशें भी भाषा के इस मिले-जुले स्वरूप और प्रयोगों से अटी पड़ी हैं। क़ौल, तराना, बोल-बनाव, इन सबमें भी फ़ारसी के बहुत से बोल नज़र आते हैं और शास्त्रीय-संगीत के संसार में सूफ़ी विचारधारा और मतों का असर बहुत नुमायाँ है। सैकड़ों साल पहले लिखे हुए ऐसे बहुत से बोल और बंदिशें हैं जो हमें आज भी लुभाती हैं। ये इत्तिफ़ाक़ नहीं है कि शास्त्रीय संगीत में पुरबिया रंग इतना चढ़ा हुआ है। मुग़ल दौर में पद्मावत जैसे प्रेमाख्यानों को भी पूरब की चीज़ और पूरब की ज़बान के तौर पर याद करके उनका उत्साहवर्धक इस्तिक़बाल किया जाता था। 19वीं सदी में जब दास्तान-ए-अमीर हमज़ा की छियालीस जिल्दें छापी जा रही थीं, उनमें जा-ब-जा कवित्त और दोहरों (दोहों) का इस्तेमाल, दास्तानगोई रवायत में इस तरह की कविता की लोकप्रियता का परिचायक है।

मध्ययुगीन चित्रकला में भी हिन्दी कविता का प्रभुत्व साफ़ दिखाई पड़ता है। पहाड़ी और राजपूत तसवीरों और चित्रकलाओं में राधा और कृष्ण के प्रेम-प्रसंग को नायक और नायिका का मामला बनाकर पेश करने का रुझान इस कविता की लोकप्रियता के बाद पनपा और इन चित्रों में शृंगार और भक्ति भाव को एक-दूसरे से अलग करना मुश्किल है। केशव और बिहारी सरीखे रीतिकाल के महान कवियों की रचनाओं और पंक्तियों से तो इस अहद की मुसव्वरी अटी पड़ी है। रंगमहल, रागमाला, बारहमासा और राधा-कृष्ण की तसवीरों की अक्कासी इस दौर में जा-ब-जा देखने को मिलती है। अवधी प्रेमाख्यानों, चाहे मधुमालती हो या पद्मावत की कई पांडुलिपियाँ हैं जो सचित्र हैं। चूँकि सचित्र पांडुलिपियों में धन और उद्यम दोनों ज़्यादा ख़र्च होता था इसलिए इन पांडुलिपियों की मौजूदगी इस विधा की अपार लोकप्रियता दर्शाती हैं।

आमतौर पर ये ग़लतफ़हमी जायज़ है कि सूफ़ियों ने हिन्दी शाइरी इसलिए अख़्तियार की क्योंकि इस मदद से वो जनसाधारण और आम आदमी से ज़्यादा आसानी से मुख़ातिब हो सकते थे। लेकिन शान्तनु फुकन हमें इस अवधारणा पर पुनर्विचार करने पर मजबूर करते हैं। यक़ीनन सूफ़ियों ने बहुत कसरत से हिन्दी शाइरी की है। 11वीं सदी में महमूद ग़ज़नी के समकालीन मसूद साद सलमान से शुरू होते हुए और अमीर ख़ुसरो को शामिल करते हुए सूफ़ी हिन्दी कवियों का सिलसिला लम्बा और वसीअ है। उनमें अब्दुल क़ुद्दूस गंगोही या अलख दास, अब्दुर्रहमान चिश्ती, रसख़ान, बरकतुल्लाह प्रेमी जैसे नाम बहुत मशहूर हुए। मगर उनकी तादाद सैकड़ों-हज़ारों में गिनी जा सकती है। सूफ़ियों ने ज़्यादातर कृष्ण-भक्ति की शाइरी की है। उसकी वजह ये है कि श्री कृष्णा एक महान प्रेम-नायक हैं, जिनकी भक्ति से सोज़, यानी इश्क़ में जल-मर जाने की भावना और गुदाज़ यानी नरमी के अहसास पैदा होते हैं। यहाँ ये तज़किरा बरमहल है कि जायसी की मशहूर कृतियों में से एक का नाम कान्हावत, जो उन्होंने कृष्ण जी की मद्दह में लिखी थी। इस कृति में जायसी ने महाभारत, गीता

और पुराणों में श्रीकृष्ण की गाथाओं को मिला-जुलाकर उन्हें इनसान उल कामिल यानी एक आदर्श इनसान के रूप में पेश किया है जहाँ कृष्ण जी एक अवतारी न होकर विधाता का एक दूत, यानी एक पैग़म्बर बनकर उभरते हैं।

जिनका बयान ऊपर हुआ है उनके अतिरिक्त भी अनेक हिन्दी कवि थे जिनमें रहीमदास और अन्यत्र ब्रज कवियों के अलावा न्याज़ कबीश्वर और रसलीन जैसे रीतिकाल के मशहूर कवि उल्लेखनीय हैं। मगर सूफ़ियों ने हिन्दी कविता का इस्तेमाल इसलिए ज़्यादा किया क्योंकि इसके ज़रिये वो एक आपसी संवाद क़ायम कर सकें। जनमानस से गुफ़्तगू से ज़्यादा हिन्दी कविता सूफ़ी साधना में रत अनुयायियों को सूफ़ी विचारों के बारीक नुक्ते समझाने के लिए इस्तेमाल की जाती थी। फुकन ने दिखाया है कि हिन्दी भाषा इसलिए सूफ़ियों में मक़बूल थी क्योंकि उन्हें ये फ़ारसी के मुक़ाबले ज़्यादा नैसर्गिक, भावोत्तेजक और स्वाभाविक लगती थी। हिन्दी के ज़रिये साधकों को जो ज्ञान हासिल होता था वो इल्म के बजाय मार्फ़त पर आधारित था। इल्म हासिल करने के लिए बरसों रियाज़, अध्ययन और प्रशिक्षण की ज़रूरत थी और उसे विधिवत् तौर पर हासिल किया जाता था। इल्म का मैदान दरबारी और दुनियावी उलेमाओं के लिए था जबकि सूफ़ियों में ऐसी ज्ञान-चेतना का संचार आवश्यक था जो सीधे चित्त, चेतना और हृदय को अपने गिरफ़्त में ले ले। ऐसा माना जाता था कि हिन्दी सीधे दिल पर असर करती है। जैसा कि कबीर कहते हैं,

पोथी पढ़ि-पढ़ि जग मुआ पंडित भया न कोय

17वीं, 18वीं सदी में मुग़ल सरपरस्ती के कारण ब्रज कविता का उदय हुआ और ब्रज के वर्चस्व के कारण यक़ीनन अवधी कविता को मिलने वाले संरक्षण में कमी और कटौती हुई। उसके समकालिक 18वीं सदी में उर्दू शाइरी भी अपने उरूज पर पहुँच गई जिसकी वजह से अवधी कविता की रिवायत क्षीण पड़ गई। और पिछले दो सौ सालों में जैसे-जैसे आधुनिक हिन्दी का प्रभुत्व और दायरा बढ़ता चला गया और वो व्यवस्थित होती गई उसी गति से अवधी और ब्रज कविता का पतन भी हुआ और ऐतिहासिक रूप से हिन्दी उनकी विरासत बन गई। हालाँकि वाक़िया ये है कि प्रेमाख्यान शाइरी का सांस्कृतिक परिवेश, उसका पर्यावरण और उसके नुमूद में फ़ारसी का प्रभाव हिन्दी के बराबर है। मगर बहरहाल हमें समकालीन हिन्दी जगत का कृतज्ञ होना चाहिए कि कम से कम पद्मावत आज भी पाठ्यक्रम का हिस्सा बनी हुई है भले ही जनमानस में उतनी लोकप्रियता न रही हो।

प्रेमाख्यानों की इस रिवायत का बड़ा कमाल ये है कि इसने ऐसे हिन्दू धर्म को जन्म दिया जो फ़ारसियत और फ़ारसी आमेज़ भाषा से निर्मित है और जिसमें इस्लाम भी निहित है। ये बात पलट के भी कही जा सकती है कि उर्दू और फ़ारसी शाइरी और लोकप्रिय इस्लामी मान्यताओं में हमें बहुत कुछ संस्कृत और हिन्दू धर्म से प्रभावित

मिल जाता है। इस भाषायी और सांस्कृतिक क्रान्ति ने हमारी शब्दावली, हमारी आराधनाओं, ज़बान और जज़्बात सब पर गहरा असर डाला। कर्मकांड और यज्ञ-हवन की जगह श्रद्धा और प्रेम धार्मिक संवेदनाओं को प्रकट करने का ज़रिया बन गए। जिस ज़बान में उत्तर भारत में ये श्रद्धा प्रकट की जाने लगी वो अपनी तह में बेहद फ़ारसी आमेज़ थी। हिन्दी—जो बाज़ात-ए-ख़ुद एक फ़ारसी लफ़्ज़ है—ज़बान का उद्गम जितना अपभ्रंश, खड़ी बोली और संस्कृत रिवायतों में खोजा जा सकता है उतना ही फ़ारसी में भी मिलता है। संस्कृत और उसके सिद्धान्तों और काव्यशास्त्र के नियमों और पदावली को एक नया जीवनदान मिला। जैसा कि शम्सुर्रहमान फ़ारूक़ी ने साबित कर दिखाया है कि उर्दू शे'रियात संस्कृत शे'रियात से बेइंतिहा मुतास्सिर हुई। प्रेम और शृंगार के गीत और नग़्मे हमारी साहित्यिक धरोहर के सबसे सशक्त और हर-दिल अज़ीज़ अभिव्यक्ति बन के उभरे और आज भी हिन्दी सिनेमा के गीत, जो इन्हीं रिवायतों से उपजे हैं, बेइंतिहा मक़बूल हैं। आज भी हिन्दी क़व्वालियों मसलन छाप तिलक सब छीनी का जादू सर चढ़कर बोलता है और ये क़व्वालियाँ एक निशानी हैं उस ज़माने की जिसमें एक अरबी आराध्य को ठेठ देशज ज़बान में याद करने से किसी की भावनाएँ आहत नहीं होती थीं। आज भी जब पाकिस्तानी गायक अबू फ़रीद अयाज़ इस क़व्वाली को अपनी भरपूर तान से उठाते हैं, चाहे हिन्दोस्तान में या पाकिस्तान में,

कन्हैया याद है कुछ भी हमारी

तो वो दरअसल उसी सुनहरे दौर को नमन करते हुए अनजाने में भी पद्मावत और उसकी शानदार रिवायत को एक ख़िराज-ए-अक़ीदत पेश कर रहे होते हैं।

—महमूद फ़ारूक़ी

नई दिल्ली

जून, 2018

सन्दर्भ

1. इस लेख में शब्द हिन्दी का प्रयोग आधुनिक खड़ी-बोली हिन्दी के बजाय उन मध्ययुगीन बोलियों और भाषाओं के लिए किया गया है जिन्हें हिन्दी, हिन्दवी, भाखा, देहलवी, अवधी और ब्रज इत्यादि नामों से मुख़ातिब किया जाता है।
2. मंसूर अल हल्लाज दुनिया के सबसे मशहूर सूफ़ियों में से एक हैं जिनके एलान अनलहक़, यानी मैं ही परम सत्य हूँ पर उन्हें 9वीं सदी ईसवी में सूली पर चढ़ा दिया गया था।
3. पैग़म्बर मुहम्मद साहब की जीवनी, उनके कथनों और विचारों से सम्बन्धित साहित्य।

कुछ नोट्स*

* मुजीब रिज़वी के ये नोट्स बिना किसी शीर्षक और ब्योरे के मिले। इन्हें यथावत यहाँ जायसी के अन्य शोधार्थियों को ध्यान में रखकर दिया जा रहा है। शायद ये अध्ययन के कुछ नये सूत्र सामने ले आएँ।

बिस्मिल्लाहिर्रहमानिर्रहीम

सुनहिं मेटि हौं किरति बखानूँ गेह्रा जस गेह्राईं रे।
केउ खेवट केउ नाव चढ़ावा केउ लाव गहिराईं रे।
केउ गुन लाइ पंथि सिर ढीला चलेउ डोर गुनि खाँचइ रे।
तीर-तीर उथिलैं भा सो पैठि गहिरें हित भलि बाँचइ रे।
केउ नरि वार सूत असि कीन्हाँ भा धीमर मन मान्यों रे।
काहूँ फांद निरखिं नहिं देखा परेउ जाल असझान्यों रे।
केउ धर समुंद्र माँझ बुड़कावा ढूँढ़ि सीप लइ आवा रे।
केउ टकटोर छूँछ होइ फिरन बहुरा हाथ झाड़ि पछिताज्यों रे।
केउ होइ धात हारि गा पैरत रहा बीच होइ ठाढ़इ रे।
केउ अवघात परा गहिरइ मँह सो भल आहि जो काढ़इ रे।
केउ लइ थाहि उठा पावस सों पैरि तीर बहि लाग्यो रे।
केउ सात छड़ि बूड़ अवगाँठैं गा भरोस जियं खाँग्यो रे।

कहा मोहम्मद रहहि सँभारें पाव पानि मँह घाणे रे।
टोइ टोइ भुईं पाव उठावहु नाहिं न परिहहि खालें रे।

वार बैठि सो पंथ निहारइ अहै पार जिन्ह जानाँ रे
चढ़ा जो नाँव पार सो उतरा नाहिंत मन पछितानाँ रे
ऊभि बाँह कइ ठाढ़ पुकारै खेवट बेगि न आवस रे
कहै लोक ई मुरख अपाना बिन गथ चढ़इ न पावस रे
दूर गवन साँबर जिन्ह नाहीं सो निधाहि भा डूबइ रे
जेति चिल्लाइ सुनइ सब कोई केवट गरब न बोलइ रे
जिहि अस सूझ बूझ कै मारग गाँठ पोढ़ि कै आवा रे
माँगत दान दीन्ह जिन्ह पहिलें सो धरि बाँह चढ़ावा रे
और जौनि सठ पायन परि बिनवै बिनती किहें न मानइ रे
अनचीन्हहि रहा न कीन्ह चिन्हारी अब कैइसेन पहिचानइ रे

भाई बंधु और मीत सँघाती सो न मिलइ जेहि चाहइ रे
दरब हीन मन झुरै अकेला को लइ तेहि निरबाहइ रे

कहै मुहम्मद पंथ न भूलहि आगै असि सउँताबा रे
सो कइ चलहि पार जिन्ह उतरहि अन्त बूड़हि मँझधारा रे

चढ़े नाव निभ्रम जीव नाहीं जेउ लहि पारि न लागइ रे
मारइ मँछ जाइ बहुर डोंगा माँझधार होइ खाँगइ रे
बहत पाट भर भादौं नदिया गरू बोझ जन बूड़हि रे
पेलब घान कहाँ होइ लागइ यहि मन सूभय न सूझइ रे
उठंहि भँवर औ लहर हिलोरा पवन पात कित डोलब रे
देखिहि मौर चितु खिन खिज काँपहि कउन भरोसें बोलब रे
कछुवा सूस चहुँ दिसि उलथहिं मगर गोह घरियारा रे
होइ मँझधार डरावन लागहि कइसेन उतरब पारा रे
करिया पोढ़ि करहि जनि डोलै सबर डाँड़ तेहि लाइहि रे
खेवठ कहि लाइ चेत खेहहि गुन सों खाँचि चलाइहि रे
ऊँच करार चढ़त दुखिं देहि धाइ नीरजन खाथहिं रे
जौ यहि खेई लै तीर लगा यहि तेहि पेट जिव आथहिं रे

कहा मुहम्मद ढुड़हि सियानैं बिन्ह मूड़ बुधि ऐसें रे
छाड़ि मोह एकहि चित बाँधि पार उतारइ जैसें रे

धीमर धाइ परहि जिनु गहिरें ऐसेन मँछि न पाऐ रे
मगर गोह तेहि धर खाइहि सबन गइ जीव गँवाऐ रे
धीमि चलहि धीरज मन कीन्हें जनु बगु पाव उठावै रे
धरहिं मँगोर लीलहि सों काँठि लइ ग्यो चार न पावै रे
जौलहि रात नींदहि साधत दिन नहिं करत अहेरा रे
तौलहि मंछि वारहिं लागै जों करैंह सो बहेरा रे
मेलि शिस्त चारा चित बाँधि रहहि दिष्टिमन लाएँ रे
जस दुख देखि रहबैहि अस्त्रुवन अस सुख होएहि पाएँ रे
जो खुटकार बेगु नहि लागै हियें न बवारहि कोहू रे
काहि डोर ढील दै खाँचहि तौ पै पावहु रोहू रे
नाहिं त खौर रूप लइ बैटहि नदी बहै होइ सोती रे
धोंधइ औ सेवार सब निकस पावहि सींपहि मोती रे

कहा मुहम्मद मोह भंडारी करहि कूँजी तारा रे
जासों कीलइ तासों ढीलइ औ सब अरथ भंडारा रे

जौ अस साध होइ गहिरइ कै औ चाहै जीव जिव राखा रे
चढ़ि सुरंगै तौ नाउर खेलै लीजइ हाथ बचाखा रे
को डूबैं लोभ भरत माँझर कें अमर जार धर घाला रे
बहुत पसार साठ मुठि थोरा परेस जिव कर लाला रे
मेहरैहि भल खेल अस छाजै जें रमै खेल सब खेला रे
मँछरवार पसारि समुंद्र गँह देखइ चरित अकेला रे
तउ काराइ बिक चार पयारैं रहै खँडहि खंड ताने रे
लावै फाँद टूट पुन जोरै नरिवाराइ अरुझानै रे
भँवरिभार मेलि पानी मँह नस धर हाथ भँवावै रे
जेतिनाँ मँछ एकि बिबस्थै सब जिव चाहि गँवावै रे
चार फँद रूप लाएकै डाँड़ा सकत हाँकि लइ आवा रे
परहिं पराइ कहाँ जल तजि कै मीन पड़ि वारि फंद आवारे

कहा मुहम्मद काल अहेरी ओसौं कुऊन बाँचइ रे
सभै तारि रहै थिराएँ सुन्हु बोल यहि साँचइ रे

जेंइ रे टोइ माँछर बड़ पाई सो धर लागि छिपावै रे
गरु गम्भीर बैठि होइ जिवड़ा हल्का गिनहि खिसियावै रे
गरूताप चिल्हर भुईं जोवै कंठन सिंगि और माँगुर रे
धाल हाथ ढूँढ़ि सँचुकाएँ नाहिं त छेदब आँगुर रे
वार पार लाएँ चिल्हवारै छोट न बड़ सब भेंटै रे
खँक देखि खोटवारै चाला पुन शिस्त लागि समेटै रे
पेलना आहि पेल चलि आगें तीर तीर का टोवसि रे
उथले रहस परस जिनु गहिरें नहिं त हाथु कर खोवसि रे
सुगढ़ि सुगढ़ि तीर लइं लाए लागि लोग सब बिनैं रे
जें पावा घर तिहैं लुकावा बड़ भाव न पावइ भिवनैं रे
जें संजूत अगमन कै राखा भरै माँछ तें ढेरैं रे
जेकरे हाथ पाव कछु नाहीं लागि धरै सो सेहरैं रे

कहाँ मुहम्मद तहाँ न जाई जहाँ न लहुर बड़ाई रे
है कापर झाँकर अरुझानाँ पेखि न चलहि छड़ाई रे

पेम राज जौ करहि पियाई साथी पाँच सँभारेहि रे
बरजत रहहि होइ जिन गरगज कँह झिझकारहि रे

मँतु मीत मिंताई छाड़ौ काहू तथ न खोलौ रे
भगु भोग भुग्ति जिन भूलहि जो जुगुत तन साधहि रे
जौ यहिं भाँति करहि मतवारी तौ मद कँह चित बाँधहि रे
नाहि त है ठाकुर ठास दारुन सठ चार कइ चारै रे
मारहि बाँधि डाँड पुन लेहि निसरह सब मतवारै रे
जोहि सोटिया आइ तुलाबहि साँट पीठि मँह टूटहि रे
भाई बंधु गोहार न लागहि काहू कहें न छूटहि रे
लइ घिसतार चलहि राउर कहँ उतर देत मुँह मारै रे
कुरुँबा लोग ठढ़ि सब देखहि कहै न कोऊ पारहि रे

कहा मुहम्मद सो मँतवरा जौ पी कै मद माँतै रे
ताकर पिया नीक मुँहि लागहि नत झूठीं सब बातैं रे

हुरुख झाँझ बाजत भलि आवै औ कहरा सब नाँचै रे
चढ़ि कै दुलहि बिया है आवै दुलहिन तिन्ह रंग राचै रे
रहस कोद मेहरीं सब गावहिं औ सब कहै बियाहू रे
नैहर छाड़ चलब अब सासुर समुँझ परै नहि काहू रे
बात सुनहि नहि सखी सहेली सत बोलौं तुमहिं आगे रे
सँवर सेज पीकै मन डरपौं रहै खुड़ुक जीयं लागें रे
गीत नाद मुँहि कछु न भावै हौं यंहि संक संकाँऊँ रे
कंत बाँहि धरि पूँछहि जो है काह कहब निंह तहाऊँ रे
इहाँ जो खेल लेंहि सो खेला उहाँ खेल कित होई रे
सास ननद देंहि उलथौनाँ लाजि रहब मुख गोई रे
देवर जेठ केरि सुठि संका निसरि होब नहिं ठाड़ें रे
कुँवरा सरि देखि नहिं बोलब निसि दिन घूँघट काढ़ें रे

कहा मुहम्मद सोइ सोहागिन जौ ऐसैं पिवरावै रे
नैहर केर होइ गुनवन्ती तौ सासुर सुख पावै रे

सखिंह कहा सुन मीतु सँघातिन सभ कोइ ऐसन बियाहा रे
नैहर दिवस चार पै रहनाँ साँसुर जरम निबाहा रे
होतहिं दोइ पतवाँ होइ जामाँ ऐस चरित बिधि खेला रे
दोइ दोइ लाइ जगत सब जोरा आपुन रहयो अकेला रे
सरग लाइ धरती सो जोरा चाँद सुरुज दोइ कीन्हें रे

दिन औ रात भोर औ संझया सेत स्याम दोइ चीन्हें रे
भै इस्त्री पुरुख दोइ हित लौ ईसुर गौरा साजै रे
उठा सबद एक सुनाँ स्रबनहि ज्यो दोइ हथवा बाजै रे
चलै लिखैना होइ दोइ फारा भा दुख सुख जस लहना रे
जौ न होत बरन दोइ परगट कहा कहौं तौ कहना रे
हिन्दु तुरुक दुइ पर देखहि जो बालक सो ब्याहा रे
बूझि बिचार लाव जिव पी सों ईहै जियनै कर लाहा रे

कहा मुहम्मद दो जग तरई लीन्हें पी कर आएस रे
जेंहि जेंहि मारग बरजै साजन तेहि मारग जनि जाएस रे

सुन रे अयानी होहि सियानी गुरु ग्यान सिधि लीन्हें रे
मिलि पनिहारहिं पुरुख निहारहिं पानि भरहि चित दीन्हें रे
होइ संग साथें खेलैं माँतैं रहस चित भै नागरि रे
मारग आवत बाँहि डुलावत चित सत टरत न गागरि रे
बात सखिहिं सों चित गागर सों यहि बिधि चित न डोलै रे
जो चित छूटै गागर फूटै पानि जाइ पीव न बोलै रे
गुपुत रहस निस लखै न कोई रैनि चोरि दिन साहू रे
करनी कै घट करहिं परगट भेद न दीजइ काहू रे
मन मुँह जी पर मँत ते पी कर कहै न काहू पूँछें रे
भरा जो ढारहि सकत अडारहि भीतर बहत धिकहि छूँछें रे
यहि चेताउँ सुनि लै राउँ बूझि मनहि बिचारी रे
हिरदें राखहि सब रस चाखहि होइ होहि सोहगिनि नारी रे

नगर जैसवाँ पी कै बसावाँ रहै मुहम्मद थाढ़ै रे
छार करहि तन खोर करहि मन लागहि दिन-दिन बाढ़ै रे

देखहि पीव किहियो जेंह सब बियोग बदै ज काहू खेवां रे
तव पी पाए जो मन लाहै निसि दिन रहें सेवाँ रे
चित जग अहै सब मुख आ है निभै बहि कै निभांहें रे
जो निस्तारै पार उतारे नित बौरै औ गँथें रे
केउ पगि नीकौ असि न एकौ आपहिं रंग करि राचा रे
जो वहि ऐसु राज रजाएसु तेहि सिंगार सब छाजा रे
नियर होइ जस दुरत रहो तिस चूकै दारुन देखब रे
हरुँमा तप नित नव जानै सब तन छार बिसेखब रे

सब सिंगार बिन गरब करहि जिज   आधिक पंथ पी आगें रे
मारि सोगिन करै दोहगिन   आतंक दोखु न लागें रे
दीन्हि अहै बुधि करहि नीक सुधि   पुन करुनाँ कछु नाँहीं रे
जीव पीव एहि को समुँझायहि   लै चलहि धरि बाँहीं रे

कहा मुहम्मद पूजत है सिधि सुनि यहिं बचन हमारा रे
पग पग नियरें औ डर हियरें बेगि न करहि सिँगारा रे

साजहि माँग झारि दो पाटी   चित्र-बिचित्र सँवारहि रे
बेनी गूंदि भुवंग लजावहि   रचि रचि सेंदुर पूरहि रे
अंजन तैस करहि दोइ नैनन्ह   खंजन उपम न पूजै रे
केहरि लंक बनै छुद्रावलि   कुंजर सिंघ न गूँजै रे
दो भौंवहि सारंग अस तानहि   दो कर कंगन कलाईं रे
निह कलंक ससि तिलक न पावहि   चहुँदिस नखत तराईं रे
दो कानन्ह कुंदर फिरावहिं   लवै बीजु चमकारा रे
बेसर टांक दिपै मनिअरी   सौहे सोहिल तारा रे
कोकिल कंठ सपूरन अभरन   हिरदैं हार बिसाला रे
दो कुच बीचु बनै रोमावलि   चम्प कुसुम कै माला रे
दो पायहिं पाएल औ चूड़ा   असि कै करहि सिँगारा रे
काया साज माँजि दरपन कै   देखै सब सैंसारा रे

कहा मुहम्मद गुन सब दोइ दोइ दो जग तन मँह जानहि रे
दाहिन बाँव बूझि कै पीवर अतिव आपहिं पछितानहि रे

साजहि साझि होइ चहुँदिसि   किऐ बरात नियाराई रे
सुनि सुनि पी कै गहि गहि बाजन   धसक धसक जिव जाई रे
खिन खिन अँसुंवा ढुर ढुर आवहिं   जेव ठौ मन्दिर गुनावाई रे
बिछुरा बापु भाईं महतारी   सँवर न रहैं रोवाई रे
लाग ब्रिथा भीतर बिबस्थै   अब मिलि लेहि सहेली रे
तुमहिं ठाढ़ें कौतुक करहि   हौं देहरि दीप अकेली रे
जो संगत हित खिन नहि बिछुरत   पियहि देखि सब भागंहि रे
औ सब आपु आपु कौ रोवहि   कोई न गोहनवाँ लागहि रे
चाव चित भूलहि बुधि बिसरहि   बाउर होइ जीव जाएहि रे
हंसि हंसि बात कन्त जो पूंछहि   रोइ रोइ ऊतर नहि आएहि रे

जासों जसैं बनत फिर हारै — करहि जो वहि मन भाएहि रे
पीकर खेल मरन धनियाँ कर — बूतें कछु न बसाएहि रे

जैसे रन मँह रहै मुहम्मद मनवाँ जेंब नित जूझै रे
मारा मरै नहि मानु मनोहर बाउर कहैं न बूझै रे

उँचित हितेंव जानि नहिं पायों — आइ गऐ लेनिहारा रे
टाँवहिं ठाँव रहा सब ऐसहिं — सुनि पी केरि गुहारा रे
'समँदै लोग कुनब भाई बन्दहिं' — नैन नीर भरि आवै रे
अब नैहर तजि भइं पराईं — चला लोग पहुँचावै रे
यहिं नैहर दिनि दस परहेली — रहै बटाऊ चारा रे
अस्थिर ठाँव तहाँ अब गौनब — जहाँ जेहिं जाएहि चँनवारा रे
डाँडी फाँदि बेग निन्हि आनै — चलहि चलहि सब आखै रे
लै चढ़ाइ पीव चला सुँखासन — किहि जुगुत को राखै रे
करवट फेरि दै नहिं पारौं — साँकर भयो खटोला रे
बोलि न सकौं सजन जन गोहन — घूँघुट जाइ न खोला रे
नियर बाँस सर उठै न पारै — मारग नाँही थोरा रे

झूँठा गरब कीनहि जें तिन्हि कहौ सुन संसार
हौं हौं कहि पछतातै जब रे परै मुँहि छार

(1)

ताकर अस्तुति किहहिं न जाई — कवन जेंहि अस करौं बड़ाई (1)
जो तन बहु नत मुख खोलै — सहस जेंहि नकसुक एक बौले (2)
वाँ लिखै शिस्टि सब आए — सह यहै लै लिखि बिसराए (3)
का बरनौं सो ऐस समुन्दू — भा संसार न कमहिभा बिन्दू (4)
सात सरग और धरती माता — जग उपजै औ जाइ हराता (5)
ओक आस सहसकै सब किहै — वहि न आस काहू कै लिहै (6)

जित आहैं जित होहिए चेतन का संसार
सबहि दिहेस औ देहहि बूड़हि भरा भंडार

(2)

कहौं मुहम्मद दुसरै ठाँव — जेहि मिठान लेति मुख नाँव (1)
पहिलें वहिं सो सिरजा नूरू — तौ शिष्टि कर भौ अंकूरू (2)

जो न होत ब्रह्म वहि जोती   तौ पानि सरग न धरती होती   (3)
तौ उपजत न यहि संसारा   होत न चाँद सुरुज उजियारा   (4)
वहि किएँ परबत सभै जग साजा   बरन बरन सब कछु उपराजा   (5)
जो आपत्ति दिहिं लिखै न पाइ   रहैं तंत एकहिं जतन दो चलाइ   (6)

(3)

चारि मीत बिधिहैं बड़ कीन्हें   ते रसूल कै गुन्हैं दीन्हें   (1)
पहिलइ अबाबकर स[illegible] पारू   एक मंत्रै ऊँ परा बारू   (2)
दोसरैं उमर पुरुख हठि आदी   जीता न कोइ बाद कै बादी   (3)
तिसरैं उसमान पंडित स्यानें   बिधि पुरान जिन्ह अरथ बखानें   (4)
चौथें अली सिन्घ बरियारू   खड़ग देखि काँपै संसारू   (5)
जो रसूल बिधि आएसु दीन्हाँ   सोइ बचन जपहि मिलि कीन्हाँ   (6)
अउर जेहिं मिलि एक मत मता   मारि सबहि अजाँ दोइ हटा   (7)

चार खूँट चहुदिस ढुलमुलहि रहा बड़ खँभ
जगत न डोलइ गहि जेसता कछु अरम्भ

(4)

ठिल्ली कहौ छत्रपति नाँउँ   बादशाह बड़ साह हुमायों   (1)
जें बहुर कीन्ह नौ खंड डाँडाँ   चहुँ दिस समुँद पखारा खाँडाँ   (2)
सात दीप मेहराई आनाँ   आठ दिसाँ परइ अहानाँ   (3)
कइ तुरुकान सकल दुनीआवी   अदल कीन्ह उनर कें नाईं   (4)
गौउ सिंघ गौनहि यक ठाहाँ   पानीं पियहि दोउ यक घाटाँ   (5)
अउ दातार सराहौं काहा   हेतम किरन न सरबरि आहा   (6)
खोल दीन्ह बन समुँद भंडारू   माँगति सब अघान सैंसारू   (7)

सभइ पिरथिमी असीसे देखि देखि उपम साज
छात पाट तुम सोहै करौ सदा सुख राज

(5)

कहौं शरीअत पीर पियारा   सैयद अशरफ़ जग उज्यारा   (1)
साचा जहाँगीर कलि माँहाँ   धूप जरति पाएइ जग छाहाँ   (2)
निरमल चिश्ती निरमल भासेव   भूले सबहि दीन्ह उपदेसेब   (3)
समुँद माँझ बोहित उस खेवहि   लागहि पार बार जो सेवहि   (4)
कर गहि सों बोहित लीन्ह चढ़ाए   समुँद देखि जल जीव न डराए   (5)

भा दरसन हिय निरमल भयो   पायौ धरम पाप सब गयो (6)
अस जो सेवइ मन चित लाए   इंछा पूजइ आस तुलाए (7)

(6)

कहौं तरीक़त अगुआ गुरु   रोशन दीन दुन्यइ सुरख़ुरू (1)
उन्हहि दरसन गुसाइं क पावा   अलहदाद गुरु पंथ लखावा (2)
अलहदाद कलि सिघ नवेला   सैयद मुहम्मद कै सख चेला (3)
सैयद मुहम्मद मुहिउद्दीन साँचा   दानियाल दीनइ सिद वाचा (4)
दानियाल जो परगट कीन्हाँ   हज़रत ख़्वाजा ख़िज़्रहिं दीन्हा (5)
जुग जुग अमर हज़रत ख़्वाजइ   हज़रत नबी रसूल नेवाज़इ (6)

खड़ग दीन्ह वै जा कों देखि डरै इबलीस
जिया चिन्त सों भागै धुनै ओट भा सीस

(7)

कहौं नगर बड़ आपन ठाँऊँ   सदा सोहावा जाएस नाँऊँ (1)
सत जुग धरम अस्थानूँ   तेहया कहत नगर उदयान (2)
पुन त्रेता गयो छापर बिखें   पहुँचा राज महारिख रिखें (3)
रहत रखेसुर सहस अठासी   खनइ खंत पोखर चउरासी (4)
बाँधा घाट ईंट गढ़ि लाए   अउ चउरासइ कुआँ बनाए (5)
बीचु बीचु बाँढ़इ बहत सोहाइं   निसि भई गँगन जनहु तराई (6)
ठाँऊँ ठाँऊँ परैं पहाड़ीं   तेहि ऊपर सब मढ़इ सँवारीं (7)

पंथ तपा तप साधइ सबै पुरुख अउ नार
होम जाप जप निसि दिन करहिं जग अस बार

(8)

पुनि गइ जुग कींहौं बिसारू   गए जो रखेसुर तजि संसारू (1)
जो ताहिएँ पुनि बसगत रहा   भा अरुन जसकरन कहा (2)
जोइ चढ़इ तेहि ततखन दसा   भा तुरुकान पुर फिर बसा (3)
सब भगवंत संराहै जोगू   पान फूल नवर्निधि रस भू भोगू (4)
राइ रंक घर ऊँच अवासा   अगर चन्दन घन आवइ बासा (5)
मेरि सुगन्ध रहा भर पूरी   कुमकुम निरमल अउ कस्तूरी (6)

दीखंहिं नगर सोहावन ढिल्ली हुत जस बास
जस जस नियरइ जाए जानों चढ़इ कैलास

(9)

एक कोट सुठ ऊँच अपारू   जाकर जसहिं चौखंड बिस्तारू   (1)
खाईं बनन खन पतार लइ लाईं   खन अबूझ न सूझैं जाईं   (2)
बारह पवरीं चहुदिस साजीं   पिहंहि रहैं रात दिन जाँचीं   (3)
घड़ीं घड़ीं बाजइ घरियारा   पहर पहरै चहुँदिस झंकारा   (4)
बसइ त्रिहुटी नगर करेरे   हात हूँड़इ बहर चहुँ फेरे।   (5)
पवन द्वतीसौ फिरका आए   जहुँ घंदब बैयार पगाए   (6)

नाँच कूदैहि कुस्तिहा खंड-खंड चहु दिस होंहि
मानुस कर कहौं का देउता रहहिं बिमोहि

(10)

नगर चहुदिस तरु जनहि बासइ   खनै खंत पोखर चउरासइ   (1)
उत्तरापंथ हो जसि देखा   तैस हवँचल कहै बिसेखा   (2)
तौ दहि ताव   सिझिइ रखिइ पिन्डुआ जसैं   (3)
सजैमान जनु सोइ हिंवारा   बीचु बीचु जलहर बहत पहास बहारा   (4)
भरा समुँद जस नीर हिलोरा   पैरहिं पंछी हंस चकोरा   (5)
फूंलइ कँवल कुमुद पौनारीं   करहिं अन्हान केलि कै नारीं   (6)
झुंडहि झुंड पनिहारी आवहिं   रहस कोद जल भरहि ऊ ठावहिं   (7)

घाट चहुँदिस बाँधइ लागि सोहाइ ईंट
एक चउरासइ पोखर अउ चउरासइ भीत

(11)

ऊपर बालि चहुदिस बासा   बसि सुल्तानु अनूप अवासा   (1)
फ़ारूक़ी पुरुख संवादै   उमर ख़ताब कर औलादै   (2)
मिस्त्रा अउ पंडित पढ़े   औखंड अउ तुरंगम चढ़े   (3)
कोउ बैठे पढ़हिं पुरानूँ   कुउ किताब लइ करहिं बखानूँ   (5)
सब सेवाँ बिधिनाँ खिर नावहिं   साठ जौं मानहि भवन लावाहिं   (6)
नव रस गुनत नाद मन मोहा   सब को रतनहि फटिक सोहा   (7)

तहाँ कबि मलिक मुहम्मद मरम न जानइ कोइ
लिहइ सौ लाख करोर न जो कोइ गाहक होइ

(12)

नगर चहुदिस घन अमरा — सागर सखर कुँवा बनाए (1)
सघन लागि फुलवारी बाड़ी — भाँति भाँति छाईं जो पाई (2)
थाव न सुहाव न ख़िव्र अमीं — फल मस्लैं गोमत घेनी (3)
ते सबहि तीरथ कै अस्थानाँ — जनु बिहिश्त का करौं बखानाँ (4)
गच कै घन चहुदि पोती — देखन जैस चन्द्र कै जोती (5)
बरिसै नूर होइ उजियारा — हरै पाप सब जाइ दुवारा (6)
बैठे रहहिं मुजाविर सोई — रातहि दिवस जियारत होई (7)

फूल सिरनी लै लै जगत जाइ वहि बास
जो इंछा मन आँछै तत्खन पूजै आस

(13)

सन नौ सै सैतारिस अहए — तेह्या सरस बचन कवि कहए (1)
कातिकहिं जो बरत देवारी — गावहिं आहर खनकइ तारी (2)
तो मैं कहा आइ खंड गाँऊँ — कन्हि कथा कर सबहि सुनाऊँ (3)
कथा कहौं कानहि संजोगू — पुन मन भा जनु लोकू (4)
बोलब दोख बड़ा जेंहि होए — टूँट देखि बनहि जो पड़हि सोए (5)
सो मंत्रै बड़ पंडित अपारू — जो निरगुन यक करै सँवारू (6)

आपहि आप सराहें जग बड़ौ भयो न कोए
जेंहि रे पाँच मिलि सराहैं पुरुख सराहा होए

(14)

जिनहि कलंक कछु बिधिहैं दीन्हा — गरब चूर सोइ बड़ कीन्हा (1)
चाँद कलंकहि जोति सँवारे — धरती सरग होइ उज्यारे (2)
बाँसहिं दोस सबहि वहि दीसा — जग जुहार मगइ दइ असीसा (3)
समुंद खार भा बहु निस्तारू — अन्त न जानै सब संसारू (4)
जावँत जगत नदी अउ नारे — मिलै जाइ सब वहै जुहारे (5)
भा त्रिसूल सुमेर सो ऊँचा — टेकि पिरथिमी सरग पहुँचा (6)
सवा लाख परबत वहि मिले — होइ समूल न सरबरि भे (7)

(15)

कत्था कहौं सुनहु अब सोई — कहत रसाल सुनत सुख होइ (1)
मथुरा नगर दीन जो साजा — कंस राम कीन्हो बड़ राजा (2)

एक छत राज तैस वहि दीन्हाँ　　रावन राज लंक जस कीन्हाँ　(3)
जित जग राँनवं राकस देवा　　सबै करहि मानै तोर सेवा　(4)
सोक आइ मंत्री भा आगें　　नारद रहै कान नित लागे　(5)
सात दीप नौ खंड ताईं　　फिरै आन सगरी दुन्याईं　(6)
बासुखि इन्द्र कीन्ह मन संका　　काँपा डरहिं भिभीखन लंका　(7)

सुर नर मुनि गुनि गन्धर्व सबै कीन्ह वहि साथ
लींहे रहै रजाएस नित उन्ह नावहिं माथ

(16)

राजैं कह अहंकार डींठा　　रावन को हरइ जैस सीता　(1)
ओहि कर राज एक होत लंका　　हौं राजा सब जग निसंका　(2)
अहैं कोट गढ़ चहुँ फेरे　　अउ जराब नग गढ़ करेरे　(3)
जैस सुनाँ तुम ओह कर राजू　　तेहि होत मोरओं अस साजू　(4)
सुरुजहिं कहँ रसोई तपै　　मार बपारौं जो खन छपै　(5)
मसिआर होइ निसि जाती　　बैसन्दर निति धुवइ धोती　(6)
नखत दिपतिया होहि दुआरा　　पनव करै निति बार बुहारा　(7)

कहि ईंदर बलि बासुखि ब्रह्माँ बिसुन महेस
सब मिलि आए जोहरहि गोपा कंस नरेस

(17)

रथहिं सोइ भाँति चलाइ　　लंका कोट समुँद असि खाइ　(1)
बिधि पानि आदिर्ति कै सोमाँ　　साजइ लेंहि कोट अति लोनाँ　(2)
जहुँ कोट गढ़ जैस उठावा　　कंचन कोट कपूर गिलावा　(3)
भा जराव सब कोट करेरे　　जहुँ कचपचीं उईं चहु फेरे　(4)
हीरा रतन पदारथ मोती　　दीखै जस दरपन कै जोती　(5)
चमकहिं रतन सेत रतनारे　　जगमगाहिं जस दीपक बारे　(6)

चढ़त बाँक सकवाहि अति पौर सात खंड सात
बरन बरन सब दीठहिं पौरीं चढ़ि कै ऊपर जात

(18)

पहिल पँवरि रूपै कै साजै　　दुँहि दिसि संख आँहि जनों गाजे　(1)
दूसर पँवरि सँवारै सोनें　　जनु कौंधा लौकहि दुँहु कोनें　(2)
तीसर पँवरि जो गोतिन रचे　　जानहु आइ उईं कचपचे　(3)

चौथै पँवरि मनि मनिक जरे दीखैं जान्हु दीपक धरे (4)
पाँचईं हीरा पँवरि सँवारे जानों नखत करहि उज्यारे (5)
सातईं पँवरि पदारथ लागइ भान अनोप होइ तिन्ह आगे (6)

लागि मंडप सोने कै सान्हु पँवरि गुँवार
बाजी बैठ लाख दस एक एक पँवरि दुवार

(19)

गढ़ तस ऊँच गँगन कह लागा ऊपर हेरि परै खिसन पागा (1)
जोजन बारह ऊँच देखावै चढ़ें जुगुति पाएँ-पिरावै (2)
बिखम खाँऊँ गढ़ चहु दिसि कीन्हाँ धरती खन पतार लइ दीन्हा (3)
भँवर पतार पानी तहाँ काढ़ा भयो समुँदर पानि तस बाढ़ा (4)
मगर मँछ मुसै घरियारा मरहिं भितर गढ़ ऊ जियारा (5)
झाँकबत नियरै जाइ न जाए काँपहि जाँध देखि गहराए (6)
तैस अमोख असूझ अपारा चोर परइ जो जाइ पतारा (7)

जवन तीर गढ़ साजा देखि सुहावन ठाँऊँ
जग कैलास सराहा राखा मथुरा नाँऊँ

(20)

राजमन्दिर गढ़ सोनहि बनायो जगमग चहुदिस गिरी जरायो (1)
चौदह खँड धौराहर पाटा कंचन साज छत्र सब काटा (2)
.... भाँति भाँति चित्र उरेही (3)
ओबरि करेस चन्द अस उवा चढ़ै तेह सरग जाइ कर छुवा (4)
सप्तदीप कै रानी बहरी जनु कैलास माँझ अछरी (5)
रूप सरूप सुरंग सोहाए जनु बैकुंठहि तें सब आए (6)
मुखहि देखि तेहि होइ मलीनाँ दरसन सूर जाइ होइ खीनाँ (7)

आव न सकि अखावै जेति कहै संसार
सबै रचै मन्दिर मँह सबद होइ झंकार

(21)

मढ़ि बारी मँडप घनहि चहु पासा राइ रांक घर ऊँच अवासा (1)
सोनइ रूपइ सबइ सँवारै भाँति भाँति धुलहिं आवै (2)
ठाँव ठाँव फिरहिं अथाए का बरनौं थके आ जुड़ाए (3)
आव अनोप आगें जो बारी खेलहि बैठि पाँसा सारीं (4)

जानु सभा फुलवारी फूली पथिक देखि जाइ जग भूली (5)
जानु बसन्त मँह हो हारू घर घर होंहि मंगला चारू (6)

चन्दन अगर कूमकुमाँ नित जस खेलहि फाग
हर के ईंदर भनहि नत जानहि न बैराग

(22)

गा देखै चलि राज दुआरू बास सुगन्ध होइ महकारी (1)
राज सभा सब जुहार बैठी जानु बसन्त कियो पर दीठी (2)
आव सब देस देस कै राजा जेहकर नाँउँ पहुँ खंड बाजा (3)
छत्रपती अउ बिखम जुझारा बाग न मोरैं चढ़ैं तुखारा (4)
लागहि माँझ कहै खंडवाही दान जूझ संसार सराही (5)
नर बरिदं सूर आनि बहोरा गहिरइ पुरुख अति बड़वारा (6)
अ बह्वाबल बोहें बरियारा बिजुलिहें डर होइ रहहिं सवारा (7)

(23)

पुन गढ़ि कै त्रिष्नी बनाए धन राजा जेहि केर ऊ थाए (1)
चहु दिसि निसरीं जो वहि बाटा तो बहि लागहि अपूरब हात (2)
सोन रूप अउ मानिक मोती हीरा रतन पदारथ जोती (3)
बरन बरन सब देखै धरा जो चाहै सो सब कछु ढरा (4)
बीर सिंगार जोग जित कहा सबै बिकाइ जैस कोइ चहा (5)
देखि चरित सब भरम न होए सादहि भरै नसाहि सब कोए (6)
ताल भाँड़ नट नाचहिं पंडित बैठि सास्तर बाँचहिं (7)

कबित नाद रस कत्था भल होइ बिस्राम

(24)

सागर सरवर अति अवगाह ताल अनूप सराहौं काहा (1)
बहरी हिलोरंहि उलथैं नीरू देखा जानु समुँद करेरू (2)
गढ़ राबट सब घाट बनाए नहंग बलाकहि लागि न्हाए (3)
पुरइन पूर रहै वहि छाए फूलइ कँवल रहै बिकसाए (4)
पैरहिं हंस चकवा बुड़वा री बहरी कुरिंजवां सोन पतारी (5)
पानि भरन पनिहारी आवंहि कनक कलस तीर पनिहि डुबावंहि (6)
कुँवाँ बावरी भराईं चुकतहि जलहि रहट घरि आईं (7)

आस पास मढ़ मंडपहि भाँति भाँति जन्हु फेर
पूजा पाती, चहु दिस होइ देवतहि केर

(25)

चहु दिस लागि सघन फुलवारी	अउ अनूप सब हेरत बारी	(1)
कुँहै खाँद चरिंहु दिसि मेली	तिन्ह सिंचइ अँभ्रित बेणी	(2)
अउ नौ लखा अँबरायों सुहावा	भरे कझाकझा गुनत बढ़ावा	(3)
जेंहि रात होइ तेहि माँहाँ	लागै चाव बैठत तेहि माँहाँ	(4)
असि हंस पुछाहीं चाए	तहूँ बनहि बनहि देइ दिखाए	(5)
आस पास घन तार खजूरै	माँझ जमाई सँजीवन मूरै	(6)
ठाँव ठाँव बहुखँड घटाए	तेहि ऊपर मढ़ मंडप छाए	(7)

बैठि तपा तप साधै अउ जोगै बहु जोग
लाग समाधि रहै हुत करहि जातरा लोग

(26)

तेहि में फरै खजखजा तागे	सघन अँब अँब्रित रस नाके	(1)
फरे जाँबु दीखै अति कारे	अउ इंजीर फरे रतनारे	(2)
फरे जौनारक दाखिँ दाखा	जनम न बिसरै जें रस चाखा	(3)
तूत सदाफर फरे	सखंदराउ गल गल रस भरे	(4)
कठहर बड़हर अभ खिरों	केला कुरुमाँ बीज चहुसिरी	(5)
नरियर रूवा खवा सो सुपारी निउँजी	हरपारिउरी बेर चिरउँजी	(6)
जेहु मिठास बरन नहै जाए	चोट खनें बुइ भुइं लागे जाए	(7)

अस्तुतंहि पंखि बैठि तेहि अपनै अपनै ठाऊँ
अपनै अपनै भाखा लेहि उहै कर नाँउँ

(27)

पेलै पार जगत कै तीरा	तहवाँ गोकुल बसइ महीरा	(1)
वारंहि पार नगर तुम बाढ़ा	जग कौतुक देखै होइ ठाड़ा	(2)
बाढ़ा नन्द महर महराइ	सात कोस पौरँहि गाई	(3)
बीस सहस घर कै थनवारा	तीस सहस ओर गुदरारा	(4)
कपिला गुझार सब माँसी	अहीर चरावहिं बाजहि बाँसी	(5)
फल नैरोहि गाईं अउ भैसें	बरन नजांहि आपम तैसें	(6)
दहिउ दूध का बरनौं सोइ	गागर सहस बीस कहौ होइ	(7)

(28)

दूध बेचै जौल जो लीनहि गवरीं	रूपवंती सब जोबन बारीं	(1)
कोलिल हेतु तुत मढ़ बैसख आवै	जनु अछरीं कैलास सिधारै	(2)

हरिनहि केर चहुँ दिसि सोहे | जो देखै सो रूप बिमोहै (3)
जासों दिष्टि करहि सब जैसें | देखत हरहि मृग को तैसें (4)
उटहि चमकार जो अभरन पहिरें | जनु मैमतं हस्ति पाखरें (5)
हंस चाल सब चलहि स्थानों | बोल उटहि कोकिल कें नाईं (6)
केउ रे झुंड आगें केउ पाछें | सब पातर अस आवहिं कोंछ (7)

जस बसन्त सत दीखइ निपातहि फूल
देखि चरित गोपिहकर जगत रहै सब भूल

(29)

एक दिवस तस भा आए | राजैं जभै करी कटकाए (1)
फिरी दुहाई जहाँ लग राजू | गुदर लेहि जहुँ देखौं साजू (2)
ठाँवहि ठाँवहि ढब सब साजे | फेकरै हस्ति मेघ जनु गाजे (3)
हय गय चाँप पुहिमि सब डोलै | परलौ भयो शिस्टि सब डोलै (4)
सबै छत्रपति लाग जोहाए | छत्र छत्र सरग गा छाए (5)
चलै जो रथ धसमसइ पहाड़ा | लागत जेकर जांहि होइ छारा (6)

डरेउ इन्द्र बलि बासुखि केहि सर खाबहि घाय
काकहि बोल रचायों सप्त दीप कर राव

(30)

चढ़ा नरेस कंस बरुवंडा | तरे सुखान अठारह गंडा (1)
सोक सनीचर अगुआ भै | सिस्टि परान लंग बैसरै (2)
कगा कनहि समेटै राकस देवा | चलहि डाँड लै मानै सेवा (3)
उठै खँपहि जग बदली कारी | जनु भादौं तसु भै अभ्यानी (4)
को जेहि न सूझै तिहौ असूझा | गैं अंकोप राजा सों जूझा (5)
सप्त दीप नौखंड कै राया | आइ कीन्ह मिलि नेगी पाया (6)
खर भर पड़ा सकल दुन्यावी | फिरै मया कर मेर गुसाइ (7)

अहैं जें गरभ कीन्ह जें देखि कटक दर साज
भऐं सकल तिन्ह राजा मोरें सतहर राज

(31)

त्रिभुवन लोक शिस्टि सब जुड़े | लागि भरै सब राकस पुरे (1)
ब्रंभा महादेव सुनि धाए | तीस कोटि देवता आए (2)
सेस नाग बलि बासुकि चले | अस्ट कली नाग कलबले (3)

निन्नानवे जाख सब आए   अउ छिआनवे मेघ जित छाए (4)

छप्पन कोटि बसन्दर बरा   सवा लाख परबत भरहरा (5)

डोला मेरू गँगन महि कीन्हो   सात समुन्दर भा महरीन्हों (6)

ग्रिह नखत सेस सुरुज राहु केतु भा एक

आसन इन्द्रहुन डोला देव करै अब टेक

(32)

सबै साथ हुत मींरै बेगी   राजैं सोक हँकारा बेगी (1)

भा ऐस मैं सब जग नावा   बे जम खोजि नहि किथौं नावा (2)

सिस्टि आइ जुरा सब केउ   तुम्हि प्रताप बिकसा करहि परिखेउ (3)

टरै नाँउँ जेहिक सुनि पाँउँ   तैस सक घर सरग चलाउँ (4)

एति कटक है मोरें साथाँ   अहै मीचु दुहौं खुकै हाथाँ (5)

रावन सक दीप दस आधे   पाटों लाइ मीचु तें बाँधे (6)

मैं हौं अब सप्त दीप कर राजा   मोहि अस गरब न काहै छाजा (7)

(33)

सुक कहा सुनि जमकर नाँउँ   राजा का लोंभहि तेहि ठाँउँ (1)

देखि मीचु चढ़ै हिय काँढ़े   पै कछु होइ नहि नकरें बाँधे (2)

रावन मीचु बाँधि तपत भूँजा   सो न रहा काल जबहि पूजा (3)

जें मारा रामाँ उबारा   सो ठाँवधि किहो करै तुम्हारा (4)

है गुहिं नारद जम दूत   गँगार ब्रंभा कर पूतू (5)

मोरें कहत ना पतियाहू   तौ हुँकारि कै पूँछि ताहू (6)

ओकँ पुन पोथा है सब लिखा   वैं यहि बेहदान्त सब सिखा (7)

छलें हुत महेस सनक

(34)

राजैं नारद बेगि हुँकारा   पान दीन्ह अगएँ बैसारा (1)

तो मोरैं पंडित सहदेउ   मैं तोहि छाँड़ न पूछब केहू (2)

कहि मोसों पाटीं जो तखी   केकरें हाथ मीचु है लिखी (3)

सो है कहाँ सत्रु बरियारा   मारौं खोति जो सरग पतारा (4)

जँहु ताकर सुनि पाँउँ नाँउँ   कटक सहित छेकु सो ठाँउँ (5)

इन्द्र होइ इन्द्रासन टारौं   बासुकि होइ पतारहिं फारौ (6)

मरता लोक असि आहि न कोई   जा गहि चढ़ौं जाइ बड़ सोई (7)

अडर परै असि को है मोसों करै बिरोध

कँहि सो बेग मेहि नारद टारौं जेहिक नरमोध

(35)

उर दाहै छैय अपकारा — जहुँ रे कंस रहि परें खारा (1)
आपहि चिन्ता अरुझा मरई — जिन्ह काहू कै चिन्ता न करई (2)
तोहि बिरिख सें बोया काढ़ा — किहेस सोइ जिन्ह विस्मौं ताढ़ा (3)
राजा कहौं साच सुनि से सोइए — दइ लिखा तुमहि कोइए (4)
किसन पुनहि महर अवतरी — सो तोहि मारि राज पुन करी (5)
बहिन तोर देवकी अहिए — तहकैं कोख अवतरा जेहिए (6)
जेहिक पिता बसुदेउ रिखी — तेहकैं हाथ मीचु तोर लिखी (7)

(36)

प्रथम जो भा मानुस कें भेसु — सिरजा ब्रम्ह बिश्नु महेसु (1)
ब्रम्हा अरुझा पिंड प्रानाँ — महादेव माया लपटानाँ (2)
बिश्नु एक देव मन चीन्हाँ — सूर होइ सेवा जप दीन्हाँ (3)
सहस बरिस लहि आपहि टाँगेस — दस अवतार दइ सों माँगेस (4)
देहि लाइ जो जेहु बिरझेवा — अस कृपाल न मेटै सेवा (5)
भा दयाल सो सेला किंहे — अउ अवतार दसु उहि दिंहे (6)
जोतहि दीप बरै घिउ होए — मारै कँह अवतरै सोए (7)

(37)

बिस्नु सोइ समुँद जिन मथा — दस अवतार कहौं सुन कथा (1)
प्रथम भयो मँछ अवतारा — काढ़ेसि बेद जो अहै पतारा (2)
पुन होइ कछ रूप चल छेंकेस — सबै भार धरती कर टेकेस (3)
लौटि बराह रूप वैं कियो — नवहि खँड कर अँब्रित पियो (4)
पुनि भा बावन रूपइ करा — सत किरत बलि राजा छरा (5)
पुन नरसिंघ भयो पड़ि बारा — हरनाकुस कर पेट जें फारा (6)
पुन भा परसराम धनुकारा — मारा मतहरि जाहि बैंसारा (7)

पुन भा स्री राम सो किहन्हेस लंका दाहु
अब आवत है तुम्हि कँह राजा मन भाहु

(38)

कहु नारद सत्त पूछौं तोहे — सुनत इछौ लागै मोहे (1)
एक बार जो अवतरि मरै — सो दुसरैं कैसें अवतरै (2)
पिंड जैस माँटी कर भाँडा — कैस जुरै जो भाउस खाँडा (3)

जो पै फेरि तिरोहित तोरा	मिलै नहि मिलै जुरै नहि जोरा	(4)
कैसें टूट होंहि एक ठाँउँ	अउ जी उठै किहै सो जाँउँ	(5)
मैं देखत सब जनम गँवावा	जो मूसु गा बहेर नहिं आवा	(6)
तन सब सर जरि जाइ बिलाए	मन भयो पवन लोथ मिलि जाए	(7)

आपहि रे बड़ अचर पिरथिनी यक सेवा एकहि चाहि
पुन कैसें मन पाईं कहै के सोइ आहि

(39)

सुन राजा तउन अन्त बड़ जानूँ	मनाँ हीन नहि होइ ग्यानूँ	(1)
जो गरु बार सुतहिं छोड़िहै	का करिहें भव का नहि करिहै	(2)
सुसज आवै अथै कै जाए	लौट आइ सो कैसें जाए	(3)
पून्यों चाँद दूँज घटि होए	पिवत सपूरन दीखइ सोइ	(4)
बरखा मेघ जो बरिख बिलाहें	पिवत कहाँ भट उवहिं चाहें	(5)
जो अस करै आइ आहि बहोरा	तेहि रे किरत नाहिं कछु थोरा	(6)
मोंहि जियावै जियतहि मारै	चहै तो सहस बार अवतारै	(7)

उहिकें हिरद बनबाँसें कँह लग करै बखान
जत करइ सब छाजै किरत नर बरजै आन

(40)

सुन बिप्रँइ राजहि रिसि उठै	जैम मारौं देउकी गरब कै
ऐसन ग्यान भा उमड़ि हर फिरी	महापापि मारैं इस्तिरी
राकसहिं बाँधि लायों रखवारा	बारौ सोइ न होइ जरा बारा
परै जहि राजा काटे संक संका	जाइ भदिल देवी कर झपका
खावहिं सै भाय उस कहा	पवन सचार न कितहूँ रहा
चौदह सै दैव भल दैत बुलाए	लै छुहस रखवारी लाए
पावहि देवी अउ बसुदेउ	डंडनाँ मिलैं चोर जिहेउ

दाखें रहहिं देउकी जोई बालक न होए
आन बजर कें पाटाँ बेग पछारै सोए

(41)

कंस जो गरब कीन्ह मन झूटा	अपनै रिस परमेसुर रूठा	(1)
अदिइ बेग... बिश्नु अराजा	भा आएसु मथुराँ भौ राजा	(2)
बिस्जु सुर नाद अस माया	बिन्ती कीन्ह देखि अस दाया	(3)

तोरें भंहिं जिहौं अउ मरनाँ — करहि गुसाईं जो कछु करनाँ (4)
दुख पायों रामा अवतारा — अब तेहि अवतरौं यहि संसारा (5)
जरम मोर सब चिन्त मँहि बीता — एक इस्त्री जानेउँ सीता (6)
सो पुन हरि रावन लै गयो — यहि संताप पिरथीं जन भयो (7)

(42)

भया आएसु मैं कीन्ह जो चाहा — चरित मोर तोहि दोस नहि आवै (1)
जानौं सबै मैं कीन्ह जो चाहा — चरित मोर तोहि दोस नहि लावा (2)
जस उँहि जरम किहे तप साजू — तस इँहि जनम देउँ सुख राजू (3)
कौकुत देखि मनहुँ कैलासाँ — अछरिन मुख जो देहि जहीनाँ (4)
सोरह सहस गोपिता साजीं — ते सब मैं तो कँह उपराजीं (5)
गेह करौ लै तोहि सब जोगू — अवतरि जगत मानु रस भोगू (6)
बैरी केरि करस जिन चिन्ता — जो तैं चहत सो होंहि रटां (7)

(43)

सात पूत देउकी कै मारे — रहा कबहि जो टरै न पारे (1)
सँवरि सोक पूतहि कर मरै — सिरै रक कंपित भै जरै (2)
बात न होइ रोइ नहि पारै — सुनै कंस तुहै जी पावै (3)
भा उदि भान माँसा न उतरै — किहेस अथौना रत निसरै (4)
तैं पाएँ भुजा का बिवा — जा करि है दूध कै पिवा (5)
बालक आइ सै सेव चढ़ै — का कहि दइ सँवारे गढ़ै (6)
सही न जाइ कठिन सो पीरा — उबसि भँवी जउनाँ कै तीरा (7)

आपहि पूत तिहै छलन सो कस होइ निरबंस
दइ अथौ जो तोड़न सुपनि भारत कंस

(44)

चाँवर महरि महरा — फलइ पार सो पाए (1)
रुवत रोज सुनुँ उहि परा — उढ़ा मोह अठी घब्बर (2)
रहि न गयो मन कहा जसुमती — दइ पार बिनवै केउ रोई (3)
महरिहिं मोह गया सहि होइ — बिप्र आइ... (4)